LE NOUVEAU

VOYAGE DE FRANCE

Barbizon. — La maison d'un artiste.

LE NOUVEAU
VOYAGE DE FRANCE

PAR

LOUIS BARRON

TOURS

ALFRED MAME ET FILS, ÉDITEURS

M DCCC XCIX

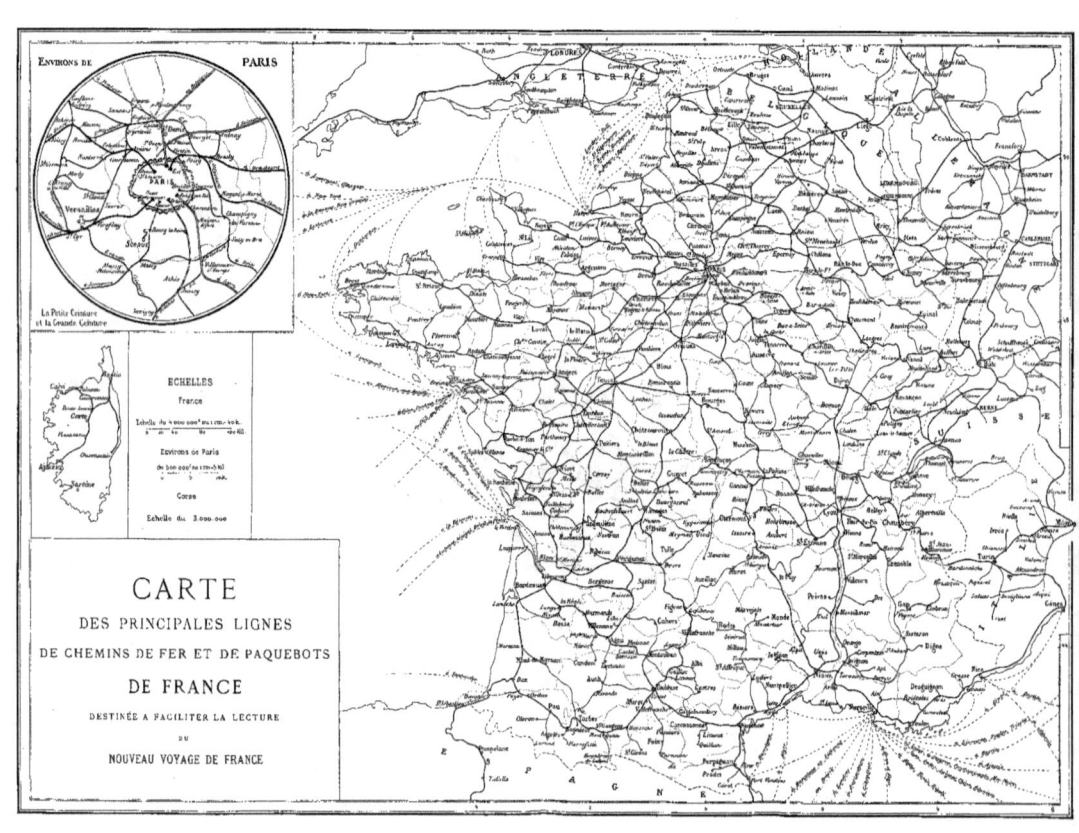

LE NOUVEAU
VOYAGE DE FRANCE

AUX BORDS DE LA MER

LA MANCHE

I

DE FLANDRE EN NORMANDIE

La mer !

Dunkerque l'annonce, et plus d'un voyageur tressaille à l'idée de la voir dans un instant...

Pour le citadin excédé qui vient près d'elle chercher le repos et, s'il le peut, la vigueur ; mais surtout pour le novice terrien, l'adolescent qui ne l'a pas encore vue, pas de mot qui parle plus fort, excite davantage la curiosité, l'inquiétude, l'espérance !

La mer !

« Me sera-t-elle bienveillante et secourable ? Me plairai-je auprès d'elle ? Vais-je l'aimer ? Comment m'apparaîtra-t-elle ? »

Tandis que le train courait par les longues plaines flamandes, visiblement conquises sur elle et fertiles des sels qu'elle y déposa, on en respirait l'haleine pure, on en sentait sur la joue le souffle piquant, aux lèvres la saveur. Elle approche : on n'a de pensée, d'yeux, que pour elle. Vite, traversons la ville qui nous en sépare, hâtons-nous d'aller en contempler et scruter la physionomie mobile. Il lui faut demander ce qu'elle veut être pour nous, avant de nous livrer à elle : calme ou coléreuse, souriante ou morose ?...

La ville, quand c'est Dunkerque, est pourtant assez charmante d'entrain pour n'être pas dédaignée. Si propres, qu'on les dirait lavées à grandes bailles d'eau, comme le pont d'un navire, puis séchées au faubert et frottées avec de la laine, ses rues plaisent aussi par les vives couleurs des boutiques, les crépis variés des maisons basses, orangées, vertes, bleues, violettes, la soigneuse tenue des rideaux blancs aux vitres transparentes, la netteté méticuleuse des toilettes chez les passants, même les plus pauvres. Ce premier décor flamand révèle tout de suite la fierté, la dignité intime, la volonté de bien vivre et le sens artistique du peuple de France le plus en contact avec la mer. Et quelle mer! Celle du Nord, si fréquemment froide, rude, violente. Elle l'a formé, éduqué : il est son fils. Il lui devait, au temps de Jules César, le belliqueux courage nervien, et lui dut, au moyen âge, son indomptable amour des libertés communales. Du reste, ce courage, même contre ses caprices furieux, ses invasions plus ruineuses que celles des Romains et des Barbares, n'a pas fléchi; il l'a chassée des terres qu'elle occupait, il l'en repousse encore un peu chaque jour, et par une vigilance, une énergie, une ingéniosité jamais en défaut, il la maintient en respect.

La bonne nourrice de la robuste et fière race flamande refuserait-elle de communiquer sa généreuse sève à ceux qui viennent, d'ailleurs, se retremper dans son sein?

La voici, consultez-la.

Au bord des sables jaunes amoncelés en plusieurs rangs sur toute la côte, elle agite, soulève, froisse ses petites vagues courtes, serrées, grises, avec une légère frange d'écume à la crête. Ces bénignes vagues viennent de l'ouest et vont, à l'est, déposer les grains de sable qui formeront les dunes sans cesse renaissantes et sans cesse fixées par les propriétaires des rives. Ces bénignes vagues ondulent, palpitent doucement jusqu'à la ligne d'horizon, où des brumes émanées d'elles voilent les falaises de l'Angleterre. A présent, sous un tiède soleil et par une brise molle qui dérange à peine l'harmonie des dunes, la mer est aussi paisible que la plaine flamande, aussi jolie que les petites maisons de Rosendaël dans leurs livrées multicolores et leurs jardins fleuris, aussi attrayante que les confortables hôtelleries et les villas de la plage de Malo-les-Bains, aussi suggestive de joie que le folâtre carillon du Beffroi, dont les quarante-quatre cloches éparpillent dans l'air les notes cristallines de la cantate à Jean Bart, memento d'histoires héroïques, intelligible, émouvant pour tous :

« Souvenez-vous des intrépides corsaires vos aïeux, honorez en vous-mêmes le type accompli de la valeur et de l'audace flamandes, ce Jean Bart, que le ciseau de David d'Angers vous a rendu familier, qui repose, avec sa femme et son fils, dans l'église Saint-Éloi, et dont la gloire resplendit sur Dunkerque! ».

Mais la mer du Nord n'offre pas souvent ce visage de douceur; elle est fantasque, facilement coléreuse, terrible alors. Que souffle le fort vent d'ouest, aussitôt s'amassent sur elle les lourdes nuées, ses vagues enflées s'assombrissent, et, parfait miroir du ciel abaissé, on dirait qu'elle ne fait qu'un avec lui. Rien de plus mélancolique que ce ciel et que cette mer vus à cette minute indécise où ils se confondent; les bruits de la terre étouffés dans l'air humide, les tintements du carillon arrivent grêles, plaintifs, très lointains, à travers les ondes mouillées, la mer ne laissant entendre que sa menaçante voix. Dans leur impuissante furie, les lames s'écrasent, en mugissant, contre les remparts des dunes frissonnantes, qui se meuvent à leur tour, roulent et se déplacent, comme les lames au souffle du vent, dont l'aigre fausset siffle avec rage. Bientôt la pluie tombe, fine, serrée, fouettant, noyant tout. O tristesse des choses! le spectateur d'âme étrangère en est d'abord accablé; mais elles n'ont de prise sur l'homme du rivage et du sol que pour lui commander impérieusement l'action. A lui de protéger son domaine contre les incursions de la houle, d'assurer contre les sables les fosses pratiquées pour l'écoulement du flot, de surveiller ses digues et ses écluses, d'empêcher que la sécurité du port soit un moment compromise. Et son exemple dit au passager : « Ne cédez pas à l'impression fâcheuse qui vous conseille le départ; vous en serez récompensé, comme moi, par un surcroît de vaillance. »

Admirable témoignage de la persévérance flamande, le port de Dunkerque a été arraché à la mer par une colonie de pêcheurs aggrégés autour d'une église, que rappelle encore le pèlerinage de Notre-Dame-des-Dunes; le commerce le fit prospère dès le

xe siècle; la guerre, illustre et malheureux au xviie; il fallut, en 1713, détruire, pour rassurer les Anglais, le terrifiant nid de corsaires où Jean Bart, ses compagnons et ses émules avaient tant de fois ramené captifs leurs vaisseaux pris à l'abordage, dans un héroïque corps à corps. Plus d'un siècle dura l'effet de ce cruel sacrifice. Aujourd'hui relevée, Dunkerque est plus sûre, plus commode, non moins hardie qu'elle fut sous Louis XIV; sa vaste rade protégée contre la tempête par les barres de sable du large, ses trois bassins à flot et son bassin d'échouage accessibles, même à marée basse, aux navires du plus fort tonnage, et constamment animés par l'extraordinaire industrie flamande, la réception des matières premières, l'expédition des denrées agricoles et des produits manufacturés, et les flottilles d' « islandais », qui font de lui le quatrième havre de France. Pacifiques, ses marins sont parmi les meilleurs du littoral, les égaux de leurs aînés par le sang-froid, l'initiative, l'endurance, le courage à toute épreuve.

Tout imprégnée de la mer, la plaine flamande semble en prolonger le rivage à six lieues au delà de Dunkerque, jusqu'au mont Cassel, sur le fond de l'antique golfe de la Morinie, accru des sédiments apportés du large. A certaines heures du matin et du soir, brumeuse de l'évaporation condensée des canaux et des wateringues qui la sillonnent de part en part, les guetteurs, du haut des beffrois, la voient autour d'eux s'étendre comme une immense nuée, d'où surgissent les silhouettes de clochers innombrables. En hiver, après les grandes pluies, on dirait que le flot de marée vient de l'inonder, tant l'argile en est molle, çà et là, marécageuse, et en ce cas malsaine, fiévreuse, du mélange de l'eau douce avec l'eau salée. Oh! qu'alors il faut l'aimer pour lui demeurer fidèle, l'aimer du filial amour qui ne veut se souvenir que de ses largesses!

Mais dans la saison d'été, surtout en automne, après les moissons, l'étranger peut se plaire à la parcourir. Les demi-teintes de l'équinoxe conviennent à son genre de beauté grave; ses paysages menus réalisent, sous l'arc étroit d'un ciel roux, le charme des toiles de Paul Potter et de Ruisdaël dans leur cadre d'or fané. Miroirs assoupis de la calme lumière, les canaux paraissent réfléchir, comme en songe, les peupliers du chemin, et les façades blanches ou rouges et les toits roses des petites maisons proprettes. Sa journée finie, le village se repose, groupé respectueusement, leur laissant grande place, autour de l'église paroissiale et du cimetière, dont ainsi les hôtes se recommandent sans cesse à sa mémoire et à ses prières. Demain peut-être il s'éveillera pour célébrer une fête, et ses cloches sonneront à toute volée, conviant les amis des villages voisins à s'unir à leurs amis pour festiner et danser, car voici le temps des « ducasses » et des kermesses.

Joyeuses fêtes, ces ducasses, ces kermesses, débauches de mangeaille et de buverie, franches lippées, farces au gros sel, dont la belle humeur et l'entrain étonneraient fort ceux qui jugent le caractère flamand d'après l'aspect mélancolique ou sévère du pays. Les jeux indigènes y sont toujours çà et là en honneur. Aux plus courus vont à l'ancienne mode, tambours en tête, enseignes déployées, les compagnons de l'arc et de l'arbalète y disputer le prix du tir. Heureux le vainqueur de ces luttes courtoises : il sera, pour un an, élu « roi de l'oiseau », ou même, si trois ans consécutifs il sut toucher le but, « empereur; » et le couvert d'argent ou le plat d'étain qu'on lui donnera portera gravés son nom, son titre et la date de sa victoire. Les femmes, de leur côté, rivalisent d'adresse dans une partie de boule à l'oiseau : louanges à la plus habile, elle sera reine! Reine et roi s'assoiront les premiers au banquet, ouvriront le bal ensemble, et seront aux accords du tambour, du fifre et du violon, reconduits cérémonieusement chacun chez eux. Cependant la bière coule à flots, humectant, dans les gosiers insatiables, les jaunes pâtisseries piquées de raisins de Corinthe, les *croquandouls* et les *folards* de Dunkerque, les *cœurs* d'Arras, les *macarons* de Douai! Il n'est humble logis où la table ne soit mise, et nos gens passent la journée en visites et rigolades les uns chez les autres, sans négliger les cabarets. Que de chopes vidées, de gros rires et d'épais lazzis! Tous vivent, sous vos yeux, les scènes joviales de Van Ostade et du vieux Téniers; vous jureriez le peuple de France le plus content de son sort.

Il n'en est peut-être que le plus laborieux et le plus tenace. Ses terres, admirablement cultivées, témoignent de la vigueur et de la persévérance de ses efforts. Pas une parcelle n'en est perdue; ce que le labourage n'occupe pas appartient à l'élevage; la prairie alterne avec le champ d'orge, de colza, de houblon, de lin ou de betteraves. Une fois approvisionnés les villes et les villages sans nombre, les fermes fournissent encore de volailles, d'œufs, de légumes et de fruits, les marchés anglais auxquels les économes

Beffroi de Bergues.

paysans, armateurs pour la circonstance, les expédient directement des ports de Mardick et de Gravelines, dans leurs propres bateaux. Grâce au travail obstiné de tous ses enfants à leur commerce, à leur industrie, à leur goût pour l'épargne, la Flandre était assez riche, dès le haut moyen âge, pour maintenir son indépendance contre toute convoitise féodale et se bâtir de belles cités où l'on cultivait les lettres et les arts avec beaucoup de finesse, d'ingéniosité et d'éclat. Elle n'a pas dégénéré.

D'âme conservatrice et religieuse, certaines villes ont la noble physionomie de leur passé clérical et monarchique, immortalisé surtout par les « sièges » de Van de Meulen. Ainsi, au bord de la plaine lacustre des Moers, Bergues-Sainte-Vinoc, nette et gentille cité, si paisible dans sa vaste enceinte militaire, sous la garde de son beffroi de fière prestance, ressemblerait exactement à ses portraits de l'époque de Louis XIV et de Vauban, qui la fortifia, si elle n'avait perdu, sous la Révolution, l'abbaye de Sainte-Vinoc, son illustre et savante aïeule.

Bergues et Hondschoote-la-Victoire, Bourbourg et Watten, qui furent abbayes avant d'être bourgades et conservent les tours de leurs fondatrices; Wormhoudt, Steenworde, Cassel, Bailleul, Hazebrouck, règnent sur la campagne vraiment flamande, *flamingante*, où résiste encore à la conquête de la langue française, enseignée partout, le plus ou moins pur dialecte flamand. L'Église en sauvegarde l'usage en plus d'un endroit; les livres de piété, l'Ancien et le Nouveau Testament, les paroissiens, sont imprimés en flamand. On garde, dans les archives de quelques mairies, où tout le monde les comprend, les espèces d'oraisons funèbres composées et rimées en flamand dès le XVe siècle par les *Sociétés de rhétorique*, en l'honneur de leurs membres défunts. Où l'on parle couramment vlaemsh, les mœurs changent peu, ni les coutumes. Il faudrait vivre chez ces bons paysans du Nord, pour observer ce que les unes et les autres ont de particulier et d'original. Froids, réservés, prudents, ils ne se révèlent pas volontiers au curieux qui passe; mais il n'est besoin d'un long séjour dans les villages flamingants pour remarquer ce qui les distingue : la fermeté des croyances religieuses, l'attachement aux traditions, le respect de la hiérarchie familiale, la résignation simple et digne aux dures obligations de la vie pauvre, toutes les volontés tendues contre les rudesses du climat, les violences de la mer et la mollesse du sol, qu'il faut sans cesse affermir, défendre contre l'invasion toujours possible des eaux. Dans ce combat sans répit, plus d'un succombe, anémiés ou perclus de rhumatismes, ou frappés des maux affreux que charrie et transmet, de génération en génération, le sang gâté par la misère, l'alcoolisme, les contagions fatales. Cependant ces victimes n'exhalent pas une plainte, la foi les soutient et l'espérance immortelle, et ils s'en remettent de tout à la volonté de Dieu.

Naguère un beau vieillard flamingant, notre oncle Ignace Barron, de Steen, nous guidait à travers son pays; type accompli de l'ancienne race, une longue vie de travail et d'inévitables épreuves n'avaient pas courbé sa haute taille, et son grand âge se devinait à peine à la pâleur de ses yeux bleus, reflets de la mer. Droit, à quatre-vingts ans, comme le peuplier du chemin, il pouvait marcher longtemps sans fatigue. Ses traits étaient nobles, ses manières pleines de dignité, sa parole pleine d'autorité. D'une famille d'artisans dont les ancêtres, ayant toujours vécu dans le pays, remontaient à plusieurs siècles, il nous représentait à merveille le prud'homme d'autrefois, le libre citoyen des communes flamandes.

Et croyez que nul en Flandre ne savait mieux que lui l'histoire de ses communes, leurs hauts faits et leurs rivalités, leurs souvenirs du temps de la domination espagnole, et les rondes, et les pasquilles, et les beaux traits de vaillance des corsaires, et les devises des villages, et les particularités de leurs ducasses, et pourquoi celui-ci préférait les combats de coqs aux luttes des vieilles gens contre les jeunes, tandis que celui-là se délectait aux concours de nez; bref, le fin mot de toutes choses. En vérité, l'âme sérieuse et contente du bon Froissart nous semblait revivre en lui.

Nous visitâmes ensemble Esquelbecq, dont la devise carillonnante est : « Vaincre ou mourir; » Zeggers-Cappel, Arnecke. Ce sont villages intéressants; il n'y a pas de château féodal mieux conservé que celui d'Esquelbecq, flanqué de neuf tours, et de plus jolies boiseries que celles de son église, sculptées dans le goût espagnol, avec une fanatique énergie, par un excellent élève du Berruguette, si ce n'est par ce maitre lui-même.

Chaumières flamandes ; environs de Dunkerque.
(Tableau de E. Petitjean.)

L'humble Arnecke possédait le manoir de la noble famille Van Kempen, qui vient de s'éteindre, en la personne de Mlle Van Kempen, laquelle, entre autres libéralités, l'a dotée d'un hospice pour les pauvres et les infirmes.

De là commence à s'élever doucement, entre de frais ombrages, la route de Cassel, jusqu'au sommet du mont célèbre où les Ménapiens, sous Jules César, avaient leur castellum et d'où partaient sept voies romaines. Cassel fut longtemps la clef des Flandres; trois batailles acharnées se livrèrent à ses portes en 1071, en 1328, en 1677; un « monument » en publie la gloire martiale. Après tant de bruit, c'est la plus tranquille petite cité qui soit; on y entendrait trotter une souris, voler une mouche. Elle n'en a pas moins, dans sa petitesse, la grandeur et la haute mine d'une douairière à dix quartiers. La plupart de ses maisons élégantes, avec leurs fenêtres de la Renaissance et leurs pignons bordés d'escaliers, comme pour vous inviter à sortir du logis par les toits, inscrivent à leurs façades une date lointaine. L'ancien hôtel de ville, bâti en 1634; l'hôtel de la Noble Cour de Cassel qui le remplace, l'hôtel des comtes d'Halluin et deux portes crénelées donnent de la vanité à ses bourgeois. Du reste, pour la Flandre entière, Cassel est toujours une grande ville; aucune, pas même Lille, n'a de pareilles annales, aucune n'a poussé si loin le railleur et provoquant esprit flamand, empreint dans le fameux défi : *Quand ce coq chanté aura, le roy Cassel conquestera;* et pas une n'est, de beaucoup, si bien située.

Du sommet du mont Cassel, à 175 mètres d'altitude, on peut, ô merveille! dénombrer trente villes et distinguer cent villages. Voilà de quoi ravir en admiration les braves gens de la plaine, d'autant plus que le rare horizon qu'ils découvrent embrasse, vers l'est, deux autres buttes singulières, — montagnes ici, coteaux ailleurs, — le mont Noir et le mont des Cats, dominateurs d'un pays fertile entre tous ceux de Flandre, comme en témoignent l'état florissant de la Trappe du Mont-des-Cats, l'air aisé du village d'Ecke, Caëstre, où l'on vénère la chapelle des Trois-Vierges; Feltre, dont l'art de la Renaissance orna généreusement l'église de vitraux et de boiseries charmantes, sans oublier Hazebrouck, orgueilleuse de sa flèche de 85 mètres, ni la très catholique, industrieuse et prospère Bailleul, centre de la fabrique des dentelles dites « valenciennes ». Au delà, vers Lille, c'est la région de filatures dont chaque commune, Armentières ou Merville, le Quesnoy ou Roubaix, pourrait, ce nous semble, faire sonner à son carillon, en guise d'enseigne, le chant des tisserands que répète, depuis des siècles, le beffroi d'Estaires !

Arrêtons-nous au seuil de l'industrielle Flandre wallonne.

*
* *

L'Artois reproduit, avec moins de caractère, l'aspect de la Flandre.

Au delà d'Hazebrouck, le voyageur verrait s'étendre, brumeuse, fumeuse, toute bouleversée par l'industrie, toute crevassée de fondrières et çà et là couverte de nappes d'eau stagnante, la région de mines et de sucreries dont Aire, Béthune et Lens sont les vieilles cités. Le chemin de la mer ne traverse pas une contrée plus agréable. Jusqu'aux rivages du pas de Calais, où, loin des côtes, l'eau dans les puits monte et baisse avec le flot, la terre va s'abaissant, de plus en plus molle, incertaine, récente. Entre la Lys et l'Aa, un réseau de canaux et de watergands la divise en une multitude d'îlots, que les hautes marées d'équinoxe, refluant dans les cours d'eau artificiels et naturels, souvent envahissent et noient longuement.

Mais, à cette heure de la belle saison, partout chatoie le vert lustré des prairies, indice de sécheresse; un air lourdement humide, peut-être saturé de miasmes fiévreux, s'exhale des boues laissées dans la campagne par les déluges écoulés.

L'Aa arrose et la route traverse la ville célèbre de cette contrée mélancolique : Saint-Omer, si jolie encore il y a quelques années, du moins aux regards de l'artiste, dans l'ample et verte ceinture des remparts de Vauban. Vêtus d'herbes hautes dissimulant leur appareil guerrier et bordés de canaux assoupis, ces remparts n'étaient que de paisibles promenades, douces au prêtre lisant son bréviaire, aux studieux jeunes hommes, aux enfants des faubourgs. Et quand par la vieille porte, dont les fantoches Mathurin et Mathurine sonnent le gai carillon, on entrait dans la ville ainsi close et murée du silence, c'était une chose charmante, par contraste, que la vive animation des rues marchandes de Dunkerque et de Calais. Le cadre faisait valoir le tableau. Maintenant ville forte déclassée, démantelée, défigurée, Saint-Omer apparaît comme une île sans rivages au milieu de la plaine maritime. Son enceinte était sa défense et sa parure, elle la protégeait contre l'inondation et contre l'étranger, et elle l'anoblissait. Il lui faudra donc refleurir pour se refaire une physionomie; mais, de notre temps et à son âge, cela se peut-il encore ?

Elle date, sous son nom, du VIIe siècle, époque où saint Omer, évêque de Thérouane, fit bâtir au village barbare et païen de Sithieu ou Sithiu, berceau de la ville, trois monastères qu'il appela à diriger trois bénédictins de Luxeuil, apôtres et colons intrépides. Le plus illustre de ces religieux fut saint Bertin, dont l'abbaye, bientôt fameuse, cloîtra le dernier des Mérovingiens Childéric III, et ne disparut qu'à la Révolution. On voit encore les ruines de la belle église de Saint-Bertin, stupidement abattue par d'aveugles ennemis du passé ; son clocher s'élève près de l'une des portes de la ville.

Retranchée de son enceinte, amputée de son abbaye, Saint-Omer intéresse l'observateur à quelques traits de son ancienne physionomie aristocratique et cléricale. Certaines larges rues de beaux logis construits au siècle dernier disent la vie ordonnée, sérieuse et digne de leurs hôtes, nobles et bourgeois, d'autrefois et d'à présent, de même que la vulgaire, forte et franche figure de Jacqueline Robin, dans la statue de bronze élevée à l'héroïne du siège de 1710, exprime la vigueur et l'énergie du peuple audomérois, person-

Ruines de l'abbaye de Saint-Bertin ; Saint-Omer.

nifié dans la robuste fille dont le bateau, sous le feu des Anglais, ravitaillait la cité, menacée d'être prise par la famine. Certes se lèveraient, à l'occasion, plus d'un et plus d'une émule de la légendaire Jacqueline Robin[1] chez les bons maraîchers des faubourgs d'Hautport et d'Yzel !

Legs de l'histoire, l'hôtel Colbert, dans le goût opulent du XVIIIe siècle, et la façade de l'hôpital, ornée à l'espagnole de sculptures en pierre sur un fond de briques, se recommandent aussi aux curieux. Mais la basilique Notre-Dame ravira le cœur de l'artiste et du poète. C'est une exquise église gothique, au fond d'un silencieux quartier de chanoines et au bord de l'enceinte, qui n'a pas tout à fait disparu de ce côté. Du haut d'un talus verdoyant, combien de fois nous l'avons contemplée, majestueuse et vénérable arche d'alliance, dressée au-dessus des fureurs humaines pour convier tous les hommes à l'union dans la foi, l'espérance et la charité ! A l'heure des offices, les volées de ses cloches roulant par la campagne l'emplissaient d'une grave et pacifique harmonie, saluée par les milliers d'oiseaux nichés dans les tours et les pinacles ; et nous croyions entendre la voix

[1] Saint-Omer ne fut pas assiégé en 1710, et le personnage de Jacqueline Robin ne peut être qu'un symbole démocratique. Voir à ce sujet les travaux critiques de M. l'abbé Bled, président de la *Société des antiquaires de la Morinie* et savant auteur de l'*Histoire des évêques de Saint-Omer* (1898).

de la cité elle-même, demeurée pieuse à travers les âges, ces âges dont le vieil édifice évoque les luttes et la gloire par des œuvres pleines de caractère ou d'élégance et par de remarquables inscriptions. Saint Omer y repose; la Renaissance espagnole décora de sculptures et de marbres somptueux les chapelles latérales; une haute et fruste statue, connue sous le nom de « Bon Dieu de Thérouane », provient, en effet, de cette ville voisine et fut donnée par l'empereur Charles-Quint, après qu'il l'eut prise, saccagée et rasée, en 1551. Un jour, le César allemand du XVIe siècle entra solennellement dans la basilique, dont les admirables orgues saluèrent, un autre jour, la venue de Louis XIV, nouveau souverain de l'Artois. Que de reliques encore empreintes sur les murs et les dalles où l'on s'arrête pour rêver, penser, prier!... Notre-Dame est le véritable musée de Saint-Omer; cependant un érudit ne quittera pas la ville sans avoir visité la jolie collection de raretés céramiques que lui légua l'un de ses enfants, M. Dupuis.

Routes, canaux et chemins de fer vont, par la plaine fertile, aboutir à Calais, dont ils font la fortune commerciale, et qui vivifie à son tour de son active industrie Aire, Ardres, Andruick, cités jadis fortes et célèbres par plus d'un siège. Faste mémorable : c'est entre Ardres et Guines, près de Balinghem, à la limite des États de France et d'Angleterre, que l'an 1520 flamboya le luxe magnifique du camp de Drap d'or, dressé pour l'entrevue de François Ier et de Henri VIII, et des fêtes, luttes courtoises et singulières prouesses des deux puissants princes et de leurs courtisans chamarrés.

Calais, unie par la vaste enceinte moderne à son populeux faubourg de Saint-Pierre, dénombre soixante mille habitants; elle est vaste, régulière, laborieuse et triste comme les grandes villes industrielles de l'Angleterre. Ses hautes maisons en briques rouges, retentissant du bruit des machines dont le feu les éclaire, s'alignent en d'interminables rues, où l'on écrase des poussières de charbon. Ce sont des brosseries, des fonderies, des filatures de lin, des fabriques d'engins de pêche, des scieries à vapeur, surtout des fabriques de tulle de soie et de tulle de coton, organisées suivant les procédés importés à Saint-Pierre, en 1819, par de pratiques Anglais de Nottingham. Dans ce domaine du travail sans trêve, modelé sur un type étranger, le voyageur n'a que faire de promener sa flânerie.

La ville ancienne, malgré la longue domination anglaise subie de 1046 à 1558, a la marque de génie flamand. Comme en son temps de franche commune, la tour du Guet du XIIIe siècle et le Beffroi s'accordent pour lui sonner les heures : celui-ci de son fin carillon qu'accompagnent les luttes frénétiques de deux chevaliers dorés, joutant avec la lance; celle-ci par la trompe du veilleur, installé à son poste de vigie de la onzième heure du soir au lever du jour. Et c'est vraiment plaisir de les entendre ensemble perpétuer les fraternelles coutumes et rappeler l'héroïque passé. Elles sonnaient de même aux oreilles des vaillants hommes qui résistèrent avec tant de courage aux armées victorieuses d'Édouard III, et ne furent sauvées de male mort que par le sublime dévouement d'Eustache de Saint-Pierre. Elles sonnaient de même aux oreilles des citoyens restés français de cœur, lorsque l'heureux coup de main de François de Guise les rendit à leur patrie. Écoutez-les, pendant le sommeil de la ville, éveiller pour vous ces grands fantômes de l'Histoire.

A trente-neuf kilomètres de Douvres, d'où l'on aperçoit, sous un ciel clair, le haut clocher de sa Notre-Dame, Calais est le port d'où l'on va en Angleterre par le chemin le plus court, et qui pourtant, si court qu'il soit, a déjà paru trop long aux deux grandes nations rivales, désireuses de l'abréger au moyen d'un tunnel sous-marin ou d'un pont gigantesque, que la vapeur franchirait en un moment. Admirable projet, plusieurs fois conçu en 1750, en 1802, en 1838, essayé en 1868, démontré possible et retardé, hélas ! par d'invincibles préventions, mais que tôt ou tard les peuples, désabusés, abjurant les haines séculaires, sauront réaliser pour leur bien commun. On verra peut-être alors surgir du milieu du détroit sur le banc de sable de Varne, exhaussé par les ingénieurs, une ville internationale, merveilleusement agencée pour servir de refuge aux innombrables vaisseaux qui sillonnent incessamment le passage océanique le plus fréquenté du monde !

En attendant, les phares électriques dressés au sommet des falaises à pic du cap Blanc-Nez et du cap Gris-Nez illuminent le « pas » dangereux au navigateur.

***

Du cap Gris-Nez à la baie de la Somme.

La côte, tout occidentale, trace une ligne presque droite, creuse seulement aux lentes embouchures des rivières s'écoulant dans la Manche à travers les vases et les sables déposés par le flot. Elle est tour à tour falaise sans grandeur et plage de sable fin, épais, jaune pâle, très étendue à marée basse. Monotone, pluvieuse, en butte aux grands vents du large, elle éloignerait ceux qui vont à la mer chercher l'indolence, craignant les troubles des climats changeants. Les hommes du Nord, au contraire, en aiment beaucoup les ciels mouillés, les plages immenses, les violentes secousses qui remuent l'âme comme le corps, et chez l'un et l'autre fouettent l'énergie.

Petites plages sans ombre, aimées pourtant de quelques fidèles baigneurs, Andreselles, Ambleteuse, Wimereux, précèdent la seule ville plaisante de ce littoral grisâtre : Boulogne, jolie en pleine lumière d'été, dès la gare, dès le pont jeté sur la rivière de la Liane, où commence son grand port, aujourd'hui le plus sûr de ce rivage et le plus marchand. Il est à gauche, ce port, rempli d'embarcations, petites et grandes, la plupart battant pavillon anglais ; les plus forts navires y évoluent aisément ; plusieurs fois le jour le bateau de Folkestone et de Londres y vient et en sort, chargé de passagers et de marchandises, et ses quais, où roule un tramway continuel, sont encombrés de ballots et de débardeurs, car nulle part en France l'Angleterre ne commerce davantage. Aussi, par intérêt et par sympathie, Boulogne est tout anglaise ; après la France, c'est l'Angleterre qu'elle aime le mieux : mœurs, industrie, travail, plaisirs, hôtelleries, habitations, à peu près tout chez elle est anglais, et sur la belle et douce plage, que domine le luxueux casino, bâti au goût anglais, pour des Anglais, on ne rencontre que des Anglais, enchantés de n'être pas chez eux. Pour eux encore, pour eux seuls jouent les régates annuelles. Pour eux les courses, où figurent avec tant d'honneur les fins et rapides chevaux boulonnais ! Bien heureusement le peuple, l'excellent peuple des marins boulonnais, habiles entre tous ceux du monde, le peuple des ouvriers, et surtout l'aimable peuple des ouvrières, si gracieuses de costume et d'allure, n'ont pas dans les veines une goutte de sang britannique et rattachent solidement leur ville à la patrie.

Devant vous monte rapidement la haute ville, la gauloise Sesoriacum, l'antique Bolonia, l'ancienne ville féodale des Godefroy de Bouillon et des Baudouin de Flandre, dont l'enceinte en partie romaine, flanquée de tours et gardant un château féodal, entoure encore le séjour préféré de la riche bourgeoisie. Là, silence, discrétion, confort; on se croirait dans un élégant quartier de Londres : les maisons, avec leurs façades et leurs sous-sols grillés, copient le petit hôtel, net, sec, froid, égoïste, de la famille anglaise à Kensington. Mais un beffroi du XIIIe siècle rappelle l'histoire de la vieille cité, et voici la façade et la majestueuse coupole de l'église de Notre-Dame de Boulogne, édifiée, de 1827 à 1866, sur l'emplacement de la cathédrale bâtie par sainte Ide, comtesse de Boulogne, où l'on venait en pèlerinage de tous les points de l'Europe catholique se prosterner devant la miracu-

Boulogne-sur-Mer.

leuse statue de la Vierge Mère, un jour apparue dans la « rade, sur un vaisseau environné de lumières et voguant vers le rivage sans aucun secours humain ». Bonne Française, cette Madone dérobée par les Anglais au siège de 1544, et par eux emportée outre mer, revint seule dans son sanctuaire de Boulogne en 1550. Maintes inscriptions attestent ce prodige, qui ne fut pas le seul : Notre-Dame de Boulogne a guéri, consolé, protégé et toujours protège, console, guérit, et ceux-là le savent qui, en foule, l'espérance dans le cœur, l'invocation aux lèvres, vont pieusement baiser le fragment de la miraculeuse image exposée dans la crypte.

Propice au recueillement, la dévotion séculaire, chère à la haute ville, y a créé le milieu littéraire et scientifique où se formèrent les profondes, sensibles et pénétrantes intelligences de Sainte-Beuve et de Mariette, ces grands interprètes de l'âme du passé.

Au sud de Boulogne, les dunes ourlent le rivage de leurs ondes mobiles; on marche entre leurs sables et les prairies des hauteurs du Boulonnais, dont quelques sommets isolés, comme le mont Saint-Frieux, découvrent les perspectives de la Picardie industrielle et agricole. Sur les pentes s'ébattent les chevaux de la belle race indigène; de nombreux troupeaux de moutons paissent les gros herbages des vallons frayés dans la molle argile par de petites rivières, blanches et lumineuses sur un fond noir.

La Canche est parmi ces rivières, mais non petite. Née près d'Arras, elle vient d'Hesdin, cité forte bâtie par Charles-Quint; des champs d'Azincourt, maudits depuis la fatale journée de 1415, qui livra la France à l'Anglais, de Montreuil, où jadis elle laissait arriver assez de vaisseaux pour lui mériter une place dans la ligue hanséatique; au terme de sa course, lourde et lente, comme de fatigue, elle s'évase, ayant juste assez de profondeur et de mouvement pour entraîner à la Manche les barques des pêcheurs d'Étaples, bourgade somnolente sur les fondations gallo-romaines de Quentovicus, où dut ancrer la flotte des Césars. Sur le large estuaire, le phare du Touquet projette ses feux; il s'élève sur la rive gauche, parmi les dunes immenses que dominent ridiculement les chalets jaunes, lustrés, découpés, fignolés comme des jouets de bazar d'une ville balnéaire créée tout récemment sous le nom pompeux de Paris-Plage. Étranges bicoques, incapables de résistance à la furie des tempêtes, aux brusques variations du chaud et du froid, plus incommodes encore que prétentieuses, et où la vanité se débat contre la gêne! Plusieurs si basses, si lilliputiennes, qu'un homme doit se plier en deux pour y rentrer et touche de la tête le plafond des plus hautes chambres, ressemblent à des cabanes à lapins. Elles sont pourtant louées à des prix fabuleux, ces « maisonnettes de carton », dont Michelet disait : « Ce sont les pièges les plus dangereux. » Entre elles pas un arbre, pas une fleur, le sable enlise tout, et les heureux baigneurs rôtissent à la canicule, à moins qu'ils ne préfèrent aller loin du flot, sous les pins et les jeunes chênes d'un bois taillis poussé sur les dunes et déjà baptisé « forêt » par l'honnête réclame.

Combien préférable à ces fantaisies la simple Berk, abritée, non cernée par les dunes, calme et tiède, comme il convient à la chétive santé des enfants scrofuleux que Paris lui envoie, et que soigne et guérit un admirable hôpital au bord de la plage!

*
* *

En Picardie.

Entre la baie de l'Authie, pareille à celle de la Canche, et la baie de la Somme, bien autrement vaste, les cultures magnifiques de Marquenterre honorent la ténacité infatigable et le travail ingénieux du bon paysan picard : il les a conquises sur la mer en moins de deux siècles; à leur place, jadis, ce n'étaient que marécages tourbeux laissés par les eaux de la Somme, de l'Authie, de la Maye. Nul en France plus volontaire ni plus ardent sous un air de bonhomie narquoise; agir et penser sont pour lui la même chose. De ces qualités vient la richesse du sol, presque partout assaini, exploité, très peuplé, et où se fait l'élève fécond de races de chevaux, de moutons, de bêtes à cornes primés à tous les concours. Nous leur attribuerons encore, y joignant le talent pour les arts, la finesse et le goût, les splendides architectures dressées sur notre route.

Sans cesse la mer accroit le territoire picard de ses dunes fixées par les oyas, de ses vases aussitôt cerclées de fosses par où s'écoulent les eaux stagnantes : elle recule, la terre avance. Port autrefois, la ville de Rue est maintenant à deux lieues et demie du rivage; il fut, qui le croirait? un temps où les navires entraient dans Abbeville, et c'est de Saint-Valéry-sur-Somme que la flotte de Guillaume de Normandie fit voile pour la conquête de l'Angleterre.

Envahi par le flux et plein de la mobile lumière des vagues bleues roulant entre de

Portail de la cathédrale d'Amiens.

lointaines, indécises et vaporeuses rives ensoleillées, le vaste estuaire de la Somme semble un bras de mer, comme ceux des grands fleuves de l'Amérique ; mais le flot qui lui apporte cette gloire la remporte ; à marée basse, ce n'est plus qu'un archipel d'îlots sableux hérissés de joncs ou couverts d'algues et de mousses, et pareils, au milieu des eaux peu profondes, à des taches vertes sur une plaque d'étain bruni. Au-dessus de ce marécage volent des nuées d'oiseaux sauvages, canards, macreuses, guillemots, pies. Quelques bourgs, à la merci de la vague, vivant par elle, morts sans elle, Port-le-Grand, Noyelle, le Crotoy, le Hourdel, abritent des pêcheurs au bord de la baie, dont Saint-Valéry continue d'être le port de commerce, grâce au canal d'Abbeville, doublant la Somme, et au viaduc du chemin de fer, svelte et puissante jetée de treize cent soixante-sept mètres de longueur bâtie sur le fond mouvant de l'estuaire pour servir la vieille ville et la préserver de déchéance.

On voudra descendre la Somme, faible reste d'un fleuve qui fut immense comme le Saint-Laurent ou l'Orénoque. A l'âge de pierre, la pirogue de l'homme primitif navigua sur ce fleuve disparu, s'il en faut croire le témoignage des silex taillés recueillis par le savant Boucher de Perthes dans les sables et les graviers des anciennes berges, et conservés au musée d'Abbeville. Son lit, évacué depuis tant de siècles, constitue les tourbières picardes, les plus abondantes de France. Les routes passent entre ces boues noires et molles et les marécages traversés de « renclôtures », que le paysan dessèche peu à peu. Hormis ces vestiges d'antiquité géologique, ce sont partout cultures perfectionnées, prairies, jardins maraîchers, villes, bourgs, villages nombreux et florissants.

Abbeville reçoit tout au plus, sur deux bras de la Somme, quelques bateaux de cabotage, quelques chalands amenés et remmenés par la marée; mais l'industrie la maintient prospère, et l'admirable église de Saint-Vulfran, belle œuvre de l'art gothique du xve siècle complété par les grâces de la Renaissance, et dans un milieu harmonique de vieux logis à façades encorbellées et sculptées, la glorifie aux regards des artistes. En ses environs, l'abbaye de Saint-Riquier, dont elle fut à son origine la manse : *Abbatis villa*, a laissé aussi une église charmante. Plus haut, dans le Ponthieu, une voiture pourrait vous conduire du fameux gué de Blanquetaque au champ de bataille de Crécy : une chapelle, à Maison-Ponthieu, commémore le désastre du 26 août 1346 et l'apparition sinistre, dans les armées des premières « bombardes », qui produisaient aux novices oreilles épouvantées l'effet du tonnerre.

Amiens, la grande ville de la vallée de la Somme et de la Picardie, l'antique *Samarobriva* des Belges Ambiens, se révèle large, nette et froide ville du Nord, sans la belle humeur des cités flamandes. Jadis péniblement sortie du limon des plaines humides et fiévreuses, puis soumise aux dures exactions de ses maîtres, souvent révoltée, aussi souvent châtiée, tour à tour violente et peureuse, jetée de l'atroce féodalité du moyen âge sous le joug de fer de la monarchie, plus d'une fois assiégée, prise, rançonnée, enfin courbée sous l'impitoyable nécessité moderne de la production forcenée, qui multiplie les misérables, elle respire le silence, l'ennui et la crainte. Tel quel, le génie du peuple picard s'y résume au plus haut degré, dans l'art, l'industrie, l'agriculture. Persévérant, mais d'esprit amer et si chatouilleux que son nom, faute d'étymologie historique, paraît lui venir « de ce qu'il se fâche ou se pique facilement » et que, selon le propos commun à plus d'un voyageur, « on en évite volontiers la compagnie, crainte de s'engager dans des querelles, », ce peuple ingénieux et railleur a consacré tous ses efforts à l'enrichir et à l'embellir : elle concrète son idéal dans le passé et le présent.

La cathédrale Notre-Dame, isolée dans sa magnificence parmi les rues mornes, dit le sublime élan vers le ciel, le Dieu juste et vengeur, de ce peuple cruellement opprimé par la nature et les hommes, de ce peuple d'où sortit Pierre l'Ermite. Édifiée de 1226 à 1288, seule paisible période du moyen âge, suivant les plans de l'immortel Robert de Luzarches, c'est moins une pure merveille de l'architecture ogivale en sa discrète et ravissante floraison, qu'un des plus beaux poèmes mystiques que l'on ait écrits dans la pierre. La façade y prélude par un chant de douleur et d'espérance, offrant aux malheureux les consolantes images d'une foule de saints personnages, décharnés, rigides, lamentables comme eux, mais triomphants dans les niches ciselées du triple porche, dans les arcatures légères, sous les dentelles des pinacles, comme au paradis pour l'éternité. Plus haut encore, éperdument, les nefs élèvent l'hymne de plainte, d'espoir et d'amour, et sous la majesté de leurs voûtes, et dans le chœur, l'idéal populaire, interprété par les sculpteurs et les peintres, éclate dans les récits ciselés aux parois des jubés : l'*Histoire de saint Jean-Baptiste*, la *Vie de saint Firmin*, dans les strophes des vitraux, et se résume dans les tombeaux en bronze des évêques fondateurs de l'édifice, Évrard de Fouilloy, Geoffroy d'Eu, empreints de l'immuable sérénité à laquelle aspirent les tourmentés de la vie.

Cathédrale d'Amiens.
La Vierge et les Anges.

Au chef-d'œuvre de sa foi chrétienne Amiens ne peut rien comparer; elle n'a pas eu d'autre inspiration et ne se fie aujourd'hui qu'au progrès, nouvelle divinité, combien décevante! Peu de villes ont plus de fabriques et d'usines dans de plus laides bâtisses, et plus de pauvres dans de plus pauvres maisons. En retour, les millionnaires n'y manquent pas; il ne se peut, pour leur être agréable, meilleurs pâtés de canards que de chez elle, et quant aux légumes et aux fruits, ils sont dignes des plus opulentes sensualités, grâce aux *hortillons* : ainsi nomme-t-on les cultivateurs établis de père en fils entre la Somme et l'Avre, dans les jardins maraîchers ou *hortillonnages* que rafraîchissent et fertilisent cent canaux et ruisseaux tirés de ces deux rivières.

Une citadelle protège la ville; la promenade du Hautoie l'égaye un peu; aux environs a prospéré l'abbaye de Saint-Acheul; plus loin s'étend le Santerre, curieuse contrée gérée encore suivant la sage coutume du moyen âge : fermiers et propriétaires y ont sur le sol des droits réciproques, et les uns ne peuvent en vendre une parcelle sans le consentement des autres. Corbie l'abbatiale, Albert la ducale; Péronne, dont le château fort vit Charles le Simple mourir de faim et Louis XI s'humilier devant son vassal de Bourgogne; Ham, dont le donjon tint captifs l'auguste Jeanne d'Arc, Condé, Moncey, Louis Napoléon; Montdidier, où naquit Parmentier, l'agronome, attirent les curiosités vagabondes; mais ces voyages en zigzags veulent de longs loisirs, et nous voici loin de la mer; il y faut revenir.

La Normandie.

Maintenant la brusque falaise d'Ault se dresse comme une barrière contre les sables; les dunes cessent; et la côte, inclinée vers l'ouest jusqu'au cap d'Antifer, est tout entière de falaises jaunâtres, faites de silex et d'argile, disposées par bancs horizontaux, plus hautes à droite qu'à gauche, à l'est qu'à l'ouest, effet de la rotation terrestre, et de baies, criques, ports, plages, où le flot roule avec fracas les galets arrachés à ces friables falaises, fatales proies de la mer.

Privés de sécurité, menacés d'écroulements subits, sinistres et ruineux, cependant de vaillants petits ports, commerçants et pêcheurs en toute saison, mondains en été, émaillent la côte incertaine. Nulle part au monde marins plus entreprenants et plus braves qu'au Tréport, qu'à Dieppe, Saint-Valéry-en-Caux, Fécamp. Où n'ont-ils pas mené leurs courses aventureuses ? Aux Portugais ceux de Dieppe montrèrent la route des Indes; dès 1365 ils fondaient le « Petit-Dieppe » aux rivages de Guinée; au XVIe siècle leurs vaisseaux abordaient couramment le Brésil pour le compte du richissime armateur Ango, rival des rois. Tous équipent aujourd'hui pour la pêche aux harengs et aux maquereaux, quelques-uns pour Terre-Neuve et l'Islande : expéditions en apparence plus modestes que celles de jadis, moins périlleuses non pas. Quel baigneur n'en a vu, lui, terrien voluptueux, amolli, tranquille, que stupéfiait leur incroyable audace, se jouer aux plus téméraires entreprises ? S'agit-il d'un sauvetage à tenter, ou même, — sans but, — de narguer la mer houleuse, déferlante, horrible, sur une barque qui chavirera vingt fois ? rien n'arrête ces intrépides. Ils quittent le port, dépassent les jetées protectrices; la vague les repousse, les recouvre; les yeux terrorisés des spectateurs les voient déjà sombrés, perdus... Après une courte lutte ils reparaissent, héros sans le savoir, avec ceux qu'ils ont sauvés, ou fiers seulement du pari gagné, et dont la mort était l'enjeu !

Ces ports héroïques, le luxe moderne ne les altère pas beaucoup; pour qui sait voir, leur reste étranger. Contre les raides falaises mordorées dominant les plaines nues, casinos vernis et chalets multicolores semblent joujoux hétérogènes, bizarres, inharmonieux. On les attribuerait volontiers à des êtres d'une autre étoffe, d'une autre âme que ceux de la côte, sans liens aucuns d'origine, de traditions, de goûts ni de pensée avec le bon peuple maritime. Auprès de sa pauvreté sévère, invariable, combien jurent, en effet, les mœurs « élégantes », les us frivoles jusqu'à l'extrême ridicule, les égoïstes et folles dépenses de ses hôtes dominés par l'éternel souci de la pose inhumaine ! Quel contraste de sa vie énergique à leur misérable oisiveté !

Enfermés en des lignes pareilles, tous ces ports se ressemblent un peu. Ils s'étendent ou se resserrent entre les falaises comme un livre dans sa reliure ouverte ou fermée. Souvent la rivière les partage en deux quartiers, l'un bourgeois, l'autre marin. Les maisons bordent la plage et les bassins et, avec la rivière, remontent la valleuse; autour se répandent les villas. Tous comprennent une vieille ville, de nobles et belles églises, des logis curieux, et une ville née des besoins de ce temps banal. Ainsi le Tréport, Dieppe, Saint-Valéry, qui chacune laissent à l'esprit quelque chose de plus que le souvenir des « plaisirs » du casino.

Bien des gens de médiocre fortune vont au Tréport chercher le repos, — *rara avis*, —

et le trouvent dans les humbles logis de la ville haute pressés autour de l'église Saint-Jacques (aux si remarquables clefs de voûte), comme dans les propres et commodes maisons de briques alignées du quai du port à la plage. Le casino, les modes ne troublent personne; on se distrait de la mer par les faciles promenades vers Mers, Onival, Ault, vers le mont Oriel, le mont Jolibois, surtout (par la valleuse de la Bresle) vers la ville d'Eu, tour à tour princière et royale, admirée pour son château qui fut celui des Guise, de la grande Mademoiselle, du duc du Maine, des princes de Penthièvre, du roi Louis-Philippe, du comte de Paris; château invisible, silencieux d'ailleurs, de même que ses jardins, son parc immense. Mais l'église de Saint-Laurent est ouverte à tous et les charme de la délicatesse et de l'abondance des sculptures prodiguées par le xve et le xvie siècle à son beau vaisseau de pur style ogival. Elle rappelle les grandeurs de la Normandie, cette église. Avant elle, sur ses propres fondations, s'élevait la collégiale où le duc Guillaume, qui n'était pas encore le « Conquérant », célébra, seize ans avant la victoire d'Hastings, son mariage avec la princesse Mathilde. Sous la crypte, quelques sarcophages aux lourdes effigies de pierre rapprochent le visiteur de ce lointain épique. Une autre époque moins glorieuse, plus agitée, se représente à l'esprit devant les pompeux mausolées en marbre blanc de Henri de Lorraine, duc de Guise, et de Catherine de Clèves, sa femme, inhumée dans l'ancienne chapelle des Jésuites qu'édifia, en 1623, la veuve du « Balafré »...

Dieppe. — Le bassin. Flot et la porte d'Ouest.

Dieppe semble moins accessible que le Tréport. A l'idée d'une saison de bains de mer à passer dans une ville d'aristocratique renom si bien établi, de mondaine réputation si brillante, plus d'un timide s'étonne, hésite... Il a tort. La populaire et laborieuse Dieppe a de la place, des vivres et des fêtes pour tous. Il n'est besoin d'habiter le quartier des villas armoriées; les alentours du port, la mouvante Grande-Rue et ses adjacentes sont d'un bien autre intérêt. Tout y prend les yeux, l'esprit. D'abord les restes de la cité ancienne, maintes fois navrée par les Anglais contre lesquels elle éleva son glorieux fils Abraham Duquesne, — dressé de pied en cap et dramatisé par Dantan l'aîné sur la place

Nationale, — enfin bombardée, ruinée en 1694. Un robuste château dominant la mer, la massive porte du port d'Ouest, la Tour-aux-Crabes; les nobles églises Saint-Jacques, aux marbres et boiseries sculptés; Saint-Rémy, aux tombeaux historiques; quelques débris de l'hôtel princier d'Ango, quelques charmants ouvrages d'ivoire, au musée, rappellent ces temps agités et les jours florissants de la république dieppoise, industrieuse, artiste, si riche par le commerce, quand, émule de Gênes et des libres ports hanséatiques, ses vaisseaux trafiquaient dans les deux mondes.

La ville moderne, c'est, tous les jours, le port affairé, le départ, le retour des bateaux de pêche que montent les originaux et bons marins du Pollet, vrais loups de mer, issus, dit-on, des Vénitiens; le service des vapeurs avec Newhaven, trait d'union entre deux ennemis séculaires réconciliés par raison; le pittoresque faubourg des Polletais, la criée de la Poissonnerie, et surtout la plage de galets chaque jour amoncelés, où, depuis qu'au mois d'août 1824 la duchesse du Berry, suivie de la cour, y inaugura les bains de mer, jusqu'alors à peu près inusités en France, l'aristocratie rivalise d'ostentation et de frivolité. Le casino plus pimpant, les villas plus jolies, les plaisirs plus fréquents, plus animés qu'ailleurs, offrent là un spectacle merveilleux à faire douter que la vie, si voluptueuse pour certains, puisse être si amère à la multitude des êtres qui gagnent leur pain à la sueur de leur front.

Atténuée, plus calme, la féerie du luxe se prolonge sur la côte, des deux côtés, où elle accroît Puys, Berneval, Pourville, Varangeville, que les heureux de ce monde fleurissent de villas. En deçà de Dieppe, la terre aussi est attrayante, sollicite les gaies échappées. Les vallons de l'Arques et de la Béthume, puis de l'Andelle, entre les deux plateaux du plantureux pays de Caux, aux gras herbages, aux belles génisses, offrent les grâces fraîches et mignardes des paysages tout en verdures tendres et noueux pommiers. Contre les rivières se pressent les villes, les bourgades, quelquefois si longuement que tel village, Aliermont, se compose à lui seul d'une grandissime rue de quinze kilomètres, bordée de maisons et de vergers, dont les habitants « ébauchent les pendules que l'on termine à Paris ». Neufchâtel, Gournay, agréables aux gourmets pour leurs fromages, leurs beurres appétissants, sont aux points déjà lointains du pays et des vallées profondes; entre elles les sources de Forges-les-Eaux, déjà célèbres au temps de Louis XIII, qui s'y rendit en 1632 avec Anne d'Autriche et Richelieu, et dont Mme de Prie, Mme du Deffant, Voltaire, essayèrent les vertus curatives, attirent encore de vrais malades dans un bourg un peu déchu de son ancienne vogue. Mais les promeneurs de Dieppe ne dépassent guère la spacieuse forêt d'Arques et les hautes ruines, continuellement visitées, du fameux château d'où l'artillerie de Henri IV, le 21 septembre 1589, foudroya la cavalerie de Mayenne, gagna la bataille où Crillon n'était pas. Beau texte d'histoire gasconne à défrayer les causeries des tables d'hôte...

Veules, Saint-Valéry-en-Caux, Veulette, très inégales, peu différentes, occupent entre de géantes falaises, s'effondrant sans cesse sous l'assaut de la mer, de petits estuaires étroits, d'accès difficile, souvent périlleux, et que la tempête roulant, secouant, heurtant les galets, émeut terriblement. De l'une à l'autre une côte nue, épineuse, morne. Mais dans les fonds herbus ou boisés les petites maisons basses, aux toits moussus, aux portes arquées, aux façades festonnées de roses, ont une grâce infinie, respirent le bonheur. Et ces luxuriances de verdures, de fleurs, par leur contraste avec l'âpreté du rivage, la violence du flot, font peut-être tout l'attrait d'un séjour, bientôt monotone, dans les grises bourgades maritimes. Monotonie de séjour nullement regrettable d'ailleurs, loin de là : seul à seul avec la mer dont rien ne distrait, tout ce qu'elle fait naître et suscite d'émotions, de sensations puissantes, vous arrive en plein cœur, s'y grave pour toujours.

Fécamp se prête moins à la contemplation : comment s'isoler du bruit que mène le port le mieux organisé de ce littoral pour la pêche en haute mer? Elle semble toute aux armateurs; sa flotte dénombre deux cent cinquante navires et bateaux de pêche, équipés tous les ans, les plus gros pour la pêche de la morue à Terre-Neuve et en Islande, les autres pour celle du maquereau et du hareng dans la mer de la Manche.

En outre ingénieuse, entreprenante, elle importe des bois du Nord que les ébénistes de Fécamp transforment en meubles recherchés dans toute la haute Normandie. Des traditions d'art suscitent et maintiennent le goût de ces bons ouvriers; elles remontent au passé clérical de la cité, où, au VIe siècle, saint Ouen et saint Wandrille fondaient un monastère de femmes que les bénédictins remplacèrent en 1001. L'illustre abbaye de la Trinité fut ruinée sous la Révolution; mais il en reste une vaste et belle église des XIe, XIIe et XIVe siècles, constellée d'œuvres d'art, la bibliothèque conser-

La " Bénédictine " et le port de Fécamp.

vée dans l'hôtel de ville, et, pourquoi l'oublierions-nous? la liqueur « Bénédictine », que dom Bernado Vincelli, versé dans la connaissance des simples, composa en 1510 avec les plantes des falaises qui dominent la ville. La recette de cet élixir, conservée par l'ancien procureur fiscal de l'abbaye et transmise à son petit-fils, M. Le Grand, a fait naître la plus fructueuse et la plus agréable industrie fécampoise. Les bâtiments de la « Bénédictine » ornent les vastes terrains de l'ancienne abbaye d'admirables architectures éclairées de somptueux vitraux, entre lesquelles on remarque surtout l'escalier d'honneur; la salle des Abbés, reconstituée selon les purs modèles d'autrefois; le musée, rempli d'exquises œuvres d'art ayant appartenu pour la plupart au trésor du monastère; les laboratoires on ne peut mieux entendus, les vastes caves.

Toute une armée d'employés, d'ouvriers et d'ouvrières, occupés dans l'usine où se fabrique la délicieuse liqueur, participent à la brillante fortune de la « Bénédictine », rénovée avec infiniment de zèle, de goût et de prévoyance humanitaire, par M. Le Grand.

Vers Étretat, le Havre, l'ami de son propre bonheur ne voudra pas aller autrement qu'à pied, par le chemin de la Corniche et les sentiers de douaniers; car si partout c'est une joie de marcher au bord de la mer, seul, loin des voitures, loin des cyclistes, loin des snobs de la mode, tout à soi, en parfaite quiétude sous la brise vivifiante, ici cette joie s'augmente de la magnificence des choses visibles. Jusqu'alors pour nous, nulle part, l'eau de la mer et l'eau du ciel, comme unies pour reculer les bornes de la terre, en ronger et dissoudre le rivage, dont l'une mine la base et l'autre ruine le sommet, n'ont avec pareille furie et tant de fantaisie taillé, troué, morcelé, sculpté la falaise. Sous nos yeux qui se penchent sur l'abîme, la voilà colossale, tombant à pic, en apparence indestructible. Soudain abaissée, oblique, ce n'est plus qu'un rempart qui s'écroule, sapé par le flot, démoli par les pluies, et plongeant dans son humide argile jonchée de galets, que les marées entraînent vers l'ouest. Ailleurs, échancrée, elle ouvre à l'eau transparente une crique solitaire, voûte mystérieuse comme l'antre d'un dieu marin. Plus loin, fragmentée, dispersée, elle n'est plus que débris, formes étranges, arcade, obélisque, pyramide, colonne, pylône gigantesque dressé sur l'élément mobile à peu près comme les ruines des temples, des palais et des tombeaux antiques sur les sables des déserts d'Égypte et d'Asie. De ces fantasques architectures s'embellit Étretat, dont elles ont fait la fortune. Passer à marée basse sous les voûtes des fameuses arcades : *porte d'amont, porte d'aval*, ou au pied de l'*aiguille d'Étretat;* pénétrer dans les grottes profondes, en l'absence des tritons et des néréides; pêcher entre les roches la fugace « équille » ou cueillir les moules : ce sont partout dans l'aimable Étretat plaisirs dont jamais ne se rassasient les femmes et les enfants.

Le cap d'Antifer rompt et change le courant des eaux de la Manche; celles-ci n'en dévorent que plus avidement la côte occidentale, en dissolution constante jusqu'aux piteux éboulis du cap de la Hève. Là même, unie au trouble estuaire séquanien, elles menacent le Havre d'une telle invasion de boue, de sable et de galets, que le grand port de commerce, attaqué de trois côtés à la fois, ne se maintient libre qu'à force de moyens défensifs : épis en enrochement à la base des falaises, jetées prolongées, brise-lames, curages fréquents. Le Havre reste ainsi l'un des premiers entrepôts du monde, un vaste abri pour les navires de toute grandeur, que ses bassins reçoivent bon an mal an au nombre de plus de dix mille. Ils lui apportent les cafés et le rhum des Antilles, les cotons et les pétroles de l'Amérique, et se chargent en retour de nos soieries, articles de mode, objets de fantaisie. Ses docks regorgent de marchandises; on construit de superbes paquebots dans les chantiers et les ateliers immenses qu'y a installés la « Société des forges et chantiers de la Méditerranée ».

Ville, le Havre est véritablement jeune, toute moderne, en harmonie avec le pratique génie normand. A peine quelques lourdes maisons cuirassées d'ardoises y rappellent le vieil Havre-de-Grâce, où l'an 1514 Guyon-Leroy, commandant de Honfleur, se rendait par ordre de François Ier, « afin d'y percer et construire un port propre et convenable pour recueillir, loger et maréer les grands navires, tant de nostre royaulme que aultres de nos alliés. » Ce premier Havre subit, il est vrai, maints désastres. Dans la nuit du 15 janvier 1525, une marée extraordinaire effondra la plupart de ses maisons neuves et noya un grand nombre des colons accourus pour le « populer ». Plus d'une fois les Anglais l'assiégèrent; en 1694, leur escadre y lança huit cents bombes, dont il fut presque entièrement consumé. Ce feu terrible avait épargné le château fort où Mazarin fit conduire et emprisonner les princes, chefs de la Fronde aristocratique, Condé, Conti, Longueville, et naguère encore on en voyait se dresser la grosse tour noire; elle a disparu, et l'on peut regretter ce débris du passé qui rattachait la grande cité actuelle à son humble devancière.

Le Havre pittoresque n'existe pas plus que le Havre historique. Ses quartiers de matelots sont laids, disent l'ivresse morne de ceux qui en fréquentent les cabarets, les concerts et les bals; on y est aussi loin de la grosse jovialité flamande que de l'exubérance provençale. L'artiste s'en détourne; mais s'il est doublé d'un observateur et d'un philosophe, combien la ville peut l'intéresser! Qu'il la regarde du quai de l'avant-port, toute elle est déjà sous ses yeux, prise entre les falaises du cap de la Hève, la pointe de Sainte-Adresse et les coteaux d'Ingouville. Voici à droite ses bassins réguliers, chargés de

Le port du Havre.

navires de commerce et de paquebots; à gauche, les bains Frascati et l'ombreuse allée du boulevard maritime. Et tout autour du spectateur se meut, jargonne, bruit la foule diverse, étrange, innombrable, des chercheurs d'inconnu, qui demandent aux voyages d'outre-mer la fortune ou la sécurité. Le Havre n'est-il pas pour leur multitude cosmopolite d'aventuriers, de bannis, de coupables, de désespérés, le grand refuge où les guide l'espérance avant de les conduire vers une autre illusion?

Étrangers et Français, ils se rassemblent dans la vivante et riante rue de Paris, flânent devant ses jolies boutiques de coquillages, de madrépores, d'articles maritimes, qui les préparent aux longues absences; ils s'approvisionnent à ses magasins de vêtements et de comestibles, devant lesquels presque à chaque pas s'engagent entre chalands et marchands de bizarres dialogues, où la mimique vient en aide à la parole, captive de l'ignorance.

Des quais du nord aux quartiers muets de la riche bourgeoisie, la rue de Paris traverse la ville, en rencontre tous les édifices : Notre-Dame, la plus grande de ses églises; le musée, dont les statues de Bernardin de Saint-Pierre et de Casimir Dalavigne décorent le seuil; l'arsenal, le grand-théâtre, le somptueux hôtel de ville, que fleurit un jardin ravissant. Hors de cette artère, où circule son infatigable activité, où s'étale son élégance, le Havre n'est qu'un damier de constructions banales. Mais il se transfigure aux yeux de qui l'embrasse en son ensemble des hauteurs d'Ingouville et de la Hève. Au soleil, entre l'estuaire séquanien et les faubourgs d'élégantes villas, la vaste mer diaprée et les fuyantes perspectives des falaises, il resplendit, il éclate de vie intense. Vers le port, de tous les points de l'horizon, des navires nagent, les voiles déployées, gonflées; ils semblent voler sur les vagues comme de grands albatros; ils approchent et se croisent sans cesse avec d'autres vaisseaux, paquebots, bricks, steamers, sloops, bateaux de pêche, en route pour l'Angleterre ou l'Amérique. Et l'ombre du soir n'éteint pas la féerie de la ville blanche, d'où partent si légères et où viennent si hâtives tant de « nefs vagabondes »; soudain illuminée, elle étincelle des mille feux que projettent becs de gaz, lanternes multicolores et phares versicolores sur les bassins dormants, les jetées curieuses et les vagues enflammées.

Autour du Havre demeurent, pour l'agrément des nombreux baigneurs de Saint-Adresse, plus d'une création de l'art normand que stimulait du XIVe au XVIe siècle la prospérité commerciale d'Harfleur et d'Honfleur, reines alors de l'estuaire séquanien et princesses de la mer. Abbaye de Graville enfouie dans le frais vallon de la Lézarde, château de Gonfreville-Orcher aux luxuriantes orchidées, vieille église de Montivilliers, cimetière encloîtré de Brise-Garet, abbaye du Grestain : autant de reliques du passé posant dans un charmant décor pour les peintres d'album et les photographes amateurs. Honfleur sur la rive gauche de la Seine, Harfleur sur la rive droite, à deux lieues l'une de l'autre, face à face, sont aussi des reliques; Harfleur surtout, si tranquille sous la haute domination de son fin clocher de Saint-Martin. Qui pourrait croire, à son aspect d'abandonnée, que l'an de malheur 1415 il fallut à Henri V quarante jours pour s'en emparer, et que, cédant enfin, elle dut livrer au vainqueur seize cents familles qu'il força d'aller en Angleterre, « sans pouvoir rien emporter qu'une partie de leurs vêtements et cinq sols par tête? » Mais, ajoute l'histoire, elle eut sa revanche. Ceux qui lui restèrent, attachés de cœur à la France, un jour, les paysans cauchois s'étant soulevés, s'unirent à eux et se délivrèrent avec l'aide du sire de Monterollier, Jean de Gronchy, dont la statue décore sa promenade.

Honfleur, jadis plus entreprenante et plus glorieuse que sa voisine, est aussi moins déchue. Ce n'est plus le port fameux d'où la noblesse normande, en 1457, partit en expédition contre l'Angleterre, et dont les audacieux marins conquirent Terre-Neuve, explorèrent le Brésil, fondèrent Québec, établirent leurs comptoirs jusque dans les îles de la Sonde. Un florissant cabotage, alimenté par le commerce des œufs, beurres et volailles du fertile pays d'Auge, l'occupe plus modestement. Mais ses édifices lui conservent sa physionomie des temps héroïques. Nous en aimons pour cela la Lieutenance, flanquée de légères échauguettes; la gothique église Sainte-Catherine, toute en bois sculpté, et la chapelle très vénérée Notre-Dame-de-Grâce, fondée au xie siècle par le duc normand Robert le Magnifique, lequel, surpris en mer par la tempête, avait fait vœu de l'élever s'il se tirait sauf d'un si extrême péril. Et depuis, aujourd'hui comme autrefois, combien de matelots, suivis des leurs, vont, gravissant la route ardue sous de grands ormes, implorer le secours de la Vierge dans le sanctuaire où leurs mains suspendent au retour l'ex-voto promis à *Stella maris!*

Exquise promenade de Honfleur à Trouville, au long de falaises friables, mi-détruites, protégées contre la chute définitive par de fortes rangées de pieux perpendiculaires à la côte, et entre lesquels sables et galets s'amassent dans des claires-voies où des fucus et des algues les recouvrent de végétations étonnantes. En deçà du rivage, le sol, fertilisé par les alluvions que charrient de nombreux ruisseaux, nourrit des bois, des vergers dont les verdures dominent agréablement les ports et les villages côtiers : Vosouie, Pennedepie, Criquebœuf, à la vieille tour emmitouflée de lierre; Villerville, Hennequeville, si frais, si coquets. Est-il mondain de Trouville que leur charme touche assez peu pour ne pas en oublier parfois les importantes superfluités de la mode?

Trouville-Deauville, — une capitale en deux mots, — c'est, qui l'ignore? le Paris des riches faubourgs Saint-Germain et Saint-Honoré, des quartiers de la Madeleine, de l'Étoile et de Monceau, de la Bourse et de l'armorial, de l'Opéra et des courses, installé au bord de la mer pour y mener sa vie de fêtes perpétuelles. Mieux qu'à Dieppe il y trouve ce qu'il aime : tous les raffinements du luxe dans un décor d'une grâce artificielle. La spéculation, qui devine ses goûts pour se hâter de les servir, l'a créée il y a soixante ans. Où n'était qu'une sauvage valleuse, hérissée de roseaux croissant drus dans les vases de la Touques, et toute peuplée de farouches oiseaux de mer, son or a mis les plages de sable immenses et très douces, les quais assurés et brillants, les sveltes jetées-promenades, les casinos-palais, les villas, hôtels, chalets somptueux, l'inévitable hippodrome, toutes les dépendances de la fortune, tous les accessoires du plaisir. Depuis cette métamorphose, la mode amène tous les étés à Trouville-Deauville vingt mille « mondains » voués à son culte, soumis à ses caprices, hérauts de ses oracles. Là se noue et se déroule, pour se nouer encore, la chaine sans fin de divertissements monotones et de vaines servitudes dont elle enlace les heures laborieuses de ces fidèles. Dîners d'apparat, bals, théâtres, concerts, jeux de plein air et de hazard, courses, garden-parties, autant pour eux d'obligations inflexibles. Chacune exigeant une toilette harmonique, chef-d'œuvre de couturiers en vogue, imité aussitôt par les subalternes mondains du littoral, de Cabourg-Dinard en passant par Villers, il n'est lieu au monde où l'on s'habille, se déshabille et rhabille davantage pour obéir au cérémonial. Les pimpants costumes, les robes claires arborés sur la plage par les femmes, les enfants, sont eux-mêmes réglés par les secrets arrêts de l'étiquette; ils n'en composent pas moins sous le beau soleil, devant la mer caressante, un tableau du plus joyeux coloris et d'une grâce irrésistible.

Villers, Houlgate-Beuzeval, Cabourg, récentes parvenues, renouvellent en l'amoindrissant le spectacle de Trouville, qui servit de modèle à leurs inventeurs et qu'elles copient toujours. Le touriste reconnaît les gentilles images parisiennes, et passe. Mais de l'une à l'autre la route n'est pas sans beauté. Il a contemplé les falaises écroulées et délitées bordant de roches étranges et de bancs d'argile crevassés six kilomètres de côte, entre la grève de Villers et celle d'Houlgate ; il a vu les énormes blocs de coraux, appelés

Vaches noires d'Auberville, arrondir près de l'humide plaine leurs formes presque animales, tachetées des sombres verdures des algues. Et ne se souviendra-t-il pas de la pauvre Dives, dont le port, l'an 1066, abrita en attendant les vents favorables les longues nefs dans lesquelles s'embarquèrent les milliers de libres combattants (50 000) et de valets et pourvoyeurs (200 000), rassemblés par le duc Guillaume II pour la conquête de l'Angleterre? Ce port, des alluvions l'ont comblé, que tapisse l'herbe des prés salés. L'estuaire de la Dives s'élargit à deux kilomètres de la ville, que la changeante rivière faisait si prospère au moyen âge. Et la célèbre ville, maintenant déchue, si grande pour le petit nombre de ses habitants qu'elle en paraît déserte, n'atteste sa gloire que par des inscriptions gravées dans l'église Notre-Dame et sur le granit d'une colonne dominant la vaste mer.

Quittons le rivage. Curieux, libre d'aller où il lui plaît, le touriste voudra parcourir la Normandie au moins jusqu'où s'étend sur elle le grand souffle du large. C'est dans la région maritime que la riche province déploie les trésors d'art accumulés dans ses vieilles cités, répandus même dans ses campagnes par plusieurs siècles de fructueuses entreprises maritimes, de commerce fortuné, d'ingénieux labeur, surtout de forte activité cérébrale. Du moyen âge au XVIIe siècle, des ducs normands et anglo-normands à Louis XIII, ce fut le plus florissant pays de France. Ses artisans en tous genres de métiers étaient au premier rang pour l'excellence de leurs produits; Rouen, Dieppe, Falaise, Bayeux, Caen, Vire, Alençon, vingt autres villes ou bourgs rivalisaient de goût et d'habileté avec les cités flamandes les plus réputées pour la fabrication des étoffes de laine, de lin et de chanvre, des dentelles, des meubles, des cuirs et de toute sorte de comestibles. Alors leurs grandes richesses fécondant l'art, d'abord les cathédrales gothiques s'élevèrent aussi hautes que l'essor de l'ambitieux génie normand; puis la magnifique floraison de la Renaissance s'épanouit en une multitude d'églises, de châteaux, d'hôtels, et même de simples maisons de bois sculptées de la base au faîte comme tels précieux buffets et cabinets. La plupart de ces édifices existent, presque intacts, admirables empreintes d'un passé que notre imagination embellit de leur grandeur ou de leur gracieuse fantaisie. Les chercher, les contempler, et tout en cheminant de l'un à l'autre observer les mœurs, ce sont les vrais plaisirs du touriste; à quoi bon voyager au bord de la mer, si ce n'est pour cela?

Conduit par ces idées, notre touriste a vu, non loin d'Honfleur, Pont-Audemer, ville ancienne et célèbre, où furent tenus sept conciles provinciaux; quatre églises et un musée en rapportent les fastes, et par leurs sculptures, leurs boiseries et leurs vitraux louangent le luxe. Il a vu, dans les vallées de la Touques, près de Trouville, les ruines du château de Bonneville, témoin, dit-on, du serment d'Harold, proféré sur le reliquaire improvisé à l'insu du comte saxon par le duc Guillaume II, type de l'astucieuse race normande. Et Lisieux, ancien oppidum des Gaulois Lexoviens, et jusqu'à la Révolution ville épiscopale, lui montra ses maisons de bois sans pareilles, aux grands toits ardoisés, aux grands pignons encapuchonnés, et dont les façades en charpentes ouvragées dans le goût jovial du XVe siècle conservent à la rue au Char, à la rue de la Boucherie, à la rue du Paradis, surtout à la rue aux Fèves, leur spirituelle et gaillarde physionomie du moyen âge. Les bourgeois, propriétaires de ces demeures, étaient alors assez riches pour faire construire de leurs deniers l'église Saint-Jacques, où leurs blasons figurent aux clefs de voûte, en mémoire de leurs largesses, et pour les orner, comme leur cathédrale Saint-Pierre, de vitraux éclatants.

On passerait des jours à visiter la pittoresque Lisieux; mais, à n'en regarder que les aspects modernes, combien encore elle intéresse! L'infatigable industrie normande est en elle et l'abondante agriculture du pays d'Auge. Il faut visiter quelques-unes au moins de ses fabriques de draps, et il faut flâner dans son marché regorgeant des céréales, des laitages, des fruits de la grasse campagne, son marché où l'on vend fromages de Livarot, poules de Crèvecœur, et où, par milliers de têtes, s'agrègent les bestiaux destinés aux abattoirs de Paris. Pour étudier chez lui, dans la familiarité de ses habitudes et de son langage, le peuple normand, nul poste d'observation plus favorable. C'est là qu'il se livre tout entier, avec sa défiance obstinée et parfois si comique de tous et de chacun; là que l'on saisit sur le vif les procédés de sa finesse si vantée, son adresse à ne jamais dire franchement oui ou non, « par horreur de la parole qui lie; » ses ruses colorées de feinte bonhomie, son âpreté au gain, ses incorrigibles instincts processifs. Aussi bien que Pont-Audemer ou Pont-l'Évêque, Lisieux appartient au royaume de la chicane : ses avoués, huissiers, jamais ne chôment, et, non moins nombreux, les avocats pullulent comme les litiges, abaissent à des prix ridiculement infimes, à vingt sous, à dix sous, le tarif de leurs consultations, pour arriver à séduire les plus avares plaideurs et les plus pauvres.

Vieilles maisons à Lisieux.

... Vers la capitale de ce royaume de la chicane, Caen, la belle ville, il serait charmant d'aller sans hâte par les chemins ombragés du pays d'Auge et de la Campagne. La verte Normandie, aux grands clos de pommiers plantés dans l'herbe fine et drue, aux venelles fleuries, aux grasses prairies d'élevage, aux grandes fermes entourées de hêtres et de peupliers et dont les bâtiments, derrière ces rideaux de verdure, se voilent encore de roses, chèvrefeuilles et glycines, c'est là. Elle rit au soleil d'été, elle embaume; image de félicité pastorale qui bannit de l'esprit toute idée de lutte et de peine, elle ferait croire à des mœurs bienveillantes. Se peut-il que les âmes violentes, trompeuses et cauteleuses dépeintes par les moralistes et les conteurs du cru, depuis Robert Wace, dans le *Roman du Rou*, jusqu'à Flaubert et Guy de Maupassant, attristent si souvent de leurs méchantes querelles, surexcitées par l'ivresse du cidre et de l'eau-de-vie du Calvados, tant de villages idylliques penchés sur de légers coteaux ou blottis dans la profondeur bleue des vallons?

Ces pensées s'oublient devant la paisible splendeur de la « ville de sapience ». On ne peut ressentir à Caen que des impressions d'art. C'est la fine fleur de la culture normande, la fleur de pierre amoureusement dorée et caressée par les siècles. La richesse obtenue, accrue depuis le duc Guillaume le Conquérant par le négoce maritime, s'y est transmutée en œuvres d'architecture, dont les carrières voisines ont abondamment fourni la matière première : un calcaire solide et facile au ciseau. Aller lentement de l'une à l'autre pour en contempler l'ensemble et en étudier les détails est un ravissement des yeux et de l'esprit, que l'on goûte pleinement dans le silence des rues et des places, où ils publient les louanges du passé. Car le propre de la ville est de rester vraiment provinciale; elle semble plus que tout aimer ses aises, la tranquillité et l'étude. En digne héritière de la cité du moyen âge où le docte Lanfranc, prieur du Bec, fonda de durables écoles, elle possède un riche musée, une précieuse bibliothèque, et elle encourage maintes sociétés librement vouées à diverses branches des connaissances humaines, ce qui est aussi faire preuve de sagesse.

La topographie en est simple : de la rivière de l'Orne, sa grande voie vivante, — celle qui, secondée par un long canal, lui donne un port actif, dont Ouistreham-sur-Mer est l'avant-port, — elle s'étend, jusqu'à la hauteur où s'élève son ancien château, entre des quais spacieux, des cours, des boulevards ombragés, des jardins, des cultures et des prairies. Deux rues principales, Saint-Pierre et Saint-Jean, traversant l'écheveau peu compliqué des rues inférieures, mènent aux spectacles de grâce et de beauté : grandioses et menus édifices, églises, hôtels seigneuriaux et plus humbles logis bourgeois. Les décrire, à quoi bon? Il les faut admirer soi-même, dans leur milieu, aux heures de lumière éclatante ou discrète les plus propres à les mettre en valeur. Comment en quelques phrases dispenser au lecteur ce long et savoureux plaisir? Contentons-nous de lui indiquer l'abside de la cathédrale Saint-Pierre et de l'hôtel d'Écoville, qui en est voisin, comme de parfaites expressions de l'élégant génie de la Renaissance et de sa fantaisie délicieuse; l'église Saint-Étienne ou Abbaye-aux-Hommes, et l'église de la Trinité ou Abbaye-aux-Dames, comme de superbes monuments de l'architecture romane, selon le sage, ample et sobre style normand. Qu'il n'omette pas non plus de visiter la gothique église Saint-Jean, dont la tour est penchée; l'église Saint-Sauveur, où flamboie l'ogive; la Maison des Gens d'armes, incrustée de médaillons à personnages au goût du XVIe siècle; l'hôtel de Thou, l'hôtel des Monnaies, l'hôtel d'Aubigné, l'hôtel Colomby, la maison des quatre fils Aymon, la maison des Quatrans, logis à pignon, arcades, tourelles, girouettes et boiseries sculptées ou tournées avec une originalité rare et plaisante. Et puis, s'il le peut, s'il en a le loisir, qu'il anime ces nobles pierres de tous les souvenirs qui s'y rattachent. Les antiquaires d'une ville si lettrée lui diront les largesses du duc Guillaume et la piété de la reine Mathilde, fondateurs, l'un de l'Abbaye-aux-Hommes, dont les Bénédictins inhumèrent sa dépouille; l'autre fondatrice de l'Abbaye-aux-Dames, dont sa fille Cécile fut la première abbesse, et où, son tour venu, elle reposa du dernier sommeil. Ils lui diront encore la prospérité commerciale, le luxe, le faste de Caen au XVIe siècle, et le talent supérieur de l'architecte de l'abside de Saint-Pierre,

Hector Sohier. Il n'est particulier, seigneur ou marchand qui ne trouve place dans ces annales, et dont la vie et les œuvres, commentées par la vue d'habitations si bien conservées, n'offrent un vif attrait.

La banlieue de Caen, c'est au nord la mer, toute proche, les grandes plages de sable et de galets, un peu sèches, de Lion, Luc, Bernières, Saint-Aubin, Courseulles, que bordent, hérissent, au large, la longue chaîne des plats, noirs et tranchants rochers du Calvados, débris d'un littoral disparu. Non loin de Luc, la chapelle de Notre-Dame-de-la-Délivrande, antique pèlerinage, garde toute sa vogue; aux environs de Courseulles, Ver a son majestueux clocher roman, et Fontaine-Henri son château merveilleux. Mais la basse Normandie, soumise à l'influence de la grande ville des juristes et... des procès, n'est pas moins intéressante dans les agrestes contrées de l'Houlme et du Bocage, au sud.

Ici règne Falaise, là Vire, Domfront, Mortain, pittoresques à vous enchanter. En dépit des sourires narquois, Falaise surtout veut qu'on l'admire. Quoique un peu démodés, les mots « site romantique » qualifient justement un type de cité féodale, fièrement campée sur un promontoire dessiné et circonscrit par la rivière et le vallon d'Ante, et que dominent l'enceinte flanquée de douze tours et les deux donjons du château de Robert le Diable et de Guillaume le Conquérant, héros de la légende et de l'histoire. Le premier de ces ducs de Normandie n'y put voir sans l'aimer la belle Arlette, fille d'un pelletier; le second, leur illustre fils, y vit le jour, qui l'ignore? La statue en bronze du valeureux Guillaume, gloire et bienfaiteur de Falaise, se dresse au seuil des vieilles murailles. Et celles-ci,

Falaise. — Statue de Guillaume le Conquérant.

rudes encore malgré leurs crevasses et leurs brèches, mais charmantes aussi dans le fouillis de luxuriante végétation où elles se noient, rappellent de terribles sièges, évoqués par de grands noms. La tour la plus haute s'appelle la tour Talbot, en mémoire du lieutenant de Henri V d'Angleterre, qui la fit construire peu après la prise de la ville, en 1417; une énorme entaille dans les remparts se nomme la « brèche de Henri IV », provenant des boulets des canons du Béarnais braqués du haut du mont Méza, en face. De tant de guerres atroces la ville semble avoir moins souffert que son château : deux de ses églises et beaucoup de ses maisons sont telles qu'autrefois, et son industrie, jadis fameuse, n'a pas été ruinée; prospère au moyen âge par ses pelleteries, elle l'est maintenant par sa bonneterie. Ajoutons qu'on ne voit nulle part, en basse

Normandie, meilleurs chevaux qu'à sa foire de Guibray. Heureux « gars » de Falaise, naïfs peut-être et certes trop chansonnés, mais fils d'un si beau pays !

Vire, Domfront, Mortain, si l'étendue de ce livre nous permettait de les décrire, obtiendraient de nous les mêmes éloges. Parmi les collines entremêlées, les roches moussues, les vergers, les bouquets de hêtres, les bois compacts, et dans l'enlacement des rivières serpentines et cristallines du Bocage, ce sont aussi de très anciennes cités, merveilleusement assorties à l'âpreté farouche de sites exceptionnels. Groupées chacune sous la protection d'un château fort bâti sur roc, et dont le lierre brode les ruines, elles composent d'adorables tableaux de la nature et du passé, encore assez peu regardés pour que le touriste puisse s'imaginer les découvrir. Et alors que d'enthousiastes révélations ! Connaissez-vous les belles cascades de Mortain ? Avez-vous vu l'altière Domfront dominer la forêt d'Andaine ? Et son antique chapelle de Notre-Dame-sur-l'Eau ? Et Vire, de mine si gaie et si avenante, la digne patrie, en vérité, du bachique Olivier Basselin ! Et leurs industrieux alentours : la riche et populeuse Flers, Tinchebrai, où l'on vend des guirlandes de « souliers au cordeau », des bahuts « normands », et par milliers de grosses les clous que tout un petit monde de cloutiers forge dans les communes environnantes ? Et la Ferté-Macé, aux actives manufactures de cotonnades, toiles et rubans ; Bagnolles, dont les sources sulfureuses ont d'incontestables vertus curatives ; Sourdeval,

Vue de Bayeux.

Saint-Hilaire, Harcourt, foyers de travail ingénieux ?... Ces ruches humaines sont pour tenter la curiosité de l'observateur intelligent, vous irez les voir.

Et vous reviendrez à la mer passer plus voluptueusement le temps des vacances.

Bayeux vous arrête en chemin, ville antique et veuve un peu triste d'un grand passé dont témoignent de somptueuses architectures. La quasi déserte capitale du Bessin, où l'herbe pousse dans les rues, fut l'oppidum des Viducasses, l'Augustodorus des Gallo-Romains, une colonie de Saxons qui paraissent en avoir chassé les autochtones, et la Civitas Bajocassium des Normands, qui à leur tour expulsèrent les Saxons et jusqu'au XIe siècle imposèrent sans partage leur langue, leurs mœurs, leur gouvernement, si bien que leur race, fortement implantée, y demeure encore. Des hommes « grands et forts, les cheveux d'un blond pâle, le visage allongé, les yeux bleu clair », ce sont les fils des pirates scandinaves fixés à Bayeux, tandis que les Celtes Bocains, « à la tête ronde, aux os plus saillants, au tempérament plus nerveux et plus sec [1], » relégués jadis dans les massifs des collines, continuent de s'y perpétuer. Mais c'est aux Normands surtout que la ville doit ce qui la distingue : le splendide vaisseau à base romane et développement gothique, les hautes tours, la riche ornementation de sa Notre-Dame, son intéressant évêché, transformé en palais de justice, ses maisons de bois luxueusement sculptées et la très précieuse « tapisserie faisant représentation du conquest de l'Angleterre », dont

---

[1] Cf. Élysée Reclus, *Géographie universelle : la France*.

le musée déroule l'extraordinaire superficie : soixante-dix mètres de longueur sur cinquante centimètres de largeur ! Sur cet ample canevas en toile de lin, divisé en soixante-dix compartiments, plus de douze cents figures brodées à l'aiguille et entourées de nombreuses légendes en latin congruentes à leurs gestes, miment les astucieux préludes, les apprêts nautiques, les passes d'armes, prouesses et rencontres belliqueuses de l'expédition du duc Guillaume le Bastard, dépouillant le pauvre Harold de son royaume d'outre-mer, épopée du plus pur esprit normand. Aux yeux de bien des gens, cet irrécusable document, connu sous le nom de « tapisserie de la reine Mathilde », passe, en effet, pour l'ouvrage ingénu de la gracieuse épouse du Conquérant, aidée par ses filles d'honneur. Si cela est vrai, — et ce que l'on sait des habitudes familières aux châtelaines du moyen âge permet de le croire, — la reine Mathilde n'aurait pas seulement offert au vainqueur d'Hastings l'hommage le plus digne d'elle, mais les personnes de son sexe lui devraient un rare exemple de patience artistique. D'où vient aux nombreuses ouvrières de Bayeux leur aptitude à fabriquer des dentelles comparables, peut-être supérieures à « l'ancien Chantilly »? N'est-ce point en émulation lointaine de la tapisserie de la reine Mathilde et des vertus de son auteur ?...

La mer.

Asnelles, Arromanches, Grandcamp, Port-en-Bessin, Isigny : de petits ports de pêche et de cabotage, dont l'on fréquente les plages sans prétention, faciles à

Fragment de la tapisserie de la reine Mathilde, à Bayeux.

la poursuite des équilles, des crevettes, des crabes, des « claquarts et crevuches » parmi les sables, les galets, les varechs, au pied des falaises soudainement redressées, plus hautes, plus rudes, aussi plus furieusement battues du flot, qui parfois en détache d'énormes blocs, tel le rocher à profil humain, qualifié « Mademoiselle de Fontenailles », ou la redoutable « Tête du Calvados », contre lequel se brisa, s'engloutit, en 1588, le vaisseau espagnol *San Salvador*, de qui le vulgaire changea le nom en « Calvados ». En deçà de ces remparts naturels, la grasse plaine d'Isigny verdoie entre des rangées de saules, de peupliers et de frênes ; vaches laitières, bœufs de choix enfoncent jusqu'au poitrail dans l'herbe éclatante ; des chevaux d'une race supérieure, ardente et fine, gambadent en des enclos fermés par de petits murs en terre qu'enlacent l'aubépine et la ronce. Terre d'alluvion dont l'abondance se reconnaît au luxe des êtres, fermiers cossus, fermières en amples toilettes, en jolies coiffes de dentelle. A quelques lieues d'Isigny, vers l'est, l'Avre, sa fertilisante rivière, attire vers le rare spectacle d'un phénomène de disparution et de résurrection successives : enfouie dans un large étang encombré d'herbe et de roseaux, entouré d'arbres qui l'assombrissent, elle s'y engloutit comme dans un entonnoir en tournoyant avec lenteur ; plus loin, resurgissant, elle retombe une deuxième fois, une troisième, une quatrième, dans les gouffres appelés « fosses de Soucy ».

La plantureuse Normandie semble finir avec cet opulent terroir d'Isigny et de Trevières, dont les beurres, bon an, mal an, produisent sept millions de francs aux heureux possesseurs des prairies; à l'ouest du golfe de Vire, la presqu'île du Cotentin évoque déjà la voisine Bretagne. Par les côtes surtout. Toutes de granit, déchiquetées par le flot, longées d'écueils, d'îles, d'îlots arrachés au continent, elles ont la rudesse et l'âpreté du Finistère; mais à ces traits physiques se borne la ressemblance des deux contrées. La douceur tiède, le charme voilé, l'originalité des mœurs, la poésie des coutumes, sont l'apanage de l'Armorique. Le pratique et calculateur Cotentin reste vraie terre normande, malgré l'apparence, bon pays de cidre, région très civilisée, de culture et d'élevage méthodiques. Cependant, dans les campagnes de la presqu'île, longtemps isolées, lointaines, près des rivages tourmentés, au bord des fjords que la mer comble de vases et de galets tumultueux, des superstitions demeurent. Les fées, les loups-garous, les lutins ou goubelins conservent leur empire occulte sur les simples; les magiciens peuvent tracer de redoutables grimoires, les sorciers vont au sabbat; un bélier noir, un chat noir, un lapin blanc, effrayent les imaginatifs; le paysan fait claquer son fouet pour éloigner de lui les esprits du mal; une prière au pied des croix érigées sur les grèves conjure les sortilèges des démons. Vers l'embouchure de la Saire, on voit toujours errer le moine bourru, que le diable, auquel il avait vendu

Arrivée des pêcheurs par un gros temps. — Grancamp (Calvados).
(Tableau de L.-G. Ravanne.)

son âme pour garder l'argent dérobé à ses frères, noya sans pitié, et dont l'âme en peine n'obtiendra jamais le repos; auprès du cap de la Hague, des rites mystérieux précèdent les fiançailles. L'aspect des villes ne dément pas ces croyances naïves: Carentan, Saint-Lo, Valognes, Bayeux même, semblent moins vivre qu'avoir vécu au temps d'une prospérité provinciale dont témoignent leurs vieux hôtels armoriés. L'unique cité active est Cherbourg, artificielle création du génie de la guerre, qu'animent artificiellement les organes et le personnel des guerres futures.

Toutefois Cherbourg n'est pas sans annales; il fut Cesarius Burgus, castellum romain, puis citadelle du duc Guillaume le Conquérant, et non sans importance militaire, puisque les Anglais, traditionnels ennemis qu'elle doit menacer ou combattre, la prirent et gardèrent de 1445 à 1450. Mais sa physionomie toute moderne se tait sur ce passé, dont les traces se sont effacées dans le port conçu et dessiné par Vauban, continué par Napoléon Ier, terminé par Napoléon III. Œuvre savante, audacieuse, colossale. Il fallut dompter la nature rebelle. L'humble havre s'ouvrait pour quelques galères à l'embouchure de la petite Divette et du Trottebec, entre les cornes extrêmes du Cotentin, cap Lévi, cap de la Hague, au fond d'une baie accessible à toute incursion hostile. Il s'est changé en un port de refuge dû tout entier à l'effort des hommes: vaste pensée d'ingénieur merveilleusement réalisée. Pour en juger et pour en jouir, gravissons les pentes de la colline du Roule, arrêtons-nous au sommet d'où l'immense horizon de Cherbourg se déploie sous les yeux. D'abord, au plus loin, voici la digue, chef-d'œuvre de granit, dressée de l'île Pelée à la pointe de Querqueville, à une lieue de Cherbourg, sur une lieue de longueur. Deux ou trois fois la mer l'a détruite, deux ou trois fois on l'a reconstruite avec des matériaux de plus en plus puissants, une patience de plus en plus invincible; barrière et défense de la rade, formée par elle, elle mesure deux cents mètres de largeur à la base, soixante mètres au niveau des plus basses mers. Une muraille de neuf mètres vingt-huit de hauteur et de neuf mètres d'épaisseur la surmonte, couronnée elle-même d'un parapet d'un mètre soixante-six de hauteur. Sept forts la défendent, quatre bâtis sur elle, deux autres à l'entrée du port militaire, assez grand pour abriter dans ses bassins à flot quarante cuirassés, des torpilleurs, des croiseurs, des transports à proportion. Un arsenal bondé d'armes et de munitions rangées dans un ordre éblouissant complète cet appareil formidable; l'ensemble offre un magnifique aspect de puissance et de sécurité. Nul de ceux qui, dans l'été de 1896, virent la rade de Cherbourg, animée par son escadre et pavoisée de mille drapeaux, saluer le czar, messager d'alliance entre deux grands peuples, de toutes les salves de son artillerie, de tous les vivats de sa flotte, n'en oubliera la martiale grandeur.

Coutances.

Cherbourg a d'intéressants environs : Saint-Waast-de-la-Hougue, en vue duquel, en 1692, l'héroïque flotte de Louis XIV, sous l'héroïque Tourville, fut vaincue par la trop nombreuse flotte anglaise dans un combat désespéré; le ras de Gatteville, dont un phare haut de soixante-quinze mètres, croisant ses feux avec celui de la Hève, éclaire le danger; l'antique retranchement de Haguedicke, limite peut-être d'un camp gaulois; les falaises escarpées du Nez-de-Jobourg, et plus près, Tourlaville, Naqueville, châteaux du XVIIe siècle, architectures pleines d'élégance dans des ombrages pleins de fraîcheur.

Sur la côte occidentale du Cotentin, Briquebec, Port-Baille, Carteret, vivent de la pêche et plaisent à quelques touristes; mais les îles du large, les belles îles normandes que l'Angleterre a prises et détient au mépris du droit des races et des nations, sont autrement pittoresques, fertiles, charmantes et fréquentées.

C'est Aurigny, à quatre lieues du redoutable ras Blanchard; Serq, presque inaccessible, tant raides en sont les falaises et profonds les précipices, jadis protecteur d'un terrible nid de forbans; Jersey, bordé de roches magnifiques et semé de jardins exquis; Guernesey, affreux d'un côté, gracieux de l'autre, et moins normande que bretonne, plus française qu'anglaise; les Écréhou et les Minquiers, îlots dénudés parmi d'effrayants écueils; les françaises Chausey en vue de Granville, tour à tour rudes et douces, leur stérile granit encadrant leurs savoureuses cultures. Inabordables par les gros temps d'équinoxe et d'hiver, qui les rendent extrêmement dangereuses, ces îles, pendant les accalmies d'été, voient affluer les touristes, qui se proposent alors d'aller cueillir les splendides roses de Saint-Hélier, de Saint-Pierre-Port et Sainte-Brelade.

Ces voyages vers les îles, hélas! anglaises, sont la fortune et la joie de Coutances, jolie ville épiscopale, dont les clochers, érigés pimpants et sveltes sur une superbe cathédrale du XIVe siècle, montent si haut dans la nue qu'ils servent d'amers aux navires ; et plus encore de Granville, gros port de commerce et de plaisance, dont les armateurs équipent pour les grandes pêches lointaines de Terre-Neuve et d'Islande : ville de hardis marins et de négociants actifs, populeuse, remuante, avec de fortes odeurs de poissonnerie et de très paisibles plages à l'abri d'un promontoire sombre, tant harcelé par les vagues qu'elles l'ont presque détaché de la terre ferme.

Plages de Donville, de Saint-Pair, Bouillon-Julonville, Carole, belles ruines des abbayes de la Luzerne, d'Outremer et d'Hambye, choses familières aux promeneurs de Granville et d'Avranches, mais notables à peine malgré leur prix, étant si près du mont Saint-Michel, dont voici la baie immense.

A marée haute, sous un soleil matinal, la voici, la baie, contemplée de la terrasse du jardin botanique d'Avranches, et c'est un spectacle admirable. Lac de lumière palpitante sous un léger voile d'argent, elle remplit l'arc d'incommensurable envergure dont l'on distingue vaguement les deux pointes : Granville et Cancale. Une moitié de l'arc est verte, de la verdure intense, exubérante de la Normandie ; l'autre, dessinée par les polders de la Bretagne, est grise. Au-dessus des vagues deux rocs surnagent, l'un bas, trapu, ramassé, Tombelaine ; l'autre, couronné d'une énorme cathédrale, Saint-Michel « en péril de mer ». Et celui-ci bientôt prend tous vos regards, tant se détache avec vigueur sur l'horizon clair sa nef colossale de vaisseau mystique. Cependant les flots se retirent vite, sans bruit, si vite qu'ils découvrent en six heures un espace de trois cents kilomètres carrés. Leur reculade, pressée, silencieuse, laisse sur la grève des traces brillantes, esquisse des îles et des continents chimériques qui s'effacent bientôt. Et derrière reste une plaine livide généralement striée, les endroits où elle est unie masquant l'humide, inconstant et dangereux abîme des « Lises », creusées par l'infiltration sous le sable des eaux de la Sée, de la Selune et du Couesnon.

La route du mont, circulant à travers les pâturages et les polders, sans cesse en déroule et change l'aspect toujours grandiose, la perspective nécessaire aux grandes œuvres comme aux grandes figures du passé enveloppant de mystère sa réelle beauté. Mais quand la voiture roulant sur la digue prosaïque qui le joint à la terre ferme on en touche les portes, il apparaît singulièrement diminué, mille détails vulgaires vous en dérobent le caractère, et vous êtes tenté de dire : Quoi ! ce n'est que cela ! Vous pénétrez dans l'unique rue d'une toute petite ville, échelonnée, serrée entre des remparts à poternes, tours, bastions, créneaux, courtines, et la stature même de l'abbaye. D'un bout à l'autre s'ouvrent d'avenantes auberges, des boutiques de bibelots, chapelets, statuettes, de petites maisons agrémentées d'un jardinet où fleurit le figuier. On vous montre le logis (refait) de du Guesclin et de sa femme, la docte Tiphaine de Raguenel ; votre esprit s'amuse, et vous franchissez sans émotion le seuil fortifié de l'abbaye, où des milliers de pèlerins entraient jadis la main pleine d'aumônes et le cœur plein de prières.

C'est donc vrai, l'abbaye n'est plus qu'un monument sans âme conservé pour distraire la curiosité banale de milliers de passants. Heureux l'artiste qui l'aime pour son ancienneté vénérable, sa miraculeuse architecture, et qui sans entendre de vains propos peut contempler seul ce grand abandonné de l'histoire et de la foi ! Muettes pour les indifférents que satisfait le bavardage des guides, les pierres lui parlent. Elles lui disent la haute antiquité du sanctuaire, d'abord temple dressé par-dessus la forêt de Scisciacum (Scissy), dont les futaies, submergées vers le IIe ou IIIe siècle, atteignaient les îles Chausey. Des ermites remplacèrent les prêtres des dieux. En 708, l'un d'eux, saint Aubert, évêque d'Avranches, dédie une chapelle rustique à l'archange saint Michel; il fonde plus tard un monastère. Le monastère s'entoure d'une citadelle protectrice de la Neustrie contre les Normands; désormais le mont gardera le double caractère militaire et religieux qui fut son originalité et son prestige devant les peuples du moyen âge. Au Xe siècle, les bénédictins du mont Cassin s'y établissent : grands bâtisseurs, ils édifient, démolissent,

Le mont Saint-Michel.

reconstruisent sans cesse pour réaliser leur idéal. Ils élèvent l'actuelle abbaye dans le cours du XIIIe siècle, substituant l'arcade ogivale au cintre roman, et florissant le tout des plus riches fantaisies gothiques. Leurs abbés dirigent les travaux : messires Robert de Thorigny, Jourdain, Raoul de Villedieu, Raoul Tustin, s'égalent aux plus experts maîtres ès arts. Monument mieux conçu, plus hardi, plus varié, plus solide et plus somptueux que leur œuvre, il n'en est pas dans toute la chrétienté. L'abbaye est aussi élégante que puissante, non moins forte que magnifique, et elle le prouve. Rempart de la France contre l'Angleterre, défenseur de la Normandie et de la Bretagne, qu'elle sépare, elle les protège avec une rare énergie pendant les longues guerres du XVe siècle. Combien d'assauts repoussent ses mémorables capitaines Jean d'Harcourt, le bâtard d'Orléans, Louis d'Estouteville! Et quel siège étonnant que celui du 17 juin 1434, où cent dix-neuf chevaliers bretons et normands mettent en fuite des milliers d'Anglais, fait d'armes en l'honneur duquel Louis XI institue, l'an 1469, l'ordre militaire de Saint-Michel, avec cette devise : *Immensi tremor oceani!* Gloire trop éclipsée! De nos jours l'abbaye profanée, stupidement transformée en caserne, pénitencier, prison, perdit toute splendeur. Ce n'étaient que ruines lamentables quand M. Corroyer en entreprit la restauration. Elle resurgit, du moins extérieurement, corps inanimé; mais c'est quelque chose encore de pouvoir admirer la superbe image d'une grande vie éteinte. Le châtelet, l'escalier du grand degré, la vaste basilique romane, les trois étages de la Merveille séduisent même les profanes, plus touchés cependant à la vue des ténébreuses cryptes, où ils ne voient qu'*in pace,* oubliettes et cachots peuplés d'horribles spectres, et qui sont en effet humides et noirs à donner le frisson. Mais la salle des Chevaliers, mais le réfectoire, d'un style si brillant et si ferme, mais le cloître, d'une si gracieuse ordonnance et d'une ornementation si variée, voilà pour ravir l'artiste. Et s'il gravit l'escalier de dentelle; si, en s'aidant des échafaudages dont l'édifice est encore emmaillotté, il se hausse jusqu'au vertigineux sommet de la tour, que surmontait jadis une flèche couronnée de la statue de saint Michel, et que de là, planant comme l'archange sur l'extraordinaire ensemble de toits et de plates-formes, de cours, de galeries ajourées, de clochetons, de pinacles, d'arcs-boutants et de monstrueuses gargouilles, qui constitue l'ossature de l'abbaye, il laisse aller ses regards intimidés de la mer au ciel qui l'entourent et l'écrasent de leur grandeur, il comprend mieux encore l'œuvre saintement ambitieuse des moines édifiée entre l'effrayante immensité et l'effrayant infini pour élever à Dieu leur humble et suppliante pensée.

Pêcheur du golfe de Viro.

AUX BORDS DE LA MER

LA MANCHE

II

LA BRETAGNE

L'abbaye du mont Saint-Michel séparait jadis la Bretagne de la Normandie et de la France. Avant de lever son glaive flamboyant sur la seule Angleterre, leur commune ennemie, l'archange paraissait défendre l'autonomie de sa fidèle Armor et son originalité profonde contre toute sujétion étrangère et tout mélange impur. Les peuples se sont pénétrés depuis. Cependant, lorsqu'on se résout à quitter le mont sublime pour se rendre à Pontorson, on se sent bientôt changer de pays. Le ciel, plus bas et moins lumineux, semble étendre un dais d'une plus sombre étoffe sur un petit monde à part. La transition est courte. Autour du mont Dol, reste, au milieu d'alluvions cultivées, d'un îlot précieux pour ses fossiles, le regard n'embrasse plus qu'un vaste horizon de couleur toute bretonne : gris de fer en bas, bleu saphir en haut.

Dol. — Cathédrale de Saint-Samson.

Dol, ville d'une seule rue et d'une seule église, l'une et l'autre inoubliables, suffirait déjà à caractériser l'architecture et les mœurs anciennes par ses maisons de granit à lourds encorbellements, à massifs piliers formant arcade, à portes ogivales armoriées, surtout par sa belle « maison des Plaids », dont les larges baies cintrées ont l'air de dater du duc Judicaël. Moins ancienne, l'église, bâtie en granit bleuté, dans le style ogival le plus sobre et le plus exquis, parle aussi d'un passé considérable. L'élégance de son porche, peuplé de fines statuettes; la majesté de ses deux tours, dont une ruinée et d'autant plus belle; les harmonieuses dimensions de sa nef, soutenue par de fortes colonnes monocylindriques, enchantent l'artiste, tandis que le chrétien voit en elle le type parfait du

PANORAMA DE LA BAIE DE SAINT-MALO

Dinard.   Saint-Malo.   Le collège de Saint-Servan.   Paramé.

vaisseau mystique construit inébranlablement, aux âges de foi, dans toute la Bretagne, pour abriter durant des siècles les passagers de la vie.

Mais l'historique et précieuse Dol, étouffée par le modernisme bruyant d'alentour, s'étiole dans la mélancolie des vieilles petites villes qui se survivent en des faubourgs qui ne leur ressemblent pas, comme des parents qui voient grandir auprès d'eux des enfants qui n'ont avec eux presque rien de commun. C'est le destin de beaucoup de cités jadis illustres en Bretagne. Dol est une simple halte sur le chemin de Dinard, de Paramé et de Saint-Malo.

Paramé, une plage longue, spacieuse et d'un sable très fin, dont les dunes aplanies enlisent, étouffent toute verdure ; les villas, les hôtels nombreux, se rangent autour, et plusieurs milliers de baigneurs en goûtent, l'été, le séjour sec, brûlant et monotone. Dinard, mieux située, sur l'estuaire de la Rance, offre des coteaux chargés à grands frais d'opulentes villas et de jardins luxueux; elle profite de la douce fraîcheur des vents d'est. Mais, à vrai dire, combien seraient ennuyeuses l'une et l'autre, si elles n'encadraient pas de leurs élégances d'hier l'antique et charmante Saint-Malo!

Voilà une cité du moyen âge, guerrière, farouche, ceinte de murailles comme d'une armure, et dans cet étroit périmètre de remparts, de tours et de bastions, pressant de hautes maisons profondes, au pied d'une église centrale à flèche élancée comme la pointe d'un grand mât. Vue du large, à certaines heures de haute mer et de calme, aucune dissonance n'en déparant l'illusion, elle évoque avec une puissance irrésistible les longues annales de sa vie ardente, aventureuse, héroïque. On revoit surgir des flots la fameuse « Saint-Malo-de-l'Ile » (rattachée seulement à la terre ferme par la chaussée du *Sillon* que défendait la Quiquengrogne), telle que l'ont connue ses glorieux enfants : Jacques Cartier, qui découvrit le Canada; Porée, qui planta sa bannière aux îles Malouines (depuis, Falkland); Duguay-Trouin, qui mena l'escadre de Louis XIV bombarder Rio-de-Janeiro; Porcon de la Barbinais, qui, nouveau Régulus, revint se livrer aux barbaresques d'Alger et sacrifia sa vie à l'obligation de tenir sa parole; La Bourdonnais, qui faillit donner à Louis XV l'empire des Indes; Surcouf, le corsaire, dont les courses audacieuses firent tant de mal aux Anglais ; Chateaubriand et Lamennais, grands explorateurs, eux aussi, dans le vaste monde de la pensée! Du XVe au XVIIIe siècle, Saint-Malo-de-l'Ile fit plus pour l'honneur de la Bretagne que toutes les autres villes de la péninsule. Il n'y avait pas de marins plus hardis et d'armateurs plus entreprenants que les siens. Riche de ses spéculations et de ses pirateries, elle osa, de 1590 à 1594, s'organiser en république indépendante; en état de prêter trente millions à Louis XIV, elle put conserver ses franchises sous le plus absolu des rois. Qu'on l'imagine donc en son temps de luttes continuelles, rapides expéditions, brusques coups de main, chaudes alertes, toujours prête à la défense et à l'attaque, sans cesse sur le qui-vive, brûlante et méfiante, pleine de forbans qui lui apportent tour à tour la joie et l'anxiété, sans lui laisser un moment de répit : c'était là sa vie, dont il ne subsiste que le décor. Elle s'est assagie, embourgeoisée, presque enterrée; chaque jour la mer la délaisse un peu plus que la veille, et son enceinte finira par devenir un simple anachronisme. En attendant, des baigneurs s'y plaisent, malgré l'infecte odeur de ses vases, fréquentent ses hôtels, ses cafés, son casino, ses grouillantes rues marchandes, et ne manquent pas d'aller, au rocher du Grand-Bey, rêver près du granit tumulaire sous lequel Chateaubriand voulut être à jamais seul et « bercé par l'éternelle plainte de l'Océan » : soupir suprême de l'orgueil déjà inexaucé !

Ils ont d'autres plaisirs : se promener en bateau dans la baie, parmi les îles, les écueils que les sables, drainés, accumulés par les vagues de marée, finiront par unir au continent, çà et là tirer sur les inoffensifs oiseaux de la mer, — lâcheté, paraît-il, amusante, — visiter les jolies plages de Saint-Énogat, de Saint-Lunaire, de Saint-Briac, descendre la Rance, et d'abord se laisser porter en deux minutes, sur le pont roulant, vers la toute voisine Saint-Servan, groupée sur l'autre rive du port de marée et d'apparence presque lointaine sous l'horizon plat et brumeux. Mais là, que faire? Saint-Servan n'est que simple et paisible. Si, comme Dinard sa grosse tour de la Vicomté, elle n'avait sa

Saint-Servan. — La tour Solidor.

tour Solidor, rude donjon bâti au XIVe siècle et composé de trois tours crénelées et reliées par des courtines, on n'en saurait dire l'âge. En revanche, elle semble promettre le repos : grande séduction. Nul apparat, à peine l'écho des fêtes d'alentour : la bonhomie provinciale et bretonne. A cela sans doute elle doit le collège jeune, vaste, bien construit et bien aménagé, que l'Université fit sagement d'y établir, à preuve sa croissante prospérité. Les enfants ne sauraient grandir, s'instruire, devenir hommes dans un milieu plus favorable au développement harmonieux des facultés. Quoi de plus sain, de plus fortifiant que l'atmosphère à la fois énergique et douce émanée de l'Océan? Celui-ci a grande part à leur éducation, les initie mieux que les livres à la grandeur et à la variété du monde, leur ouvre les yeux sur les plus intéressants phénomènes, et, bienfait moral inappréciable, leur prêche, par l'exemple des marins, le sang-froid, le courage, l'initiative hardie. Les voilà bientôt, si c'est leur goût, tout propres à devenir navigateurs, colons, explorateurs. Ils ne craindront pas d'aller au loin agrandir la patrie, l'ordinaire vision de l'immensité les ayant familiarisés avec l'inconnu. Mais il y a mieux encore : pour les petits citadins déjà plus ou moins souffrants du mal du siècle, l'inquiétude, l'Océan est le sûr guérisseur. Point de névroses possibles sous son influence. Par les exercices du gymnase, la natation, les jeux d'adresse et d'agilité alternant avec l'étude et les longues excursions sur un merveilleux littoral, les nerfs et les muscles se disciplinent, le corps et le cerveau s'équilibrent; tout danger de surmenage est prévenu.

Cet idéal scolaire, partout cherché, le collège de Saint-Servan l'a vite réalisé, et son remarquable directeur, M. Cauchy (de la famille du savant illustre), peut être fier de son œuvre. Il a transformé des Parisiens frêles, pâlots, capricieux, en robustes, calmes et francs garçons; tous les élèves ont un air de santé, de bonne humeur, d'honnêteté qui nous réjouissait. « Ils mènent ici, nous disait-il, la vie de famille, abondante et cordiale. — Mais, objections-nous, l'hiver doit leur être pénible ? — Quelle erreur! Oubliez-vous que le Gulf-stream nous apporte les chauds effluves des tropiques ? En hiver, la température est de beaucoup plus égale et tiède que dans Nice... »

Peu de gens résistent à la tentation de revenir en pleine terre bretonne par la Rance, que deux vapeurs descendent jusqu'à Dinan. La navigation (parfois difficile à cause des puissantes lames de fond que les marées refoulent dans l'estuaire) déroule une suite de tableaux peu nuancés, mais agréables. On double des caps, on côtoie des golfes en miniature, une anse mignonne luit sous un bocage; des prés, quelques bouquets d'arbres se penchent vers les rochers déchiquetés et grisâtres des rives; un château mi-gothique et moderne domine un parc, et au faubourg de Lanvalley, devant Dinan, le regard est frappé de l'ampleur du site où s'encadrent la vallée, la rivière et le viaduc jeté sur elles, des murs de la cité féodale aux coteaux parsemés de villas.

Féodale, Dinan l'a été plus fortement qu'aucune ville de Bretagne : ses murailles, hautes et robustes partout, gigantesques en contre-bas de la vallée, point faible de l'enceinte; ses vieilles églises, Saint-Sauveur et Saint-Malo; son noir quartier du Jerzual, aux logis affaissés, croulants, affreux et si pittoresques; ses portes et ses poternes, sa tour de l'Horloge, ses maisons à piliers, et, dressé par-dessus tout cela, son château du XIVe siècle, énorme et sombre séjour de la duchesse Anne en sa jeunesse, de 1499 à 1507, composent un type de cité seigneuriale, militaire et religieuse. Mais ce décor n'a plus rien de farouche : il semble n'exister que pour enchanter et retenir les artistes, qui souvent en demeurent prisonniers. Le lierre s'enlace aux grands murs crevassés, de beaux arbres couronnent les terrasses soutenues par les remparts; tel chemin de ronde est une avenue silencieuse où une rue solitaire. De ses créations puissantes le passé révolu protège maintenant la douce familiarité de la vie provinciale et le rêve du penseur : il fait si bon vivre à leur ombre, que le voyageur pressé de courir à d'autres sensations s'éloigne de Dinan avec le regret de n'y pouvoir passer ses jours. Moins hâtif et peut-être plus touché, l'étranger cède à son désir : une colonie anglaise habite la délicieuse patrie du plus énergique adversaire des Anglais pendant la guerre de Cent ans. Du Guesclin, le bon connétable, naquit en 1320, à cinq lieues de là, vers l'ouest, au château de la Motte-Broons, dont une pyramide marque l'emplacement; son cœur est dans la nef de Saint-Sauveur, sa prétendue statue sur une place de la ville; mais cette image, moins infidèle que grotesque, peut donner à rire, et c'est grand' pitié pour la haute mémoire du héros!

Le prieuré de Léhon, dans la grâce agreste de la vallée de la Rance; le château de Combourg, mélancolique berceau de Chateaubriand; Corseul, qui fut l'oppidum des Curiosolites et le Fanum Martis de la Gaule romaine; Lamballe, de si fière et si jolie prestance, sur son coteau fortifié d'ancienne capitale du duché de Penthièvre, au pied de son église dédiée à Notre-Dame, et au bord du frais Gouessant : autant d'étapes de la route de terre aboutissant à Saint-Brieuc. Mais le chemin de la mer, plus long, plus sinueux, est autrement beau qui visite Saint-Jacut-de-la-Mer, l'estuaire de l'Arguenon, les Éhiheu, les Haches, écueils menaçants; les sauvages ruines du Guildo, la grève de Saint-Cast,

Saint-Brieuc. — La Tour-Saint-Joseph, maison mère des Petites Sœurs des pauvres.

immortalisée, en 1758, par la victoire des milices bretonnes sur l'Anglais envahisseur; la baie de la Frénay, le fort de la Latte et le terrible cap Fréhel. Terrible, combien ! Battu des flots avec une violence sans égale, taillé par eux en prismatiques rochers multiformes, en cavernes mugissantes, véritables outres des tempêtes, et du sommet duquel les regards, — éclairés la nuit par les feux pacifiques d'un phare de soixante-dix-neuf mètres de hauteur, contemplent, — plus effrayés que ravis, — douze lieues de côtes également assaillies et dentelées par la furieuse Manche.

Aux rochers du cap Fréhel commence véritablement pour nous l'émouvant « pays de la mer (Arémorique) », dont le fort génie oppose à l'empire de la civilisation cosmopolite, sans caractère et sans beauté, la longue résistance opposée jadis par son ossature de granit « recouverte de chênes » aux invasions romaine, normande, franque et française. On ne verra pas d'élégantes stations mondaines s'épanouir sur ses rivages armés d'ajoncs épineux et de tranchants écueils, afin de repousser, on dirait, toute conquête. De vastes landes émaillées de bruyères et de genêts étendent au delà leurs solitudes, hantées par les esprits des légendes, jusqu'à la terre rugueuse, où d'inextricables labyrinthes de chemins entre de vertes haies et de ruisseaux entre des saules enferment dans leurs réseaux vieilles villes et villages obscurs. Ceux-ci gardent jalousement les idiomes et les croyances antiques. Le *breizard* ou langue des Celtes, survivant au druidisme, y exprime encore avec une éloquente simplicité les idées communes et les sentiments intimes. Dans l'église, le prêtre l'ennoblit jusqu'à se servir d'elle pour prêcher aux humbles la morale de l'Évangile; par la bouche des conteurs, qui vont de foyer en foyer égayer les fêtes familiales et les veillées d'hiver, elle répand les poèmes et les récits transmis par les âges les plus reculés; enfin elle inspire une littérature populaire souvent pieuse et charmante, parfois sensuelle et brutale, comme un écho des mœurs primitives. Il est vrai que ces mœurs elles-mêmes n'ont pas disparu ; mêlées aux coutumes, aux usages séculaires et aux plus étranges superstitions, elles subsistent çà et là aussi peu entamées par l'ambiante banalité que les gigantesques blocs de pierre des dolmens et des menhirs, emblèmes de leur ténacité, par l'usure de plusieurs milliers d'années.

Maintenant le voyageur ne fera guère deux lieues de pays sans rencontrer un de ces mégalithes ici plus nombreux, plus grands et, ce nous semble, plus significatifs que partout ailleurs. Mais l'influence toujours agissante de ces monuments anonymes et silencieux sur les peuples établis à leur ombre, il ne la comprendra pas, s'il ne sait pas parler « breizonneck »; et les mœurs, les usages, les coutumes, les superstitions et les mystiques crédulités des Bretons bretonnants lui resteront cachés. Incapable d'entrer en communion de pensée avec eux, il ne connaîtra que par ouï-dire le culte fétichiste qu'ils vouent, comme leurs ancêtres émigrés de la haute Asie, aux forces de la nature, aux vents, aux montagnes, aux rochers, aux fontaines, au gui devenu « l'herbe de la croix ». Tout chez eux lui sera mystère : leurs danses symboliques autour d'un menhir sous la clarté de la lune, leurs repas des morts, leurs terreurs à la vue soudaine des chaos de pierres bruyamment assemblées par les flots comme des démons pour le sabbat, les étranges vertus nocives ou curatives qu'ils prêtent à certaines plantes ou certains cailloux, et le choix même des lieux consacrés où se célèbrent leurs solennels « pardons ». Il ne saura mot des « poulpiquets », nains des grèves; ni des « korriganes », fées de la lande. Il ignorera les sources dont il faut boire l'eau salutaire pour se guérir de la fièvre et se préserver des maléfices, la chapelle à laquelle il sied de porter un œuf dur, un morceau de pain ou une pièce de monnaie pour rendre la Divinité propice à ses prières; quel saint nourrit les abeilles, quel autre préserve les champs de la grêle ou leur procure la pluie bienfaisante, et quelles femmes ont le don de prédire l'avenir, et quel sorcier peut guérir les yeux malades avec un seul grain de froment. Pourquoi le cri de l'orfraie et la pie grattant le sol présagent-ils une mort prochaine? D'où vient l'habitude de donner pour intermèdes aux repas de noces la danse de l'oie et la danse du gâteau?... Le voyageur recueille en passant ces vestiges d'un passé que chaque jour efface, et ne se les explique pas.

Le voyage même suffirait à l'occuper tout entier, corps et âme; il n'en est pas d'un caractère plus impressionnant. Suave ou grandiose, terrifiant ou paisible, austère ou gracieux, rarement gai, plutôt mélancolique, mais toujours enfermé dans les lignes précises d'un tableau semblable à nul autre, et dont les yeux subissent aussitôt l'indicible séduction, il s'harmonise avec tout ce que l'on sait et que l'on devine de la poésie des êtres humains qui l'animent. Il les forme à son image, il les marque de son empreinte; le talent ou le génie de leurs élus en reflètent l'originalité, et ceux qui s'en éloignent en emportent avec eux pour jamais l'ardente nostalgie. Est-il un lecteur pour n'en pas sentir la pénétrante influence sur les livres de Chateaubriand, de Lamennais, de Renan et de Brizeux?

Dès le cap Fréhel un spectacle sublime va se renouvelant sans cesse, celui de la lutte de l'Océan contre la terre, de la vague haletante et furieuse contre l'impassible granit : attaquées, mordues, déchirées, les côtes de la péninsule armoricaine résistent, repoussent le flot, en retardent la conquête, mais en reçoivent de terribles atteintes, visibles pendant l'accalmie des marées basses. Des rochers brisés, des falaises éventrées, qui seront un jour des écueils, se dressent humides, parmi des flaques d'eau, sur le sol d'où la mer vient de se retirer. Entre eux une rivière, un ruisseau se glisse et s'écoule à travers une plage d'alluvions grisâtres ou de sables clairs. Là, souvent, se placent une bourgade de pêcheurs, un port de cabotage, une petite station de bains de mer. D'autres fois le cours d'eau, descendant la pente d'un vallon solitaire, s'épand sous les grasses verdures des prés salés, se divise en menus flots bruissant parmi les cailloux d'une grève et se perd dans les brumes d'un véritable fjord. Sous ces brumes pénétrées de soleil, le paysage en été se revêt de beauté miraculeuse, les vagues doucement sonores expirent auprès des verdures lustrées, jusque sous l'épais feuillage des robustes arbres poussés dans la grasse argile, et, dans le silence recueilli de toutes choses, c'est à se croire échoué sur un morceau de terre vierge, né de la veille à la lumière créée par la céleste puissance pour notre seule joie, et formé de tout ce que nos rêves peuvent imaginer de plus charmant.

Saint-Brieuc.
Cathédrale Saint-Guillaume.

Étapes ou séjours du voyage : Erquy, le Val-André, Dahouet, Saint-Brieuc, Pordic, Binic, Étaples, Portrieux, Saint-Quay, Plouha... Nous ne les décrirons pas; à quoi bon ? Même Saint-Brieuc, aucun n'offre les singularités qui prennent les yeux et dont parlent les guides. Si l'on remarque dans le chef-lieu des Côtes-du-Nord, capitale des « mangeurs de choux », la sombre cathédrale, moins sanctuaire que forteresse, où les soldats d'Olivier de Clisson soutinrent un siège acharné; la Tour-Saint-Joseph, maison mère des Petites Sœurs des pauvres, et quelques maisons en bois sculpté dans des rues et carrefours du plus délicieux provincialisme, on ne s'y arrête guère. Quelques rares baigneurs fréquentent la petite plage de son port maréen du Légué, à l'embouchure du Gouët; qui sont-ils, sinon des êtres de candeur et de simplicité, venus de Paris, non pour le retrouver au loin, mais pour se retremper dans la bonne vie naturelle des fatigues et des contraintes imposées à ses pâles victimes? Ils ne pourraient mieux choisir : ici, comme dans toutes les petites villes de la côte, même à Portrieux-Saint-Quay, la plus courue, et si calme, si sûre, si justement aimée des enfants, point de casino tapageur, de gênante étiquette, et très peu d'insolentes vanités mondaines. En retour, le spectacle sain de la vie des humbles *gallots* (Bretons francisés), la plupart marins, de ceux que l'on nomme « Islandais », c'est-à-dire pêcheurs aux dangereux parages d'Islande, où tant de vaisseaux se perdent, corps et biens, dans les brumes opaques et sourdes de la mer hyperborée. Ils séjournent peu à terre (ce n'est pas leur élément), et beaucoup d'entre eux s'emploient alors à Pordic, à Binic, au drainage de la précieuse vase marine mélangée de coquillages que l'on nomme *tangue*, et dont sont fertilisés les champs riverains. En tout temps ils offrent aux citadins de magnifiques exemples d'énergie, de vaillance, surtout de résignation à la pauvreté sainte!

Nous sommes allé de grève en grève à Paimpol, port de cabotage, d'où part tous les ans, vers le mois de mars ou d'avril, la flottille d'Islande. C'est une paisible petite ville de maisons basses, gentilles, proprettes; nos regards y cherchaient les traces et l'image des héros du poème de Pierre Loti, qui fit couler tant de larmes : Gaud, la suave fiancée, la jeune épouse aimante et si cruellement éprouvée du fort pêcheur Yann, l'Islandais, mort comme tant d'autres en mer, on ne sait où, ni quand ni comment. Hélas! qu'ils sont nombreux ceux qui périrent ainsi dans un insondable mystère, et celles dont le cœur ne peut les croire à jamais disparus! Vainement dans tous les cimetières de brèves et saisissantes épitaphes sur des sépulcres vides : *Perdu en Islande, perdu vers l'île de Sein...* les enregistrent sans preuves parmi les défunts réguliers, ces éplorées en habits de veuves persistent à guetter leur retour, et chaque vaisseau rentrant au port leur semble devoir ramener ceux qui les quittèrent dans la fleur de la jeunesse. Chez plus d'une la touchante illusion triomphe des années : telle l'eut à vingt ans dont elle égare encore la tête chauve.

Quelques jours avant que ne mettent à la voile les lourds et sombres vaisseaux d'Islande ancrés dans le port, parfois la veille, une fête religieuse rassemble ceux qui vont prendre la mer et les êtres chers qui, jusqu'au dernier instant, veulent se sentir battre le cœur à côté d'eux, à l'unisson. Tous se mêlent à la procession des prêtres, des enfants, des vierges blanches, dont les prières et les chants appellent la protection de la Vierge sainte, « Étoile la mer, » sur l'imminente expédition. Puisse-t-elle éviter les écueils, les brisants, les nuées, les tempêtes, mille pièges insoupçonnables, mille causes de naufrages! Noble et belle cérémonie, toute parfumée d'humanité sincère, où l'on voit ceux qui partent s'efforcer généreusement de cacher sous un air de confiance l'émotion qui les étreint, et ceux qui restent se détourner d'eux pour essuyer en tremblant des larmes furtives. Étrange fête où tout est joie apparente et réelle angoisse! N'est-ce pas pour adoucir l'amertume des derniers adieux? Tant et tant de sinistres mementos le font craindre! tant de bourgades, de villages, de hameaux en deuil : Pors-Éven, Plouézec, Guezennec, Bréhec, Ploubazlannec, Pleubian, Perros-Guirec, si tristes et si graves devant la mer!

Sitôt hors du port, le vaisseau doit songer à se défendre : des roches coupantes, des îlots presque inabordables se lèvent du fond des eaux et se ramifient à d'invisibles écueils pour lui barrer la route; le pilote ne les évite qu'avec infiniment d'expérience et d'adresse : une minute d'oubli, tout sombre. Ile Saint-Riom, île de Bréhat, île d'Er, les Renauds, les Sept-Iles, les Épées-de-Tréguier, il faut fuir ou esquiver ces ennemies, et combien d'autres anonymes signalées par les feux croisés de plusieurs phares merveilleux! Cependant, par un beau jour d'automne, un voile de vapeurs nacrées, diaphanes, les enveloppant d'une atmosphère enchantée, elles semblent non moins innocentes que belles, elles attirent, elles fascinent : ce sont les poétiques îles de Watteau. La plus grande, l'île de Bréhat, aux falaises de rouge porphyre, paraît avoir jadis séduit et fixé une peuplade étrangère qui, gardant ses mœurs, ses usages, et se propageant par mariage consanguin, la possède tout entière. Maigre propriété d'un sol rugueux, pelé, aride, mais avec le climat le plus salubre de la région. Point de malades, aucun infirme à Bréhat; les hommes sont parmi les meilleurs sujets de la marine militaire et, s'y plaisant, passent de longues années au service, tandis que leurs femmes, pauvres Pénélopes de ces humbles Ulysses, attendent dans l'île patiemment leur retour.

Aux environs de Paimpol, les vallées agrestes du Trieux, du Léguer, du Jaudy, du Guindy, ouvrent des chemins frais et gracieux dans la campagne bretonne, vers des villes aimables, des ruines grandioses, des sanctuaires vénérés. Nous citerons seulement, mais le lecteur voudra connaître Guingamp, sa jolie fontaine de style Renaissance, son église consacrée à Notre-Dame du Bon-Secours ou de Halgouët, objet d'unanimes dévotions, et, tout près, l'église de Grâce,

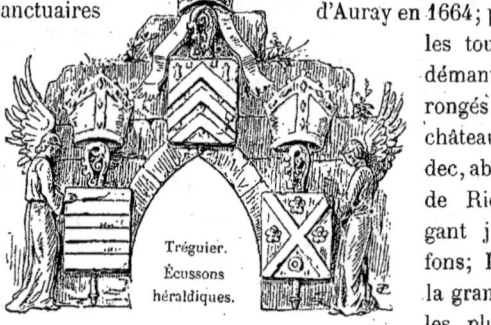
Tréguier.
Écussons héraldiques.

fort majestueuse, et dont le chœur garde dans une châsse les reliques de Charles de Blois, tué à la bataille d'Auray en 1664; puis le donjon, les tours, les murs démantelés, écharpés, rongés de lierre, du château de Tonquédec, abattu par ordre de Richelieu; l'élégant jubé de Kerfons; Lannion, dont la grand'place réunit les plus vieilles et l'une des plus curieuses maisons de la province; Lannion, toute petite, mais exquise par ses habitudes hospitalières, son couvent des sœurs de Saint-Augustin, d'où s'élèvent au ciel de si mélodieuses invocations, les jardins échelonnés de son faubourg de Brélevenez, et par son amour des lettres celtiques, car elle passe pour savante, et des éditeurs y publient des poèmes, mystères, légendes, histoires, proverbes, que les doctes découvrent ou que les artistes composent en dialecte trécorien.

La ville sainte de ce religieux pays, c'est Tréguier, non loin de Lannion, au nord-est. Tréguier se forma, dès le vi^e siècle, autour de l'abbaye fondée par saint Tugdual et qu'environnait, selon l'usage, un *minihi* ou territoire « sacré » soumis à l'autorité des moines et peuplé de leurs hommes *de pote*. Moins grande que sa renommée, elle n'atteint pas encore les modestes limites de ce minihi. L'amphithéâtre léger de ses maisons grises s'élève un peu au-dessus du port dessiné par l'estuaire du Jaudy; mais il s'abaisse très humblement au pied de la somptueuse et vaste cathédrale gothique qui, surmontée de deux tours massives et d'un svelte clocher, comme un immense vaisseau de ses trois mâts, symbolise magnifiquement l'idéal d'un peuple de marins. A cet ample chef-d'œuvre de l'architecture du xive et du xve siècle se rattachent un pauvre palais épiscopal, résidence, jusqu'en 1790, de l'un des neuf évêques de la Bretagne, et un cloître délaissé, aussi propice à la rêverie qu'il le fut jadis au pieux recueillement; des murs de couvent apparaissent au delà, comme dans l'ombre de l'église. On ne saurait imaginer asile plus paisible et plus doux. Seule la fête de saint Yves, très célébrée, très courue, rompt ce grand calme monastique. Saint Yves de la Vérité, en son vivant parfait justicier, intrépide redresseur de torts, protecteur des innocents, des pauvres, des veuves, des orphelins, défenseur des opprimés, personnifie admirablement, pour toute la contrée, l'idéal de justice que chacun porte en soi. Tous les poètes ont chanté ses vertus et ses miracles; tous les fidèles l'invoquent. Ceux-là même qui, païens encore, vont auprès de Tréguier supplier Notre-Dame de la Haine de servir leurs passions vindicatives, ne laissent pas que de crier au bienheureux patron des avocats : « Tu étais juste de ton vivant, montre que tu l'es encore! » Le pèlerinage annuel et la procession des reliques du saint glorieusement inhumé dans la cathédrale les rassemblent tous, citadins, paysans, marins, en foule chantante, clamante, naïvement émue.

Le rivage de la mer est bien près de Tréguier, et quel rivage! Aussi belliqueux, tumultueux que la ville-sanctuaire est tranquille et pacifique. Partout entouré, découpé en baies où s'amassent les dunes épaisses et tenaces, et en promontoires contre lesquels se brise le continuel effort des flots hurleurs. A quelques brasses des écueils, des îlots de granit dardent presque à fleur d'eau leurs pointes terribles; ainsi les Sept-Épées de Tréguier, dont le phare des Héaux déjoue la sournoise embuscade. Les habitants des hameaux côtiers, enfoncés dans la molle argile des estuaires, se rient de ces dangers et n'en vivent que mieux : les mille anfractuosités des rochers favorisant la pêche des gros crustacés, la cueille des huîtres et des moules. Bien plutôt s'effrayeraient-ils à l'étrange aspect des rocs nus épars sur la terre ferme, et là dressés, leur semble-t-il, par la mystérieuse volonté d'un être surnaturel dont ils espèrent, en se signant, conjurer les maléfices. Nulle part en Bretagne ces pierres fatales ne s'amassent plus nombreuses, aussi gigantesques et de formes plus variées et plus bizarres qu'à l'occident du port « terreneuvien » de Perros-Guirec, de Ploumanac'h à Trégastel, en vue de la mer, sur un sol extraordinairement crevassé, parmi des flaques d'eau, des miniatures de caps et de détroits, les glauques végétations des algues et des varechs, échoués avec des myriades de coquillages émiettés sur un formidable désert. Pour le vieil Armoricain, les esprits tout-puissants hantent ces pierres immuables, monstrueuses, terrifiantes, mais susceptibles d'être apaisées par la fréquentation des calvaires et des chapelles érigées çà et là : tels l'oratoire de Saint-Guirec et Notre-Dame-de-la-Clarté, où des pèlerins implorent la guérison de leurs yeux malades.

Les lieux de pèlerinage se suivent de près sur ces rivages impressionnants. Voici poindre la svelte flèche en plomb de Saint-Jean-du-Doigt : tous les ans, le 24 juin, l'actif désir du miracle guérisseur conduit des milliers de pèlerins vers l'église du XVe siècle qu'elle leur signale de loin. Le soir de ce jour ils allument l'immense feu traditionnel auquel, dans chaque paroisse de la basse Bretagne, répond un feu pareil, et chantent et dansent autour de ses flammes symboliques. Puis, ne pouvant pour la plupart loger dans les auberges, les fermes, les étables ou sous les tentes des cantiniers, ils passent, couchés sur la dure, la nuit muette, la nuit bleue, et semblent déjà ne plus souffrir, tant la douleur, anesthésiée par l'espérance, laisse calmes leurs traits empreints d'une foi rigide. Résignés, comme tous les simples, aux prémices de la mort, pourquoi s'étonneraient-ils d'en être soudainement délivrés? Qu'il plaise à l'Éternel d'avoir pitié d'eux!

Les plaies purulentes se fermeront, la cuisante démangeaison des gales invétérées cessera, une chair saine couvrira les membres que la lèpre dévore. Aveugles, vous allez revoir la lumière; boiteux, jetez vos béquilles; marchez, paralytiques; hydropiques, désenflez; renaissez, poitrinaires marqués pour la prochaine automne! Et vous, mendiants, miséreux, réjouissez-vous aussi, dans vos mains tendues aumônes vont pleuvoir, et votre langue à remercier se lassera. Accomplira ces prodiges le doigt de saint Jean le Précurseur, prodige lui-même, dont les vitraux et gwerz rapportent la légende :

> Comment ce doigt sacré, sauvé d'un incendie,
> Bien longtemps fut l'honneur d'un bourg de Normandie;
> Comme un jeune Breton, clerc au pays normand,
> Chaque jour sur l'autel l'honorait, et comment,
> Lorsque vers son hameau revint l'écolier sage,
> Tous les clochers sonnaient d'eux-mêmes sur son passage,
> Tant qu'on le crut sorcier; par quel miracle enfin,
> Rentré dans sa paroisse, il vit le doigt divin
> Qui brillait à l'église entouré de lumières [1]...

Les pèlerins rentrent chez eux par la route de Morlaix, dont tout Breton vante la beauté. De fait, à l'entrevoir seulement du haut du viaduc aux doubles arches qui l'enjambe et la déploie tout entière : basse ville lumineuse, blanche et vaste ville haute, aucune n'est d'aspect plus séduisant. Réelle, sa prospérité se maintient. Le commerce de Léon et de Cornouaille, alimenté par l'agriculture, le fermage et l'élevage, s'y concentre. Reliée à la mer par un estuaire large et profond, elle lui envoie directement, pour les plages normandes et les ports anglais, de gros bateaux chargés d'œufs, de volailles, de beurre et surtout des poissons, des homards pêchés à Roscoff. Les quais spacieux sont presque ceux d'une grande ville maritime; mais il leur manquera toujours l'animation vive, contraire au grave esprit du terroir. Car, en Bretagne, la vie intérieure prime l'extérieure, le foyer la place publique. Par ses églises, ses couvents, sa vénérée chapelle de Notre-Dame-du-Mur, ses vieux logis sculptés, sa fameuse et si jolie maison de la reine Anne et le labyrinthe de ses venelles ardues, étroites et coupées d'escaliers, Morlaix est aussi bretonne qu'au temps où Marie Stuart y passait sous l'escorte d'un seigneur de Rohan. N'est-elle pas au seuil des contrées bretonnantes : le Léon et les montagnes d'Arrez ?

Tréguier.
Le cloître du XVᵉ siècle.

Naguère la seule et rare diligence conduisait le voyageur dans la solitude de ces montagnes, à travers les forêts, les landes et les mines qui s'en partagent le sol. On ne la connaissait guère que par les légendes. Au moyen âge, le druidisme s'y était réfugié et les pures traditions celtiques. Elles avaient eu pour hôtes sacrés la fée Morgane et l'enchan-

---

[1] Brizeux, *les Bretons*.

teur Merlin, qui prophétisa les destinées d'Armor, dans le temps même où le peuple y honorait saint Herbot, patron des bêtes à cornes, auquel il offre encore, avec ses prières, les queues des vaches ou des bœufs malades dont il sollicite la guérison. Ce peuple peu nombreux ne parlait que breizonneck, ne portait que l'ancien costume, ne cultivait que le sarrazin, obéissait à ses recteurs, sans cesser de craindre les sorciers, et dans sa manière de célébrer le baptême, le mariage, la mort, dans ses fêtes, ses jeux et ses habitudes hospitalières, observait fidèlement les coutumes des ancêtres.

On faisait d'étranges contes de sa crédulité et de sa sauvagerie. En son poème *les Bretons,* Brizeux traçait le plus sombre tableau du sort de ses mineurs de Poullaouen, cachant sous la terre la honte d'une existence tarée, peut-être le remords d'un crime impuni, et chantait, comme des prouesses épiques, les violentes luttes à bras-le-corps de ses paysans, les jours des pardons. D'autres écrivains célébraient ses mœurs patriarcales, la bienfaisante association de ses propriétaires avec leurs fermiers, la fraternité du manoir et de la chaumière. C'était surtout chez lui, au fond de la Cornouaille, que l'on pouvait d'aventure assister aux splendides noces dont les festins, les danses et les jeux rassemblaient durant trois ou quatre jours, parfois une semaine entière; les habitants de plusieurs paroisses, à la seule exception des méprisés *kakous* ou cordiers, relégués comme des lépreux à l'extrémité des villages, en dehors de la société. D'où venait tant d'animadversion pour ces utiles artisans, le peu d'estime où l'on tenait aussi les tailleurs « à la langue dorée », ces bouffons, entremetteurs et rapsodes, fort employés dans les affaires de cœur, toujours admis aux noces, et dont l'on disait pourtant « qu'il en faut neuf pour faire un homme » ? Ces bizarreries n'en rendaient que plus piquant l'attrait d'un voyage au pays où elles se maintenaient. A moins d'en avoir été témoin, à moins d'avoir été l'hôte compréhensif et familier de ceux qui, dans leur simplesse, voyaient les fées ou *korriganes* se balancer sur les frêles genêts de la lande, et les lutins ou *carnandonet* sautiller autour des dolmens et des menhirs, personne ne pouvait se flatter de connaître le vrai Breton et la véritable basse Bretagne, séparée du reste de la péninsule par la montagne d'Arrez et la montagne Noire, comme par deux murailles infranchissables.

Il n'en est plus ainsi; depuis quelques années le chemin de fer, le « serpent de feu » annoncé par Merlin a percé la montagne, sillonné la lande, traversé la forêt : devant lui tout mystère s'efface. Vénérables coutumes, usages pieux, poétiques croyances entrent dans l'ombre des traditions périmées. La curiosité vaine et gouailleuse du moderne touriste n'est pas pour en découvrir les traces. Si les bons habitants des parages de Huelgoat, de Carhaix, de Scaër, ont encore le culte des fontaines et des pierres hantées par les esprits, ils ne le lui diront pas. Fées et lutins fuiront à son approche; charbonniers, sabotiers et pillawers (marchands de chiffons) lui tairont les mystères de la forêt et de la lande. La bombarde et le biniou n'oseront que loin de lui rythmer de leurs flexibles accords les folles gavottes, les passe-pieds, les rondes, les jabadaos et autres danses ou complaintes bretonnes, dont se moquerait sa présomptueuse légèreté. Qu'il se contente de noter les paysages accidentés et verdoyants de Huelgoat, déjà la proie des rapins, le triste abandon des mines argentifères de Poullaouen, les originales sculptures de l'unique maison de bois de Carhaix, en lequel resplendit d'honneur la statue du savant, loyal, intrépide et généreux Malo Corret de La Tour d'Auvergne, son fils, et les lices de Scaer, ouvertes une fois l'an pour les luttes « à mains plates » de tous les gars de la province.

Plus accessible, le pays de Léon ne sera pas moins secret. Qu'est-ce ce pays, pour les yeux dont une sérieuse intelligence n'agrandit pas la portée? Jusqu'à Roscoff, une plaine fertile, sans ombre, un horizon de terre rase si bien estompé de brume, que l'on croit, foulant sous la brise la poussière des routes blanches; s'en aller vers on ne sait quel infini. Les êtres, Léonards ou Léonais, « plus graves tous les jours » dans leurs noirs costumes, qui leur donnent l'air d'élégants sacristains, ont dans l'allure, le geste, la parole, comme l'empreinte de la sévérité des sites. Qui ne peut s'exprimer dans leur langue, — l'un des quatre dialectes bretons, — et ne saurait même les remercier d'un *Bennoz Doué d'é hoc'h* (Dieu vous bénisse!) perdrait son temps à les questionner. Mais, à leur défaut, les choses parlent éloquemment des mœurs et des usages du Léon. De splendides châteaux du XVIe siècle, comme celui de Kerjean; de simples manoirs souvent pleins de caractère, comme celui de Kersalion, s'élèvent en maints lieux pour rappeler l'organisation moins féodale que paternelle de la contrée dont Saint-Pol révèle l'âme toute religieuse.

Saint-Pol-de-Léon. Ancienne cathédrale.

Aux offices du pardon de Saint-Pol, les Léonards nous apparaissent abîmés dans une dévotion silencieuse, prosternés sous les gestes souverains du prêtre. Saint Pol Aurélien, fondateur de la ville et son premier évêque, semble les avoir subjugués sans retour.

Pol, venu de la Grande-Bretagne pour évangéliser la petite, fut une sorte de magicien dont les éléments et les êtres écoutaient docilement les ordres. Un jour, chargé par le seigneur abbé de défendre un champ de blé mûr du pillage des oiseaux, il commande à ceux-ci de le suivre et les enferme durant la moisson, dans la volière de l'abbaye. La mer lui obéissait. Pour accroître et protéger le domaine d'un monastère que les flots diminuaient peu à peu, il prescrit à l'abbesse de semer des bigorneaux à marée basse et fort au large : ces coquillages se changent en rochers, et voilà d'invincibles limites aux empiètements des flots. Une autre fois, un formidable dragon désolant l'île de Batz, le saint marche droit au monstre, lui reproche ses cruautés, et, lui faisant de son étole une laisse, le mène au point de la côte nommé encore *Toul ar Sarpent* (Trou du Serpent), où, ne voulant point répandre le sang, il l'attache à son bâton de pèlerin enfoncé dans le roc et l'abandonne.

Ce service rendu à l'île de Batz, — ou plutôt *Báz* (île du Bâton), — attira sur Pol Aurélien la vive affection du peuple et la reconnaissance du comte Wythur, leude de Childebert, roi de Paris, qui, voulant récompenser l'auteur de si précieux miracles, créa en sa faveur l'évêché de Léon. La ville où Pol résida se mit sous son patronage et fut dorénavant ville sainte, *kastel santel*.

Très digne de ce titre, elle se groupe sous l'égide de quatre ou cinq clochers inégaux, l'un d'eux, celui de Notre-Dame de Creisker, chef-d'œuvre de l'architecture du XVe siècle, merveille de hardiesse, de légèreté, d'élégance et de grâce, élançant à soixante-dix-huit mètres de hauteur sa flèche svelte, ajourée et sculptée, si ravissante, que « si, disait Ozanam, un ange descendait des cieux, il poserait le pied sur elle avant de s'arrêter sur la terre ». En la noble cathédrale gothique de Saint-Pol, les verrières brillantes, les stalles ouvragées et les tombeaux de granit prouvent la foi des fidèles et leurs largesses; au cimetière, les morts en terre sainte reposent au pied de l'ancienne église paroissiale de Saint-Pierre. Dans ces églises se passe la meilleure part de la vie d'une cité dont les cérémonies religieuses sont les seules fêtes, et les cloches semblent les seules voix. Saint-Pol appartient corps et âme au moyen âge; le travail et la prière s'en partagent les heures. Un collège de jeunes étudiants (*kloer*) y garde les usages et les mœurs simples des anciennes universités de province. Les plus pauvres d'entre eux sont entretenus par la communauté des chrétiens plus fortunés. On quête pour eux pendant les nombreuses processions qui, au *grand sacre*, au *petit sacre*, à Pâques, à l'Ascension, à la Fête-Dieu, à l'Assomption, à Noël, réjouissent de chants religieux les rues bordées de grands murs tristes et où l'herbe croît entre les pavés. Ils ne sont pas non plus oubliés dans les largesses publiques, la veille de la fête des Rois, « quand un cheval orné de gui, de lauriers et de rubans, portant deux paniers couverts de toiles blanches et précédé d'un tambour, parcourt la ville, » et qu'alors une ribambelle d'enfants derrière lui criant : Inguinané! Inguinané! (Au gui l'an neuf!) chacun remplit les paniers de bouteilles de cidre, de pain, de viandes et de gâteaux, qu'indigents et clercs se partagent fraternellement.

A moins d'une heure de Saint-Pol, Roscoff en est fort différente. Excellents maraîchers, les Roscovites donnent tout leur temps à la culture des terres fertilisées par la masse des goémons drainés sur les côtes. Les marchés de Paris, de l'Angleterre et de la Hollande, s'approvisionnent de leurs savoureuses primeurs. Ils aiment l'étranger que leur amène la douceur de leur climat, toujours tiédi par le Gulf-stream, comme les rivages de la Provence par le soleil, ce dont témoignent la grosseur et la vigueur de certains figuiers, aussi admirés des touristes que le clocher-pagode de la petite ville et la chapelle édifiée au lieu même où débarqua Marie Stuart, en 1557. On lui pardonne pour cela l'étroit horizon de sa plage de Roc'h-Room (Rocher-de-la-Grenouille), limité aux aspérités de la grande île de Batz, débris d'un littoral dispersé de Saint-Brieuc à Brest. Pauvre île de Batz! elle passait naguère pour être une sorte de république de l'âge d'or, où la plus parfaite candeur et la plus scrupuleuse honnêteté régnaient entre des familles contentes de leur sort et n'en voulant pas changer. Tous les hommes marins, les femmes, les *îliennes*, se chargeaient de cultiver les champs; elles se prêtaient mutuellement secours, travaillaient pour les malades, les infirmes et les vieillards, et loin de songer, comme tant d'autres, à s'enfermer chacune dans son égoïste propriété, matière à disputes, vivaient à peu près en communauté de biens. En apparence, ces mœurs subsistent, hélas! en apparence seulement. Aussi forts, aussi constants que les vents du large qui tordent sans cesse les tamaris du rivage, l'esprit positif du siècle a soufflé sur l'île vertueuse; la soif de s'enrichir l'altère, elle y cède et connaît enfin les querelles et les procès.

Si vous aimez l'originalité véritable, allez ailleurs la chercher, dans la péninsule de Pontsuval, dans les baies d'Aber-Vrac'h, chez les rudes peuples que leur dévotion aux dieux celtiques, très vive encore au moyen âge et non morte entièrement, fait surnommer *ar paganed* (les païens). Ils furent les légendaires pilleurs d'épaves que citent avec épouvante les chroniqueurs bretons. Les soirs orageux, préludes de tempête, on dit qu'ils attachaient des fanaux aux cornes de leurs bœufs accouplés et promenés sur les récifs, et que si, attiré par ces feux dont la régulière oscillation devait le tromper, un navire en détresse venait se rompre devant eux, ils le dépeçaient, non sans égorger les naufragés qui survivaient, d'aucuns même coupant avec leurs dents les doigts des cadavres pour en retirer les bagues. Peut-être furent-ils rarement si féroces. Mais il est certain que la coutume leur accordait, comme à beaucoup d'autres riverains, droit et bénéfices sur le *bris de mer;* les plus grands féodaux ne dédaignaient pas ce revenu providentiel, et l'on rapporte du comte Hervé de Léon « qu'il se vantait d'avoir sur la côte de son fief un écueil plus précieux que les joyaux de la couronne ducale ».

Les « paganed » ne sont guère visités. Ils n'ont point de plages souriantes. Des rochers noirs, des îles écumantes, une mer toujours grondeuse, et des landes sauvages parsemées d'étranges débris de villes disparues : c'est leur pays, d'aspect si désolé, qu'on le nommait naguère Qéïnvan, la terre des lamentations. Les Osismiens, dont ils descendent, ont sans doute vu périr leur très antique civilisation, modifiée depuis César par la culture latine, dans une terrible invasion de barbares chrétiens vers le IVe siècle. C'est du moins ce que supposent certains archéologues d'après une multitude de vestiges, pierres, tuiles, statuettes, armes, médailles, monnaies superposant les œuvres celtiques aux gallo-romaines. De Verganium, d'Occismor, de Talente, « Tyr armoricaine » ensevelie, dit-on, sous les vagues d'Aber-Vrac'h, pas une pierre ne reste debout.

Sortie de grand'messe en Bretagne. (Tableau de Mme M. Pollini.)

Et depuis les êtres, ainsi frappés, menèrent l'existence farouche qui créa leur légende et que leur misère illustre. Car ils sont parfois d'une singulière et virile beauté sous leur costume nonpareil : calotte bleue à houpette rouge coiffant le sommet du crâne rasé à la mode arabe, veste de berlinge croisée et serrant la taille prise encore dans une ceinture bariolée, culotte courte découvrant les jambes nues, tannées, nerveuses, découplées à souhait pour escalader les falaises. Près de la mer, leurs courts manteaux blancs à capuchons de laine rejetés sur le dos les font semblables à des pêcheurs dalmates ou vénitiens. Plus somptueuses encore les femmes, scrupuleusement fidèles aux modes ancestrales, arborent dans leurs toilettes à fonds blancs les éclatantes passementeries rouges, bleues, jaunes, vertes, dont se parent « les Polonaises de Varsovie et les Slaves de Bucharest ». Tous et toutes vivent des hasardeuses générosités du flot charriant vers eux les épaves des vaisseaux perdus, et de la pêche où se risquent leurs barques primitives.

La grand'route de la côte est jalonnée des plus beaux monuments de l'art et de l'histoire de Bretagne. Le XVIe siècle, exaltant par la controverse religieuse et la guerre atroce l'ardente foi du pays, l'a fleurie d'architectures diverses, magnifiques et gracieuses, que l'on ne voit pas ailleurs. Ce sont des arcs de triomphe majestueux ou délicats, des ossuaires pareils à des palazzi de la Renaissance, des calvaires chargés de personnages habillés au goût des Valois, et groupés avec goût au pied et sur les bras de la croix où le Juste expire pour le salut des hommes, des bénitiers en forme de pagode ou de chaire à prêcher ciselés pouce à pouce par le caprice et la fantaisie, des églises du style le plus noble et où l'on entre par de merveilleux portails. De ces édifices ou de ces édicules resplendissent maints lieux obscurs : Saint-Thégonec, Guimiliau, dont le calvaire assemble quatre-vingts personnages; Landivisiau, Lambader, fameuse pour son admirable jubé gothique; Bodilis, la Roche, la Martyre, Sizun, au superbe ossuaire; Plougastel-Daoulas. Les auteurs de ces chefs-d'œuvre sont à peu près ignorés; mais le granit bleu de Kersanton, dont ils se servirent pour les construire ou les sculpter, préserve leur pensée de l'injure du temps et du malheur plus grave des restaurations. C'est plaisir de leur rendre, sans efforts d'imagination rétrospective et sans peur de se tromper, l'hommage dû à leur génie et dédaigné par leur simplicité.

Une ravissante église, au Folgoët, rappelle au moins un grand nom, celui de Michel Colombe, lequel passe pour y avoir fait la statue du cardinal Alain de Coëtivy. Mais que pèse ici la gloire du maître sculpteur auprès de celle de Salaün ar Fol, réel patron de l'église fondée au XVe siècle par le duc Jean V de Bretagne, premier de la maison de Montfort, dont l'effigie de pierre se dresse au portail du sud entre les rigides figures des douze apôtres? Nulle légende bretonne de poésie plus touchante. Salaün vivait au XIVe siècle, durant l'affreuse guerre des Blois et des Montfort; simple d'esprit, il mendiait. Malgré la misère générale, chacun lui donnait qui du pain, qui des fruits, et il remerciait en deux mots : *Ave Maria*, les seuls qu'on lui entendit jamais prononcer. Fatigué de vagabondage, il se retire dans la forêt de Lesneven, s'abrite dans le creux d'un chêne. Et, chante le poète Catulle Mendès :

> Quand il avait grand froid, — les hivers sont plus durs
> Si c'est les quatre vents qui sont les quatre murs, —
> Le petit Salaün se hissait dans son arbre.
> Il neigeait, il gelait à fendre pierre et marbre,
> Et l'enfant, comme après la tonte une brebis,
> N'avait que sa peau rose, hélas! pour tous habits...
> Mais il se cramponnait des doigts aux branches grêles,
> Allait, venait, montait, planait, avait des ailes,
> En chantant : « Maria! Maria! » sous les cieux.
> Le charretier qui passe avec un bruit d'essieux
> S'imaginait, n'osant regarder en arrière,
> Qu'un bel oiseau faisait dans l'arbre sa prière.

Il mourut dans son chêne, on l'inhuma près du tronc, et certain jour on vit de ce tombeau surgir un lis dont la corolle, ô prodige! reproduisait écrite en lettres d'or sa parole accoutumée : *Ave Maria*. On creusa; la royale fleur, plongeant ses racines dans la bouche de l'innocent, semblait née de son dernier souffle et comme en exhaler le parfum... Le 8 septembre de chaque année, les pèlerins chantent l'élégie ou *sôn* de Salaün-ar-Fol. Là viennent les paganed des environs de Lesneven, de Plouescat et de Lannilis; les paysans de Plomodiern, aux larges ceintures de laine rouge ou bleue; ceux de Fouesnant, où l'on préfère les velours sombres, et les femmes de Guissény en robes de soie rouge damassée bordée de galons d'or; celles d'Ouessant, roides dans les plis rigides de leur deuil éternel; et ne sont absents ni les gens de Châteaulin et de Pleyben ni ceux de Plobannalec et de Pont-l'Abbé.

Ces pèlerins, à l'aller comme au retour, commentent l'histoire de Salaün-ar-Fol, dont la grâce ingénue ne leur cache pas le sens profond : faisons de même, moins longue nous paraîtra la route, tout au bout de laquelle, passé la paisible et charmante Landerneau, la rêveuse Bretagne tourne vers l'Océan sa face la plus ravagée.

Mais quoi? Peu de mots suffisent : dans Salaün, héros de l'humilité, le peuple ne voulut-il pas glorifier la résignation à l'inévitable souffrance et l'invincible foi dans la Bonté suprême?...

AUX BORDS DE LA MER

L'OCÉAN

III

LA BRETAGNE

Brest, dont tout Breton, marin de race, parle avec révérence et fierté, comme du premier port militaire du monde, est double : ville spacieuse de fonctionnaires au pied de son lourd château de granit à tours massives, larges fossés et sépulcrales oubliettes; ville d'ouvriers relégués dans les rues montantes, grouillantes, puantes de son primitif, vieux et populaire bourg de Recouvrance, tout en maisons grises, humides, hargneuses. Sur le cours d'Ajot seulement des allées d'arbres, que l'on dirait dessinées par Le Nostre et taillées par La Quintinie, y concèdent à la rêverie, chère à tout Breton, un aimable coin d'ombre et de silence. Il nous souvient aussi des martiales retraites du Champ de Bataille, joie des citadins, et du marché plein des couleurs éclatantes et gaies qu'y jettent par myriades les poissons argentés, dorés, azurés, nacrés, l'or des fruits et surtout le corail des fraises de Plougastel, les vertes primeurs de Daoulas, et les fleurs de partout alentour. Car toute une grande banlieue maritime et terrienne, vallées de l'Abér-Ildut, de la Penfeld, de l'Élorn, de Châteaulin, presqu'île de Crozon, pêchent, élèvent et cultivent pour nourrir et parfumer Brest. Et vers toute sorte de bourgades et de villages, dont la puissante et grave cité qu'ils servent respecte les usages et les coutumes, il est aussi facile d'aller en voitures, prêtes d'heure en heure, que par les bateaux réguliers aux petits ports, anses ou plages pittoresques nommés le Conquet, Crozon, Morgat, Dinan, Camaret, séjours de printemps et d'été certes avenants, s'il en est!

Le charme de ces campagnes, l'agrément de ces bords de mer, rachètent ce que peut avoir de trop sévère et presque de revêche l'aspect d'une ville étroitement administrative et hiérarchisée, laborieuse et méthodique, où le devoir tient chacun à sa place figé dans l'obéissance aux règles et dans le respect des formes. Mais qu'importe la ville? Ce n'est que le cadre du tableau où s'intéresse la frivole curiosité du voyageur. Ce qu'il désire, c'est voir de près le formidable organisme du port, dont la grandeur l'a frappé d'étonnement. Soit! Qu'il en demande permission à la Majorité, on la lui donnera, avec un cicerone par surcroît, et quel cicerone! Un marin aussi obligeant qu'instruit des choses de son état. Jamais les questions ne le lassent ni ne l'embarrassent, car il ne répond que ce qu'il veut, et il ne veut que ce qui est permis. Tout ce que l'on peut montrer sans indiscrétion, il le montre et l'explique. Donc sur ses pas, le long des deux rives de l'estuaire de la Penfeld, durant une lieue, coupée par un pont tournant et des ponts flottants, vous visitez et vous contemplez du dehors les ateliers et les magasins, les parcs et les arsenaux : la Corderie, la Voilerie, la Mâture, la Tonnellerie, les Vivres, l'Artillerie, la Boucherie, les Cales, la Scierie, les Machines, les Casernes; vous parcourez une lieue d'objets, d'outils, d'engins dont l'assemblage constitue la beauté, mais dont chacun, séparément, vous distrait sans vous instruire et ne laisse dans votre esprit que l'énigme de leurs formes compliquées. Mais un plaisir édifiant, c'est de monter à bord d'un cuirassé ou d'un torpilleur,

Pointe du Raz de Sein.

deux si étranges monstres à les voir de loin : celui-ci cachant sous une carapace d'inoffensive tortue ses pièges de bête sournoise, celui-là dissimulant sous un air innocent de jouet gothique flottant sur l'eau pour l'amusement des yeux sa force terrible. Vous les touchez de la main, vous en palpez l'armature, vous vous mirez dans l'étincelante netteté de leurs aciers, de leurs cuivres et de leurs bois; vous voyez leurs canons tendre le col vers de louches embrasures... Apparences de bête et de castel s'effacent : la carapace est un toit mobile sous lequel s'abritent et peuvent se clore, comme dans une boîte invulnérable, ceux qui sèmeront les torpilles sur la route des navires ennemis; et quant aux tours et tourelles, des mitrailleuses embusquées dans leurs créneaux mignons cracheront de tous les côtés presque simultanément, tandis qu'elles pivoteront sur elles-mêmes, une grêle de balles à tuer les hommes par centaines et par milliers Oh! les merveilleux instruments de carnage, et que de génie prodigué à la mort!

Mieux eût valu peut-être se contenter de les avoir vus du large, assemblés en escadre, mouillés au repos, et vers le matin ou le soir, dans une atmosphère de mousseline, offrant la fantasmagorique image d'un burg féodal construit en métal livide sur une nappe de mercure. Telle un jour se mira dans nos yeux enchantés l'escadre fantôme, immobile et muette entre les vagues silhouettes de rochers découpés par le flot, éternel rongeur du littoral, dont sans cesse il épointe les caps, agrandit les baies, aiguise les écueils, arrache et ensevelit les friables schistes mêlés au granit.

Nous allions par le golfe de l'Iroise dans la baie de Douarnenez, ayant de Brest tout visité, tout vu, et ce que nous avons plus énuméré que décrit, tous les établissements modèles de cette grande éducatrice : son *Borda*, son *Austerlitz*, sa *Bretagne*, son *Navarin*; École navale, École des mousses, École des apprentis marins, Vaisseau-École, pépinières de braves dont la guerre ferait des héros, — tous ancrés dans la vaste rade. Nous emportions aussi le souvenir d'excursions charmantes dans les environs : aux ogives

Quimper.

béantes du monastère bâti dès le vɪᵉ siècle à la pointe de Saint-Mathieu; à l'église et au cloître de l'abbaye de Landevenec, fondée par saint Guénolé; au calvaire de Plougastel, chargé d'une multitude de figures en pierre mimant le drame de la Passion; aux mégalithes, dolmens et menhirs de Camaret, et à la vénérée Notre-Dame de Rumengol. Maintenant glissé hors de l'étroit goulet, déjà loin des redoutables îles d'Ouessant, nous doublons le cap de la Chèvre, et la baie de Douarnenez, rivale ici du golfe de Naples, se déploie sous nos yeux entre ses falaises mordorées, ses plages d'or, les hauteurs d'où descendent vers elles des bois, des champs, des villages dont l'on entend sonner les Angélus. On nous montre les belles grottes de Morgat; vers Lorient, devant la gracieuse Châteaulin, se lève la colline isolée du Menez-hom, et nous sommes tenté de chercher sous l'eau verte les ruines de la ville d'Is, submergée au temps fabuleux du roi Gradlon-Môr...

Nous aimons Douarnenez, son peuple insouciant de pêcheurs de sardines, aventureux jusqu'à la plus folle témérité; son port de Rosmeur, où d'amples filets bleus sèchent au soleil, où mille barques, voiles déployées, rentrent le soir en flottille légère et glissent sur les flots comme des cygnes; la douceur de son climat, ses petites rues sourdes où l'on voit le dimanche passer allant à la messe des femmes de si chaste et si gracieux maintien, qu'elles font songer aux suaves figures des primitifs, et les longues processions des noces, et les bals rustiques où le biniou et la bombarde sonnent la mesure des gavottes. Là encore peu d'étrangers; une anse étroite, mi-sable et galets, suffit aux « bains de mer fashionables ». La forte odeur de la « rogue » et de la friture en écarte les mondains. Nous la lui pardonnâmes à cause des bois ombreux qu'elle a su conserver, du beau clocher de Ploaré, dominateur du plus frais paysage, de la blanche Tréboul, et surtout de l'incomparable plage du Riz, dont les sables caressants s'élargissent en soyeuses nappes au bord des falaises sur un espace d'une demi-lieue.

Point en Cornouaille de ville mieux entourée. D'abord à l'est Quimper, cité de saint Corentin, élève le double clocher de sa cathédrale, édifiée au confluent du Steir et de l'Odet, à la rencontre de leurs quais jolis, blancs d'un côté, verts de l'autre, et au milieu des rues, carrefours et places auxquels elle a le bon sens de garder leurs vieux logis, solides encore. A l'ouest s'allonge, traversant Pont-Croix, qui a belle église et curieux calvaire, et touchant le port d'Audierne, qui a bonne auberge, la route poudreuse frayée à travers l'étroite presqu'île, au bout de laquelle la pointe du raz de Sein plonge dans l'Océan son éperon de roches amoncelées, où se heurtent et s'écrasent les bateaux des pêcheurs. Il nous souvient de notre première excursion par la lande sauvage de Plogoff et de Sizun, des enfants pieds nus et déguenillés s'accrochant aux roues de notre voiture pour quémander l'aumône, et du vieux gardien du phare qui guidait les touristes sur cette côte déserte et lugubre. Un jour nous l'avons revu aux assises de Quimper, ce vieux gardien; il venait de tuer sa femme, sans doute dans un accès de folie. Il y avait des années qu'il passait sa vie entre le phare du Raz et celui de l'écueil d'Armen, devant l'île de Sein, où seul, strictement seul, quinze jours durant, il veillait sur les feux dont s'éclaire le passage le plus terrible et le plus justement maudit du littoral armoricain. Nous escaladâmes sur ses pas, en nous aidant de son bras, les rochers du Raz; nous mesurâmes du regard l'Enfer de Plogoff, entonnoir de granit couleur de soufre, au fond duquel les flots roulent, écument et hurlent affreusement, comme altérés de victimes. Entre le Raz et le Cleden-Cap, cornes du Finistère, la baie des Trépassés ouvre l'arc de sa grève mélancolique. Là, qui l'ignore? s'assemblaient jadis dans la nuit du 1er novembre les âmes de ceux qui étaient morts durant l'année, et d'invisibles nautoniers les conduisaient dans leurs barques, fléchissant sous le poids, à l'île sainte des Bretons, tandis qu'en la brumeuse île de Sein neuf vierges élues, neuf druidesses, célébraient, selon le rite du culte de Teutatès, ce mystère de la transmigration. Le malheureux gardien du phare avait vieilli, blanchi parmi ces traditions nées de l'aspect des choses et non effacées, tant il y a de tristesse et d'horreur dans les solitudes du Raz et de Sein. Il avait vu des tempêtes et des naufrages sans nombre. Nul, disent les marins, ne passe devant l'île sacrée sans danger ni frayeur; bien plus que les îles d'Ouessant et de Groix, dont ils disent aussi : « Qui voit Ouessant voit son sang. Qui voit Groix voit sa croix, » c'est l'antre de la mort.

Les sardiniers de Douarnenez laissent des leurs chaque année à l'insatiable meurtrière. Mais, ceux qui en réchappent, avec quelle allégresse ne vont-ils pas le dernier dimanche d'août rendre grâce à sainte Anne dans sa chapelle de la Palud! Il faut voir ce pardon, le plus original de tous. Dès le vendredi, les bourgs et villages de la baie et de vingt lieues à la ronde s'y donnent rendez-vous. Et par tous les chemins courent les foules chamarrées et bigarrées, entassées dans des charrettes parées de feuillages, et que des chevaux, eux-mêmes fleuris, et qui reviendront piqués de fanions et d'amulettes, mènent avec une folle vitesse sur les pentes ardues. A peine arrivent-elles sur le plateau sablonneux dont la chapelle occupe le centre, que surgit une ville de bois et de toile, tumultueuse, très gaie, comme en improvisent en Orient les nomades. Dans les baraques s'installent les marchands de médailles, de scapulaires, de chapelets, de statuettes, de jouets, d'ex-voto, des jeux de massacre et de tir, des pâtisseries, même des somnambules et des athlètes : ceux-là jamais ne chôment d'amateurs. Sous les tentes on dresse des tables et des bancs, et sitôt cuits d'énormes rata de bœuf, de pommes de terre, de carottes et d'oignons mijotant sur des feux de bruyère vite allumés, c'est là qu'ils sont servis, mangés et arrosés avec force brocs de cidre. Mais belle humeur n'empêche pas dévotion. Les pèlerins affluent dans le sanctuaire, dont les plus ardents font à genoux le tour; tandis que d'autres l'enceignent d'un triple cordon de cire vierge, conformément au rite ancien résumé dans ces vers du guerrier Lez Breiz, champion légendaire d'Armor contre les Francs :

> Si dans mon pays sans mal je reviens,
> Mère, vous aurez part dans tous mes biens;
> Un cordon de cire épais de trois doigts
> Autour de vos murs tournera trois fois.

A l'autel de sainte Anne, les uns déposent une miniature de navire tout gréé; les autres suspendent un bras, une jambe, une main ou une tête de poupon moulés dans la cire vierge; d'aucuns, un tableau où quelque peintre rustique pensa représenter une guérison miraculeuse.

Le dimanche, vers quatre heures, la procession ordonnée dans la chapelle sort, harmonieuse et grave, et les fronts se découvrent, les genoux s'inclinent, pendant que sa longue théorie se déroule dans la voie que jalonnent des oriflammes. En tête marchent, un cierge à la main, ceux qui firent le vœu de ce pèlerinage : paysans et paysannes, femmes de marins, marins, certains de ceux-ci nu-pieds, en chemise, humiliés par la reconnaissance. C'est l'austère partie du cortège dont la suite déploie les magnificences des vieux costumes. Droits sous de lourds fardeaux et fiers, les robustes gars de Plouevez-Porzay, de Douarnenez, de Locronan, de Ploaré, de Guengat, du Juch, de Plogoff, et les filles aussi robustes élèvent les croix massives et les bannières de soie où s'inscrivent en lettres d'or les paroisses représentées; puis s'avancent les vénérées effigies habillées de brocart et de velours : Notre-Dame, que les vierges bourleden de Pont-l'Abbé, en robes blanches galonnées de soie bleue et *tavauchars* (tabliers) pailletés d'argent, dressent sur le pavois, et sainte Anne, portée sur les épaules des jeunes mariées de l'an.

Enfin paraît la châsse des reliques de la mère de la Vierge; six tambours la précèdent, battant aux champs, six tambours épiques guêtrés jusqu'aux genoux, six colosses en chapeaux à larges bords chenillés et vastes pragous-braz, six vivantes évocations des Chouans de 1793. Et voici le clergé : des prêtres de campagne, humbles, simples et pauvres comme les humbles et les pauvres qu'ils dirigent; les diacres en surplis portant sur leurs épaules la châsse étincelante, les prêtres chantant des cantiques dont le chœur populaire chante les refrains. La scène est alors d'une ample et haute beauté religieuse. A la fin du jour, sous le rouge éclat du soleil mourant, au sein d'un paysage immense, les fidèles isolés, grandis et comme nimbés de lumière, prennent le relief des sculptures hiératiques. On les dirait élus et rassemblés pour élever au Ciel les vœux de la terre, dont leurs voix mélodieusement unies semblent la voix...

Quittons la baie de Douarnenez, perle de Cornouaille, fleuron de sa « ceinture dorée », ces mots désignant les districts de la côte seuls bien cultivés et fertiles. Pour les terres intérieures, des landes en couvrent les deux cinquièmes, et leurs vastes domaines en friche ou pacages servent à l'élève des bœufs et des chevaux, ceux-ci placés par la dévotion rustique sous le patronage de saint Herbot, et ceux-là de saint Corentin. Mais il n'est ville ou village maritime qui ne soit intéressant, charmant parfois. A la pointe sud

L'ossuaire de Sizun.

de la baie d'Audierne, l'aride et dur promontoire de Penmarc'h, splendide chaos de rochers monstrueux, — que le flot mord avec une soudaineté, une fureur sans égales, — montre les vestiges d'une cité de pêcheurs florissante au moyen âge, ruinée au XVIe siècle par un partisan calviniste qui en emportait les dépouilles dans son imprenable forteresse de Tréboul. La toute voisine Kérity, simple hameau coupé de ruelles aux noms maintenant dérisoires : rue des Orfèvres, rue des Merciers, Grande-Rue, dénombrait jadis dix mille bourgeois, et fournissait à l'évêque de Cornouaille un ban de deux mille cinq cents archers. Pont-l'Abbé, dont les femmes arborent le béguin (bigouden), le corsage à plastron et la courte, ronde et volumineuse jupe des Laponnes, peut revendiquer un glorieux passé clérical; Loc-Tudy rappelle le nom du saint fondateur de son monastère, Tudy, moine d'Islande, descendu de l'île sainte en Armorique pour l'évangéliser. Sous les eaux basses de la baie où Fouesnant et Concarneau ouvrent leurs ports, on entrevoit les vestiges d'une forêt. Concarneau invite les savants naturalistes à venir observer de près les mœurs des poissons, des crustacés, des mollusques, dont son immense rivière réunit un grand nombre d'espèces, et met un laboratoire-aquarium au service de leurs expériences. Au fond de l'estuaire de l'Aven, toute verte du reflet des saules et des peupliers, Pont-Aven, « ville de renom, quatorze moulins, quinze maisons, » est aimé des artistes pour ses grâces ingénues : que de paysagistes en ont représenté la rivière à cascatelles, les ombrages touffus penchés sur les roches grises, les marchés où les jupes des paysannes mettent leurs diverses et vives couleurs, et où vingt coiffures différentes agitent leurs ailes!... Et Quimperlé, où l'Isole et l'Ellé se rejoignent dans la douce Laïta, est-il en France ville dont la fraîche et quiète atmosphère soit aussi pénétrante? On nous dit que pour y avoir vécu quelques mois certains en gardent au cœur l'incurable nostalgie, et nous le croyons volontiers. C'est le pays que chanta Brizeux, élevé dans les environs par le curé du bourg d'Arzano, parmi les paysans, près de sa Marie, « fleur de blé noir, » humble, suave et chaste sœur des immortelles Laure et Béatrice. Un jour, hélas! prochain, quand l'odieux cosmopolitisme, vainqueur du génie des races, aura passé sur la Bretagne son niveau utilitaire, et qu'il ne restera pas même les traces des mœurs et des œuvres qui vont chaque jour s'effaçant, ce ne sera plus que dans les poèmes du barde, pareils à des flacons finement ciselés et remplis des plus précieuses essences de la pensée et de la rêverie, que les âmes tendres des générations déshéritées respireront les parfums de l'ancienne Armorique. Telle est sa gloire, consacrée déjà par sa statue dressée sur une place de Lorient, aux bords du Scorff, célébré dans ses vers mélodieux.

Sortie tout entière de l'heureux génie du XVIIIe siècle, Lorient a les rues droites, larges, spacieuses, uniformes et blanches de Versailles, mais combien plus gaie, plus vivante que l'artificielle ville de Louis XIV! Militaire par son port, ses chantiers, ses vastes ateliers de construction établis pour les navires de l'État sur l'estuaire du Scorff, cependant elle demeure fidèle à son origine, commerçante, industrieuse, d'allure moderne. Le sombre et dur esprit de la guerre ne pèse pas sur elle. Malgré ses portes fortifiées, elle se joint facilement à son faubourg bourgeois de Kerantrec'h. Ses quais ombragés assemblent à l'heure de la promenade plus de négociants et d'armateurs que d'officiers, plus de libres marins que de matelots en uniformes; sa flottille est plus nombreuse que sa flotte. C'est plaisir de voir courir sur sa rade lumineuse et sûre, bien abritée par l'île de Groix contre les vents et marées du large, les légers, coquets et rapides paquebots-omnibus pleins d'alertes passagers, les barques équipées pour la pêche à la sardine, les bateaux marchands chargés des produits de ses fabriques : ils passent en vue des navires armés, des vaisseaux-casernes, ou se coulent entre eux, et semblent aux yeux amusés de leur animation se jouer de ces lourdes machines à tuer. Tombée au-dessous des brillantes destinées que rêvèrent et réalisèrent un moment pour elle ses audacieux fondateurs et parrains, les financiers de la Compagnie des Indes occidentales ou de « l'Orient », qui en voulaient faire le centre du commerce de la France avec l'Amérique et l'entrepôt des marchandises des deux mondes, Lorient subsiste de négoce et d'ingénieux travail; sans rivale pour la confection des sardines et des maquereaux à l'huile, elle surpasse ou égale Nantes dans la préparation des conserves alimentaires ; en hiver, il n'est fines primeurs que de chez elle.

Cependant s'étiole à côté d'elle Port-Louis, choisie avant Lorient pour être le port de la Compagnie des Indes : enfermée dans de grands murs de granit verdis par les mousses et les lichens et çà et là chaperonnés de feuillages, une citadelle, un hôpital de marins, quelques villas invisibles, de montueuses rues mortes, toutes choses gardant sous la rouille marine quelques traits singuliers du XVIIIe siècle, c'est toute cette ville, dont l'air d'abandon et le silence ont le charme d'une mélancolie inexprimable.

En face de Lorient, la bonne rivière bretonne le Blavet mêle ses eaux à celles du Scorff : il en faudrait remonter le cours pour aller, avec des bateaux de fort tonnage, jusque dans Hennebont, ville fameuse depuis la belle défense de Jeanne de Montfort contre Charles de Blois en 1342, si bien contée par messire Jehan Froissart; c'est encore par son affluent l'Ével le chemin qui mène aux pieds de la bizarre statue de Quinipli, Vénus bretonne érigée sur un monticule près de Baud, et encore par son canal, celui de Pontivy, deux villes en une, la plus ancienne, ayant vieux château aux douves cultivées et noires maisons du moyen âge. Mais assez d'attraits pittoresques nous retiennent sur le littoral du Morbihan pour circonscrire notre route aux parages extraordinaires d'Auray et de Vannes.

De l'embouchure du Scorff et du Blavet à celle de la Vilaine, spectacle unique : des rivages incertains mouvants, où l'on ne sait où commence la terre et où finit la mer, tant le flot incessamment les entaille et les délaisse, les découvre et les recouvre, les fractionne en îlots, les divise en lacs, les accroît, diminue, unit, sépare ou change de nature. Ici le profond estuaire de l'Étel, d'où les pêcheurs de sardines n'oseraient aller jeter leurs filets vers la dangereuse île de Groix sans avoir, en procession nautique, reçu la bénédiction du prêtre; là l'estuaire du Crac'h. Entre eux, Quiberon, arête de granit, aride, nue, bossuée de dunes jaunâtres, et tellement au milieu, que domine le fort de Penthièvre, serrée, amincie, qu'il suffirait, ce semble, de l'effort d'une marée pour la couper en deux et d'une presqu'île faire une île. Mais large et plane, en pente molle, le bord de la baie permit aux émigrés amenés et débarqués par la flotte anglaise de venir en juin 1795 y chercher leur perte. O lamentable journée celle où dut se rendre prisonnière et se vouer à la mort des félons l'élite de la noblesse française, la fleur de nos escadres et de nos armées, coupable d'avoir oublié et rompu, pour servir les idées incarnées dans la monarchie, l'inviolable pacte qui les liait, avant tout, hormis Dieu, à la France, leur patrie !

Quiberon même, petit port assez actif, plage assez douce, a l'été ses touristes; c'est de là que deux vapeurs, plusieurs fois par jour, conduisent à Belle-Ile-en-Mer : navigation d'environ deux heures vers la plus grande des îles de Bretagne et la plus curieuse. Tous les saisissants aspects de la péninsule s'y rassemblent. Au sud, la côte de Bangor, déchirée, crevassée comme celle du Finistère, présente une chaîne de rochers énormes, de baies ombreuses et de grottes creusées dans le granit par la violence des vagues; au nord, Sauzon rappelle le rivage accidenté sans rudesse de Binic et de Portrieux. L'intérieur est bien cultivé; çà et là se dressent de grands menhirs. L'étranger rencontre partout une hospitalité cordiale et vit dans l'abondance à peu de frais : point de séjour de vacances plus réparateur, moins coûteux, plus reposant. Mais le Palais ressemble à toutes les villes fréquentées : on ne saurait s'y plaire longtemps. Fortifiée dès l'époque lointaine où régnaient sur l'île, — alors île de Guedil ou Guerveur, — les comtes de Cornouaille, puis l'abbé de Quimperlé, elle enveloppe dans les murs de sa citadelle, reconstruite par l'ingénieur du surintendant Fouquet, — seigneur de Belle-Isle par la grâce de ses écus, — et complétée par Vauban, divers établissements rébarbatifs : un pénitencier militaire, une triste maison de correction pour les jeunes détenus « ayant agi sans discernement », et l'inévitable caserne; seul le port, sans cesse animé par les allées et venues des pêcheurs de sardines, des vapeurs, des transports et des bâtiments de commerce, offre l'agrément dont on ne se lasse point.

Au retour, dès l'aube, que votre vapeur ne vous ramène pas à Quiberon, mais naviguant vers l'est, semble se rapprocher des récifs d'Hœdic, de l'île du Melvan, de l'île d'Houat et des écueils de Béniguet, points noirs ou nuages blancs sur les vertes ondes. Il serait intéressant de visiter ces îles, dont les mœurs ne sont point banales. Volontairement ignorante des tendances laïques du siècle, l'île d'Houat reconnaît son curé pour gouverneur et seul administrateur; aidé d'un conseil de famille composé de douze vieillards, il est à la fois syndic, capitaine du port, directeur de la poste et de l'enregistrement, notaire, surveillant des cantines et dépositaire de l'épargne ou « masse commune », qui fait des avances aux pêcheurs. Organisation paternelle et bienfaisante. Les soixante-dix hectares de la superficie d'Houat, divisés en très nombreuses parcelles (trois mille sept cent soixante, il y a cinq ans), dont chaque habitant possède et exploite un certain nombre, sont aussi cultivés qu'ils peuvent l'être et leurs produits partagés entre tous les associés, proportionnellement à ce que chacun d'eux en fait valoir.

On passe en vue de la presqu'île de Ruis; on voit poindre le clocher de Saint-Gildas, où fut un couvent dirigé par l'illustre Abélard, et celui de Sarzeau, berceau de l'excellent romancier moraliste Le Sage. Plus à l'est apparaîtraient les tours ruinées de Sucinio, château des ducs de Bretagne où naquit, de leur lignée, le connétable de Richemont; et qui, par ses chevauchées, festins, bals et autres liesses seigneuriales, justifiait si bien son nom de Sans-Souci (*Soucy-n'y-ot*); mais le bateau accoste la jetée de Port-Navalo, et là, surprise! Des jeunes Bretonnes, en foule, portant croix et bannières, embarquent aussi lestement que marins grimpant à l'abordage. En quelques secondes ces vigoureuses et libres filles de l'Océan ont conquis le pont du vapeur, et toute saillie, bastingages et cabestan, petit tillac, dunette, amarres et jusqu'à la cage de l'habitacle, leur devient un siège. Des prêtres et des religieuses les mènent; bientôt leurs voix claires et perçantes comme les cris d'une volée de goélands entonnent des cantiques à Marie Immaculée. C'est jour de pèlerinage à Sainte-Anne-d'Auray; elles y vont prier, et plus d'une implorera la guérison d'un mal dénoncé par l'angoisse de ses grands yeux pâles et la maigreur de ses joues. On repart. A droite, sous la lumière du soleil qui perce les vapeurs de l'horizon, se dessine confusément l'archipel de la vraie « petite mer », le *Mor bihan* : des îles sans nombre entourées d'eau verte frangée d'écume blanche, et que tantôt soudent l'une à l'autre les bancs de vases noirâtres des « béhins », tantôt isole ou même engloutit l'assaut des vagues. A gauche s'étend la terre des grands mégalithes, se rangent les alignements des menhirs de Carnac, immense page d'une écriture inconnue, entièrement lisible jadis du haut de la tombelle gauloise appelée Mont-Saint-Michel et se dressent le Roc-des-Fées (*Men-er-Hrœck*) de Locmariaker, et sa Table-des-Marchands, marquée de caractères énigmatiques, moins compliqués cependant et moins étranges que les hiéroglyphes sculptés aux parois de la tombelle de Gavr'-Inis, dans l'île de la Chèvre, toute proche.

Nous remontons la rivière d'Auray entre des grèves basses prises par l'ostréiculture, puis entre des ondulations de granit dont la rudesse se dissimule sous le gazon frais et les massifs d'arbres exotiques de plusieurs parcs mondains. Le luxe de manoirs modernisés et de villas plus récentes a effacé les traces des sanglantes luttes passées. Cependant les dévotes à sainte Anne toujours chantent, plus vibrantes, plus émues, à mesure qu'elles approchent du terme de leur voyage. Le vapeur, stopant à Auray, ne les interrompt qu'un instant; la pluie même, qui se met à tomber, ne mouille pas leurs voix ardentes, et l'écho nous en arrive encore tandis qu'elles disparaissent emportées vers le célèbre sanctuaire par de rapides chars-à-bancs.

Riche par l'ostréiculture, les pèlerinages et le tourisme, Auray garde physionomie de ville ancienne. Ses rues inégales, montueuses sur la rive gauche du Loc'h, tortueuses sur l'autre rive; ses vieilles églises ogivales de Saint-Gildas, de Saint-Gons-

tan, du Saint-Esprit; ses vieux logis à pignons aigus et façades ventrues, la maintiennent en tout semblable à la suprême vision que durent en emporter dans la mort les malheureux vaincus de Quiberon, fusillés, un peu à l'écart, dans un champ où s'élève à leurs mânes une chapelle, obituaire de l'aristocratie d'autrefois, par qui tous sont nommés.

Sainte-Anne-d'Auray n'est pas très loin de là : hameau d'une seule rue que termine la somptueuse basilique édifiée de nos jours à la place d'une humble église construite au XVIIe siècle et profondément révérée pour le miracle qu'elle rappelait. Ce miracle, nul ne l'ignore en Bretagne. Il eut pour héros le paysan Yves Nicolazic, à qui sainte Anne elle-même daigna manifester, l'an 1623, sa volonté de voir rétablir dans le champ Bocenno une chapelle en son honneur, détruite près de dix siècles auparavant, et dont il restait, lui dit-elle, une statue enfouie dans la terre. Moqué pour ses révélations, traité de fol et de visionnaire, Yves Nicolazic fouilla le champ Bocenno, et sa bêche y découvrit la statue. Alors on l'écouta, on obéit. D'autres prodiges suivirent et confirmèrent le premier, Sainte Anne guérit, console, protège de tous les maux. Des milliers d'infirmes, d'estropiés, d'innocents, viennent l'implorer, et les femmes du Morbihan et du Finistère, pareilles, sous leurs coiffes blanches, à des religieuses servant son culte, s'agenouillent devant son autel avec la même ferveur et tendent vers elle leurs mains suppliantes. L'église est pavoisée d'oriflammes, lambrissée d'ex-voto; les marins ne cessent de lui offrir des modèles de navires, par lesquels ils rendent grâce à la sainte de les avoir préservés des périls de la mer, sur laquelle elle est toute-puissante. N'a-t-elle pas jadis, en 1673, durant la guerre de Hollande, ramené sains et saufs dans leur pays quarante-deux matelots d'Arzon, qui, s'étant voués à elle, ne furent pas atteints des canons de Ruyter? En mémoire de quoi, chaque année, au grand pardon de la Pentecôte, les descendants de ces matelots, précédés de la croix d'argent de leur paroisse et portant sur leurs épaules la miniature d'un vaisseau de soixante-quatorze, chantent, sur l'air le plus grave et le plus touchant :

> Ce fut de juin le septième
> Mille six cent septante et trois,
> Que le combat fut extrême
> De nous et des Hollandois.
>
> Les boulets comme la grêle
> Passaient parmi nos vaisseaux,
> Brisant mâts, cordages, voiles,
> Et mettant tout en lambeaux.
>
> La merveille est toute sûre
> Que pas un homme d'Arzon
> Ne reçut la moindre injure
> Du mousquet ou du canon.
>
> De Jésus la sainte aïeule,
> Par un bienfait singulier,
> Nous connaissons que vous seule
> Nous gardiez en ce danger.

Les malades lavent leurs plaies dans la piscine consacrée par le sanctuaire; les pèlerins achètent et font bénir des chapelets, des médailles, des scapulaires, des croix, des images, des hochets; beaucoup d'entre eux vont gravir à genoux l'escalier de la *Scala santa* d'Auray, imitée de celle de Rome, et dont chaque degré paye leur peine de neuf années d'indulgences.

De ces pèlerins à Sainte-Anne, combien sont venus de Vannes! La cité des Vénètes reste en effet toute religieuse, hospitalière aux couvents, dominée par sa cathédrale, autour de laquelle se réfugient, on dirait, tous les témoins de son passé : épaisses, hautes et noires murailles, rues anciennes, que cernent de près les voies banales des quartiers neufs. Plus maritime que terrienne, comme au temps où la flotte de Jules César la vint assiéger, elle prospère par le commerce de son port, aux larges quais ombreux. C'est de là que nous irons en voyage aux îles merveilleuses du Morbihan, mais non sans avoir admiré dans la tour du Connétable, — où Clisson, prisonnier du duc Jean, faillit périr de male mort, — un opulent musée archéologique digne de l'antique *Gwened*, « belle et jolie » capitale du duc Noménoë.

Oui, ce voyage est charmant, qui promène le passager dans les vertes lagunes nouées comme des bras d'émeraude autour de l'île Conlo, de l'île aux Moines, de l'île d'Artz, de vingt autres îles et îlots parés de fleurs et de moissons écloses sous l'atmosphère du golfe, si douce, si tempérée, qu'elle exempte Sarzeau de gelées hivernales et lui prodigue, comme à l'Espagne, lauriers, grenadiers, myrtes, aloès. Ces îles, une double existence les anime, dont le contraste offre un attrait singulier. Membres épars, indécis du continent, à qui les caprices des marées, des courants, des tempêtes lointaines les disputent sans cesse, elles appartiennent à la mer, où courent les hommes, presque tous pêcheurs; mais les femmes ne laissent pas de cultiver la terre, où elles sèment heureusement le lin, le mil et le sarrasin. C'est elles dont la main guide à travers champs la charrue attelée de deux bœufs et fertilise les jardins maraîchers avec la cendre des goémons brûlés près des rivages. Eux et elles, quoique bons chrétiens, ne sont pas sans avoir égard aux mystérieuses influences que gouvernent le mouvement des flots et le cours des saisons; ils les personnifient, comme leurs ancêtres, dans des êtres surnaturels bons ou mauvais, fréquentant les cromlechs, les menhirs, les dolmens, élevés çà et là, les redoutent et les conjurent...

Entre les grandes routes solitudes des landes de Lanvaux, parsemées de gigantesques menhirs renversés et couchés parmi les genêts aux fleurs d'or, et mène du splendide château de Josselin, chef-d'œuvre du XVe siècle, passé des Clisson aux Rohan, à la pyramide commémorative de l'héroïque et chevaleresque combat des Trente, livré le 27 mars 1351, à mi-chemin de Ploërmel, au lieu alors désigné par « le chêne du Mi-Voie », entre les trente chevaliers bretons du sire de Beaumanoir et les trente chevaliers anglais du sire de Bembro. Qui n'a pas admiré, dans Froissart, les prouesses de ces vaillants et où le mot fameux : « Bois ton sang, Beaumanoir! » crié par l'un des champions au preux blessé qui venait de dire : « J'ai soif! » Fait prouvant mieux la force d'âme d'une race il n'y eut jamais, même chez les héros d'Homère; et ainsi se justifie l'inscription : « Postérité bretonne, imitez vos ancêtres! »

rayonnant de Vannes dans la Bretagne, nous aimerions à suivre, voulant ne rien ignorer de la passionnante province, celle qui passe près du magnifique donjon d'Elven, traverse les vastes et farouches

Château de Josselin.

Ploërmel, après avoir été cité ducale, témoins son château et les tombeaux des ducs Jean II et Jean III dans son église du XIIe siècle, est maintenant petite ville effacée, grisonnante; mais on vante la pureté de l'air qu'on y respire et la grâce du paysage où résonne la cascade du Duc.

Livrés depuis peu au chemin de fer, le pays de Ploërmel, celui de Montfort-sur-Meu, ont encore l'aspect et la saveur du passé, représenté par un grand nombre de ruines féodales, d'abbayes, d'églises, de pierres sacrées, de légendes et de coutumes charmantes. A quelques lieues de Ploërmel, entre Plélan-le-Grand et Paimpont, une forêt s'étend qui fut jadis profondément révérée de ses hôtes ordinaires, les bûcherons, les sabotiers et les charbonniers, et redoutée des voyageurs, car c'était la forêt de Brocéliande, dont les halliers cachaient sous leur ombre l'enchanteur Merlin et la fée Viviane, ces deux mystérieuses déités de l'Armorique. Mais il n'est plus d'enchanteur ni de fée : notre incrédulité leur eût fait trop de peine, et ils se sont hâtés de disparaître avant l'invasion de barbares, d'impies et d'iconoclastes annoncée dans leurs prophéties. Ce n'est plus de nos jours que l'on voudrait croire la célèbre « histoire de la cane », attestée cependant par les chroniqueurs de Montfort-sur-Meu et par un vitrail de l'église Saint-Nicolas, et que voici : Sous Charles V, le gouverneur du château de Montfort, épris d'une jeune, belle et vertueuse paysanne, la fit enlever et enfermer dans une tour bâtie au bord d'un étang ; il ne doutait pas de s'en rendre maître ; mais elle, invoquant la protection de saint Nicolas, fut aussitôt métamorphosée en cane et s'élança de la fenêtre de sa chambre dans l'étang qui brillait au-dessous ; elle se cacha longtemps. Mais l'année suivante, le 9 mai, les paroissiens de Saint-Nicolas étant rassemblés, une cane suivie de onze canetons entra dans l'église et se dirigea vers le maître-autel ; la famille emplumée parut dévotement entendre l'office, et, l'*Ite missa est* prononcé, se retira, à l'exception d'un caneton, offert par la cane en hommage au saint évêque de Cilicie. Chaque année ce prodige se renouvelait, et les canetons élevés dans le jardin de l'église, comme les oiseaux sacrés dans l'enceinte des temples païens, croissaient et multipliaient, lorsqu'un parti de calvinistes, sans respect pour leur origine, ne craignit pas d'en égorger toute la troupe et de s'en nourrir, ce qui les fit détester et chasser promptement du pays.

Où de telles légendes ont pu naître et durer, la force des traditions maintient peut-être les curieux usages particuliers aux fiançailles et aux noces bretonnes dont parlent les voyageurs du milieu de ce siècle. Nous le souhaitons ; venus jusqu'à nous des âges les plus lointains, ils ne manquaient ni de couleur ni de poésie. C'était avant le repas des accordailles, le père du futur déposant sur la table ces gages des promesses engagées : un livre de messe, une bague, un chapelet et une somme d'argent que le père et la mère de la fiancée offraient ensuite à leur fille, dont ces présents faisaient couler les pleurs ; c'étaient les fiancés, accompagnés des garçons et des filles d'honneur, allant embrasser les parents et les amis qu'ils conviaient de la sorte à leurs noces ; c'était la mariée, dont l'époux s'efforçait de ravir la couronne nuptiale attachée au voile blanc par plus de cent épingles, et qui, fuyant, se débattant, au risque de déchirer sa robe, savait par sa vigoureuse résistance, poussée jusqu'au mépris de la toilette, prouver à tous qu'elle serait femme de bien.

Ces traces de mœurs primitives et patriarcales se perdent sans doute auprès de Rennes, ville antique sans aucun parfum d'antiquité. La proie, en 1720, d'un incendie qui dura sept jours, consuma les édifices marqués au coin du génie de la province, épargna seulement quelques pâtés de maisons de bois et d'ardoises autour de la cathédrale, la capitale de la Bretagne devint une ville bourgeoise du XVIIIe siècle, toute en larges rues de maisons hautes et froides. Il ne lui reste pas d'autre vestige de son passé que la porte Mordelaise, sous laquelle passaient, magnifiquement suivis de leurs cortèges, les ducs et les évêques à leurs entrées solennelles ; on peut y déchiffrer, encastrée dans la façade, une inscription en l'honneur de l'empereur Gordien, bienfaiteur de la florissante cité gallo-romaine des Redones. Les églises sont luxueuses sans beauté. Le Palais de justice, qui fut celui d'un illustre parlement, n'a que des prétentions à la majesté classique, et ce qu'il offre de plus digne de son histoire, ce sont les statues des jurisconsultes d'Argentré (1546), La Chalotais (1785), Gerbier (1788), Toullier (1835), en qui s'incarnaient glorieusement la droiture et la fermeté du caractère breton. Rennes est érudite, elle aime les beaux arts; le musée, logé dans le Palais universitaire, renferme quelques chefs-d'œuvre de peinture parmi beaucoup d'œuvres distinguées. Nous donnerons volontiers aussi quelque louange aux savantes collections de son Jardin des plantes, à l'agrément de ses promenades du Thabor et des bords de la Vilaine, dont la fraîcheur et les ombrages peuvent consoler soixante-six ou soixante-sept mille âmes de la fâcheuse obligation d'y résider.

Si le charme pittoresque lui fait défaut, Rennes est du moins fort bien nourrie. L'un de ses faubourgs porte le nom cher aux gourmets de la Prévalaye, dont les beurres ne craignent pas les plus fins de la Normandie et les poulardes rivalisent avec celles du Mans. On ne trouve nulle part plus de rayons de miel que dans son marché, le pays d'alentour, premier de France pour l'apiculture, ne possédant pas moins de cent soixante mille ruches. Pour les abeilles les fermiers bretons sont autant de Virgile; ils les aiment sagement, ils en connaissent parfaitement les mœurs et, se modelant sur elles, s'associent pour les élever et s'en partagent les produits. C'est leur idée que les précieux insectes, vivant en république selon les règles de la mutualité, ne consentiraient pas à travailler pour le seul profit d'un maître égoïste. Il nous plaît fort de penser qu'ils ont raison.

Nous ne quitterons pas cette Bretagne extrême sans être allé par le verdoyant chemin de la Vilaine dans la noire Vitré, la plus complète et la plus merveilleuse cité du moyen âge qu'il y eut en Bretagne jusque vers le milieu de ce siècle. La modernité l'envahit: tout un quartier de maisons blanches aux toits rouges cerne de près et repousse dans l'ombre son castel altier et ses vieux logis; çà et là des trous apparaissent et des amas de décombres. Malgré les inquiétants progrès du confort et de la laideur, il est temps encore d'admirer les restes d'un tableau comparable aux plus libres fantaisies d'un Gustave Doré : le château dominateur dressant sur le triangle d'un promontoire de granit les poivrières de sa porte formidable et les quatre tours cylindriques de l'Argenterie, de Montefilant, de la Madeleine, de Saint-Laurent, coiffées de toits pointus et reliées par des courtines; puis, sous la garde de cette forteresse des La Trémoille et la protection de ses remparts, deux ou trois rues de maisons cacochymes, encapuchonnées de pignons extravagants, flanquées de protubérances inattendues ou couvertes d'un manteau d'ardoises tombant juste à point pour n'en laisser voir que les ténèbres d'un rez-de-chaussée plein d'êtres bizarres et d'objets hétéroclites, qui font songer aux sordides masures de l'Auvergne vaguement animées par le commerce du bric-à-brac. C'est pourtant aux hôtes de ces pauvres demeures que les fastueux états de Bretagne, assemblés à Vitré, demandaient les impôts exhorbitants dont parle la marquise de Sévigné. Parfois ces vilains, taillables à merci, faisaient mine de refuser, se révoltaient; on pendait les plus mutins, de quoi s'égayait fort la spirituelle châtelaine des Rochers dans certaines lettres, modèles de style épistolaire sans doute, mais non, hélas! d'humanité, à sa fille et à ses bons amis de cour. Il faut une heure de marche pour aller contempler les murs du célèbre château des Rochers, car on n'en contemple pas autre chose; encore les touristes n'y manquent point, tant il y a de charme à vivre, ne fût-ce qu'un instant, au lieu où respira le génie même de la grâce et de l'enjouement...

Un sol accidenté, mamelonné, hirsute; des prairies d'élevage, que séparent des fossés humides; des haies épineuses et des rideaux de peupliers; des halliers, fragments dispersés de forêts jadis immenses; des cultures de lin, de sarrasin, de chanvre; des landes que percent les roches de granit, nombre de rivières et de ruisseaux dont les villages groupés au fond des vallées cherchent la fraîcheur: c'est ce que les yeux découvrent en deçà et au delà de la Vilaine.

Sur cette contrée, si propice à la guerre de partisans, règne au nord Fougères, bâtie sur roc, à cent trente-cinq mètres d'altitude, entre deux rivières : ville historique et féodale, château fort d'une magnificence et d'une rudesse gothique admirables, sous les broderies du lierre accrochées aux treize tours de sa puissante enceinte. Siège d'une des grandes baronies de la Bretagne, clef militaire de la France et du duché, peu de villes, peu de châteaux furent au moyen âge plus souvent attaqués, pris et repris par les Anglais, les Français et les Bretons. Ils ont vu en 1598 le dernier succès des ligueurs du duc de Mayenne, en 1793 la dernière victoire des Vendéens. Ils ont eu successivement pour seigneurs, depuis le xie siècle, les barons de Fougères, issus des comtes de Rennes, les Luzignan d'Angoulême, Pierre de Dreux, les comtes d'Alençon, les ducs de Bretagne, Diane de Poitiers, les rois de France et le duc de Penthièvre. Aujourd'hui la ville appartient de par le nombre aux cordonniers, et le château aux touristes, qui ne sauraient trouver sujet d'études archéologiques plus complet et plus attrayant.

La forêt giboyeuse, d'où s'élève la citadelle de Fougères, abrite encore sous ses hautes futaies deux grands dolmens : le Monument et la Pierre du Trésor; jadis elle cachait à tous les yeux les curieux celliers (visibles près de Loudéan) creusés en 1173 pour soustraire l'argent et les pierreries du baron Raoul II aux convoitises du roi Henri II d'Angleterre, son vainqueur. Des gens exacts affirment que ces voûtes souterraines ne mesurent pas moins de quatre mètres de hauteur sur six mètres de largeur : nous ne sommes pas pour les contredire, mais nous préférerons observer l'industrie et les mœurs des sabotiers établis de père en fils, et depuis des siècles, sous les chênes de la forêt.

Hâtons-nous vers le terme de ce long voyage. Laissons un peu à l'ouest Saint-Aubin-du-Cormier et sa « lande de la Rencontre », champ de bataille où la défaite de Louis d'Orléans à la tête des Bretons, par les Français de La Trémoille, lieutenant de Charles VIII (1488), fut le prélude de la réunion de la Bretagne à la France. Que, beaucoup plus outre, Essé en Rouvray nous montre son extraordinaire Roche-aux-Fées : quarante-deux blocs de schiste rougeâtre, disposés en carré, du sud-est au nord-ouest, sur vingt mètres de longueur, quatre mètres de largeur et quatre de hauteur. Nous voici derechef sur les bords de la vive, claire, riante et frétillante Vilaine, tantôt sinueuse à travers prés, tantôt courant dans des gorges de granit traversé de bancs schisteux que ses eaux arrachent et entraînent à la mer. Elle arrose Redon, pressée autour de son église romane de Saint-Sauveur, comme pour se rattacher étroitement au symbole d'une histoire héroïque; elle passe sous le très haut et très audacieux viaduc de la Roche-Bernard et s'écoule par un large estuaire dans l'Océan.

Ici la Vilaine est la frontière de deux régions distinctes d'une même contrée : nous avons visité l'une; reconnaîtrons-nous dans l'autre, dont Nantes est la grande ville, l'aspect sévère et les mœurs candides de la Bretagne?

Sur la rive gauche de la Vilaine, vers l'est, au delà du Sillon de Bretagne, on retrouve encore la lande, les solitudes ou les grandes cultures de sarrasin, et de toutes petites villes fidèles aux anciennes mœurs: Guemenée-Penfao, Derval, Blain, Nozay, près de laquelle l'école d'agriculture du Grand-Jouan forme d'excellents fermiers. Châteaubriant, la plus grande, garde son donjon, son château du XVIe siècle, ses murailles; mais des jardins en remplissent les fossés; des promenades ombragées circulent autour; des fabriques élèvent leurs longs tuyaux près de l'enceinte; le présent y rejoint le passé.

Près de la mer, le pays partagé entre les paluds où l'on recueille le sel, les dunes que fixent peu à peu des bois de pins odorants et les tourbières, est d'une variété charmante, mais dénué d'originalité. Toute la côte est comme semée de villas et de cottages aux noms prétentieux; pas une grève où ces vilains joujoux n'étalent leurs façades ridicules. Cependant près du Croisic, gentil port de pêcheurs de sardines, une ville au moins semble résister à la civilisation : c'est Guérande, dont les murs de granit et les fossés pleins d'eau couleur d'émeraude enclosent des rues, des maisons, une église du pur moyen âge, si bien que du Guesclin et Clisson qui l'assiégèrent, et les hérauts des maisons de Montfort et de Blois, qui solennellement y proclamèrent la paix en 1365, ne s'y trouveraient pas dépaysés. Nous y sommes entrés par la féodale porte Saint-Michel, et dans la basilique de Saint-Aubin nous pénétrâmes en même temps qu'une noce de paludiers, vêtus en gentilshommes du temps de Henri IV, et certes l'homme portait avec l'aisance et la fierté d'un Bassompierre le chapeau à revers, le justaucorps passementé, les culottes bouffantes et les souliers à boucles!

Course de paludiers (tableau de P. Tavernier).

Le bourg de Batz d'où venaient ces époux se presse, de l'autre côté des marais, autour de son long clocher pareil à un phare sans feux. Il est illustre par ses traditions; ses habitants, naguère isolés du reste de la province, et ne se mariant qu'entre eux, se transmettaient de génération en génération le dialecte, les us et l'orgueil d'une petite république de fabuleuse origine. De là peut-être leur haute mine que, relève encore le faste de leur costume.

Au delà de Guérande, passé les étiers lumineux et les meulons étincelants des salines, s'étendent les tourbes de la grande Brière, dont l'aspect, les travaux et les coutumes ne manquent pas d'intérêt. Imaginez une immense surface de terre noire et molle, sillonnée de canaux roulant péniblement des eaux fangeuses. Dix-sept communes éparses aux environs les possèdent et les exploitent en toute propriété; tant bien que mal elles en vivent, plutôt chichement. Voulez-vous les voir à l'œuvre? Allez les visiter au mois d'août. C'est l'époque traditionnelle où, durant neuf jours, l'autorité permet leur industrie. Alors tous les Briérons, hommes, femmes, enfants, naviguant en bateaux plats nommés blains sur les sombres ruisseaux des étiers comme autant de funèbres Carons sur les ondes épaisses du Styx, recueillent la tourbe et la vase; celle-ci excellent engrais, celle-là destinée, une fois séchée et mise en pains, au chauffage des paysans.

Maintenant entre la pointe de Chemoulin et la pointe de Saint-Gildas s'ouvre l'estuaire de la Loire, véritable bras de mer où s'engouffre aussi vive que dans l'Océan la brise du large, et que les plus gros vaisseaux remonteraient aisément, n'étaient les sables sans cesse chariés, accumulés par le fleuve. Aussi Nantes n'est plus le grand port de mer d'autrefois,

Saint-Nazaire le remplace, toute neuve encore, créée d'hier pour favoriser le commerce transatlantique; c'est une parvenue, non sans mérite. Son port de Penhouët, sûr, commode, spacieux, permet aux steamers, voire aux paquebots mesurant cent vingt mètres de l'étrave à l'étambot, la manœuvre à l'aise parmi la foule des trois-mâts. Mais vraiment l'ennuyeuse ville, avec ses rues blanches sentant le plâtre frais, ses immeubles de cinq étages, ses chaussées tirées au cordeau, ses hôtels cosmopolites et son pourtour de châlets et de jardinets microscopiques! Étrange contraste, à l'écart, dans l'ombre du délaissement, près des flots grondeurs, à côté d'un grand dolmen, le vieux Saint-Nazaire se réfugie dans ses chaumières branlantes, serrées autour d'une église chenue, noire et ridée comme une momie.

Il est plaisant de remonter la Loire sur l'un des rapides vapeurs nantais, et ce n'est presque pas quitter la mer. Paimbœuf, Donges, quelques villes ou villages, rangés en cercle autour d'anses légères servant d'abris aux bateaux de petit tonnage, se souviennent d'avoir été maritimes; la vie active les abandonne, la jeunesse les quitte et l'ombre les envahit; ils deviennent des trous de campagne, asiles de vétérans dont le noble jeu de boules sur les jetées désertes amuse l'oisiveté, et que le travail des autres entrevu du rivage console peut-être de ne plus rien faire. Toute industrie, toute ardeur laborieuse se concentre, aux abords de

L'automne des braves (tableau de E.-B. Hirchfeld).

Nantes, dans Couëron, Basse-Indre, Indret, Chantenay, où plusieurs milliers d'ouvriers fabriquent les machines à vapeur de la marine de l'État, le fer laminé, la fonte, et préparent le plomb. Cependant à peine on les entend; le martellement des pilons, le sifflement des laminoirs, le grincement des transmissions, si violents ailleurs, expirent dans le vaste espace saturé d'humidité, où, s'ils arrivent confus à l'oreille attentive, on dirait le bruit étouffé, mouillé, d'un travail d'infusoires sous la cloche d'un aquarium.

Un port, des voiliers, des vapeurs amarrés ou au large, un tourbillon de fumée, des ateliers, des chantiers de construction, et sur le long alignement des quais où roulent tramways et chemins de fer, de hautes maisons du XVIIIe siècle, des magasins, des raffineries, des fabriques de conserves; parmi tout cela, un peuple de négociants, de commis, de matelots, de débardeurs et d'ouvriers, allant, venant, sans presse, sans heurts, avec le calme de l'habitude : c'est Nantes, « demi-Bordeaux, dit Michelet, moins brillante et plus sage, mêlée d'opulence coloniale et de sobriété bretonne. »

Par delà ces quais noircis, comme derrière un rideau fané, se croisent les quartiers élégants, vivants, d'une ville moins ancienne que moderne, assez riche pour se renouveler, s'aérer, se parer à la mode du jour. Il reste bien peu de sa physionomie d'autrefois à la cité antique des Nannètes, à la capitale préférée des ducs de Bretagne, rivale de Rennes. Des voies spacieuses ont presque partout remplacé les ruelles et les carrefours urbains du moyen âge. Les magasins, les cafés ont le brillant vernis parisien. Il faut chercher à tâtons les vestiges des remparts et les maisons curieuses. Les seuls quais de l'Erdre, coupés d'une multitude de ponceaux et flanqués de masures décrépites, semblent repousser avec entêtement les avantages du confort et les grâces de la ligne droite. On a vite énuméré les choses à voir d'une ville aussi « restaurée » : la cathédrale, le château, les musées; c'est à peu près tout, et le chemin est court des uns aux autres.

La cathédrale, ample édifice inachevé du XVe siècle, n'est pas un chef-d'œuvre; mais elle renferme deux chefs-d'œuvre : le tombeau, par Michel Colombe, de François II, duc de Bretagne, et de Marguerite de Foix, sa seconde femme, et le tombeau du général de Lamoricière, par Paul Dubois. Qui ne les connaît, au moins par la gravure, par les moulages du musée du Trocadéro? Mais c'est à Nantes, sous la mystérieuse lumière tamisée et diaprée par les vitraux de l'église, qu'ils se révèlent d'une beauté suprême.

Du dehors, l'ex-château ducal, flanqué de grosses tours basses, n'est pas très imposant. Mais les hautes façades intérieures du « Logis », avec leurs fenêtres, leurs portes, leurs balustrades, capricieusement disposées ou délicatement sculptées, leur élégance particulière riche et simple, accueillante et féodale, nous paraissent bien représenter le genre de puissance, un tantinet paternelle, exercée par les anciens souverains de la Bretagne; elles répondent à nos idées sur les mœurs familiales, pieuses et graves, de la reine et duchesse Anne. A noter, dans la cour, la monture d'un vieux puits tout en fer forgé, façonné et, pour ainsi dire, chiffonné avec un art charmant.

Comme le château d'Angers, celui de Nantes est un parc d'artillerie, un arsenal de canons et de cartouches; l'Anglais même perdrait son temps et ses shillings à vouloir se faire montrer les chambres où furent prisonniers l'odieux Gilles de Laval, maréchal de Retz; le surintendant Fouquet, le cardinal de Retz et la duchesse de Berry, arrêtée dans la ville même en 1832.

Près du château, sous les allées très ombragées et discrètes des cours Saint-André et Saint-Pierre, que décore une médiocre statue de Louis XVI posée sur une mince colonne, s'ouvre un musée archéologique où les antiquités bretonnes sont ce qu'il y a de plus rare. Le musée de peinture, en pleine ville, est riche en tableaux de l'école flamande et de l'école française.

Ce n'est pas leur goût pour les beaux-arts qui distingue les Nantais; mais leur génie commercial, remarquable de tout temps, n'a point baissé. Michelet observait chez eux « la perpétuité des familles commerçantes, les fortunes lentes et honorables, l'économie et l'esprit de famille, quelque âpreté dans les affaires, parce qu'on veut faire honneur à ses engagements ». Ces traits de caractère sont toujours vrais, seulement la nature contrarie leur esprit d'entreprise. Malgré le secours des canaux riverains, leur port décline, manquant d'eau flottable pour les bâtiments de fort tonnage. Leur Loire est un fleuve mort, inhumée sous les sables qu'elle draine avec soi depuis les monts déboisés du Velay et du Forez. Il faudrait rendre sa vive abondance à l'artère de la France centrale. La solution de ce problème hydrographique, un des plus urgents de notre âge, vivifierait vingt-huit départements, relèverait la fortune de douze millions d'hommes. L'entrepôt naturel des denrées d'exportation d'un si vaste territoire, Nantes, entre toutes les cités, s'y intéresse; elle en deviendrait l'un des premiers ports du monde...

Plats, avec des boursouflures de granit, des marécages, des genêts, les environs de Nantes offrent de médiocres distractions aux cent vingt mille habitants de cette ville affairée. Au nord, l'Erdre coulant à pleins bords, comme un lac allongé, arrose trop une vallée pauvre et mélancolique; au sud-ouest, le lac de Grand-Lieu retient des eaux vaseuses dans une sorte de plaine humide, très vaste, cimetière, dit une légende armoricaine, de villes jadis opulentes et dissolues, que la mer courroucée, par ordre de Dieu, submergea pour les châtier de leurs vices et en ensevelir la tradition. Mais les coteaux du pays de Retz portent les vignes dont on fait de jolis vins muscats; Pornic, la Bernerie, Préfailles, sont d'agréables bains de mer, fréquentés par une bourgeoisie élégante.

Au midi, la Sèvre fertilise et colore de gentils paysages. Un peu à droite de l'étroit vallon où elle se fraye une route entre les granits, le château de Haute-Goulaine présente un spécimen très complet de ce qu'on peut appeler le style féodal breton. A deux lieues plus bas, Clisson, le fameux Clisson, dans le site rocheux où se rencontrent la Moine et la Sèvre, élève ses ruines énormes, d'où pendent les épaisses chevelures du lierre. Toute la féodalité batailleuse est là, dans ce petit coin du sol breton, représentée par ses moyens de défense et d'attaque, ses murailles d'une solidité indestructible, ses ponts-levis hersés, ses oubliettes, ses douves et ses mâchicoulis, d'où partaient les flèches empennées. Mais à proximité de ces franches rudesses, parmi des grottes, des roches éparses sous les grands ombrages rafraîchis par la Sèvre, toute sorte de « fabriques », temples, colonnades, mausolées, thermes, décorés de noms historiques, romantiques et troubadouresques, et que recouvre le velours des mousses et des lichens, parures des ruines, composent une manière de villa romaine. C'est la Garenne-Lemot, dessinée par le célèbre sculpteur en souvenance des jardins de Tivoli. Et ceci, pâle imitation d'une fantaisie étrangère, déplacée sous les brumes de l'Océan, semble étrangement mesquin auprès de cela, robuste témoin des farouches grandeurs de la Bretagne.

Rentrée des barques à Concarneau (tableau de F.-M.-E. Le Gout-Gérard).

AUX BORDS DE LA MER

L'OCÉAN

IV

DU PAYS DE RETZ AU PAYS BASQUE

Les sables à perte de vue... C'est le rivage océanique, de la Loire à l'Adour, du pays de Retz au pays basque. Incessamment le puissant courant du golfe de Gascogne les emporte des bas-fonds sous-marins vers le nord, les charrie violemment, s'en décharge sur la côte, les ajoute au sol, et ainsi comble les golfes, les baies, les estuaires, refoule dans le continent les cités jadis ouvertes au bord des flots, et en a submergé plus d'une, déplace, recule, avance, infatigable, invincible maçon, les murs de la terre ferme.

Dès vos premiers pas sur cette route indécise et monotone, ce spectacle de construction et de destruction vous frappe : Bouin n'était qu'un rocher, c'est une île; « Beauvoir-sur-Mer » est à une lieue de la mer ; l'île de Noirmoutier, simple agrégat de sable et de vases autour d'un rocher, a tenu à la terre et s'y rattache depuis peu par la chaussée du Gua.

Des sables, toujours des sables, mélangés d'un peu d'alluvions rejetées par la Manche. Ils s'élèvent en plages lentes, ils s'étendent en plaines que bientôt verdissent les fétuques et où croissent les roseaux, ils s'amoncellent en dunes que le temps fixe et solidifie assez pour permettre d'y planter la vigne. Car, loin de repousser la vie, ils l'amènent au contraire et la multiplient. La population n'est pas moins dense sur leurs récentes assises que sur les meilleures terres d'antique formation ; son industrie les asservit merveilleusement à ses besoins. Les champs encore humides ouverts aux eaux marines sont des marais salants, coupés d'étiers et de fossés, au bord desquels les « maraîchins » bâtissent leurs cabanes d'argile et de carex, qu'ils couvrent avec les joncs des roseaux et où ils se chauffent avec la bouse séchée de leurs vaches. Ils élèvent des dindons, des canards, des oies ; épaissies dans l'humidité, les prairies nourrissent le gros bétail ; et du commerce des volailles, des bœufs, des moutons, des huîtres tirées de parcs nombreux et du poisson subsistent généreusement beaucoup de hameaux séparés par des canaux et des bras de rivière et agglomérés sous quelques noms de bourgades : Beauvoir, Saint-Jean-du-Mont, Bouin ; entre elles s'allonge Noirmoutier, l'île du Moutier-d'Er, dont il lui reste le château fort.

Sablonneuse en sa plus grande partie et là plus basse que le niveau de l'Océan, l'île ingénieuse se protège contre l'inondation par un réseau de digues construites à l'imitation de celles de la Hollande, et commencées d'ailleurs par un Hollandais, Jacobsen. Elle vit du sel, de la culture des blés aidée par l'engrais des varechs, du trafic des huîtres. Ses criques de sable fin sont douces aux baigneurs; elle leur offre l'abondance, l'ombre des pins et des chênes verts du bois de la Chaise, le spectacle d'une mer grandiose et furieuse à l'écueil du Pilier, et le plaisir mélangé d'émotion d'une promenade nocturne sur sa chaussée du Gua, à la lumière des feux de couleur allumés à chaque extrémité et des feux blancs dardés par cinq balises-refuges à travers le mystère des formes enténébrées, les phosphorescences et les murmures des eaux qui s'écoulent.

Pêcheuses de crevettes (tableau de G.-T. Le Sénéchal de Kerdréoret).

Peu séduisant, sans collines et sans ombrages, le littoral attire pourtant vers la sécurité de ses plages. Le facile bien-être de leurs bains de mer, les lignes des chemins des fer de l'État, secondées par d'autres lignes d'intérêt local, transformant de petits ports naguère bien ignorés en stations que fréquentent surtout les citadins des régions de l'ouest et du centre. Fromentine, d'où l'on navigue vers Noirmoutier, ce qui dure cinq minutes, et vers la pittoresque île d'Yeu, ce qui dure deux heures; Croix-sur-Vie, Saint-Giles-sur-Vie, apprennent à connaître l'agrément des mœurs imitées de Paris, la grâce des chalets modelés sur Trouville et les délices des casinos. Elles ont pour initiatrice et pour type enviable les Sables-d'Olonne, dont la plage soyeuse et ferme décrit une harmonieuse courbe bordée de quais splendides; là des hôtels et des villas réalisent pour les étrangers tous les rêves du luxe; c'est un séjour de fêtes et de paresse élégante au sein d'une terre domptée et fécondée à force d'énergie et de travail, et à côté du port le plus actif de la Vendée. Contraste toujours étrange. Tandis que les « baigneurs » ne savent qu'imaginer pour varier leurs plaisirs, les paysans apportent tous les jours, dans leurs lourdes voitures traînées par des bœufs, les denrées agricoles que les vapeurs de Cardiff et de Liverpool achètent en échange de leur houille, et tous les jours aussi les bons pêcheurs de sardines du faubourg de la Chaume partent en courses aventureuses. Braves gens de mer, ils habitent entre les dunes de chétives maisons dont l'on ne voit que la porte, leurs fenêtres, comme celles des logis mauresques, ne s'ouvrant qu'en dedans, de peur des sables; leurs femmes cultivent la pomme de terre et la vigne dans de petits jardins carrés entourés de tamaris; leur temps à tous se partage entre le danger et la peine, et la frivole oisiveté des autres ne les fait pas douter un instant que leur sort ne soit préférable.

Les alentours de la ville mondaine n'ont, à vrai dire, que de maigres ressources pour distraire son oisiveté. Que voir dans une contrée plate, sans paysages et sans monuments du passé? de courtes excursions dans le pays d'Olonne et dans l'ancien fief des princes de Talmont épuisent bientôt la curiosité qui s'attache aux ruines du moyen âge et aux mégalithes, menhirs et dolmens; l'un de ces derniers, à la Fribouchère, près d'Avrillé, composé d'une dalle de granit supportée par deux rangées de pierres levées sur huit mètres et demi de longueur, est le plus célèbre et le plus beau de la Vendée. Mais le touriste avisé s'évade de ce cercle étroit d'impressions. Le Bocage est proche, les cités anciennes du Poitou sont à sa portée, les chemins de fer y conduisent rapidement; pourquoi n'en ferait-il pas le tour avant de revenir à la mer?

Bonne idée, mais qu'il y joigne la patience! Le début du voyage n'est pas pour l'encourager. Il lui faut traverser les plates et maussades campagnes du Marais et, jusqu'à la Vendée légendaire, ne s'arrêter nulle part, sinon à la Roche-sur-Yon, que de mémoire de touriste personne ne peut visiter sans bâiller ou sans rire. C'est en effet, selon que l'on est d'humeur maussade ou joyeuse, une ville très ennuyeuse ou très plaisante. Que l'on imagine dans un pentagone d'une impitoyable régularité un damier de rues alignées comme un régiment à la parade; là des maisons de la plus affligeante laideur et, tranchant sur leur modeste banalité, d'officiels édifices à colonnes et à frontons néo-grecs et néo-romains, types achevés et parfaitement grotesques du style poncif en honneur sous Napoléon Ier. Au centre de ce chef-d'œuvre administratif se dresse l'équestre statue de l'impérial fondateur, justement condamné à l'éternelle contemplation de son idéal.

Mais déjà, du sommet de l'amphithéâtre où s'étale l'ancienne Napoléon-Vendée, — pourquoi l'avoir débaptisée, elle appartenait si bien à César! — se découvre un horizon de petites collines embroussaillées disposées en chaînons capricieux, sans orientation précise et comme soulevées au hasard. Entre elles, peu ou point de vides, d'indistincts ombrages, rapprochés et confondus par la distance, dérobant aux regards l'étendue et la profondeur des vallons, la situation des lieux habités, des cultures ou des friches. Cet immense aspect de bois taillis, c'est le Bocage. Plus on avance vers l'est, mieux il se dessine. Les moyennes hauteurs granitiques se haussent et se pressent, serrant dans leurs ondulations une multitude de rivières guéables souvent cachées dans de profondes ravines, et de ruisseaux invisibles sous les saules trapus. Cet enchevêtrement, ce labyrinthe longtemps inextricable et toujours singulier de moyennes hauteurs et de cours d'eau, a déterminé la plus curieuse topographie politique qu'il y ait en France. Les innombrables méandres des eaux courantes, les innombrables détours des vallons sont devenus autant de limites de la propriété; tout chemin creux, tout fossé borne un champ et se double souvent d'une haie d'arbres entrelacés. Où ces robustes obstacles naturels font défaut, de larges haies ou « cheintres » croisant en faisceau les branches de chênes, de châtaigniers et d'ormeaux étêtés après avoir atteint deux ou trois mètres de hauteur, entourent les carrés de deux ou trois hectares chers à tout paysan vendéen. Ces clôtures, ce sont les protectrices de sa jalouse et jadis farouche indépendance, les gardiennes de ses mœurs et de sa foi. Il y tient fort, malgré l'ombre mauvaise qu'elles projettent sur ses cultures, et il commence à peine à tirer parti des terrains qu'elles enferment et où paissent maintenant quelquefois les bœufs qu'il mène en « notant » (chantant) de très douces mélodies, échos des landes et des bois, où vivaient ses ancêtres, chasseurs et pasteurs.

Malgré barrières, traditions et préjugés, le fier Bocage se modernise, mais si lentement qu'à tout prendre il ne diffère pas beaucoup de la fameuse et redoutable « Marche », dont l'esprit rétif et batailleur l'exemptait de loger des soldats et de payer les impôts du roi. Que le touriste, entre les deux bourgs des Herbiers et de Mortagne-sur-Sèvre, monte sur la butte aux Alouettes, d'où certain moulin très célèbre dans les tragiques annales de la contrée indiquait par la position de ses ailes les positions relatives des armées des blancs et des bleus : — à peine changé, moins paré seulement de landes aux genêts d'or, le vaste théâtre de la guerre des « géants » se déploie sous ses yeux. De toutes parts la contrée semble une forêt de courte, robuste et luxuriante végétation, de perspective éperdue. Au loin, du nord à l'ouest, jusqu'à Nantes, où elle se fond dans les brumes de la mer, une ligne vaporeuse laisse deviner le large sillon de la Loire ; à quelque distance apparaissent les belles et sinistres ruines de Tiffauges, l'un des châteaux de Gilles de Retz ; au sud, très près aussi, le culmen du mont Malchus, où sans doute le Mercure gaulois avait un temple, masque de sa haute silhouette l'imposant et superbe donjon de Pouzauges, autre et puissant domaine féodal du trop fameux maréchal « Barbe-Bleue ». Et de ses points dominants ses regards pourraient atteindre Chantonnay, Saint-Hermine, la Châtaigneraie, Cerizay, Moncoutant, Bressuire, Thouars, où se livrèrent les plus furieuses luttes de 1793 à 1794. Ces bourgs, ces villages, les hameaux environnants sont pleins encore de la mémoire des hauts faits de Bonchamp, de Lescure, de la Rochejacquelein, de d'Elbée, de Charette, de Stofflet, de Cathelineau ; on les raconte aux veillées. Et le paysage toujours le même, hérissé de bois, mouillé de rivières, d'étangs et de mares couvertes d'ajoncs, coupé de haies creuses au long desquelles les « brigands aimaient s'égailler », vivifie ces récits et maintient les êtres dans l'admiration et le culte de l'héroïque passé. D'ailleurs eux-mêmes, en dépit du progrès, ne se sentent pas dégénérés, gardent dans le caractère une âpreté, une verdeur dignes de leur pays.

Les détails du large panorama que nous venons d'esquisser méritent mieux qu'un regard jeté de loin sur leurs formes indécises. Le Bocage et même la Gâtine, qui s'étend au delà vers l'est et le sud, offrent le grand charme et parfois la grâce exquise des pays rarement visités, dont les habitudes, les usages, les costumes ne se hâtent pas de se perdre dans la banalité commune. On est ravi d'y rencontrer au sein d'une nature libre et fougueuse des gens un peu frustes, mais sincères, et de beaux monuments plus ou moins en ruines que l'on ne songe pas à restaurer. Il nous souvient, ce disant, du superbe château fort de Bressuire, dont quarante-huit tours défendaient les deux enceintes ; du vieux pont, du donjon d'Airvault, et surtout de son église abbatiale, dont le triple portail mutilé ouvre sur un si majestueux narthex. Thouars, sur une falaise escarpée dont la rivière du Thouet baigne les assises, se tasse au-dessous du vaste et somptueux château de La Trémoille, les tout-puissants et richissimes seigneurs du Poitou. Entre les fiefs et les châteaux qu'ils possédaient de tous les côtés, celui-là était le principal, le centre de leur suzeraineté sur leurs douze cents vassaux, et leur résidence fastueuse. Entouré d'amples terrasses que relient entre elles de gigantesques escaliers par lesquels on s'élève jusqu'à sa longue façade, bâtie dans le style un peu lourd à la mode sous Henri IV et Louis XIII, il a le plus grand air, et l'intérieur n'en dément point l'apparence. Il lui reste en partie les ornements que Marie de la Tour, dame de La Trémoille, y prodigua, des sculptures, des boiseries d'un fini précieux, des escaliers à rampes de marbre jaspé et des cuisines, des puits immenses, une salle des archives vaste, solide et monumentale comme l'orgueil des anciens maîtres du logis. Un peu en dehors, une Sainte-Chapelle de la fin du xve siècle, due à Louis II de la Trémoille, le vainqueur de Saint-Aubin-du-Cormier et d'Agnadel, et à Gabrielle de Bourbon, sa femme, effacé ce luxe de sa délicatesse. Au reste, le splendide édifice a singulièrement changé de destination : tantôt prison, tantôt caserne, ses belles salles écussonnées servent de dortoirs, ses antiques chapelles souterraines de cachots; on y cherchera bientôt vainement les traces de la superbe aristocratie qui le fit construire, moins à force d'argent que de corvées extraordinaires.

Ne quittons pas l'agreste vallée du Thouet; elle impose d'autres étapes. D'abord Saint-Loup, où le cardinal Escoubleau de Sourdis, favori de Richelieu, amiral des flottes de Louis XIII, avait un château dans lequel l'illustre horticulteur La Quintinie mourut en 1688; Saint-Loup, où, à cette époque même, vivait une famille Arouet que l'on dit n'être pas encore éteinte, et dont un descendant fut précisément l'auteur du *Siècle de Louis XIV*, lequel s'appela Voltaire, du nom d'un fief paternel situé aux alentours. Voltaire vendéen! Et pourquoi pas? Ardent, agressif, mordant, vindicatif, son esprit ne dément pas cette origine.

Ensuite Parthenay, et Parthenay-le-Vieux, dont l'industrie n'a pas altéré les beaux traits du moyen âge; son pont fortifié du xve siècle, l'église romane de Notre-Dame-de-la-Coudre, le château fort du xiie siècle, la porte Saint-Jacques et la tour de l'Horloge du xiiie siècle, des logis de pareilles dates régalent l'archéologue et l'artiste. Assez près de la ville, la Meilleraie fut le brillant château du maréchal de la Meilleraie et des ducs de Mazarin; le château du Fouilloux appartint à Jacques du Fouilloux, l'excellent écrivain du *Traité de la Vénerie*, inimitable manuel des chasseurs.

La grande forêt de la Saisne, de pierreuses collines, des *gâts*, marais abandonnés, fiévreux, des prairies où s'ébattent les mulets, de hargneuses solitudes où rampent les vipères, c'est le pays que bornent des deux côtés les eaux bleues de la Sèvre niortaise, le pays de la fée Mélusine, moitié femme, moitié serpent, « symbole du Poitou, » dit Michelet. Sinueuse entre des collines de cent à cent trente mètres, limites d'antiques rivages, la vallée de la Sèvre a des sites charmants, cascades de Pamproux, d'Exireuil, val du Puy-d'Enfer; sa première ville, Saint-Maixent, fut très riche, trois fois peuplée comme elle est aujourd'hui jusqu'à la fin du xviie siècle. Alors y florissait l'abbaye fondée en 459 par un abbé de Saint-Hilaire de Poitiers; où se retira, suivant Rabelais, « maître François Villon, sur ses vieux jours, sous la forme d'un homme de bien, abbé dudit lieu, et là pour donner passe-temps au peuple entreprit de faire jouer la Passion en gestes et langage poictevin. » Une école de sous-officiers occupe les bâtiments de l'abbaye.

Niort, amphithéâtre de maisons claires dont un sombre donjon des Plantagenet rehausse la blancheur, couvre le versant de deux collines jadis falaises du golfe du Poitou; les eaux de la Sèvre apportent directement à ses quais les produits de l'Océan. Très prospère au moyen âge et au xvie siècle, elle a tant souffert de la guerre de Cent ans et des guerres religieuses, qu'elle semble plus moderne qu'ancienne. Cependant les artistes aimeront dans sa Notre-Dame quelques sculptures brillantes ou gracieuses, les tours crénelées, les fenêtres singulières de l'hôtel de ville, bâti de 1520 à 1530, qu'elle s'obstine à nommer « palais d'Aliénor » en souvenir de la fameuse reine Éléonore de Guyenne. Près des halles, une inscription fixée à l'entrée de la cour de Candie note la maison rébarbative où naquit, en 1635, la fille de Constant d'Aubigné, détenu en prison comme faux-monnayeur : triste et pauvre berceau de celle qui devait être marquise de Maintenon, femme légitime et non avouée de Louis XIV, pseudo et toute-puissante reine de France! Autour de ce passé, Niort contemporaine commerce et travaille avec toute l'activité protestante; il n'est

La Rochelle. — Le port.

dans l'ouest peausserie que de chez elle ; d'intéressants musées, une grande bibliothèque, le délicieux jardin public de la Bigotterie, sont pour la délasser de ce labeur.

Maintenant la Sèvre descend vers l'immense marais formé sur l'emplacement du golfe, et que lentement dessèchent, solidifient, soudent à la terre ferme d'innombrables canaux d'écoulement protégés contre les inondations par les digues des « bots ». Ainsi elle s'achemine à son embouchure dans l'anse de l'Aiguillon, dernier vestige du golfe, que l'apport des sables du large et le graduel soulèvement du sol auront bientôt comblée. Elle s'achemine et nous la suivons à travers l'étrange plaine humide, d'où émergent çà et là les monticules des huttiers. Comme les fils d'une toile d'araignée, s'entrecroisent sur cette plaine d'eaux luisantes et d'alluvions noires les canaux, les digues, les rigoles, les fossés dont le réseau découpe une infinité de parallélogrammes, où l'on voit poindre le vert des prairies et de naissantes cultures. Les plus sûres lagunes sont des villes et des villages, que signalent leurs clochers. Telle Marans, bon port et grand marché de grains, centre de rayonnement vers d'anciennes cités autrefois célèbres et toujours intéressantes. Le touriste visitera Maillezais l'abbatiale et l'épiscopale, Niolles-sur-Autize au beau cloître roman, Fontenay-le-Comte, littéraire et savante patrie de Tiraqueau, de Viette et de Rapin, école de Rabelais que les Cordeliers y élevèrent de l'an 1509 aux environs de l'an 1520, ville artiste, au témoignage même de son église surmontée d'un fin clocher du XVe siècle et de ses jolies maisons à arcades dans le goût de la Renaissance, qui l'a aussi dotée d'une fontaine où se lisait cette devise composée par François Ier : *Fontiniacum felicium ingeniorum fons et scaturigo*. Il verra Vouvant, au seuil d'une grande forêt et d'un bassin houiller, ériger une tour féodale et le portail plein de caractère d'une église du XIe siècle. Et Luçon quelque peu sordide, comme à l'époque où Richelieu s'en disait « l'évêque le plus crotté de France », lui montrera la chambre du glorieux cardinal et le cloître où déjà peut-être il méditait ses grands desseins.

La grande ville, la ville fameuse du littoral, c'est, quoique bien déchue depuis le terrible siège de 1628, qui ruina ses ambitions de métropole calviniste, la Rochelle. Comme pas une elle frappe, saisit, captive l'attention. Sa physionomie, presque immobile depuis des siècles, est le vrai décor de son histoire si dramatique. Du fond de son petit golfe, sur son rocher original, sa Rupella, elle semble encore régner par ses vaisseaux et ses corsaires sur la mer environnante, et tenir en sujétion les îles d'Oléron et de Ré. En réalité, ses énergiques citoyens du XIVe, du XVe et surtout du XVIe siècle, la reconnaîtraient sans efforts.

Ses rues larges, droites, bordées de galeries en arcades faites pour mêler familièrement les membres d'une république de commerçants ; le dallage de ses rues, en pierres de toutes sortes provenant du lest des navires qui s'en étaient chargés sur tous les points du monde ; les deux grosses tours du port, la vieille porte de la Grosse-Horloge, la tour carrée de Saint-Nicolas, la tour de la Lanterne, ce sont choses de leur temps agité. Le maire Jean Guiton siégea dans l'édifice austère et luxueux, élégant et massif, qui demeure le véritable hôtel de ville d'un peuple de riches marchands et de graves religionnaires. L'hôpital Aufrédi fondé en 1203, la maison dite de Diane de Poitiers, de pittoresques logis du moyen âge et de la Renaissance sont aussi des legs d'un brillant passé ; on voit la cité, composée d'abord d'aventuriers sans scrupule, de pirates farouches, finir par avoir avec l'opulence un certain goût pour les arts. Vaincue, ruinée, dépouillée de ses franchises, forcée de renier son culte, elle ne gagna rien à sa défaite ; ce fut une ville de Hollande, moins la liberté. Maintenant même les remparts de Vauban l'emprisonnent, comme si l'on se méfiait encore de son indépendance. Mais sa rade lui ouvre l'espace, et la digue de Richelieu, dont la marée basse découvre les pierres disjointes, ne gêne plus son expansion. On a réparé ses bassins à flot, doublé son vieux port du port neuf de la Palice, situé à six kilomètres; le négoce y est actif, les transatlantiques y pénètrent, elle reprend la suite de ses destinées.

Le rivage de la Rochelle, une plage de sable près de la porte des Deux-Moulins, rassemblent l'été un petit nombre de baigneurs qui pourraient plus mal choisir. Marans n'est guère de séjour supportable avant le mois d'août; Rochefort, Marennes, sont moins qu'autrefois, mais encore affligés des malarias qu'exhalent le mélange stagnant des eaux douces avec les eaux salées; Ré, Oléron, peu récréatives. Mais il y a dans tout cela assez de spectacles palpitants pour occuper une saison; la Rochelle permet de les voir vite et sans ennui. N'a-t-elle point services de bateaux, services de chemins de fer, à volonté? Pour nous, son hôte durant un été récent, ce fut une distraction charmante d'aller facilement, partant le matin, revenant le soir ou le surlendemain, dans ses environs si curieux.

Nous visitâmes ainsi les « bouchots » d'Esnandes, dans la baie de l'Aiguillon, où la culture des moules utilise une grande étendue de vase marine; des pêcheurs y recueillaient dans leur « acon » les coquillages attachés en grappes et par myriades au sous-sol, et c'était merveille de les voir, une de leurs jambes agenouillée sur ce bateau plat pour le maintenir en équilibre, ramer avec l'autre jambe plongée dans la boue et se diriger où ils voulaient. Il y a près de neuf siècles que ces bateliers emploient cet ingénieux procédé inventé par l'Irlandais Walton en 1246. Nous vîmes la mer du Fief et la mer Sauvage assaillir avec une effroyable violence et d'assourdissantes clameurs l'isthme de l'île de Ré, qu'elles finiront sans doute par briser, puisqu'elles engloutirent, assure-t-on, il y a des siècles et des siècles, la cité d'Antioche, encore apparente sous les flots. L'île d'Aix n'est qu'un rocher garni de citadelles, comme l'île d'Énet, l'île Madame; mais cette inscription sur une de ses maisons: *Dernier asile de l'empereur* — 15 *juillet* 1815, évoque le dernier acte du terrible héros: c'est de là qu'il partit pour s'embarquer sur le *Bellérophon*. Oléron, Ré, sont pareilles, fertiles, riches par la pêche, le sel, la culture des primeurs, de la vigne, à ce point que chacun y vit dans l'aisance, alors que les habitants y sont quatre fois plus nombreux que dans une égale portion de la France; toutes les deux offrent d'admirables exemples de ténacité, d'ingéniosité et même de vaillance, les femmes ne craignant pas de braver les périls d'une mer démontée pour arracher aux écueils les paquets de goémons dont l'on engraisse le sol.

De la Rochelle à l'estuaire de la Charente, les chalets, les casinos neufs de Châtelaillon, de Fouras, émaillent le bord des dunes; quelques bouquets de pins çà et là tachent de verdure la blancheur sèche des sables. Auprès du fleuve des forts érigent de tous côtés leurs dures symétries, le moindre rocher porte une batterie, tout revêt un air menaçant, et des canons braqués partout vous escortent jusqu'à l'entrée du port militaire de Rochefort. Il s'ouvre profond et sûr à l'extrémité d'un long méandre de la Charente, que les navires remontent ou descendent péniblement, tant les sables l'envahissent. Œuvre de Colbert, sa « ville d'or », disait le grand ministre, tant il avait coûté d'argent, il nous représente, avec moins d'originalité que Brest, moins de largeur que Cherbourg et de souriante aisance que Lorient, le formidable appareil d'un organisme purement guerrier.

Un arsenal, des chantiers de constructions, des forges, une corderie, des chaudronneries, des ateliers et des magasins, ces établissements nous sont aussi connus que les vaisseaux ancrés en rade, pour lesquels ils sont créés. Mais peut-être sont-ils marqués plus que les autres au goût si distinct des ingénieurs du XVIIe siècle, toujours larges et judicieux. Quoique toutes simples, leurs façades ont du style ; fourmillants d'ouvriers, ils forment une ville dont l'autre Rochefort, celle des fonctionnaires et des commerçants, n'est que l'ennuyeuse enveloppe cernée de mornes remparts. La vie active et libre est ailleurs. Un peu sur les côtes, à Marennes, à Royan, et davantage dans les vallées de la Charente, de la Boutonne et de la Seugne, à Tonnay, à Saint-Jean-d'Angely, à Saintes, à Pons, au cœur de l'opulente Saintonge.

Le touriste voudra remonter le fleuve entre de légers coteaux chargés de vignes renaissantes, espoir des bouilleurs de cru et distillateurs d'eau-de-vie. Plaisant voyage chez un peuple de sang vif, impétueux, riche, aimant ses aises, l'élégance, la bonne chair. De nobles ruines sur la route : le château féodal de Crazannes, l'inaccessible forteresse de Taillebourg, séjour de Charles VII et de Jacques Cœur, et son pont immortalisé par la victoire de saint Louis. Saintes, l'antique cité des Santones, s'élève un peu au-dessus de la rive gauche. Il fallait naguère, pour y entrer, passer sous un arc de triomphe romain érigé en l'honneur de Germanicus, de Tibère et de Drusus, dont les deux arcades s'ouvraient et les colonnades se dressaient au milieu d'un pont de pierre, décoration fort majestueuse et tout à fait digne du peuple-roi. Un pont suspendu remplace le pont de pierre, et l'arc de triomphe, déplacé et rapiécé, orne dérisoirement un boulevard quelconque. C'est pourtant le monument le plus complet d'une prospérité très brillante. Choyée des empereurs, Saintes était parmi les premières des Gaules. Elle avait un capitole, de beaux temples, un vaste amphithéâtre, beaucoup d'autres édifices de grand luxe, dont les pierres emplâtrées murent aujourd'hui des maisons communes. Les débris de ce passé, des statues, des bas-reliefs, des cippes, des médailles, composent l'intéressant musée de l'hôtel de ville ; les arènes échelonnent leurs gradins fragmentés au pied de la colline de Saint-Eutrope. Le P. Laferrière, savant archéologue, a mis au jour, par une savante démolition des murs de l'hôpital, une multitude de pierres, frises, chapiteaux, entablements, tombeaux sculptés par d'excellents artistes. Ces reliques demeurent la gloire de la ville moderne ; la cathédrale, la crypte de Saint-Eutrope, l'hôtel de ville Renaissance, ne sont point pour en effacer le mérite supérieur...

La côte.

Nous la revoyons au vaste delta de la Seudre, fait de sable et d'argile émergés, que les bouches de ce fleuve, si larges que les ingénieurs de Louis XIV se demandaient s'ils n'y construiraient pas un port de guerre, découpent en îlots séparés de la pointe d'Oléron par le perthuis de Maumusson. Et là, les eaux douces se fondant mal et lentement dans celles de la mer engendrent un air pernicieux souvent fatal aux populations de Brouage, de Marennes, de la Tremblade. Ces dernières, moins contaminées aujourd'hui, prospèrent chacune par la pêche et l'ostréiculture ; elles excellent à transformer, engraisser et parer d'une appétissante couleur verte les huîtres blanches achetées sur le littoral de la France, à l'ouest, même en Portugal, et qu'elles déposent à cet effet dans des fosses ou « claies » que le flot de marée arrose cinq à six jours par mois jusqu'en septembre, où elles sont mûres pour la consommation. Mais le Brouage, qui leur fut très supérieur, s'étiole et meurt entre les remparts et les bastions dont l'entoura Charles IX, et que la nature a revêtus d'une végétation d'autant plus luxuriante que son climat est plus insalubre.

Arvert, la Tremblade, pays d'émotions fortes et profondes; jamais le ciel n'est assuré, la température fixe, la mer vraiment paisible, et la houle du sud-ouest, s'engouffrant dans le dangereux perthuis de Maumusson, trop bien nommé « male bouche », les emplit de son horrible mugissement. Malheur au navire qui se risque dans cette passe étroite et bordée de sables mouvants! si le vent le trahit, il sera sûrement enlisé, haché, mis en pièce par les vagues. Le sol n'est pas plus certain, l'infatigable houle du sud-ouest amassant, haussant continuellement les sables en dunes qui s'élèvent jusqu'à soixante

De Royan à Bordeaux. — Le port de Bordeaux.

mètres de hauteur et les déplaçant ensuite, changement noté dans ce dicton local : « Les montagnes marchent en Arvert. » Passé ce désert mouvant, le rivage devient plus ferme, sans être de nuance plus gaie. Le blanc teinté de jaune règne, aveuglant, fastidieux, sous l'éclat d'une lumière crue, çà et là seulement tacheté du vert sombre des pinadas. Ici Royan est la plage magnifique où se donnent rendez-vous, l'été, la bourgeoisie riche ou du moins fastueuse et bruyante du Bordelais et celle de la Saintonge, plus calme; deux casinos leur tiennent lieu d'ombrages. Les baigneurs se réunissent pour se livrer à la lame dans quatre « conches », plages distinctes, douces arènes de sable dont l'amphithéâtre est la falaise ensoleillée. Et, pour contenter le désir de « paraître », qui est le fond même de l'âme méridionale et le mobile de ses actes, tous, après le bain, vont sur les quais rivaliser d'élégance ou de prétention. Tant de vanité nous gâterait la mer, malgré ses séductions, si bien décrites par Michelet, hôte, en 1859 et 1860, de la plage de Saint-Georges, voisine d'ailleurs plus modeste. Celle-ci, prise entre deux pointes, Vallière et Susac, a le rare avantage de posséder en elles deux sites extrêmes : la première offrant les roches tourmentées, battues, écumantes, de la Bretagne; la seconde, les bois d'yeuses et de chênes-lièges de la Provence. Michelet nous dit la beauté touchante et la simplicité du lieu : « Un parfum sauvage, une douceur sévère, des senteurs d'amertume vivifiante dont les bruyères sont charmées; la flore des landes, la flore des dunes, celle-ci quelque peu médicale avec l'odeur miellée des immortelles, où semblent se concentrer tout le soleil et la chaleur des sables; celle-là, composée d'amers, thym, serpolet, marjolaine, sauge, menthe poivrée, œillet sauvage, dont les parfums réveillent le cerveau, ravivent le cœur... » Et chez le peuple, « rien de vulgaire, nulle grossièreté, une honnêteté primitive (la serrure n'est pas encore inventée dans ce village), point de bruit. Les agriculteurs sont graves, demeurent sérieux. Les marins sont des pilotes sans cesse en péril. » A l'issue de l'estuaire de la Gironde, le pilote est en effet l'homme indispensable, toujours prêt à se dévouer pour aider les navires à franchir les passes de Grave et de Verdon, si difficiles par les gros temps, parfois si périlleuses. Un peu au nord-ouest de Royan, la plage de Terre-Nègre a vu tant de naufrages, qu'il lui en demeure la mauvaise réputation du raz de Sein. Que le vent souffle en tempête, que se voile de brumes sinistres, comme d'un suaire, le phare de Cordouan, un coup de canon retentit, signalant une détresse imminente : il faut partir, risquer sur les flots courroucés, dans la nuit opaque, la légère chaloupe, guider le solliciteur au refuge le plus proche. Combien d'écueils à éviter! les sables, les falaises où l'on peut buter, s'enfoncer, les roches à peine submergées de l'ancien littoral. De son feu tournant, dont l'on évalue le rayonnement à vingt-sept milles, Cordouan les éclaire; mais que peut-il contre les variations brusques de la température, la folie du golfe?

Plaisirs d'une saison à Royan, à Saint-Georges : la promenade en mer par un jour de sérénité, vers le merveilleux phare, encore noblement orné jusqu'au deuxième étage des élégants dessins de son premier architecte, Louis de Foix; une autre au Verdon et aux ruines de l'abbaye de Soulac; la visite et l'escalade des grottes creusées et étagées dans les belles falaises de Meschers, et, pour les étrangers, l'excursion à Bordeaux, dans le vapeur qui remonte la Gironde. Celui-ci, du plus vif attrait, s'il est nouveau. Non que le paysage, sur les deux rives du large fleuve, soit beau ou gracieux : ce n'est, à gauche, au delà des falaises, que petites plages, moyennes collines, courtes vallées, bourgades indifférentes, quelques marais; à droite, l'humidité luisante des polders et des marais salants du bas Médoc, puis les petits coteaux viticoles du haut Médoc. Mais, si les yeux ne sont point ravis, l'intelligence s'intéresse au spectacle de contrées si bien appropriées aux besoins de l'homme, selon leurs qualités, et si bien défendues contre leurs ennemis : la mer, les sables, le phylloxéra, le mildew, le black-rot, l'oïdium, le pourridié, que chaque parcelle, surtout en Médoc, vaut un trésor. Le touriste voit de loin en loin s'élever parmi les vignobles une maison blanche, ordinairement fort simple, et c'est un château bachique au centre d'un illustre cru dont l'amateur du bon vin révère le nom. Ces châteaux si fameux : Laffitte, Léoville, Langoa, Pichon-Longueville, Latour, Mouton-Rothschild, Larose, Beychevelle, les voilà donc! Et ce n'est pas tout. Invisibles du rivage : Château-Margaux, Château-Giscours, dans l'intérieur des terres, unis à bien d'autres châteaux encore, situés dans l'Entre-deux-Mers et dans les Graves, tressent une couronne de pampres sans pareille au front de l'opulente Bordeaux.

Le vapeur a laissé derrière lui l'antique Blaye; il passe non loin des saules et des oseraies du bec d'Ambez, il entre dans le port en hémicycle de la grande ville, et voici ce qui vous frappe d'abord : un réel aspect de largeur et d'aisance. Mille à douze cents navires pourraient sans se gêner jeter l'ancre dans le chenal nettoyé tous les jours par le flux marin, ou s'abosser à la courbe élégante des quais, assez spacieux pour étaler les marchandises des deux mondes. Les palais utilitaires, la douane, la Bourse, les docks, les magasins ont l'espace qu'il leur faut pour de considérables affaires; les milliers de caisses, de tonneaux, de ballots débardés, puis roulés sur des rails pour être emmagasinés, autant de colis à destination des contrées les plus diverses, n'encombrent pas, laissent

Bordeaux. — Porte de la Grosse-Cloche.

marcher, circuler facilement au milieu d'une nuée de travailleurs. Il faudrait presque la toute-puissante éloquence de la statistique pour vous convaincre que vous avez là, sous les yeux, dans ce mouvement sans heurts et dans ce labeur sans bruit, le principal élément d'une fortune commerciale, chiffrée, bon an, mal an, à huit cents millions, répartis par moitié entre l'importation et l'exportation. Mais cela n'est pas pour séduire les yeux; ni l'art ni la nature n'en rehaussent l'ennuyeux positivisme. La surface du grand fleuve, trouble et sans vagues, s'étale sans beauté entre ses rives blanches, sèches et poudreuses; les maisons du quai sont laides, souvent sordides; d'affreux débits de boissons s'ouvrent à toutes les portes; et le faubourg ouvrier de la Bastide, plat, rissolant au soleil, semble baigner dans la poussière. Point d'ombrage, nulle élégance, sauf sans doute dans les quartiers riches. Blessés par l'aridité des choses, les yeux ne peuvent vraiment admirer le glorieux port que s'ils le voient d'ensemble, en fuyante perspective, du milieu du monumental pont de pierre.

La ville même complète cette impression. Toute au négoce, elle dédaigne l'art comme une superfluité; on ne trouverait pas une maison remarquable dans tout l'écheveau de rues anciennes, longues, étroites, crochues, où les portes de la Grosse-Cloche et de Cailhau, œuvres du xve siècle, disent que fut la florissante cité du moyen âge. Les églises Saint-Seurin, Sainte-Croix, Saint-Michel, la cathédrale Saint-André avec son clocher de Pey-Berland, sont d'un style assez brillant sans aucune originalité. Mais il y a de l'air, du luxe, des fleurs et des plaisirs dans les belles voies ouvertes au xviiie siècle, sous le gouvernement du maréchal de Richelieu et de l'intendant de Tourny, au goût invincible des négociants fortunés pour la vie en façade. Là s'élèvent le grand-théâtre, chef-d'œuvre classique de l'architecte Louis, et les cours de l'Intendance, du Chapeau-Rouge, de Tourny, du Jardin-Public, alignant d'un bout à l'autre de somptueux hôtels. La place de la Comédie, entourée de cafés, rassemble la société bordelaise; un témoin[1] l'ayant observée de près, à ses heures d'animation, a pu la décrire ainsi : « Ici, tout respire la vie facile, molle et voluptueuse. Les propos, que l'on surprend au vol, révèlent l'heureuse frivolité, les impressions mobiles, les goûts sensuels d'un peuple marchand, que les affaires occupent sans le posséder et qui cherche le gain pour la dépense, le faste et le plaisir. Ils passent, bien mis, tirés à quatre épingles, marchant droit sans regarder personne, un peu glorieux, en hommes conscients de leur propre valeur; s'ils viennent à s'aborder, ils se sourient, se comblent d'effusions, comme s'ils voulaient mutuellement se plaire et se conquérir; peut-être ne font-ils que s'observer. Spirituels égoïstes, avisés négociants, êtres de finesse et de tact, ils sont bien trop sérieux, trop pratiques pour donner à l'amitié, on dit même à la famille, en deçà du superflu de leurs sentiments. Mon opinion, avoue l'auteur des *Essais*, « est qu'il se fault prester à aultrui, et ne se donner qu'à soy mesme. » Les compatriotes

Bordeaux. — Les cadavres momifiés de la tour Saint-Michel.

de l'illustre sceptique nous semblent mettre plus ou moins en usage ce précepte d'une sagesse affinée. Ils accordent à la flânerie légère ce midi de la journée ; mais leur pensée intelligente est aux comptoirs de leurs maisons de commerce, aux docks, à la bourse où ils retourneront dans un moment, demeureront jusqu'à l'heure de la bonne chère, du jeu et des autres ivresses. En combien d'endroits choisis, délicats, ouverts ou discrets, pourrions-nous les rencontrer le soir ! » Cette partie brillante de Bordeaux possède tout ce qui mérite l'attention: les silencieuses allées des Quinconces, « Champs-Élysées sans marionnettes, massifs de fleurs, jets d'eaux, gaîtés d'enfant; » les restes du palais Gallien, l'aimable jardin de l'hôtel de ville, un musée lapidaire renfermant le tombeau de Michel Montaigne, un musée des antiques où l'on retrouve inscrits sur des stèles funéraires beau-

[1] Cf. *les Fleuves de France : la Garonne*, passim.

coup de noms des habitants de Burdigala « aux rudes esprits », un musée de peinture où l'on admire *la Grèce expirant sur les ruines de Missolonghi*, d'Eugène Delacroix; *le Tintoret peignant sa fille morte*, de Léon Cogniet... « Mais ces musées, ces jardins embaumés, décors de la ville, seraient des solitudes, même aux jours de loisir, si les femmes n'y promenaient leur délicieuse coquetterie, les femmes, grâce et parure enchanteresses de Bordeaux, fleurs du Midi, dont la beauté rayonnante, l'allure molle et serpentine, les toilettes exquises, laissent au voyageur un souvenir ineffaçable. »

De l'opulente ville bourgeoise se distingue trop peut-être une ville de travail dont l'on ne soupçonnerait pas l'existence active, humble et pauvre, si l'on ne prenait la peine de visiter les interminables faubourgs espacés aux environs des quatre gares, aux extrémités des quais, aux Chartrons, à la Bastide. Là, cent cheminées colossales enfument l'air, et de grands murs noirs enclosent autant d'usines diverses : raffineries de sucre, minoteries, fabriques de conserves alimentaires, de biscuits, de chocolats, huileries, brasseries, filatures de laine, teintureries, tanneries, cordonneries, manufactures d'espadrilles et de lingerie, chantiers de construction, tonnelleries, verreries, fabriques de bouchons, de caisses, raffineries de tartres et autres industries vinicoles, sans oublier les fonderies de métaux, les ateliers de grosse chaudronnerie, les raffineries de pétrole, les fabriques de porcelaine et de faïence de Bacalan. « Une population très honnête d'ouvriers, de commis, de matelots, de manœuvres au service du port, habitent en ces parages de grandes rues mornes, d'un étrange contraste avec les splendeurs de Tourny et Fondaudège. »

Plus que Bordeaux nous plairait la campagne que sa richesse a peuplée de villas et de châteaux parsemés dans une véritable corbeille de fleurs et de fruits : l'Entre-Deux-Mers, où le château de Cadillac est une merveille de la Renaissance; le Bazadais, où fleurit l'illustre cru de Sauternes, où Saint-Macaire est un bourg gothique étonnamment conservé, Roquetaillade et Villandraut de rudes édifices, non sans élégance, de l'époque fameuse de l'archevêque Bertrand de Got, pape Clément V; les Landes, où la Brède s'honore à garder intact le château où naquit l'immortelle pensée de Charles de Secondat, baron de Montesquieu; les Landes, où surtout règne Arcachon, perle du golfe de Gascogne.

Conquise de haute lutte sur les dunes et sur les marais dont le rivage est ourlé jusqu'à Bayonne, assise au bord d'un vaste bassin que l'irrésistible recul des sables vers l'est comble peu à peu et au seuil des forêts de pins de la Teste, la salubre Arcachon, en vogue depuis moins d'un demi-siècle, « donne asile année moyenne à deux cent mille étrangers, les uns hôtes de l'été venus à sa plage tranquille pour prendre des bains plus doux et non moins salutaires que ceux de l'Océan, les autres hôtes de l'hiver, malades touchés à la poitrine, demandant à son climat toujours égal, à sa tiédeur caressante, la guérison de leurs maux ou la force de les souffrir. » Les premiers se logent dans la ville basse, les autres dans de hautes rues sous les pins, tous dans de charmantes maisons de style fantaisiste enveloppées de verdure. Nous en aimerions fort pour notre part le séjour sédatif, mais avant la saison mondaine, l'ouverture des casinos, le tumulte des plages, les assauts de toilettes, les sonorités des concerts et des bals « à l'instar de Paris ». Rien alors de plus charmant : tout y est silence, douceur, parfum; tout vous verse à flots le calme, l'oubli, la santé. Et pour qui veut apprendre à connaître, explorer les vastes déserts des Landes, si peu connus encore et si originaux, quelle résidence plus commode? Il n'a qu'à se mettre en route, les pignadards étendront à ses pieds leur flore magnifique et sur sa tête l'ombre impénétrable de leurs balsamiques rameaux. Par avenues immenses dont on ne croit jamais atteindre la fin, trouée de lumière, nimbe d'or dans le bleu sombre d'une nef éperdue, parmi les hautes bruyères, les églantiers arborescents, les pins se dressent, géants dont la tige blessée laisse couler par la plaie ouverte la sève précieuse, le sang pâle des résines. Il s'arrête, et c'est aux bords, voilés d'aulnes et d'ajoncs, d'un immense étang d'eau saumâtre amassée dans l'imperméable « alios ». L'étang poissonneux finit à son tour, le steppe lui succède, la brande sans bornes visibles, couverte de fougères, souvent encore humide, marécageuse, paludéenne, parfois même cachant sous une très mince couche de sable séchée et durcie au soleil le piège d'une mare stagnante, d'une « blouse » où l'imprudent marcheur peut s'engloutir. Seuls êtres humains de ces mélancoliques solitudes,

Les ajoncs ; landes de Gascogne (tableau de Didier-Pouget).

des pâtres, haut perchés sur leurs échasses, surveillent des troupeaux de moutons. D'espace en espace, une rivière parait sortir des étangs, « courant » se frayant une route tapissée d'herbe fine, une « lette », entre les hautes dunes parallèles, et s'enfouissant à travers les sables dans la mer. Rares et temporaires, déjà reculés, chassés par l'invasion des dunes, les bourgades et les villages habitant ces vallées du Marensin! Beaucoup seraient très pauvres, presque misérables, si la pêche et la chasse aux oiseaux aquatiques ne leur procuraient des subsistances. Mais ces ressources abondent : la sardine, l'anguille, la sardiah, la perche, le saumon, la sole, le turbot, le congre, la raie, l'huitre, la moule, fréquentent les étangs; les marécages nourrissent hérons, spatules, canards, bécasses, butors, courlis, foulques, goélands, loutres, outardes; la canepetière, la grue, le cygne, se plaisent à la lisière des pins ; on rencontre le faisan sauvage près de quelques rivières; la tortue trottine dans les sables; la grande forêt nourrit le loup, le renard, le chat sauvage avec le chevreuil, le sanglier, une multitude de lièvres et de lapins: nasses, lignes, filets, fusils ne sauraient où mieux s'employer. Enfin les plantations de pins enrichissent déjà plus d'un lieu ; sans cesse augmentés, ils pompent l'eau malsaine, fixent les sables, forment la terre végétale, prodiguent à tous la résine si précieuse à l'industrie pour son goudron, sa poix, ses huiles, ses essences. Bientôt ce ne sera partout que forêts, bois ou bocages, éternelles verdures, promesses de stabilité complète et de riante fertilité.

L'Adour et son affluent la Midouze, sinueux entre de minces collines, tracent la limite des Landes. Près de l'Océan, dans la Marenne, le chêne-liège remplace le pin; plus de dunes, plus d'étangs : des rocs où le flot se brise avec un bruit terrible. A l'est dans les terres, la vallée du fleuve, les nombreuses vallées adjacentes, les bois de pins se mêlent aux cultures, la vigne sur les coteaux se chauffe au soleil brûlant, le sol poudroie. C'est la région des Pyrénées, presque l'Espagne. Se trouvera-t-il quelque touriste pour aller visiter la paisible Mont-de-Marsan, qui ne serait rien sans sa préfecture, sa garnison et ses employés, rien qu'une agglomération de bonnes âmes gasconnes? Mais on visitera l'antique Aquæ Tarbellica, la ville « d'Acqs », Dax, dont les sources chaudes sulfureuses et les boues végétales et minérales sont de puissants remèdes aux maladies nerveuses et aux rhumatismes. Des thermes aménagés à la moderne, élégants et confortables, lui rendent la vogue qu'elle eut sous la domination romaine. On voit, près de l'Adour, s'élever d'un bassin cerclé de murs découpés en portiques les vapeurs de la célèbre « fontaine chaude ». Elle bouillonne dès sa source à 64°; y puise qui veut, les femmes s'en servent pour les usages domestiques, et des canaux souterrains la conduisent en abondance aux bains. Un poète gascon a chanté joliment *lou Bagn bouren* (le Bain bouillant) :

« Mon bel Adour, rive charmante, — Ta nature est vive, aimante, — Ton ciel toujours transparent. — Et couverte d'un voile de brume, — Au milieu de la ville fume — La fontaine chaude!

« Et depuis que le monde est monde, — De la mystérieuse bonde, — Jaillit le flot du fond du gouffre. — Quelque cyclope, dans la terre, — Doit faire chauffer la chaudière — De la fontaine chaude!

« Par là-dessous, sans doute, — Le diable met tout en déroute, — Et le dessus s'en ressent. — Les gens, les bêtes et les choses — Tirent leurs effets et leurs causes — De la fontaine chaude!

« A Dax, pour savoir et comprendre, — Les gens n'ont pas besoin d'apprendre; — Et pourtant nul n'est ignorant. — L'esprit léger, plein de ressource, — Leur part, comme coule de source — La fontaine chaude! »

Il serait charmant de descendre en « galupe » (chaland de voyage) l'Adour navigable à partir de Dax : on verrait le fleuve aux eaux vives et claires graduellement élargir ses rives, s'agiter, s'enfler, refluer sous le vent de l'Océan et s'argenter de l'écume flottante des remous; on traverserait des pinadas et des villages blancs; les cimes brillantes des Pyrénées sembleraient suivre le mouvement du bateau et s'approcher de la mer pour mirer en elle leurs fronts diamantés; et le port de Bayonne vous recevrait, radieux, au confluent de la Nive, sous la verte citadelle du Saint-Esprit, contre la vive blancheur du quai de la douane, entre les tilloles et les couralins, les flambarts, les folacres, les lougres, les bricks, les goélettes et autres vaisseaux d'un peuple d'excellents marins, aux aïeux desquels, Basques de Port-Breton, revient la gloire d'avoir découvert et acquis les bancs de morue de Terre-Neuve. Et vous êtes au centre lumineux de la ville, près de la place de la Liberté, aux officielles architectures, et près du sombre Château-Vieux, à l'entrée des commerçantes rues bordées d'ombreux arceaux, où l'on lit sur la porte de chaque magasin : *Se habla español*.

Un pas de plus, vous irez aux allées Marines, gaieté des soirs, où les dames en promenade jouent de l'éventail avec la grâce des señoras, où vont jouer au trinquet (jeu de paume) les Basques, béret sur la tête, espadrilles aux pieds, fièrement cambrés dans leurs vestes de velours et leurs culottes courtes à boutons de métal, où aussi coquettent les artisanes court vêtues et coiffées d'un madras noué et posé, telle une couronne, sur le sommet de la tête. La ville est ainsi de mine tout espagnole. Comme à Bilbao ou Santander, des arcades au long des rues étroites protègent le passant contre la chaleur, et les fenêtres des maisons peintes allongent sur la chaussée l'ombre de leurs stores. D'autres rues dédaliennes orientées contre le soleil, longées de murs très hauts et coupées d'escaliers, sont en plein jour aussi obscures que les plus vieilles « calles ». Pas d'hôtels ni de boutiques où l'on ne « hable » avec plus ou moins de pureté la langue musicale de Cervantès. Et les brunes et prestes filles qui, pieds nus, jupons courts, une mane pleine de poisson sur la tête, viennent le matin crier la marée, clament-elles autrement que les pêcheuses du nord de la péninsule : *Sardinas fresc! — Croumpa la loubine! — Croumpa maquereou! — Croumpa crabes! — Asi lous bels anchois toutis bibots, a u so la doutzène!*

Point de monument à Bayonne, à l'exception de la massive cathédrale aux fières pyramides et de son cloître ouvragé ; la campagne environnante, hors des bois de résineux, hors la thermale Cambo, est sans beauté. Mais l'Océan vous enchante, d'une majesté terrible au Boucau dans les assauts qu'il livre à la terre sous la poussée des vents, parfois mortels aux bateaux qui s'efforcent de franchir la barre et pénétrer contre eux dans la trop étroite embouchure de l'Adour. Par contraste, quoi de plus aimable que Biarritz, dont les rochers noirs découpent avec tant de gracieuse fantaisie les plages de sable d'or, où viennent mourir les eaux bleues ! C'est un séjour de princes et d'hidalgos, la ville fortunée du rivage, d'où le joyeux peuple des Basques, nageurs habiles, guides agiles s'il en est, n'est point banni. Cependant la rouge Saint-Jean-de-Luz, très riche au XVIIe siècle, lors du mariage de Louis XIV avec Marie-Thérèse d'Autriche, le 9 juin 1660, célébré dans son église même et consommé dans une maison du quai de la Nivelle ornée de quelques statues, ne se relève pas de sa décadence commerciale; la mer le ronge, la houle jette à chaque instant dans son port, comme pour l'ensevelir, quelques pelletées de sable de plus.

Omnibus bordelais.

AUX BORDS DE LA MER

LA MÉDITERRANÉE

V

DU ROUSSILLON AU COMTÉ DE NICE

Pour une heure, en temps calme et doux, si l'on pouvait, avec la rapidité du désir, passer de Biarritz à Banyuls, on croirait presque n'avoir pas changé de rivage. Sous leur chaud soleil, ces ports de mer se ressemblent. Les mêmes flots d'azur palpitent dans leurs conques rocheuses, lèchent leurs plages de sable fin, s'écrasent sur leurs noirs écueils; ils respirent également la mollesse, la quiétude, le bonheur de vivre à l'abri des vents froids. Mais cette impression ne dure guère. A l'instant du flux elle n'existe déjà plus. Où sont ici les hautes, les puissantes vagues océanes? Où le grand souffle du large chargé l'on dirait de tant d'échos lointains? A peine si le pouls de la Méditerranée bat alors un peu plus vite, un peu plus ému. Là-bas, à la violence des marées, à l'assaut brusque des lames grondeuses couvrant les rocs d'écume, on pressentait l'Océan toujours menaçant; ici la mer vous paraît assagie, incapable de rudesse et de fureur. Pourtant, non moins redoutable que le golfe de Gascogne, le golfe du Lion a de subites, d'affreuses colères; elles éclatent irrésistibles en pleine apparente sérénité, sournoises, féroces comme les bonds du félin dont les anciens lui donnèrent le nom. Rares les faibles vaisseaux que ne brisent pas ces tempêtes...

Moins à la mode, moins célèbres que l'élégante Biarritz, les petits ports du Roussillon sont peut-être plus agréables. Adossés aux derniers contreforts des Pyrénées, contre lesquels s'arrêtent ou s'épuisent les ouragans de l'ouest, ils s'ouvrent aux molles effluves de l'Orient qui mûrissent leurs fruits sucrés, oranges, grenades, et déploient les raquettes de leurs cactus-opuntias. Sur leurs coteaux exposés au levant rougeoient les pampres dont les vendanges font les vins si caressants de Banyuls, les rancios, les grenaches veloutés et dorés. Quelle confiance n'inspirerait pas ce climat généreux, tempéré, rafraîchi l'été durant aux rayons des neiges éternelles! Comment n'appellerait-il pas à lui les êtres fatigués, anémiés, débilités aux labeurs des grandes villes?

Banyuls, Port-Vendres, Argelès, les recueillent, ces citadins, les réconfortent. Entre ces petites villes, Banyuls surtout, prospère et jolie, cerclée de villas blanches, dont les jardins en terrasse se parent d'une végétation africaine, et dotée de l'utile et curieux laboratoire de zoologie marine, fondé par Lacaze-Duthiers. Plus antique l'hospitalière Port-Vendres (*Portus Veneris*), dans sa rade, sûr abri d'accès difficile, que protègent les forts et les redoutes de Vauban, reçoit les plus grands navires de l'État, retour d'Asie ou d'Afrique. Combien de nos soldats l'ont bénie d'y avoir touché le sol sacré de la patrie, pendant des mois, des années regrettée, pleurée, désirée de toute la force des souvenirs et des aspirations de leur âme! Tout près, de solides remparts et le fort Saint-Elme défendent l'humble port de Collioure, d'où partent hardis, mais prudents marins, les pêcheurs de sardines les plus nombreux de toute la côte, en une flottille de cent trente ou cent quarante embarcations.

Au nord de cette côte taillée, chaîne continue de promontoires granitiques, d'anses mignonnes, de rocs éboulés, de grèves caillouteuses, de plages soyeuses, l'aspect du pays change; la montagne cesse de presser la mer, et celle-ci, de ses flots chargés de débris arrachés à d'autres rivages, agrandit la terre ou s'y emprisonne dans ses propres dépôts. C'est tour à tour la plaine d'alluvions, et c'est l'étang salin. L'un et l'autre se succèdent sur le contour entier du golfe. Maintenant, de Perpignan à Marseille, les vastes et mornes pacages à demi consolidés et qu'en toute saison embrument et verdissent les vapeurs marécageuses, alterneront avec les étangs hérissés de roseaux, placides miroirs de ciels brouillés, steppes liquides d'où s'exhalent les songes mélancoliques et les fièvres morbides...

Mais, où nous sommes, ni songes ni fièvres encore. Le pays, grâce à la sève de ses montagnes vineuses, est bien portant, de belle humeur, certainement riche. Le Roussillon, si longtemps soumis aux rois d'Aragon et de Majorque, était l'une des plus précieuses Espagnes du roi très catholique, quand le génie de Richelieu l'ajouta au royaume de France. On peut voir, dans l'illustre petite ville d'Elne, un beau témoignage de son opulence. Au moyen âge, Elne la carthaginoise, la gallo-romaine *Illiberis,* puis *Helena* rebâtie par la mère de Constantin, dresse les ruines de ses murs et son église aux clochers féodaux sur un roc aux flancs duquel achève de mourir la ville à moitié détruite par le siège de 1641. Mais au sommet du roc fleurit ce joyau de coupe à demi orientale : un cloître aux exquises colonnettes de marbre accouplées, toutes diverses et de forme et de couleur, soit légèrement roses, vertes, bleues ou jaunes, soit droites, torses, cannelées, losangées ou serpentines, mais toutes amoureusement polies et caressées par mille et mille soleils : des chapiteaux où revivent, ciselées dans la pierre, cent légendes de l'histoire, des mœurs et de la foi, soutenant le poids des gracieuses arcades romano-sarrasines.

Quand Elne l'abbatiale florissait, elle rivalisait avec sa voisine Perpignan, fondée à la place et non loin, à l'ouest, de la carthaginoise *Rustico,* première capitale du Roussillon depuis longtemps effacée, seulement indiquée par une tour dite du « Castel-Roussillon ». Mauresque d'abord, espagnole ensuite, Perpignan reste la plus méridionale des villes françaises. Tout près de la Catalogne, en relations constantes avec elle, elle en a l'allure vive, l'expressive piété et le goût du plaisir violent. Son aspect l'avoue. Des affiches çà et là le proclament; dans la belle allée de platanes qui mène de la gare à la porte de France, nous lisons l'annonce d'une prochaine corrida à la Plaza de Toros. Des libraires exhibent un « manuel de l'aficionado ». Nous entendons vanter par la foule le talent et le courage des *spadas* qui donneront le spectacle dont elle raffole. Les courses de taureaux ne sont pas moins courues ici qu'à Barcelone; de même nul besoin de passer la frontière pour voir, avec un entrain infatigable, danser contrapas, borrasses, seguedilles au son de la flaviole, du tambourin et du hautbois.

Au delà de l'enceinte fortifiée que la plus fraîche verdure innocente, le centre animé de la ville est pittoresque, lumineux, charmant. De brillants cafés où l'on paresse, des bancs où l'on flâne, des maisons assoupies, stores tendus ou persiennes closes, bordent le large quai de la Basse. Au piédestal de la noble statue (sculptée par Mercié) du plus illustre enfant du pays, François Arago, quelques hommes du peuple s'allongent pour la sieste. Dans le fond du tableau, au confluent de la Basse et du Tet, se haussent par-dessus les ombrages d'un mail les tours et les remparts crénelés, roses et blancs, du Castillet, château et citadelle des rois de Majorque, édifié à la fin du XIIIe siècle par Jayme Ier. Le tout flamboie, rit au soleil. Si par les voûtes du Castillet on dépasse

Agde.

cette première ligne, le caractère et le mouvement de la cité se prononcent davantage. L'ombre d'une longue suite d'arcades abrite contre la chaleur brûlante les étalages et les chalands des rues commerçantes. La *Lonja* ou Bourse étale à l'angle d'une place sans cesse mouvante une délicieuse façade à portes et fenêtres arquées, fleuronnées, balcons ajourés, gargouilles ouvragées, qui en font un bijou d'architecture hispano-mauresque. Plus loin, beaucoup de petites rues indifférentes s'entrecroisent autour de la statue du peintre Hyacinthe Rigaud. Mais, un peu à gauche, la cathédrale dédiée à saint Jean-Baptiste vaut, quoique mutilée, non dégagée et presque sans portail, l'admiration de l'artiste pour sa nef ample, le faste éclatant de ses chapelles, le retable en marbre blanc de son maître-autel délicatement couvert de bas-reliefs et peuplé de statuettes par de très fins ciseaux de la Renaissance. Voilà bien encore, en dépit de ce temps positif, la somptueuse église de goût espagnol, où naguère prêtres en habits pontificaux et fidèles costumés, unis pour célébrer les grandes fêtes religieuses, dramatisaient l'Évangile.

Fécondes vallées du Tet, de l'Agly, coteaux vineux de Rivesaltes et d'Estagel, étangs poissonneux et salines de Leucate, de la Palme, de Sijean : le chemin de fer les côtoie ou les traverse, découvrant d'abondantes cultures, des vignes à l'infini, des forêts de roseaux, des bois de pins, quelques « graus » par où les barques de pêcheurs gagnent la mer. L'humide solitude s'étend jusqu'à Narbonne. Là il faut s'arrêter à l'aspect de tours dominatrices, carrées, noires, crénelées, rudes, formidables ; pour le curieux, l'archéologue, l'artiste, autant de phares magnétiques.

Un poudreux damier de boulevards et d'avenues que le mistral balayera sans obstacle, ce sera bientôt la moderne Narbonne, déjà en partie construite près de la gare, tandis que l'ancienne, la phénicienne, l'ibérienne, la romaine Narbo-Martius, s'étiolera dans le réseau de ses petites rues sombres, au bord de son canal maritime. Celle-ci, cependant, seule intéresse l'imagination. Elle doit garder, il semble, des vestiges de la grandeur romaine, montrer ce que fut l'ancienne capitale de la Narbonnaise, le grand port et le principal entrepôt des Gaules, où quatre-vingt mille habitants s'adonnaient au négoce. Désillusion. La mer a reculé, qui lui apportait les denrées de l'Afrique et de l'Orient ; un seul bateau de cabotage s'abosse tristement au quai du canal abandonné.

Près de la cathédrale Saint-Just ressort d'un mur, dont une fantaisie barbare la fit captive, une antique figure de jeune femme coiffée à la grecque, les traits mutilés, rongés, l'ombre d'une beauté et d'une grâce pourtant visibles encore ; c'est l'image de la vieille cité. Des splendides édifices vantés, décrits par les historiens, rien ne reste que les débris entassés dans la cour du musée municipal et dans la nef bénédictine de Lamourguier, morceaux superbes d'architraves ou de frises, tombeaux, stèles, statues, bas-reliefs, tableaux de pierre représentant, par exemple, de nombreuses équipes de débardeurs occupés à décharger les trirèmes marchandes.

Combien plus imposante la Narbonne du moyen âge, par le beau vaisseau sculpté, le porche colossal, les clochers hautains de la cathédrale, le cloître et le palais des archevêques, œuvre du xive siècle, masqués par la brillante façade de l'hôtel de ville, ingénieusement construit par Viollet-le-Duc, dans un ordre d'architecture harmonique ! Les salons du prélat, décorés à neuf avec un certain respect du style original, enferment dans un cadre charmant les tableaux et les objets d'art du musée municipal, un des moins pauvres qu'il y ait en province, grâce à d'intelligents donateurs. Nous y avons admiré de flamboyantes poteries hispano-mauresques et de fort galants moustiers. Et tel joli triptyque de Van Eyck, tel panneau du Giotto, tel Primatice, tout comme le Tintoret et même le Rubens qu'il expose, nous ont paru aussi authentiques que son *Triomphe de la Beauté*, par Glaize, et sa *Baigneuse surprise*, de Falguière.

Le Tout-Narbonne ne dépasse guère pour les affaires, le farniente et le plaisir, les parages restreints du cours, de l'hôtel de ville et du canal de la Roubine. Mais le voyageur aurait tort de n'aller pas au delà visiter, au fond d'une paroisse obscure, la vénérable église Saint-Paul-Serge, que recommandent la tapisserie à verdures où Jésus prie si humainement au jardin des Oliviers, et le Saint-Sépulcre à personnages polychromes du xve siècle pleurant l'Homme-Dieu avec la plus naïve douleur et la plus touchante.

A l'est de Narbonne, contre l'étang de Gruissan, qui en est le port, la singulière montagne de la Clape grandit par son isolement. Aujourd'hui plantée de vignes dont les fruits distillés font les excellentes eaux-de-vie de Narbonne, ce fut avant l'histoire, avant l'homme, une montagne de feu, un volcan au milieu des eaux, comme tant d'autres en cette région, le long de cette côte, que leurs coulées de lave ont en partie façonnée et fertilisée. Le Languedoc alors n'était qu'une vaste mer intérieure, témoin les squelettes gigantesques de sauriens, de batraciens imprimés dans les dalles basaltiques d'Armissan, près de la Clape, et leurs os échoués dans maintes grottes à l'instant sans doute d'un suprême cataclysme ! Le pays tout entier garde l'empreinte des tourmentes géologiques : partout, entre les étangs, sont montagnes cendreuses et pelées, terres rocailleuses, soudains promontoires. Tel celui où, au-dessus des rives de l'Orb et du canal du Midi, se campe fièrement Béziers, si imposante vue d'en bas, presque magnifique dans la ceinture de remparts et de tours d'où surgissent le portail militaire et l'énorme clocher de la fameuse église Saint-Nazaire.

La réalité est beaucoup moins belle. A part l'aimable jardin nommé « plateau des Poètes », dont les allées sinueuses vous conduisent jusqu'au faîte de la ville, et le cours spacieux que décore la statue de Riquet, par David d'Angers, Béziers n'est pas séduisante. L'effroyable siège de 1209, impitoyablement mené par Simon de Montfort pour la châtier de l'hérésie albigeoise, l'avait ruinée pour des siècles ; elle semble encore s'en ressentir. Raboteuses, laides, vides d'intérêt, s'enchevêtrent ses rues étroites et contournées. Mais elle garde une beauté qu'on n'a pu lui ravir : l'immense, le superbe horizon à contempler de la plate-forme de la cathédrale, d'où les regards, sous un ciel de saphir, miroir de la mer et des étangs, atteignent, par de lentes et douces graduations de formes et de nuances, les sommets bleus des Cévennes, auxquelles s'adossent le massif de la Montagne-Noire et les crêtes de l'Espinouse.

La si fructueuse activité de leur marché, « régulateur des vins et eaux-de-vie, » laisse-t-il aux Biterrois le loisir d'admirer ce rare paysage ? Cela doit être d'un peuple artiste, sensible à la gloire des créations du génie. Nous n'oublions pas l'accueil chaleureux dont il saluait, nous présent, le maëstro Massenet, venu pour diriger à leur théâtre la représentation de l'un de ses opéras, les fleurs prodiguées au musicien, ses enthousiastes admirateurs criant à s'égosiller : « Vive Massenette ! » et avouant ainsi la puissance de la musique sur l'âme brûlante et mobile de notre Midi. Il aime également la poésie. A quelques lieues de Béziers, les applaudissements de l'industrieuse et riche Pézenas encouragèrent le naissant génie de Molière ; un coiffeur, ses clients et, dit-on, sa fille Lucette, comprirent les premiers les fines saillies des *Précieuses ridicules,* et longtemps on y conserva, tel une relique, le fauteuil dans lequel le grand comique s'asseyait, moins pour livrer son menton au rasoir du barbier que pour observer les mœurs de la petite ville. Le buste du maître, élevé par les soins de sa « Maison », et non séparé de la gentille Lucette, qui figure gaiement à côté, rappelle à Pézenas ces souvenirs littéraires.

Pézenas, comme Saint-Chinian, Saint-Pons, Bédarrieux, Clermont-l'Hérault, l'antique et religieuse Aniane, qui fut la grande abbaye méridionale du haut moyen âge, sont en pays de montagne, où l'on n'ira guère à moins d'être marchand, car ce sont grosses cités ou bourgs de filatures. Plus est fréquenté le rivage, que le chemin de fer côtoie bord à bord, au risque fréquent d'être coupé par les lames bondissantes. Là, sombre comme la coulée de laves du volcan insulaire sur lequel elle s'élève, apparaît l'église d'Agde, jadis épiscopale et seigneuriale, fortifiée, crénelée, percée de mâchicoulis, dominée par un clocher flanqué de tourelles, et qui, pareille à tant d'autres, devait être à la fois une citadelle de défense, un refuge et un phare pour les pêcheurs de la cité et du littoral. En effet, aux regards, d'en haut, le golfe du Lion ouvre tout entière, des bouches du Rhône aux caps pyrénéens, sa courbe harmonieuse et recouverte de vignes ; les pentes de l'antique cratère encore distinct s'inclinent vers lui. Spectacle merveilleux les soirs de pleine lune, dans le murmure des clapotantes vagues de vif-argent.

Étang de Luno, vaste étang de Thau aux eaux tour à tour saumâtres ou salées, riches en coquillages et en poissons, précieuses aux pêcheurs, aux sauniers et aux vanniers coupeurs de roseaux; Marseillan, entrepôt de denrées agricoles; Cette, mont Saint-Clair, Frontignan aux muscats blancs et dorés, le train traverse ou frôle en fuyant ces anneaux de la chaîne côtière et coupe le canal des Étangs, qui les met en communication avec les étangs d'Ingril et de Vic, les ports de Mèze, de Maguelonne et de Palavas, l'étang de Maugino, le canal de Lunel et le Grau-du-Roi, près d'Aigues-Mortes. Le commerce des vins et des liqueurs anime constamment canal et chemin de fer, double route maritime : c'est l'âme de la région. Il enrichit Cette, inépuisable laboratoire des boissons, souvent nuisibles, mortelles à l'énergie de notre race, qui répandent et propagent jusque dans les villages les plus retirés le goût, puis la passion, et enfin la délirante folie de l'alcoolisme. Cette vit largement de ces redoutables fabrications de vins dits de Madère, de Chypre, de Malaga, de prétendus vermouths de Turin, d'eaux-de-vie, d'absinthes et autres toxiques. Par elles sa fortune s'accroît trop rapidement. On le voit sans plaisir au luxe des maisons neuves bordant les neuves avenues et les quais aisés entre lesquels s'étend la moderne Cette, tandis que l'ancienne, choisie par les illustres ingénieurs Andreossi et Riquet pour être le port maritime du canal du Midi, s'échelonne aux pentes du mont Saint-Clair. Prospère et fort active, elle est cependant paisible, presque sans bruits. Quelques navires à quai, espacés sur une longue distance entre le môle du Lion et la jetée de Frontignan, se chargent silencieusement des houilles et des minerais des Cévennes, de sels d'une blancheur éblouissante, surtout de futailles et de barils aux étiquettes mensongères. Les poisons liquides vont par eux, sur l'aile des voiles, gagner le large et gâter le sang du monde entier. Voici bientôt les cabarets, les bars, les assommoirs où, alléchés par l'éclat des devantures, les reflets multicolores des bouteilles et le bas prix des spiritueux, les ouvriers, les matelots, pauvres gens, iront le soir noyer dans l'ivresse les soucis de leur misérable existence. Les « terre-neuviens » qui, au retour de leurs pêches, amènent par centaines leurs vaisseaux prendre cargaison fraîche dans le port de Cette, ne résistent guère à ces terribles séductions, dont les délices nostalgiques les suivent aux rivages de Normandie et de Bretagne.

Et de cela, de tant de maux, le ravissant panorama du mont Saint-Clair, ses coquettes villas, la pittoresque Bouzigne des pêcheurs, les salines argentées, la vaste nappe bleuâtre de l'étang de Thau, sillonnée de tartanes, les thermes de Balaruc, les inépuisables féeries de la mer et du soleil nous consolent à peine. Nous aimons mieux Montpellier.

C'est une ville haute, saine, de vaste horizon, de ciel bleu, de grand soleil, d'air pur, propice aux sereines et profondes méditations. Si l'étymologie *Mons pessulanus* (montagne close), et non *Mons puellarum*, dément le sens mythologique que l'on serait tenté d'attribuer à son nom : mont des chastes Pucelles, mont des Muses, la science, de bonne heure, ne l'a pas moins élue pour l'un de ses sanctuaires. Au XIIe siècle, son école de médecine, continuant, grâce aux docteurs arabes des universités espagnoles, l'enseignement de l'école de Salerne, était déjà célèbre en Occident. A la même époque y naissait une école de droit. Au XIIIe siècle, l'Université de Montpellier, créée par le pape Nicolas V, professait avec éclat tous les arts libéraux. Des esprits de force et d'orgueil s'y formèrent : Arnauld de Villeneuve, Nostradamus; mais aussi de purs naturalistes : Rondelet, Bauhin, dont les travaux et les méthodes ont bien servi la zoologie. En 1530, le 16 septembre, « François Rabelais de Chinon, diocèse de Tours, » s'inscrivait sur les registres de la Faculté de médecine, sous le parrainage de « l'illustre maître Jean Schyron, docteur et régent dans l'Université »; le 1er novembre, il était promu au grade de bachelier. Sept ans après, le 22 mai 1537, le glorieux poète de Gargantua et de Pantagruel y revenait se faire nommer docteur, et quelques jours plus tard y professait, sur les *pronostics* d'Hippocrate et sur l'anatomie, des leçons très écoutées. Longtemps, selon une tradition accréditée, on conserva dans la salle des Actes de l'école de médecine la robe de Rabelais, dont l'on revêtait sept fois les nouveaux docteurs. Au XVIe siècle, la ville, entraînée par sa confiance illimitée dans

Marseille. — Le Phare.

les forces de la raison humaine, devenait l'un des foyers de l'hérésie protestante, s'isolait du royaume, se déclarait en république. Vaincue par Louis XIII, humiliée, il lui en coûta ses privilèges, elle cessa d'être l'unique et grande rivale de l'Université de Paris. Mais elle conserva l'ambition du savoir, resta chère aux libres intelligences. En son jardin des plantes, Tournefort trouva son ingénieux système de classification botanique, qu'au même lieu Antoine de Jussieu renversa par une méthode supérieure; Candole aussi l'honora de ses découvertes. Le philosophe Auguste Comte avait bu à cette enivrante source de sapience, avant de concevoir sa méthode de classification universelle des sciences positives.

De prime abord Montpellier semble toute en grandes voies, avenues et boulevards, à façades somptueuses; cependant la plupart de ses rues sont étroites et dédaliennes, afin de retenir l'ombre, si nécessaire aux hommes du Midi. La cathédrale, lourde et sans beauté, mais d'allure féodale, touche à l'école de médecine, comme pour étendre sur la science la protection de l'Église. Les voyageurs ne manquent guère de visiter l'amphithéâtre et la salle du conseil, le musée anatomique, la bibliothèque de cette vénérable école, largement installée dans un ancien monastère de bénédictins. Les artistes préféreront aviser, dans une humble petite rue, la porte basse du musée exquis que fonda le peintre classique Fabre, et que le comte de Bruyas enrichit d'une incomparable collection de tableaux modernes. Là, à côté des maîtres de l'école italienne, hollandaise et flamande, aimés du fondateur, nous touchent d'une bien autre émotion les romantiques Delacroix, Deveria, Johannot, surtout les Courbet et les Tassaert; ces derniers, interprètes des sentiments humanitaires, des rêves d'idéal chers à la génération de 1830, à nos pères, et que nous avons vus mourir avec eux...

Le coin de splendeur et de grâce, c'est la célèbre place du Peyrou, dont un esprit classique ferait volontiers, par amour de l'étymologie urbaine, le séjour des Muses et d'Apollon. Un arc de triomphe élevé à la gloire de Louis XIV la précède; la statue équestre de ce roi, sculptée par Coysevox, se dresse au centre; des allées d'arbres l'encadrent, des bassins le rafraîchissent, et il se termine à l'ouest par une terrasse où miroite une pièce d'eau et que décore, comme le temple du dieu, un château d'eau de la plus élégante architecture. Comme cette terrasse occupe le point culminant de la ville, le spectateur voit « sans bornes se dérouler devant lui la charmante vallée du Lez, comparée à l'Eurotas, et l'humide étendue des étangs et de la mer »; au loin surgissent les cimes des Cévennes. Les sveltes arcades de l'aqueduc traversent une campagne fertile, et dans une atmosphère transparente, chaude et lumineuse, les accidents, les lignes du paysage prennent un relief d'une netteté et d'une élégance admirables.

Bien avant Montpellier (qui lui succéda) florissait, à moins d'une demi-lieue, la gallo-romaine *Sextantio*; Charles Martel la détruisit, et l'on n'en retrouve les traces qu'au village de Castelnau. Aussi victime de l'impitoyable vainqueur des Sarrasins, tomba Maguelonne; mais celle-ci occupe, comme autrefois, un îlot volcanique au milieu de l'étang de Vic. Elle se releva, eut avant Montpellier de puissants évêques, chefs d'une république indépendante, succomba par le calvinisme. Sa massive église fortifiée, d'aspect grandiose entre les grèves et les rocs où se brisent les lames écumantes, garde les tombeaux aux masques expressifs des anciens prélats.

Au fond du golfe d'Aigues-Mortes, un rivage découpé, taillé, échancré, plat cependant, non ravagé par l'assaut des vagues furieuses, mais capricieusement formé des limons et des sables qu'elles lui apportent; des graus où se glissent des barques, des calanques où elles se blottissent, des sansouires ou fonds de mer tout resserrés, et au delà, tout contre, des étangs avec leurs roselières cultivées, exploitées pour l'engrais du sol; de grands marécages inondant les vignes pour les préserver ou les guérir du phylloxéra; d'humides plaines où, le soir, les grenouilles croassent à cœur-joie dans un concert assourdissant; bref, une terre encore incertaine, mobile, vaseuse, fiévreuse, divisée en lagunes infinies, sans routes ni sentiers directs, le seul chemin de fer, par ses détours au large, permettant de l'aborder : nous l'avons visitée avec lui en descendant la vallée du Rhône; nous en parlons ailleurs.

Au large, si le temps est calme, la mer tranquille, on voit se profiler au-dessus des côtes les remparts, les tours d'Aigues-Mortes, énigmatiques et farouches, au milieu des étendues vertes et grises, criblées par le soleil de lueurs qui se déplacent. Le portail carré et flanqué de tours crénelées de l'église des Saintes-Marie-de-la-Mer, Marie-Jacobé, sœur de la Vierge; Marie-Magdeleine, Marie-Salomé, se dresse durement entre le grau d'Orgon et l'étang de Valcarès. Un phare signale les grandes prairies de la Camargue, les marécages où se réfugient les manades de chevaux, de buffles et de taureaux demi-sauvages, ces principaux acteurs des joyeuses « ferrades » qui plaisent tant aux Arlésiennes. Saint-Louis ouvre sa rade commode et sûre dans le golfe de Fos, en face Port-de-Bouc, près de l'embouchure du grand Rhône. Au delà du golfe, c'est la Crau, parsemée, jonchée encore, non des cailloux lancés du ciel en pluie diluvienne par l'Hercule gaulois, mais des galets charriés par la Durance. A l'est de cette immense solitude, dont les troupeaux de moutons broutent çà et là l'herbe rare et chétive, s'étend l'étang de Berre, désert maritime, où l'on arrive en un moment par le chemin de Port-de-Bouc et de l'étang de Caronte.

Martigues vous reçoit dans le port d'une petite ville amusante, bâtie comme Venise (elle s'est qualifiée Venise provençale) sur trois îlots reliés par des ponts en pierre et en fer. Elle est commerçante, remuante, bavarde, exagère l'accent et la faconde provençales, si bien que Marseille même en sourit. Quelqu'un risque-t-il sur la Cannebière une hâblerie énorme, un conte invraisemblable, on dit aussitôt : « Voilà une martigalade ! » Il faut entendre, au port des Martigues, mar-

Marseille. — La Joliette.

chands et pêcheurs du littoral vendre à la criée des oursins, du thon, de l'huile, cent autres produits, même exotiques : pour l'animation tapageuse, le sans-gêne des propos, l'abondance des jurons, la franchise des types, le ton rauque des voix grasses, vous avez là en raccourci, sous les yeux, dans les oreilles, toute la Provence maritime. Ajoutez à ce spectacle de belle humeur l'attrait de navigations faciles, de parties de pêche sur le paisible étang de Berre, avec escales aux bourgades rustiques d'Istres, de Saint-Chamas, de Berre, et d'excursions, d'ascensions dans les montagnes de l'Estaque, où perdrix, cailles et grives ne manquent pas. Martigues, qui vous offre tout cela, peut donc être un séjour assez plaisant. Mais le touriste se hâte vers Marseille.

Qu'il y arrive par la mer, pour en recevoir une forte et durable impression d'éclatante beauté que les taches de la vieille ville ne terniront pas. De loin elle apparaît, blanche et radieuse, et l'on dirait qu'elle vient de s'élancer des flots bleus dans la lumière qui l'inonde. L'arc de son port se déploie gracieusement entre des rocs arides, grisâtres, tachetés de vert. On en comprend déjà la situation heureuse; fut-il possible de trouver ailleurs, sur la côte, abri mieux protégé, mieux exposé, plus sûr et plus vaste? Elle semble jouir franchement de ses avantages. Les navires, les barques et les tartanes qui se dirigent vers elle, ont comme une allure joyeuse. On approche, l'enchantement redouble. Notre-Dame de la Garde, en effigie d'or sur la colline sainte, vous souhaite la bienvenue. Criblés de rayons ardents, docks, entrepôts, forts, quais, dessinent le cadre éblouissant d'une ville féerique. La somptueuse cathédrale s'élève magnifiquement au pied de la colline des Accoulès harmonieusement arrondie. L'inutile palais du Pharo s'enchâsse comme une agathe dans les arbres de son parc, et la noire église Saint-Victor, vestige d'une abbaye fameuse, semble opposer la protestation morose des choses mortes à la fête de la vie dont l'entrain vous environne. Et vous allez à pleines voiles dans le port, parmi cent vaisseaux de toutes formes, de tous pavillons, débarquer au quai National, juste à l'issue de la Cannebière, orgueil du Marseillais.

Excellente entrée. Rien de mieux pour donner idée de l'exubérance pittoresque de la

Marseille. — La Cannebière.

ville, que cette large voie continuée par la rue de Noailles et les allées de Meilhan. Spacieuse, ombragée, elle rassemble les hôtels luxueux, les théâtres, les concerts, les riches magasins, les cafés étincelants, aligne quantité de maisons opulentes comme des palais. Quelle foule diverse, rapide, loquace! « Négociants exotiques à la peau d'ivoire, à la barbe d'ébène, aux goussets chargés de breloques d'or, aux doigts annelés de diamants, marins au long cours rythmant en marchant le roulis de leur vaisseau, Turcs et Levantins coiffés du fez, Grecs de l'archipel en culotte courte et veste brodée, longs Arabes en burnous flottants, tous défilent, circulent, contemplent d'attrayants étalages, mêlent leurs costumes bigarrés, leurs allures fiévreuses ou nonchalantes, aux habits simples, aux franches désinvoltures des indigènes, armateurs, commissionnaires, courtiers, fabricants, boursiers, banquiers allant et venant, rapides, décidés, le chapeau sur l'oreille, l'œil agile, le flair éveillé, l'ouïe tendue, la lèvre souriante, la poitrine ou le ventre en poupe, de l'avant toujours! Dans les rangs de ce monde cosmopolite se glissent, ondulent et se pavanent les jolies femmes, un peu grasses, en toilettes éclaboussantes, et les parfums émanés de leur sillage s'ajoutent aux odeurs des roses ou des violettes, selon la saison, que les jeunes bouquetières, prestes, enjouées, droites, fières, comme si leur front portait diadème, offrent et promènent de toutes parts[1]. » Décor extérieur, charmante fantaisie d'une ville marchande extraordinairement laborieuse.

Immense labeur d'affaires, de transactions, de chiffres, sans égal dans tout le bassin de la Méditerranée : le centre en est sur la Cannebière même, au seuil du port, dans le fastueux palais de la Bourse, où quelques centaines de négociants et de courtiers règlent les cours de presque toutes les denrées orientales. C'est le véritable cœur de Marseille, il lui imprime le mouvement, la vie ; par lui affluent à son port les blés de Russie, de Turquie et des Balkans, les cotons de l'Inde et de l'Égypte, les sucres des Antilles, les cafés de la Côte Ferme, les vins d'Espagne, les bois du Canada, les thés et les soies de la Chine, les cuirs de l'Amérique du Sud, les guanos du Pérou, les pétroles des États-Unis, les graines oléagineuses de l'Afrique occidentale, les bestiaux de l'Espagne et de l'Italie, les laines et les minerais de fer de l'Algérie, contre lesquels s'échangent les produits de l'industrie provençale : l'huile, le savon, les pâtes alimentaires, les salaisons, les conserves, sans oublier les vins français.

Il faut voir le débordement de ces marchandises sur les quais de la Joliette, des docks, de la gare maritime, d'Arenc, du bassin national, leur entassement dans les magasins et les hangars des docks, le fourmillement de débardeurs et de portefaix occupés à charger des wagonnets, à porter des ballots, à pousser des fardeaux, à rouler des tonneaux. Travail incessant, infatigable, d'hommes et de machines : celles-ci soufflant, mugissant, grinçant ; ceux-là, le torse ou les bras nus, la peau bronzée, luisante, en sueur, et poussant de rauques han ! Ici et là, des cabarets, d'ambulantes fritures, des vendeuses d'oranges, des écaillères avec leur éventaire d'huîtres, de moules, d'oursins, de coques, flottent dans une buée de vapeur chaude, dégagent un mélange inouï d'odeurs. Et sur l'incroyable mêlée plonge la ruisselante lumière du soleil qui en rehausse la vulgarité jusqu'à la magie du tableau pittoresque.

Au-dessus de ces quais montent les rues du vieux Marseille, celui du moyen âge, non l'antique *Massilia*, entièrement disparue, et qui se trouvait sans doute sur l'autre rive du port, vers Saint-Victor et les Catalans. Étroites, tortueuses, humides, gluantes, glissantes, puantes, presque sans trottoirs, avec, de chaque côté, de hautes maisons, quelquefois ornées, sculptées par Pujet ou ses élèves, ces rues sont encore à peu près les mêmes qu'en 1720, où il y mourait de la peste asiatique, au mois d'août, jusqu'à mille personnes par jour. Telles sont de hideuses impasses, d'aveugles et répugnants boyaux, d'infects cloaques. Mais insouciant, bruyant, content de son sort, le peuple, qui les emplit de ses gestes, de ses cris, de ses chansons, de sa faconde, ne s'en plaint pas ; on cause porte à porte, les femmes font la cuisine en plein air ; les enfants, déguenillés, jouent partout à la marelle ; cent marchandes promènent sur la chaussée leurs voitures de gâteaux, d'oranges, de fleurs. Des jeunes filles, blondes d'un blond doré, les traits d'une pureté classique, conservent, peut-être mieux là qu'ailleurs, le type élégant de la Grèce, leur grâce attique de filles du soleil.

Par l'autre rampe de la vieille ville, on tombe sur le cours Belzunce et le boulevard d'Aix, et l'on retrouve la ville moderne, neuve encore, tirée au cordeau, rectiligne, correcte, froide, plutôt ennuyeuse. L'artiste n'a que faire de s'y promener ; elle appartient

---

[1] Cf. *Les Fleuves de France*, le Rhône, passim.

à la bourgeoisie, aux rentiers, surtout aux fonctionnaires. Beaucoup d'édifices officiels y étalent avec ostentation leurs façades laides et prétentieuses. La cité positive n'entend rien aux beaux-arts. Le seul palais de Longchamps, qui leur est consacré, fait honneur au talent de Bartholdi et d'Espérandieu; son hémicycle d'arcades découpées à jour sur l'azur du ciel, et dont un portique triomphal unit majestueusement les deux ailes, est d'une aérienne et légère beauté. Mais, dans le musée, quelle indigence inattendue! A peine s'il possède un tableau de maître. Les admirables peintures du poète philosophe Puvis de Chavannes, tendues aux parois du vestibule, promettaient davantage de « Massilia, fille de la Grèce », et de Marseille, « porte de l'Orient. »

Plus riches, il est vrai, sont les collections du Jardin zoologique et de l'École des beaux-arts. Cependant, qu'importent ces choses ici? Pour intéressantes qu'elles soient en elles-mêmes, peuvent-elles rivaliser avec la magnifique activité du port, avec la splendeur de la mer? C'est toujours à celle-là qu'il faut revenir pour oublier la ville, sa banalité ou ses laideurs; elle ne lasse jamais. Bientôt, loin du tumulte, la route de la Corniche vous en déroule lentement, comme une toile précieuse, l'immensité bleue pailletée d'or. Contre la côte, des villas se cachent sous le parasol des pins ou transparaissent à travers les pâleurs des oliviers. Sur l'étendue des flots, presque immobiles, l'île d'If, chargée de son château légendaire, les îles Pomègue et Tiboulen, l'île Ratonneau, où se montrent les

Cathédrale de Marseille.

bâtiments de la Quarantaine et le Lazaret, semblent comme d'énormes bêtes assoupies. On rencontre enfin la plage du Prado, les bains du Roucas-Blanc, le château Borely, joli musée d'antiquités phéniciennes et gallo-romaines, au milieu d'un parc accessible à tous et d'une fraîcheur délicieuse.

La libre Marseille s'accroît à volonté et s'espace, selon son bon plaisir, bien au delà de ses faubourgs, dans la campagne accidentée, qu'elle peuple de ses *bastides*. Sur la route d'Aix, comme sur le chemin d'Aubagne et des Martigues, partout l'on voit, petits cubes blancs aux toits rouges, rissoler au soleil ces maisonnettes ou ces cabanes, joies dominicales des affairés citadins. Elles couvrent les pentes arides et sèches, parsèment les vallons ombreux, s'abritent derrière l'éventail des pins, des oliviers ou des figuiers. Elles n'embellissent pas le paysage, tant s'en faut; mais elles assurent l'indépendance de leurs hôtes, ces bons chasseurs, et propagent l'esprit de la surabondante et débordante cité phocéenne.

Aix est bien différente : grande ville d'autrefois, ex-capitale de la Provence, historique, parlementaire, monumentale, espèce de Versailles, délaissée et mélancolique, et où végète une société polie, fine, distinguée de race et de tradition.

Elle séduit par un grand air d'opulence ancienne qui parle à l'esprit. Ses vastes avenues, ombragées de platanes séculaires, sont moins rafraîchies que décorées par d'agréables fontaines que l'on dirait élevées exprès pour justifier l'antique gloire d'Aquæ Sextiæ. Beaucoup de beaux hôtels à portiques, pilastres, mascarons, corniches sculptées, triomphantes cariatides, relégués en d'étroites rues silencieuses et dévorées de vieillesse, louent aussi, regrettent et font comprendre le passé. Le temps est loin où leurs grandes portes armoriées s'ouvraient devant les carrosses, où leurs hautes fenêtres à claveaux sculptés s'illuminaient au flamboiement des lustres de gala. Plus de fêtes; à présent l'araignée tisse sa toile dans l'angle des salons aux dorures fanées, la suspend aux arabesques des meubles rococo, et en voile lentement les portraits de famille dont les nobles descendants s'étiolent au milieu de leurs souvenirs. Le fait est qu'ils ne sauraient espérer un retour de la fortune. Aix, l'aristocratique, se meurt; l'Université, la Faculté des lettres et de droit, que, par égard pour la patrie de Siméon et de Portalis, y fixa l'administration impériale, lui sont disputés par l'envahissante Marseille. Qu'en adviendra-t-il, si enfin elle les perd? Que deviendra le superbe hôtel Thomassin Saint-Paul, où professeurs et élèves trouvent une somptueuse hospitalité? Qui fréquentera la Méjeanne, cette grande bibliothèque de beaux livres et de rares manuscrits, généreusement léguée par le marquis de Méjeanne et qu'entourent avec honneur les bustes de Tournefort, d'Adanson, de Vauvenargues, gloires de la ville? Ce serait la décadence inévitable, l'abandon définitif. Mais l'histoire et la poésie protégeront peut-être contre l'injustice d'un pareil sort Aix, la douce capitale des comtes de Provence et du roi René, protectrice déclarée des belles-lettres et des beaux-arts, asile des plus excellents troubadours en langue provençale, et théâtre des plus ingénieuses cours d'amour et de gaie science.

Les Sarrasins, qui saccagèrent l'opulente Aquæ Sextiæ en 731, n'en ont laissé subsister que de rares débris, visibles surtout dans le petit musée local; elle est plus riche en œuvres du moyen âge. L'église Saint-Jean-de-Malte, du XIIIe siècle, renferme les tombeaux (hélas! restaurés en 1828) des comtes de Provence. La cathédrale de Saint-Sauveur offre quelques morceaux d'un beau caractère : à son portail du XVIe siècle, une suite de figures, taillées dans le bois de noyer, représentent de superbes types de Provençaux et de Provençales en prophètes et en sibylles; dans l'intérieur un baptistère repose sur d'énormes colonnes de marbre et de granit à chapiteaux symboliques provenant du temple d'Apollon, que l'édifice chrétien remplaça. Vaste, profonde, ornée de tableaux curieux, d'inscriptions singulières, de bas-reliefs de Puget, de tapisseries d'Arras, la nef évoque facilement le souvenir des célèbres Fêtes-Dieu qui la remplissaient d'une foule pieuse avant de se dérouler en étrange procession, suivant le cérémonial institué en 1462 par le roi René[1].

[1] « La procession s'ouvrait par le guet, à pied et à cheval, composée des chevaliers du croissant; puis venait la croix; à la suite, Moïse, les Israélites et le veau d'or. Moïse cherchait à retenir les Israélites qui adoraient le veau d'or; ceux-ci rejetaient ses exhortations, et en signe de mépris jetaient en l'air un chat qu'ils recevaient avec adresse; c'était ce qu'on appelait le *jeu du chat*. Une troupe figurant les lépreux ou *raz cassetors*, la reine de Saba et la troupe des diables, suivaient les Israélites. Après eux s'avançait le groupe de la belle étoile, composé de rois mages, suivis chacun d'un page; ils portaient les présents destinés à l'enfant Jésus, et exécutaient une pantomime qui amusait le peuple. Les danseurs, les petits diables, Hérode et des enfants qui figuraient les *innocents*, des chevaux fringants, les apôtres et le Christ portant sa croix, formaient la suite du cortège. Chaque apôtre avait son attribut distinctif. Un saint Christophe, mannequin gigantesque qu'un homme faisait mouvoir, suivait le Christ. A la suite venaient les bâtonniers, lanciers et porte-drapeaux, richement habillés de soie. Chaque troupe était accompagnée d'un détachement de fusiliers. Les lanciers faisaient l'exercice de la lance; les porte-drapeaux, celui du drapeau; les bâtonniers, celui du bâton orné de rubans, qu'ils faisaient tourner autour du bras, d'un doigt ou du corps. Ils le lançaient à une grande hauteur, et le retenaient avec adresse en lui imprimant le même mouvement. Ce cortège se terminait par l'abbé de la ville ou de la jeunesse, revêtu d'un habit noir et d'un manteau de même couleur; puis le roi de la Basoche, vêtu de blanc, ayant un manteau de drap d'argent; enfin le lieutenant du prince d'amour, encore plus richement vêtu, avec un cordon bleu, comme le roi de la Basoche. Ils portaient chacun un gros bouquet, ainsi que le guide du prince d'amour.

« Le clergé s'avançait ensuite processionnellement. Derrière le dais marchait la Mort, brandissant sa faux à droite et à gauche, et poussant des cris menaçants. Souvent, après la cérémonie, des troupes de farceurs, appelés *momons* ou enfants de Momus, parcouraient la ville déguisés en satyres et lançaient des épigrammes contre les passants. Leurs chansons étaient remplies d'allusions particulières. »

Plusieurs vallées sinueuses entre des monts d'une blancheur mate, avivée par de brunes végétations, charment les environs d'Aix ; elles ont la tournure élégante, la franchise de lignes et la douceur d'accent des paysages italiens, chantés par Théocrite et Virgile. Çà et là quelques sites sont d'une beauté accomplie. Ainsi, dans la vallée de l'Arc, celui de Roquefavour que décore, avec tant de grandeur et de sveltesse, l'aqueduc qui porte au canal de Marseille les eaux de la Durance ; comme au pont du Gard, dont s'inspira l'ingénieur de Montrichier, architecte de ce parfait ouvrage, trois rangs d'arcades à plein cintre, ouverts sur le ciel, découpent une gigantesque guirlande d'azur, pour joindre l'une à l'autre deux collines escarpées que sépare une distance de quatre cents mètres. Moins étonnant, Vauvenargues est aussi célèbre ; le château, demi-féodal, demi-bourgeois, où le délicat écrivain du xviiie siècle vécut dans une retraite austère pour penser librement, demeure l'objet d'un culte. Nous y voudrions pour tout ornement, sur les murailles, les « Pensées » gravées en lettres d'or d'une des plus nobles âmes qui aient honoré l'humanité.

Le donjon de Vauvenargues regarde la montagne de Sainte-Victoire, que suit au sud la montagne du Cengle ; c'est au pied de l'amphithéâtre dessiné par ces hauteurs, dans une plaine immense, où les cernaient avec les soldats de Marius d'autres montagnes, l'Olympe, la Sainte-Baume, la chaîne des Maures, que les Teutons et les Cimbres, innombrables envahisseurs, furent écrasés, anéantis pour le salut de la civilisation latine. Longtemps, en mémoire des terreurs ressenties à l'aspect des Barbares et des allégresses de la délivrance, on alluma de grands feux de joie au sommet de Sainte-Victoire. Encore un village, Pourières, marque le lieu du carnage atroce : c'est là, dit l'étymologie même du mot (*campi putridi*), qu'ils furent par centaines de mille abandonnés à la corruption. Jadis un arc de triomphe, dressé par Marius sur ce champ de bataille, attestait la victoire du consul ; il n'en subsiste que les ruines presque au bord de l'Arc.

A l'orient de cette fameuse vallée de l'Arc, la Provence hirsute se montre plus sèche, plus poudreuse qu'on ne l'a vue encore, toute en collines pelées, en rocs ardus, en pierrailles croulantes. Un peu de verdure seulement, quelques bosquets de pins, d'orangers, de citronniers, d'oliviers, s'accrochent aux rampes basses des montagnes, près des rivières altérées, fougueux torrents parfois. Voilà vraiment la « gueuse parfumée » dont les félibres chantent les maigres attraits. D'une blancheur aveuglante, d'une aridité blessante, sans cesse elle développe ses plaines, ourle ses ravins, enchaîne ses bosses livides, et les regards y cherchent vainement un refuge contre l'ardeur du soleil qui la dévore. Quelques touffes de lavande, de thym, de romarin, d'euphorbe, embroussaillent le bord des routes monotones. On dirait d'une terre récemment brûlée, ravagée par d'impitoyables barbares, un désert torride dénué de sève à jamais. Impression juste selon l'histoire, car la Provence, la riche « province romaine », paraît avoir été non moins belle par ses campagnes que par ses rivages. De grandes forêts disparues couvraient les flancs et les cimes dénudés ; des cultures variées diapraient les champs stériles. D'abord la guerre a presque tout anéanti. Pour arrêter, en 1536, l'invasion de Charles-Quint, le maréchal de Montmorency livra aux flammes toute la contrée, qui s'en ressent toujours, épuisée, rongée jusqu'aux os, achevée ensuite par le déboisement continuel, le brutal abattage des futaies protectrices. Faute de racines buveuses d'eau pour absorber les vapeurs et les ondes du ciel, les torrents se forment sans obstacle, les pluies d'automne et les neiges d'hiver y dévastent le sol au lieu de le fertiliser, et dans l'été la Provence meurt de soif auprès des sources taries.

Les créations du génie humain n'ont pas été plus favorisées que celles de la nature. Si nombreuses, que les Italiens, visitant la Provence, croyaient n'avoir pas changé de patrie, elles ont presque entièrement disparu. Arcs de triomphe, temples, théâtres, cirques, aqueducs sont en poussière. A leur place un misérable castel ébréché, une tour de défense par-ci par-là, s'émiettent. Les seules églises consacrées par de vieilles légendes survivent, défendues par la vénération du peuple, belles et fréquentées comme autrefois. Dans la vallée de l'Argens, la curieuse Saint-Maximin voit le même nombre de fidèles, en route pour la Sainte-Baume, s'arrêter à son antique et brillant sanctuaire ogival, fondé par Charles II, roi de Sicile, prince de Salerne et comte de Provence, sur le tombeau de sainte Madeleine, de saint Isidore, de sainte Marcelle et de saint Maximin. Les pèlerins se prosternent devant la châsse où demeure le chef de la sublime pécheresse repentie. Ils admirent à son front la trace qu'y imprimèrent dans la chair, depuis incorruptible, les doigts de Notre-Seigneur, alors que le jour de la résurrection il s'en fit reconnaître et lui dit : *Noli me tangere!* Puis ils vont par la vallée du Coulon, Nans, chercher le haut sommet de la Sainte-Baume, où Marie-Madeleine se retira pour prier et mourir dans une grotte illustre. Ils arrivent par des chemins escarpés, difficiles, à près de mille mètres d'altitude. Six mois dans les neiges, la sainte vivait là, au fond d'une caverne à voûte surbaissée ; une source, filtrant de la roche goutte à goutte, la désaltérait. Une statue de marbre, sculptée par Houdon, dit la place où elle a prié et pleuré. Un saint-sépulcre en rappelle les douleurs. Le prêtre d'une communauté voisine célèbre la messe sur un autel surmonté de la statue de son immortelle amie, Notre-Dame du Rosaire. Ce culte anime toute la montagne ; à quatre-vingts mètres au-dessus de la grotte, la chapelle du Saint-Pilon plane sur le paysage le plus vaste et le plus merveilleux.

Nous revenons à la mer, comme les pèlerins du littoral, par le gracieux vallon de Gemenos, les rives de l'Huveaune, Aubagne. L'aspect du pays change peu ; il est cependant plus fertile. De grands vergers fructifient au pied de môles étranges, arrondis, blanchâtres, coupes râpeuses d'anciennes falaises où se reconnaît la séculaire usure des flots. Par delà les cultures en pente de la Méditerranée, soudain, comme un jet de splendeur, comme une brusque vision de beauté enchanteresse, la mer apparaît divinement bleue entre des rochers noirs, et disparaît, reparaît encore. Ravissante et décevante tour à tour, elle vous apporte toutes les joies de la lumière et vous plonge à son gré dans la nuit ; par elle tout s'illumine, sans elle tout s'éteint. Le mortel chemin de fer, qui ne nous laisse jouir de sa grâce que pour nous la dérober aussitôt ! Il faut le quitter, aller à elle, ne plus la perdre de vue ; c'est aisé. De meilleurs chemins suivent la ligne onduleuse des côtes, courant à la crête des rochers et descendant aux plages de sable fin.

On verra par eux se tisser la chaîne sans fin des roches hautes et basses, noires, blanches et roses ; elles s'écartent pour laisser passer entre elles les ports, les criques solitaires, les petites anses ignorées ; elles bordent le rivage comme une longue dentelle à points inégaux ou d'une reliure à capricieux fermoirs. Que de villes et de villages délicieux vont s'offrir, solliciter votre paresse ! Cassis, la Ciotat, Bandol, Sanary, Tamaris, avant Hyères et ses îles, Saint-Tropez, Fréjus, Saint-Raphaël, Cannes... Ces dernières villes appartiennent à la mode, à la richesse, à l'étranger ; d'aucuns aimeront mieux la simplicité des autres, celles d'avant Toulon, qui sont d'ailleurs charmantes. Déjà autour de leurs ports tranquilles verdissent en toute saison une ou deux allées de palmiers et d'eucalyptus : c'est la parure indigène. Le soleil éclabousse de lumière leur amphithéâtre de maisons blanches, que dominent le clocher carré d'une église, quelquefois un débris de château fort, une ou deux tours de défense, un calvaire. Où mener une existence plus également douce? Des pêcheurs les habitent, dont les barques ne vont jamais loin de la côte pêcher le poisson des bouillabaisses et des fritures. Ce sont gens sobres, d'humeur agréable, de bon cœur. Ils laissent couler leurs jours sans inquiétudes profondes, avec la sérénité presque immuable de la mer. Bientôt l'agité des villes venu parmi eux subit leur influence, oublie les troubles d'intérêt, les fumées d'ambition, s'habitue à ne plus penser, jouit sans remords de la parfaite splendeur du ciel et de l'eau, goûte la félicité du repos absolu. Rien de plus sain, de plus réparateur. D'autant que l'exquise oisiveté n'interdit pas les marches curieuses. La terre provençale est proche, ses montagnes, ses mœurs.

Un jour nous sommes allé de l'aimable Sanary (hier encore Saint-Nazaire-du-Var) au fond des gorges d'Ollioules, autrefois si mal famées; et nous élevant fort au-dessus de ses roches poudroyantes jusqu'au site d'Évenos, un extraordinaire village nous fut révélé, où végètent, sous le courroux du mistral, le feu, la glace de ce terrible démon, soixante paysans peut-être, en des masures qui s'effondrent. Torturés par les fièvres, minés par les affections de poitrine, mal nourris des herbes et des fruits de leurs champs desséchés, ils s'attachent pourtant au lieu sinistre. Mais un étranger que le devoir militaire y retient malgré lui (c'est le gardien du fort d'Évenos) y sent dépérir lui et les siens; le curé de l'humble paroisse y vit dans un isolement farouche, ne parle à personne, erre sans cesse dans les bois et parmi les ruines d'un vieux château féodal.

Spectacle de misère et d'affliction d'une cruauté violente, inattendue, à deux lieues tout au plus du sourire de la mer enjôleuse, de la gentille activité des ports, visibles du donjon branlant!

Malgré le mistral, moins rude et capricieux que n'est persévérant et fort le paysan provençal, la terre est souvent bien cultivée, féconde, rémunératrice. Dans les vallées surtout, les champs produisent en abondance les légumes et les fruits précoces, que l'on expédie aux halles de Paris. Contre les assauts du vent rageur le fermier élève de flexibles barrières de roseaux entrelacés, de cyprès serrés menu; il remédie à la sécheresse par l'entretien de grandes citernes. Ses jardins, ingénieusement irrigués, lui donnent avec les fleurs d'Europe les plantes africaines graciles, solides, élégantes, et ils ont en avril, en mai, un moment fugitif de pur éclat, d'enivrant parfum. Puis la poussière du sol les envahissant efface toute verdure sous une couche de cendre funèbre. Et les regards s'en attristent comme de la torsion échevelée, désespérée, des arbres fouettés sans répit, courbés par l'ouragan. Rien paraît-il plus souffreteux que les tamaris, les pins ainsi opprimés? ils résistent, mais comme ils semblent meurtris! Leurs branches, tendues en suppliantes par l'effort de la vie menacée, demandent grâce à leur éternel bourreau.

Les riverains n'échappent pas non plus au tourmenteur qui souffle des Cévennes; il les inquiète, les trouble; ce qu'ils ont de gravité leur vient de lui. Mais la mer les apaise, sans les rendre pourtant aussi légers d'esprit et de langage que le croit l'homme du Nord. Légers, ils ne le sont qu'à la surface, par ce besoin naturel de souplesse dans les manières, d'astuce dans les propos, qui en font d'irrésistibles négociants. Au fond, ils sont d'âme sérieuse; on le voit à la sincérité de leur foi en Dieu, seul maître devant qui s'incline leur instinct de la liberté. Croix de calvaires, édicules à l'antique nichant une statuette de la Vierge, le chef d'un saint ou une scène de la Passion, chapelles couronnant les cimes, en témoignent sur toute la côte, de l'étonnante roche appelée Bec-de-l'Aigle, près de la

Ciotat, au cap Sicié qui domine Toulon. Là le pèlerinage de Notre-Dame-de-la-Garde reçoit tous les ans, en mai, des processions de pèlerins, toujours aussi nombreuses et ferventes. Ces jours de fêtes religieuses, de bonne heure le peuple déserte la ville, et les vapeurs qui font du port à la baie de la Seyne le service des passagers multiplient leurs charmants voyages.

On devra mettre à profit ces jours tranquilles pour visiter le grand port militaire et ses dépendances : un monde de choses diverses, techniques, spéciales, dont la moindre exige pour être comprise une longue attention. La baie de la Seyne et la petite rade que traverse l'élégant vapeur où nous avons pris place en suggère l'idée et le désir, nous montrant sur la nappe d'azur les formidables cuirassés en ligne d'escadre, plus loin les croiseurs, les torpilleurs, ailleurs les transports, tous en ordre magnifique. Beaucoup de ces vaisseaux, de ces organismes puissants et complexes, sont nés ici ; ils y furent conçus, bâtis, animés, armés de toutes pièces, c'est dire la grandeur des ateliers où ils reçurent successivement les organes nécessaires à la vie maritime. Profane ou savant, il ne tient qu'à vous d'assister à l'éveil, à la formation méthodique et au complet épanouissement de l'une des plus puissantes créatures du génie de l'homme.

Toulon. — La porte de l'hôtel de ville. Les cariatides de Puget.

Des chantiers de la Seyne, où, squelette de l'être futur, la coque du navire se dresse sur son chevalet, le vapeur vous mène près de la darse neuve aux abords de l'Arsenal. Une permission facilement obtenue vous en ouvre l'accès. Vous passez sous la porte royale que décorent les statues de Mars et de Minerve, dont la mythologie surannée évoquent pour nous les vieilles annales, le lointain passé de la ville : petit port grec de *Tauroention*, port gallo-romain de *Telo-Martius*, port militaire agrandi et fortifié par saint Louis, Louis XII, Henri IV, Louis XIV. Un vestibule suit l'entrée, et la cour vous offre un ensemble de vastes constructions où se reconnaît la marque du grand siècle et la main de Vauban. Ce sont la corderie, l'atelier des forges, le chantier des mâts, le hangar de la mâture, les cales couvertes dans lesquelles s'encastrent les plus volumineux vaisseaux, la cale découverte réservée aux bâtiments de guerre, le magasin général où les divers ateliers s'approvisionnent de matières premières, le parc d'artillerie, l'armurerie, l'atelier des modèles, enfin la salle ou musée d'armes, ravissement de l'éternel badaud. A l'entrée de ce prestigieux musée, de colossales cariatides, jadis fixées à la proue de lourds et fastueux navires, supportent un fronton au sommet duquel un aigle immense, sculpté par Puget, déploie l'envergure de ses ailes. Vers le milieu de la galerie, des gerbes d'armes anciennes et modernes, également fourbies, dessinent des vases, des arbres, des fruits, des lustres, des corbeilles et autres figures étincelantes. Sous leur rayonnement se dressent les nobles statues de Jean Bart, de Suffren, de Tourville, dont une superbe Renommée, que Puget anima de son souffle, semble encore publier la gloire.

Un autre musée, le Musée maritime, appauvri au profit du Louvre, expose cependant quelques fac-similé fort curieux de navires célèbres, et un admirable *Triomphe d'Amphitrite*, sculpté dans un panneau doré de la galère réale par le grand artiste toulonnais.

De l'arsenal dépendait, il y a vingt ans, le sinistre bagne où vécurent, si c'est encore vivre que de souffrir la plus infâme dégradation, les galériens d'autrefois et les forçats de notre temps. Ailleurs s'espacent les bassins de radoub ; plus loin, bordant une darse distincte, la fonderie, la chaudronnerie, les forges, l'atelier des montages, l'atelier des mécaniciens ajusteurs, le bassin de carénage, le bâtiment des moteurs, la boulangerie, composent l'arsenal de Castigneau.

A côté de ces arsenaux, que remplit l'énorme labeur de milliers d'ouvriers, le quai de la Darse-Vieille, façade de la ville, amuse les yeux au spectacle continuel de l'heureuse frivolité méridionale. Sous l'éclatant soleil, devant la grande bleue doucement palpitante, tout un joli monde de marins, de fonctionnaires en coquets uniformes, accompagnés de jeunes femmes en claires toilettes, flâne parmi les marchandes de fleurs et de gâteaux. Beaucoup vont partir, faire campagne au Tonkin, au Sénégal, à Madagascar, qui, tout à l'ivresse du prochain voyage plein de choses inconnues, ne songent pas aux périls des traversées lointaines, aux menaces des pays fiévreux, pas même aux douleurs de l'absence dont sont déjà frappés ceux qui les aiment. Éternel contraste de la joie et de la mélancolie, inévitable schisme des âmes que rien ne peut concilier !

Toulon peuple ne répond pas à l'agrément de ce décor. Au delà du vieil hôtel de ville, dont le balcon accable de son poids les robustes épaules des portefaix-cariatides de Puget, ce n'est, à part les « cours » ombragés, mouvants, expansifs, que rues étroites, ruelles obscures, parfois nauséabondes, sombres logis, hôtels borgnes, bars suspects, et tout un quartier franchement ignoble. Des générations de matelots semblent l'avoir ainsi voulu à l'usage de leur existence aventureuse, de leurs liaisons éphémères, de leur mœurs vagabondes. A quoi bon embellir le séjour où l'on ne fait que passer un moment de grossière débauche ? Trop souvent la peste sévit sur ce Toulon d'un autre âge, auquel s'ajoute lentement, presque vides encore, les larges avenues, les boulevards et les places neuves d'un Toulon moderne. Mais la plupart des Toulonnais persistent à préférer leurs anciennes demeures aux blanches et confortables habitations des voies nouvelles, que le mistral désole plus facilement que celles de jadis, orientées et serrées pour résister aux fureurs du redoutable tyran du Midi.

Là n'est pas la beauté de Toulon. Que le touriste loue, au quai de la Darse-Vieille, un bateau dont les vigoureux rameurs lui dévoileront la splendeur cachée d'un panorama presque sans rival. Il louvoie entre les vaisseaux de la flotte, dépasse la Petite-Rade et l'arsenal du Mourillon, nage au large de la Grande-Rade : alors seulement la grande ville maritime s'étend devant lui, telle qu'elle est, vaste, puissante et sûre, sous l'ombre et la protection d'un amphithéâtre de montagnes âpres, arides et gracieuses, sous la vigilance de citadelles et de forteresses dont les mille feux se croiseraient pour la défendre, avec ses longs faubourgs, ses dépendances, ses villas, l'élégance de ses rivages, l'animation de ses eaux bleues, l'éclat de son ciel. Admirable tableau auquel l'appareil de la force, les dures arêtes des remparts, les masses claires et sèches des casernes, n'ôtent rien de son harmonie. On sent que la vie peut quand même y être douce et plaisante. Voici la rade du Lazaret, l'aimable village de Tamaris, la presqu'île de Giens, rocheuse et boisée; sous les hauts arbres du cap Sépet, l'hôpital Saint-Mandrier. Ici près, une digue tendue de la pointe de Rascas vers la pointe de Carqueiranne, à cinq kilomètres, et de celle-ci vers celle-là, semble fermer le golfe toulonnais; mais l'empire militaire de la ville franchit cette limite, et ses vaisseaux vont à l'ouest animer les baies de la Ciotat, de Bandol, de Sanary, l'anse des Sablettes, et à l'est la spacieuse rade d'Hyères, où ils ont accoutumé d'attendre « au mouillage » l'ordre de partir en expédition belliqueuse.

Hyères elle-même ne touche pas à la mer; elle en est séparée par un peu plus d'une lieue et demie de marais, de salines et de vergers parsemés de coquettes bastides. Étant fort ancienne, elle gravit une colline et se presse au pied d'un ruineux château féodal, où l'on dit que furent hébergés saint Louis, au retour de sa croisade en Égypte, et François Ier en 1531. Le quartier populaire vit à l'ombre des vieilles murailles : c'est chez lui, dans une pauvre maison de la rue Rabaton, que naquit, en 1663, l'illustre évêque Jean-Baptiste Massillon : les hôtes successifs ont conservé pieusement la chambre, l'alcôve même où fut le berceau du mélodieux orateur. Ensuite la ville d'hiver, paisible comme une chambre de malade où l'on parle à voix basse, où l'on marche à pas étouffés, s'espace aux alentours du luxueux boulevard des Palmiers. Voilà ces hôtels cosmopolites qui préviennent, à prix d'or, les moindres désirs de leurs pensionnaires; voilà les opulentes villas où tant de poitrinaires vont demander à la douceur du climat la guérison de leur terrible mal, et n'en obtiennent souvent que la fugitive illusion. On entrevoit à travers leurs grilles les élégantes demeures silencieuses, toutes blanches, au milieu de jardins merveilleusement verts et fleuris ; plus d'un passant envie le bonheur de ceux qui paraissent jouir de tout cela. S'ils savaient, s'ils réfléchissaient que tant de biens exquis, tant de délices, sont moins là pour faire aimer la vie que pour exaspérer la peur de la mort, prochaine, inévitable !

Mais, bien portant, l'on songe : « Se peut-il que l'on puisse souffrir, mourir ici ! » Certes, l'impassible beauté du ciel, la pureté de l'air, l'humeur égale du temps, jamais ni trop chaud ni trop froid, en repoussent la pensée. Hyères est pour les affligés l'élue d'une nature bienveillante. Les gens du pays y vivent très vieux, deviennent centenaires, sans éprouver aucune maladie. Mais les étrangers, débiles rejetons de races épuisées, créatures artificielles de civilisation raffinée jusqu'à l'absurde, y cherchent en vain ce que seul pourrait leur rendre le retour à la vie simple et frugale, sous un climat plus énergique, rigoureux même. Ils se consument ici, comme dans un brasier. Heureuse mort, après tout, que la leur, pareille à celle du fumeur d'opium s'éteignant au sein d'un rêve de volupté, parmi des formes, des couleurs et de suaves odeurs de paradis.

Une chaîne de montagnes boisées, dont les premiers sommets abritent Hyères des vents du nord et de l'est, commence, dès cette ville, à s'élever tout près de la côte. Du IXe au Xe siècle, les Arabes conquérants, écumeurs de la Méditerranée, en occupaient les principaux points, d'où leurs citadelles menaçaient la Provence et la mer. Cette domination, qui laissa d'effrayants souvenirs au peuple chrétien, la désigne encore : on l'appelle depuis la chaîne des Maures. Composées de granit, de schiste, de serpentine, que recouvrent des forêts de châtaigniers, de pins, de chênes-liège, d'orangers, des massifs de palmiers, ce sont de ravissantes montagnes, aisément accessibles, malgré les gorges et les ravines creusées à travers les roches par des torrents. Juste au-dessus des flots, elles prennent un aspect de grandeur sauvage, de redoutable majesté. Qui pourrait du haut des escarpements formés par elles, du cap Nègre, de Bormes, du cap Bénac, ne pas se sentir ému jusqu'au fond de l'âme, interdit, sans voix pour exprimer l'horreur de l'abîme où plongent les regards, contrastant avec la splendeur du tableau qu'ils embrassent? On retrouve ces beaux spectacles au large de la rade d'Hyères, dans les îles Porquerolles, Port-Cros, du Titan, que dominent aussi des rochers de cent cinquante à deux cents mètres de hauteur, semblables aux montagnes des Maures, et sans doute érigés à la même époque géologique, par les mêmes forces. Iles giboyeuses, infestées de serpents, peu fréquentées, plutôt solitaires : François Ier en avait fait pour l'un de ses courtisans le marquisat des Iles-d'Or, hyperbole poétique, qu'inspira peut-être à la vive imagination provençale leur embrasement à certaines heures par les feux du soleil.

Longtemps ignorées, presque désertes, les montagnes des Maures sont aujourd'hui, grâce au chemin de fer, d'une beauté moins farouche. La charmante Saint-Tropez verra, tôt ou tard, les étrangers transformer en station de plaisance son petit port de commerce, à peu près abandonné. Tout le monde voudra connaître les sites romantiques de la Garde-Freinex (château des frênes), et les restes de sa forteresse sarrasine, et le noble château de Grimaud, où les barons chrétiens de Grimaldi, ayant chassé les infidèles, défendaient le pays contre un retour possible de leurs pirates.

Où les monts des Maures s'arrêtent, à l'est, la rivière de l'Argens s'écoule vers la mer par une large vallée marécageuse, dans les sables de laquelle s'est lentement enlisé l'antique port gallo-romain de Fréjus. On en reconnaît les vestiges à seize cents mètres du rivage, et l'on a peine à croire que les deux cent cinquante vaisseaux de la flotte d'Actium vinrent y remiser après la victoire d'Octave. De si faibles témoins rappellent ces fastes grandioses ! Les vestiges d'une porte, quelques piliers de l'aqueduc de quarante kilomètres, quelques arcades et quelques degrés d'une arène, c'est tout, et la rade s'est changée en jardin. La défunte Fréjus n'appartient plus qu'à l'histoire. Combien plus vivante, plus pimpante, sa mondaine voisine, Saint-Raphaël, née il y a vingt ans de la fantaisie d'Alphonse Karr, l'écrivain spirituel et l'heureux horticulteur de « Maison Close », et déjà toute peuplée de villas, qui sont parmi les plus belles de la « côte d'azur » !

Vers la rive droite de l'Argens s'inclinent les premiers versants de l'Esterel, qui semblent prolonger la chaîne des Maures au-dessus des golfes de Fréjus et de la Napoule. Mais ces montagnes sont bien différentes, plus hautes, plus rudes, nues, tourmentées, coupées de précipices et de ravins aux parois broussailleuses. Les bois y sont plus rares et moins serrés. De hautes bruyères, des fourrés d'arbousiers y font ressortir avec éclat les tons rouges des grès, les marbrures des porphyres. Comme auprès d'Hyères, leurs roches nues pressent la mer de leurs promontoires vertigineux ; tel le cap Roux, terriblement beau sous le soleil du soir, comme une gigantesque muraille en feu ou comme une masse de braise incandescente. La caresse des flots bleus, en bas, en rehausse l'ardeur; il flamboie sans se consumer et projette des reflets de pourpre sur le miroitement des vagues, qui les propagent jusqu'au sombre horizon du sud. Ces magnificences de l'Esterel ne sont pas des inconnues; il y a longtemps que la prospérité inouïe de Cannes les a rendues familières aux hôtes privilégiés de la plus « confortable » des villes d'hiver; tous en ont exploré les grottes, les gorges, fait l'ascension du mont Vinaigre, et même à présent leurs villas en prennent d'assaut les solitudes, se campent, dominatrices des flots et des plages, sur leurs sommets naguère encore vierges.

Une magique profusion de cactus, de phœnix, d'orangers, de lauriers, de myrtes, d'aloès, mille plantes lustrées, robustes et délicates, voilant à demi des palais que l'on dirait de marbre et d'or, annonce le luxe de Cannes longtemps avant que le train ne s'y arrête. C'est un éblouissement de richesses, et l'humble voyageur se dit : « Seuls d'égoïstes nababs, exonérés de toutes les misères humaines et dédaigneux d'y songer seulement, peuvent, avec la monnaie de leurs trésors, acheter le droit de vivre ici. C'est leur Éden, mieux protégé par la vénération du vulgaire soumis à leur opulence, que par des chérubins armés de glaives flamboyants. Ils ont renversé le cours des saisons : pour eux point d'hiver, un printemps éternel. Ils échappent aux rigueurs de la nature comme à la loi du travail, et cueillent, dans l'oisiveté, le même jour s'il leur plaît, tous les fruits que la terre produit dans le cours d'une année. »

Cela est vrai en apparence. Il n'y a pas de villas plus somptueuses que celles de Cannes; dans les yeux qui les contemplent s'allume aussitôt la flamme du désir. Mais, si le bonheur y habite, il n'en transpire rien, et nul n'oserait l'assurer. Entourées de grands murs jaloux et méfiants, elles avoueraient plutôt l'ennui de la satiété ou la morgue de l'argent. En tout cas, elles ne font pas une ville amusante : l'air anglais, le *cant* anglais, la froide morgue anglaise, aussi bizarres en Provence que le serait une banquise du pôle dans la Méditerranée, glacent les rues, les avenues correctes, faites pour le repos sans doute; mais ce repos ressemble à la mort. Que les hôteliers, les marchands, dont l'insulaire britannique est la providence, louangent cette ville de fraîche date, qui trouve le moyen d'évoquer, sous le plus radieux soleil, la brumeuse image d'un élégant faubourg de Londres, Hampstead ou Saint-John's Wood, c'est leur affaire! Nous préférons, nous, à la moderne Cannes, que symbolise la morne statue de lord Brougham, la cité des pêcheurs, juchée depuis des siècles sur la côte, serrée autour des murs de son vieux château et de son église. Elle garde, dans un lacis de rues sombres, coupées d'escaliers tortueux, mais si remuantes, si vivantes! les pénates séculaires d'un bon peuple de pêcheurs, qui continue de vivre où vécurent ses ancêtres, attaché à son passé comme à sa foi, et que pour ses raisons nous aimons mieux que l'autre, le peuple sceptique et dur des millionnaires de la ville basse.

Cannes la haute, religieuse et féodale encore, au moins d'aspect, évoque le souvenir de la puissante communauté de moines qui l'avait en sa dépendance au moyen âge, y fit bâtir le château fort du mont Chevalier et la première église de Notre-Dame-d'Espérance. On conserve dans celle-ci le reliquaire de saint Honorat, fondateur de cette abbaye de Lérins qui régnait sur la contrée environnante, et dans le haut moyen âge, du Ve au VIIIe siècle, fut, parmi les ténèbres et les barbaries d'alors, un admirable foyer d'étude et de vertus rayonnant par toute la chrétienté. Les grands évêques ou docteurs, saint

Hilaire d'Arles, saint Loup de Troyes, saint Patrick d'Irlande, Salvien, en furent les élèves et les disciples. A la fin du viie siècle, on y dénombrait trois mille sept cents moines. Elle déclina ensuite, ravagée, ensanglantée par les incessantes pirateries sarrasines. Elle est morte, mais ses œuvres s'imposent à l'esprit. Et quand les oisifs ont promené leur nonchalance aux alentours de leurs villas, visité le joli village du Cannet, dont les moines plantèrent les orangers; la ravissante Valloris, où se fabriquent des poteries aux reflets de feu, comme en faisaient les Maures, et suffisamment parcouru la promenade du cap Croisette, ils ne manquent pas de se faire conduire en barque aux îles de Lérins. L'une, Saint-Honorat, garde le château fort compliqué que les moines édifièrent tardivement sur le roc vif, pour se défendre contre les écumeurs, et des chapelles que le caractère de leur architecture permet de supposer contemporaines des fondateurs du monastère. On montre le palmier sous lequel se réfugia saint Honorat, l'île entière étant inondée; un puits, dont ses prières firent jaillir l'eau; le cloître des premiers cénobites, modestes *reliquiæ* d'un établissement considérable aux regards des exégètes. Plus grande, l'île voisine, Sainte-Marguerite, si gracieuse en sa parure de pins-parasols, intéresse les curieux de mystères historiques au fort où fut claustré avec d'extraordinaires précautions l'Homme au Masque de fer. L'énigmatique personnage y était confiné dans une chambre (toujours visible) aux murs et aux portes énormes, éclairée par une seule fenêtre grillée, et n'ayant d'issue que sur un corridor étroit où il se promenait entre quatre murs. Le magistrat frondeur Omer Talon, le littérateur Lagrange-Chancel, l'avaient précédé dans la même prison; ils sont plus qu'oubliés, tandis que les regards cherchent avec passion les moindres traces du séjour de l'étrange captif, à jamais inconnu malgré tant et tant d'écrits, de romans, de drames, d'hypothèses érudites consacrées à chercher le secret de sa vie, et qui plus tard, enfermé au château d'If, en sortit pour aller mourir à la Bastille, et reposa dans l'éternel silence du cimetière Saint-Antoine, où ses mânes se perdirent sous la lame d'un cercueil anonyme...

Le train suit de près le rivage; il frôle le bord du golfe de Jouan, où une simple colonne, trop inférieure au plus grandiose épisode de la grandiose épopée, marque l'endroit où passa sa première nuit sur le sol de France Napoléon, débarqué le jour même, 1er mars 1815, avec quatre cents hommes, pour reconquérir un empire et peut-être le sceptre du monde. Il dessert Antibes, Cagnes. Sous la domination d'une haute tour gallo-romaine, l'ancienne Antipolis, la moderne Antibes, moins riche encore que Fréjus en débris d'antiquité, ouvre son port de cabotage et de pêche et groupe sa petite ville avenante de bons marins à l'abri des figuiers et des oliviers qui l'entourent à demi de leurs frondaisons vertes en guise de murailles, et vont croître, à l'ouest, par touffes éparses, sur les roches de la Garoupe. Cagnes s'adosse au flanc d'une colline ornée d'un château princier des Grimaldi. Vous avez franchi les vallées du Loup, de la Cagne, où vous reviendrez; vous franchissez celle du Var, aux cluses magnifiques, — que vous irez voir à leur tour, dans les Alpes, — et voici Nice, Nice la belle, la blanche, l'accueillante Nice, assez vaste et diverse cosmopolite, pour exercer envers tous, qu'ils soient riches ou pauvres, la plus cordiale hospitalité. N'a-t-elle pas assez de soleil, de fleurs et de plaisirs pour n'en refuser à personne? Ce n'est pas qu'elle se targue de principes égalitaires, et certes les titres de noblesse et les titres de banque, ceux-ci faisant valoir ceux-là, y sont aussi bienvenus qu'ailleurs; mais, italienne en ce sens, elle ne leur accorde pas de privilèges exorbitants. On ne sent point dans Nice peser le joug de l'armorial et du million. Un prudent scepti-

cisme y tempère heureusement le snobisme des grandeurs sociales. « Qui peut répondre
de l'authenticité des blasons et de la solidité des fortunes? Des princes plus ou moins
nobles, il s'en voit tant ici! » Ainsi raisonne un peuple sage, et c'est pourquoi, poli, obligeant, aimable à tout venant, il laisse chacun prendre à son soleil la place qui lui convient,
et jouir à son gré de son abondance, de ses fêtes, de son entrain libre et joyeux.

Aussi le voyageur, que le renom de la ville mondaine n'est pas sans intimider un
peu, éprouve en arrivant la plus agréable surprise. Bien que la simplicité de sa mise et

Roquebrune.

l'humilité de son porte-manteau ne soient
point pour lui attirer des courbettes, cent offi-
cieux l'attendent au débarcadère, qui le saluent, lui sourient, le caressent de la voix
et du regard, et lui tendent cent petits papiers alléchants. — « Où monsieur daignera-t-il
descendre? » Ils ont des chambres à tous les prix, pour tous les goûts, et toutes, comme
par miracle, exposées au midi. Des repas, des pensions à l'avenant. — Délicieux embarras,
d'avoir à choisir entre tant d'offres séduisantes et désintéressées. Car, visiblement, ces
officieux ne veulent que vous plaire. Leurs prospectus sont sincères, leurs prix abordables.
Vous voyez bien qu'ils ne vous confondent pas avec un grand seigneur! Le bon peuple
que voilà, sans avidité ni bassesse, serviable, non servile! Les décrotteurs même cirent
les bottes avec un enjouement marqué; et l'on ne saurait demander un service à quelque
lazzarone flânant au soleil, qu'il ne se mette en quatre pour le rendre, comme s'il devait
y gagner un écu, alors qu'il se dévoue par pure bienveillance.

La ville est plaisante comme ce lazzarone, bien percée de voies larges et propres et de
petites rues bien nettes. Ses maisons, en belles pierres blanches, semblent crépies avec du
soleil, et les frileux du Nord les voient lumineuses, même dans l'ombre. Illusion peut-

être, mais si facile ! Ne vient-il pas, ce Septentrional, de passer, au sortir de la gare, sous les touffes inattendues des eucalyptus et les palmes des chamœrops ? Donc il habitera n'importe où, et se trouvera le mieux du monde. Au reste, voici, pour charmer son hivernage, autant de distractions et de promenades qu'il en a pu rêver : deux casinos, chacun avec son théâtre et son concert, ses bals costumés et ses vegliones, d'intarissables orchestres dans de brillants cafés, le perpétuel spectacle de la vie cosmopolite, internationale, vagabonde, aventureuse, indifférente à tout, excepté au bien-être, dont le flux et le reflux animent sans cesse l'avenue de la Gare, les arcades de la place Masséna et la délicieuse Promenade-des-Anglais au bord de la baie des Anges.

Puis viendra le carnaval, s'il n'est déjà venu. Sa Majesté Carnaval XC... fera, sur un char extravagant et magnifique, son entrée dans Nice la belle. Un cortège immense le suit : chars et cavaliers innombrables déroulent une folle procession d'ingénieuses et multicolores fantaisies de costumes et de décors. De cette mascarade inouïe s'envolent par les airs les nuées innocentes et furibondes des confetti, auxquels répondent, jetés par toutes les mains de la foule, en harmonie d'allégresse, des pluies de semblables projectiles. Et ce sont des éclats de rire, des quolibets, des interpellations comiques, mille accès de jovialité franche à vous assourdir, sans jamais blesser la délicatesse de vos oreilles, car le peuple niçois, *galantuomo*, s'amuse sans rudesse ni

Un tunnel aux environs de Beaulieu.

grossièreté. Chez lui, par lui, les batailles de fleurs sont sans épines : dans ces luttes courtoises, la grande dame peut, à travers la foule, mener son char enguirlandé de roses, de violettes et de jasmins, et lancer à tous, avec la prodigalité d'une déesse du printemps, des fleurs moins enivrantes que son sourire et moins belles que ses yeux ; jamais vilain, d'une riposte brutale, ne lui fera regretter ses dons de gracieuse merci. Loin du soleil, qui subtilise la matière et affine les sens, que peuvent être ces jeux, sinon ridicules ? Le soleil est l'âme des fêtes méridionales : *roumavogi* d'Aix, *trins* de Marseille, *vots* de Lambesc, d'Istres, de Berre, *bravades* de Saint-Tropez, comme du carnaval de Nice la Victoire, frère cadet du carnaval de Rome et de Naples.

Et ce n'est pas tout. Pour peu qu'il soit artiste, le voyageur goûtera la forte saveur pittoresque du vieux Nice, antique colonie marseillaise, resserrée, comme il y a deux mille ans, entre le lit pierreux du Paillon, qui roule du sable au lieu d'eau courante, la baie décorative et le port du commerce, dans un triangle montueux de rues pavées en dalles volcaniques, sombres, mal odorantes, inséparables du peuple indigène des marchands, des pêcheurs et des matelots, qui en habitent moins les noires maisons hautes, que les glissantes chaussées où stagne l'odeur de leurs fritures en plein air. Oh ! les merveilleuses eaux-fortes à la Rembrandt, à la Goya, magiciens de la lumière et de l'ombre, à tirer de ce dédale de rues étranges, où les puissantes irruptions du soleil arrachent des ténèbres pour les auréoler d'or tant de figures de la plus énergique expression ! Que d'éclats amortis, au fond des boutiques où s'entassent les oranges dans un pêle-mêle d'ustensiles et de haillons, et où luisent de si beaux yeux noirs, comme des veilleuses dans la nuit d'un temple ! Que d'architectures singulières, saisissantes, inoubliables ! Cependant les rues accentuent leurs pentes raides, et d'un dernier élan escaladent le sommet de la colline. Vous voilà parmi les arbres, les buissons et les fleurs d'un jardin grand, suave et paisible, dont les verdures pacifiques enlacent les débris hautains d'une forteresse autrefois très belliqueuse et souvent glorifiée par l'héroïsme de ses défenseurs. Halte exquise ici. La ville entière étale à vos pieds ses contrastes, auxquels répondent les nuances de la mer, grise comme un miroir sans tain entre les quais utilitaires où s'embossent les voiliers du port de Lympia, et si profondément, si doucement bleue dans la baie des Anges, dont ses molles petites vagues lèchent les grèves et bercent en cadence, de leurs rythmes éternels, les voluptueuses oisivetés.

Des monts blanchâtres, bien plus élevés que le sommet de Nice, s'enchaînent de l'est à l'ouest de la ville, et vont se ramifiant, plus rudes et plus chauves, fort au delà, vers le nord, et près de la côte, où ils se profilent en superbes promontoires. Les plus proches sont célèbres de par la mode, et beaux de par la splendeur de leurs horizons. Ainsi la colline de Cimiez, où les plus jolies villas, les plus somptueux hôtels, les résidences royales, un charmant jardin zoologique, un casino, rétablissent, après quinze siècles d'interruption, la prospérité de la romaine *Civitas*, dénoncée par les ruines d'un amphithéâtre immense, des débris de temple, de thermes, de murs et d'aqueduc. Un peu au delà de Cimiez, l'abbaye de Saint-Pons, où s'agenouilla Charlemagne, garde le tombeau d'un évêque de cette antique cité, Pons le martyr. Plus loin est la grotte de Saint-André, aux eaux pétrifiantes ; en face s'arrondissent, au faîte du mont Gros, les coupoles, pareilles, sous ce ciel, à des minarets, de l'observatoire de Bischoffsheim.

Mais ces choses pourraient ne pas exister sans ôter rien à la magnificence des rivages, auxquels la pensée revient toujours, comme à l'irrésistible aimant du bonheur. Eux seuls ici valent d'être vus, séduisent, retiennent, captivent. De Nice à Menton, par la Corniche, on les suit dans leurs courbes gracieuses, leurs brusques saillies, leurs presqu'îles légères, leurs caps où se brise l'azur des flots, avec des sanglots sourds et des larmes d'argent. A mille tournants soudains de la route incomparable surgissent de merveilleuses apparitions : un puissant rocher d'ocre ou d'albâtre, d'une majesté violente et terrible, au sein d'une paix infinie, un cirque presque entier de falaises mordorées, au fond duquel, comme dans un vase de métal précieux, la mer, saphir énorme, réfléchit sourdement l'éclatante lumière du ciel ou la blancheur marmoréenne d'un port en amphithéâtre, si bien assoupi au bord des vagues mourantes, si tranquille, qu'il semble un simple décor de plus dans l'universel et magique décor. Ainsi Villefranche sommeille dans son golfe, et Beaulieu dans son anse ; entre les deux bourgs s'allonge la double presqu'île de Saint-Jean et de Saint-Hospice : un bois d'oliviers les unit, et au-dessus de tous deux des villas laissent transparaître leurs façades sous les rameaux des plantes exotiques. Le rocher d'Éza, où les Romains édifièrent un temple d'Isis et les Maures une citadelle, se dresse, à la Turbie, au-devant du mont de la Tête-de-Chien, que signale la tour d'Auguste, et dont le versant oriental domine Monaco. Tout à coup celle-ci, dans une flambée de lumière, paraît stupéfiante de force et d'éclat. Le soleil embrase les murailles féodales flanquées de tours et d'échauguettes de l'antique port d'Hercule devenu la citadelle de Mammon. Trompeur Monaco, nid de pirates en habits noirs, burg féodal des princes de la roulette! Risible matamore, le hautain château des Grimaldi règne sur le casino de Monte-Carlo. Et ce minime, ce microscopique État de Monaco, inscrit dans l'almanach de Gotha par tolérance de l'Europe, est en réalité gouverné, entretenu, nourri, enrichi, diverti avec une autorité et une profusion de ressources inépuisables, par le très despotique, très puissant et très effrayant souverain le Jeu, tyran d'une foule de sujets et de victimes sans cesse renouvelés et sacrifiés. Sur les enchantements de Monte-Carlo, la beauté de ses jardins, le luxe de ses salons, l'harmonie de ses concerts, silence! l'aile noire du suicide, l'ombre de la ruine, le deuil de la misère, planent sur eux. Voyageurs de la côte d'azur, voilà l'écueil caché sous d'éblouissants prestiges! Comme les compagnons d'Ulysse, bouchez de cire vos oreilles pour ne pas entendre les flatteuses sollicitations du hasard à la voix de sirène, et passez!

Voici Roquebrune, rayant d'une seule rue le flanc d'une montagne jonchée de blocs éboulés; le cap Martin, couvert d'oliviers séculaires, et Menton, au milieu du golfe de la Paix, rivale heureuse de Nice, plus également douce, plus verte, mieux abritée des vents, et comme elle élégante. Ici les familles se plaisent, c'est leur domaine privilégié. Tiède asile de la vieillesse frileuse, nid douillet de l'enfance délicate, on n'y voit que promeneurs valétudinaires ou séniles se chauffer au bon soleil, mamans et gouvernantes rouler des bébés extasiés dans les charrettes anglaises, et chevauchées d'enfants sur des aliborons dont ils fustigent les reins paresseux : tableaux d'innocence imprévue. Mais ici, pour nous, finit la mer d'azur, — *ubi defuit terra Galliæ;* — si nous en voulions revoir l'image une fois encore, c'est à la montagne qu'il faudrait revenir.

Au nord de Nice, les hautes vallées du Var et de la Vésubie découvrent souvent la grande bleue, dormante, on dirait, tant la perspective enchantée rapproche la distance, au pied des dernières Alpes neigeuses. En été, tandis que le mistral et le sirocco brûlant désolent les radieuses villes d'hiver, en outre infestées par des légions de moustiques, voilà le refuge enviable, on le sait, et déjà les résidences estivales s'abritent sous les sapins de Saint-Martin-l'Antosque, de Roquebillière, de Saint-Dalmas, d'Isola et de Puget-Théniers. Plus favorisée, la région qui s'étend au sud des grands monts calcaires de Rocavignon ne connaît pas de saisons inclémentes : un printemps perpétuel prodigue à Grasse le plantes parfumées dont elle fabrique ses essences; les orangers, les citronniers fleurissent dans ses jardins; des forêts d'oliviers verdissent ses vallons; la plus vaste et la plus belle terrasse de toute la Provence couronne la colline, au flanc de laquelle elle s'est juchée, immuable, depuis des ans et des ans. De ville plus avenante, il n'en est point. Et qui dira comme il faut l'agreste plaisir d'une excursion dans les défilés et vers les cascades de sa vallée du Loup, aux parois mouchetées de menthe et de lavande, de thym et de romarin? Draguignan aussi a de bien jolis environs, où conduit le chemin de Grasse. On nous a vanté leurs grottes, les gouffres singuliers de leurs « embucs » ou « garagaïs », les ormeaux de Lorgues, les vergers de Brignoles, les étonnants points de vue de leurs montagnes. Mais à tout citer, et ce qui serait pis, tout décrire, ce livre ne finirait point.

DANS LES MONTAGNES

I

L'AUVERGNE

On peut aller en Auvergne pour son plaisir, car ses montagnes sont de vraies montagnes, et quant à ses vallées rien n'égale en France la luxuriance de sa Limagne, diaprée d'or et de verdure, avec des myriades de fruits pareils à ceux de la Terre Promise. Mais on y va davantage pour sa santé. La masse rugueuse de ses volcans refroidis, sombres vraiment comme sur nos cartes teintées, rebuterait peut-être, si l'on ne savait qu'ils recèlent des sources, des fontaines d'eaux chaudes ou froides curatives de tous les maux. Nymphes bienfaisantes de Royat, de Châtel-Guyon, des Monts-Dore, quelles fatigues et même quels ennuis ne braverait-on pour aller à vous! Vous soulagez, vous guérissez, vous rendez la douceur de se sentir vivre à ceux qui croient l'avoir perdue : est-il attraits, vertus comparables?... Aussi vous avez apprivoisé l'hirsute contrée, civilisé les sauvages puys, dômes et plombs, et par vous tous les ans, vers la Saint-Jean d'été, ils se couvrent de clients et d'admirateurs.

Tout ce monde empressé court d'abord à Clermont. C'est la ville centrale, la ville historique, l'élue; grands logis n'y manquent point, ni commodités de tous genres. Déjà par elle vous avez idée de l'aspect du pays. Elle est élevée, légèrement bâtie en amphithéâtre avec les pierres noires de Volvic, et, de sa vaste place Jaude, le plus célèbre des puys s'érige sous les yeux. Cela dit, faut-il en outre la proclamer aimable et riante?... Non! Le deuil de ses vieilles rues tortueuses, souvent bordées de boutiques puantes, de logis sordides, non moins que la morne symétrie de ses longs boulevards, infligerait plutôt la mélancolie.

Mais l'impression est passagère, comme le séjour. Le temps de visiter quelques édifices, et l'on sera parti, et ça ne tardera guère. Clermont est si pauvre en reliefs d'antiquité! De l'illustre Augustonemetum, cité de Mercure, son dieu véritable, les barbares du Ve et du VIe siècle n'ont rien laissé, sinon un mur gallo-romain, qualifié mur des Sarrasins, et au musée quelques marbres informes, quelques médailles et monnaies rouillées. Du moins la cathédrale et la charmante église Notre-Dame-de-Bon-Port parlent du moyen âge, la première en caractères gothiques, la seconde en caractères romans d'une rare pureté, étant presque contemporaine, par le style, de l'époque où le pape Urbain II vint, à l'endroit même où s'élargit la place Delille, prêcher la première croisade. Le bedeau de la métropolitaine recommande à l'attention un Jacquemard du XVIe siècle dont les personnages, Mars, Faunus et Tempus, armés de marteaux, frappent en cadence le timbre de bronze sonnant les heures. Ne repoussez point sa demande, et consentez aussi, la réclame vous en prie, à constater les prodigieux effets de la fontaine incrustante de Sainte-Allyre, qui durcit et givre de calcaire tout objet plongé dans son onde...; vous avez tout vu!

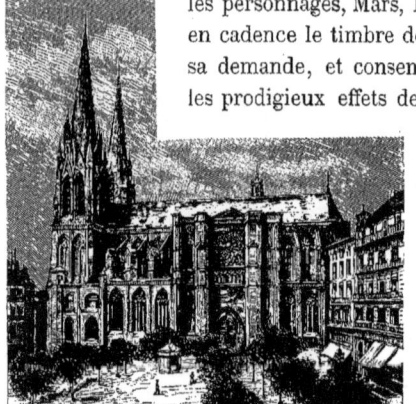

Cathédrale de Clermont-Ferrand.

L'ascension au puy de Dôme est d'un autre intérêt, et quoi de plus facile ? Une seule condition : partir de bon matin, pour n'être pas surpris à la descente du mont par la brume précoce du soir. La route ascendante est carrossable; on peut lui préférer de jolis sentiers frayés sous bois. Couleur de sang ou de braise, les flancs du géant se laissent presque partout vêtir de gazon, ombrager de grands arbres. Aux pentes escarpées, les éclats de roche forment des escaliers naturels que la main saisit quand le pied trébuche. Et c'est un ravissement, arrivé au faîte sonore, sur les ruines du fameux temple de Vasso, que remplace l'observatoire météorologique, de contempler, comme d'une tour centrale, les énormes statures des puys, souvent parés de lumières féeriques. Le petit puy de Dôme, le puy de Pariou, le puy de Mercœur, le puy Chopine, le puy de Côme, le puy de Laschamp, le puy de la Vache, tous apparaissent, distincts, caractérisés par une forme spéciale, et des histoires et des anecdotes que vous conteront des gens toujours là, guettant le promeneur. Une vapeur bleu tendre, presque violette, voile leurs bases, monte diaphane à leurs flancs et semble les détacher de la terre, si bien que leurs cimes évasées de cratères éteints, visibles seules, semblent comme portées sur des nues.

En bas, plusieurs villages percent sous une buée rose : Orcines, Durtal, Chamalières, Royat et, beaucoup plus bas, l'illustre petit plateau de Gergovia, où la vieille ancêtre Gaule expira dans la gloire d'une si belle résistance, que ses conquérants du-

Puy de Dôme.

rent saluer son courage avant de l'asservir. Pourquoi la statue de Vercingétorix ne s'élève-t-elle pas sur ce théâtre de sa victoire, comme sur celui de sa défaite, Alésia?

Royat n'est pas loin de Clermont; un tramway y conduit directement de la place de Jaude par la délaissée Montferrand et tout un prolongement de faubourgs. Le vieux Royat, avec sa petite église crénelée, ses humbles maisons noires, sa grotte aux sept sources sur les bords de la Tiretaine, a quelque grâce rustique. Mais la ville moderne et mondaine,

créée pour les anémiés, les rhumatisants, les goutteux, les diabétiques, victimes de la
« haute vie », elle ne peut plaire qu'à ses malheureux favorisés de la fortune. Villas trop
somptueuses, castels ridicules, hôtels prétentieux, casinos assommants, bals, bazars et
restaurants dangereux, que toutes ces choses, malgré les roses, nous semblent laides dans
le cirque austère des montagnes! Là sévit, dans toute sa rigueur, l'auvergnate avidité;
partout yeux mendiants, mains tendues, obséquiosité, fausseté, bassesse, tous les vices
que richesse fait éclore, et les hautaines largesses des opulents valétudinaires nous sont
aussi odieuses que les serviles complaisances de leur peuple de domestiques.

Mieux nous plaît mille fois la franche campagne avec ses boues et ses rustauds.
Proche est la plaine, la féconde plaine de la Limagne, à l'est de Clermont qui en confit
si bien les pommes et les coings, les noix, les poires et les abricots. Lit d'un lac desséché
lorsque les volcans brûlaient encore, des siècles de culture n'en épuiseront pas les inestimables engrais, essences de la terre purifiées au feu. A perte de vue les pâturages alternent
avec les champs de froment, d'avoine, de seigle, et les vergers s'exposent au soleil entre
des coteaux plantés de vignes. Des sources partout abreuvent des ruisselets; pas un pouce n'est perdu, un seul hectare vaut vingt-cinq mille francs. Inspiré par tant d'abondance, écoutez le poète Sidoine Apollinaire, évêque de Clermont : « La Limagne donne aux voyageurs le dégoût de leur

Chaîne des puys d'Auvergne. — Puy Chopine.

patrie, » et c'est « une mer de verdure où l'on voit onduler les moissons comme les
flots sans peur du naufrage ».

Les rudes silhouettes des montagnes rehaussent la beauté utilitaire de cette plaine,
qui sans elles serait aussi banale que la Beauce ou la Brie. On ne les perd de vue un
seul moment; en été, sous le soleil brûlant les routes malgré l'ombre de leurs noyers,
elles vous aguichent, elles vous tentent, semblant vous dire : Venez donc! nous sommes
l'ombre et la fraîcheur; mille sources jasent à nos pieds, mille fontaines coulent des fentes
de nos entrailles, mille cascades tombent de nos basaltes. Des lacs même dorment, limpides comme un ciel bleu, dans la conque de nos sommets. Et nous avons aussi des
parfums, toute une flore que butinent les abeilles! On leur répond : Tout à l'heure! Et le
fait est qu'on s'en approche par une suite de stations aux petites villes plus ou moins
curieuses de la riche Limagne :

A Issoire, si ruinée par l'horrible siège de 1577, ordonné par le duc d'Alençon pour
en extirper le calvinisme, que jadis elle montrait une colonne où ces mots étaient gravés :
Icy fust Issoire, et que son église romane échappa seule au désastre; à Vic-le-Comte,
ornée d'une sainte-chapelle de la Renaissance, vaguement semblable à celle de Vincennes;
à Veyre-Monton, que bénit la vierge colossale dressée sur la hauteur; à Billom, parée de
son intéressante église Saint-Cerneuf; à Vertaison, à Pont-du-Château, toutes villes et
bourgades noires ayant été bâties en pierres de lave; enfin à Riom, la funèbre et l'endor-
mie, la solennelle et l'importante Riom, ancienne résidence des ducs et comtes d'Auvergne,
du parlement et de la Cour des aides. Riom aligne de vieux hôtels armoriés, deux ou

trois de la Renaissance, et si charmants! dans des rues claustrales. Par égard pour son passé on lui a donné la cour d'appel du Puy-de-Dôme, si bien qu'elle reste la capitale de la chicane, le centre des procès, le théâtre des assises. Ses juges modernes vont comme ceux d'autrefois ouïr la messe du Saint-Esprit dans une admirable sainte-chapelle du xive siècle, et les coupables qu'ils envoient à la maison centrale éprouvent peut-être, s'ils sont du pays, quelque satisfaction d'amour-propre à subir leur peine dans un édifice datant de Louis XIV, et d'ailleurs plein de caractère.

Près de Riom, il faut céder à l'appel de la montagne : Châtel-Guyon est là, sur les rives du Sardon, rivale de Royat, très en renom chez les princes et seigneurs de l'armorial et de la finance qu'elle loge en des hôtels on ne peut plus confortables, sous l'égide d'un humble calvaire. Heureux ceux qui recourent aux sources thermales de Châtel-Guyon : juste entre la plaine élargie et la montagne, ils sont à portée de toutes les joies des yeux.

L'unique embarras est de choisir, mais à chaque jour son excursion! Roulent donc la voiture et la bicyclette, sellons cheval, âne ou mulet, ou bien encore alerte les ingambes! A l'ouest, montagnes et plateaux ingrats se succèdent; la Morges, la Sioule et le Sioulet traînent un filet d'eau, torrent en hiver, au fond de gorges rocailleuses. Ici Châteauneuf offre ses eaux minérales, spécifique contre les tares de la peau; là Aigueperse possède deux tableaux religieux, suaves parmi les plus suaves, d'André Mantegna et Ghirlandajo. Montpensier n'a gardé vestiges de sa citadelle ducale; Effiat se pare du château enrichi d'armes précieuses et de tapisseries des Gobelins que possédait le maréchal Antoine Coiffier-Ruzé, père de Cinq-Mars; et Randan, bourg populeux, n'est pour le touriste que l'opulente demeure à tours, tourelles, hauts pignons et cuisines gargantuesques, de la royale famille d'Orléans. L'Allier coule aux alentours; le puy de Montoncel marque à l'horizon la frontière de l'Auvergne entre Forez et Bourbonnais; et vous n'avez qu'à revenir sur vos pas, mais non sans avoir vu Thiers, qui vaut à elle seule le voyage.

Thiers « la noire », c'est une ville extraordinaire ou, plus exactement, deux villes en une seule : l'une haute, calme jusqu'à l'atonie; l'autre basse, laborieuse jusqu'à la frénésie. A celle-ci tous les regards. Imaginez de longues rangées d'ateliers et d'usines s'accrochant, en bordure de la Durolle, aux falaises qui surplombent la rivière et s'y enchâssent pour en prendre l'eau motrice de leurs machines. Coutelleries, papeteries se serrent, se pressent les unes contre les autres, et ce ne sont que bruits de ferrailles, crissements de meules, éclats de forges, étincelles d'enclumes, martellement d'acier, clapotements de cuves. La Durolle est l'âme de toute cette industrie, prolongée fort au delà de Thiers, dans ses environs : quand elle est à sec, tout s'arrête, et les ouvriers, peuple d'hommes, de femmes et d'enfants, noirs ou blancs, chôment, bras ballants, attendant son retour à la vie. Une seule fabrique ne doit point flâner, à savoir celle qui fournit de papiers timbrés la France entière, étant de par la loi et les mœurs condamnée au mouvement perpétuel. Que deviendrait, je vous prie, et comment fonctionnerait la société si par horrifique accident le papier timbré venait à manquer?

Fini ce grand tour, terminées ses étapes, c'est une volupté nouvelle de revenir au groupe des puys gigantesques. La grande beauté de l'Auvergne est là. Que de spectacles sublimes, ravissants, intéressants! On ne sait auquel accorder la préférence; car tous sont célèbres, popularisés par les guides et la gravure. Qui ne connaît le couloir d'Enval, « ce bout du monde; » Volvic et son immense carrière de laves surgies du puy de la

Nachère, l'inépuisable *chéire,* où de temps immémorial les maçons auvergnats prennent les matériaux de leurs bâtisses? Qui ne connaît, tout près de la petite ville, les ruines énormes de Tournoël avec leur triple enceinte creusée dans le roc, leur donjon, les grandes salles dont les peintures, les sculptures et les lambris ornés, reliquats de splendeur, achèvent de moisir et de s'effacer au libre contact de toutes les intempéries? Tournoël fut l'un de ces terrifiants châteaux forts d'Auvergne d'où la plus tyrannique féodalité qui fut jamais terrorisait l'homme du val et de la plaine, le pauvre *baabie,* le pauvre *brayaud.* Plus longtemps que partout ailleurs cette féodalité dura, oppressive, atroce, au XVIIe siècle comme au moyen âge. Il fallut l'autorité de Louis XIV et la sévérité des *grands jours* pour la soumettre aux lois communes. Alors les murailles dans lesquelles s'enfermaient les seigneurs de sac et de corde n'étant plus redoutées se délabrèrent, tombèrent en morceaux. Maintenant elles gisent en maints endroits, couronnent nombre de sommets en apparence inaccessibles, et suggèrent aux paysans autant de souvenirs fabuleux que de superstitions étranges.

Les seuls calvaires et les madones sont plus nombreux, debout à chaque pas, aux détours des chemins, aux angles des sentiers, aux cimes des monts. Ici la foi catholique demeure profonde. Pour conjurer la tempête, le *bisou* d'automne si perfide, les brusques sautes de température, les mille pièges de la montagne, chacun implore Marie, patronne des montagnards comme des marins, puissante en Auvergne comme en Bretagne.

Le puy de Sancy, le puy de l'Aiguille et le Creux-d'Enfer.

Le plus fameux, le plus attirant de ces calvaires, le calvaire miraculeux par-dessus tout, car il n'est prodige qu'on en raconte, est loin des parages de Châtel-Guyon. N'importe la distance! Venue la fête de Notre-Dame, en juillet, nos gens de la montagne et de la plaine n'hésitent pas à se mettre en route pour Notre-Dame-de-Vassivière, là-bas, là-bas, par delà les puys, par delà les monts Dore. Et nous, si nous étions riche baigneur, maître de nos loisirs et capable de partir avec eux, saurions-nous mieux faire que de suivre ces bons pèlerins, ceux du moins qui vont en carriole ou à pied ? Pour apprendre à connaître le pays, voici l'occasion sans pareille !...

Avec eux en plein massif des puys, par les chemins montueux, par les sentes escarpées, par les cols et les défilés, entre des murs de basalte, des chaussées de géant, des chéires immenses, vous vous faufilez parmi les colosses aperçus du puy de Dôme. Silencieux peut-être à jamais, eux qui menèrent jadis tant de fracas, qui vomirent séculairement feux et flammes, ils semblent dormir sur le sol qu'ils ont façonné, creusé, bossué à leur guise. Oui, ils semblent dormir, si farouches encore et si menaçants dans leur impassibilité, que l'on se demande s'ils ne se réveilleront pas, vu leurs cratères si nettement dessinés, leurs préhistoriques coulées de laves, leurs cendres mortes d'aspect parfois si récent !

Ces soixante géants épars à peine dépassés, le massif des monts Dore se montre à l'horizon, sous la domination des dix-huit cent quatre-vingt-quatre mètres du pic de Sancy, le plus élevé de la France centrale. Volcans éteints comme les puys, ces monts en sont pourtant dissemblables, de matière plus unie, de formes plus variées, de nuances plus opulentes. Les granits, trachytes, phonolithes, basaltes, capricieusement dégorgés sur le sol ardent par leurs antiques éruptions, s'arrondissent en coupoles, s'effilent en pyramides, en obélisques, en *dykes* rougeâtres, se contournent en cerceaux, se carrent en tables, s'érigent en piliers monstrueux. Mais ce qui les distingue surtout, c'est qu'ils ne sont point stériles. Ils vivent, ils vivifient par leurs sources, leurs cascades, leurs fontaines et les lacs contenus dans les vasques profondes de leurs sommets. Des forêts de hêtres et de sapins peuvent croître à leurs flancs comme les gramens émaillés de fleurs aromatiques, fleurs de glaciers fondus, fleurs d'alpes desséchées. Douces forêts, herbes généreuses ! Sous l'épais manteau des arbres souvent s'abritent les burons, ces pauvres chalets des pâtres de l'Auvergne, disposés pour faire hiverner fraternellement bêtes et gens, sur la même litière, côte à côte. Et de l'herbe fraîche et parfumée se nourrissent vaches, brebis et chèvres, dont le lait crémeux régale l'étranger et, transformé en fromages, enrichit le fermier.

Au centre, au fond du massif prodigieux, cœur de l'Auvergne, les bains du Mont-Dore et de la Bourboule connaissent durant la courte saison d'été (six semaines, deux mois au plus, de mi-juillet aux ides de septembre) toute l'animation des maladies élégantes. Arsenicales, chlorurées, bi-carbonatées, ferrugineuses, leurs sources sont d'une efficacité prompte, combien aidée par l'ambiante nature, la pureté de l'air, la magnificence des paysages, la qualité des plaisirs ! Les malades point trop affectés le savent, qui, sitôt installés dans leurs hôtels, se hâtent d'organiser les « parties » de montagne. Où rencontrer sujets d'excursion plus divers et plus captivants ? Vingt rivières frayent chemins vers les monts de facile escalade, les cascades, les torrents, les vallons pleins de fraîcheur et de grâce, les lacs mystérieux. A chaque jour de cure sa découverte et son enchantement. Pic et salon du Capucin, gorges de la Cour et de l'Enfer, cascades du Plat-à-Barbe et de la Vernière, Grande-Cascade, cascade du Serpent, pic de Sancy, roche Vendeix (dans la vallée même du Mont-Dore, à une heure, une heure et demie des bains) : quel album d'aquarelles, de gouaches, de photographies n'a reçu l'empreinte de leurs eaux jaillissantes, de leurs roches éboulées, de leurs ravins sauvages encore, malgré tout et tous, guides, marchands, mendiants et prospectus ! La cascade de Queureilh, la cascade du Rossignolet, le lac de Guéry, solitaire entre des prairies sans ombrage, ne sont pas moins populaires.

La mode le veut ainsi. Cependant elle a beau faire, la tyrannique mode, la plupart des âmes se refusent à sentir le charme amer des sites heurtés, nus, violents, déchirés, humiliants pour leur faiblesse, où tombent et se fracassent les eaux ruisselantes, où s'immobilisent, comme morts, dans un cercueil de granit, les lacs sombres. On s'écrie : « C'est admirable, sublime ! » mais le cœur n'y est pas. Seul l'Auvergnat comprend l'Auvergne, l'aime et en est aimé jusqu'à se laisser tout entier pénétrer par elle et façonner corps et esprit.

La roche Sanadoire, la roche Tuillière sont, près du lac de Guéry, parmi ces beautés trop fortes pour l'extase commune. Il n'est guère de témoins plus étonnants de l'âge volcanique où, fluides et tout embrasés, les durs basaltes de ces deux colosses hauts de presque treize cents mètres, se fixèrent sur le seuil de la vallée de la Sioule, comme deux piliers « ruinés » d'une porte cyclopéenne. Joignez-y le Tartaret, dans la vallée de la Couze-Chambon, « Tartare » plutonien parsemé de scories rougeâtres et couleur de soufre, mais dont les coulées antiques ont heureusement formé avec les eaux de la Couze, retenues par elles, le si joli contraste du lac Chambon, serti d'arbres et piqué d'îlots, comme une miniature du lac Majeur. Aux éruptions du Tartaret le touriste doit encore le dyke couronné par les ruines géantes de Murols, château du xive et du xve siècle, soudé, il semble, à son piédestal, et dont l'on ne conçoit la grandeur et l'humaine hardiesse que tout près, à la vue des murailles dressées contre les abîmes vertigineux, murailles de défense et d'élégance que mille plantes folles, parures d'oubli, rongent, décèlent, anéantissent. A une lieue, une lieue et demie de ce fantastique débris du passé, qui vous poursuit, vous hante longuement de son image impérieuse, voici les Saint-Nectaire, Saint-Nectaire-d'en-Haut, Saint-Nectaire-d'en-Bas, thermales, bienfaisantes, mais de séjour peu recréatif ; l'église haute est l'un des plus curieux sanctuaires de l'Auvergne, sur un coin de terre secret, retiré, propice aux impressions religieuses, comme le prouvent les dolmens, les grottes sacrées, multipliées entre les monts terribles et les cascades tonnantes.

Une autre couze, la couze Pavin, s'insinue parallèlement dans les fissures, les défilés des rocs énormes ; longée par la route, elle mène au lac le plus étrange, chemin faisant, roule au pied des châteaux de Saint-Cirgue, de Saint-Floret, de Saint-Diéry, vieux et conservés avec leurs tapisseries, leurs fresques d'autrefois, comme des fossiles aussi peu sensibles à l'usure que basaltes ou trachytes. Des collines de tuf, cendres solidifiées, surplombant la rivière, logent les modernes troglodytes de Jonas ; Besse-en-Chandesse la voit couler au dernier gradin de l'amphithéâtre où s'enchevêtrent ses rues noires ; sous le beffroi de cette bourgade passe la route du lac. Et celle-ci monte, découvre les vastes horizons parcourus, joint un groupe de burons, traverse un ruisseau rapide et sautillant, s'élève jusqu'au niveau de ces cascades, à douze cents mètres d'altitude. Tout à coup le Pavin !... Jadis ce nom seul vous eût fait frissonner. C'est le lac légendaire, le lac « épouvantable ». Profonde nappe d'eau livide enchâssée dans le cirque presque régulier d'un cratère de deux mille cinq cents mètres de tour, assombri par le reflet de ses hautes parois drapées de mélèzes, de hêtres et de pins, il a longtemps inspiré la terreur ; les paysans le redoutaient ; on y lisait d'affreux présages ; nul n'aurait osé, pour brave qu'il fût, y risquer une barque, y jeter une pierre, de crainte d'en soulever les flots impassibles et d'en être englouti. Maintenant même le voyageur que le crépuscule surprend sur ses bords ne voit pas sans quelque effroi, un certain malaise, cet humide suaire du jour mourant au-dessus duquel tournoient les corbeaux, comme attirés par le gouffre! Mais à midi, sous le soleil, nous l'avons vu lumineux, presque souriant, des pêcheurs lançant l'appât aux truites savoureuses dont on l'a peuplé, une joyeuse caravane se dispersant sur ses rives, quelques aventureux promeneurs s'esseyant à gravir le puy de Montchal qui le domine de si près. Cette ascension peu difficile permet la contemplation d'autres lacs, le Chauvet, le Monteineyre, le Courdouze, de réputation moins sinistre, et l'accès du Creux-de-Soucy, extraordinaire issue d'une « cheminée volcanique » au fond de laquelle transparaît l'éclair d'un ruisseau tributaire du Pavin.

A ce point des excursions familières aux hôtes du Mont-Dore, nos pèlerins, eux, touchent à leur but. Vassivière est à distance égale du puy de Montchal, du pic de Sancy et du puy de Maubert, dans un site mélancolique. On monte par un chemin bordé de croix de pierre à l'antique chapelle souvent reconstruite, fort simple, ornée seulement d'ex-voto multiformes rendant grâces à Marie Immaculée, représentée céans par une statue noire, des miracles accomplis par son intercession. Venus de tous les côtés du pays pour la procession solennelle, les pèlerins sont nombreux; leurs carrioles dételées, bras en l'air, entourent le hameau d'une bizarre enceinte. Tous ont devancé la cérémonie. Les uns l'attendent aux tables de deux auberges qui les reposent d'un matinal et long trajet; les autres l'oublient, prosternés aux pieds de la mère du Sauveur; et la plupart, assis sur l'herbe, patientent, en écoutant l'un des leurs narrer d'une voix sonore, accompagnée de gestes énergiques, la singulière histoire de la statue miraculeuse : transportée un jour à Besse, elle revint d'elle-même à la montagne, prodige attesté par les chroniques de la province, tout comme les guérisons prodiguées aux fidèles de Vassivière et les frappantes leçons infligées aux incrédules iconoclastes... Mais les cloches sonnent, silence : chacun se redresse, les fronts s'inclinent. Bientôt la Madone paraît au seuil de son église, sous un dais que les élues du *reinage* portent sur leurs épaules, en vertu de l'ancienne coutume; car, depuis un temps immémorial, un « roi et une reine » doivent, moyennant large aumône, en avoir l'honneur. Et, secourable aux humbles fils de la terre qui l'implorent pour le fruit de leurs pénibles travaux, elle parcourt les champs, dont sa présence assure la fécondité : les vents meurtriers s'apaiseront, les pluies désastreuses cesseront, les tempêtes n'oseront sévir ; Marie a béni les moissons !

De cette montagne sainte de Vassivière, où l'on est au cœur des traditions de la Basse-Auvergne, où, selon les savants, se perpétuent à travers les âges, dans les vallées les plus obscures, les types presque inaltérés des autochtones, à demi primitifs encore par la sauvagerie des traits et du caractère, on retourne à la civilisation raffinée du Mont-Dore par les tournants du puy de Sancy, géant débonnaire. Il se laisse si facilement gravir, il développe une telle magnificence d'horizon, qu'on veut pour la dernière fois contempler tout ce qu'on a vu, pressé et distinct dans le plus merveilleux des panoramas! Puis, en marche vers la haute Auvergne! par la route de la Tour-d'Auvergne, illustre berceau d'aristocratie, et par la vallée de la Dordogne, rencontrée au seuil du Limousin. On franchit la Sumène, on est à Mauriac, entre deux rayons de l'étoile figurée par le massif des puys du Cantal. Du centre de l'étoile surgit la lourde stature du Plomb, volcan déchu, effondré, morne, sur lequel, au lieu de flammes éclatantes, planent des nuées lugubres. En avant de ce dominateur, le puy Mary élance ses deux cornes pareilles aux pointes d'une « mitre d'évêque »; à côté, s'élèvent le suc de Roud, le puy Violent, le puy Chavaroche, et beaucoup d'autres puys encore invisibles, entourant ses flancs d'une large ceinture dentelée, se prolongent jusqu'au niveau du plateau secondaire en longues traînées et coulées de basaltes et de trachytes, les unes aplanies et pâturages devenues, les autres droites et souvent pareilles à des murailles cannelées. Entre ces traînées, ces coulées, s'insinuent les limpides et fraîches rivières, la Rhue, la Sumène, la Mars, l'Auze, l'Aspre, la Doire, la Bertrande, la Maronne, l'Anthre, la Jordane, la Cère, la Sénig, la Goul, la Truyère. Leurs vallons sont la grâce et le charme inexprimables d'une contrée surtout rude et grandiose; ils font un contraste délicieux aux masses puissantes et sombres, aux aspérités brusques, à la violence des lignes, des contours et des reliefs tracés suivant les lois compliquées de la pesanteur par les éruptions séculaires. Douce et reposante semble la vie en ces vertes oasis, sous l'ombre des montagnes.

Pont sur la Cère.

Mauriac, qui prétend avoir été ville souveraine, résidence de Flavius Gratianus, empereur d'Occident; Chastel-Morlhac, si connue pour sa Notre-Dame-des-Miracles fondée par la pieuse petite-fille de Clovis, Théodéchilde; Salers, la féodale, enfermant dans ses enceintes un réseau de rues où se penchent les tourelles, les pignons, les encorbellements de logis écussonnés, grillagés, sculptés : autant d'étapes vers Aurillac, mais d'étapes lentes, si l'on s'arrête à visiter les beautés du chemin : le Falgoux et sa cascade de Sallen, les hautaines ruines de Fontange, les cascades, les grottes, les sources de la vallée de l'Aspre, le dolmen, le menhir, l'église, les châteaux d'Anglards et de Saint-Chamant et les vertigineux abîmes de Saint-Cirgue de Jordane.

Cette Jordane, c'est la rivière d'Aurillac, où rien ne plaît aux yeux étrangers, sinon les quais bordés de caduques logis en bois coloré, tout pavoisés de haillons. La ville est ancienne, mais des guerres impitoyables l'ont dévastée; on y rappelle encore, horrifique souvenir ! le siège de 1569 durant lequel les protestants vainqueurs égorgèrent les malades dans les hôpitaux. Ce désastre avança le déclin de la célèbre et riche abbaye de Saint-Géraud, qui fut pillée; elle avait créé le bourg, et deux moines en étaient sortis, illustres chacun à leur manière : Gerbert, le savant, de pâtre devenu bénédictin, lumière des ténèbres du XIe siècle, élu pape sous le nom de Sylvestre II; Jean de Roquetaillade, l'éloquent, ardent et populaire prédicateur du XIVe siècle. L'abbaye se ramifiait en Espagne, possédait église et prieuré à Compostelle, où ces deux grands religieux étaient allés. Cette pieuse relation d'Aurillac à Compostelle, c'était ce qu'on appelait le chemin de Saint-Jacques. Les pèlerins auvergnats qui s'y engagèrent les premiers établirent entre l'Espagne et leur pays des relations amicales qui durent encore, au profit des pauvres paysans forcés d'émigrer par la pénurie de leurs ressources, et au bénéfice de la race, que des alliances ont souvent affinée. Il n'est pas rare, au delà des Pyrénées, de rencontrer ces « cantalous, goudots, pescalines », exerçant métier de chaudronnier, charbonnier, porteur d'eau, homme de peine, et partout de leur force et frugalité tirant sources de fortune. Songent-ils à leur dette de reconnaissance envers le monastère disparu? Peut-être, car la statue de Sylvestre II décore noblement le « cours » d'Aurillac. Mais Jean de Roquetaillade est oublié, et pour en connaître l'émouvante histoire il faudrait aller causer avec le bon poète aurillacois Vermenouze, dont le talent garde de périr le patois du Cantal.

Tout à l'heure, auprès de Salers, il nous était bien aisé, si nous l'eussions voulu, de pénétrer par un des rayons de l'étoile volcanique au fond des montagnes, et jadis c'eût été le plus court chemin pour aller à Murat. Mieux vaut aujourd'hui s'offrir la joie de passer avec la vapeur, par-dessus monts et vallées, le long du torrent de la Cère. D'autant plus que le train s'arrête en plus d'un lieu charmant, comme la minérale Vic-sur-Cère, rustique déjà changée en mondaine, comme Thiézac, toutes deux au sein de paysages verts et rocheux. Mais les murailles de la vallée se rapprochent, grandissent, enfermant la Cère dans l'étau des gorges du pas de Compaing, puis du pas de la Cère, où, plus hautes encore, elles précipitent la rivière dans un gouffre de cent quarante mètres de profondeur. Alors le train passe à la base du Plomb; il traverse les basaltes du Lioran sous un tunnel de près de deux kilomètres de longueur et de plus de onze cents mètres de hauteur, aux parois ruisselantes et bruissantes. Vous êtes à Murat, sous les yeux de sa Vierge de Bonnevie, si près du puy Mary que vous pourrez en faire l'ascension en vingt minutes, dans une campagne tout agreste. Le centre de la montagne en Basse-Auvergne nous semble ici, d'où l'on voit s'élever au nord les arides et tristes monts Cézalier, à l'est s'étendre le maigre plateau de la Planèze, tandis que l'on a le grand massif du Cantal sous les yeux. Il n'est que de se promener aux alentours, entre prairies, ravins, fondrières, bois, halliers, torrents, pour assister à l'humble existence, aux mœurs immuables de tout un peuple de pasteurs, vachers, bouviers et bergers. Aux pieds des monts, leurs grands troupeaux de chèvres, de brebis et de vaches trouvent de grasses pâtures; ils en travaillent le lait et confectionnent leurs fromages dans les burons construits sur les hauteurs. Ces frustes chalets sont leurs habitations hiver comme été. Durant les frimas, ils y couchent dans l'étable, à côté des bêtes, sur des paillasses de paille d'avoine et des matelas de guéret étendus sur des coffres en sapin, et l'on dit qu'ils restent au lit de longues heures pour ne point souffrir du froid. Nulle part, repas plus simples que les leurs : du pain de seigle noir, une soupe au sel et à l'eau assaisonnée d'huile de noix, une tranche de jambon rance accrochée à la cheminée et la rabiole (raves) en font tous les frais. Dans le bourg seulement, la gentille fermière régale parfois son monde des grosses et saines pâtisseries appelées pompes et tourtès; aux burons point de ces gourmandises. Cependant les veillées y sont parfois joyeuses, et tout comme dans les cabarets d'en bas on sait y danser la bourrée au son de la cornemuse ou « cabrette ».

De Murat à Saint-Flour, par le léger et si hardi viaduc de Garabit, voilà l'une des jolies visions aériennes de voyage en chemin de fer, une vision toute moderne, avec laquelle jure étrangement l'aspect suranné d'une cité en pierres de lave, toute noire, noire comme la suie, noire comme l'ombre du passé qui l'enveloppe à jamais. La réalité ne dément pas cet aspect lointain. Telles qu'au moyen âge sont les maisons de Saint-Flour, aussi rudes, sombres, méfiantes; il ne lui manque que sa forte enceinte de place frontière et militaire, « clef des païs d'Auvergne, Rouergue, Quercy, Guiennes et aultres, » comme s'expriment les chartes royales. Place vaillante s'il en fut, ses milices intrépides surent repousser l'Anglais comme le huguenot. Pas une fois l'ennemi n'y put entrer. L'un de ses enfants, Jean Ajalbert, peut le dire avec fierté dans son livre *l'Auvergne*, elle est « vierge ». Mais le siècle, sans égard pour ses hauts faits, l'abandonne; elle languit, s'étiole, meurt sur son rocher, tout en étant le siège épiscopal et le chef-lieu judiciaire du Cantal. Elle meurt, hélas! avec le regret de voir son faubourg d'en bas devenir un autre Saint-Flour.

On n'aborde pas Saint-Flour sans avoir ouï parler de son « bon Dieu » qui fait hou! hou! hou! M. Ajalbert, cherchant d'où vient cette légende, écrit : « Est-ce de Florus (l'apôtre fondateur de la ville) qui, pour appeler les hommes de la vallée à ses prédications, se servait d'une corne d'auroch? Ne serait-ce pas plutôt du Christ d'airain qui, jadis, s'élevait en face des tours massives de la cathédrale? Il était creux, et l'artiste avait soigneusement ménagé, dans le côté, la plaie béante que fit au Crucifié la lance du légionnaire romain. L'image sainte devenait par cela même un énorme sifflet, une rudimentaire sirène, hurlant tristement alors que, durant la longue période d'hiver, l'aquilon ventait furieux... »

Hou! hou! hou! ce vent de Saint-Flour gronde et siffle partout aux environs, il siffle sur les montagnes de la Margeride hantées des loups, il gronde dans la farouche et belle vallée de la Truyère, il siffle et gronde sur les frigides monts d'Aubrac. Souvent il vous suit, fâcheux compagnon, dans toutes vos promenades, et nous l'eûmes un jour avec nous jusqu'aux thermes de Chaudesaigues, la bien nommée.

Tout un bourg chauffé avec l'eau d'une source brûlante, c'est cela qui n'est point banal! Telle est Chaudesaigues, dont la plupart des habitations reçoivent par un petit canal en maçonnerie ou creusé dans le bois, canal installé dans chacune au rez-de-chaussée, l'eau brûlante de la source du Har, captée par une fontaine publique, et refroidie chemin faisant juste à point pour le chauffage domestique et la cuisine familiale. Quel dommage que les onze autres sources de Chaudesaigues n'offrent pas aux rhumatisants, catarrheux ou laryngiteux des bains mieux aménagés, des bains comme au temps des Romains, ces incomparables hydrothérapistes!... Mais, que voulez-vous! c'est ici encore l'Auvergne simpliste, l'Auvergne ancestrale, attachée à ses chères habitudes comme à ses dolmens, à ses menhirs, à ses ruines béantes sur les rocs, çà et là...

DANS LES MONTAGNES

II

DU LIMOUSIN EN ALBIGEOIS

Le voyageur, à quelques lieues des monts Dore, — dont l'œil suit l'image sculptée en lourd relief sur l'horizon clair, — se sent déjà loin, étrangement loin de ce centre mondain de l'Auvergne courue, admirée, fêtée par ses milliers de baigneurs et de touristes. Les fanfares de la mode expirent au seuil mélancolique du haut Limousin. Un grand silence plane sur les humides plateaux et tombe dans les vallées secrètes d'une contrée où personne ne va chercher la santé parmi les beaux paysages. Pourtant elle est diverse et belle aussi, la terre corrézienne! L'intense poésie des longs hivers l'enveloppe; des sources, des fontaines, des ruisseaux sans nombre l'enchantent, splendeurs de ses printemps. Selon les saisons, elle unit la grâce vaporeuse des sites du Nord aux formes précises et pures du Midi. C'est tour à tour, dans la même année, l'Écosse des Lakistes et le Mantouan de Virgile. Auprès des âpres hauteurs que fouette la bise imprégnée du froid des neiges, auprès des landes où sommeillent les placides étangs, les rivières blanches s'épandent au milieu des pâturages ou bondissent, en mugissant, dans des étaux de granit. Dans ces gorges profondes éclatent toutes les joies du renouveau. Nulle part, comme à Gimel, à Beaulieu, à Bort, avril ne nous laissa si vive sensation de luxuriance et de suavité sous un ciel plus caressant. L'hymne des cascades retentissait entre des murailles à reflets de jaspe et de porphyre; comme aux accords de cette grandiose symphonie, mille plantes naissaient, mille fleurs s'ouvraient, mille parfums s'exhalaient du bord des eaux au sommet des monts, sous l'ombre verte des châtaigniers. Alors la misère sordide des villages où nous passions et la rusticité farouche des aborigènes s'oubliaient, le soleil les transfigurant. Mais, le soir, une écharpe de brume au-dessus de la vallée évoquait le terrible temps hivernal, où les brumes tissent un immense voile funèbre sur une terre que l'on dirait morte. Et du contraste de ces impressions naissait un charme mystérieux, enlaçant, invincible. Nous sommes revenus, nous reviendrons souvent, si nous le pouvons, en Limousin.

De la gentille Ussel le pays se dessine âpre et doux, alternativement. L'aride et glacial plateau de Millevache s'élève à l'ouest, la pittoresque et féconde vallée de la Diège se creuse à l'est. Pour la petite ville, elle couvre de ses maisons, en partie anciennes, une hauteur découpée en presqu'île par la Sarsonne et la Diège, et tant à cause de son nom que de cette topographie singulière elle a prétendu être l'Uxellodunum des *Commentaires*. Combien de cités, de villages, chez les autres Lémovices et chez les Cadurces croient répondre à la description de Jules César ! Ussel allègue en sa faveur l'aigle romaine en granit dont se décore une de ses places : aigle massive, sournoise, aux serres puissantes, au bec féroce, aigle posée en souveraine sur le sol des Gaules, sa proie.

A descendre la Diège on va, par une route charmante, à Bort, dont les « orgues » comptent parmi les merveilles naturelles de la France. C'est un bourg industriel pris entre les monts volcaniques qui semblent le tasser au fond d'un précipice ; le plus grand de ces rochers a le flanc rayé de cannelures vaguement pareilles à des tuyaux d'orgue. Immobile depuis des siècles, Bort groupe des maisons lézardées, maculées, décrépites, serrées en rues noires semées d'immondices, ou bâties contre les rives de la Dordogne. Tel il devait être au moyen âge, tel il était certainement lorsque Marmontel y naquit en 1723, comme le rappelle à l'oublieux étranger quelques mots gravés sous le buste de l'auteur de cette jolie description, digne de survivre à ses volumineux écrits plus ou moins « philosophiques » :

« Bort, effrayant au premier aspect, devient un séjour riant lorsque l'œil rassuré se promène dans le vallon. Au-dessus de la ville, une île verdoyante que la rivière embrasse, et qu'animent le mouvement et le bruit d'un moulin, est un bocage peuplé d'oiseaux ; sur les deux bords de la rivière, des vergers, des prairies et des champs cultivés par un peuple laborieux forment des tableaux variés. Au-dessous de la ville le vallon se déploie, d'un côté, en un vaste pré que des sources d'eau vive arrosent ; de l'autre, en des champs couronnés par une enceinte de collines, dont la douce pente contraste avec les rochers opposés. Plus loin, cette enceinte est rompue par un torrent qui, des montagnes, roule et bondit à travers des forêts, des rochers et des précipices, et vient tomber dans la Dordogne, par une des plus belles cataractes de l'Europe... »

Cette cataracte, c'est le saut de la Saule, formée par la Rue qui, d'une gorge superbe où elle roule sur des rochers brillants et polis comme de marbre, fait deux chutes successives dont la plus haute a huit mètres de hauteur, puis s'engouffre dans un couloir aux parois gigantesques. L'impétuosité de ces eaux actionne une vaste usine pour le moulinage de la soie, dans laquelle sont employées six cents jeunes filles, et un véritable hameau industriel anime le paysage, plus solitaire au temps de Marmontel ; car, dit-il :

« C'est près de là qu'est située cette petite métairie de Saint-Thomas, où je lisais Virgile à l'ombre des arbres fleuris qui entouraient nos ruches d'abeilles ; c'est de l'autre côté de la ville, au-dessus du moulin et sur la pente de la côte, qu'est cet enclos où les beaux jours de fête mon père me menait cueillir des raisins de la vigne que lui-même il avait plantée, ou des cerises, des prunes et des pommes des arbres qu'il avait greffés... »

Nous n'avons pas vu « la petite métairie de Saint-Thomas » ; mais dans le lieu paisible où il se peut qu'elle soit encore nous avons relu, — et nous voulons citer, parce qu'elle n'a pas cessé d'être vraie, — cette délicieuse description de la vie de famille dans un bourg du Limousin :

« Notre petit jardin produisait presque assez de légumes pour les besoins de la maison ; l'enclos nous donnait des fruits, et nos coings, nos pommes, nos poires confits au miel de nos abeilles étaient, durant l'hiver, pour les enfants et pour les bonnes vieilles, les déjeuners les plus exquis. Le troupeau de la bergerie de Saint-Thomas habillait de sa laine tantôt les femmes et tantôt les enfants; nos tantes la filaient; elles filaient aussi le chanvre du champ, qui nous donnait du linge; et les soirées, où à la lueur d'une lampe qu'alimentait l'huile de nos noyers, la jeunesse du voisinage venait teiller avec nous le beau chanvre, formaient un tableau ravissant. La récolte des grains de la petite métairie assurait notre subsistance; la cire et le miel de nos abeilles, que l'une de nos tantes cultivait avec soin, étaient un revenu qui coûtait peu de frais; l'huile exprimée de nos noix encore fraîches avait une saveur, une odeur que nous préférions au goût et au parfum de celle de l'olivier. Nos galettes de sarrasin humectées, toutes brûlantes, de ce bon beurre du Mont-Dore, étaient pour nous le plus friand régal. Je ne sais pas quel mets nous eût paru meilleur que nos raves et nos châtaignes, et en hiver, lorsque ces belles raves grillaient le soir à l'entour du foyer ou que nous entendions bouillonner l'eau du vase où cuisaient les châtaignes si savoureuses et si douces, le cœur nous palpitait de joie... »

La fougueuse Dordogne enfouie, au-dessus de Bort, dans un défilé basaltique de deux cent cinquante à trois cents mètres de profondeur, et prise, au sud-ouest, dans les murailles très élevées où elle reçoit la Trioussonne, la Luzège, la Doustre, arrose la région limousine qui ressemble le plus à l'Auvergne et dont Bort peut fournir le type. Ce sont des bourgades négligées, d'apparence à demi féodale, avec des lambeaux de châteaux forts juchés au bord d'un abîme, et grandioses, farouches sur une roche déchirée, contre un ciel tempétueux. Neuvic, Lapleau, la Roche-Canillac, Saint-Privat, Argentat, décèlent un long passé seigneurial ou clérical; quelques pauvres églises conservent dans leur sacristie un joyau d'orfèvrerie religieuse : reliquaire, ostensoir, cloisonné d'émaux, preuves d'ancienne magnificence. Mais, en dehors des petites cités, à l'écart des vallées étroites, végètent les villages perdus dans la morne solitude des plateaux frigides : là, point d'existences patriarcales, nulle idylle; sous l'inclémence presque permanente de la nature, les êtres courbés, résignés, aveulis, se terrent dans leurs masures boueuses, comptent pour vivre sur les maigres moissons que peut donner le sol ingrat, et subsistent, si elles manquent, de galettes de sarrasin sauvage, dites *tourteaux*, et cuites avec le feu sans flamme de la tourbe marécageuse. N'importe! la race est forte, patiente, sobre; on lui reconnaît bientôt également, après Marmontel, « la fierté, la franchise, la noblesse du naturel. » Ces qualités s'épanouissent surtout où s'épanouit la terre fertile. Dans ces oasis, l'art et la poésie ont pu fleurir. On voit, dans la fraîche vallée de la Luzège, non loin d'Egletons (*Eagle's town*, suivant un étymologiste du terroir), se dresser, sur un hautain promontoire taillé par deux affluents de la rivière, les hautes murailles, les tours éventrées, le donjon écroulé du castel de Ventadour, moins fameux pour avoir été le fief des barons de Comborn, vainement assiégé par Henri II d'Angleterre et Richard Cœur-de-Lion, puis le duché-pairie des Lévis, que pour avoir abrité le poète Bernard dont son nom est inséparable. Fils d'un chaufournier de la seigneurie, Bernard de Ventadour célébra dans de mélodieux tensons et virelais la beauté et la bonté de la dame du castel; les chants qu'il fit entendre à la cour du comte de Toulouse, furent au moyen âge l'honneur du dialecte limousin, cultivé alors par beaucoup de beaux esprits experts en gaie science. Au pied des ruines superbes, le village appelé Moutier-Ventadour garde les logis d'autrefois; tout alentour bruyères et bois-taillis s'étendent, desséchés par les vents d'est, et le lourd vol des aigles et des milans passe au-dessus.

Cascade de Gimel.

Peu couru, nullement dévasté depuis les guerres de Cent ans et celles de la Réforme, le haut Limousin laisse aux siècles qui s'écoulent le triste soin d'anéantir les œuvres du passé ; il n'a garde de vouloir niveler sous la charrue le roc féodal, encore chargé de sa forteresse jadis tutélaire. Pas un de ses paysans n'attenterait à la majesté des ruines. Il a su respecter, non loin de Ventadour, le château de Maumont, berceau des papes Clément VI et Grégoire et, dans la gorge de la Montane, les restes du prieuré de Saint-Étienne de Braguse et du château de Gimel.

Gimel... Il y a quelques années, un des plus remarquables artistes d'à présent, à la fois peintre, illustrateur, écrivain sincère et délicat, Gaston Vuillier, passant dans ce village, s'en éprit et, fasciné par sa grâce rustique, voulut s'y fixer pour en renouveler à son gré l'irrésistible sortilège. Comment cela se fit, lui-même l'a conté dans le *Tour du monde* :

« J'entrai, dit-il, dans une auberge, « Au repos des Cascades, » où me reçut une gracieuse hôtesse. Elle me conduisit dans une chambre qu'une rumeur emplit aussitôt, en même temps que la lumière, lorsqu'elle en ouvrit les fenêtres.

« C'était le grondement des eaux qui montait des profondeurs, car les maisons de Gimel dominent une gorge hérissée de roches, où se précipitent de superbes cascades, cascades étagées ; s'il n'y en avait qu'une, elle formerait une formidable chute de plus de cent cinquante mètres de hauteur.

« La chute principale, le *Saut*, a quarante-deux mètres de hauteur, la *Redole* glisse de vingt-sept mètres sur une grande roche, et la *Gouttatière* se précipite du haut d'une falaise de vingt-cinq mètres. Plus bas, dans un site sauvage, est le bourg, cascade moins haute que les précédentes, mais fort belle. Une dernière petite chute dans un défilé termine la magnifique série des cascades de Gimel.

« Par delà, les abîmes, les bois et les monts, se succèdent jusqu'à l'horizon lointain. Que de fois j'ai passé des heures à cette fenêtre, contemplant ce paysage qui m'avait tant frappé dès le premier regard !... Que d'heures j'ai vécues, accoudé au petit pont pittoresque qui enjambe la Montane ou Gimelle, ce torrent courant derrière moi sous les feuilles et tombant tout à coup devant moi dans une profonde fissure ! La rivière glisse tout d'abord sous l'arche, elle ondoie et se replie en volutes moirées ; subitement le sol lui manque, elle s'écroule hurlante et comme épouvantée dans un abîme. »

De ce pont, l'artiste « voyait » entre des parois de rochers sombres les eaux tourbillonner, rejaillir en aigrettes diamantées, s'éparpiller en pluie de perles, et il les entendait « gémir sourdement ou gronder ». Ailleurs, où finit par un promontoire escarpé l'*inferno*, l'enfer de la gorge, — double rang « de falaises à pic tigrées de lichens couleur de soufre », de ravines que « descendent en masse les châtaigniers moutonnants », — sur une roche aiguë, l'antique sanctuaire de Saint-Étienne de Braguse élève son clocheton béant et ses murailles tapissées de lierre. Ce fut l'oratoire de l'anachorète saint Dumine, qui vivait au temps de Clovis, et, à partir du XIIe siècle, l'église paroissiale et la sépulture des barons de Gimel. Aujourd'hui sauvage et douce solitude, souvent inabordable, la couleuvre et la vipère s'y déroulent au soleil sur des pierres tombales décorées de croix héraldiques, entre les ronces, les fougères, les fraisiers, les églantiers, l'exubérance des pariétaires et des gramens. Son trésor, car il fut riche, a été dispersé ; il n'en subsiste que deux pièces fort précieuses : une châsse byzantine du XIe siècle et un *Ecce homo*, d'un excellent travail, que l'on peut admirer au presbytère.

Vuillier, réalisant son vœu de poète, a repris au passé la petite maison écussonnée des sénéchaux de Gimel, l'a fait en partie reconstruire dans le style élégant du xv° siècle, et l'habite, sage entre tous...[1].

Au nord de Gimel, c'est la brande aride. Les étangs de Saint-Priest, l'étang de Brach, luisent entre des bois frêles; mais au midi la route de Tulle, dans la vallée de la Montane, traverse une campagne riante, verger et potager du chef-lieu. Celui-ci, très simple et sans beauté, se restreint, entre les raides coteaux animés par ses faubourgs, dans le périmètre décrit par les eaux confondues de la Solane et de la Corrèze. Le haut et svelte clocher de sa cathédrale, l'énigmatique et joli hôtel de style Louis XII, appelé *Maison de l'abbé*, ses quais fleuris, amusent les yeux un moment, et les curieux s'intéressent à la manufacture nationale d'armes à feu, où cependant il leur est bien difficile de pénétrer. Mais l'on quitte sans regret une ville grise, poudreuse, dont l'agrément (réel, nous a-t-on dit) réside dans le caractère bienveillant d'une bourgeoisie instruite, que l'on n'a pas le loisir de fréquenter.

Tulle. — Crypte de la cathédrale Saint-Martin.

De Tulle à Brive le train court dans l'ombre des gorges de la Corrèze, entre ses ruisselantes parois de granit, et passe à côté de celles du Coyroux, l'une des plus sauvages du Limousin. Là, au milieu des rochers à pic et des forêts, dans un site infiniment retiré, florissait l'antique abbaye d'Aubazine : il en reste une église du xii° siècle, fort belle, et qui possède assez d'œuvres d'art, entre autres le tombeau de saint Étienne, une fresque de 1466, des émaux, des vitraux en grisaille, pour justifier une longue excursion à l'écart des sentiers battus.

Au premier aspect, dans un cadre de beaux arbres et d'élégantes habitations, Brive est vraiment pour nous, comme pour nos aïeux, la ville « gaillarde » du Limousin. Mais ce cadre plaisant n'est que la parure de sa richesse. Après l'agréable faubourg créé par l'importante gare moderne, l'une des plus actives du réseau d'Orléans, les avenues, les boulevards ombragés et spacieux entourent et masquent un lacs de rues tortueuses, dont les encorbellements gothiques, les tourelles d'angle et les façades enjolivées de la Renaissance, évoquent ses dramatiques annales. C'était une cité gallo-romaine, déjà célèbre au vi° siècle, puisque l'an 584 l'aventureux Gondowald s'y fit proclamer roi d'Aquitaine. Philippe le Bel, l'estimant un de ses meilleurs greniers d'abondance, la fortifia en 1335, et la seule trahison des échevins qui la livrèrent aux troupes anglaises du duc de Lancastre, en 1374, put triompher de la solidité de ces nouveaux remparts. On voyait jadis, devant la porte Barbacane, l'emplacement de l'échafaud où les coupables magistrats furent décapités, à la rentrée des Français. Plus tard, la ville, assise en plaine ouverte et trop peu défendue par une enceinte qui n'était point faite pour résister aux canons, devint tour à tour la proie des calvinistes et des ligueurs, subit les assauts et les violences des uns et des autres. Voilà ce que raconte le vieux Brive, serré autour de son église Saint-Martin, dont le por-

[1] Le public doit à cette retraite de Gimel les meilleures œuvres de Gaston Vuillier, ces livres considérables et charmants : *la Tunisie* (publiée par la maison Mame), *la Sicile*, *la Danse*.

tail est énergiquement sculpté et les absides d'un bon style roman. La Société scientifique, historique et archéologique du lieu en sait bien davantage, car Brive est savante et studieuse, la digne patrie du maréchal Brune, soldat philosophe, qui dans sa tente, à côté d'un plan de bataille, lisait Horace et Cicéron; celle du profond jurisconsulte Treilhard, du naturaliste Latreille, de l'ingénieux et bienfaisant comte de Lasteyrie du Saillant, propagateur en France de la lithographie... De glorieux noms à inscrire sur le blason de la ville, n'est-ce pas? Il y faut joindre celui de Cabanis, né aux environs, près de Cosnac; il se distingua, comme eux, par le sérieux de l'esprit et le charme des manières : ce sont qualités du terroir.

Les grottes de Saint-Antoine-de-Padoue, de Lamouroux, de Siaurat, de Noailles, refuges, aux premiers âges du christianisme, des fidèles persécutés, que sainte Féréole et le noble espagnol Martin édifièrent par leur martyre; les ruines féodales de Lentillac, le château de Varetz, qui fut à Pierre d'Aubusson, grand maître des chevaliers de Rhodes, celui de Noailles, berceau d'une famille illustre; le gouffre de la forêt de la Fage : autant de buts de promenade dans le riche canton de Brives. Puis une nouvelle ligne ferrée nous emporte dans la vallée de la Vézère, vers le rocher où s'émiettent les murailles et les tours de Comborn, aire formidable des hauts barons du Limousin, vers la chartreuse du Glandier, solitude pieuse rendue naguère à la vie cénobitique; vers Vigeois, si connu par l'abbaye où Geoffroy écrivit la précieuse *Chronique du Vigeois,* datée de l'an 1160; vers Uzerches, la ville aristocratique et guerrière de la contrée.

Immobile sur le roc escarpé dont la Vézère baigne les bords, toute en logis d'autrefois, à tourelles défensives, portes méfiantes, issues secrètes, ruelles sournoises, Uzerches semble être encore la cité du moyen âge où chaque bourgeois protégeait sa demeure contre l'attaque toujours menaçante d'un ennemi sans cesse aux aguets et souvent voisin. Elle dit l'esprit belliqueux, passionné, les luttes continuelles du pays au temps des guerres de Cent ans et de religion. Plus d'une maison garde l'allure d'une forteresse, l'église même est flanquée d'une tour martiale. Si bien que le voyageur de 1730 pourrait toujours écrire : « On remarque deux singularités dans Uzerches : la première, qu'il n'y a pas d'habitant qui ne voye la rivière au pied de sa maison ou de son jardin. La seconde est qu'il n'y a point de maisons à les regarder par derrière qui n'ayent l'air d'un petit château à l'antique, avec des pavillons et des tournelles couvertes d'ardoises; ce qui fait dire communément que *qui a maison à Uzerches a château en Limousin...* »

Ici le train abandonne la Vézère. Mais le voyageur, s'il recherche les grands spectacles de la nature, poursuit dans la vallée, plus étroite et plus sauvage, une route plus déserte. Il traverse de bien humbles villages tassés dans une anse de la rivière grondeuse, ou bien accrochés aux pentes d'un roc, sur une pellicule d'humus cultivable; il côtoie le versant du puy d'Allonge et plus d'une autre montagne de la chaîne des Monédières, au sommet arrondi, aux flancs parsemés de châtaigniers difformes. Au cœur de la chaîne, la Vézère tombe de très haut dans un abîme immense, en une seule nappe large, puissante, majestueuse, avec la sonorité de la foudre, et il s'en élève d'impénétrables nuées d'écume dont l'on est bientôt mouillé, à vouloir observer de près une des plus belles cataractes de France : c'est le saut de la Virole. Ayant accompli ce prodige, elle va prendre source et creuser son sillon dans les gneiss et les granits micacés du plateau de Millevache, entre beaucoup de rivières semblables, de ruisseaux, de ruisselets, de rigoles et d'étangs, sous l'herbe toujours verte et parfumée d'éblouissants pâturages.

10

Vers l'est, les monts s'abaissent de huit cents à deux cent cinquante mètres; près de Limoges, ce ne sont plus que des collines, quelques rares sommets dominant les plateaux humides et froids où stagnent les étangs brumeux. Ame riante d'un pays pauvre et mélancolique, la Vienne, abondante, capricieuse, se joue entre des roches grises un peu boisées, dont les lignes heurtées diversifient heureusement l'horizon. La vallée charme l'artiste par ses frais paysages, et l'archéologue par les dolmens, les débris de châteaux et d'abbayes attestant une ancienne prospérité. Aujourd'hui, à la place des seigneurs dépossédés du mont et de la plaine, beaucoup de grands propriétaires y trouvent encore amplement les ressources et le plaisir de la pêche et de la chasse. Haut bâti, près de la rivière, Saint-Léonard, dont le monastère, fondé au IXe siècle, changea le nom et refit la fortune de l'antique *Nobilacum*, est le gros bourg annoncé par un admirable clocher roman, où l'on peut s'arrêter avant d'atteindre la capitale de la province.

La grande ville des émailleurs et des porcelainiers ne séduira point qui, l'abordant par le chemin de fer, en été, la verra devant lui croiser le damier morne et poudreux de ses boulevards trop larges et de ses rues trop blanches, réfractant par les pierres de leurs maisons nues et par l'asphalte de leurs trottoirs l'ardeur du sol brûlant. Elle semble alors irradier dans son atmosphère la torride chaleur des fours où cuit la pâte céramique. Les grandes voies contournent des quartiers moins revêches, mais aussi des ruelles immondes, et l'ensemble dégagé en vous l'impression d'un centre de labeur énorme, où, pour la grande majorité des êtres, la vie s'écoule dans la servitude du travail industriel, sans émotions bienfaisantes et sans plaisirs délicats. Mais c'est là peut-être une apparence trompeuse, car le bon peuple limousin, qui sut conserver jusqu'aux premières années de ce siècle les mœurs simples de ses aïeux et se plaire dans leurs antiques logis, doit trouver à la capitale de sa province, même modernisée, des charmes inconnus au voyageur. Avec la patience, le bon sens et l'esprit dont il est doué, on n'est point pour s'ennuyer.

Vue des bords de la Vienne, la ville séduit davantage; une partie de ses anciennes murailles dressées au-dessus du niveau de la rivière, et que domine l'ample et beau vaisseau gothique de la cathédrale, lui donne encore, de ce côté, l'air d'une grande cité historique, puissante et forte. Voilà bien l'aspect féodal de l'opulent fief des rois et des ducs d'Aquitaine, des rois d'Angleterre, des vicomtés de Limoges, si fameux, du moyen âge au XVIe siècle, pour l'habileté de ses maîtres émailleurs, la vogue de ses foires, ses fréquentes expositions de « corps saints », sa merveilleuse procession de « monsieur saint Martial », le commerce en denrées levantines de ses marchands vénitiens, sa corporation des bouchers à nulle autre comparable, et même sa littérature. A Limoges se parlait purement la langue limousine, illustrée par les poètes Bernard de Ventadour et Astorg de Beaulieu, et si estimée entre tous les dialectes du Midi, qu'en 1238 le roi d'Aragon Jean Ier se justifiait de l'employer pour rédiger le code qu'il donnait aux habitants de Valence, en disant que c'était « la troisième et dernière maîtresse langue de l'esprit et la plus répandue après la castillane »:

Les deux ponts qui menaient de la rive gauche de la Vienne dans cette grande ville traversent encore la rivière de leurs basses ogives et de leurs noirs piliers carrés en aval, pointus et courbés en amont; entre eux descend de la ville haute, ancien oppidum des Lemovices, puis cité gallo-romaine, une galerie de mille mètres de longueur, creusée dans le roc; l'amphithéâtre latin, le palais des proconsuls, en étaient proches, et la rotonde, taillée dans le granit et appelée *Trou du Diable,* qui peut avoir été un temple ou un refuge gaulois, et la Fontaine d'Angoulême, reste d'un aqueduc romain.

La cathédrale règne sur ce passé, efface ces vestiges de sa haute et brillante architecture. Du 1er juin 1273, où fut posée sa première pierre, à nos jours, plusieurs siècles y ont travaillé; c'est par excellence le « monument » du Limousin. Elle est digne d'un peuple artiste par la splendeur de quelques-unes de ses parties, décorées par les soins des évêques Barthon de Montbas, Philippe de Montmorency, Villiers de l'Isle-Adam, Jean de Langeac et Jean du Bellay, dans le style de la Renaissance. Ainsi la façade nord du transept offre les plus étincelants caprices, et le jubé, dont malheureusement la pierre blanche effritée perd sa riche ornementation, fut un chef-d'œuvre. On en admire encore les statues des vertus théologales et cardinales, sveltes et fines en leurs niches de dentelle, les médaillons, les singuliers bas-reliefs des *travaux d'Hercule*, et l'élégante balustrade du couronnement où monte un double escalier à jour. La sacristie renferme d'éclatants émaux de Noël Landin; aux fenêtres s'enchâssent des vitraux du xive siècle; de gothiques tombeaux d'évêques reposent dans le chœur, et le temps ronge et détruit peu à peu le mausolée de Mgr Jean de Langeac, grand aumônier et ambassadeur de François Ier, autour duquel se lisent déjà difficilement les *Visions de l'Apocalypse,* interprétées dans une suite de bas-reliefs qui durent être charmants. Cependant le temps a respecté les fresques byzantines du xie siècle dont est parée, sous le chœur, la voûte de la crypte de l'ancienne basilique romane.

Saint-Junien. — Tombeau romain du saint.

Auprès du grand édifice chrétien on peut à peine citer, pour quelques œuvres d'art, les églises Saint-Pierre-du-Queyroix, Saint-Michel-des-Lions, Saint-Aurélien, paroisse des bouchers; le seul hôtel de ville, palais de la démocratie, à façade luxueuse, à hautain campanile, semble comme lui représenter une puissance. On voit dans le petit musée de cette maison du peuple quelques émaux superbes, trop peu pour documenter l'histoire de l'art limousin, trop peu pour donner même une faible idée de la lignée d'artistes supérieurs qui commencèrent dès le iiie siècle, suivant certains érudits, à fabriquer l'émail à taille d'épargne, et furent assurément, au xiie et surtout au xiiie siècle, les principaux producteurs de ces jolis émaux connus dans toute l'Europe sous le nom d'*opus lemovicense*. A leur corporation appartenait le célèbre ministre de Dagobert, saint Éloi, fondateur, aux environs, de l'abbaye de Solignac, où il créa un atelier-type d'orfèvrerie et d'émaillerie, dirigé, sous lui, par ses disciples et élèves, saint Tillon et saint Remacle. Tous les amateurs savent à quel degré de perfection s'éleva cette industrie entre les mains des maîtres renommés : les Limosin, les Courteix, les Pénicaud, les Raymon, les Landin, les Noualhier, les Poncet, dont les rarissimes pièces signées sont l'honneur des grands musées et des riches collections particulières. Tant de gloire ne paraît guère au musée de la ville; plus récente, mais si prospère, la céramique limousine est beaucoup mieux représentée dans un musée spécial, empli de faïences et de porcelaines extrêmement variées. C'est que la céramique.

vivifie Limoges, alimente ses trente ou quarante manufactures, jalonne les bords de la Vienne d'usines où l'on pétrit le kaolin et la pegmatite, nourrit près de mille ornemanistes, plus de cinq mille ouvriers, et propage aux alentours le travail et l'aisance.

L'église dallée de tombeaux et le trésor de l'ancienne abbaye de Solignac, les superbes ruines de Chalusset, résidence des vicomtes de Limoges, le beau tombeau de saint Junien, tout peuplé de personnages mystiques et fleuri de curieux symboles sculptés au XIIe siècle, ce sont les attraits de ces alentours, où les aimables sites ne manquent pas non plus. Il ne faut pas s'en éloigner beaucoup pour aller voir, dans le vieux château aristocratique de Rochechouart, transformé en sous-préfecture, des peintures murales du XVe siècle, naïves et fidèles copies des mœurs du temps. Alors laissant derrière soi, sauf espoir de retour, les plaines de la basse Marche, Bellac, Dorat et son antique collégiale, Châteauponsac, ses trois églises et ses reliquaires, les ruines de l'illustre abbaye de Grandmont, on redescend vers le midi et la montagne par la région des gneiss où gisent, inépuisables, le kaolin et le pétunzé, richesses de la province. Voici les deux donjons de Chalus, débris du château fort assiégé, l'an 1199, par Richard Cœur de Lion, qu'une flèche tirée par l'archer Pierre Basile ou le chevalier Bertrand de Gourdon blessa mortellement; voici, à une lieue, les ruines du château de Montbrun, bâti par un évêque de Limoges et jadis formidable, ayant, premier entre tous, été pourvu de mâchicoulis; et voici Saint-Yrieix, vieille cité, antique sanctuaire, près de laquelle, en 1765, le chirurgien Darnet trouva la précieuse matière dont manquait la royale manufacture de Sèvres pour être en état de fabriquer des porcelaines solides comme celles de la Chine, la précieuse matière que recherchaient à l'envi chimistes et géologues, le kaolin, qui dota la France et en particulier le Limousin d'une nouvelle industrie, plus que jamais florissante.

Pompadour, haras et château célèbres; Ségur, berceau d'une famille de preux; Ayen, Noailles : le conducteur du train longeant les rives de la Vézère, puis celles de la Tourmente, appelle ces beaux noms historiques, mais ils ne parlent qu'à l'esprit; Turenne parle aux yeux : saisissante image de la puissance féodale. Au bas d'un mont en pain de sucre, cette bourgade de Turenne paraît se presser si humblement, si peureusement sous la protection et la menace des tours altières de l'ancienne vicomté! Et elles ont l'air encore si fortes et si terribles, ces tours dites de César et du Trésor, dont les seigneurs, issus des comites de Charlemagne, prétendaient ne tenir leurs droits que de Dieu et de « monseigneur saint Martial »! Sans cesse militants, ils ont durant des siècles dominé, parfois terrorisé la contrée, battant monnaie comme le roi, anoblissant leurs vassaux comme le roi, et comme de petits rois levant des bans de cinq mille hommes! Même sous Louis XV, ils étaient indépendants de la couronne, et le roi de France dut, pour annexer leur État, l'acheter quatre millions deux cent mille livres au dernier vicomte-duc Charles-Godefroy.

Aux environs de Turenne, nul village qui n'ait souffert de ces rudes batailleurs, tour à tour féodaux de grande route, protestants fanatiques et frondeurs turbulents. Mais la plus grande de leurs victimes fut l'abbaye de Beaulieu, fondée pourtant par un prélat de leur race, saint Rodolphe de Turenne, archevêque de Bourges au IXe siècle. C'est une bien jolie ville, Beaulieu; puisse la diligence vous y conduire! Toute en maisons d'autrefois cernées par des fragments de remparts, elle se mire dans la Dordogne, entre des coteaux vineux et des forêts de chênes, de bouleaux et d'érables. Le monastère, ruiné pendant la guerre de la Réforme, occupait le centre du vallon. Il en subsiste la vaste église romane, sombre et magnifique sanctuaire, dont le portail ouvert au midi offre, tout mutilé qu'il fut par les iconoclastes du xvie siècle, des hauts-reliefs d'une grandeur épique, sur ces sujets variés : la *Tentation de Notre-Seigneur*, la *Mise en fuite des démons*, le *Triomphe de l'Église et du Christ*, les *Péchés capitaux*, le *Jugement dernier*...

Assez près de Beaulieu, dans la même région agreste, accidentée, Castelnau, fantastique ruine féodale couleur de feu, hissée à trois cents mètres de hauteur, sur un roc qu'un ravin périlleux détache du massif des collines; Puy-d'Issolu, assis sur le promontoire escarpé où d'aucuns, à divers débris, ont cru retrouver Uxellodunum : sujets palpitants d'excursions.

Passé la rive gauche de la Dordogne, le paysage n'est plus le même, le Quercy s'étend et ses causses arides. D'innombrables blocs et cailloux oolithiques parsèment, comme tombés en pluie, la terre qu'ils blanchissent, assèchent et que brûlante le soleil. Sur cette trame ardente se plaquent en teintes foncées les verdures fréquentes du blé, du seigle, des arbres fruitiers et des arbres verts, celles aussi, plus rares, des vignes mourantes. Parfois, sur de longs espaces déserts et farouches, le roc affleure; le sol n'absorbe point l'eau du ciel, qui s'écoule avec l'eau des sources en des fissures insondables, des puits naturels, des gouffres, des cavernes, *igues* ou *cloups*, aux ramifications inconnues. Cachées à tous les yeux, contraintes à pénétrer entre des couches d'argile imperméable et alors grossies en rivières, épandues en lacs, coupées de chutes, de cascades, eaux de source et de pluie cheminent longuement, par des plans divers, sous l'écorce terrestre, avant de revenir au niveau du sol, d'où elles sortent, émergent au jour en fontaines d'une pureté merveilleuse.

Ainsi le puits de Padirac, exploré, révélé par M. Martel, qui le premier osa descendre au fond de l'abîme et, pour prix de son courage, obtint le ravissement de contempler un monde souterrain plus varié, plus éclatant que l'autre, avec ruisseaux, sources, cascatelles d'argent, lacs superposés, immenses, et quelles grottes féeriques ! « Le brillant revêtement des stalactites lambrisse leurs parois; là s'étalent en saillie et s'allongent en rangées les ornements les plus gracieux; bas-reliefs bizarres sculptés par la nature en étincelant carbonate de chaux, bouquets de fleurs, bénitiers d'église, feuilles d'acanthe, statuettes, consoles et clochetons de cristal blanc et rose scintillent jusqu'aux voûtes, qui mesurent de vingt à trente mètres de hauteur; comme richesse de décoration, nul artiste n'a rien imaginé ni créé de semblable... »

Ainsi, irrésistibles aimants pour le voyageur que tenterait le renom de M. Martel, le gouffre de Blagour, le gouffre de Roque-de-Corn, le gouffre du Limon, aux profondeurs encore ignorées, et le gouffre de l'Igue-du-Biau, le gouffre du Saut-de-la-Pucelle, entre Gramat et Rocamadour. Mais Rocamadour est aussi un aimant irrésistible.

Entre les gorges sauvages aux pentes abruptes, au fond rocheux, qui barrent les causses de gigantesques fossés, et au versant desquelles s'accroche la sombre verdure des chênes-quercus, si abondants en cette contrée, qu'au dire de certains ils la dénommèrent Quercy, l'une des plus étonnantes est celle où Rocamadour perpétue le miracle et la sainteté. Touriste ou pèlerin, il y faut aller. Une heure de voiture à travers le désert y conduit; les chevaux s'arrêtent d'eux-mêmes à l'entrée d'une maison forte des évêques de Tulle au xve siècle, et le cocher vous indique le chemin du village et du sanctuaire : celui-ci, creusé sous vos pieds dans les étages successifs du roc caverneux dont l'ex-palais épiscopal occupe le sommet; celui-là en avant, collé au flanc du val de l'Alzon encore invisible. On descend une longue série de rampes en colimaçon, dont les douze plates-formes, stations du calvaire, portent chacune le tableau en relief d'une scène de la Passion. A la dernière, la route passe, menant d'un côté aux maisons, aux hôtelleries, où l'on entre par le troisième étage; de l'autre, au seuil de la porte crénelée, blasonnée, féodale, où sont en or gravés ces mots : *Anno infelice MDCCCLXX, hoc cœnobium reædificatur.* Là commence le pèlerinage, par un escalier de deux cent quinze marches, au sommet duquel les édifices religieux vous entourent, masquant de leurs façades superposées des grottes consacrées au culte.

Fondation antique s'il en est, Rocamadour, au rapport de l'hagiographe, a pour origine l'ermitage que l'apôtre Zachée, séduit par la sauvagerie du lieu, se choisit au premier siècle de l'ère chrétienne pour prêcher la bonne parole aux Cadurces idolâtres, et où il vécut longtemps de leurs aumônes, eux l'appelant en leur patois *Amadour*, c'est-à-dire amateur des rochers. En vérité, le saint anachorète n'eût pu choisir dans tout le Quercy un site plus extraordinaire. A l'horizon s'étend à perte de vue la morne surface du causse; mais à vos pieds, brusquement, comme fendu à la hache par la main d'un colosse, il dévale, et le roc, tranché net, tombe vertical dans un abîme, l'abîme vertigineux où, dans l'été, l'avare Alzon glisse sur les pierres quelques gouttes d'eau. Sur le plateau, une seule teinte, celle de la craie ou de l'os calciné, aveuglante de blancheur; aux parois déclives de maigres bouquets d'arbres, d'arbustes, de ronces vivaces, poussés entre les blocs, toute une flore de saxifrages semblant par touffes croître sur de la cendre.

Rocamadour. — L'Abbaye et le village.

Construites à diverses époques, du XIIe au XVIIIe siècle, les sept ou huit chapelles de l'illustre sanctuaire ont de la grandeur. Leurs triples et quadruples rangs de fenêtres romanes, leurs puissantes colonnes dont les chapiteaux offrent des masques d'hommes et de femmes d'un caractère épique, les créneaux, les mâchicoulis couronnant leurs terrasses, s'y harmonisent dans un ensemble imposant. Elles renferment peu d'œuvres d'art; mais les peintures murales représentent les fastes de l'abbaye, et les inscriptions vous guident à travers les âges de la Foi. On lit dans la chapelle de Saint-Michel : *L'an MDCCVI le corps de saint Amadour a été retrouvé intact dans le tombeau où il reposait depuis sa mort...* En celle de la Vierge les fresques vous montrent Roland, neveu de Charlemagne, donnant à l'abbaye de Rocamadour un poids d'argent égal à celui de l'invincible Durandal; les compagnons du preux rapportant son corps après Roncevaux; saint Dominique et saint Garrigues passant une nuit en prières avant d'organiser l'inquisition. Ailleurs, se haussent jusqu'aux voûtes les figures prodigieuses du Christ et de saint Christophe, expressions candides et terrifiantes de la foi naïve. Parmi d'innombrables ex-voto, chargés de prières et d'actions de grâces, un tableau fait voir M. et Mme de Solignac de Lamothe-Fénelon agenouillés devant l'autel de la Vierge, vers laquelle ils tendent, en suppliants, le berceau d'un enfant malade. Et cet enfant guérit, et il fut, pour l'humanité, le grand écrivain du *Télémaque* et le miséricordieux archevêque de Cambrai; et le tableau publie ce bienfait divin. Enfin, dans l'église du Saint-Sauveur, toute ornée de bannières et d'oriflammes, une galerie de portraits rappelle les royaux visiteurs d'antan: Louis IX et les deux frères du saint roi, Alphonse, comte de Boulogne et roi de Portugal; Jeanne de Luxembourg, épouse de Charles le Bel; Jean, roi de Bohême, le glorieux aveugle qui périt à la journée de Poitiers; Jean de Valois, duc de Normandie et Robert d'Artois.

Au midi, le causse de Gramat s'arrête aux rives du Célé : on ne la parcourra pas, fût-ce en chemin de fer, sans être tenté de s'arrêter à la station d'Assie, petit village autrefois glorifié par le nom d'un héros d'Agnadel, de Marignan et de Pavie, Galliot de Genouillac, grand maître de l'artillerie sous Louis XII et François Ier, lequel y habita le plus galant des châteaux (en ruines aujourd'hui), et repose dans l'église paroissiale, sous un sarcophage décoré de son effigie et de ces mots :

> Ci dort qui n'eut jamais propos
> De reposer en la vie mortelle ;
> Ses longs travaux lui ont donné repos,
> Car pour ses faits sa vie est immortelle.

Sur les bords du Célé, la physionomie de l'antique Figeac nous rit aux yeux, blanche et verte, mais décevante, puisqu'au delà de la rivière rien ne reste de la plaisante ville aperçue, qu'un amas de maisons crasseuses, aux amples porches cintrés, à petites fenêtres carrées, aux voûtes profondes, aux ténébreux intérieurs, souvent barrées de herses ou de portes massives piquées de gros clous à tête étoilée, toutes bordant un labyrinthe de rues, ou plutôt ruelles, impasses, passages exigus, boueux et gluants, d'où s'échappent des miasmes de cloaques. Ainsi prisonnière de l'abbaye royale de bénédictins dont au sommet de la côte le cloître la domine encore, elle garde des logis du XIIIe et du XIVe siècle, construits sur le domaine des moines, logis que proscrit le goût moderne du confort et de l'hygiène, mais que l'artiste regretterait pour leurs jolies façades où se croisent de sveltes arceaux, où grimacent des figures énergiques.

Le Lot maintenant trace la limite du Rouergue, et voici, découpée dans le granit par une lumineuse courbe de la rivière, deux fois repliée sur elle-même, le cap dressé entre les Cadurces et les Ruthènes comme une barre puissante, le Capdenac où, tant l'image en est topique et suggestives les ruines, on a cru retrouver l'oppidum où Luctérius, chef des Cadurces, allié de Vercingétorix, se réfugia après la chute d'Alésia et fut rejoint par le Sénone Droppès. Mais ce n'est que simple conjecture, plusieurs lieux semblables revendiquant l'honneur d'avoir été la bonne cité gauloise vaincue et amputée de dix mille mains par le cruel César.

Capdenac, c'est, au nord, la clef du plateau du Rouergue, dont le Lot creuse la frontière. Rude plateau traversé de vallées magnifiques, contrée savoureuse et peu connue, il y a des années que se révélèrent à nous la beauté de ses gorges de l'Aveyron, du Tarn et du Viaur, la luxuriance de ses ségalas, la mélancolie de ses causses, la robuste grâce de ses vallons, l'âpreté salutaire de ses montagnes. Rebuté d'abord à l'aspect sévère des choses et des êtres, hommes et paysages de granit, plus frustes que polis, moins agréables que vigoureux, nous l'eussions aussitôt quitté sans regret. Mais un séjour prolongé au milieu d'eux nous fit goûter le charme de leur originalité profonde. Ils ne ressemblent pas aux autres, ils sont uniques en France, eux-mêmes et rien qu'eux-mêmes : que pourrions-nous en rapporter de plus attrayant ?... Loin des fleuves, artères des grands centres de civilisation, le progrès, l'énigmatique progrès, — dont personne n'a défini le sens ni deviné le but, — les a touchés lentement, déflorés à peine, et c'est plaisir de trouver encore en eux un pays naturel, un peuple simple.

Rocamadour. — Porte du sanctuaire de saint Amadour.

Un peu au delà de Capdenac, à l'écart du chemin de Rodez, le ciel nous apparaît tout brouillé de fumée, le sol boursouflé, ravagé, sec et sombre; c'est la noire région des mines et des forges étendues entre Viviez, Decazeville, Aubin et Cransac, le vaste bassin houiller dont les entrailles, incessamment fouillées, livrent bon an mal an à l'industrie huit à neuf cent mille tonnes de charbon et cinq mille de lignite. Mines et métallurgies fixent dans cette région vingt-huit à trente mille âmes laborieuses, dures à l'ouvrage comme la terre où elles vivent, comme le fer qu'elles domptent, sobres, volontaires, patientes, comme la plupart des enfants du Rouergue. Hommes, femmes, garçons et filles, dès l'âge de quatorze ans, travaillent neuf et dix heures par jour à l'extraction et au triage du charbon : les adultes mâles pour un salaire quotidien de 4 fr. 30, 4 fr. 50; les enfants et les femmes pour 1 fr. 50 et 2 francs. Mieux rétribués pour une besogne plus difficile, les ouvriers en métaux s'emploient aux immenses ateliers du Gua, où la société des Aciéries de France fabrique les rails de la compagnie d'Orléans; aux forges de Decazeville, dans les usines spéciales de Peuchot, de Viviez, de Firmi. Dans leur pays chaotique, saupoudré de poussières et plein de bruits violents, nulle élégance, hormis le château de Bournazel, que Baduel, architecte local, mais ayant aux frais de son seigneur étudié à Rome les principes de son art, décora dans le goût exquis du XVIe siècle. L'église romane d'Aubin est jolie aussi. Mais d'autres visions plus saisissantes emplissent les yeux du voyageur, même indifférent aux œuvres du travail. Pareils à des volcans en calme ignition, les montagnes brûlantes de Monteil, de la Salle, de Fontvergne, séculairement en flammes par la combustion lente de la houille à fleur de sol, se couvrent le jour d'épaisses fumées piquées de langues de feu, et la nuit de lueurs écarlates et violettes de l'aspect le plus fantastique. Entre ces enfers se projette l'éclat des forges, s'évasent en bouquets lumineux les flammes des hauts fourneaux, étincellent les scories dont l'air consume les gaz incandescents.

En vue presque de ces spectacles, au bord des eaux rouges et fangeuses du Dourdon, s'éleva du VIIe au VIIIe siècle l'abbaye de Conques, si loin des routes passantes et dans un vallon d'accès si difficile, que les guerres et brigandages continuels du moyen âge et de la Réforme forcément l'épargnèrent, et qu'après tant et tant d'années son église romane dresse tours, nef et portails, superbes et solides comme au jour de leur édification et, de plus, possède un trésor accumulé par les anciens moines depuis l'empereur Charlemagne; c'est-à-dire statuettes d'ivoire et d'argent, croix processionnelles, ciboires, reliquaires, tapisseries, retables, boiseries, orfèvreries, cent objets pour lesquels admirer le touriste, archéologue ou profane, ne craindra mie ses pas.

Au delà, vers l'est, voies ferrées manquent : la diligence antique et rustique, à tapis de paille et de foin, conduit seule aux pays presque auvergnats d'Entraygues, d'Estaing, d'Espalion, de Laguiole, celui-ci proche du Gévaudan, dont le séparent les monts d'Aubrac. Là se confectionnent les meilleurs fromages gras, là paissent de grands troupeaux de bœufs et de vaches; et tout propriétaire, possédant pour toute fortune, ainsi qu'un patriarche biblique, portion de pâture et certain nombre de bêtes à cornes, l'exprime en disant : « J'ai une montagne de vingt, cinquante, cent vaches ! »

A distance égale de ce pays primitif et des mines d'Aubin, bien au centre du Rouergue, dominatrice tout indiquée par la nature, est Rodez, héritière de l'oppidum des Ruthènes et du Segodunum gallo-romain. L'artiste, au tournant de la route, la voit surgir d'un cercle d'austères collines et couronner magnifiquement, à cent vingt mètres d'altitude, un promontoire découpé dans le granit par l'Aveyron, et il s'émerveille. Sous ses yeux étonnés se dressent en pleine lumière, sur un seul plan, le front altier de la cité religieuse, la masse puissante de la cathédrale, sa tour énorme, prodige de grâce et de force, et le palais épiscopal, colosse de briques, d'un effet toujours superbe, que sur eux s'étale la pourpre du soleil, le suaire argenté de la lune ou le manteau de plomb d'un ciel orageux. Et Rodez lui semble l'éclosion naturelle et choisie du sol abrupt, la fleur vermeille de la contrée sauvage.

Cette première impression ne résiste pas au décevant contraste d'une petite ville rugueuse, obscure, longtemps laide et négligée, peu à peu rajeunie sous l'intelligente administration municipale de M. Louis Lacombe. Mais son front altier continue de vous séduire. La vaste cathédrale, édifiée du XIIIe au XVIe siècle, offre sur l'immense nudité de ses murs des ornements délicats plaisants à voir ici, comme un sourire sur une figure grave. Une exquise dentelle en pierre blanche décore les baies, la rose, les balcons, les tourelles, les pinacles, l'attique de la façade sans portail et du clocher à triple étage, chefs-d'œuvre de l'architecte Cusset, datés 1510-1526. Le clocher surtout ravit : phare d'un immense horizon, il monte à quatre-vingts mètres et porte au milieu le blason de la cité soutenu par le lion héraldique des d'Armagnac, et au sommet la statue de Notre-Dame, que révèrent les statues des quatre évangélistes, posées sur les angles. Avec ce bijou rivalisent peut-être, dans l'église, les sculptures du jubé et une *Agonie du Christ*, groupe dont les personnages éplorés autour de l'Homme-Dieu expriment avec une vérité saisissante la douleur méridionale, douleur toute en dehors, en jeux de physionomie, en cris et gestes passionnés, véhéments et fugitifs.

Aux fortes murailles du palais épiscopal, simple résidence, malgré le seigneurial aspect, de prélats très honorés et très écoutés, se rattachent les maigres débris de l'enceinte du moyen âge, dont une suite de boulevards ont comblé les fossés. Le flâneur parcourt ce « tour de ville » en moins de vingt minutes. Il n'en était que plus facile à défendre et n'en protégeait que mieux la capitale des valeureux comtes Hugues, de la sage et bonne comtesse Cécile, des puissants d'Armagnac. Anglais, routiers et calvinistes, l'assaillant, y échouèrent les uns après les autres. Mais sa force n'était point dans son étendue ni dans l'épaisseur de ses remparts. On le comprend à mesurer du regard la profondeur des ravins aux bords desquels il s'arrête brusquement, et au delà desquels une immense campagne, la vallée de l'Aveyron, les monts d'Aubrac, les chaînes des Palanges et du Levezou, s'étendent, illimités, sous la garde de leur capitale.

Cathédrale de Rodez.

Des rues étroites, sombres, humides, bizarrement contournées, débouchent sur les boulevards et se croisent en divers carrefours et places, dont les plus spacieuses sont la place de la Cité, où s'élève la statue du sublime archevêque de Paris, Denis-Auguste Affre, et la place du Bourg aux nobles logis historiques. Celle-ci était le centre du comté féodal créé au XIIe siècle par le comte de Toulouse, Raymond de Saint-Gilles, quand il donna en fief une portion de Rodez au fils puîné du vicomte de Milhau. Le Bourg, petit chef-lieu d'un assez grand État, avait des magistrats indépendants ; un d'eux, le consul Béranger de Nottes, s'illustra au lendemain de Brétigny, qui faisait du Rouergue une province anglaise. Osant pousser ses concitoyens à chasser l'envahisseur, il se mit à leur tête et réussit à délivrer son pays. Pourquoi, en ces années reconnaissantes, où la France dénombre toutes ses gloires pour les honorer tour à tour, la statue du consul patriote Béranger de Nottes ne décorerait-elle pas la place du Bourg ?... Ici, entre plusieurs maisons de bois curieusement chevronnées et pansues, une maison vaste, très jolie, ornée de médaillons représentant des dames et des seigneurs du XVIe siècle, se nomme la maison d'Armagnac ; les personnages sculptés sont probablement les derniers membres de cette famille qui possédèrent le Rouergue.

A part ces choses, que citer d'une ville uniformément grise et pauvre ? tout y semble pareil, et l'on attribuerait volontiers la même et modeste fortune à tous ses habitants. Ce serait une illusion, car maintes richesses se dissimulent sous ces humbles dehors. Cependant l'œil avisé d'un chercheur reconnaîtra çà et là une porte, une fenêtre finement arquées et blasonnées, des substructions d'arènes gallo-romaines, au nord de la cathédrale, la maison natale d'Alexis Monteil, le charmant hôtel d'Estaing où demeure aujourd'hui Mme Virenque, l'excellente directrice du *Courrier de l'Aveyron*. Et le touriste, pour s'initier aux goûts, aux mœurs, au langage imagé du bon peuple ruthène, saurait-il mieux faire que de s'asseoir à la table d'hôte de l'hôtel Biney, justement célèbre tout à la ronde pour sa cuisine gargantuesque et ses pâtés de foie gras truffés? Ne médisons point de ces plaisirs de la table; la tranquille province leur doit sa bonne humeur. Entre deux verres, tel qui vous parut au premier abord froid et presque revêche se révèle avenant et presque cordial; son âme se dégourdit, sa langue se débride, il vous familiarise en un moment

Le Monastère, à Rodez.

avec son rude pays, et vous êtes, en le quittant, assez son ami pour consentir au fameux dicton local :

    Roudo que roudoras
    Per ona o Roudes
    Toujours mountoras.

Les environs de Rodez réunissent tous les agréments pittoresques de la contrée. On fait le dimanche de gaies promenades au joli village du Monastère, dans la vallée de l'Aveyron. En été le gracieux vallon de Salles-la-Source, ce Tibur du Rouergue, le *tindoul* de la Veissière, mystérieux abîme ouvert au milieu du causse central, Bozouls et ses cascades du gour d'Enfer, attirent les excursionnistes. D'autres, descendant l'Aveyron, vont admirer les ruines de Belcastel, la Chartreuse de Villefranche, où sont d'exquises boiseries du XVe siècle, et dont le petit cloître est un pur chef-d'œuvre, et l'énorme donjon de Najac, si hardiment planté à la cime d'un roc qui commande l'accès des gorges superbes où la rivière s'enfouit jusqu'à Montauban.

A partir de Najac le train, roulant en plaine vers Toulouse, visite ces petites villes, si florissantes naguère, avant le phylloxéra, Gaillac, l'Isle-d'Albi, Rabastens. Mais l'intérêt d'un voyage en Albigeois n'est pas sur cette route banale. A la suivre, les plus beaux débris du passé vous demeureraient inconnus; vous ne verriez pas Cordes, Puycelci, Castelnau-de-Montmirail, pétrifications d'histoire, splendides de forme et de couleur : Cordes, une bastide du XIIIe siècle extraordinairement conservée, à triple enceinte, portes et poternes crénelées, le tout ayant jadis défendu contre un retour offensif des Albigeois hérétiques de nobles logis encore intacts et joliment décorés; Puycelci, un autre bourg du moyen âge, sur une colline isolée dominant les ombrages de la forêt de Grésigne; Castelnau-de-Montmirail, lieu élevé (*mons mirabilis*) et lieu féodal, comme en témoignent ses fortifications, ses portes et son église, qui renferme le tombeau du comte Charles d'Armagnac, l'un de ses seigneurs, mort épuisé par dix années d'emprisonnement à la Bastille, laissant à ce fief, son dernier refuge, la croix en vermeil incrustée de cabochons et de pierres incises exposée dans la sacristie.

Puis le voyageur sentimental n'oubliera d'aller en pèlerinage au Cayla, simple manoir cher aux lettrés, que disons-nous? cher à toutes les âmes affectueuses et tendres. Là vécurent les poètes Maurice et Eugénie de Guérin ; leur demeure respire encore le souvenir et les traces de leurs mélancoliques existences. On n'y a rien changé; l'esprit y peut rêver leurs ombres, y suivre pas à pas la sœur, l'incomparable sœur du poète du *Centaure,* dans tous les actes, dans toutes les pensées de son *Journal,* et s'agenouiller dans un coin du cimetière d'Andillac sur les tombeaux où tous deux attendent, ainsi qu'ils le croyaient fermement, la résurrection éternelle dans l'amour infini.

Albi est la grande ville, la ville merveilleuse de l'Albigeois. Oui, vraiment merveilleuse, à la minute même où nous vîmes le crépuscule embraser la masse de ses vieux édifices rouges comme le sang et la flamme. Le train, contournant les bords déchiquetés et rocailleux du Tarn, déroulait peu à peu le promontoire où s'élèvent la sombre tour de Saint-Salvi, les hautaines façades du palais de la Verbie, le donjon des Archevêques et la colossale Sainte-Cécile, qui, dressée dans une majesté stupéfiante, effaçant tout, semblait seule remplir la ville entière.

Un moment après elle nous parut bien petite, bien mesquine, cette grandiose Albi. Toujours dans le cadre étroit où se groupait la *Civitas Albinensium,* si fameuse au moyen âge, elle est seulement plus vieille, plus obscure et plus dénuée. Une ou deux maisons romanes vous reportent cependant au temps où florissait la capitale des Trencavel, vicomtes d'Albi, seigneurs de Carcassonne, de Nîmes, d'Agde, de Béziers, batailleurs infatigables, alliés d'Alphonse Ier, roi d'Aragon, contre les Maures, ennemis victorieux des comtes de Barcelone, et si solidement appuyés sur leurs citadelles d'Ambialet et de Lautrec, qu'ils pouvaient se croire invincibles. Il n'y avait pas alors séjour plus brillant ni plus agréable : ses tournois, ses cours d'amour, ses devis de gaie science étaient sans pareils, et nulle part les troubadours, comme Azemar le Negro ou Raimond de Miraval, ne furent mieux accueillis. Mais les Trencavel, adeptes du nouveau manichéisme et protégeant les Cathares, furent dénoncés par saint Dominique à la fureur des croisés, et le terrible Simon de Montfort renversa en quelques semaines leur séculaire puissance.

Déchue de son haut rang féodal, Albi ne fut plus que le domaine temporel de ses évêques. Elle y gagna du moins sa cathédrale, magnifique témoignage de leur goût pour les arts. Bernard de Castanet en posa la première pierre le 15 août 1282, et successivement

Dominique de Florence, Jean Jouffroi, les cardinaux Louis Ier et Louis II d'Amboise, l'achevèrent. Elle est de la sorte marquée au style d'époques diverses : au dehors arche monstrueuse en briques rouges, accolée de trente-huit tours et percée de trois portes, dont une monumentale et superbe; au dedans nef unique, immense, soutenue par des piliers latéraux, traversée d'un jubé ciselé plutôt que sculpté et peuplé de statues; enfin partout, sur les voûtes, au chevet, revêtue de fresques qui l'animent de mystiques visions : le *Jugement dernier, Jésus ressuscité apparaissant à ses apôtres*, les *Vierges folles et les Vierges sages*, la *Lutte de Constantin et de Maxence*, l'*Invention de la vraie Croix par l'impératrice Hélène*.

Trois cent soixante-six marches gravissant le clocher de cette église, étonnante de grandeur et resplendissante de couleur, vous permettent d'embrasser au sommet toute la ville, menue menue entre les soixante-dix-huit mètres d'altitude de son auguste Sainte-Cécile et l'horizon sans bornes. Voici, le long du Tarn, les coteaux reverdissants de Cahuzaguet, de Cunac, du Roc et de Rauteil; à l'ouest, des champs embaumés d'absinthe et d'anis; à vos pieds, le cloître de l'antique Saint-Salvi; plus loin, les silhouettes de Notre-Dame-de-Ladrèche, aimée des pèlerins, la tour de Castelnau-de-Lévis, restes du château du riche Sicard d'Alaman, qui donna mille livres tournois pour édifier la cathédrale. A l'est, l'estompe de légères collines marque le site pittoresque du saut du Sabo, cataracte du Tarn par-dessus trois gradins de rochers ayant ensemble quarante mètres de hauteur; au nord, des fumées, visibles si le ciel est pur, enveloppent les mines et les usines de Carmaux, dans la vallée du Cérou.

Un chemin de fer spécial conduit à cette ruche industrielle, la plus laborieuse, la plus productive du midi de la France. Son gisement carbonifère, évalué à neuf mille cent trente et un hectares superficiels, fournit annuellement trois cent vingt à trois cent cinquante mille tonnes de houille, dont s'approvisionne toute la région du Sud. L'aspect en est triste; tout y est poussière et fumée. Sur le sol inégal, plafond bossué des galeries souterraines moulant la surface de la mine, sur le sol noir, des maisons de briques ou plutôt des masures, noires aussi, sont éparses; et leurs portes ouvertes sur les rues, les sentiers, avouent la misère des milliers d'êtres employés dans les sept fosses de la riche extraction, dans la verrerie, dans les forges. Mais le soleil pénètre dans ses chétifs intérieurs et en réconforte les hôtes trop accablés : le soleil, subtil dictame, souverain magistère, pour les peuples méridionaux!

DANS LES MONTAGNES

III

LES CÉVENNES

D'Albi au sommet culminant du Plateau central, ce « toit de la France », la route est facile et déserte : il suffit de remonter les rives du Tarn jusqu'aux merveilleuses gorges serties dans les parois du causse de Sauveterre et du causse Méjean. Mais il nous plaît d'entrer dans les Cévennes par une autre voie moins connue, déjà plus sauvage. Et le train nous conduit dans l'âpre région de plaines peu fertiles et de collines calcaires isolant des vallées profondes où s'espacent les industrieuses Graulhet, Lautrec, Castres : celle-ci presque au pied de la Montagne-Noire.

Castres, cité laborieuse, semble prospère et riche. Autrefois l'un des boulevards, l'une des places fortes et privilégiées du calvinisme, le travail aujourd'hui l'occupe tout entière. Ses filatures de laine, ses fabriques de draps, ses fonderies, ses teintureries, ses faïenceries, ses brosseries, ses minoteries, ses ateliers de bonnets grecs, font vivre trente mille habitants. Elle est aussi quelque peu savante et littéraire, ayant les loisirs de la fortune. L'artiste en aimera les quais de l'Agoût, bordés de maisons de bois caduques, multicolores, dont chaque étage est une terrasse fleurie; c'est l'unique concession d'une ville austère à la ligne pittoresque. Cependant un donjon enclavé dans le collège, un débris de l'enceinte et la tour de l'ancien palais épiscopal, qui marque les heures à l'hôtel de ville, installé dans ce même palais, somptueusement édifié par Mansart, représentent un peu, avec deux ou trois hôtels de la Renaissance, des annales héroïques et brillantes.

Autour de Castres l'industrie règne en souveraine, la nature et l'art lui obéissent. Une usine occupe l'emplacement et utilise les restes du château de Saint-Pierre-de-Burlats, où la belle comtesse Adélaïde de Burlats, fille du comte de Toulouse Raymond V, rivalisait avec les troubadours de grâce ingénieuse et d'esprit enjoué. Les mines de Brassac et des carrières de granit exploitent le plateau de Sidobre, le site convulsé où l'Agoût disparaît quelquefois sous des blocs de granit micacé amoncelés en tas prodigieux dans les ravins de son lit. On produit davantage encore à Mazamet, émule et rivale de Castres depuis qu'en 1830 M. Houlès y importa la fabrique de l'article « nouveautés ». Mazamet groupe sur les bords de l'Arnette, au pied de la Montagne-Noire, cinquante manufactures de draps et quarante-cinq mille broches, confectionnant toutes les variétés des tissus de laine, la fantaisie, l'étoffe de velours, le castor, le cadis, l'alpaga et le cuir-laine, en assez grande quantité pour approvisionner les ouvriers du Midi de vêtements de travail. Cette ruche extraordinaire essaime aux environs. Dourgne en est une humble dépendance, et aussi Saint-Amans-Soult, patrie et sépulture de l'illustre héros du premier Empire, maréchal Soult, duc de Dalmatie, qui, gloire et fortune faites, revint finir ses jours près de leur berceau, dans le château de Soult-Berg (1769-1850).

La chaîne de la Montagne-Noire, — noire sous l'épais manteau de ses forêts, — atteint à trois ou quatre lieues de Mazamet son point culminant, le pic de Nore, dont l'ascension est aisée par le chemin du val de l'Arnette, avec lequel on s'élève doucement à travers les taillis de châtaigniers à douze cent dix mètres d'altitude. De là vastes et diverses perspectives, tour à tour sombres et lumineuses : au nord les plaines du Thoré, traversées de collines vineuses, puis

Le moulin de Saint-Guilhem. — Gorges de l'Hérault.

la montagne de Lacaune aux grasses pâtures ; au sud, les plaines que fécondent l'Aude et le canal du Midi, la chaîne des Corbières, les cimes chauves des Pyrénées, nacres immobiles de l'horizon ; à l'occident, les premiers contreforts de la Montagne-Noire et le bassin de Saint-Ferréol, leur merveille.

Moitié par le chemin de fer, moitié par des sentiers de montagne, on peut arriver sans fatigue au bord de ce principal réservoir de la grande voie de communication entre l'Océan et la Méditerranée, créée par le génie de Paul Riquet. Excursion savoureuse s'il en est ! Sous l'ombre des hêtres, des sapins et des châtaigniers, on gravit et on redescend les hauteurs au bas desquelles coule la Rigole de la montagne chargée des eaux captées à l'Alzau, qui viennent accroître celles du Lampy-Vieux et du Lampy-Neuf, captées aussi près de leurs sources, contraintes d'emplir deux réservoirs, pures images de solitudes agrestes et parfumées. La Rigole contourne les roches et les bois, évite les obstacles, parfois les franchit en cascades, se coule dans le défilé du Conquet, traverse le Plo de la Jasse, s'accroît du tribut forcé du Sor, exquise rivière, passe au rustique hameau des Commazes; et voici la vallée du Landot, où elle se verse dans l'immense bassin de Saint-Ferréol, creusé pour contenir six mille trois cent soixante-quinze mètres cubes d'eau. Ce lac artificiel, embelli par les pelouses et les massifs d'un parc dont il réfléchit les sapins et les hêtres dans son immobile cristal, une digue de barrage, longue de huit cents mètres, haute de trente-deux, épaisse de soixante-dix, le retient; un système de vannes, de robinets et de bondes permet de le vider; la Rigole de la plaine en alimente sans cesse le canal du Midi, et certains jours de l'année il offre aux yeux des fêtes charmantes : c'est, dans les souterrains de la digue, l'eau, tout à coup lâchée, se précipitant sous les voûtes avec la fougue d'une avalanche et le bruit de la foudre; c'est l'étincelant jet à vingt-cinq mètres de hauteur de l'eau dardée par la pression du canal d'en haut, ou encore, si des crues subites l'enflent à déborder, c'est la splendide cataracte par laquelle il plonge dans la vallée jusqu'à ce qu'il ait repris son paisible niveau.

Devant la simple grandeur de ces ouvrages successifs, si remarquables pour le temps où ils furent conçus, l'esprit se reporte invinciblement au xviie siècle, dont toutes les créations eurent cet aspect de noblesse et de majesté dans l'utile et le pratique. On savait alors, art perdu peut-être à jamais, soumettre la nature à l'homme sans la torturer et la contrarier sans l'enlaidir, la modeste science de l'ingénieur servant la civilisation sans attrister la vie. Un charme pénétrant se dégage de cet ensemble de choses positives, agréables à voir, calculées avec largeur, encadrées par d'admirables paysages, animées par des machines puissantes et souriantes. Honneur au génie de Riquet, inventif, généreux, persévérant, obstiné, victorieux! honneur aux talents de son collaborateur Andreossi! Tous deux, de 1666 à 1681, en furent auteurs, et la muse du grand Corneille et de Boileau chanta leurs travaux. Mais ici quel monument leur assure l'hommage de la postérité?

Si le lecteur veut réponse à cette question, qu'il suive la Rigole de la plaine et s'arrête où elle débouche dans le canal du Midi, au pied des singulières éminences appelées pierres de Naurouze, « dont une prophétie de Nostradamus a dit qu'elles annonceraient la fin du monde lorsque se fermeraient leurs fissures. » Au sommet de ces pierres un obélisque célèbre la gloire de Riquet, qu'à sept lieues de Saint-Ferréol, vers le sud-est, à la prise d'eau de l'Alzau, une inscription gravée sur un bloc de granit posé sur deux socles, l'un de granit, l'autre de basalte, publie de manière encore plus éclatante :

« *Louis XIV régnant, Colbert étant son ministre, ici, l'an 1665, P.-P. Riquet s'empare des eaux de la Montagne-Noire, les conduit à Naurouze et résout le problème de la jonction des deux mers. L'an 1666, seul il ose entreprendre ce grand ouvrage et répond du succès. L'an 1681, des barques chargées passent de l'Océan à la Méditerranée.*

« *A la mémoire de Pierre-Paul de Riquet, baron de Bonrepos, hommage de respect, d'admiration et de reconnaissance de L.-C.-V. de Riquet, duc de Caraman, pair de France, lieutenant général des armées du roi, chevalier de ses ordres, ancien ambassadeur, 1827.* »

Aujourd'hui si le canal des Deux-Mers, négligé, presque délaissé par le commerce et vaincu par la conquête des chemins de fer, coule silencieux et oisif entre les ombrages des cyprès, des peupliers ou des platanes, la gloire de Riquet n'en est pas diminuée, et tout Français ratifie cet acte de reconnaissance.

Assez près de Saint-Ferréol, au pied de la Montagne-Noire et dans la jolie vallée du Sor, Sorèze enclave, dans le collège dirigé par les dominicains, une tour de l'ancienne *abbaye de la Paix,* que fonda Pépin le Bref en 764, et remplaça au XVIe siècle, après les désastres de la Réforme, un autre collège établi par les bénédictins pour lutter contre l'académie protestante de Puylaurens. En celle-ci l'on enseignait l'hébreu, le grec, la théologie, comme à Genève. Sorrèze se régla sur la chrétienne université de Paris; l'étude des belles-lettres et des sciences sacrées y fut aussi poussée que dans l'altière et voisine cité calviniste. On y formait des gens du monde; douze jeunes nobles y étaient élevés gratuitement. Non détruite par la Révolution, l'institution avait encore au commencement du siècle cinq cents élèves et cinquante professeurs. Mais elle périclitait, s'effaçait en 1854, quand, sous l'ardente impulsion du R. P. Lacordaire, le tiers ordre de Saint-Dominique entreprit de la relever. L'illustre prédicateur consacra les dernières années de sa vie à cette noble tâche et mourut au sein de son œuvre accomplie et florissante, en 1861.

La chaîne de la Montagne-Noire s'abaisse à l'orient du pic de Nore; la riante vallée du Thoré s'allonge entre elle, les monts de l'Espinouse et les hauteurs du Minervois. Notre route se poursuit à travers ces massifs, fraîche, onduleuse, variée par les attraits du voyage. Il en est d'irrésistibles. Tels les gorges de Brian et de la Cesse, et le beau site de Minerve, d'où saint Rustique exila la déesse de la sagesse, antique patronne de la cité. Minerve y eut peut-être jadis un modeste parthénon; mais au sommet du rocher que ce temple devait couronner gisent seulement les ruines d'un castel brûlé par Simon de Montfort avec tous ses défenseurs, et au-dessous de ces murailles écharpées sortent d'une bouche énorme les flots de la Cesse, qui, un peu en deçà, entrait dans la colline par une voûte triomphale de quarante mètres de hauteur. Harmonieuses rudesses de formes et de sonorités, violent contraste de néant et d'agitation, dont l'âme est toute remuée.

Au long de l'Espinouse, le Jour, l'Orb roulent leurs eaux claires, où se plaisent les truites, et le chemin en suit les rives. Sur elles pèse l'ombre gigantesque des cimes altières, le Signal de Saint-Pons, le Somail, le Caroux, montagnes de mille à onze cents mètres tout au plus, mais si raidement érigées qu'elles font illusion. Combien le voyageur serait déçu s'il les voyait de l'autre versant, celui du nord, se traîner en longues pentes molles, déchues, humiliées, changées en vulgaires pâtures! Ici elles sont l'orgueil du paysage; tapies à leurs pieds, Saint-Pons, Saint-Chinian, semblent d'abord toutes noires et muettes, comme plongées dans la nuit et le sommeil; mieux connues, elles montrent la vive humeur méridionale et des mœurs hospitalières. Leur voisine, Lamalou, aux eaux bienfaisantes, est franchement agréable à l'étranger : cité-oasis des montagnes rudes, déchiquetées, farouches, où les êtres indigents ont des allures sauvages, parlent un patois rocailleux, rauque, habitent des huttes, se nourrissent de pain noir et dur, de fromage aigre fait avec le lait de leurs brebis. Égaré parmi eux, le voyageur éveille leur défiance; ils l'évitent, le fuient. Dans leurs villages escarpés, battus des vents, couverts de neiges pendant des mois ou brûlés du soleil, la civilisation arrive à peine. Ils représentent l'âge primitif de l'humanité, comme leur terre de granit et de schiste l'âge primitif du monde. Ne voit-on pas encore verdoyer aux monts Garrigues quelques maigres bosquets de chêneskermès rabougris (*garrus*), vestiges des anciennes forêts de la Gaule avant les Gaulois, qui lui ont donné leur nom?

Les Garrigues, le grandiose massif des hautes Cévennes qui s'élève au delà; vers l'est, la cime de l'Espeyrou, le dôme de l'Aigoual, bordent les immenses causses du plateau central, tables de granit presque planes, hautes partout de huit cents à neuf cents mètres, découpées, taillées par d'antiques glaciers dont subsistent aujourd'hui des rivières bleues coulant dans des gorges belles à ravir. Entre la Jonte et la Dourbie, s'étale le causse Noir, que prolonge au sud le frigide Larzac; la Jonte et le Tarn sculptent les parois du causse Méjean, et au delà, jusqu'aux rives du Lot, s'espace la solitude du causse de Sauveterre.

Naguère peu connue, encore moins visitée, la région des causses appartient maintenant au « tourisme ». Tous les ans, par théories toujours plus nombreuses, les étrangers et même les Français explorent les gorges du Tarn, entrevoient les autres, s'extasient aux roches fantastiques de Montpellier le Vieux, descendent dans les abîmes resplendissants de Dargilan et de Bramabiau. Nous avons fait comme eux, nous le ferons encore; ce sont tableaux, visions dont on ne se lasse point.

Cathédrale de Mende.

D'où nous sommes, le chemin, à franchir très vite dans les pauvres terres, chez les pauvres gens du Ségala, — cultivateurs et mangeurs de seigle et de châtaignes, qu'ils arrosent de cidre, — ce chemin passe, à la frontière du Larzac, par Camarès, proche des thermes antiques de Sylvanès, le vieil évêché de Vabres, Saint-Affrique juché sur une roche dominant le cours de la Sorgues, limpide et jolie comme son homonyme vauclusienne, et il conduit à Roquefort, centre riche et vivant de la seule industrie du Larzac.

C'est pour Roquefort, pour ses fabriques de fromages marbrés, que des centaines de troupeaux de brebis et de chèvres paissent l'herbe menue croissant parmi les fougères, sur le vaste plateau de granit sec, aride, où ces milliers d'animaux ne trouvent souvent pas une goutte d'eau pour étancher leur soif, et d'ailleurs s'accoutument à ne pas boire. La montagne de Roquefort reçoit dans les trente-quatre caves et les grottes creusées à sa base, dans le roc, les pains lactés que l'on y range par tablettes ou *champs*, en prenant soin de les écarter, de façon que l'air puisse librement circuler entre eux. Seuls ces courants d'atmosphère, ces *fleurines,* leur donnent, on l'assure, les veines, le goût et l'arome estimés des délicats; car ils s'imprègnent, en traversant les roches poreuses, des sels ferrugineux du sol qu'ils insinuent dans les fromages, où ils transparaissent en sillons bleuâtres plus ou moins foncés.

L'industrielle et propre Millau, qui vit également du Larzac, dont les chèvres lui fournissent la matière première de ses ganteries, mégisseries, chamoiseries, devient le rendez-vous des touristes, en excursions chez les caussenards. Qu'une promenade en ses environs nous montre les cascades de Creissels, les chutes de Saint-Rome, le hameau de Monna, gardien du manoir où naquit l'illustre de Bonald, et le train nous conduise ensuite, par la féodale Séverac-le-Château, à Mende, centre de la Lozère et des causses, cité grise, morne, emblématique, du plus aride pays de France.

Mende, c'est une cathédrale. Une cathédrale massive, lourde, sombre, que dominent deux clochers, deux tours énormes, serrant, étouffant une façade nue, trouée au milieu d'une rosace comme d'une orbite sans regard. Mende la dénuée ne nous a pas laissé d'autre image, et les élégances du plus haut clocher, à tourelles et pinacles sveltes, à flèche légère et ciselée, nous en représentent toute la grâce. C'est aussi le véritable, le seul monument historique de la capitale des seigneurs évêques, vicomtes de Grèges et comtes du Gévaudan, en vertu de la bulle d'or délivrée par Louis VII. Devant le parvis se dresse la statue du plus célèbre de ses pontifes, son fondateur, Guillaume de Grimoard, élu pape en 1362, sous le nom d'Urbain V. Si Mende eut jadis plus et mieux, ce superflu disparut avec les atroces guerres de la Réforme, menées avec l'obstination, la rigueur du caractère cévenol, si ferme dans son irréductible probité. Ce fut alors massacre sur massacre, rapine sur rapine, qui vidèrent jusqu'aux moelles de la maigre province. Après les tueries et les pillages du capitaine Merle, qui chargea quarante mulets de ses vols en meubles et en argent; après les extorsions d'un Joyeuse et d'un Montmorency, qui s'en fit octroyer cent mille livres pour la rendre à Henri IV; surtout après l'impitoyable guerilla des Camisards, il ne lui resta plus que les os. Elle ne s'est pas relevée de pareils désastres; s'en relèvera-t-elle jamais? Du moins l'été lui sourit, la tire de l'ombre et du silence, lui apporte quelque fortune; elle compte parmi ses fastes les plus justement vantés.

L'heure du départ sonnera dans un moment. Veut-on la retarder, il est possible d'intéresser ses loisirs aux alentours, à Marvejols, à Javols, l'antique *Andertum* des Gabales, la *Civitas Gabalorum* des Latins, au mausolée gallo-romain de Lanuéjols, aux dolmens partout érigés et respectés dans une contrée de population rare, disséminée sur de grands espaces. Mais ces vestiges de l'histoire ne sont point ce qui attire, en Gévaudan, sur les traces des longs enfantements de la terre, des convulsions plutoniques, des naufrages diluviens, partout inscrits sur l'épiderme des causses, semé de cailloux comme le désert de sables et la mer de galets. Nous allons dans les cluses du Tarn.

Une jeune dame américaine, qui venait de lire dans la *Revue Mame* le récit d'une excursion au *Parc national de Yellowstone*, nous disait, avec un joli sourire de défi :

« Avouez que vous n'avez en France rien de comparable à ces merveilles?

— Je m'en garderai bien, madame.

— Chauvin! Vous craignez d'humilier l'amour-propre national.

— Pas du tout; la vérité m'est plus chère encore que la patrie.

— Que pouvez-vous nous opposer?

— Plus d'un site, moins vaste, mais plus grandiose ou moins grandiose, mais plus charmant.

— Citez, je vous prie.

— Connaissez-vous les gorges du Tarn?

— Point.

— Tant mieux! Vous les découvrirez, et votre plaisir s'en augmentera. C'est ce qui rappelle le plus ici vos superbes cañons des monts Rocheux. Seulement, ne pensez pas revoir dans notre vieil Occident, où la nature même est civilisée, le spectacle terrible et magnifique de puissantes forces déchaînées, de furieux torrents tombant de roches gigantesques; nos cañons vous laisseront l'impression d'une solitude moins farouche que le bois de Boulogne à la nuit close, et d'une navigation accidentée, mais sans péril, sur des eaux infiniment plus pures que celles de la Seine.

— J'irai voir les gorges du Tarn.

— Elles sont visibles du 1er mai au 30 septembre, ne l'oubliez pas. »

L'aimable étrangère promit de se souvenir : s'est-elle souvenue? Je l'ignore. Mais je tiens pour certain que si elle l'a fait, les gorges du Tarn se placèrent dans son esprit à côté des plus rares beautés pittoresques du nouveau monde.

Que le lecteur veuille bien s'y transporter avec nous.

La patache du courrier gagnera, par les continuels lacets d'un chemin de montagne, le plateau déjà frigide du causse de Mende, où des vignes achèvent de mourir à côté de belles moissons de céréales, où les châtaigniers croissent sur les pentes et les chênes sur les hauteurs. Mais l'altitude s'élève, monte de mille à onze cents mètres ; peu à peu s'efface la campagne fraîche et fertile, ce n'est bientôt plus qu'une tache verte au bout d'une immense solitude, et cette tache même disparaît, le désert du causse de Sauveterre remplissant tout entier l'horizon morne.

On roule dans la plaine pierreuse, sans eau, sans arbres, sans ombre, où par endroits de mièvres cultures de sarrasin, d'orge, d'avoine et de pommes de terre, arrachent un peu de sève à l'avarice du sol.

On roule interminablement, fouetté par le vent glacial des hauts sommets, qui vous gèle les os, sous l'impuissant soleil d'août. Tout à coup, à courte distance du hameau de Sauveterre, misérable amas de tanières humaines, pressé autour d'une citerne, d'une *lavogne*, le plus souvent tarie, le causse dévale, le terrain s'échancre et cède, une pente tombe au long d'un fossé rapide. Du bord de la subite excavation, les regards aperçoivent les bords abrupts d'un autre causse, le causse Méjean, séparé par un abîme de plusieurs centaines de mètres de profondeur du causse de Sauveterre. C'est dans cet abîme que le Tarn roule ses flots d'azur et d'or. La patache le descend, en côtoyant des ravins taillés à pic, jusqu'au village de Sainte-Énimie, assis en amphithéâtre contre ses énormes parois.

Auprès de l'enfer des causses, Sainte-Énimie semble ravissant, lui dont les blanches maisonnettes festonnées de roses, de pêchers, de vignes, se mirent dans le Tarn, sonore au fond des gorges du bruit, doublé par l'écho, que mènent les chutes des sources de Burle et de Crassac. D'autant plus qu'à ce joli tableau les ruines ogivales d'un monastère ajoutent l'intérêt romantique des lieux très anciens, poétisés par la légende.

Telle fut la légende de sainte Énimie, fille de Clotaire II et sœur de Dagobert : Sollicitée au mariage, bien qu'ayant fait vœu de chasteté, cette fervente Mérovingienne avait prié Dieu de l'enlaidir pour écarter les prétendants. Dieu l'exauça : une lèpre horrible dévora son corps, rongea son visage. Lors, effrayée, elle se repentit, et, de la part de Dieu pitoyable, un ange lui prescrivit d'aller se baigner dans les eaux de la fontaine de Burle, chez les Gabales. Elle obéit, guérit, et voulut aussitôt partir ; mais le mal affreux la reprit et l'obligea de revenir à la fontaine, où derechef elle obtint guérison. Une fois encore, puis une autre, elle s'éloigna, retomba malade en chemin, recourut aux flots bienfaisants. Enfin, comprenant le dessein du Ciel et qu'il lui fallait renoncer au monde, elle s'occupa de bâtir un couvent destiné à perpétuer la mémoire du miracle, et se retira, pour faire pénitence et mourir, dans une grotte encore assignée à sa sépulture.

C'est de Sainte-Énimie, où l'on cueille et distille la suave lavande, qu'un service de bateaux, régulièrement organisé, permet de descendre le Tarn, venu du mont Lozère par Florac et Ispagnac couler dans la gorge extraordinaire ouverte entre les lèvres du causse de Sauveterre et du causse Méjean.

« Demain à l'aube, vous annonce l'obligeant aubergiste Saint-Jean, nos bateliers vous conduiront à Saint-Chély ; ce sera la première escale de votre navigation, les trois autres, desservies chacune par d'autres barques et d'autres bateliers, étant la Malène, Saint-Préjet et le Rosier. »

Et ce matin se lève, augure d'un jour splendide. La barque vous attend, balancée par les eaux violettes. Munis de longues gaffes, les bateliers la poussent au large, l'avancent dans le courant tortueux, encombré d'écueils où, sans leur adresse, elle se briserait. Elle glisse, ondule comme un cygne, d'un mouvement vif, insensible, charmant. Rêvez-vous? Peut-être ; car une atmosphère de rêve vous enveloppe. Une légère brise flotte sur le

Gorges du Tarn. — Le Pas-de-Soucy.

Tarn, un voile de vapeurs diaphanes émoussant les angles des roches brutales, fondues dans l'harmonieux contour du paysage indécis, et, aux premiers rayons du soleil, Saint-Chély encadre dans une crique les maisons étincelantes de candeur et les verdures tendres d'un village d'opéra.

On s'arrête, on repart. Métamorphose! Le soleil, déjà brillant et chaud, aspire les vapeurs étendues sur la vallée ; elles montent vers lui comme des âmes blanches dans les rêves pieux, s'évanouissent, ou, çà et là déchirées dans leur vol, pendent, flocons impalpables, aux branches des sapins, aux pointes des rocs. Soudain réveillée, la vie dévêt les choses de leur voile de mystère et d'intimité. Tout prend forme, couleur et voix ; en reliefs tourmentés et grandioses, les dolomies se dressent ou se profilent ; la rivière s'anime, réfléchissant avec une étonnante précision, une mobilité infinie, les accidents presque insaisissables du ciel et les jeux les plus fugitifs de la lumière. Au pied des rochers, souvent des fontaines jaillissantes versent une onde glauque, nuancée de rose et d'azur, d'une limpidité et d'une splendeur incomparables. Ces nymphes, si belles en leurs robes féeriques constellées de topazes, de saphirs, de béryls et d'émeraudes, sont l'orgueil et la joie du paysage ; elles lui gardent, sous l'ardeur du jour, une douceur irrésistible. Il ne s'échauffe pas, il est éclatant et frais. Entre l'eau bleue et les sapins noirs se détachent des roches rouges les ruines grises et vertes de châteaux fantastiques : la Caze, Plagnols, Montesquieu, les moulins, les hameaux penchés sur l'abîme comme des nids de rapaces audacieux : Pougnadoires, Hauterive... En maints endroits des grottes s'ouvrent, abri des hommes qui en ont chassé les aigles ou les ours.

Escale au port de la Malène.

Maintenant vous saisit une impression différente. Les dolomies se rapprochent, hautes et farouches comme on ne les a pas encore vues, paraissant se joindre, souder le causse de Sauveterre au causse Méjean, et l'illusion est si vive, le mirage si parfait, que l'on songe à revenir sur ses pas pour trouver une issue. Voilà l'instant sublime du voyage, le plus puissant motif d'une symphonie délicieuse. En cette solitude, toutes les nuances se fondent en une teinte violette infiniment douce, tous les bruits s'apaisent en un silence qu'un souffle émeut. Poussée sans effort par les bateliers muets, la barque coule avec le courant sur la rivière placide, et, laissant avec elle aller l'imagination, on peut se croire égaré dans un coin inconnu de l'univers, séparé de tout le reste du monde par les gigantesques murailles au pied desquelles on navigue, et qui, brusquement détournées, plaquant sur la route une barrière que l'on dirait infranchissable, semblent vraiment marquer pour vous le « bout du monde ». Mais la barque découvre les *détroits*, et voici la grotte de la Momie, les sources de l'Isson, de la Sompte, les rochers de la Croze, les grottes des Baumes, les Étroits, et, par-dessus tout cela, deux formidables statues : le monolithe de l'Aiguille et le bloc de la Sourde. De ces roches délitées par les eaux, les morceaux s'entassent dans le Tarn en chaos prodigieux sur un espace de quinze cents mètres, nommé le Pas-de-Soucy ; ils en obstruent le cours, obligent la barque à s'arrêter et les touristes à gagner pédestrement le hameau des Vignes, avant-dernière étape du voyage.

Des Vignes au Rosier, les roches parsèment le lit du Tarn sans en interrompre le cours flottable, le resserrent seulement en des passes sinueuses, inattendues, difficiles, en des *rapides* où les bateliers lancent leur barque avec beaucoup d'adresse. Ce sont alors d'autres créations. Saturé de sérénité, de couleurs tendres, de mélodies cristallines et d'une navigation rose comme un poème de Watteau, on éprouve enfin la volupté du péril à courir. Quand les hardis nautonniers, précipitant leur barque sur les tourbillons de la rivière, doubleront ses rochers écumeux, un accès de frayeur vous sera permis, et vous aurez, mademoiselle, le droit de crier un peu. Ne va-t-on pas toucher un écueil, s'y briser ou chavirer? Vous pouvez même, ô touriste, en souvenance des récits de Fenimore Cooper, évoquer les aventures des squatters et des boucaniers ; quelle ressource en cas de naufrage ! Mais votre ingéniosité ne sera pas mise à longue épreuve. Toute apparence de danger s'enfuit, et les hameaux le Cambon, la Sablière, Saint-Marcellin, se suivent, se pressent ; à gauche, déjà s'accuse la masse sombre du causse Noir ; à droite, on distingue les maisons du Rosier. Votre beau voyage est à sa fin, mais votre éblouissement dure encore ; de longtemps vous n'oublierez l'image radieuse que le spectacle des gorges vierges mit au plus profond de vos yeux[1]...

---

[1] Nous avons vu pour la première fois les gorges du Tarn en 1890, et le récit de notre excursion parut la même année dans notre livre *la Garonne* (collection des *Fleuves de France*), auquel nous empruntons les notes dominantes de cette description, nos impressions, renouvelées depuis, n'en suscitant pas d'autres en nous. Quelques réminiscences

Le voyage touche à sa fin, il n'est pas fini. En face le Rosier, de l'autre côté du Tarn et sur la rive gauche de la Jonte, le village de Peyrelau commande l'accès du causse Noir, — noir par ses résineux, sa luxuriante flore balsamique, — et de la route qu'il faut prendre pour aller à Montpellier le Vieux. On marche, on quitte la rampe tracée pour le désert, au point où la végétation du causse, épaissie, hérissée, semble vouloir enlacer dans ses mailles serrées et dérober à tous les yeux la grande merveille ensevelie dans un repli du sol. Vainement, de loin et de haut, nous cherchâmes souvent à l'apercevoir en nous servant de la boussole, de la carte et de la longue-vue : il nous fallut le secours du guide, qui guette les voyageurs à la ferme hospitalière de Maubert.

Gorges du Tarn. — Rocheblanc.

Voici Montpellier le Vieux, ville fantôme ! Dans l'aire apparente d'une enceinte imaginaire, une multitude de rochers énormes, d'un gris clair, rehaussé et brillanté par la sombre verdure des plantes vivaces poussées alentour, se dressent, se courbent, se penchent, s'arc-boutent, se superposent, évoquant l'aspect de citadelles écroulées, de terrasses renversées, de tours éventrées, de frontons ruinés, dessinant des temples antiques, des castels gothiques, et de monstrueuses statues bordant, l'on dirait, des avenues, des rues, des places. En réalité ce ne sont que bizarres dolomies, rongées, sculptées durant des siècles par les flots des mers jurassiques, et laissées là comme d'immuables témoins des cataclysmes anciens, mais tellement propices à l'illusion qu'on a pu donner aux plus saillantes les noms fameux : Porte de Mycènes, Sphinx, Voie des Tombeaux, Porte des Lions, Forum, Tribune aux harangues, Château Gaillard... Laissons ces jeux de la mémoire ! L'âme des morts illustres, audible dans les ruines du passé, ne hante pas le vaste groupe des pierres sans histoire. Froid aux réminiscences ambitieuses, notre plaisir s'anime d'errer entre elles, de fouler leurs touffes odorantes de linaires, d'euphorbes, de sauges et de myrtilles, de choisir les plus hautes et d'y grimper, et, parvenu non sans peine à leur faîte, d'en embrasser la masse cyclopéenne, symbole et poésie des tourmentes accomplies avant les hommes, dans le silence de l'infini.

Géologiquement moins anciennes, aussi curieuses que cette illusionnante Montpellier, les grottes de Dargilan et de Bramabiau appellent déjà dans ces parages, si longtemps solitaires, les foules enjouées des touristes, la première à cinq lieues, la seconde à huit

de nos précédents voyages en France peuvent, pour les mêmes motifs, s'être présentées çà et là, sous notre plume, dans le présent livre.

lieues du Rosier; l'une et l'autre d'une beauté presque unique. Au rapport de l'infatigable explorateur des causses, M. Martel, « le développement total des ramifications de la grotte de Dargilan atteint deux mille huit cents mètres; elle ne possède pas moins de vingt salles mesurant vingt à cent quatre-vingt-dix mètres de longueur, dix à soixante-dix mètres de hauteur, une rivière de cent vingt mètres de cours et trois petits lacs; sa plus grande branche (seize cents mètres d'étendue) descend à cent cinquante mètres au-dessous de l'entrée; la stalagmite du clocher est peut-être la plus jolie qui existe... » Les diverses galeries portent des noms ingénieusement trouvés pour piquer la curiosité : « salles de l'Église, des Pieuvres, de la Mosquée, de la Tortue, de la Grande-Cascade, du Cimetière, du Tombeau... » Mais, pour les prudents, quel dommage! « Ces splendeurs sont à peu près inabordables sans échelles de cordes; le parcours en est difficile et dangereux. »

De même Bramabiau, — *bramabiaou*, beuglement de taureau, — nommée ainsi du bruit, grandi par l'écho des rochers, que fait la cascade de dix mètres de hauteur, dont la coulée violente s'est creusé « un tunnel de huit à douze mètres de hauteur, quinze à vingt mètres de largeur, et soixante-quinze à quatre-vingts mètres de longueur, ainsi que d'immenses cavernes étagées dont la différence de niveau d'une extrémité à l'autre est de près de cent mètres, et d'où les eaux descendent avec fracas en formant plusieurs cascades ».

Assez près de ces grottes, la Jonte va prendre source dans le sublime Aigoual, où naît aussi le Tarnon, pour s'écouler droit vers le nord par mille sinuosités sur la frontière orientale du causse Méjean. Profonde et rude région des Cévennes, la plus magnifique et la plus sauvage! Là s'ouvrent les gorges presque impénétrables à leur début du Gardon de Saint-Jean, du Gardon de Mialet, de la Mimente, du Gardon de Dèje, de l'Hérault, de vingt autres rivières ou ruisseaux anonymes. Les géants Suquet, Aigoual, Espeyrou, ne se laissent aborder que difficilement, périlleusement, par qui n'est pas du pays, ne connaît pas leurs sentiers aux innombrables détours frayés parmi les roches humides, glissantes, et les forêts, refuges des loups. Mais, au midi surtout, la joie des excursions en rachète la peine : combien de sites étranges, de grottes, de cascades à découvrir, seul au hasard des rencontres si charmantes en été! Aussi les voyageurs affectionnent comme lieu de départ vers les causses et le Tarn la plus gentille ville de ces montagnes, le Vigan, dont tout le Midi vante les châtaigniers centenaires et dont toute la France honore le héros. Quel patriote n'y voudrait saluer le bronze du chevalier d'Assas, prononçant, à l'instant suprême de la mort infaillible, les mots immortels : *A moi, Auvergne, voilà les ennemis!*

Du côté septentrional des hauts versants cévenols, la terre s'offre abrupte, revêche, terriblement, sauf le trait de lumière et de fraîcheur du Tarn, très joli encore à Florac, où il reçoit la toute ravissante fontaine du Pêcher, à Ispagnac, où jaillit la source de Vigos, et dans toute la cluse étroite, avant Sainte-Énimie, où Rocheblave, Quizac, le Buisson, Chambonnel, Montbrun, Charbonnier, Castelbouc, Prades, juchent de maisons enguirlandées et de ruines écharpées des falaises stupéfiantes de grandeur et de couleur. A l'orient de Florac, la haute vallée du Tarn sillonne le désert. Quelques amas de masures se cachent dans les couches des monts du Bougès, du Ramponnenche, de la montagne de la Lozère, au pied des pics ravagés, au bord des ruisseaux invisibles; ils n'ont pas même de noms sur les cartes, et c'est tout. Mais un curieux patient retrouverait peut-être les cendres des cent quatre-vingt-dix-neuf villages brûlés sur ce théâtre désolé de l'effrayante guerre des Camisards. Aux bois d'Altefage, près du signal de Ventalon, commença cette guerre atroce dont le pays fut ruiné, dépeuplé à jamais. Que faire devant ces lamentables

La vallée de la Jonte, au pied du contrefort du mont Aigoual.

dépouilles de la nature et de la civilisation, sur le misérable plateau de la Lozère, dans ses ravins semés de rocs amoncelés ou épars? Pas un être humain à qui parler, demander asile, et les seuls poteaux de granit se chargent d'indiquer sa route au voyageur aisément égaré.

Lozère. — Cascade de Bramabiau.

Au delà, le Lot répand un peu la vie; les pauvres thermes sulfureux de Bagnols, au confluent de la rivière et du Villaret, ont quelque chose du charme de l'Auvergne. Mais la montagne du Goulet suit de près la pierreuse vallée, et quoi de plus mélancolique que ses longues croupes clairsemées d'essences toujours vertes, d'ombrages monotones tendus sur l'horizon comme une draperie funéraire? Il y a pire cependant, plus lugubre, plus nu, plus macabre : c'est l'aride causse de Montbel, où règnent les vents sur une solitude horrible; c'est aussi et plus encore l'affreux plateau de granit ironiquement nommé par la raillerie populaire « Palais du roi ».

Entre ce fallacieux « Palais du roi », les forêts de la Margeride et la forêt de Mercoire, le triste pays de Randon, — qui fut l'une des huit baronies du Gévaudan, — s'étend autour du rocher de Châteauneuf, au pied duquel finit en 1380 la glorieuse vie du bon connétable messire du Guesclin. Les Anglais tenaient alors le « chastel bel et bon », dont les ruines couronnent l'escarpement et dominent les maisons grises. Là, raconte la chronique rimée.

   Là vinst siège Bertran entour et environ.

Et il somma la place de se rendre à merci, mais le chef de répondre :

   Si estes le plus preu et de plus grant renom
   L'omme qui à présient post chaussier esperon ;

Mais

   Fussiez-vous aussi fort com le fort Samson,
   Et fussiez si puissant com le roy Salomon,

nous ne trahirons pas le roi d'Angleterre en vous rendant, sans coup férir, chastel muni de noble garnison.

   Adonques, en jure la sante Magdelaine,
   De là ne partirai de l'an ni de sepmaine.

Le connétable livra l'assaut, ses troupes furent repoussées, et il tomba « dolent ».

> ... Quand malade se sent
> Qu'il ne se puet aidier ainsi ne autrement,
> A donc se fist couchier en un lit bel et gent.

De cette couche, d'où il ne devait pas se relever, il adresse l'adieu suprême « à doulce France », à son roy, aux officiers de son armée, et remet avec la bannière et son épée le commandement au maréchal de Sancerre.

> Je vous baille à garder de France la barné,
> Et ceste espée ici qui est d'acier trempé
> Renderes au bon roy de France l'érité.

Ayant dit, bientôt il mourut. Cependant, pressé des Français, le gouverneur de Châteauneuf avait sollicité et obtenu des assiégeants un armistice de quinze jours : passé ce délai, il devait se rendre s'il n'était pas secouru. Le maréchal de Sancerre lui rappela quand il fallut sa parole, et il offrit de rendre les clefs de la place à du Guesclin. Or le connétable venait de mourir. « J'irai donc, déclara l'Anglais, les porter sur son cercueil. » Et ainsi, en noble et touchante cérémonie, le grand homme, étendu dans sa tente sur un lit de parade, reçut le dernier trophée de sa valeur.

> A Bertran sont venus et li ont présenté
> Les clefs de lor chastel qui estoit bien fondé.

Cela se passait au hameau de l'Habitarelle, et un chétif, un informe « monument de marble bleu », dressé dans le camp du connétable, en rappelle, sans qu'il soit nécessaire, le souvenir impérissable.

DANS LES MONTAGNES

IV

DU VELAY AU VIVARAIS

Quiconque se propose d'aller des mornes plateaux cévenols aux volcans éteints de la Haute-Loire, doit renoncer aux avantages d'une locomotion rapide. Le chemin de fer ne daigne pas encore rayonner dans ces quasi solitudes, à peu près ignorées du commerce et méprisées du tourisme. Seule la grande ligne du Centre les traverse du nord au sud par les gorges sauvages de l'Allier et d'interminables tunnels percés dans les montagnes du Gévaudan. Il faut se résigner aux lenteurs d'une diligence rustique, s'abandonner au train cahotant d'une chétive caisse en bois vaguement jaunie, tapissée d'une botte de paille et que mènent deux mules en toilette pittoresque : à leur front luisent trois plaques de cuivre, posées en diadème; de gros flocons de laine multicolore pendent à leurs tempes, à leurs oreilles, et s'entrelacent à leur crinière. Elles branlent en marche des sonnailles dont le cliquetis berce l'inévitable sommeil des voyageurs, dont rien n'excite la curiosité. De maigres cultures, des rocailles et des châtaigneraies alternent ennuyeusement; villages ou bourgades, groupes de pauvres maisons abritées contre les neiges sous des toits débordants, comme des tortues sous leur carapace, ont le même aspect sale et triste.

Le paysage n'éveille l'attention qu'au seuil du Velay, passé l'escarpement où se juche, point de mire, rendez-vous des vents et des tempêtes sévissant toute l'année, Pradelles, dont les fabriques de blondes en soie, or, argent, laine, lin ou coton, font peut-être oublier aux habitants les rigueurs du « lieu le plus froid de France ».

Alors apparaît la terre aux puissants et durs reliefs que formèrent les éruptions volcaniques. Les roches s'élèvent d'abord en pentes douces, souvent cultivées; de petites rivières, dont la transparence laisse voir les truites, courent et jasent entre ces murailles de lave ou de basalte. Bientôt ils grandissent, se dessinent plus forts et plus lourds, s'arrondissent à l'horizon comme d'énormes cloches. Les uns couverts d'une herbe fine, tendre, parsemée de violettes, offrent de gras pâturages; les autres, secs et décharnés, avec de rares pariétaires, ressemblent à des pylônes de bronze que dévore la rouille; quelques-uns, pailletés de mica de haut en bas, flamboient au soleil, et on les croirait en feu comme aux jours de leur antique ignition. Déjà l'on distingue entre tous, aux trois cornes ou dents qu'il lance à dix-sept cent cinquante-quatre mètres d'altitude, leur maître et le formateur de beaucoup d'entre eux, le Mezenc, le géant Mezenc, de grandiose et noble prestance. Autour de ce roi des volcans paraissent se réunir les monts ou *sucs* nés de ses scories. Le cocher, qui nous renseigne, nomme à leur place, graduellement, le mont de Tartas, la roche féodale d'Arlempdes, le rocher Tourte et le mont d'Alambre. Mais ceux-ci, vassaux immédiats du Mezenc, l'ombre de ce dominateur les efface, et nous gagnons, à peu près seul entre eux, le hameau des Estables, situé très haut au milieu de prairies odorantes.

C'est le soir, il souffle un vent très froid dont l'aigreur augmente à mesure que nous approchons des basses cabanes des Estables. Entre ces misérables demeures, closes, sombres et silencieuses, une seule lumière brille assez pour nous guider vers l'auberge où nous logerons. Privé de cet humble fanal, nous n'eussions su que devenir dans les glaciales ténèbres, entre les dures silhouettes des sucs et des dykes. Il nous souvenait de ce qu'on rapporte des mœurs farouches des montagnards du bas Velay. Pas un seul, à notre appel tardif, n'eût voulu se lever de l'armoire-alcôve où il se couche, comme les bas Bretons et les Auvergnats; en insistant, peut-être aurions-nous suscité de redoutables défiances. C'est aux Estables que l'aide de Cassini, pris pour un sorcier, à cause des instruments de mathématiques qu'il promenait par toute la France pour en déterminer la triangulation, fut assassiné par des pâtres, non moins superstitieux que les Océaniens à l'époque de Cook et de Lapeyrouse. Et peu de temps avant notre voyage, un Anglais de nos amis, M. James Thompson, s'étant laissé surprendre par la nuit aux alentours du Gerbier-des-Joncs, n'obtint qu'à force d'énergie et de promesses l'abri d'une grange, où il dut subir jusqu'au jour les menaces des paysans, auxquels sa présence indue et son mauvais français inspiraient les plus violents soupçons. Mais, nous fait observer notre hôte, « que ne savait-il le patois? »

Souvenirs et craintes de l'ombre s'évanouissent à l'aube; on n'en gravit que plus alerte et plus gai le chemin du Mezenc, embaumé, facile, indiqué par des tables de lave. L'ascension, au pas de promenade, dure deux heures. Du sommet où s'évasait un cratère, les yeux planent sur l'énorme massif de montagnes qu'il a façonné, sur les dômes et les obélisques formés des laves qu'il a vomies, accumulées sur le Velay et le Vivarais; et bien au delà de leurs cimes, de leurs aiguilles, ils découvrent l'Auvergne, le mont Blanc, ils se perdent dans la confusion des chaînes volcaniques qui prolongent les rameaux des Cévennes jusqu'au mont Pila, jusqu'à la grande vallée du Rhône. Ce beau spectacle de grandeur et d'immensité achève de nous réconcilier avec la contrée farouche qui le donne, le renouvelle, le diversifie à notre gré; tout nous en devient intéressant.

Au pied du Mezenc, vers le sud, une tour ronde, des granges, un pavillon dans le style du xviie siècle : ce sont les restes de la Chartreuse de Bonnefoy, fondé en 1156, incendiée par les routiers au xve siècle, ruinée définitivement par les calvinistes; tout délaissés qu'ils sont, on y reconnaît la marque du génie économe et pratique des disciples de saint Bruno. De quel précieux secours devait être ce monastère, placé entre le Mezenc, le Gerbier-des-Joncs, l'aride chaîne des Boutières, le Vivarais et le Velay, aux pâtres, aux herbagers, aux marchands, égarés dans l'effrayant chaos des montagnes! Et ses religieux, parmi les forêts de sapins et de hêtres, les marécages, les fauves de la rude contrée, n'ont-ils pas été d'admirables colons, prodigues de leur courage et de leur dévouement?

Après l'escalade du Mezenc, celle des larges flancs escarpés du Gerbier-des-Joncs, érigé

Le Puy. — Dyke de l'Aiguille.

en pain de sucre, n'est pas attrayante; mieux vaut employer les heures que l'on y dépenserait malaisément à chercher la source de la Loire. Elle est à cinq cents pas du mont, au sud-est. Une petite fontaine sourdant des trachytes et se creusant une rigole à travers les pelouses inclinées du frais vallon de Sainte-Eulalie, c'est elle. Elle jauge en cet endroit quatorze centimètres; cent pas plus loin, elle mesure deux pieds de large et cinq à six pouces de profondeur ; telle que la Voulzie du poète :

<blockquote>Un géant altéré la boirait d'une haleine.</blockquote>

Mais comme elle nous intéresse ! Comme elle nous émeut ! Tout petit ruisseau qu'elle paraisse, n'est-elle pas déjà l'élue de l'histoire, l'illustre « Loyre gaulois », la toujours jeune artère de notre vieille civilisation, dont les claires eaux naissantes s'en vont, comme aux temps de nos plus lointains ancêtres, vivifier les plus aimables vieilles provinces de la patrie? On suit avec amour ses premiers ébats : elle contourne prudemment les aspérités de la rude terre où elle est née, bégaye timidement au pied des monts de granit, se cache sous les aunes dans la profondeur des gorges où on ne la voit plus, ne s'enhardit que peu à peu jusqu'à sauter d'un bond les roches qui lui barrent la route, en enflant sa voix, en agitant ses flots comme une crinière argentée. C'est ainsi qu'elle se fraye un lit parmi les mornes volcans du Velay, échelonnés contre ses deux rives. A sa droite, dans le silence rarement troublé d'une pure solitude, luit doucement le beau lac d'Issarlès, saphir enchâssé dans l'ovale d'un cratère, dont les murailles sont drapées d'épaisses forêts de sapins, ténèbres des eaux transparentes. Plus loin, elle roule en torrent sous les tours ruineuses du château d'Arlempdes, suspendues aux parois d'une formidable coulée basaltique. De vives rivières descendent en cascades vers elle, leur reine, et elle coule, triomphante, irrésistible, entre les monstrueux rochers que l'on nomme « pavés de géants ».

Jusqu'au Puy, la vallée de la Haute-Loire garde un caractère abrupt et sombre que reflètent les villages et les petites villes situés à quelque distance des rives : Le Monastier, dont il faut visiter l'église romane à portail byzantin, Solignac et Coubon. Mais, chemin faisant, tout voyageur de loisir voudra s'écarter des routes pour aller voir le pur lac du Bouchet, amassé dans le cratère de l'ancien volcan, l'impétueuse cascade de la Baume et celle de la Roche ; ces belles eaux sont la grâce d'un paysage si rude que l'on s'en détournerait si elles n'y mettaient çà et là leur douce lumière.

Le Puy, au confluent de la Borne et non loin de celui de la Sumène, réunit au plus haut degré les beautés agrestes de la contrée. Si l'on y arrive par la ligne d'Auvergne et l'étroit vallon de la Borne, l'aspect en est superbe à vous faire crier d'admiration. Le vallon s'élargissant tout à coup en radieuses prairies où serpente la rivière, d'étranges magnificences surgissent tour à tour en peu d'instants : la rougeâtre pyramide du dyke de l'Aiguilhe ; la masse noire et carrée du mont Anis avec les maisons aux toits plats de la vieille ville, accrochées à ses flancs, et la puissante cathédrale Notre-Dame dressée sur son sommet près du pic Corneille, que surmonte la statue en bronze doré de la Vierge mère, allumée comme un phare du soir à l'aube. Sur ces formes de laves et de granit jaillies au hasard, sur les verdures et les édifices énormes, que l'on imagine l'effet imprévu d'une lumière d'aurore et de crépuscule, déchirée à mille arêtes, distribuant les ombres et les clairs mystérieux : c'est d'une fantaisie si merveilleuse que l'on ne sait plus où l'on

12

est ni où l'on va ; antre de cyclopes ou cité du moyen âge, qu'est-ce donc que l'ancienne capitale du Velay ?...

Ce rare paysage perd beaucoup à n'être plus vu de la glace du wagon, qui vous en

Cathédrale du Puy.

déroule, en tournant, les formidables stalues et les exquises légèretés. Le train vous débarque dans un pauvre faubourg d'artisans, où les femmes et les enfants assis devant leurs portes, travaillent sur le métier-tambour à la traditionnelle fabrication des *blondes*. Suit une ville officielle et bourgeoise ; l'on ne retrouve la poésie de ses impressions qu'une fois engagé dans les petites rues pavées de galets qui gravissent le mont Anis. Là, entre des maisons basses, grises, décrépites, c'est plaisir de rencontrer une porte arquée, une fenêtre fleuronnée, une élégante façade de la Renaissance, un bas-relief délicat. Aux rues succèdent des escaliers, et quand on arrive à leur dernière plate-forme flanquée d'une poterne plongeant dans le vide, on a devant soi l'un des édifices les plus célèbres et les plus curieux du moyen âge : Notre-Dame du Puy. Représentez-vous, à l'altitude de 650 mètres, un portail composé de cinq étages d'arcades romanes à multiples courbes, marqueté en pierres de laves rouges, noires, jaunes et bleues. Au milieu de ce gigantesque portail s'ouvre un porche assez imposant, assez majestueux pour avoir pu livrer passage à ces cavalcades de chevaliers bannerets qui, dans les solennités pontificales, servaient d'escorte aux évêques du Puy, prélats très glorieux et très puissants seigneurs temporels du Velay, ne relevant que du saint-siège, qui leur avait confié le droit de porter le *pallium*. Beaucoup de ces cérémonies sont mémorables, Notre-Dame du Puy, consacrée par une statue de la Vierge noire révérée par toute la France, étant l'un des pèlerinages les plus populaires du royaume. L'une d'elles salua, le 9 août 1254, la visite de Louis IX, offrant au sanctuaire une branche d'épines de la dérisoire couronne du Christ; une autre honora Philippe le Hardi en 1271, Charles VI en 1394, Charles VII en 1422, Louis XI en 1476; les papes Urbain II, Gélase II, Calixte II, furent aussi l'objet de fastueuses réceptions. La basilique, alors aussi brillante au dedans qu'imposante au dehors, renfermait un trésor de très haut prix; elle n'est plus aujourd'hui qu'immense et nue, et ne possède que de rares œuvres d'art, entre autres la très belle bible enluminée du IXe siècle, dite de saint Théodulphe. Mais elle garde heureusement un cloître dont le dessin, les marqueteries, les chapiteaux sculptés, les frises et surtout les mascarons tout à fait étranges et démoniaques, sont parmi les plus admirables choses de l'ancienne France.

Le mont Anis se rattache au pic Corneille par une rampe assez douce et des escaliers dont la dernière plate-forme vous hausse à 790 mètres d'altitude. Ce point développe un splendide horizon que la statue colossale de Notre-Dame de France, accessible par un escalier intérieur, vous montre par ses yeux plus étendu encore et plus grandiose. C'est en bas la ville dégringolant le rocher et se tassant dans le val; puis ses environs tourmentés, diaprés, une rivière diamantée fuyant sous les saules, le cône de l'Aiguilhe couronné de sa chapelle romane de Saint-Michel, dont l'on gravissait à genoux les deux cent vingt marches; les orgues et les ruines d'Espaly, le donjon de Polignac, et au loin, traversant un cirque extraordinaire de volcans éteints et de laves accumulées, la verdoyante vallée de la Loire.

Le fleuve coule au pied de montagnes fort pittoresques, et le chemin de fer, qui le suit plus fidèlement que la route, souvent interrompue par des coulées de laves, vous laisse le souvenir des sites remarquables où s'encadrent les vieux châteaux gothiques de la Voûte, de la Roche-Baron, d'Aurec, les ruines de Saint-Paul en Cornillon. Cependant on peut lui préférer les frais vallons pressés entre les parois granitiques des alentours du Puy, même le pays si farouche de la Margeride et le plateau glacial de la Chaise-Dieu. Quoi de plus joli, par exemple, que le château de la Roche-Lambert dans le défilé du Bourbouillon, plaquant une façade des temps de Henri IV et de Louis XIII sur des rochers que dépassent ses fines tourelles; et plus imposant que l'église de l'ancienne abbaye de la Chaise-Dieu, dont le parvis de quarante-huit marches (au niveau du Puy-de-Dôme) précède un magnifique portail ogival orné d'arcatures et de niches serrées entre de massifs contreforts? L'un et l'autre ont ceci de rare et de charmant qu'ils sont meublés selon leur style : les salles du château plafonnées de lourdes solives et garnies de tapisseries aux nuances éteintes, offrant partout les bahuts et les dressoirs de chêne, les cabinets d'ébène, les panneaux sculptés et les sièges de cuir gauffré à la mode du XVIIe siècle, et la basilique ayant su conserver un buffet d'orgues, un banc d'œuvre sculpté précieusement, des tapisseries du XVIe siècle et des peintures murales traitées avec beaucoup de verve et d'originalité.

Ces excursions sont faciles ; c'est l'affaire d'une promenade en voiture qui, partant le

Ruoms (vallée de l'Ardèche).

matin du Puy, vous y ramène le soir, non sans vous avoir montré en passant l'intéressante Saint-Paulien bâtie avec les débris de l'antique Vellava, première cité chrétienne et métropole du Velay. Il faut plus de temps pour aller dans les gorges de l'Allier, mais le chemin de fer abrège la distance, et ce voyage dans les monts et les forêts de la froide Margeride, presque aussi désolée par l'abondance des loups qu'aux jours légendaires de la « Bête du Gévaudan », tentera peut-être quelques hardis chasseurs de fauves. Nous n'y voyons, pour les artistes, que l'occasion de visiter l'église romane de Brioude, type d'architecture auvergnate. Au seuil de l'opulent pays des Arvernes, la petite Brioude, très effacée aujourd'hui et comme pétrifiée dans ses souvenirs, était autrefois une cité d'église, aristocratique et privilégiée. Du IXe siècle à la Révolution, un chapitre de chanoines la gouvernait, dont tous les membres, admis seulement après avoir prouvé quatre quartiers de noblesse du côté paternel, prenaient le titre de comtes et officiaient en habits violets, mitre en tête, crosse en main, tout pareils à des évêques. Le spirituel cardinal de Bernis, premier ministre de Louis XV, fut l'un des derniers chanoines de Brioude. Par sa grandeur et la délicatesse de son style, leur église rappelle ces fastes lointains.

Du Puy aux monts du Vivarais, la diligence circule entre les versants de nombreuses montagnes, trop souvent dépouillées des bois qui jadis en recouvraient somptueusement les tristes aspérités; la plus haute, le mont Meygal, domine un pays pauvre et sauvage dont la population diminue d'année en année. Les mœurs y étaient naguère si farouches, susceptibles et vindicatives, que l'habitant ne sortait jamais de chez lui, fût-ce pour aller à la messe ou au prêche, sans emporter la *coutelière,* dont il usait à tout propos comme un Espagnol de sa navaja. Yssingeaux n'est point pour vous arrêter ; la lourde patache franchit la rude chaine granitique des Boutières, laisse fort à gauche le beau lac de Saint-Front, près de Fay-le-Froid, vous mène à Saint-Agrève, au Cheylard, contourne le massif du Gerbier-des-Joncs, s'engage dans la ravissante vallée de la Volane et voici, groupé au faite d'un roc que rehausse une tour carrée, le bourg d'Antraigues. Vals en est à courte distance. Qui ne connait, au moins de réputation, Vals-les-Bains? Qui n'a jamais bu de sa « délicieuse » eau de table ?

Vogüé.

Il n'est besoin pour cela d'avoir la gravelle, la goutte ou quelque maladie de foie, bien que, dans son lieu d'origine, elle guérisse par le bicarbonate de soude et le fer tous ces maux de l'espèce trop civilisée. On peut se plaire à Vals, comme à Vichy, sans croire absolument à l'efficacité de ses richesses thermales. Cependant on n'y voit point d'Anglais, non plus de Parisiens, hôtes et fléaux ordinaires des stations à la mode ; le nord l'abandonne au midi. A quel point ce dédaigneux manque de goût et se prive d'exquises jouissances, c'est ce que fait bien sentir l'admirable description des « Notes sur le bas Vivarais », par un très éminent Vivarois, le vicomte E.-M. de Vogüé :

« La station thermale de Vals est située à ce point précis où deux natures se heurtent au seuil des montagnes, à l'orée des vallées resserrées de l'Ardèche et de la Volane. Dès l'extrémité méridionale de la bourgade, sur le tournant d'une route, l'ardente chanson du midi éclate dans le fourré luisant des chênes verts, dans les oliviers et les cyprès, moines gris, moines noirs, penchés sur les treilles joyeuses. A l'autre extrémité, les maisons s'étagent sous les châtaigniers qui tapissent les coteaux ; il ne faut guère s'élever pour atteindre des fermes encloses entre un verger de pommiers et une prairie où paissent des chèvres, suspendues sur les ravines des torrents. Il y a quelques centaines de pas entre cette Italie et cette Savoie. Selon que le vent souffle, il apporte de là-bas le baume des lavandes et tous ces encens brûlants que la garigue distille au soleil, de là-haut le frais parfum des bruyères, des fougères. La petite ville est charmante, au fond de la gorge qui s'évase sur le confluent des deux rivières, avec ses toits rouges noyés dans ces verdures sombres et tendres, toute ruisselante d'eaux qui se précipitent, suintent aux parois des roches, jaillissent des vasques en fontaines intermittentes. La plupart de ces sources arrivent minéralisées du sous-sol volcanique; les gens du pays en avaient reconnu l'efficacité depuis des siècles...

Et l'excellent écrivain ajoute :

« Dans ce pays pauvre et resté fidèle aux simples habitudes du vieux temps, Vals est le seul centre où le touriste puisse s'établir commodément pour rayonner de là sur les vallées avoisinantes... Ces vallées offrent, au premier coup d'œil, une physionomie uniforme; et chacune d'elles a ses grâces, ses curiosités

Pont d'Arc.

particulières, une infinie variété de surprises. C'est l'arrangement des sommets, amphithéâtre toujours diversifié avec les mêmes éléments; c'est l'alternance des draperies roses et vertes sur les pentes rocheuses, où la bruyère fleurit sous l'éternelle forêt de châtaigniers. Groupés en masses puissantes ou profilés élégamment sur les crêtes, ces arbres atteignent ici la vigueur et la majesté de nos chênes du nord; il n'est pas rare d'en rencontrer qui mesurent cinq à six mètres de tour. Plus bas, dans les fonds tièdes, les vergers de mûriers et de vignes réchauffent le regard... »

En route donc vers les vallées séduisantes et les sites grandioses dont, n'ayant plus à peindre les beautés, nous n'avons guère à citer que les noms! Bien près de Vals on touche au roc de Gourdon, au cratère refroidi de la Coupe-de-Jaujac. Escarpements de basaltes, volcans apaisés, strates étendues, innombrables reliefs des éruptions plutoniennes où se ruent les torrents, où tonnent les cascades, se multiplient. Et plus on avance vers l'ouest, plus nombreuses surgissent les montagnes, *sucs* ou *signals* dont les âmes vomirent les coulées de laves aujourd'hui cristallisées en « chaussées de géants », plus surgissent les colonnes, les pyramides, les obélisques de trachyte, les orgues de phonolithe et les étonnants *gravennes*, énormes cônes tronqués, volcans éteints lors des dernières convulsions de la terre, et que rejoignent encore les flots de laves qu'ils épanchèrent autour d'eux... Tel dans les vallées prochaines de Thueyts et de Montpezat, le fameux gravenne, dit de Montpezat, creusé d'un côté à la profondeur de quatre-vingts mètres par la Fontaulière, de l'autre par la Médéric, laquelle tombe de cent mètres de hauteur dans le précipice de la Gueule-d'Enfer, que surmonte et enjambe un rocher prodigieux, le Pont-du-Diable. Parmi ces splendides chaos, qui racontent l'histoire du sol, se dressent à chaque pas les ruines de châteaux et de monastères qui racontent l'histoire des hommes. Des donjons plus ou moins en ruines à Jaujac, Thueyts, Montpezat, Mazan, Ventadour, Boulogne, Vogüé, Rochecolombe, Balazuc, couronnent une colonnade basaltique, un dôme de granit, ou disparaissent à moitié dans des abîmes de laves, vertigineuses entailles des torrents aux flancs des gravennes.

Au nord, à l'est et au midi, jusqu'au versant de la chaîne volcanique et déchiquetée du Coiron, les mêmes spectacles vous attendent, les mêmes sculptures gigantesques. Que l'on remonte les vallées de l'Ardèche, de l'Alignon, de la Ligue, de la Baume, du Chassezac ou de l'Ouvèze, filets d'eau que le moindre orage met quelques minutes à changer en torrents désastreux, ces beaux spectacles récréent les yeux, éveillent l'esprit. L'imagination toujours en haleine, on ne sent point la fatigue des routes ardues, on pardonne au gîte d'être ennuyeux ou maussade. Ici les villes ne sont point de mine agréable; plusieurs même l'ont assez revêche, mais on ne les regarde pas. Privas, Valgorge, Largentière, Joyeuse, les Vans, Vallon, Villeneuve-de-Berg, où naquit Olivier de Serre, Vogüé, berceau d'une illustre famille de diplomates et d'écrivains, sont de simples étapes entre des merveilles naturelles. La très laborieuse et riche Aubenas ferait peut-être exception, car son vieux château féodal, son « château neuf » bâti par les seigneurs d'Ornano, son église qui renferme le mausolée de la maréchale et du maréchal Alphonse d'Ornano, mort en 1610; sa condition des soies, ses filatures, sa papeterie, ses mégisseries, ses jardins méthodiquement cultivés, sa pépinière créée et gérée par l'État, intéressent infiniment l'intelligence. Mais les bois de Païolive, les Balmes de Montbrul, les rochers de Ruoms et le pont d'Arc sont aussi bien attrayants! Le pont d'Arc surtout est d'un effet extraordinaire : immense roche de marbre grisâtre haute de plus de soixante mètres, dressant à l'entrée des gorges de l'Ardèche, non loin de Vallon, un colossal arc de triomphe dont l'arche unique mesure cinquante-quatre mètres d'ouverture sur trente-deux mètres de flèche. De luxuriantes et brunes frondaisons enracinées dans les anfractuosités du pont superbe en couvrent de verdures le tablier et retombent sous la voûte en gracieuses guirlandes...

DANS LES MONTAGNES

V

LE MORVAN

Extrême relief du plateau central, massif de porphyre et de granit dressé entre Charolais, Nivernais et Bourgogne, le Morvan s'élève comme un sanctuaire du beau pittoresque par-dessus la banalité de leurs plaines industrieuses et fertiles.

Haut lieu facilement accessible, doux et profond sanctuaire, de l'avoir une ou deux fois parcouru son image nous hante, et nos étés passés ailleurs le regrettent, tant il possède le charme et la grâce dont s'emplissent les yeux et dont le cœur se souvient!

Ses montagnes sont courtes, oui, et l'audacieux alpiniste peut sourire de ces boursouflures dont la plus sublime n'atteint pas mille mètres d'altitude et qui toutes ignorent les neiges éternelles!

Mais ces montagnes sont à notre portée de Parisiens névrosés, à notre taille de petits Français; c'est notre Suisse, à nous, la Suisse gauloise, et le génie de notre race y résidait aux temps héroïques de Bibracte et d'Alésia.

Que disons-nous? Soyez-en sûrs, il y réside encore :

Sous les forêts sacrées de hêtres, de châtaigniers et de chênes, épaisses toisons ourlées de bruyères roses et de genêts d'or dont se revêtent les cimes arrondies;

Auprès des sources épanchées en rivières les plus limpides qui soient, limpides comme notre langue même;

Aux bords des étangs, purs miroirs de nos ciels mouillés;

Sous les chaumières basses et tassées à fleur du sol, comme les huttes de nos aïeux;

Et surtout, surtout, dans l'aspect, le caractère, les mœurs, le patois, les us et coutumes, et même le costume d'un peuple, Celte de la tête aux pieds, si l'ethnologie n'est pas science vaine.

Le chemin du Morvan?

Il s'ouvre pour nous à la plaine des Laumes; le mont Auxois, qui porte au flanc Alise-Sainte-Reine, probable Alésia, et au sommet la statue du magnanime Vercingétorix, — hautaine et mélancolique apparition, — en marque le seuil. De là court à l'ouest la ligne d'Avallon. Plus d'un, peut-être, avant de la suivre voudra s'attarder dans la contrée montueuse et parfumée où vint un jour expirer la patrie ancêtre.

C'est qu'elle est aussi jolie que célèbre, cette contrée! Flavigny la domine, austère retraite du père Lacordaire dans un monastère blanc comme la robe dominicaine; et Flavigny, dont les amis sont un régal universellement prisé, a pour voisins les châteaux authentiques des Bussy-Rabutin, des Sévigné-Chantal, des Guitaut, ces nobles familles encore si bien vivantes, si brillantes, si séduisantes... dans les lettres de Mme de Sévigné.

Tour de Buffon, à Montbard.

Pour vous y guider paysans ne manquent point, et de complaisants majordomes en font les honneurs. Charmants et surannés logis de Bussy, d'Époisses, que leurs maîtres d'il y a deux cents ans semblent encore habiter, leurs meubles, leurs tapisseries et leurs tableaux en disent plus sur la vie aristocratique au grand siècle que toutes les chroniques.

Non trop loin encore, car la vapeur y conduit en un moment, la tour de Montbard rappelle la gloire de Buffon; ne le voyez-vous pas y monter, en habit de velours, en jabot et manchettes de dentelle, l'épée en verrouil, pour faire sa cour à la nature dont il veut surprendre les secrets, dévoiler les mystères et peindre les beautés?... Au delà, Ancy-le-Franc fut et reste la splendide demeure des Clermont-Tonnerre, et Tanlay appartint aux Coligny : l'un et l'autre, au dedans comme au dehors, sont de galantes créations de la Renaissance. Il est plaisant d'en admirer l'art et la fantaisie avant de s'enfoncer dans la solitude.

La solitude!... On n'y arrive pas de prime saut, et sans être en cheminant tenté de s'arrêter. Semur, pareille avec ses quatre tours rondes de vieux château, ses deux tours carrées et sa flèche d'église, le tout couronnant un promontoire de granit, à quelque burg des bords du Rhin cristallisé dans sa forme féodale, vaut-il pas mieux qu'un regard en passant? Cette curieuse ville forte évoque de chères mémoires. C'était sous Henri IV le gouvernement de Christophe de Rabutin, baron de Chantal, époux de Jacqueline Frémyot, qui devint la pieuse amie de saint François de Sales, la bienheureuse fondatrice de l'ordre des Visitandines, et tous deux furent les grands-parents, les fortunés aïeux de Marie de Rabutin-Chantal, marquise de Sévigné, l'immortelle écrivain! Depuis ces illustres, Semur semble avoir peu changé, mais à Bourbilly, leur manoir héréditaire, la marquise ne trouverait plus les beaux arbres qui prêtèrent leur ombre aux jeux de son enfance.

Avallon est ville du Morvan, sa Genève, si l'on veut. Chaque printemps, ses hôteliers et ses voituriers s'apprêtent à recevoir les touristes, pas bien nombreux encore, et la plupart étrangers, car le Morvan n'est pas à la mode; heureusement! Avallon n'en est pas moins hospitalière, et pour vous donner comme un avant-goût des beautés du pays n'a-t-elle pas le magnifique point de vue des *Deux-Cousins*? Là, vis-à-vis d'une ancienne porte de robuste allure, entée sur roche, la transparente rivière le Cousin se précipite entre deux énormes blocs de granit, puis elle s'étale comme un étang et semble ensuite se diviser en deux branches sinueuses, en deux coulées de mobile lumière, qui vont se perdre au loin en d'obscurs défilés bleus.

D'Avallon toutes les excursions sont aisées; les vallées de la Cure, du Cousin et de l'Yonne en sont proches et leurs sites célèbres : Pierre-Perthuis, la Pierre-Qui-Vire, son dolmen surmonté de la statue de la Vierge Marie, le chemin de croix de son monastère sur les bords du Trinquetin, les îles Labaume, les cascades de Lormes, des Aubues, de Saint-Georges, le farouche château de Chastellux, patrimoine d'une famille ancienne et grande dans l'histoire du pays, l'étang des Settons, immense réservoir des eaux de la Cure, créé pour alimenter les canaux de Bourgogne et du Nivernais et favoriser ainsi la navigation des bois, seule industrie morvandelle, Bazoches, où vécut et fut inhumé Vauban. Il n'est cocher qui ne sache le chemin de ces délicieux paysages. O douceur d'aller ainsi! Vous parcourez des routes sourdes au bord de rivières blanches coupées de chutes soudaines et brillantes, comme un ciel paisible par des éclairs; les villages sont rares, les forêts embrunissent les monts; parfois l'ombre d'étranges rochers tout chevelus fait la nuit autour de vous; ils s'écartent, et de grands horizons se développent par échelons infinis, échelons de montagnes bleues, bleuâtres, roses, légères comme l'écume et la mousse, impalpables aux sens comme le souvenir! Et les chênes exhalent leur sève dans l'air suave, les saules et les aunes se penchent sur des nappes d'eau luisantes et polies comme des armures; le silence est si parfait que le moindre bruit vous étonne; une feuille froissée, une pierre roulant sous vos pas sont des aventures; le vent dans les arbres, les gouttes d'eau sur les roches font avec l'écho des harmonies sonores; le mugissement d'un grand bœuf blanc, humant la senteur des *ouches*, inattendu, vous effraye...

Vézelay offre l'un de ces beaux paysages relevé encore par le prestige de l'histoire. Vers Saint-Père, gros village boueux au pied de l'abbaye, et où brille, littéralement comme une perle dans un fumier, le portail exquis d'une église du xie siècle, la vallée de la Cure, inégale et sinueuse, ouvre de charmantes perspectives. Un agreste défilé mène dans une ample campagne; aux bois succèdent les prairies closes; un clocher, fluet comme un baliveau, pique les nuages; des amas de maisonnettes enveloppées d'une atmosphère irisée semblent sortir de l'eau. Mais, si l'on gravit la côte de Vézelay, toutes ces lignes s'effacent, tous ces contrastes se fondent, et l'on embrasse, du haut de la corniche, un tableau de magnificence non comparable à tel ou tel autre, original dans sa grandeur comme le sanctuaire illustré par la parole de saint Bernard.

Entre ses remparts délabrés, Vézelay, que le siècle abandonne de plus en plus, Vézelay, pauvre, muet et devenu trop vaste, reste un fief de l'abbaye clunisté fondée vers le milieu du ixe siècle par le comte Girard de Roussillon et dame Berthe, sa femme, qui, voulant honorer les douze apôtres, firent édifier onze monastères semblables. La première abbaye de Vézelay, ruinée par les Normands, fut restaurée par les Bénédictins au xi⁰ siècle; à cette époque s'édifia la basilique Sainte-Marie-Madeleine, achevée au xii⁰ siècle par l'abbé Artaud, et dédiée l'an 1104 par le pape Pascal II. La nouvelle église était dans sa neuve splendeur lorsque, devant Louis VII et un grand nombre de ses vassaux, saint Bernard, ayant pour chaire la légère éminence d'un tertre appelé aujourd'hui la Cordelle, prêcha la deuxième croisade avec un immense succès d'enthousiasme. Vézelay parvint alors à son apogée; son influence parut si profonde que, près d'un demi-siècle plus tard, l'archevêque Guillaume de Tyr la choisissait pour convoquer les féodaux et les peuples à la troisième croisade. Sainte-Marie-Madeleine rend un superbe témoignage de ces fastes religieux.

Son portail est l'un des plus majestueux que nous ait laissé l'architecture romane; par la simplicité et l'ampleur de ses lignes, l'énergie des figures décoratives, par le caractère de sévérité hautaine et glaciale, de rigidité imperturbable et terrible que dégage l'ensemble, et que la solitude ambiante fait singulièrement ressortir, il intimide l'esprit, l'inquiète, le trouble. C'est une vision du moyen âge, il en symbolise tous les effrois, il en révèle toutes les douleurs, il en découvre la conscience. Dans le bandeau sculpté autour de la porte colossale du centre,

Vézelay. — Basilique Sainte-Marie-Madeleine.

tout un peuple hiératique et légendaire de réprouvés châtiés par le Juge inexorable instruit les grands de ce monde, nobles et clercs avides et féroces, des éternels supplices réservés à leurs vices et à leurs crimes. Et Dieu, consolateur des misérables, qu'il venge ainsi, Dieu plane, la dextre levée pour enseigner, prescrire et commander, et l'index tendu comme pour appuyer d'un geste irrévocable la sentence qui condamne ou justifie, punit ou récompense les vivants et les morts.

Les voûtes de l'immense basilique supportent quatre énormes clochers; les cinq nefs reposent sur une forêt de gigantesques colonnes aux chapiteaux ornés de larges palmes. Mais ces nefs, que prolonge un chœur assez vaste pour contenir une légion de moines, sont désertes, nues, inanimées.

De Vézelay, avant de pénétrer, par la vallée de l'Yonne qui en est proche, au plus sombre du Mor-Van, « noire montagne, » nous aimerions, pour notre part, profiter du voisinage pour aller visiter les célèbres grottes d'Arcy-sur-Cure, très grandes, très belles, véritables évocatrices, par leurs multiformes incrustations et cristallisations calcaires, des images qu'expriment les noms donnés à leurs diverses et successives cavernes. Des milliers de touristes ont admiré la *Salle des Mille-Colonnes*, la *Salle des Glaciers*, la *Chapelle de la Vierge*, les *Fonts-Baptismaux*, la *Salle des Draperies*, la *Salle de Danse*, la *Salle des Échos*, le *Cierge Pascal*, le *Cabinet du Prince*, la *Cascade*, les *Vagues de la mer*, et

Auxerre.

n'en ont pas altéré, par de stupides larcins ou de sottes inscriptions, la candeur et la fantaisie.

La merveilleuse Cure trace la frontière du Morvan bourguignon ; au delà s'élèvent les petites collines de l'Auxerrois ; le chemin de Vermenton, où la rivière fée, chargée des bois *roulés et martelés*, va rejoindre l'Yonne, est celui d'Auxerre. Voilà une ville qu'il faut voir, une ville haute, blanche et verte, bourgeoise et romantique, avec de vieilles tours féodales, un beffroi, de grandes et belles églises, dont les clochers élancés en pointes l'annonçaient de loin, jadis, aux nombreux voyageurs en « coche d'eau ». L'Yonne étant alors une des routes les plus directes du royaume de France, et Auxerre un lieu de passage des plus fréquentés. Il lui reste de l'abbaye de Saint-Germain, si fameuse, si riche autrefois, une église romane que double presque une crypte, véritable catacombe, sans doute refuge et sanctuaire des premiers chrétiens. Dans l'épaisseur même de ces murailles souterraines, d'énormes cercueils de pierre intercalés renferment, croit-on, les cendres de saint Germain et celles de beaucoup de vénérés personnages, évêques, abbés ou moines ; çà et là des épitaphes et d'édifiantes inscriptions en lettres latines ou byzantines encore toutes vives vous reportent à l'âge gallo-romain de Mummulus, de Gontran, de Charles le Chauve, protecteurs et bienfaiteurs du monastère.

Saint-Germain n'a rien conservé de ses grandes richesses; elle fut dévastée en 1567 et en 1568 par les huguenots; la Révolution confisqua ce qu'il lui restait de précieux, pour le donner à l'hôpital qui fut installé dans les bâtiments de l'abbaye. Mais l'hôpital même en a été dépouillé; on voit, sous les vitrines de l'hôtel de Cluny, les rares étoffes byzantines de la fin du IXe siècle et les remarquables tapisseries du XVe, qu'il dut céder, moyennant finances, à notre musée du moyen âge. Ainsi les antiquités de la province vont grossir incessamment l'insatiable trésor de Paris.

La cathédrale Saint-Étienne, non plus que Saint-Germain, ne fut épargnée des iconoclastes de la Réforme; ils mutilèrent les bas-reliefs et les statues du portail, sculpté par les artistes de la Renaissance; on ne sait pourquoi ils respectèrent le mausolée des frères Georges de Beauvoir de Chastellux, maréchaux de France, et les éclatants vitraux du XIIIe siècle. Une longue inscription, rédigée en latin par l'illustre évêque Jacques Amyot, flétrit ces sacrilèges. Le docte précepteur des enfants de Henri II, le bon traducteur de Plutarque, quitte envers la cour, résidait souvent dans son diocèse; il aimait, protégeait les beaux-arts, et il avait fort embelli son palais épiscopal, dont l'on a fait l'hôtel de la préfecture, sans trop en détruire la haute élégance intérieure.

Au nord, et presque aux environs d'Auxerre :

Chablis la riche, dont les raisins dorés,

Porte de Villeneuve-sur-Yonne.

les opulentes vendanges louent le courage et l'industrie des moines cisterciens de Pontigny, qui en plantèrent les vignes; Tonnerre, qui possède la Fosse-Dionne, la Salle de la Revestière et le mausolée de Louvois, trois raretés différentes, mais également curieuses; Saint-Florentin, au magnifique jubé, chef-d'œuvre de la Renaissance; Joigny, vieille cité gallo-romaine, prise entre les prairies de l'Armançon et les bois de la Côte, où elle se répand; Villeneuve-sur-Yonne, *Villa longa* avant Louis VII, Villeneuve-le-Roi, du jour où ce prince la choisit pour « séjour », et qui garde de ce temps splendide une église hors de proportion avec le petit nombre des paroissiens, deux portes féodales, des murailles, des tours, des bastions mangés de lierre, des fossés changés en jardins et bordés d'arbres ombrageant la ceinture trop large d'une bourgade poudreuse. Que le touriste de loisir ne dédaigne pas ces petites villes juchées sur d'âpres hauteurs vineuses, avec de claires rivières à leurs pieds! Aucune n'est indifférente, aucune ne leur refusera le plaisir de la nouveauté, la sensation de l'imprévu, dans la nature et dans l'art.

Si c'est un peu s'écarter du Morvan, le chemin de fer y ramène bien vite par Clamecy, la placide et gentille ville du Nivernais, que décorent justement le souvenir et l'effigie du bienfaiteur de la région, Jean Rouvet, lequel, en 1549, imagina l'ingénieux système du flottage des bois, employé depuis cette époque, et le fit expérimenter sur la Cure. Le buste de Jean Rouvet, sculpté dans le bronze par David d'Angers, pour rappeler aux bûcherons, aux fendeurs, aux charrieurs, leur dette de reconnaissance, se dresse sur le pont, domine le port où viennent s'empiler les bois que des bateaux plats, remontant l'Yonne, puis la Seine, débarqueront à Paris.

La manœuvre du *flottage à bûches perdues* offre un spectacle plein d'intérêt et de joyeuse animation : il n'est pas nécessaire, pour y assister, de remonter fort avant le cours de l'Yonne ou de la Cure, mais il faut attendre la saison d'été. Durant l'hiver les ouvriers des forêts charrient comme ils peuvent, s'aidant des ruisseaux descendant les monts, les bois qu'ils ont abattus et coupés, et les accumulent dans les criques des rivières : là des écluses retiennent les eaux captives pour le grand jour du flottage. Ce jour est annoncé plusieurs semaines à l'avance. Il attire la foule aux lieux d'où les bois seront entraînés. Une fois les bûches « moulées », c'est-à-dire mesurées au moule, puis « martelées », c'est-à-dire marquées aux deux bouts d'un signe qui permet à chaque marchand de reconnaître les siennes, des hommes, des femmes, des enfants s'en saisissent, s'apprêtent à les lancer au fil de l'eau. Tout à coup le signal est donné, l'écluse se lève, lâche le flot bondissant, écumant, roulant, et bientôt couvert de bûches perdues, dont pas une ne s'égare en chemin. Car chacun les suit de l'œil, chacun les surveille ; d'une longue perche armée d'un croc, les meneurs d'eau poussent les paresseuses, surtout empêchent les rebelles de s'accrocher aux roseaux des rives ; viennent-elles à former dans le courant une sorte de radeau qui l'embarrasse, ce que l'on appelle une « rotie », les flotteurs sont là, en barque, prêts à détruire l'obstacle et à délivrer la « goulette ». Ainsi l'opération s'accomplit sans encombre, avec entrain et bonne humeur. Les bois, marchant vite sur leurs routes liquides, ne s'arrêteront qu'aux barrières que leur opposeront les ports de Clamecy et de Vermenton.

Château-Chinon. — Les ruines.

Vers la source de l'Yonne se joignent les plus hauts sommets, s'approfondissent les plus grandes forêts du Morvan ; la triste et froide Château-Chinon, bâtie à 600 mètres au-dessus du niveau de la mer, est le véritable centre de cette région plus qu'agreste, un peu farouche, mais dont les rudesses ont un charme prime-sautier. A condition d'aimer la campagne pour elle-même, aucune ne mérite davantage un séjour prolongé. On se fortifie sans fatigue à gravir le mont Toureau, le mont Prenely, la chaîne de Montarme, qui n'exigent point d'intrépides jarrets d'alpinistes pour vous enivrer d'air pur et vous ravir aux horizons qu'ils développent. Partout l'ombre et la fraîcheur vous accompagnent, partout l'intarissable babil de l'eau sur les granits et les porphyres. Une multitude de sources, de fontaines argentines, que l'on entend sourdre, mais que l'on ne voit pas, s'échappent des roches, et des ruisseaux, sous le feuillage des aunes, courent porter dans les bois et à travers les prairies le chant de ces nymphes pudiquement cachées. Il n'y a nulle part plus de petites voix dévotes et joyeuses pour louer la forte et douce nature. C'est un concert de cascatelles, de bouillonnements, de murmures, de soupirs, de frissons, où toutes les choses et tous les êtres jouent leur partie, et qui ne cesse jamais. Leur caressante harmonie vous berce, vous enlace; vous goûtez, à l'entendre, le bonheur nonchalant que semblent éprouver aussi les grands bœufs à robe blanche allongés paresseusement dans l'herbe grasse des ouches, et les petits moutons dodus et replets, dont les troupeaux s'ébattent aux flancs des collines.

Mais..., il y a un mais! — où n'y en a-t-il pas? — c'est qu'il n'est pas facile de trouver un gîte agréable. Les petites villes du Morvan, n'ayant nul souci des citadins en vacances, n'ont à leur disposition que l'unique « hôtel » dont se contentent les forains : hasardeuse hospitalité! Moulin-Engilbert, Luzy, Châtillon-en-Bazois ne sont guère plus « modernes » que les *chastels* ruineux qui les dominent; même l'humeur querelleuse et vindicative de leurs anciens seigneurs, toujours en lutte au moyen âge, pour s'assurer la possession du pays giboyeux, transparaît dans le caractère ombrageux des habitants. Les villages et les villageois sont pires. Il ne peut en être autrement d'une région quasi fermée, ouverte d'hier aux chemins de fer, et qui tient à ses traditions, à ses usages, à ses vieux logis, comme beaucoup de paysans tiennent à porter la *saga* des Celtes ou *bliaude* (blouse) bariolée de fleurs, et leur long manteau de grosse laine. Le Morvan est une petite Bretagne, moins pensive et silencieuse que celle de l'Océan. On y rencontre, en proportion, autant de mégalithes, étangs, dolmens, cromlechs, pierres assises ou levées. A Maison-de-Bourgogne, un tumulus de cent trente-six mètres de circonférence et de vingt-trois mètres de hauteur évoque l'idée d'une famille ou d'un clan de barbares qu'on aurait ensevelis là. Les préjugés et les superstitions n'y ont pas de racines moins tenaces. Mais ces vestiges du passé vont s'effaçant peu à peu. Nous avons dit ailleurs (*La Loire*), d'après un érudit morvandiau :

« Bientôt on vivra dans le Morvan comme partout; les êtres merveilleux et chimériques en seront bannis. On se moquera des *sorciers*, des *meneux de loups*, des *flutteux*, des *dames blanches*, des *loups-garous*, des *pacolets* et des *culards*, ces terribles fantômes d'enfants morts avant le baptême. Et le sabbat? Et le Diable, — ou le *Peut*, le *Gros*, l'*Autre*, — car le Malin, ici très redouté, a tous ces noms, — qui s'en inquiétera? Où seront les chercheurs de trésors capables, pour en dénicher, de vendre leur âme à Satan? Quelles paysannes oseront, afin de rappeler à la ruche les abeilles essaimées, présenter à Notre-Dame un gâteau de miel, et pour obtenir la guérison de leurs brebis atteintes de la clavelée, lui couvrir pieusement les épaules d'un bourgeron de droguet? Les pauvrettes vont craindre le ridicule; plus de naïveté chez elles, partant plus de singulières accoutumances! De même on ne verra plus, au seuil d'une chaumière, briller parfois le tison embrasé, mystérieux signal de prochaines épousailles, que le fiancé épie dans l'ombre. On se passera du marieur, ou *croque-avoine,* qui perdra sa place d'honneur aux « mengâles » nuptiales. Aucun jaloux ne s'avisera de piquer sur le chemin de la noce, précédée de ses flutteux, une quenouille malveillante, en occulte vertu de laquelle la mariée n'aura que des filles. Et certes on oubliera la coutume où l'on était d'allumer, le premier jour du carême, sur la colline les feux de brandons ou de bordes, qui saluaient les mariés de l'an. Mais alors, coutumes proscrites, usages surannés, quand vous ne serez plus, de quoi parlera-t-on aux veillées d'hiver, dans les vallons ensevelis sous les *ravouses* de neige, près des *feux de balais*, sous les granges illuminées et frileuses, tandis que les chiens de garde hurleront aux loups?... »

Pour observer ce qu'il reste de ces mœurs, exprimées dans un patois vigoureux et pittoresque, c'est un poste excellent que Saint-Honoré-les-Bains, dont les sources thermales sulfureuses, *Aquæ Nisiæi* gallo-romaines, attirent beaucoup de malades en un coin de pays délicieux. On est là entre bois et collines, champs et bruyères, sous l'ombre, protectrice contre la bise septentrionale, des monts Genièvre et Vieille-Montagne, et non loin du célèbre mont Beuvray. L'ascension à la cime de celui-ci se peut appeler un pèlerinage patriotique. Si les archéologues ne se trompent pas au sens des poteries et des monnaies qu'ils y ont déterrées, il porta l'antique Bibracte, l'oppidum éduen du plus grand renom, *maximæ auctoritatis,* où se tint, précédant le suprême effort de Vercingétorix, la dernière assemblée générale des chefs de la Gaule.

Autun, sous le nom d'*Augustodunum,* remplaça Bibracte, haïssable aux vainqueurs. Elle en est proche : pauvre ville morte dans l'enceinte trop vaste d'une illustre et riche cité. Ruinée par les féroces cupidités de maintes invasions barbares, elle ne possède que les vestiges d'une splendeur vantée par Ammien Marcellin, mais ces vestiges sont encore intéressants. Conçus dans le grand style impérial, deux portiques, ou peut-être seulement deux portes, prosaïquement dénommées porte d'Arroux, — celle-ci vraiment superbe, — et porte Saint-André, se dressent comme des arcs de triomphe à l'issue de voies romaines conduisant l'une à Langres, l'autre à Besançon. Une jonchée de pierres informes marque l'emplacement de la scène, *Cavæ Julii,* où trente mille spectateurs assis applaudissaient Térence, Plaute et Sénèque. En pleine campagne, deux pans de murs, avec niches et arcades, s'appellent, de par une vague tradition, *temple de Janus.* Au milieu d'un cimetière, d'un *champ des Urnes,* dont on exhuma des vases lacrymatoires, des médailles, des inscriptions lapidaires, assez pour en composer un musée de premier ordre, le musée Jovet, — qui renferme le tombeau de Brunehaut, reine d'Austrasie, — la pyramide de Couhard, *vulgo* pierre de Quare, haute de vingt-sept mètres, massive, énorme, sombre, rugueuse, énigmatique, — *meta* d'hippodrome ou symbole religieux? — et basée sur une vaste éminence, intrigue de loin les regards étonnés. Pour les temples, le théâtre, le forum, les écoles, les fameuses écoles mœniennes, qui faisaient d'Augustodunum le centre intellectuel de la *Gallia comata,* le temps et l'incurie des hommes les ont émiettés ou réduits en poussière. Indifférents à la gloire de leurs aïeux et peu curieux d'antiquailles, les bonnes gens d'Autun n'en ont rien préservé.

Leur ville, à ces bonnes gens, semble presque un gros village, avec ses rues sinueuses, crochues, louvoyantes, ses maisons à balcons fleuris, à façades tapissées de vignes et précédées ou suivies de vergers. Pourtant quelques brillants hôtels du xve siècle subsistent inaltérés, et l'on admire au centre, que décore une fontaine aux sculptures dignes de Jean Goujon, la charmante cathédrale Saint-Ladre ou Saint-Lazare, édifiée au xve siècle, retouchée et compliquée de chapelles rayonnantes au xvie, très parée d'œuvres d'art. On en admire la flèche en pierre dentelée, si haute et si légère, la formidable expression du *Jugement dernier,* sculpté en haut-relief au milieu du portail, une tribune ouvragée dans le style mauresque, un délicat bas-relief : *Jésus chez Madeleine,* et la savante, ferme et suave peinture d'Ingres, représentant, dans le transept, le *Martyre de saint Symphorien,* avec tant de vraisemblance et d'ardeur mystique, qu'elle fait de nous le contemporain attendri et pitoyable de l'héroïque enfant, qui préféra la mort ignominieuse à la déshonorante apostasie. Des pilastres, des placages de marbres rares, des pièces de mosaïque lambrissant les parois du sanctuaire et peut-être arrachés au temple de Cybèle, où le néophyte refusa de sacrifier, vous ramènent à l'âge et à la grandeur abattue d'Augustodunum. Précieuses impressions de luxe et de beauté à recueillir au moment de quitter le Morvan pour entrer dans une extraordinaire région de mines et de forges.

Du nord au sud, entre l'arête granitique du Morvan et celle du Charollais, d'Autun à Paray-le-Monial, le sol s'abaisse ; sur ce vaste espace rectangulaire de terrain déprimé, où s'engloutirent d'immenses forêts préhistoriques, s'étendent les gisements de minerais de fer et de houille, exploités par des milliers d'hommes avec une dévorante et prodigue activité, comme s'ils avaient hâte d'en épuiser les ressources, éphémères, fugitives pourtant !

D'abord, sous vos yeux, dans le pays arrosé par l'Arroux, le Mesvrin, la Dhenne, leurs affluents, leurs ruisseaux, quelques étangs et le canal du Centre, — pays de plaines et de collines lépreuses, — Épinac, Montcenis, Conches-les-Mines, le Creusot, réunissent environ trente-deux mille âmes, le seul Creusot en

Autun. — Fontaine Saint-Ladre (xvıe siècle).

fixant pour sa part vingt-huit mille, plus au travail des constructions métalliques qu'à l'extraction du charbon.

Ensuite : Blanzy, centre des mines ; Montchanin, aux grandes fabriques de tuiles rouges ; Saint-Bérain, et Montceau-les-Mines, capitale de ce véritable fief industriel, exploitent ensemble des concessions houillères s'étendant sur douze mille hectares de terrain. Naguère villages ignorés, leur fortune a été rapide et complète : ils groupent plus de trente mille habitants, tous dépendant plus ou moins d'une seule compagnie d'actionnaires anonymes, que domine à son tour une seule famille. L'histoire du développement de ces mines doit trouver place ici. M. Louis Lacombe, député, chargé d'une enquête « sur les conditions du travail et de la sécurité dans les mines », l'expose en ces traits frappants :

« Un acte notarié de 1509 sanctionna l'amodiation au Crozot d'une terre à tirer du charbon moyennant trois francs deux gros, pendant six ans.

« Les terriers du Plessis (1528), d'Ocle, même année, de Montcenis (1610), de Torcy (1649), établissent les droits des seigneurs sur les terrains à houille; ces droits étaient du tiers et quelquefois des deux tiers du charbon extrait.

« Boulainvilliers, qui visita la généralité de Bourgogne vers 1705, s'exprime ainsi à propos du bailliage de Montcenis : « Il y a des bois en quantité, peu de rivières, ce qui « fait que les chemins sont assez bons, et nulle autre mine que celle du charbon de terre « à demi-lieue de Montcenis; mais elle est abandonnée depuis 1703, et on la croit épuisée. »

« L'auteur des *Tablettes de Bourgogne* est encore plus laconique en parlant de Montcenis : « Ce qu'on voit de plus remarquable dans ce pays, dit-il, ce sont des mines de « charbon de terre. »

« A la place du Creusot, il n'existait que quelques misérables cabanes habitées par trois ou quatre familles de cultivateurs; la vallée était triste et aride, égayée seulement par une prairie et quelques arbres de chétive apparence. La localité n'était desservie que par des sentiers ravinés; aussi n'avait-elle que peu de rapports avec les environs. Le charbon était extrait en très petite quantité, consommé sur place ou vendu aux forges maréchales des localités voisines. Le premier acte de société du Creusot fut homologué le 10 décembre 1786.

« Le père Dubois laissait prendre sur sa propriété autant de charbon que pouvaient en traîner six chevaux et quatre bœufs, moyennant un écu de six livres et autant de vin qu'il pouvait en boire.

« Blanzy était une petite commune dépendant de la baronnie de Montcenis. Le *terrier Plessis*, en date de 1528, suppose bien qu'on y tirait déjà du charbon, puisqu'il établit les droits du seigneur sur les terrains carbonifères.

« Quant au Montceau, c'est une simple ferme qui figure seulement sur la carte de Cassini.

« Après diverses amodiations, conclues sous l'ancien droit, les Sociétés du Creusot et de Blanzy bénéficièrent sans doute de la concession de cinquante ans, prévue par la loi du 28 juillet 1791.

« Leur sort parut néanmoins assez précaire jusqu'au 21 décembre 1836, date à laquelle l'usine du Creusot passa aux mains de MM. Schneider frères et Cie, pendant que la concession de Blanzy et annexes devenait la propriété de M. Jean-François Chagot père, ou celle de sa famille, qui fonda une nouvelle Société par acte passé devant Me Lehon, notaire à Paris, le 12 juillet 1836.

« En 1838, la concession exploitait 30 à 35 000 tonnes par an.

« En 1877, date du décès de Jules Chagot, l'extraction annuelle était de 1 429 045 tonnes.

« En 1893, dernier exercice de Léonce Chagot, elle était de 1 429 017 tonnes.

« Elle était, en 1894, de 1 600 000 tonnes, quantité et valeur quarante fois supérieures à celles de l'époque de la formation de la Société, dont la gérance est demeurée l'apanage exclusif de la famille Chagot. »

Les annales du Creusot révèlent une aussi brusque et croissante prospérité. Il existait à peine au siècle dernier sous le nom de la *Charbonnière*. En 1770, on commençait d'y fouiller les mines; en 1777, des fonderies de canons, des verreries, des ateliers métallurgiques s'y établissaient pour la manipulation des produits du sol : fers, charbons et sables ferrugineux. Menées avec des chances diverses pendant près de soixante ans, ces entreprises périclitaient, lorsqu'en 1836 les frères Schneider en devinrent gérants. L'aîné les releva très vite par d'habiles mesures énergiquement appliquées : il passe, à bien des yeux, pour le véritable fondateur du Creusot. Mais il eut le tort de mourir le premier, en 1845. *Sic vos, non vobis*... Ce n'est pas lui que représente la statue de bronze sculptée par Chapu et dressée au centre de la ville; on lit sur le piédestal le nom de son heureux frère :

Eugène Schneider. — 1805-1875. — homme d'État du second Empire et dernier président du Corps législatif sous Napoléon III.

Le Creusot, Montceau-les-Mines... Nous ne décrirons pas une fois de plus l'aspect de ces capitales industrielles, partout les mêmes, partout semblables à l'esquisse que nous en avons ailleurs tracée[1], d'après une image obsédante de laideur physique chez les êtres et les choses, de travail sans trêve, de fatigue sans répit, de servitude sans espoir...

Un ciel bas et fumeux, pesant sur des collines pelées et sur des plaines maigres, une atmosphère épaisse et fade; des rues, des places rectilignes et poudrées de charbon; des maisons plates, courtes et noires, avec un coin de jardinet étique; des églises pareilles à des magasins; nulle fantaisie, nulle élégance, l'uniformité morne de l'utile et du nécessaire : tel apparaît l'habitacle héréditaire d'hommes, de femmes, d'enfants, noircis par la poussière des houilles ou bronzés au feu des forges, automates dressés à produire, esclaves de la machine et de la mine.

Morvan. — Cascade de Lormes.

Les ateliers du Creusot, la plus vaste usine de France et l'une des plus grandes du monde, sont admirables par leur puissance créatrice et l'excellence de leur organisation méthodique, tous en rapport les uns avec les autres se prêtant un mutuel concours pour une œuvre colossale. On peut obtenir la permission de les visiter; ils sont accessibles trois fois par jour à des heures fixes; un chemin de fer y mène et en ramène les visiteurs auxquels un employé les fait voir et en explique brièvement les multiples opérations.

Et voici ce que le profane, non initié par de préalables études à l'art des constructions métalliques, emporte d'une excursion toujours un peu hâtive dans l'antre des cyclopes :

D'abord, parmi des bruits terribles, de fulgurantes visions de métaux ignés jaillissant

---

[1] Cf. *les Fleuves de France. La Loire*, passim.

en coulées lumineuses de trois hauts-fourneaux, transportés ensuite dans les cent fours à puddler de la forge, repassés après pour l'affinement dans soixante fours à réchauffer; et sous l'action de ces foyers, secondés par cinq machines de six cents chevaux, se transformant les uns en tôle brute, les autres en rails de fer et d'acier, dont bon an mal an s'emplissent cent trente mille tonnes.

D'autre part, spectacle étrange, éblouissant : les énormes, les gigantesques cornues des convertisseurs Bessemer absorbant la fonte brute, rendent de l'acier ouvrable, et les fours Martin élaborent les fers de choix.

Plus étonnants encore, s'il est possible, les ateliers de construction donnent à la matière incandescente, broyée comme grains et pétrie comme farine, figure et valeur. Là, si volumineuse qu'elle soit, globe de feu, soleil métallique, les marteaux-pilons la réduisent, l'aplatissent, la disciplinent, et des myriades d'étincelles, volant à travers le hall, s'en échappent comme une lumineuse poussière d'astre brisé. L'un de ces marteaux-pilons, le plus gros, le roi des marteaux-pilons, pèse cent tonnes, et sa chute paisible et majestueuse, soumise au doigt du mécanicien comme un joujou aux mains d'un enfant, quintuple en travail utile le chiffre de son poids.

De ces enclumes irrésistibles, la matière passe aux laminoirs : ils la saisissent dans leurs pinces et l'engloutissent dans leurs rouages, la tordent, l'étendent, l'allongent, l'amincissent à l'infini, et elle sort de leur étreinte à l'état de lames ou de fils rouges, qui frémissent, vibrent, sursautent et sifflent, images de reptiles prodigieux, surnaturels.

Ailleurs, d'innombrables machines-outils, mues par vingt machines à vapeur de six à sept cents chevaux, monstres de fer et d'acier ronflants, sifflants, mugissants, enlacés dans les courroies de transmission comme une flotte dans les agrès de sa mâture, amollissent, contournent, carrent, mesurent, perforent, séparent, rejoignent, enfin ajustent les pièces ou plutôt les organes des futurs engins : canons, plaques de blindage, affûts, agents de guerre créés pour défendre la patrie, locomotives, machines fixes, machines de navigation fluviale et maritime, agents de civilisation destinés à sillonner le monde.

Six pompes, chacune de la force de cinquante chevaux, puisent dans un étang contenant trois cent mille mètres cubes d'eau, et distribuent aux machines à vapeur le fluide vital nécessaire, l'âme agissante du Creusot.

Trois cents kilomètres de chemins de fer enveloppent l'usine du réseau de leurs rails, mettent en communication directe et permanente ses divers services, ainsi animés d'un mouvement qui ne se ralentit jamais.

Auprès de ce théâtre de labeurs infatigables, il est plus d'un château luxueux, calme et reposant : tel Sully, qui fut aux maréchaux de France Saulx-Tavannes et Mac-Mahon, et dont la grande architecture seigneuriale unit le style du xvie siècle à celui du xviie. Pour nous, simple touriste, le voyage s'achève dans le repos de la pieuse et tranquille Paray-le-Monial : petite ville proprette et bourgeoise, mi-partie ancienne et récente, précieuse à l'antiquaire et chère à l'artiste pour son vieux palais prioral et son hôtel de ville Renaissance, mais surtout recueilli comme il convient au principal et révéré sanctuaire de la dévotion au sacré Cœur de Jésus.

Le 24 juin 1873, cent mille pèlerins, chantant le cantique :

> Sauvez Rome et la France,
> Au nom du sacré Cœur !

portaient dans la grande et somptueuse basilique de Paray-le-Monial la multitude de bannières et d'oriflammes dont ses voûtes demeurent brillamment pavoisées. Elle n'a pas revu semblable concours de fidèles; mais combien d'âmes ferventes, tendres, reconnaissantes ou suppliantes, lui réservent leurs hommages et leurs prières! Elles sont innombrables comme les ex-voto à lettres d'or, les tableaux naïfs, les statues peintes, les cœurs flamboyants, prodigués aux murs de l'édifice, comme les cierges inextinguibles allumés par l'ardeur de leur foi autour des autels.

Berceau du culte voué au sacré Cœur de Jésus, qui fit de Paray-le-Monial un lieu saint, la chapelle du couvent de la Visitation, où Marie Alacoque prit le voile des Filles de Saint-François de Sales, en 1672, et mourut le 17 octobre 1690, ayant acquis, par de merveilleuses visions, le renom et l'autorité d'une prophétesse, resplendit d'une éclatante profusion d'étoffes, de dentelles, de draperies, de boiseries, de lumières...

Dais au porche de l'église
de Saint-Père-sous-Vézelay.

DANS LES MONTAGNES

VI

LE JURA

Bourg-en-Bresse, où se croisent six lignes de chemin de fer, paraît un excellent point de départ pour les monts et les vallées du Jura. Du plateau élevé qu'elle occupe, il ne faut pas aller bien loin vers l'est pour voir les routes blanches sinuer et se perdre dans les profondeurs bleuâtres des forêts de sapins drapant les hauteurs. Elle-même, toute en poudreuses rues, de maisons hautes et massives, offre l'aspect simple et presque négligé d'une ville de montagne. Elle n'en est pas moins fort civilisée, intelligente, instruite, appliquée aux sciences positives, la digne patrie de Lalande, de Bichat, de Charles Robin et d'Edgar Quinet. Des statues, des bustes, y honorent la mémoire de ces hommes supérieurs dans la science et la philosophie ; une pyramide y rappelle aux générations républicaines d'à présent la mémoire d'un des plus glorieux enfants du pays, Joubert, chef brillant et probe jusqu'au désintéressement parfait des armées de la première République. Joubert, avocat au début de la Révolution, mort, général en chef de trente ans, sur le champ de bataille de Novi, fut le type sympathique entre tous de ces volontaires de la bourgeoisie, alors virile et passionnée pour le bonheur social, que le généreux courant du patriotisme et de la liberté entraîna vers les armes et jeta, par milliers, sur nos frontières menacées par l'Europe coalisée.

Par ses progrès, Bourg rend à ses grands hommes l'hommage qui leur eût été le plus sensible. Phénomène rare encore, elle est éclairée par l'électricité, et elle a créé pour le département de l'Ain un des asiles de vieillards et d'infirmes les mieux entendus qu'il y ait en France. Elle est moins remarquable par ses édifices; mais l'église de Brou en est à dix minutes, sur la route de Nantua; c'en est assez pour la recommander aux artistes.

Peu de monuments en France sont plus admirables que cette blanche, discrète, élégante et noble église, construite sous la Renaissance pour accomplir un vœu de Marguerite de Bourbon, — laquelle voulut par cette pieuse fondation remercier Dieu de la guérison de son mari Philippe sans Terre, duc de Savoie, affreusement blessé à la chasse, — origine inscrite dans les sculptures de son portail, où l'on distingue parmi des feuillages les figurines de saint André, de Marguerite d'Autriche et de Philibert le Beau, duc de Savoie; œuvres, comme les statues de bienheureux décorant les angles, de Jean de Loubans, d'Aimé le Picard, d'Aimé Carré et de Jean Robin, maîtres pleins de naturel et de talent d'une première et féconde école française. L'ensemble de l'architecture est d'un large style ogival; les moindres ornements, fouillés dans une pierre tendre et d'une extrême blancheur, ont un relief surprenant.

La nef et le chœur renferment de véritables chefs-d'œuvre de grâce, de finesse, d'harmonie, de noble et spirituelle invention : un jubé ou plutôt un portique de dentelle, dont la frise entrelace de ces légers festons la devise de la fondatrice : *Fortune, infortune, fort une;* trois tombeaux en marbre de Carrare, ceux de Marguerite de Bourbon, de Marguerite d'Autriche et de Philibert le Beau; des vitraux du XIVᵉ siècle éclatants de coloris; un banc d'œuvre dont les stalles en chêne sont sculptées pouce à pouce avec une verve saine et franche; un maître-autel en albâtre couvert de bas-reliefs charmants. Entre ces ravissants ouvrages, les tombeaux surtout captivent les yeux à leur manière originale d'exprimer avec plus d'élégance que de réelle affliction la fastueuse poésie de la mort chez les grands de ce monde. Couchés, mains jointes, sur leurs mausolées, les

Costumes de la Bresse.

princes défunts sont revêtus de leur costume d'apparat; mais on les revoit, sous ces mêmes mausolées, dépouillés de leur vanité, simples cadavres que rongeront les vers, squelettes dont les âmes ont comparu devant le Juge suprême. Des anges attristés présentent leurs écussons, et sous les caprices des pinacles, dans les arcades du socle, de jolies figures affligées les pleurent ou prient pour eux : spectacles dolents, peut-être embellis par trop d'aimables emblèmes pour répandre la douleur.

De Bourg à l'obscure Nantua, si tranquille au bord de son lac aimé des truites, la route franchit bientôt le premier chaînon occidental des monts du Jura. Ils ont ici moins de grandeur et de charme agrestes que les étroites vallées où de rapides rivières, serrées entre d'énormes roches verticales et souvent enfouies dans l'ombre impénétrable des cluses, roulent avec des bruits de tempête : parfois leurs eaux disparaissent sous un amoncellement de blocs calcaires tombés des corniches supérieures, elles renaissent un peu plus loin, et reçoivent de place en place le tribut des riantes fontaines que leur versent des sources, des cascades, les filtres de failles imprévues. Ainsi toujours sonores coulent sous vos yeux le Surand, l'Ain, la torrentueuse Valserine, passé laquelle les plus hauts sommets : Grand-Crédo (1 608 mètres), Reculet (1 720 mètres), Crêt-de-la-Neige (1 723 mètres), Colombier-de-Gex (1 691 mètres), longent l'horizon, frontières de la France, masques des Alpes.

Un tombeau de Brou.

L'ascension de ces sommets, dont la chaîne enferme le pays de Gex dans un étroit espace, n'est pas difficile. Des bois de hêtres et de sapins les ombrent en grande partie; ils offrent ailleurs des prairies émaillées de fleurs aromatiques et des chalets; on n'y rencontre point de neiges à partir de l'été; et ce n'est pas un mince régal que de pouvoir embrasser de leurs faîtes le magnifique tableau des grandes Alpes, le Léman à leurs pieds, et les villes coquettes, les villas blanches bâties sur les rives du lac enchanteur.

De ces splendeurs lointaines à ce que l'on voit auprès de soi le contraste semble vif, presque pénible, si l'on suit la route poudreuse de la pauvre Gex au rustique Ferney. N'est-ce pas une excursion obligée ? Depuis plus de cent ans chacun la fait à son tour. Vaine curiosité pourtant. Le château de Voltaire vous est déjà familier; vous reconnaissez, pour les avoir *lus* trop souvent, son salon, sa chambre, ses bagatelles, le portrait de son ramoneur et de sa blanchisseuse, ceux de ses « amis », l'impératrice Catherine et le roi Frédéric le Grand; ils vous touchent moins que la statue du philosophe au centre du village. Vieillard septuagénaire, le dos penché, la main appuyée sur une canne à bec de corbin, ce Voltaire de bronze semble parcourir son domaine pour y répandre avec des bienfaits les conseils de sa raison. « Il prêtait sans intérêt à ses vassaux, il les nourrissait dans les temps de disette, » énonce une inscription qui paraît ne pas le louer aux dépens de la vérité. Et l'on aime à se le figurer ainsi, sous les traits d'un bon seigneur de village. Il fut humain; cela rachète bien des fautes, bien des erreurs de son génie.

Si l'on rentre dans le Jura par le col de la Faucille, on ne tarde pas à descendre vers l'un des centres les plus intéressants de ces montagnes, Saint-Claude, assise au pied du mont Bayard, dans l'ombre glacée d'un cirque de hauteurs qui l'ensevelissent dans un trou. Loin d'être accablée sous le poids de ces murailles énormes et des longs hivers qu'elles lui infligent, cette petite ville est des plus ingénieuses. La sévérité du site, la rigueur du climat, y ont créé depuis longtemps la florissante et jolie industrie des ouvrages en bois de bruyère et de buis découpés et sculptés. Horloges, pipes, brûle-cigares et cigarettes, couteaux à papier, couverts à salade, tambourins et autres ustensiles connus et prisés sous le nom d'articles de Saint-Claude ou des Pyrénées, sortent par milliers de grosses des mains de ses habitants. Ces parfaits artisans doivent estimer à leur valeur les trente-deux stalles sculptées avec un fini précieux pour leur cathédrale de Saint-Pierre, unique reste de la célèbre abbaye, si puissante encore à la fin du XVIIIe siècle qu'elle tenait en servage les paysans de la vallée de Grand-Vaux, « derniers serfs du mont Jura. »

A Saint-Claude, de la terrasse que l'on nomme le Saut-de-la-Pucelle ou du pont suspendu jeté sur la vallée du Tacon, la contrée environnante se déroule sous ses aspects les plus fréquents. Des montagnes escarpées, aiguës, chauves ou vêtues de noirs ombrages, des collines tapissées d'herbes s'élèvent de toutes parts. A leurs flancs s'accrochent des chalets et des cabanes de bergers; des forêts où, dit-on, les ours ne manquent pas enténèbrent leurs vallons; les filets d'eau épanchés sur leurs flancs s'unissent et tombent en cascades retentissantes à leurs bases. Vers l'est ils paraissent s'écarter pour faire place aux larges amphithéâtres des « combes » creusées dans leur masse par

Source de la Loue.

l'érosion séculaire de ces courants et de ces chutes, et au fond desquelles on voit luire la limpidité d'un ruisseau, d'un lac ou d'une lagune. Ces détails se fondent dans un vaste panorama de lignes peu variées et d'un coloris sans éclat, où dominent le bleu sombre et le gris d'ardoise. C'est celui de toute la *haute montagne*: pays d'horizons farouches, de forêts sauvages, de brumes épaisses, de torrents furieux, où les rudesses de la nature, ses hautaines majestés, ses graves harmonies forcent l'homme à se recueillir pour trouver en lui-même la

Vallée de la Loue.

joie de vivre qu'elle lui refuse. Accoutumé de bonne heure à la réflexion et au travail, les Jurassiens se distinguent en effet par la vigueur et la droiture de leur raison, la fermeté et la persévérance de leur conduite; ils se recommandent aussi par leurs vertus sociables. Astreints aux mêmes épreuves, les pauvres habitants des villages savent s'unir pour les supporter en commun afin de s'en alléger le poids. La *mutualité* leur évite les tristesses de l'isolement et augmente leurs ressources. Pleins de confiance dans ce principe, tous les cultivateurs d'un district rassemblent leurs vaches laitières en un seul troupeau et confient au même *fruitier* le soin de confectionner leurs fromages, modelés sur le gruyère. Selon la coutume, dès que ces produits sont transportés au siège de l'intelligente association, le partage en a lieu aussitôt entre les intéressés, proportionnellement à l'apport de chacun d'eux. Ces usages ne justifient-ils pas les belles paroles de Gœthe : « En général, la vie dans la montagne a quelque chose de plus humain que dans la plaine. Les habitants séparés par les lieux se touchent de plus près par le cœur; les besoins sont peu nombreux, mais plus pressants. L'homme se repose plus sur lui-même; il faut qu'il apprenne à se confier en ses mains et ses pieds : ouvrier, guide, colporteur, il est tout à la fois; d'ailleurs chacun est lié avec son voisin, le rencontre plus souvent, et passe avec lui sa vie dans le même travail. »

Sans aller plus loin, Septmoncel, près de Saint-Claude (les touristes en connaissent bien la forêt de sapins et d'épicéas, fameuse par son écho tonique que le son du cor émeut si puissamment), offre l'intéressant spectacle de fruiteries organisées pour le plus grand bien commun. C'est une petite ville bâtie à mille mètres de hauteur, très froide et très industrieuse. La plupart de ses habitants, lapidaires de père en fils, excellent à tailler le cristal de roche, le rubis, les fausses et les véritables pierres précieuses. Mais ils ne laissent pas que de coopérer à la fabrication des fromages bleus pour laquelle ils sont renommés, et font volontiers à l'étranger les honneurs de leurs chalets établis sur les montagnes environnantes. Que ce mot « chalet » ne suggère pas au lecteur la plaisante image d'une habitation en bois verni, à balcon festonné et toit dentelé, comme on en voit dans les stations à la mode; il s'agit ici de tout autre chose. Le chalet jurassien comprend à la fois l'habitation des pâtres et des fruitiers, le pâturage, les étables et les troupeaux. Au centre d'une grasse prairie de trois à quatre cents arpents que protège un mur en pierres sèches, la maison de pierre, également large et basse, et couverte en planches de sapin assujetties par des moellons, se divise en trois parties : le logement des hommes (les femmes n'y vont jamais), l'atelier où se font les fromages et le magasin où ils fermentent. Des cloisons en sapin séparent l'un de l'autre. Un troupeau de cent cinquante à quatre-vingts vaches va avec ses bergers se parquer dans les chalets, du mois de juin au mois d'octobre. On emploie ordinairement un fruitier par quatre-vingts vaches; son travail est réglé avec beaucoup de méthode, les résultats en sont excellents, et il est bien rare que les coparticipants n'y trouvent pas chacun les avantages qu'ils en attendent.

Cascades de Syratu (canton d'Ornans).

Reprenons notre route, si longue encore, et si compliquée!

D'une harmonieuse régularité, si l'on regarde sur la carte le parallélisme de leurs chaînes longitudinales, les montagnes du Jura ne présentent vraiment cet aspect qu'observées dans leur ensemble et de leurs plus hauts sommets. En bas, mille accidents du sol, leurs contreforts, leurs combes, leurs cluses, les montrent toutes différentes et vous obligent à mille détours imprévus. Deux lieues de distance mesurées au compas sur un plan se changent parfois en dix lieues de marche pour aller d'un site à l'autre. Mais le voyageur ne s'en plaindra pas, pour peu qu'il soit paysagiste, poète ou philosophe. Tous les chemins ont leurs beautés pittoresques, chaque ville et même chaque village a ses particularités intéressantes : industrie originale ou vestige historique. Il ne leur manque rien de ce qui peut élever l'âme, séduire les yeux, piquer la curiosité. Vivent d'ailleurs les zigzags pour renouveler les points de vue et diversifier les sensations ! En voyage, comme au logis, qu'y a-t-il de plus à craindre que la monotonie et la satiété ?

A l'ouest de Saint-Claude, les gorges sauvages de l'Héria et de l'Ain vous attirent d'abord ; celles-là, où, dit-on, le lac d'Antre ensevelit une antique cité, dont le pont des Arches, visiblement construit à la romaine, aurait été l'aqueduc ; celles-ci, où la forêt de Vaucluse cache sous les sapins les ruines d'une Chartreuse célèbre. A l'est la route, tracée près de la côte de Bienne, conduit à Morez, qui s'allonge au fond de la combe Noire durant trois kilomètres. Animée d'un bout à l'autre par d'actives fabriques d'horloges, de verres à lunettes, de tourne-broche, de métaux émaillés et de clous, que séparent des barrages destinés à leur fournir la force hydraulique de plusieurs cours d'eaux, cette ruche si laborieuse avoisine, — et c'est un étrange contraste, — l'aride village des Rousses, près d'un lac encombré de roseaux. Au delà, Saint-Laurent, les Planches-en-Montagne, Sirod, Champagnol, Nozeroy, se nichent entre des forêts, des lacs, des montagnes boisées : l'horlogerie, le commerce des fromages et des bois de construction, les occupent; ils sont de mine avenante, et leurs alentours sont fort agréables. C'est auprès de Sirod et des ruines romantiques du Château-Vilain que les sources de l'Ain jaillissent d'une vasque ovale creusée à la base d'un rocher à pic, dans un vallon retiré, où elles s'augmentent bientôt des eaux versées par la cascade de la Serpentine et d'autres

Statue de sainte Catherine, dans l'église de Baume-les-Messieurs.

sources assez vives pour faire tourner des moulins. Sitôt formée, la rivière fantasque souvent se cache dans les cluses, se perd dans les failles ou se terre dans les roches d'une vallée trop étroite et trop encombrée pour qu'on puisse la suivre dans tous ses méandres et ses disparitions. Mais on regretterait de ne pas avoir vu le joli lac de Chalin, qui s'y déverse, et la large chute du Port-de-la-Sez, après laquelle elle devient navigable. Le château féodal de Mirebel, dressé sur le mont de Lente; les tombelles gauloises du pont de Poitte; l'aimable Clairvaux, entre deux lacs que l'hiver réunit et où fut une cité de l'âge de pierre; enfin plus au sud Orgelet, entouré de ses murs du moyen âge, jalonnent ce capricieux itinéraire, d'où l'on se repose à Lons-le-Saunier.

Que faire, que voir, dans ce médiocre chef-lieu de préfecture ? Ravagé pendant les douloureuses guerres de la province, incendié par Henri IV en 1595, et rebâti du XVIIe au XVIIIe siècle, il n'a de singulier que le quartier traversé de canaux et composé de maisons sur pilotis, qui l'ont fait surnommer « Venise franc-comtoise » par de fastueux Lédoniens. Seules, les statues de Lecourbe, par Étex, et de Rouget de l'Isle, par Bartholdi, relèvent son indigence de quelque beauté morale : l'intègre général de l'armée du Rhin et le chantre inspiré de la *Marseillaise* ne sont-ils pas les hautes personnifications du caractère jurassien, loyal, énergique, plein de feu sous une rude écorce ?

Les grandes salines de Montmorot, les sources de la Seille, les beaux restes de l'abbaye de Baume-les-Messieurs donnent de l'attrait aux alentours de la ville indifférente. Nous sommes allé visiter l'abbaye, où l'ordre de Cluny naquit au IXe siècle. Elle gît au plus creux des profondes gorges de la Seille, entre des rochers, des grottes, des cavernes et près de deux hautes cascades, qui sont les sources glacées de la rivière. Divers domaines en enclavent, l'un le cloître ogival, l'autre l'ancien logis des chanoines, un autre les celliers, moulins, colombiers et les autres dépendances. Du moins, son église appartient aux artistes; bel et grand ouvrage du XVe siècle, elle se pare encore de statues, de tableaux remarquables et de mausolées attestant sa longue fortune par la qualité de leurs morts : Renaud de Bourgogne, comte de Montbéliard; Mahaut, princesse dans le monde, abbesse de Sauvemont dans l'Église, et Jean de Watteville, homme extraordinaire, tour à tour et plusieurs fois d'église et du monde, soldat, moine, abbé, pacha, diplomate, apostat et croyant, lequel se repose là de l'existence la plus troublée que puisse mener un ambitieux d'humeur aventureuse et violente.

Lac de Saint-Point, près de Pontarlier.

De moyennes collines plantées de vignes renaissantes issues des ceps américains; des villages populeux et d'agréable apparence, tous ayant vécu et bien vécu pour et par la viticulture, tous appauvris naguère et refleurissant depuis peu; puis, çà et là, quelques roches singulières, comme le rocher du Midi, la grotte du Pénitent, la Pierre-qui-Vire, près de Poligny : il n'y a point d'autres curiosités de Lons-le-Saunier à Arbois. Ce fut un pays de bonne table, surtout de bons vins, au dire même d'Henri IV, fin connaisseur, instruit dès le berceau par la dégustation du crû savoureux de Jurançon. Hélas ! bien chanceux maintenant qui pourrait s'y délecter d'une bouteille de vin jaune de Château-Chalons ou de vin rose des Arsures ! Encore parmi les coteaux vineux, Salins, prise dans le vallon de la Furieuse comme dans un étau, exploite un banc de sel gemme, rattaché aux salines d'Arc-et-Senans par un canal de dix-sept kilomètres de longueur. Mais ici la contrée redevient fort belle. La cascade de Souailles, les gouffres de Nans-sous-Sainte-Anne, la source de la Lison, s'encadrent dans des sites d'un caractère vigoureux et luxuriant. Depuis les admirables tableaux du peintre Gustave Courbet, personne n'ignore les magnificences des vallées de la Loue et de la Lison : roches, sous-bois, abîmes, mares, chaumes d'Ornans, puits de la Brême, roche de Hautepierre, moine de Mouthiers, source du Verneau, cascades de Syratu, source plus étonnante de la Loue, et ce bief Sarrasin, dont les voûtes immenses engloutiraient « la façade de Notre-Dame de Paris »...

Pontarlier, la modeste cité de cette contrée charmante, cité haute et froide dont les montagnards fabriquent des ressorts d'horlogerie, distillent l'absinthe et le kirsch, taillent et sculptent le bois des *comtoises*, cité aussi de patriotes à jamais honorés par le dévouement qu'ils témoignèrent aux soldats épuisés de la malheureuse armée de l'Est, dans le cruel hiver de 1871; Pontarlier se groupe au cœur de la Haute Montagne. Nous en aimerions le paisible séjour, favorable aux excursions. Les roches légendaires de la vallée du Grand-Taureau, nommées les « Dames d'Entreportes »; le beau lac de Saint-Point, les gigantesques sapinières de la Haute-Joux en sont proches; à moins d'une lieue, l'ancien, fameux et redoutable fort de Joux se dresse sur un rocher isolé, sournoisement tapi à l'ombre des arbres verts, « tel un ours près à déchirer l'assaillant. » Plus haut, Montbenoît possède les précieuses reliques d'art d'une abbaye; et riche, grandissante, bourgade frontière, rivale industrielle, rivale heureuse des villes suisses, le Locle et la Chaux-de-Fonds, Morteau convie à ses louables hôtels les touristes désireux de contempler les Brenets, la grotte de Toffière, le lac de Chaillezon et le superbe saut du Doubs, l'énorme rempart de roches stratifiées, boisées à leur crête, d'où la rivière (cataracte de vingt-sept mètres de hauteur) tombe en flots d'écume éblouissante, et se brise et se répand en poussières irisées...

Parvenu à cette extrémité du Jura, faut-il déposer le bâton du voyageur? Oui, si la saison est avancée, si les feuilles jaunissent, si la température, d'accord avec le calendrier, vous annonce l'approche de la Saint-Denis, jour fixé pour le retour des vaches dans le pays bas. Passé cette date, pluies, brumes et neiges ne tardent guère à sévir; parfois elles la devancent. Mais si le touriste ne craint pas les frimas précoces, peut-être verra-t-il, sous un dernier rayon de soleil, les troupeaux des bonnes laitières descendre les versants des montagnes. Ce n'est point un spectacle banal. Guidées par un sûr instinct, les vaches se rangent docilement en pelotons distincts sous la direction de l'une d'elles, choisie par le berger qui la désigne aux autres en attachant entre ses cornes, soit une part de ses hardes, soit quelque autre marque de dignité. Elles descendent, graves, dodelinant de la tête, annoncées par le tintement des sonnettes suspendues à leur cou, et elles arrivent lentement dans la plaine, au carrefour où se croisent les chemins de leurs villages respectifs. Alors elles se séparent, et sans l'aide du berger, qui ne suit que les siennes, les *conductrices* les mènent chez elles, où chacune saura bien trouver la porte de son étable...

Grotte d'Osselle.

DANS LES MONTAGNES

VII

LES VOSGES

Du Jura aux Vosges la distance est courte. Supposons lointaine encore la fin des vacances, et le touriste maître de son temps, libre de ses pas, pourquoi quitterait-il la montagne ? Les Vosges, dont il a pu discerner le compact massif, décorent de leurs cimes arrondies l'horizon bleu du nord. Il n'aura pas beaucoup à marcher pour les atteindre. Est-ce qu'il ne lui sourit pas de rester jusqu'au bout de ses loisirs en terre franche et saine de saines et braves gens ?

Le dernier chaînon français du Jura tombe ; on voit à quatre ou cinq lieues de sa base s'élever le puissant dôme du ballon d'Alsace. Entre eux, formé par leurs brusques dépressions, s'élargit un plateau, haut encore de trois cent soixante-dix à trois cent quatre-vingts mètres : c'est la trouée de Belfort, le seuil de la France depuis qu'elle est amputée de l'Alsace, la porte de la patrie, moins close par ses forteresses que protégée, — souhaitons-le ! — par le courage de tout un peuple de soldats prêts à se lever en masse pour en défendre l'entrée.

Belfort, ville militaire, ville héroïque, quatre fois assiégée vainement depuis sa réunion à la France, s'enferme au centre de la trouée, dans une formidable enceinte de murs et d'ouvrages fortifiés reliant des collines et des roches. Une lourde citadelle en grès rouge, bâtie par Vauban, la domine, écrasant de sa masse l'innocente tour des Bourgeois du moyen âge et l'innocente tour Miotte. Tout près, d'autres forts, commandant l'accès du chemin de fer et des routes, entourent un vaste camp retranché. Sentinelle toujours sur le qui-vive, chose de l'armée plus que de ses propres citoyens, Belfort veille nuit et jour sur la frontière de l'Est. Revues, manœuvres, alertes militaires, dianes et retraites martiales, voilà ses distractions habituelles ; un lion gigantesque et majestueux, symbole de la force sûre d'elle-même, une allégorie monumentale de la magnanime défense du colonel Denfert-Rochereau, voilà ses œuvres d'art. Mais elle travaille aussi. La métallurgie, le tissage et la filature de laine et de coton, la fabrication du kirsch et de la bière, l'occupent activement, comme les trois autres cantons du territoire, animés de l'esprit industrieux, énergique et patient, de l'Alsace et de la Lorraine.

Sous le rigide appareil de la guerre, la beauté de la nature se laisse cependant admirer, comme sous une armure un corps élégant et robuste; elle ne s'asservit point aux misérables haines des hommes. Les forêts penchées sur les croupes des moyennes hauteurs, des blocs erratiques, des moraines gisant là depuis la fonte des glaciers du Rhin, les pierres éparses, colossales, étranges de Giromagny, préparent aux aspects des Vosges. Vous touchez bientôt au piédestal du ballon de Saint-Maurice ou d'Alsace, premier anneau de la chaîne, première barrière entre la France et l'Alsace. On peut se hasarder à le gravir : un tendre et soyeux manteau d'herbes aromatiques en revêt les pentes allongées; les hautes statures des sapins, des mélèzes et des épicéas s'élèvent ensuite; la verdure des prés reparaît encore, c'est le faîte d'où les regards embrassent un admirable tableau de vie active dans un cadre plein de grandeur. Mais quel Français le contemplerait sans éprouver la plus vive émotion? Ce tableau, c'est un coin de l'Alsace industrieuse, le district de Thann et de Saint-Amarin, des fabriques dans un large plein air, de blanches maisons coiffées de tuiles rouges, des jardins, des cultures où la vigne se mêle au houblon; au milieu, le ruban argenté de la Thur; à l'horizon oriental, la très haute cime du ballon de Guebwiller, fermant la souriante vallée. Et comment ne pas songer que tout cela, c'était naguère la patrie? Comment ne pas se dire : Là, naguère, des hommes loyaux et forts, nos frères depuis deux siècles par les traditions, les épreuves, la gloire communes, leur sang mêlé au nôtre sur d'innombrables champs de bataille, sont devenus Allemands, de nom du moins, à la suite d'une lutte malheureuse. Notre douce langue est interdite à leurs enfants; ceux qui l'ont apprise autrefois n'osent la parler qu'à voix basse, de peur d'être suspects à leurs soupçonneux oppresseurs; leurs braves cœurs ne battent plus qu'en silence à l'unisson des nôtres, et qui sait? peut-être de moins en moins, car tout change et tout s'oublie, les générations nouvelles ne pensent ni ne sentent comme leurs aînées, et les années usent aussi rapidement les affections des peuples que celles des individus!

Le vieil hôtel de ville de Colmar.

Si le voyageur continuait sa marche de montagne en montagne jusqu'au dernier anneau de la chaîne, il comprendrait mieux encore l'étendue de notre perte. Des deux versants des Vosges, celui que féconde et fertilise le sourire d'une nature généreuse est celui que dorent les rayons du soleil levant, celui qui n'est plus à nous et que surveillent jalousement les douanes allemandes. Là seulement mûrissent, sur les pentes escarpées, les vignes, mères d'un vin de feu; les pruniers, les cerisiers, prodiguant les fruits dont la distillation extrait de brûlantes liqueurs inoffensives. Les sucs d'un sol ardent et sec coulent dans la sève des plantes et dans les veines des hommes; ceux-ci leur doivent la force et la souplesse de leur tempérament, la lucidité de leur esprit, si vive chez les mieux doués, et leur bravoure légendaire, la bravoure presque sans égale d'un Kléber et d'un Ney.

De l'autre côté, une température moins clémente, les vents meurtriers, les longues pluies de l'ouest, des brouillards pendant les deux tiers de l'année, rendent la terre avare et sombre. La montagne s'enveloppe frileusement dans sa noire fourrure d'arbres verts, dont les milliers d'aiguilles se perdent souvent dans les nues. Parfois la forêt s'arrête au bord d'un roc stérile, et l'on voit, sur de larges espaces, apparaître le grès, chair rouge ou rose de la masse cristalline, et les sommets se couronner de blocs énormes, distincts, pareils aux murs écroulés d'un immense édifice. Des croyances et des superstitions s'attachent à ces formes

Bûcherons schlitteurs dans les Vosges.

bizarres des rochers; ils passent pour avoir été les autels des anciens dieux, et peut-être est-il vrai que les Celtes y rendirent au soleil, sous le nom de Bel (allemand, *bolchen*), un culte consacré par le mot « ballon », vulgairement appliqué à toutes les Vosges, malgré la variété de leurs formes.

Au-dessous des forêts ou entre elles s'étalent les tapis de gazon toujours frais, doux à la vue et au toucher comme la plus somptueuse peluche, et que le printemps émaille de fleurs roses, si nombreuses que l'on dirait de la neige pétrie de lumière. La gentiane, l'euphraise, l'anémone, se mêlent à l'herbe fine, savoureuse nourriture des troupeaux conduits par les bergers des hauts plateaux ou « hautes chaumes ». Enfin, vers le vallon, descendent des bois de hêtres, de chênes et de châtaigniers, auxquels les merisiers se mêlent en multitude. Parmi ces opulentes végétations, arbres et gramens, ruissellent des eaux vives, torrents en automne et au printemps, glaces l'hiver, lacs dans la plaine ; leur fougue séculaire, usant sans cesse le porphyre et le granit, a creusé en maints endroits des précipices insondables et des ravins d'une profondeur vertigineuse. Parfois sonores, éclatantes, tonnantes, elles sont les seules voix d'un pays si paisible, qu'il semble en toute saison engourdi par le froid. Cependant on travaille dans les vallons. Mais, qu'il soit de la plaine ou des hautes-chaumes, le montagnard vosgien, trop embrumé pour s'échauffer jamais, agit lentement et parle sans bruit.

Inférieures aux Vosges alsaciennes, les Vosges françaises ne sont pas moins charmantes sous le voile de vapeurs flottantes et diaphanes que le soleil du matin enlève, sans pouvoir les dissiper entièrement, jusqu'aux forêts, où elles s'accrochent aux branches et restent suspendues comme de gracieux fantômes, colorés selon les nuances du jour. La pauvreté relative, mais aussi la probité fière, habitent, avec la simplicité, les humbles logis des hautes-chaumes et les maisonnettes des vallons. Ici les scieries, les filatures mènent quelque tapage dont la solitude est peu troublée ; là plane un immuable silence sur les chaumières occupées à la confection des fromages. A certaines époques, quand la

Lac de Gérardmer.

cognée du bûcheron a pratiqué dans les forêts les coupes ordonnées, que les hêtres et les sapins tombés sous ses coups sont sciés et marqués, un grand nombre d'ouvriers, rassemblés pour les descendre en bas, les empilent sur des traîneaux destinés à rouler sur des traverses en bois semblables à des rails rustiques, ce qui permet, même aux adolescents qui en contractent l'habitude et s'en font même un jeu, de les traîner rapidement le long des pentes ardues. C'est le schlittage : pas un Vosgien qui ne soit bon schlitteur. Le touriste aura plus d'une fois l'occasion d'assister à l'exercice de ces industries, et nous aimons à penser qu'il ne manquera pas d'aller voir à Gérardmer (centre de la fabrication des fromages anisés dits géromés) comment, après avoir débité et transporté le bois, les montagnards s'entendent à le tourner en ustensiles de ménage. Fraize, le joli village de Plainfaing, offrent le même intérêt ; Gérardmer a de plus qu'eux la majestueuse beauté de son lac et des lacs de Longemer et de Retournemer, situés à petite distance vers l'est, tous les trois reliés par le cours scintillant de la Vologne. Et puis la vivante petite ville n'est-elle pas le lieu d'où l'on part en excursion pour le col de la Schlucht, par la montueuse route de Munster, qui le traverse, s'élève avec lui jusqu'à onze cent quarante-six mètres d'altitude, perce alors son granit, et, à l'issue de ce tunnel, montre aux yeux d'effrayants abîmes, avant de les éblouir par d'immenses horizons sur la vallée du Rhin, que domine le Hohneck, géant des Vosges, et que ferme l'estompe grise des montagnes de la Forêt-Noire, ces Vosges de l'Allemagne ?...

Les ramifications de la chaîne principale vers l'ouest, leurs vallées où coulent la Moselle, la Moselotte, la Meuse et maintes rivières sautillantes, reproduisent en diminutif les beautés des grandes Vosges. Eaux vives, cascades écumantes, fontaines incrustantes, roches abruptes, elles ont tout, moins la grandeur; les montagnes y sont devenues des collines ou des coteaux, les forêts des bois. Telles quelles, elles laissent aux nombreux touristes qui les parcourent l'été d'ineffaçables impressions de grâce agreste et d'heureuse abondance. De plus, elles possèdent des sources thermales et minérales qui, renommées universellement pour leur efficacité contre les plus douloureuses maladies de l'espèce, sont pour le pays d'intarissables sources de prospérité. Qui n'a pas entendu vanter comme de sûrs remèdes les eaux gazeuses de Bussang, les eaux sulfatées sodiques de Plombières, celles de Bains, toutes semblables, et, dans les monts Faucilles ou tout près, les eaux de Bourbonne, de Martigny, de Contrexéville et de Vittel? Entre ces stations, dont chacune a ses habitués et soulage ou guérit une affection particulière, Plombières est la plus ancienne, la plus célèbre et la plus fréquentée. C'est par milliers que les égrotants, névrosés et gastralgiques, vont de tous les points de la France et de l'Europe y passer une saison de bains et de boissons salutaires. La ville, consistant en une longue rue tracée au fond de la vallée de l'Argonne et bordée d'hôtels, ne semble exister que pour les loger, les nourrir et les soigner. Ils ont tout à souhait, à l'exception du pain et du vin, dont Montaigne, — le plus illustre client de Plombières, — se plaignait fort, et qui sont assez mauvais. Mais, comme pour se faire pardonner cette privation, maîtres et serviteurs montrent à leurs hôtes plus d'obligeance et de bonté qu'il ne faut, justifiant on ne peut mieux ce compliment du philosophe gascon, pénétrant observateur s'il en fut : « C'est une bonne nation, libre, sensée et officieuse. » Chacun s'empresse à distraire les baigneurs; ils ont théâtre, casino, concerts, tables de jeu, soit, — propos d'un vieil auteur, — « les autels « du plaisir à côté des autels d'Esculape, et les ris et les jeux toujours de moitié dans les « miracles du dieu d'Épidaure. » Mais rien ne seconde le traitement comme les promenades dans les délicieuses retraites du Val-d'Ajol, de la vallée d'Hérival et tous les alentours de Remiremont, en général si frais, si verts, si accidentés, avec tant de roches moussues, de brillantes chutes d'eau, de bois et de vergers, que, quoique l'industrie y soit très active, filatures, forges et fabriques y produisent l'effet de décors pittoresques.

L'ancienne souveraine de tout ce pays, Remiremont, appartient au passé, malgré son industrie toute moderne; on ne saurait la visiter, voire en prononcer le nom sans

Le Bagnérot à Bains (Vosges). (Tableau de E. Grandsire.)

évoquer aussitôt la haute et singulière institution de l'abbaye de chanoinesses qui la gouverna jusqu'à la Révolution. Ces religieuses ou « dames », toutes de noble extraction et dirigées par une princesse de sang royal, qui portait le titre de princesse d'Empire, paraissent avoir exercé leur influence avec beaucoup de douceur et d'amour du bien. Fières sans doute de leur origine, comme de l'antiquité du monastère, fondé par saint Romaric au VIIe siècle, elles n'en n'étaient pas moins compatissantes aux besoins des pauvres, n'exigeaient d'eux que les plus modestes redevances : le jour de la Pentecôte, leurs vassaux des paroisses voisines leur devaient pour toute rente deux bassins de neige, qu'ils étaient tenus de remplacer, en cas d'impossibilité, par une charrette attelée de quatre bœufs blancs. Jamais ils n'y manquèrent; portant des branches de genièvre, de genêt, d'aubépine, et chantant de vieux cantiques, ils s'acquittaient, offraient leurs hommages et s'en retournaient chez eux moins obérés certes qu'ils ne le furent depuis la fin de leur prétendu servage. Remiremont n'a encore d'autres édifices que ceux de l'abbaye : sa très élégante église, qui fut leur chapelle; son hôtel de ville, leur palais abbatial et quelques maisons canonicales, de style aristocratique.

Au delà de Remiremont, vers Épinal, Mirecourt, Charmes, Rambervillers, le pays reste montueux, boisé, et ne manque pas de sites assez harmonieux pour inspirer les pinceaux d'un émule de Claude Gelée, son glorieux fils. On les rencontre, ces beaux sites, à l'écart des villes, dans les vallons secrets où le hasard ne conduit que les pèlerins de beaucoup de loisir. Aussi nous hâterons-nous de traverser quelques lieux, célèbres à la vérité, mais indifférents à nos yeux, que les splendeurs de la nature et de l'art peuvent seuls attirer et profondément émouvoir. Épinal nous montrera, en passant, une froide et maussade place forte dont nous n'aimons que les vieux quartiers sur les bords de la Moselle, le château ruineux sur une colline dominante, et la naïve imagerie populaire, d'une bonhomie, d'une candeur et d'une moralité inimitables. La très industrieuse Saint-Dié se pare pour nous du cloître charmant de son monastère de Galilée, fondé au VIIe siècle par l'évêque de Nevers, saint Dié ou Déodat. Ce monastère fut un centre d'études si distingué, du XVe au XVIe siècle, qu'il en rejaillit beaucoup de prestige sur la ville, alors la plus savante de la Lorraine. Personne n'ignore aujourd'hui que c'est dans l'un des livres sortis de ses presses, le *Traité de Cosmographie* de Watsmuller, traduit en latin par le chanoine Jean Basin et imprimé en 1507, que l'on trouve pour la première fois le nom d'Amérique appliqué au nouveau continent, et mentionné dans une lettre du navigateur Vespucci, dont il favorisa ainsi et finit par imposer au monde savant les vues ambitieuses et l'indigne usurpation : gloire et responsabilité non petites pour l'humble Saint-Dié. Moins fameuse, Rambervillers a sa forêt superbe, les ruines de son enceinte du XIIIe siècle et son hôtel de ville de la Renaissance; Senones eut l'abbaye de bénédictins dont le savant historien de la Lorraine, dom Calmet, fut abbé de 1728 à 1757; Baccarat possède la plus grande, la plus habile cristallerie de France et la mieux achalandée; Cirey, une manufacture de glaces associée à la fortune de Saint-Gobain.

Lunéville, aimable et laborieuse... Nous en aimons fort le parc charmant. Elle fut jadis l'officielle et glorieuse cité de menus potentats. Il lui reste de ce temps-là le château, pareil à celui de Compiègne, où résidèrent le duc Léopold et le roi Stanislas Leczinski, et les souvenirs fanés, les regrets à peine amortis des jours fastueux du siècle où elle joua le rôle de seconde capitale de la Lorraine : petit État, mais fort bruyant. Un reflet de la cour de France éclairait gentiment ce petit Versailles des ducs lorrains : on y imitait les fêtes, le cérémonial, l'étiquette, les intrigues, les galanteries, les importantes bagatelles de la cour de Louis XIV et de Louis XV; la belle marquise de Boufflers en était la Pompadour adulée par les plus hommes d'esprit; Voltaire, Helvétius, Saint-Lambert, la marquise du Châtelet, Montesquieu lui-même, s'y plaisaient auprès d'un prince philosophe. Un jour de 1766, ce prince excellent s'étant de grand matin approché d'une cheminée, sa robe de chambre prit feu, il tomba sur les charbons ardents, ne fut point secouru, l'étiquette interdisant au garde du corps de service l'entrée des appartements, et mourut après dix-huit jours d'atroces souffrances supportées avec une admirable force d'âme. Lunéville porte encore son deuil, le deuil de sa bienfaisante, sage et spirituelle administration. Où est le temps du bon roi Stanislas?... Où sont les roses du passé?...

Porte de la Craffe, à Nancy.

De Lunéville à Nancy : collines, bois, salines ; la Meurthe coule dans un lit profond, entre les ombrages légers des aulnes, des peupliers et des saules. La terre est fertile, les bourgs nombreux, industrieux, commerçants. Saint-Nicolas-du-Port, le plus peuplé et le plus actif, se glorifie d'avoir été la ville sainte de la Lorraine. L'an 1087, on lui fit don d'un doigt du grand évêque de Myre, qu'il honora d'une chapelle particulière, bientôt très visitée. Peu de temps après, un chevalier lorrain, pris à la croisade par les Sarrasins, se souvint de ce sanctuaire, invoqua le saint, et fut sur-le-champ transporté dans son pays, devant la porte même de la chapelle. Ce prodige est attesté par de graves chroniques et les peintures d'un vitrail. La précieuse relique opéra tant de miracles encore, qu'il fut possible, en 1544, de bâtir, avec l'argent donné par ceux qu'elle avait guéris ou soulagés, la vaste et belle église où deux cent mille pèlerins se rendirent, en 1602, pour assister au jubilé ordonné par le pape Innocent IX. Aujourd'hui ce sanctuaire semble hors de mesure avec le nombre de ses fidèles. Mais saint Nicolas est toujours le vénéré patron des Lorrains : à Nancy, Metz, Épinal, Bar-le-Duc, pas de fête populaire originale et vraiment joyeuse comme la sienne.

Nancy!... deux villes en une seule : l'une en rues tortueuses de vieux logis gravissant un peu la colline où s'élèvent les ruines d'un château fort bâti sous Louis XIII; l'autre en larges voies droites, places spacieuses, élégantes maisons, vastes et beaux édifices : toutes deux intéressantes, chacune représentant une longue période de l'histoire de la cité mêlée à celle de la Lorraine, chacune possédant ses œuvres d'art pleines de goût et de caractère; bref, une capitale de la plus agréable, la plus noble et la plus attachante physionomie.

La ville vieille fut longtemps tout Nancy, dont l'importance politique ne remonte pas très loin : suivant dom Calmet, ce n'était qu'une bourgade en 1153, « année à laquelle Mathieu, duc de Lorraine, en fit la capitale de ses États. » Elle s'embellit beaucoup au XVe siècle et demeura stationnaire pendant les deux siècles suivants, siècles de luttes incessantes, où les ducs ayant tantôt pour adversaires, tantôt pour alliés le roi de France et l'empereur d'Allemagne, attiraient sur le pays tous les fléaux de la guerre. C'est alors surtout que s'affirma le génie très particulier du peuple lorrain : doux, loyal et paisible par tempérament, mais attaché à ses princes par amour de son indépendance politique, il fut belliqueux et rusé pour servir leurs ambitions, et, pris entre ses deux puissants voisins de l'est et de l'ouest comme le fer entre l'enclume et le marteau, il ne conserva l'existence qu'à force de luttes adroites et d'astuces opportunes. Qui le connaît bien discerne en lui tous ces traits de son histoire morale.

Palais ducal à Nancy.

A la fin du règne de Louis XIV, la Lorraine pacifiée retrouva sous le gouvernement du sage et bon duc Léopold une prospérité qui s'accrut sous le long règne de Stanislas. Libéré de la crainte, reposé des chaudes alertes, le peuple s'adonna facilement aux sciences et aux arts. La ville neuve, soudée à la ville vieille par l'admirable place Stanislas, est la charmante expression de cette heureuse époque. Bien plus que Lunéville, elle fait songer à Versailles : c'est la même ordonnance symétrique, les mêmes hôtels somptueux, dont les fenêtres et les portes sont ornées de claveaux sculptés, le même palais de style pompeux, les mêmes promenades en quinconces, les mêmes jardins en damiers; mais une certaine bonhomie dans les détails de cette décoration corrige ce qu'elle peut avoir de trop compassé : les figures sculptées çà et là vivent comme des types de bonne bourgeoisie croqués sur le vif, et les perspectives ouvertes de tous côtés la font merveilleusement valoir.

D'instinct, comme on va vers la lumière, on arrive de suite au centre clair et brillant de la ville formé par la place Carrière et la place Stanislas, que sépare l'une de l'autre un arc de triomphe élevé en mémoire de la victoire de Fontenoy; des édifices à colonnades, portiques, pilastres corinthiens, toits à balustres couronnés de vases de fleurs et de pots à feu, et la splendide grille du palais ducal en fer forgé, contourné et doré, chef-d'œuvre de Lamour, les encadrent magnifiquement. La cathédrale, l'hôtel de ville, le palais académique, les portes Stanislas et Sainte-Catherine, sont de ce style classique, large et somptueux. On voit dans Notre-Dame-de-Bon-Secours les élégants mausolées élevés par Vassé au roi Stanislas, et par Sébastien Adam à la reine mère Catherine Opalinska. Une maison de la rue Saint-Dizier offre de charmants bas-reliefs de Clodion, né à Nancy. Quelques fontaines, les statues de René II, de Stanislas, de Callot, de Drouot, de Mathieu de Dombasle, placées à propos, honorent les gloires de la cité.

Souvenir de la Lorraine : Metz.

A cette œuvre du XVIIIe siècle, la ville vieille oppose le contraste de ses robustes architectures du XVe siècle : la féodale porte de la Craffe, flanquée de deux tours entre lesquelles s'élève la croix de Lorraine; l'église des cordeliers, où sont les tombeaux des ducs; le palais ducal, où est le musée Lorrain. Celui-ci offre une porte exquise, tournée, ciselée, dentelée comme un joyau d'orfèvrerie gothique, et l'intérieur renferme dans sa galerie des Cerfs, entre autres pièces rares, des tapisseries de haute lisse prises dans la tente de Charles le Téméraire, et l'admirable *porterie d'Antoine,* sculptée par Mansuy-Cauvin. Parmi les tombeaux des ducs inhumés chez les Cordeliers, aucun n'égale celui de la duchesse Philippe de Gueldre, femme de René II, morte à quatre-vingt-quatre ans; sa chair sculptée dans la pierre blanche, ses vêtements sculptés dans la pierre noire, elle repose étendue, mains jointes, de profondes rides sillonnant son visage immobilisé dans la mort, le corps visiblement rigide et glacé sous l'étoffe aux plis serrés : saisissante image du calme enfin goûté dans le dernier sommeil. C'est l'œuvre réaliste de Ligier-Richer, le grand sculpteur de la Lorraine et l'un des maîtres de la Renaissance.

Un autre musée de Nancy, installé à l'hôtel de ville, possède de beaux tableaux de Jordaens, de Philippe de Champaigne, de Secchi, de Jacques Ruysdael, de Van Goyen, de Vanloo; des œuvres galantes de Boucher, Lemoyne, Le Prince, Largillière, Nattier, et la superbe *Bataille de Nancy* de Delacroix, qui, à notre avis, les efface tous. Ailleurs, d'amples et belles collections, un cabinet d'histoire naturelle, un jardin botanique, des bibliothèques sont dignes de la grande ville universitaire des régions de l'Est, où de nombreux étudiants en médecine, en lettres, en droit, cherchent la science et l'art. Nancy, héritière de Metz, de Strasbourg et de Mulhouse, agrandie d'un quart depuis 1871 pour loger leurs transfuges, et augmentée de vingt mille habitants (elle en a quatre-vingt-dix mille), cherche, avec la plus méritoire émulation, à remplacer pour la France la perte de ces trois centres industriels : ses longs faubourgs en terre marécageuse, — la terre où périt dans la boue Charles le Téméraire et son armée, le 4 janvier 1476, — groupe les filatures et les tissages émigrés de l'Alsace; quatre hauts fourneaux y fondent le minerai de fer que recèlent les collines d'alentour.

Un peu au nord de Nancy, près de Frouard, la Meurthe s'unit à la Moselle entre les collines boisées que défendent les ouvrages militaires des plateaux de Faux et de Haye. Et la gentille rivière lorraine,

Pont-à-Mousson, sur la Meuse. — Église Saint-Martin.

la limpide et vive Moselle aux ondes vertes, aux vins clairets, fuit vers la frontière entre les derniers rameaux des Vosges et de longues plaines fertiles. Elle passe à côté des vestiges de la célèbre gallo-romaine Scrapone, puis sous les arches de Pont-à-Mousson, qui fut jadis la ville savante de la Lorraine, la ville d'université et d'écoles où, de 1572 à 1763, allait s'instruire dans les belles-lettres la jeunesse studieuse du duché. Les ruines de la forteresse de Prévy, démantelée par Richelieu, en dominent le cours; les coteaux vineux de Pagny s'inclinent vers sa rive droite; et elle va par l'antique Jouy-aux-Arches arroser la fidèle, la généreuse Metz, dont nous ne voulons pas revoir les murs tant que le droit, enfin plus puissant que la force, n'en aura pas rouvert les portes au drapeau de la France, sa patrie véritable, sa patrie selon le cœur, selon les vœux invincibles de ses citoyens.

DANS LES MONTAGNES

VIII

LES ALPES SAVOISIENNES

Ce peut être une chose délicieuse, en quittant le noir Jura, d'aller se reposer quelques heures ou quelques jours au bord du lac de Genève avant d'aborder les Alpes. On ne fait que traverser la vieille cité calviniste. La spacieuse rue du Mont-Blanc mène tout droit de la gare à

> . . . . la mer
> Dont l'écume à la main ne laisse rien d'amer.

Légères à l'immense horizon et lointaines encore, mais si grandes qu'elles semblent proches, les montagnes enchâssent l'azur de la vaste nappe d'eau dans la chaîne diamantée de leurs crêtes neigeuses. Le bateau, où vous montez, emporte au large et développe majestueusement ce beau paysage; il vous suivra partout sur les rives sereines du Léman. Bientôt vous apparaissent, entre des bois, des vignes et des jardins, beaucoup de petites villes et de bourgades toutes blanches, assises en amphithéâtre au fond d'une crique ou bâties sur quelque rocher. Elles rayonnent au soleil et se mirent coquettement dans les flots calmes.

Le vapeur côtoyant d'abord la rive suisse, la voix de son pilote vous nomme Versoix, Coppet, Nyon, Prangins, Rolle, Morges, l'antique et savante Lausanne, Cully, Vevey, la douce Clarens. Autant de paradis terrestres, dirait-on, à les voir enveloppées d'une atmosphère si pure, et si mollement enfoncées dans leurs nids de feuillages, comme des fruits dans la mousse. On se prend à rêver au bonheur d'y passer sa vie, on voudrait au moins s'y arrêter. Mais comment choisir entre ces tentatrices? Elles sont aussi charmantes les unes que les autres. A le chercher le temps s'écoule, l'occasion fuit, et l'on se trouve sans y penser aborder la rive de Savoie.

Ici la nature est plus avare, et l'histoire fut moins prodigue d'œuvres et de souvenirs.

Exposée au vent du nord, toute une partie de la côte reste sèche et maussade. L'été cependant elle s'anime d'un bout à l'autre; le chemin de fer y promène des légions de touristes en route vers le glacier du Rhône: plus d'un s'y attarde et même y oublie le but de son voyage dans la contemplation du lac, alors d'une fraîcheur si caressante. Pour être vues des petites villes, des ports, des villas essaimées le long du rivage, les Alpes du Valais et du canton de Vaud sont-elles moins belles? Ainsi fleurissent, enrichies par l'étranger, Saint-Gingolh, d'où l'on voit la Dent d'Oche « mordre les nues »; la Meillerie, aux célèbres rochers; Évian, dont les eaux minérales assurent la fortune et dont les terrasses ombragées de châtaigniers séculaires promettent aux malades de si douces convalescences; puis Amphion la ferrugineuse, et l'indolente Thonon, sous-préfecture rimant à sinécure. La baguette magique de la mode les a touchées toutes: thermes élégants, luxueux hôtels et souvent casinos cosmopolites s'y mêlent aux maisons pauvres et aux chalets rustiques. Entre Évian et Thonon, les restes de la Chartreuse de Ripaille, ornements d'un château moderne, évoquent d'un mot un lointain passé de volupté légendaire. Là le prince Amédée VIII, premier duc de Savoie, se

Bords du lac de Genève. — Évian-les-Bains.

retira pour vivre à l'écart des affaires, des courtisans et des fâcheux, et après quelques années d'absence durant lesquelles, antipape élu par le concile de Bâle sous le nom de Félix V, il essaya sans succès de gouverner l'Église, il revint, avec le rang de cardinal, finir ses jours comme il les avait vécus.

Des bords du lac aux grands sommets de la Savoie, plus d'une route conduit par les pentes ardues, les cols escarpés, les hautes vallées. L'une suit la Dranse et le Foron vers Cluses; l'autre va de Thonon par les Voirons rejoindre l'Arve, qui arrose Chamonix, centre du massif du mont Blanc. Naguère il n'y avait pas de plus vif plaisir que de les parcourir à pied ou à dos de mulet. On se livrait avec délices aux caprices de la température, aux hasards des rencontres, au bonheur de découvrir seul et sans cesse de nouveaux horizons. C'était pour les civilisés d'alors un des plus salutaires exercices: ils y gagnaient la bonne humeur, la vigueur, le bien-être. Indifférents au « confortable » des auberges, dédaigneux du stupide « paraître », jamais repas ne leur semblaient trop simples, gîtes trop rustiques. Pour contenter leur appétit aiguisé par la marche, il suffisait du pain bis, des œufs, du lard, du fromage et du lait servis abondamment; pour reposer leurs corps fatigués, c'était assez d'une paillasse ou s'étendre voluptueusement entre deux draps de chanvre écru. Lit et provende tels quels s'obtenaient partout moyennant léger écot; si d'aventure le touriste s'arrêtait dans un village trop pauvre ou trop peu visité pour lui offrir même ces modiques ressources, il trouvait au presbytère l'hospitalité la plus cordiale. Cependant il jouissait délicieusement de la magnificence des paysages, de l'observation des mœurs, de l'affabilité des hôtes, de l'inépuisable variété des choses et des êtres parmi lesquels il passait. De tout son regard s'amusait, son esprit s'instruisait, son caractère profitait: les bourrasques, fréquentes en pays de montagnes, lui rendaient plus agréables les jours sereins; un rayon de soleil séchant ses habits le consolait de l'orage; un sourire de bonnes gens, langage du cœur saisi par le cœur, lui faisait oublier les rebuffades d'un rustre. Où sont maintenant les amateurs de ces excursions généreuses? Des écoliers, quelques jeunes hommes, plutôt anglais, suisses ou allemands, suivent encore les zigzags tracés par les élèves du bon Toppfer; on les rencontre parfois, havresacs au dos, bâtons ferrés en mains, autour des sites dessinés et décrits par l'aimable maître. Mais les autres, la masse des autres : à eux le chemin de fer!

Mer de Glace (Chamonix).

Celui qu'ils prennent le plus souvent va de Thonon, d'Évian ou de Genève, par Annemasse et non loin de l'Arve, à la Roche, sur les bords du Foron, singulière bourgade que domine un roc portant une tour du XIIe siècle, et dont l'église, les maisons, le roc, la tour s'enlèvent avec un relief étonnant sur un fond bleu de mélèzes et de sapins, parure des monts. Bonneville se montre ensuite, humble ancien chef-lieu du Faucigny, au-dessus duquel, près d'un pont jeté sur l'Arve, se dresse la statue du roi de Sardaigne, Charles-Félix, bienfaiteur de cette contrée, qu'il s'efforça de protéger contre les inondations de la torrentueuse rivière. Et l'on arrive à Cluses, et le train ne court pas au delà; car au delà c'est la vallée de l'Arve, rétrécie, serrée, prise comme dans un étau entre les versants de montagnes hautes de deux mille à deux mille cinq cents mètres; au delà, c'est l'inaccessible massif du mont Blanc, où partout les ingénieurs, réalisant un projet déjà conçu, conduiront tôt ou tard, à travers de longs tunnels, leurs puissants et tristes véhicules.

Cluses est intéressante. Assise au pied du mont Chatillon, dans un site bien alpestre, on y exerce, depuis des siècles, l'horlogerie, industrie patiente, singulièrement harmonique au tempérament des êtres que la neige contraint aux occupations sédentaires durant des mois.

Le mont Blanc, les glaciers, la mer de Glace et la vallée de Chamonix.
(Fragment de la carte de l'état-major, au 80 000e).

L'État entretient à Cluses une école nationale d'horlogerie; il y existe plusieurs fabriques de mouvements de montres. Les ouvriers formés dans ce milieu spécial sont parmi les plus habiles de leur profession.

De Cluses à Chamonix le chemin est direct, très pittoresque aussi, surtout jusqu'au village de Maglan. La longue grotte de la Balme, ouverte à quatre cents mètres au-dessus de la vallée; le petit et gracieux lac de Flaine, la haute et brillante cascade du Nant d'Arpenas, le triple écho de Maglan, que chacun veut faire parler, plusieurs sources jaseuses et joyeuses, amusent les débuts de l'excursion. De superbes géants se lèvent et vous escortent : à droite, l'aiguille du Reposoir et le mont Fleury; à gauche, les aiguilles de Varetz. Les glaciers du mont Blanc diamantent l'horizon; ils grandissent, les feux du soleil les pénètrent, les illuminent, et la magie de leurs couleurs vous emplit les yeux de ravissement. A Sallanches, la beauté d'un coucher de soleil dans les Alpes en révèle toute la splendeur. Qui pourrait, les ayant contemplées dans cet embrasement suprême, oublier leurs sublimes variations de formes et de nuances? Roses de flamme, éblouissants météores, sous les rayons mourants de l'astre, peu à peu les hauts sommets pâlissent; les voici, sous le ciel, d'un bleu dur et profond, livides comme des cadavres à la clarté d'un cierge qui s'éteint lentement. Mais tandis que la livrée de la mort s'étend ainsi sur eux, une nouvelle lueur, une lueur pourpre, moins éclatante que l'autre, mais encore très vive, s'allume à l'horizon occidental; elle s'allonge, grossit, se déploie comme la bande d'un drapeau écarlate, monte; devant elle le pavillon bleu du ciel se replie, et, passant comme un reflet d'incendie sur le faîte des monts, elle les ranime, les réchauffe et les illumine pour la seconde fois, de manière à donner l'illusion d'une aurore succédant en quelques minutes au crépuscule incomparable.

Gorges de la Diozaz.

Sallanches, agréable station, sur la rive gauche de l'Arve fangeuse, vous découvre l'aiguille Verte et l'aiguille du Midi, le mont Maudit, le Dôme, l'aiguille du Goûter, l'aiguille de Bionnassay; elle permet l'accès de la grande Forclaz, du farouche désert de Platey. Mais, si près du souverain, que nous importent à présent ces vassaux du mont Blanc? En route donc pour Chamonix, soit par la jolie Saint-Gervais-les-Bains, qui vient de réparer ses ruines récentes, et par le col de la Forclaz et de Voza, soit par Servoz, la vallée où coule la fougueuse Diozaz et où s'amoncellent les roches polies par d'anciens glaciers! De toute manière il faut retrouver l'Arve aux eaux troubles et rapides, la côtoyer, parvenir au village d'Houches, au hameau du Port; la route atteint, frôle les frigides glaciers de la Griaz, de Tacconaz, des Bossons, descendus, étranges déserts, vers les bois de mélèzes et les champs fertiles de la vallée; elle traverse la rivière et aborde enfin la désirée Chamonix.

Quelques vastes et « confortables » hôtels cosmopolites, et peut-être une centaine de chalets humblement, — oh! bien humblement, — groupés au nord du mont Blanc, et à son ombre formidable, c'est Chamonix, que l'on nomme aussi le Prieuré, en souvenance d'un couvent de bénédictins fondé en ce lieu sauvage au XIe siècle. Il est là comme le Petit-Poucet à côté de l'Ogre; de la moindre avalanche le géant des Alpes l'écraserait, le pulvériserait, l'ensevelirait; on dirait qu'il tolère par pitié la fourmilière humaine tapie à ses pieds monstrueux. Mais cette menace permanente n'en effraye point les hôtes, heureux de ce monde auxquels elle offre au contraire un attrait et comme un bonheur de plus. Ils viennent ici de partout, principalement de l'Angleterre, et, très nombreux en été, ils y apportent l'argent, la vie, le plaisir. Leurs cavalcades, leurs breaks, leurs chars à bancs tapageurs, leurs vélocipèdes et leurs automobiles courent tous les chemins; on ne voit qu'eux s'en aller à la montagne à dos de mulets, où, courageux piétons, en descendre, frappant le sol de leur bâton ferré en signe de victoire. N'ont-ils pas vaincu la peur ?

La petite ville, au fait de leurs désirs, leur présente tout de suite le mont Blanc dans un plan en relief, et c'est à qui, parmi les indigènes, leur proposera de le gravir. Tous les habitants mâles du lieu sont professionnels-guides. On s'accorde à reconnaître leur savoir, leur vigueur, leur sang-froid, leur obligeance. Quelles preuves de dévouement n'ont-ils pas données ! Combien périrent, obscures victimes du devoir, en tentant l'impossible pour sauver ceux dont ils avaient la garde ! Si l'on avait pu graver dans le marbre ou le bronze la mémoire de tous les admirables sacrifices dont Chamonix fut témoin et les traits de leurs héros, elle serait pleine d'inscriptions et de statues. Elle honore seulement d'un monument durable l'illustre Saussure, qui le premier décrivit les Alpes avec une science minutieuse et une éloquence chaleureuse, et le guide Jacques Balmat, qui le premier aussi, en 1786, atteignit le sommet du colosse.

Balmat, Saussure, ont fait école. Tous les ans des centaines de touristes s'arment de l'alpenstock, chaussent les souliers ferrés ou de feutre, et s'en vont contempler de près les merveilles naturelles dépeintes par le savant, décou-

Le sommet du mont Blanc.

vertes par le simple montagnard. Plusieurs osent vouloir ajouter leur nom à la liste déjà longue des ascensionnistes du mont Blanc. Ce livre ne peut que noter leurs émouvantes ou périlleuses excursions. Ils vont à la mer de Glace ; ils foulent ses flots énormes, immobiles, bleuâtres, vitrifiés, semblables aux puissantes vagues d'une mer agitée, saisie, fixée dans sa fureur, à l'instant d'une tempête ; ils affrontent les vastes parois de ses crevasses béantes, dont les profondeurs bleues donnent le vertige ; ils passent sous ses grottes aux voûtes, aux murailles, aux piliers transparents et dont le moindre choc, un cri, un coup de pistolet peut détacher des blocs énormes ; cependant sous leurs pieds, leurs yeux, de minces ruisseaux, glissant sans bruit à la surface du glacier, vont former des lacs, des cascades qui s'écouleront par des rigoles de glace vers la terre, où elles seront des rivières et des fleuves. Moins beaux que la mer de Glace ou d'accès moins facile, dix-sept autres glaciers, séparés par les pyramides, les obélisques de granit que l'on appelle aiguilles, étendent au midi et à l'est du mont fameux leurs blêmes et mornes solitudes ; sans cesse ils grossissent, sans cesse ils marchent, isolant toujours de plus en plus le colosse de granit, que son aridité croissante voue à la destruction fatale. Les guides font connaître aux alpinistes résolus le Montanvers, ses frais pâturages, ses rochers d'amiante, son tapis naturel de neige rouge, le rocher fleuri du Jardin, le Chapeau, la Flégère, le glacier du Géant, les Grands-Mulets, l'aiguille du Goûter, l'aiguille du Midi, le glacier des Jorasses, le Triolet, le Talefre, l'Argentière, des centaines de précipices et d'abîmes insondables, des sommets aigus, dentelés, hérissés de pointes, bizarrement sculptés, flèches d'édifices sans nom dardées vers les nues à trois mille huit cents ou quatre mille mètres de hauteur ! Et ils abordent avec eux les névés perfides, ébauches des glaciers ; ils s'accrochent aux moraines, aux *séracs*, débris d'alpe bordant ou parsemant les champs de glace où les avalanches les ont lancés. Au glacier des Bois, que cernent des forêts de pins et de mélèzes et que domine l'aiguille rougeâtre du Dru, ils voient, d'une multitude de glaçons et de pierres, sortir avec impétuosité la source écumante de l'Arveiron. Çà et là ils cueillent le laurier-rose, l'atragème, la violette, la fétuque noirâtre, la crételle bleue, l'archillère, le chrysanthème, l'arbelle, la grande astrans, l'anthérie, mignonne floraison, suaves et discrets parfums des Alpes. Du faîte du mont Brévent, le lourd sommet bosselé du mont Blanc leur apparaît dans toute sa grandeur, environné de ses immenses glaciers, escorté de ses prodigieuses aiguilles; parvenus au mont Buet, par le col de Bérard, ils contemplent face à face le massif de la Savoie et celui du glacier du Rhône, le Jura et l'Oberland. La violente Giffre naît aux flancs du mont; elle les mène, s'il leur plaît, aux lacs de Rouget et de Gers, à l'étonnante vallée de Sixt, d'où le col d'Anterne les ramène à Servoz. Et les voilà sur la route d'Annecy : plaisante étape.

Gorges du Fier.

La vieille ville épiscopale de saint François de Sales presse ses maisons grises, tourne ses rues obscures au pied d'un château où résidèrent les comtes du Genevois, et qui lui prête de loin assez grande mine; ses promenades ombragées aboutissent au lac charmant par lequel elle semblera toujours exquise aux étrangers. Les eaux limpides de ce lac couvrent une superficie de quatorze kilomètres de longueur sur trois mille cinq à deux mille mètres de largeur; son lit est profond de cinquante mètres en moyenne. Plusieurs rivières lui versent tribut; les hautes silhouettes des hauteurs effrangées bordant ses rives s'y mirent tout entières avec leurs châteaux, leurs villas, des jardins et des bois de châtaigniers. Chaque jour d'été des bateaux à vapeur, partant du port d'Annecy, que décore la statue du célèbre chimiste Berthollet, s'en vont desservir les villages de son littoral : Sévrier, Saint-Jorioz, groupés au bas du mont Semnoz, parmi les mélèzes et les vignes; Druingt, au galant castel Louis XV, et l'agréable Menthon, où l'on a rebâti les thermes des Romains, et dont le château, bâti au moyen âge, appartint au fondateur des hospices-modèles du Grand et Petit Saint-Bernard, Bernard de Menthon. Menthon a ses fidèles, sa colonie estivale de bonnes gens attirés autant par la fraîcheur des sites que par la simplicité des êtres. C'est de là que nous sommes allé dans les si curieux abîmes du Fier, défilé de roche calcaire où cette rivière s'enfouit à quatre-vingt-dix mètres de profondeur et dont les murailles sont si rapprochées, que des galeries construites à leurs parois, pour les visiteurs, on peut, les bras étendus, les toucher toutes les deux. Plus loin le Fier s'enfonce en d'autres gorges, non moins belles, et fertilise la grasse vallée de Rumilly, et l'on traverse une campagne délicieuse jusqu'auprès d'Aix-les-Bains.

Aix est la plus riche et sans doute la plus heureuse ville de la Savoie. La nature l'a privilégiée. Douillettement couchée entre le mont de la Cluze et le mont du Chat, ainsi défendue par eux contre les vents meurtriers de l'Orient et du Septentrion, elle jouit d'un climat doux et chaud l'été, tiède l'hiver. On voit par les débris de thermes antiques, les fragments d'un temple et l'arc de Campanus, que les Romains, bons connaisseurs, savaient apprécier l'agrément de leur *Aqua* ou *Aquæ Galianæ* (*vicus aquarum*), et les vertus curatives des eaux sulfureuses que lui versent en abondance les deux sources appelées, l'une fontaine de Saint-Paul ou Eau d'alun, l'autre Eau de soufre. Oubliés ou dédaignés après la chute de l'empire, les bains allobroges retrouvèrent seulement au XVIIIe siècle leur vogue, au comble aujourd'hui.

Pour les milliers de malades riches qui recourent à ses eaux bienfaisantes, Aix s'est extraordinairement parée, il n'est guère de ville à la mode plus coquette; mais n'eût-elle pas un somptueux casino, une villa des Fleurs, un parc où le figuier et l'olivier avoisinent les sapins du Nord et les granens des Alpes, quelle station thermale pourrait rivaliser avec celle qui possède le lac du Bourget? A moins d'une lieue de la ville on s'embarque à toute heure, à son gré, sur ce beau lac, et déjà, d'un faible promontoire, on aperçoit une assez grande étendue de sa nappe bleue, sombre et limpide, dormant entre des rochers

Aix-les-Bains et le lac du Bourget.

escarpés, âpres et nus sur la côte occidentale, plus mollement abaissés et boisés sur la côte orientale. Il a seize kilomètres de longueur, cinq de largeur moyenne, jauge cent mètres d'une extrémité à l'autre. Parfois le vent y soulève les flots; mais ces bonaces peu dangereuses sont rares, et quand rien ne trouble le cristal du beau lac chanté par Lamartine en des vers immortels, les promenades en bateau y ont quelque chose d'enchanteur. Ne manquent pas les jolies escales. On peut aborder au Bourget, recommandable par son église du moyen âge; à Bourdeau, dont le château gothique couronne un roc dominateur; près du château à demi ruiné de Chatillon, décrit par le poète des *Méditations*, qui y fut hébergé par un vieux gentilhomme savoisien; et encore à Merlioz, à Fresserve, non loin des restes de villages lacustres, décelés naguère, et qui reportent l'imagination à l'origine des sociétés humaines. Mais la perle historique du rivage est l'abbaye de Haute-Combe, nécropole des ducs de Savoie. Là des religieux, comme jadis nos moines de Saint-Denis, préservent de la destruction les tombeaux fastueux de beaucoup de petits princes oubliés, auxquels ils doivent leurs prières. Ces mausolées, en pierre de Seyssel blanche et tendre au ciseau garnissent une église faiblement ornée de sculptures et de peintures néo-romantiques, dans le pauvre goût de 1824; les statues qui les surmontent et les bas-reliefs funéraires plaqués à leurs faces ont du moins le mérite d'une exécution élégante et facile. Par exception, ceux de Pierre de Savoie et d'Anne de Zœringen respirent la grandeur. Cependant ces grandeurs sembleront peut-être moins touchantes que la chapelle de Saint-André, où chaque jour les bernardins foulent aux pieds le sépulcre de leurs frères et marquent de l'œil la place où ils seront à leur tour dans la paix éternelle.

Par le versant occidental du pierreux et rude mont du Chat, on arrive au bord du lac d'Aiguebelette, diminutif du lac du Bourget, entouré de hauteurs, de points de vue charmants ; mais le pittoresque village d'Aiguebelette n'aura jamais la fortune d'Aix-les-Bains. Chambéry est à distance égale des deux : ville de hautes maisons grises, tassées dans un cirque de montagnes, dont la plus haute est la Dent de Nivolet. Relativement propre, largement percée, l'ancienne capitale de la Savoie justifie assez bien son ancienne importance politique. Moitié forteresse, moitié palais, encore de mine altière, son vieux château fut, on le devine, on le sent, le berceau d'une illustre lignée princière. Là résidèrent ces heureux descendants des petits comtes de Maurienne qui, se mêlant sans cesse aux affaires de la France et de l'Allemagne, préparèrent à force d'astuce et de bravoure la grandeur de

Chapelle de l'abbaye de Haute-Combe.

leur maison. Les anciens rois de Sardaigne et du Piémont, aujourd'hui rois d'Italie, sont issus de leur race. C'est à Chambéry qu'Amédée V dit le Grand, s'étant croisé, substitua dans ses armes la croix blanche des chevaliers de Rhodes à l'aigle du Saint-Esprit. C'est à Chambéry qu'Édouard Ier organisa l'escadron de Savoie, noyau d'une armée permanente, bientôt célèbre par sa vaillance et sa solidité. C'est encore à Chambéry qu'Amédée VIII, le sage ermite de Ripaille, surnommé par ses contemporains le nouveau Salomon, reçut de l'empereur Sigismond, en 1416, le titre de duc. Un siècle et demi après cet événement, l'un de ses successeurs, le bon capitaine Emmanuel Philibert, transportait à Turin le siège de ses États agrandis. Alors Chambéry eut un gouverneur, et bien que souvent troublée, de Henri IV à Louis XV, par les invasions françaises, mena pourtant la bonne vie bourgeoise dépeinte par Jean-Jacques Rousseau, son hôte au XVIIIe siècle : « S'il est une petite ville au monde où l'on goûte la douceur de la vie dans un commerce agréable et sûr, c'est Chambéry. La noblesse de la province, qui s'y rassemble, n'a que ce qu'il faut de bien pour vivre, elle n'en a pas assez pour parvenir ; et ne pouvant se livrer à l'ambition, elle suit par nécessité le conseil de Cinéas. Elle dévoue sa jeunesse à l'état militaire, puis revient vieillir paisiblement chez soi. L'honneur et la raison président à ce partage... L'accueil aisé, l'esprit liant, l'humeur facile des habitants rend le commerce du monde aimable. C'est dommage que les Savoyards ne soient pas riches, ou peut-être serait-ce dommage qu'ils le fussent; car, tels qu'ils sont, c'est le meilleur et le plus serviable peuple que je connaisse. » Il nous semble bien que Chambéry produirait ces impressions sur un étranger de quelque séjour, mais ces fleurs délicates ne s'épanouissent guère sous les pas du touriste.

La ville, simple et paisible, n'a de luxueux que le musée départemental, riche en documents pleins d'intérêt pour l'histoire et la géologie de la Savoie, et la singulière fontaine dont le socle, flanqué de quatre éléphants de granit, porte une colonne surmontée de la statue du général de Borigne, son bienfaiteur; de curieux bas-reliefs rappellent la

La ville de Modane et l'entrée du tunnel du mont Cenis.

carrière aventureuse de ce soldat dans les Indes, chez les Mahratas, où ses talents lui conquirent une immense fortune.

Auprès de Chambéry et au delà, les cascades de Grésy, de Jacob, les gorges de la Doria, la Dent de Nivolet, la montagne de la Chauffardon, continuent les enchantements des Alpes, et à la frontière même de la ville se trouve l'agreste vallon des Charmettes, dont la littérature a peut-être exagéré la beauté. Mais que de voyageurs n'admirent la nature que par les yeux des grands écrivains! A trois ou quatre lieues vers le sud, par une route encore bordée de quelques-unes de ces tours à signaux dont les feux allumés en cas de guerre jouaient, au moyen âge, le rôle du tocsin dans les beffrois des pays de plaine, Montmélian dresse encore sur un roc les débris de la forteresse qui défendait jadis l'accès des routes du mont Cenis, de la Tarentaise et de Chambéry. Prise en 1600 par Henri IV, plus tard par Lesdiguières, ruinée en 1691 par les troupes de Catinat après trente-trois jours de tranchée ouverte, c'est le point élevé d'où se déploie magnifiquement la vallée de l'Isère, qu'il partage en Graisivaudan et Combe de Savoie.

Le chemin de fer sillonne la Combe de Savoie, il vous conduit un moment jusqu'à la riante Saint-Pierre-d'Albigny. On entrevoit l'étrange semis de lacs et de monticules à vignobles des abîmes de Myans, ceux-ci déformés, ceux-là creusés, en 1248, par un terrible éboulement du mont Granier, lequel détruisit d'un coup seize villages. Les ruines de l'antique château de Miolans vous apparaissent sur un premier plan de l'horizon, dentelé plus loin par les sommets des Beauges, fertile contrée, si l'on en croit le dicton : « Plantez le soir un bâton dans un pré des Beauges, le lendemain vous ne le verrez plus, tant l'herbe aura grandi! » Le train stationne au seuil d'Albertville, remonte ensuite l'Isère jusqu'à Moutiers, ville d'importantes salines, où il s'arrête. Qu'irait-il prendre ou conduire dans la vaste et pauvre région glaciaire lugubrement étendue au midi? Seuls les chasseurs de chamois n'en craignent pas les redoutables solitudes. Autour des monts chauves, farouches, le Jouvet, le Thuriat, l'aiguille Rouge et d'immenses glaciers, il n'y a plus de villages, de hameaux, pas même de chalets de pâtres; les chemins, les sentiers se perdent; on ne voit que roches amoncelées, pierrailles charriées dans de mornes déserts par des torrents irrésistibles. C'est l'aire des aigles, la caverne des ours et des loups, l'asile des bouquetins, des chamois, des martres. Cependant quelques vallées offrent de sublimes spectacles. Entre les rochers fantastiques de Champagny, le Doron de Bogel roule sous les sapins les eaux bleues, intarissables, mugissantes, dévorées par les glaciers de la Vanoise. De cascade en cascade, l'Isère bondit dans les gorges de Brévières et parmi les herbages du val de Tignes, où elle prend source, à la frontière de la France. Par ces chemins si pittoresques l'histoire a passé et laissé traces; l'église, autrefois cathédrale, de Moutiers se décore des œuvres de l'art du moyen âge; Aime fut la romaine *Axima, Forum Claudii;* Bourg-Saint-Maurice, Séez, Tignes, recèlent des antiquités chères à l'archéologie.

Saint-Jean-de-Maurienne. — Costumes de campagne.

Issu, comme l'Isère, des glaciers des Alpes Grées, l'Arc, un des plus redoutables torrents de la région, fraye un chemin presque unique dans l'âpre Maurienne, entre les glaciers de la Vanoise, de Gebraulas et les versants nord du mont Cenis, du mont Ambin, du mont Tabor, puissants sommets d'une chaîne d'Alpes qui semblaient devoir à jamais séparer les Gaules de la haute Italie. Mais le génie humain a franchi cette barrière. On en admire les œuvres au col du mont Cenis, que traverse une route large et commode, et surtout au col de Fréjus, où, depuis le 17 septembre 1871, le chemin de fer de Paris à Turin s'enfonce dans la nuit d'un tunnel de plus de douze kilomètres de longueur. Les petites villes groupées sur les rives de l'Arc sont devenues presque internationales; à Lans-le-Bourg, à Modane, à Saint-Michel, on parle aussi souvent le dialecte du Piémont que le français.

Quelque industrie les occupe, entre autres le tissage de la grosse toile; les chétifs villages environnants subsistent des fromages confectionnés dans leurs fruitières et du miel embaumé de leurs ruches. D'assez belles vendanges mûrissent sur les coteaux bien exposés. Mais la plus grande partie de la vallée, comprimée par de noires montagnes de pénible accès, reste sauvage et très pauvre. Une population misérable, qui diminue chaque année, lui prête à peine l'apparence de la vie; car elle se compose, pour un tiers au moins, de malheureux affligés de goitre et de crétinisme, infirmités inséparables l'une de l'autre, et que la science attribue à l'influence des roches magnésifères. Ce n'est que dans les hauts lieux, baignés d'air pur, que les hommes échappent à ces maux du terroir; ils sont alors remarquables par l'obligeance, l'aménité et la droiture du caractère.

Cloître de Saint-Jean-de-Maurienne.

Saint-Jean-de-Maurienne, capitale de la pauvre contrée, est une bourgade bien mal bâtie, bien négligée, bien infime, et tout de même presque illustre dans les annales de l'Italie, puisqu'elle fut la résidence et la citadelle de ces vaillants seigneurs de Maurienne, d'où sortit, par le comte Humbert aux Blanches-Mains, protégé de l'empereur Conrad, la maison régnante de Savoie. Le mausolée du comte Humbert se voit encore, adossé au portail de la cathédrale. Cette cathédrale même, édifiée du XIIe au XVe siècle et décorée avec goût par ses évêques, parle d'un brillant passé évanoui. Les boiseries, les quarante-quatre stalles du chœur, sculptées par Mochet (de Genève) avec beaucoup d'invention, de largeur, de naïveté, et de gracieux bas-reliefs en albâtre empreints d'une grâce et d'une facilité tout italiennes, sont d'un art supérieur. Mais comme elles paraissent étranges, ces œuvres délicates, dépaysées, ces fleurs du riche loisir, du travail paisible, joies écloses dans un nid de lourdes montagnes endeuillées de sapins et parsemées de neige, dans l'étroite vallée jonchée de pierrailles par les colères de l'Arc et où la brise apporte le frisson des glaciers, dans l'humble groupe de maisons et de cabanes plongées dans la boue de ruelles tortueuses! L'impression de ces contrastes est pénible; on se sent comme enfermé dans une prison de l'inclémente nature. On veut s'en dégager, on veut de l'air libre, de la lumière, un horizon sans limite, et l'on monte très haut, sur un sommet, au clocher qui domine la vieille cité minable; mais là encore des montagnes, des neiges éternelles, des glaciers livides, les Grandes-Rousses, la chaîne de Belledonne, les Alpes dauphinoises, les Alpes françaises, où nous allons!

Lac d'Aiguebelette.

DANS LES MONTAGNES

IX

LES ALPES DAUPHINOISES ET PROVENÇALES

On connaît depuis longtemps les « sept merveilles du Dauphiné » : cuves et pierres de Sassenage, Fontaine-Ardente, tour Sans-Venin, pont du Claix, manne de Briançon, Notre-Dame-de-la-Balme, mont Aiguille, toutes aussi vantées par les anciens géographes que les sept merveilles du monde par l'antiquité. Mais les beautés grandioses et terrifiantes des Alpes dauphinoises, les sites extraordinaires de ces vraies Alpes françaises, qui les soupçonnait il y a trente ans? A peine quelques touristes, plus curieux ou plus audacieux que les autres, osaient aller jusqu'au massif de la Grande-Chartreuse et de Lans, jusqu'aux régions montueuses du Royannais et du Vercors. La sublimité en apparence inaccessible du Pelvoux et de la Meije, la froide majesté de leurs glaciers immenses, la solitude profonde où ils s'élèvent, l'indigence des rares villages tapis à leurs pieds, arrêtaient les plus intrépides au seuil de l'Oisans. Que d'impressions puissantes, d'indicibles joies perdues!

Il n'en va plus ainsi. Une société de patriotes dauphinois, qui font honneur à l'esprit de province, ont résolu d'ouvrir leur pays à l'admiration des voyageurs; ils y sont parvenus. Leur syndicat d'initiative, établi à Grenoble et présidé par le comte de Montal, a si bien fait, frayé tant de voies nouvelles, créé tant de moyens d'aller vite, fondé tant de bonnes auberges, que chacun veut aujourd'hui contempler de près les éblouissantes cimes dédaignées naguère; oui, chacun veut boire à cette nouvelle source d'émotions fortes, suprême attrait, suprême désir du civilisé.

Grenoble est le centre naturel de ces excursions ; ville grande, agréable, aimable, au milieu d'une enceinte de rochers violets, surmontés de forteresses que double une seconde enceinte de monts neigeux. Le fougueux Drac y rejoint l'abondante Isère, qui va de là vers le nord-est arroser la féconde, la superbe vallée du Grésivaudan. Les quais et les terrasses en bordure de l'Isère décèlent les glaciers de Belledonne, du Pelvoux, des Alpes savoisiennes; aux points où s'abaissent mollement les ramifications de ces chaînes gigantesques, ils entr'ouvrent des horizons délicieux. Dans ce cadre de hauteurs, les lignes droites et les masses géométriques des fortifications, murant dans un cercle de fer et de feu une place militaire de première classe, se fondent assez bien pour ne pas choquer le regard, et les forts Rabot, de la Bastille, de Saint-Thénard, du Boursey, des Quatre-Seigneurs, du Mûrier, de Montavy, ne gâtent point le paysage.

La ville est antique; elle s'est appelée Cularo à l'époque gallo-romaine, et Gratianopolis, du nom de l'empereur Gratien, qui l'aima pour sa formidable position stratégique. Les Guignes d'Albon, dauphins de Vienne, l'élurent pour capitale d'une province renommée entre toutes, pour la valeur, la prud'hommie, la loyauté chevaleresque de sa noblesse, cette

Vue de Grenoble.

« escarlate de gentilshommes » dont le type accompli fut Bayard. Mais ce qu'elle garde de son passé est peu de chose, on n'en peut citer que la belle crypte romane de l'église Saint-Laurent, martyrium mérovingien, dont vingt-huit colonnes de marbre soutiennent la voûte; la jolie façade Renaissance et les boiseries de Paul Jude de l'ancien palais du parlement, bâti sur les fondations de celui des dauphins. Vis-à-vis ce palais, l'église Saint-André renferme le tombeau du Chevalier sans peur et sans reproche. Dans les tortueuses rues environnantes, les maisons hautes ont la physionomie et probablement l'âge du XVIIe et du XVIIIe siècle; au milieu de leur dédale, la place Grenette, bordée d'hôtels bien tenus, de cafés et de magasins brillants, offre durant l'été autant d'animation que les plus mondaines villégiatures. C'est de ce petit coin si vivant, si mouvant, si bruyant, que l'on part en caravane pour la Grande-Chartreuse, le Vercors, l'Oisans, la Salette; le syndicat d'initiative a ses bureaux à l'un des angles, rue Montorge.

Prospère par l'industrie, ses manufactures de gants en peau, blancs et clairs, ses tissages de chanvre, Grenoble a aussi ses quartiers riches, presque somptueux, un jardin public, une bibliothèque et un musée dignes d'une grande ville intelligente et studieuse. Les voyageurs passent une heure exquise à visiter le noble et charmant édifice, où deux galeries parallèles exposent des trésors d'art et d'érudition : l'une, les incunables, les manuscrits, les autographes, les livres enluminés, les collections archéologiques et lapidaires, les meubles et les bibelots précieux ; l'autre, des chefs-d'œuvre de peinture signés Rubens, Pérugin, Véronèse, Titien, Hobbéma, Philippe de Champaigne, Van Eckout, Porbus, Van der Meulen. Aucune ville de province, en France, n'a donné plus évidente preuve de bon goût et d'esprit.

Les hauteurs dont la ville est entourée offrent déjà les aspects et déroulent les vastes perspectives des grands massifs du Dauphiné ; avant de se ceindre les reins pour les difficiles, les périlleuses ascensions, l'alpiniste s'exerce à gravir le mont Rachais, le Casque de Néron, le mont Jellaz, la tour Sans-Venin, la Moucherolle, Saint-Nizier, de sept cents à deux mille mètres d'altitude. Cela forme les jarrets. Mais le simple touriste préfère courir en tramway à vapeur, fût-ce à travers la poussière, la vallée du Sonant, qui mène à Uriage ; celle du Drac, qui, par le pont du Claix et la Romanche, mène à Vizille ; celle du Furon, qui mène à Sassenage. Voilà trois noms célèbres. La thermale et gracieuse Uriage, dans un frais vallon tapissé de la plus douce verdure et que domine le château des Alleman, où naquit Hélène Alleman, mère de Bayard, est l'une de ces stations thermales qui font envier les malades obligés d'y passer une saison. Combien de ravissantes promenades, entre la douche, les bains, les boissons, y amusent les heures ! Aux ruines de la chartreuse de Prémol, au mont des Quatre-Seigneurs, à la cascade de l'Oursière, au mur cyclopéen de Pinet ! Grâce à l'heureuse aménité du caractère dauphinois, on n'est pas longtemps étranger, les relations se nouent vite, et d'être partagées les souffrances diminuent tandis que les plaisirs augmentent. Sassenage, elle, a ses cuves légendaires et ses grottes beaucoup plus étonnantes, les unes et les autres formées de roches amoncelées par l'irruption violente et persistante du torrent, qui les disposa comme les parois d'un vase énorme. Quant à Vizille, nul édifice plus connu que son château princier, l'une des nombreuses résidences du connétable de Lesdiguières, dont la mémoire vit partout dans la province qu'il domina, gouverna, terrorisa même, au nom du protestantisme, pendant une longue existence guerrière. La statue équestre de ce capitaine se dresse dans la cour d'honneur du

Route de la Bourne.

Château de Vizille.

vaste et lourd édifice, à demi féodal, où, lorsqu'il appartenait au fabricant Claude Périer, le 21 juillet 1788, les trois ordres du Dauphiné tinrent l'assemblée politique qui fut le prélude des états généraux de 1789 : souvenir inscrit en lettres d'or sur la façade. Naguère ornée de tableaux, de rares tapisseries, et suivie d'un parc seigneurial, la somptueuse demeure historique, vendue à certain industriel, va devenir une usine, en harmonie avec le bourg laborieux groupé à sa base, contre les bords de l'impétueuse Romanche.

Après les excursions dans la banlieue de Grenoble, les longs voyages aux sites merveilleux, par où commencer? c'est l'embarras. Tout autour de la ville, dans un rayon de vingt à quarante lieues et davantage, les plus séduisantes promesses vous allèchent. Mais la vallée de l'Isère, large, aisée, populeuse, vous retient encore; il vous faut connaître la grande voie historique du Dauphiné, avant d'en aborder les régions farouches. A la remonter vers l'ouest, le Rhône, vous allez à l'ancienne et belle église gothique de Saint-Antoine, qui fut le sanctuaire d'une abbaye de Frères hospitaliers, si riche, que l'an 1441 Louis, fils de Charles VII, étant dauphin, et le roi manquant d'argent pour terminer les sièges de Creil et de Pontoise, achever la conquête de son royaume, « Louis, rapporte le chroniqueur, emprunta de l'abbaye une croix d'or pesant deux marcs, ornée d'un rubis de douze pierres balais, de vingt-huit grosses perles, et de plus un hanap d'argent doré aux armes du duc de Bourbon : il y avait huit pierres balais, cinq saphirs, douze petits diamants, quarante-huit grosses perles; tout cela fut engagé pour douze cents écus d'or. Cette somme, quoique modique, fut d'un très grand secours dans les besoins où l'on était, et le premier soin du dauphin, lorsqu'il fut parvenu à la couronne, fut de retirer cette croix et ce hanap et de les rendre aux religieux de Saint-Antoine. » De la somptuosité et du bon goût de l'abbaye témoignent le grand style du portail, tout animé de sculptures représentant la vie de saint Antoine et le Jugement dernier, l'ampleur de la nef, les stalles d'un banc d'œuvre, sculptées

Le grand goulet.

avec beaucoup de finesse et d'invention ingénieuse par Hénard, artiste lyonnais du XIVe siècle.

En deçà de la rive gauche de l'Isère s'élève le massif de Lans. Les grès surgissent infiniment variés, nus, abrupts, tombant raides dans une solitude désolée, ou, sous un épais manteau de chênes et d'érables, projetant leurs grandes ombres sur la verdure des vallées riantes. Souvent courbés, arc-boutés vers la terre, ces rocs forment les ponts naturels aux arches basses, longues et ténébreuses, que l'on nomme des *goulets*, et sous lesquels coulent ruisseaux en été, torrents de l'automne au printemps, de claires rivières poissonneuses. De pauvres villages adossent leurs maisons basses, grises, minables, à ces murailles, se penchent au bord de leurs crêtes, sur des abîmes, se haussent jusqu'à leurs sommets, pour échapper aux subites inondations, ou suivent docilement les contours de leurs labyrinthes. Aussi la route tracée des uns aux autres sans cesse pique droit aux nues ou fonce sur le val; d'un lieu vert, fleuri, embelli de soleil, court à un sombre et misérable amas de cabanes ignoré de tout le monde. Ces caprices et ces hasards font les délices du voyageur. Sans appréhender, comme autrefois, les risques d'un gîte suspect, il va résolument, entre l'Isère et la Drôme, explorer le massif de Lans, le Royannais, le Vercors. Là, dans la vallée de Lyonne, se rencontrent Rochechinard, dont le rocher porte les ruines du château fort où fut enfermé le malheureux prince Zizim, frère du sultan Bajazet; Saint-Martin-le-Colonel, à la lisière de vastes forêts; Saint-Jean-en-Royans, la vallée parallèle de la Vernaison, où les admirables grands goulets dressent leurs voûtes successives, et, dans la vallée de la Bourne, l'extraordinaire Pont-en-Royans. Il efface tous les autres, le spectacle de ce bourg, coupé en deux par un gouffre que ses maisons, bâties sur roc et contre roc, surplombent. Des échafaudages étayent ces maisons hardies, de peur qu'elles ne s'écroulent dans l'entaille vertigineuse au fond de laquelle un torrent gronde; d'autres, plus prudentes, en amphithéâtre, se maintiennent, on ne sait par quel prodige d'équilibre, sur des pentes presque verticales, et tout de même laissent place à des jardins dont les verdures attendrissent la teinte bistrée de leurs façades.

Les goulets.

A quelque distance de la rive droite de l'Isère, longée par le chemin de fer, que l'on peut prendre à l'industrieuse Romans, se groupent les villes ouvrières du Dauphiné : Tullins, Rives-sur-Fure, Voiron, dont les filatures de soie et les papeteries sont très actives, très achalandées. C'est de Voiron qu'un chemin de fer à voie ouverte conduit à Saint-Laurent-du-Pont les touristes qui, de ce bourg, iront, soit en voiture, soit plutôt pédestrement, — heureux, cent fois heureux les piétons! — en pèlerinage à la Grande-Chartreuse. A la fin d'un été récent, nous prîmes ce chemin de fer : tous les wagons en étaient pleins de voyageurs que l'hospitalité des Pères attirait au couvent ou beauté des sites à la montagne. Leur foule alerte et légère, arrivée à Saint-Laurent, se dispersa et s'éparpilla sur la route sinueuse tracée contre la rive gauche du Guiers-Mort, disparut à nos yeux. Alors, de loin, nous les suivîmes. Plusieurs, au départ, s'étaient mis à chanter; bientôt, comme intimidés par la grandeur et le silence des choses, ils se turent, le bruissement de leurs pas même s'éteignit dans le lointain. Ce fut le silence absolu, majestueux. Peu à peu le jour lentement faiblit, tomba : le crépuscule éclaira la gorge d'une lumière oblique, mystérieuse,

Pont de la Grande-Chartreuse.

qui en immensifia les murailles et les arbres, grossit le murmure du torrent, invisible sous ses roches obscures et ses fourrés d'arbustes, voila presque la route, dont les tournants cachés parurent nous enfermer dans une solitude menaçante. Mais cette sensation de solitude, c'est précisément ce qui fait le charme exquis du pèlerinage; elle suscite les religieuses pensées, les grands souvenirs. Nous marchions dans ce qu'on appelle, à partir des forges et de la distillerie pittoresque de Fourvoirie, le Désert. Et nous songions au désert que ce lieu devait être en effet, il y a neuf siècles, quand saint Bruno y vint fonder un oratoire!

Entrée du Désert de la Grande-Chartreuse.

La route du Guiers-Mort.

Loin de toute ville, près seulement de très humbles et très pauvres hameaux, couvert de bois inextricables, hanté par les ours et les loups, les vautours et les aigles, traversé par un torrent furieux, bordé de précipices, couvert de neige pendant cinq mois de l'année, glacé, affreux! Aucun danger, aucun obstacle ne rebuta le prêtre intrépide; il n'eut peur ni du silence terrible des forêts, ni de la dent des fauves, ni des inclémences du ciel. Son ermitage s'éleva à près de mille mètres d'altitude, et de cette hauteur perdue, où il semblait devoir à jamais vivre et prier seul, ses vertus lui amenèrent des compagnons auxquels il ne prescrivit point de règles de conduite, mais qui se réglèrent sur son exemple. Avec le temps, leur communauté s'augmenta, et les cénobites de Cartuse, les Chartreux, aidés par les largesses des comtes du Grésivaudan, édifièrent un monastère qui fut plus d'une fois reconstruit. De grandes terres environnantes en dépendirent, assainies, civilisées par eux, cultivées sous leur direction avec infiniment de sagesse et de charité. Ils furent seigneurs féodaux de Saint-Laurent-du-Pont, de plusieurs autres villages qui bénirent leur autorité. Par eux les fermiers de la montagne s'enrichissaient, les paysans pauvres ne manquaient jamais de pain ni de vêtements; mais « ils ne laissèrent jamais passer la moindre offense sans une petite

Pont sur le Guiers-Mort.

punition ». Et le spirituel Dauphinois[1] dont nous citons ce propos ajoute : « Ils distribuaient au peuple le plus grand des bienfaits : *un gouvernement juste et impossible*. Un paysan n'osait pas faire un procès déraisonnable à son voisin, de peur de déplaire au Père procureur. »

A la Révolution, l'ordre perdit la plus grande partie de ses propriétés, abandonna même le couvent, qui ne fut repris que le 8 juillet 1816 par dom Moissonnier. Purifié, restauré, agrandi, le voici devant nous... A nous rappeler ce long passé, la route nous a semblé moins longue, et pourtant les ténèbres l'avaient envahie, ténèbres opaques, par une nuit sereine, criblée d'étoiles, dont les scintillations n'arrivaient pas jusqu'à nous. Un moment même, à l'endroit où du milieu du Guiers-Mort une roche pyramidale surgit, nous dûmes nous arrêter, perplexe, entre deux chemins, et chercher à lire sur les écriteaux des ponts-et-chaussées l'indication de celui qu'il fallait choisir. Ce fut en vain ; le seul hasard nous guida, et quelques minutes après nous frappions à la porte que les Pères ouvrent toujours à tous, voire aux pires goujats. Une soupe maigre, du poisson frit, des légumes, du vin, un petit verre de chartreuse, ce fut notre repas délectable, très peu payé d'un modique écot, et nous nous reposâmes délicieusement sur une grossière couchette jusqu'à l'heure plus que matinale des matines et de l'ascension au grand Som. Le lendemain un frère nous fit avec une bonne grâce charmante les honneurs de sa maison.

La Grande-Chartreuse.

Elle s'élève, cette maison, sur un tertre herbu, au pied de hauts sommets couverts de sapins. Reconstruite en 1676, après un incendie, elle n'offre qu'un ensemble de choses froides et simples dont l'harmonie constitue la beauté. Le plus artistique est le grand cloître, éclairé par cent trente arcades et renfermant au milieu le cimetière aux tombes

---

[1] Stendhall, *Mémoires d'un touriste*.

anonymes, — l'une de ces tombes est toujours béante, toujours prête, — et ses chapelles des Morts et de Saint-Louis, celle-ci édifiée aux frais de Louis XIII, celle-là fondée en 1382. Mais la plus émouvante est la rangée de cellules où se confine si étroitement, dans le silence et la méditation, l'existence de chacun des Pères, entre le jardin qu'il cultive et l'atelier où il travaille. Cela suffit pour révéler aux plus frivoles témoins de quelles vertus, de quelle austérité l'âme humaine est capable, combien les vanités du monde peuvent lui devenir inutiles et le renoncement aisé sous la souveraine influence d'une pensée unique!

Plus d'un chartreux a joui des avantages d'une haute naissance, de la richesse, du pouvoir, avant de prendre la robe blanche de son ordre, avant de se soumettre à des rigueurs de climat et d'habitudes inflexibles, avant de se préparer en pleine vie et avec joie à la mort. Où trouver plus éloquente démonstration de cette vérité si méconnue que ce qui possède, intéresse, passionne, tourmente la plupart des hommes, et tour à tour les contente ou les désespère sans jamais leur donner le bonheur qu'ils rêvent, ne leur est pas nécessaire? Quelles leçons d'endurance, d'abnégation, de patience, de résignation, d'intrépidité, des plus rares vertus, toutes pratiquées pour atteindre ce but suprême : le calme ici-bas et la sérénité dans l'infini!...

Les bons alpinistes exploreront le massif de la Grande-Chartreuse, iront de Saint-Pierre-de-Chartreuse ou de Saint-Pierre-d'Entremont, villages hospitaliers, gravir la cime du Chamechaude, le mont Granier; d'autres, pour ne rien ignorer du Dauphiné, visiteront dans la région de la Tour-du-Pin la grotte de Notre-Dame-de-la-Balme, qui est fort belle, haute, large, splendidement cristallisée; puis Virieu, dont le splendide château reçut plus d'une fois Lamartine en sa jeunesse; Crémieu, immobilisé dans ses murs du moyen âge; les débris de la chartreuse de Sylve-Bénite; le lac de Paladru, au fond duquel les riverains croient apercevoir à certaines heures les ruines d'une ville engloutie, il y a des siècles...

Revenu à Grenoble par la route pierreuse du Sappey, dont les hauteurs découvrent si bien le magique panorama de la vallée du Grésivaudan, que borde la chaîne de Belledonne comme une dentelle de neiges éblouissantes, peut-on ne pas céder au désir de connaître de plus près cette vallée délicieuse? Le chemin de fer, sur la rive gauche de l'Isère, la parcourt d'un bout à l'autre. Il s'arrête à Gières, Domène, Tencin, Allevard, Pontcharra, autant de bourgs montagneux situés à l'issue de beaux vallons adjacents et à l'accès de massifs superbes. C'est là que vous attendent guides, voitures et mulets pour vous conduire aux Valnaveys, aux Chamrousses, au pic de Belledonne, dans le Grand-Domenon ou le Grand-Vent.

Fiers de leur pays et jaloux d'être agréables, les guides dauphinois mettent à vous révéler les magnificences de ces Alpes françaises une science et une obligeance singulièrement désintéressées. Ils n'ont pas moins d'intrépidité et de sang-froid que leurs confrères de la Suisse et des Pyrénées. Tranquille avec eux, on esquive les pires dangers; on franchit les torrents, les chutes tonnantes sur des passerelles hardiment jetées sur l'abîme d'un roc à l'autre; on monte jusqu'aux livides névés; on contourne les glaciers, les lacs environnés de neiges. Et fiez-vous à eux pour vous diriger vers les hôtelleries dispersées dans les massifs sauvages et vers les chalets dont les humbles habitants, pâtres ou fruitiers, savent encore accueillir le voyageur.

Une voiture mène de Goncelin aux célèbres bains d'Allevard, mais la route est autrement jolie qui suit les rives verdoyantes de la vive Bréda; on part alors de Pontcharra, bourg populeux groupé au pied du coteau fertile où se dressait jadis le château féodal des Bayard, berceau du « Chevalier sans peur et sans reproche ». Il ne reste presque rien de ce château, dont l'on aurait dû faire le musée de la chevalerie. Le plus admirable guerrier du moyen âge finissant, celui qui dans sa personne en résuma au plus haut degré les principes et les vertus, n'y fut-il pas virilement élevé? C'est là qu'il faudrait relire la vie de Pierre du Terrail par le Loyal Serviteur; là, ces conseils que donnait à son fils partant pour la cour de Charles VIII la mère du héros, Hélène Alleman :

« Pierre, mon amy, vous allez au service d'un gentil prince. D'autant qu'une mère

Allevard-les-Bains.

peult commander à son enfant, je vous commande trois choses tant que je puis, et si vous les faites, soyez assuré que vous vivrez triomphalement en ce monde :

« La première, c'est que devant toutes choses vous aymiez, craigniez et serviez Dieu sans aucunement l'offenser, s'il vous est possible, car c'est celluy qui nous a tous créés et qui nous fait vivre; c'est celluy qui vous saulvera; et sans luy et sa grâce ne sçaurions faire une seule bonne œuvre en ce monde. Tous les soirs et tous les matins recommandez-vous à luy, et il vous aydera.

« La seconde, c'est que vous soyez doux et courtois à tout gentilhomme, en ostant de vous tout orgueil. Soyez humble et serviable à toutes gens; ne soyez maldisant ne menteur, maintenez-vous sobrement quant au boire et au manger. Fuyez envye, car c'est un vilain vice. Ne soyez ne flatteur ne rapporteur, car de telles manières de gens ne viennent pas volontiers à grande perfection. Soyez loyal en faicts et dicts, tenez votre parolle, soyez secourable aux povres veufves et orphelins, et Dieu vous le guerdonnera.

« La tierce, c'est que des biens que Dieu vous donnera vous soyez charitable aux povres nécessiteux; car donner pour l'honneur de luy n'appauvrit oncques homme; et

sçachez de moi, mon enfant, que telle aumosne que vous pourrez faire grandement vous
prouffitera au corps et à l'âme.

« Voilà tout ce que je vous en charge. Je crois bien que votre père et moi ne
vivrons plus guère. Dieu nous fasse la grâce à
tout le moins, tant que nous serons en vye,
que toujours puissions avoir bon rapport de
vous!

« Alors le bon chevalier, ajoute le chroniqueur, quelque jeune âge qu'il eust, lui répondit :

« — Madame ma mère, de vostre bon enseignement, tout humblement qu'il m'est possible, vous remercie, et espère si bien l'ensuyvre,
que moyennant la grâce de Celuy en la garde
duquel vous me recommandez en aurez conten-
tement. »

Lac Lourtet.

On sait combien la généreuse carrière du bon chevalier justifia sa juvénile espérance.

.... Malgré l'excellence thérapeutique de ses eaux sulfureuses, iodées et gazeuses, exploitées par un vaste établissement thermal, agrémenté d'un casino, Allevard-les-Bains n'est
pas d'une élégance excessive. Ses villas, ses hôtels sont nombreux; mais le bourg, au
creux d'une gorge agreste, est rustique. On y est d'ailleurs en pleine montagne. Le défilé
du Bout-du-Monde, dans une voisine et profonde solitude, réunit les rochers,
les cascades brillantes, la végétation fougueuse d'un véritable site des Alpes. A côté,
d'antiques forges utilisent pour tremper le fer les eaux propices du Bréda. Mais les
malades ingambes ont bien d'autres sujets d'excursion. Pas un seul ne s'éloigne sans
avoir gravi les dix-neuf cent huit mètres d'altitude de Brame-Farine, dont souvent l'on
descend les flancs rocailleux dans
une sorte de brouette sans roues que
des montagnards, pieds nus, traînent
rapidement à travers une nuée de
poussière. Il est charmant de déjeuner au sommet du Brame-Farine,
ayant devant soi la sublime perspective des monts de Belledonne, l'étincelant glacier du Gleyzin. Un peu au
delà de cette terrasse, un bois masque
la vallée du Grésivaudan; entrez-y,
perdez-vous dans l'un de ses sentiers,
tout entière elle vous apparaît, et vous
pouvez distinguer ou soupçonner au-
dessus de la rive droite de l'Isère le
fort Barraux, qui jadis défendait la frontière de France contre les ducs de Savoie; le massif
énorme de la Grande-Chartreuse; Montmélian, Chambéry, le lac du Bourget. Aux alpinistes exercés l'honneur et le plaisir d'aller plus loin : au Gleyzin même, puis au farouche

Bourg-d'Oisans.

val des Montagnes-Abîmes, dans lequel s'enchâssent, pareils à des saphirs, les sept lacs que l'on appelle les Sept-Laux; enfin aux très hautes et très rudes cimes du Rocher-Blanc et de la Belle-Étoile.

Du chalet des Sept-Laux la route vers les froides splendeurs du Pelvoux est presque directe; en quelques heures de marche ou de voiture on atteint, par le col de l'Homme et le chemin du Diable, Bourg-d'Oisans. Les alpinistes déterminés partent de ce bourg commode pour escalader le pic de l'Étendard, colosse des Grandes-Rousses, le grand pic de Belledonne, la tête des Fétoules. Mais les voyageurs qui, plus timides ou moins curieux, se tiennent pour satisfaits de contempler à distance les glaces brillantes et les cimes éperdues, trouvent aisément ailleurs de moins périlleuses émotions. Leur plaît-il descendre le cours de la Romanche, au cours impétueux, aux crues terribles? le tramway à vapeur les promène entre les forêts de sapins, les prairies soyeuses, les rocs dénudés, les mille contrastes du massif de Taillefer et du massif de Belledonne, que la route carrossable sépare l'un de l'autre. Préfèrent-ils descendre la jolie vallée du Venéon, si précieuse aux botanistes? un chemin de muletier les conduit à Venose, dont les habitants, adonnés de père en fils à la culture et au commerce des plantes balsamiques que le sol des Alpes produit en abondance, sont assurément les plus riches, et par surcroît les plus heureux de cette rude contrée. Il n'y a pas deux Venose, même dans la vallée du Venéon. Des glaciers la resserrent, des montagnes éboulées, ruinées par avalanches et torrents; autour, partout, les yeux n'aperçoivent que roches entassées dans un chaos prodigieux, glaces, neiges, névés immenses, ruisselantes eaux, cascades tonnantes, lacs glauques, pics dardés vers le ciel comme de gigantesques poignards. Saint-Christophe, au milieu de ces abîmes, abrite les alpinistes qui ne craignent pas d'explorer, au prix de mille fatigues, de mille dangers, le formidable glacier du mont de Lans ou de Lent, morne espace de quinze kilomètres carrés. Et pourtant ils ont mieux encore : ils ont, tout près, la Bérarde, pauvre hameau, maigre asile, d'où les plus intrépides osent aborder le formidable Pelvoux, pris entre le glacier Noir, c'est-à-dire teinté de boue, et le glacier du Selé et dont les deux menaçantes cornes, dressées contre les nues à trois mille neuf cent cinquante-sept mètres de hauteur, enserrent un redoutable couloir de glace, et que dépasse encore et surmonte la pyramide de la Barre-des-Écrins, cime dominante, souveraine reine, des Alpes dauphinoises. La Meije s'humilie devant les quatre mille cent trois mètres d'altitude de la Barre-des-Écrins; mais, au dire de vaillants ascensionnistes, moins haute, elle est plus dangereuse. Pareille à la Jungfrau, elle passa longtemps pour inaccessible; avant le 16 août 1877, personne n'en avait touché le vertigineux sommet. C'est à M. Boileau, de Castelnau, et

Ascension de la Barre-des-Écrins.

La Meije.

aux guides Gaspard, de Saint-Christophe, que revient l'honneur de l'avoir gravie les premiers; leurs noms, comme celui de Joseph Balmat, vainqueur du mont Blanc, méritent d'échapper à l'oubli, car ils semblent vraiment avoir triomphé de la mort.

Un humble village, la Grave, se blottit, — tel un nid de goélands dans une falaise, — au pied de cette effrayante Meije, sur un plateau de granit d'où l'on dirait que ses rocs fracassés, ses pics verticaux, ses neiges perverses, ses gouffres béants défient les plus audacieux des hommes. Par la Grave une route déroulant, variant tous les aspects du massif du Pelvoux, d'abord tracée contre la Romanche, puis frayée le long de la Guisanne, va traversant le col du Lautaret à Briançon. Et les aventureux s'en écartent pour visiter

Hameau de la Grave, au pied de la Meije.

l'alpe de Villard-d'Arène, le glacier d'Arsine, le glacier des Agneaux, d'où commence doucement à couler la dévastatrice Romanche, et le col du Galibier, ouvert à la route la plus élevée de l'Europe après celle de Stelvio, qui joint l'Italie au Tyrol.

A treize cent vingt-six mètres d'altitude, Briançon échelonne son enceinte de ville frontière, adossée au nord à l'âpre montagne dominante appelée Croix-de-Toulouse, et sur les autres points cardinaux commandant et défendant l'accès des vallées étroites. De toutes parts l'entourent des ouvrages militaires ajoutés à ceux de Vauban, forts, redoutes, lunettes, qu'un pont d'une seule arche, jeté à cinquante-six mètres de hauteur sur le gouffre au fond duquel gronde le Clairet, relie à la ville même. Briançon n'a point d'autres curiosités, d'agréments moins encore : sa beauté c'est d'être inexpugnable. Quand on a gravi ses rues escarpées jusqu'aux abords du Fort-Vieux, traversé ses plates-formes, embrassé de la dernière un horizon d'Alpes neigeuses, aperçu le col du mont Genèvre, antique chemin d'Annibal et passage prévu d'une improbable invasion, puis vu certaine porte monumentale ornée dans le goût italien de reliefs et de statues, il ne reste qu'à suivre l'exemple des Briançais et de leurs hôtes, les soldats, si heureux de pouvoir, au moins pendant la courte saison d'automne, secouer le mortel engourdissement de la garnison où, durant neuf mois, les emprisonnent frimas, pluies diluviennes, chaleurs torrides. Alors certaines vallées se réjouissent au fugitif sourire du soleil, qui leur prodigue fraîcheur et parfums, comme s'il voulait consoler de longues souffrances les êtres attachés à leur sol ingrat. Telles sont surtout les vallées de la Vallouise et de Queyras, l'une et l'autre tracées par des affluents de la Durance, la première par la Gyronde jusque vers les hauts glaciers du Pelvoux, la deuxième par le Guill vers l'extrême frontière, le Viso, le Grand-Queyras, le

Briançon.

Visoulet, sommets des Alpes cottiennes, et le Beauregard, qui porte sur ses flancs, à deux mille soixante-dix mètres de hauteur, le village le plus haut perché de France, Saint-Véran. Les rocs gigantesques, parois de ces vallées, se revêtent de teintes chaudes, caressantes aux regards; les sombres masses de leurs sapins et de leurs mélèzes qui distillent une manne spéciale sont d'un bleu très doux, leurs torrents s'écoulent avec moins de fracas et sans détruire; sons et couleurs des choses se fondent dans une harmonie profonde. Quoi de plus agréable aux sensitifs que ces trop rapides instants où la plus inclémente nature paraît s'apaiser par pitié pour les hommes!

S'il est possible à quelque touriste de passer dans ces régions isolées aux confins de la patrie toute une saison d'hiver, qu'il le fasse sans hésiter : son âme s'en trouvera bien. C'est parmi leurs

Fort de Queyras.

rudes montagnes, dans leurs tristes vallées, sous le chaume de leurs chétives cabanes que fleurissent, comme des pervenches sous la neige, les meilleures vertus humaines. Il n'existe pas ailleurs populations plus laborieuses, plus honnêtes, plus résignées, plus hospitalières, et coutumes sociales, usages locaux plus dignes d'intéresser le philosophe.

Un voyageur, M. Auguste Geoffroy, en a dit : « Je ne croyais pas qu'il y eût en France pays aussi pauvres, labeurs aussi rudes, isolement et dénûment aussi profonds, absence pareille de ce qui fait le charme habituel de la vie, et je doute maintenant qu'il y ait quelque part sur terre âmes aussi droites, mœurs aussi pures, générosité aussi complète. La pauvreté, la douleur, le sacrifice, le travail, seront donc toujours le sel préservateur de la corruption pour la misérable humanité. »

L'histoire a noté les preuves de ces vertus. Dans le Briançonnais, il ne se commit pas un seul attentat à la vie humaine durant tout le XVIIIe siècle; de nos jours, la cour d'assises des Hautes-Alpes chôme parfois, faute de crimes à juger. Malgré l'indigence commune, il y est établi que la veuve et l'orphelin ont le droit de faire faucher leur pré trois jours avant tout le monde et ne doivent que la nourriture aux ouvriers. Autre témoignage d'assistance chrétienne : si le père de famille ne peut faire sa récolte, le curé l'annonce au prône, et le village moissonne pour lui, rentre ses blés, sa paille, ses foins. Plus encore : si, dans les pâturages accidentés, vache ou mouton s'estropie, la perte en est répartie entre

Pont sur la Romanche.

tous les habitants de la commune. On en use ainsi également dans les terres d'Embrun, de Gap, de Barcelonnette. Probes et loyaux, les caractères se distinguent par leur fierté, leur amour de l'indépendance. Jules César s'inclina devant les fiers Ségusiens, qui lui refusèrent leur soumission. Avant la Révolution, chacun, dans le Briançonnais, se déclarait noble d'origine, et villes, bourgs et villages s'assemblaient librement pour gérer leurs intérêts. A Saint-Véran, les hommes, mettant à profit l'oisiveté forcée des longs hivers, s'instruisaient assez pour être en mesure d'enseigner les rudiments du savoir : la lecture, l'écriture, les quatre règles d'arithmétique, et fournissaient aux riverains du Rhône un millier d'instituteurs temporaires : ils exercent encore en Algérie cette profession si utile. Plusieurs villages offrent ce bel exemple de prévoyance ingénieuse : dès qu'un enfant a un an, on y achète pour lui une agnelle que l'on place chez un fermier, et l'agnelle devenue brebis, ayant des agneaux, on vend les mâles, on garde les femelles. En faisant la même chose tous les ans, on double chaque année le capital, si bien qu'à seize ans l'enfant se trouve propriétaire d'un troupeau, sa dot.

Le chemin de fer, dont Briançon est le point terminus, borde autour du Pelvoux la rive gauche de la torrentueuse Durance. Il dessert ou frôle de bien humbles petites villes où l'on ne séjourne guère : Mont-Dauphin, ceint de remparts en marbre rouge; Guillestre; la cléricale Embrun, où résidèrent de puissants archevêques, seigneurs temporels de la cité; Gap. Mais il a déjà quitté la Durance; la capitale historique du *Vapicensis Tractus* se groupe frileusement sur la rive droite de la Luye, au pied de lourds rochers. Elle paraît avoir eu jadis quelque prospérité anéantie par de nombreuses invasions, par les guerres protestantes, surtout par les abominables ravages, en 1692, de ce Victor-Amédée, duc de Savoie, que l'héroïne du Dauphiné, Philis de la Tour-du-Pin, à la tête des paysans soulevés, vainquit aux portes de Nyons et parvint à chasser. Il ne lui reste du passé que le mausolée du grand homme de la province, Lesdiguières, relégué à la préfecture avec le cénotaphe de Claude de Béranger, sa femme. Œuvre du sculpteur Jacob Richier, le mausolée du connétable est tel : sous un autel en marbre noir, décoré de ses armes en marbre blanc et accosté de deux charmantes figures d'angelots, il repose, armé en guerre, le bâton fleurdelisé à la main, hautaine, intelligente et sévère figure de soldat. Un long mémorial gravé sur l'autel rappelle les services et publie l'éloge de « François de Bonne, duc de Lesdiguières, mort en 1626, à Valence ».

Lac de Laffrey.

Gap touche, à l'est, au pèlerinage fameux de Notre-Dame du Laus; à l'ouest, au Dévoluy, amoncellement de ruines énormes : *devolutum*, écroulement. Minée par l'effort séculaire des torrents, la montagne, nue jadis et compacte, s'est brisée en morceaux gigantesques, blocs entassés dans les vallées, talus dressés perpendiculairement comme d'infranchissables murailles, pics dont les aiguilles se perdent dans les nuages, précipices insondables, gorges obscures et stériles, défilés exigus, chases étroites, frayés par l'érosion des eaux dans un amas de débris tranchés parfois si net, qu'on les dirait sciés à la main. La misère et la probité hantent l'affreux massif et ses contreforts. Mais les lieux habités y sont aussi rares que les champs cultivés; parmi les grises pierrailles, plus d'un endroit s'appelle brièvement le *désert*. Le fougueux Drac coule entre cette région désolée, mais pittoresque, et le Champsaur, guère moins étrange. Là, dans la curieuse vallée de la Severaise ou val Gaudemar, les paysans célébraient encore, il y a moins d'un siècle, la fête du soleil. Au village des Andrieux, le 10 février, quatre bergers l'annonçant avec fifres et trompettes avertissaient les habitants de préparer chacun une omelette. Et tous, leur plat d'omelette à la main, s'assemblaient sur la place du hameau, autour du plus âgé d'entre eux : le *vénérable*. Leur cortège se rendait ensuite sur un pont de pierre, et les omelettes déposées en offrande sur le parapet de ce pont ils attendaient, en nouant la farandole, le premier rayon de l'astre. Sitôt qu'il avait lui, les danses cessaient, et le vénérable, élevant le plat entre ses mains, suppliait le soleil de l'agréer. Et ce bienfaisant soleil, dont l'on était privé depuis cent jours, resplendissant enfin sur le village entier, tous, précédés de leurs musiciens rustiques, reconduisaient chez lui leur vénérable, et rentraient chez eux manger en famille l'omelette consacrée. Bizarre cérémonie, sans doute! Mais les souffrances du noir hiver en expliquaient la tradition : elles sont si rigoureuses à la terre, que personne ne l'osait ouvrir, même pour ensevelir les morts : ceux-ci, suspendus dans les greniers ou sur les toits, devaient attendre le printemps pour recevoir la commune sépulture.

La superstition a disparu, le mysticisme des montagnards s'est épuré. A quelque distance du val Gaudemar, dans un site non moins sévère et majestueux, s'élève, à dix-huit cents mètres d'altitude et au pied du Gargas, qui en a deux mille deux cent treize, la basilique de la Salette, véritable poème de granit glorifiant la Vierge mère, « ce doux symbole des vertus, des beautés, des héroïsmes de la femme, cette apothéose éternelle du spiritualisme chrétien, fait de sacrifice, de chasteté, de douleur et d'amour[1]. » Venue l'époque du pèlerinage annuel, les paysans vont toujours nombreux prier Notre-Dame de la Salette, les uns par la route de Gap et du Champsaur, les autres par le nouveau chemin de fer de la Mure, et ceux-ci ont le voyage charmant qui passent en vue des lacs bleus de Laffrey. De la Mure à Laffrey, souvenir immortel : c'est là, au culmen de la route montueuse, que, le 8 mars 1815, Napoléon, revenant de l'île d'Elbe, faillit se heurter contre un bataillon envoyé de Grenoble pour l'arrêter et, s'il le fallait, le tuer. Qui ne se rappelle la scène la plus émouvante peut-être de l'épopée bonapartiste : Napoléon marchant seul au-devant du bataillon, découvrant sa poitrine, disant aux soldats prêts à le mettre en joue : « Si quelqu'un de vous veut tuer son empereur, qu'il tire! » Et le chef de bataillon, ému, hésitant, les soldats criant bientôt leur enthousiasme, les deux troupes, la royale et l'impériale, se mêlant avec effusion et formant avec les paysans accourus de partout un cortège populaire à « l'homme du destin »?... Vizille n'est pas éloigné de Laffrey, et voici fini le tour du haut Dauphiné.

Le bas Dauphiné commence, pour ceux qui suivent ces récits, à Gap, proche de la Durance, sa limite. C'est de là qu'ils iront, vers l'ouest, dans la très pauvre et très pittoresque contrée semée de ruines, ruines de châteaux, d'églises, de charitables hospices, rappelant le temps plus heureux où la vie sociale, moins abandonnée à l'égoïsme individuel, était mieux protégée, mieux organisée. Là se rencontrent, au hasard des excursions, les ruines superbes du château féodal de Tallard, dont les seigneurs, aussi barons de Clermont, étaient parmi les quatre *grands* barons du Dauphiné; les trois autres se nommant baron de Sassenage, baron de Bressieu ou baron de Maubec, et baron de Montmaur. Les petites villes sont Saint-Bonnet, patrie de Lesdiguières; Veynes, Orpierre et Serres, dans la vallée du Buech. Serres, située sur la grande route de Die, touche à la ravissante vallée de la Drôme, où les montagnes, grandioses encore, sont, grâce à leurs forêts, d'aspect plus riant que le farouche massif des hautes Alpes. La civilisation romaine y florissait. Die, dans le nom de laquelle on trouve Dea, la bonne déesse, orne son église de belles colonnes de marbre provenant du temple de Cybèle. Ses portes du moyen âge, Saint-Pierre et Saint-Marcel, ont grande allure. A mesure qu'on descend la Drôme, le paysage perd son âpreté, la végétation s'étoffe : Saillans, l'industrieuse et commerçante Crest, seraient d'agréables séjours sans la violence des vents contraires qui les affligent une partie de l'année, l'un glacé au contact des Alpes, l'autre brûlant des ardeurs du midi. Aux environs de Crest, la forêt de Saou et les gorges d'Omblèze rivalisent avec les plus beaux sites du haut Dauphiné : la forêt, dénuée d'arbres, il est vrai, mais toute en

---

[1] Cf. Xavier Roux, *les Alpes, Histoire et souvenirs*.

rochers extraordinaires, ondulés comme des vagues par l'usure lente d'un lac préhistorique, et tombant en fond de cuve des bords d'une enceinte parfaitement dessinée; les gorges, d'une lieue de longueur seulement, mais superbes avec leur cascade de la Druise, les sources de Fontamieux, les grottes de Roure...

De l'autre côté de Gap, à l'est, la rapide Ubaye vient pour rejoindre la Durance des malheureux pays de la frontière, les plus dévastés par le déboisement des montagnes, en outre abandonnés sans prévoyance aux immenses troupeaux de moutons « transhumants » que leur amènent les pâtres de la Provence, surtout de la Camargue et de la Crau. On ne passe guère vers l'humble Barcelonnette ou la pauvre Saint-Paul, aux cinq églises, qu'on ait le plaisir de voir ces étranges caravanes : « en avant, les ânes aux clochettes retentissantes et diversement sonores marchent chargés des objets de campement; viennent ensuite les béliers cornus qui s'arrêtent de temps à autre pour la lutte, les brebis, les pasteurs portant dans leurs bras les trop petits agneaux; quelques belles chèvres, jaunes comme des chamois, capricieuses et hardies, courent à travers le troupeau, et le chien au long poil noir veille à ce que nul ne s'écarte des rangs. » Mais à ce gai tableau s'oppose

Die.

l'ombre de la misère qui en résulte. Les moutons, arrachant du sol pour les dévorer le gazon et jusqu'aux moindres racines, consomment la ruine du pays, qu'ils privent des seuls végétaux susceptibles encore de modérer la fougue des torrents déchaînés par la fonte des neiges et les orages. Plus de forêts, de bois, d'arbres isolés, plus même de buissons ou d'herbes menues aux flancs des basses Alpes, dépouillées de leur humus nourricier; l'aride sécheresse n'est pas moindre dans les innombrables vallées et vallons, où courent autant de rivières et de ruisseaux, à sec durant la plus grande partie de l'année, mais dont les crues subites emportent, drainent vers la Méditerranée le peu qu'il reste de sol arable. Aussi les hommes s'exilent de la terre ingrate, les villages sont rares et peu peuplés, partout les ruines s'amoncellent; là gisent, énormes, les roches délitées par les pluies, corrodées par l'air, détachées par l'ouragan; ici, les vestiges de monuments anciens et d'habitations délaissées. Chaque année la population diminue, le désert s'étend.

Ce n'est pas qu'un voyage dans la contrée lamentable ne réserve encore au touriste de rares jouissances : à défaut du spectacle de la vie, les grands aspects de la nature n'y manquent point. A la frontière, du nord-est au sud-est, s'élèvent de magnifiques sommets couverts de neiges éternelles : l'Aiguille et le Brec de Chambeyron, le Grand-Rubren, le Brec de l'Homme, les Dents de la Louve, hauts de trois mille quatre cents à trois mille mètres. Mais à mesure qu'on avance vers le sud et l'ouest, les monts s'abaissent, leurs neiges ne durent pas, et l'œil se lasse à contempler uniformément leurs statures déchiquetées, leurs flancs décharnés, leurs vallées sans verdure et sans ombrages. En été, le brûlant soleil méridional jette un manteau de feu sur les cimes ravagées et la campagne anémique, dont la tristesse vous devient alors insupportable. Çà et là seulement quelques pentes semées d'oliviers et de figuiers croissant parmi les lavandes, le murmure d'une rivière sur un lit de cailloux, des chants d'oiseaux, les cris des cigales réunissent, comme pour nous retenir, les charmes de la Provence, « gueuse parfumée » chantée par les félibres.

On trouvera de ces consolations précieuses dans les vallées de la Durance, de la Bléone, du Verdon, de l'Asse. Le Verdon, aux cluses extraordinairement profondes, illumine des sites gracieux, arrose la petite Castellane, groupée au pied d'un roc gigantesque, et passe auprès de Moustiers-Sainte-Marie, où l'on fabrique de si jolies faïences, et qu'avoisine l'étrange chaîne de fer de Notre-Dame-de-Belvèze, suspendue depuis des siècles à deux rochers, entre les corniches desquels elle se balance au souffle du vent, toujours accomplissant ainsi le vœu d'un seigneur du moyen âge. Un peu à l'est de Moustiers, les belles colonnes corinthiennes et le panthéon de Riez témoignent de l'ancienne prospérité de *Colonia Julia Augusta Reiorum*. Plus loin, sur la même route, les Romains fréquentaient les thermes de Gréoux, aux eaux de barèges, et l'on admire les restes imposants d'un château des Templiers. Il n'est que la diligence pour mener à ces sauvages lieux ; on suit plus facilement en chemin de fer les berges rocailleuses de la Durance et de la Bléone. Il est là d'agréables et curieuses villes. Le modeste chef-lieu des pauvres Alpes, Digne, croise ses rues aux toits plats sous la domination d'un énorme cône de granit ; Sisteron élève ses murailles, ses tours et sa citadelle gothique à l'ombre de puissantes roches stratifiées ; les Mées a son vieil aqueduc ; Peyruis, non loin de la montagne de Lure, haute et boisée, ses trois châteaux du moyen âge et les restes du prieuré des bénédictins de Ganagobie ; Lure, le sanctuaire de Notre-Dame-des-Anges, révéré par toute la Provence. Près de Forcalquier sont les fameux *Leis Mourré*, tables et blocs d'un calcaire compact et rugueux, haussés sur des piliers de marne argileuse, que lentement les pluies pénètrent, les vents amincissent, si bien qu'ils laisseront choir un jour leurs pesants fardeaux, mais, pour l'heure, dressés sur un plateau sinistre et rangés comme une armée de géants hydrocéphales. Sur la rive gauche de la Durance, la terre nous apparaît plus riche, fréquemment des forêts couronnent les monts, une multitude de rivières abondantes fertilisent les vallons, et voici enfin des prairies, des pépinières, des vergers, toute sorte de cultures réjouissantes. Manosque, où l'on entre par les portes féodales de Soubeyran et de la Saulnerie, est déjà une gentille ville de Provence, sentant bon l'olive et la figue, et le soleil incendie ses larges promenades tracées à la base du mont d'Or, le soleil, âme bienfaisante des plaines provençales.

DANS LES MONTAGNES

X

LES PYRÉNÉES

Aux rives du golfe du Lion, entre Banyuls et Port-Bou, l'été.

Pyrénées naissantes, les montagnes décharnées des Albères s'élèvent comme d'énormes amas d'ossements calcinés; le premier anneau de leur chaîne, à l'est, projette sur les flots bleus le rude brise-lames du cap Cerbère, et le regard qui les suit, de ce roc à l'horizon occidental, voit leurs dômes et leurs pics, surmontés de tours du guet, festonner entre la France et l'Espagne une muraille d'aspect étrangement hostile.

Aspect trompeur d'une frontière amicale, presque fraternelle. Les tours abandonnées s'écroulent; les porte-balles, les muletiers et les contrebandiers catalans, d'en deçà et d'au delà, passent à leurs pieds, une chanson aux lèvres, pour gravir ou descendre les vagues sentiers frayés aux flancs abrupts des monts chauves. Mais qui s'avise de suivre ces bons compagnons? personne. Les alpinistes réservant l'ardeur de leurs jarrets pour l'ascension des hautes cimes, le commun des touristes fréquentant les sites à la mode, le silence de l'oubli tombe sur les Albères, tant de fois escaladées, aux temps héroïques, par les exodes de races conquérantes. Ici les franchirent les Carthaginois d'Annibal et les légions romaines; là, tour à tour, les Wisigoths, les Francs, les Maures, les catholiques Espagnols, laissant en chemin beaucoup des leurs, épris de repos. Les types de ces races diverses se retrouvent, inaltérés, sur la terre française; plus durables que l'arc de triomphe bâti au col de Pertus par l'orgueil de Pompée, en mémoire de sa peu glorieuse guerre contre Sertorius, ils attestent la véracité des Histoires.

Le guide avec qui nous gravimes, à dos de mulet, le sommet d'une aride albère, devait être d'origine africaine : peau de bronze, yeux fauves, lèvres rieuses, voix caressante, démarche agile, souple et douce de grand félin. Son infaillible adresse nous évita toute chance de danger; ce fut cependant long et pénible à cause des anfractuosités soudaines où l'on risque de se déchirer, des granits nus et glissants d'où la chute serait mortelle. Mais d'en haut, non très haut, mille mètres environ, le beau spectacle de nature opulente et prodigue ! Entre la Méditerranée, les étangs du littoral et les lointaines ondulations des Corbières, le Roussillon déploie le joyeux contraste de ses plaines fertiles, que traversent dix vallées parallèles, reconnaissables aux ombres légères des coteaux qui les bordent, et où les vignobles généreux s'exposent au soleil du Midi. Vers l'ouest, le grand et majestueux Canigou élance, au-dessus de ses neiges éternelles, sa double crête aux pointes inégales ; ici, c'est lui le géant, le souverain. Visible de Barcelone comme de Perpignan et, dit-on, même des rivages de Provence, il règne sur l'immense étendue que

Saint-Laurent de Cerdans et le Canigou (Pyrénées-Orientales).

nos yeux parcourent. En bas, les vallées, les routes qui les suivent, les chemins de fer, semblent l'avoir pour but, contournent ses flancs, se perdent dans l'ombre qu'il fait.

Nous l'avons approché par la vallée du Tech, l'âpre Vallespir où soufflent des vents terribles, où des torrents grondent dans les fissures de roches escarpées, où se plaisent néanmoins de jolies villes, de structure et de mœurs catalanes : le Boulou, Palalda, Céret la féodale, l'abondante et industrieuse Arles, dont le cloître roman aux colonnettes de marbre rappelle celui d'Elne. La forte Prats-de-Mollo, que domine une forteresse pour défendre le col d'Ares, s'assoit à la base même du Canigou. On est, là, tout au fond du Roussillon espagnol : même sonorité de langage qu'au delà des Pyrénées ; mêmes habits courts, serrés et de nuances vives ; le béret, la ceinture, la démarche leste, les danses infatigables et gracieuses des vrais Catalans. Beaucoup d'habitants sont d'excellents forgerons, travaillent à merveille le fer et trempent l'acier flexible selon les antiques procédés arabes. Quel baigneur des thermes d'Amélie, au fond de la sombre gorge du Mondony, n'a rapporté, en souvenir d'un séjour dans la bienfaisante petite ville, quelque joyau de coutellerie ou d'armurerie affiné, damasquiné, niellé par ces artisans, non moins experts que leurs maîtres, les Maures de Tolède?

Aux malades de la tiède Amélie-les-Bains, rassasiés du pittoresque d'alentour, d'excursions à l'abîme de la Foue, au mur d'Annibal, à la douche d'Annibal, à l'agreste Palalda, à Saint-Laurent de Cerdans, voire dans la jolie vallée de Quéra, l'ascension du Canigou serait la distraction suprême, le signe certain de guérison complète; sa pyramide grisâtre, bien découplée, élégante et puissante les séduit, les appelle tous les jours; ses deux mille sept cent quatre-vingt-sept mètres d'altitude ne sont point une affaire pour de solides jambes de soldats.

Roussillon. — Ruines du monastère de Saint-Martin du Canigou.
Vue extérieure.

D'ailleurs la montée n'est pas trop difficile; malgré les arêtes, les ravins, les pierrailles des versants, n'offre aucun danger. Une seule chose à craindre : l'abaissement graduel de la température, qui de 15º descend à 1º au-dessus de zéro. Les hommes de poitrine délicate s'abstiendront. Aux autres, la vue indescriptible d'un entassement sans nom de ruines gigantesques : rocs éboulés, crevassés, déchiquetés, remplissant un espace sans bornes troué d'insondables précipices, chaos d'inaccessibles aspérités et de sentiers perdus que les contrebandiers connaissent seuls, tout l'effrayant pays où les trabucaires, ces bandits meurtriers, défièrent autrefois les poursuites des douaniers affolés de leur sanguinaire audace.

L'autre versant du Canigou va former, par vingt ouvertures où des torrents coulent entre ses contreforts, un côté de la riche vallée de la Têt. Il porte, près de Casteil, les reliefs imposants de l'abbaye de Saint-Martin du Canigou, fondée au Xᵉ siècle par le comte de Cerdagne, Wifred, en expiation du meurtre de son fils, lequel, bravant les ordres paternels, avait osé vaincre et disperser les Maures pillards, voués, n'eût été sa désobéissance, à l'extermination certaine dans un piège inévitable. Très vénérée, l'abbaye fut puissante et posséda de grands biens;

Roussillon. — Ruines du monastère de Saint-Martin du Canigou.
Vue intérieure.

les sources sulfureuses du Vernet, qui en sont voisines, lui appartenaient; on lui doit les premiers thermes de ce haut lieu, aujourd'hui préconisés par les médecins pour la vertu de ses eaux et plus encore pour la pureté curative de l'air qu'on y respire.

Autour du Vernet s'étend la région la plus tourmentée des Pyrénées orientales : on la dirait toute chaude encore et frémissante des convulsions plutoniennes ressenties il y a des milliers d'années, lorsque des deux côtés de la chaîne de granit le sol continental, émergé récemment du sein des mers immenses, et boueuse argile encore, s'aplanissait en vallées où bondissaient de furieux torrents. Des monts chenus, plus hauts que le Canigou sans en avoir la majesté, le Puigmal, le pic du Géant, le pic de Bastard, le formidable Carlitte, avouent par leurs énormes éboulis la sauvage dévastation des eaux ruisselantes. Dans l'atmosphère flottent les vapeurs sulfureuses des sources bouillonnantes cachées sous l'écorce terrestre ou filtrant par les interstices des rochers. Le matin, le soir, ces vapeurs condensées en nuages épais montent assez pour s'unir aux nuées du ciel, et le regard hésite éperdu au bord de ces factices horizons, qui semblent des voiles tirés sur le néant.

Entre les versants des sommets principaux s'ouvrent de larges cols tracés par la Têt, l'Aude, la Sègre; l'une de ces issues, le col de la Perche, permet aisément d'aller de la Cerdagne française dans la Cerdagne espagnole. A certains endroits même il n'y a plus de Pyrénées séparant les deux nations : le district espagnol de la Llena, dans la Sègre supérieure, au pied du massif de Carlitte et près des sources vantées de las Escaldas, s'enclave dans notre territoire. Pourtant la frontière existe, — malgré la nature, — assurée, où cède le mur de granit, par la citadelle de Montlouis, bâtie par Vauban à seize cents mètres d'altitude, pour défendre contre toute invasion l'accès de trois routes. Précaution de stratégie utile peut-être, mais combien rigoureuse! Oh! Montlouis, frigide garnison, quelle endurance elle exige de nos soldats! Six mois durant les neiges d'hiver l'ensevelissent dans un silence glacial; l'été la brûle un moment avant de l'abandonner aux brumes et aux pluies de l'automne; en toute saison, le terrible vent des Cascanet, soufflant de Carcanières, dans le Capsir, y sévit et tantôt soulève la furie des frimas, tantôt la rage des poussières! Rarement il s'apaise; c'est alors seulement que les emmurés de la place forte peuvent jouir du paradis de verdures et de fleurs écloses dans une gorge obscure, sous l'haleine des torrents.

La vallée de la Têt a ses jardins; le Conflent, des fruits et des légumes dont surabondent les marchés d'Olette, de Prades et de Vinça; curieux est le pays des Gavaches ou *Gabatchos*, colonie des Languedociens émigrés il y a des siècles dans les Corbières, et longtemps depuis raillés, méprisés et même persécutés par les indigènes du Roussillon et de la Cerdagne. Estagel s'enorgueillit d'avoir vu naître François Arago; à Saint-Paul-de-Fenouilhet, l'Agly s'enfuit comme un trait de lumière dans l'ombre d'un défilé taillé dans l'épaisseur énorme des Corbières, comme par la hache d'un Titan; la Virdouble, à Saint-Antoine-de-Galamus, tombe, ainsi qu'une pluie d'argent, au fond d'une conque ciselée par elle dans le granit décharné. Mais la vallée de l'Aude rivalise d'intérêt avec ces formes saisissantes des choses : l'Aude court en des cluses si étroites et si profondes, que le jour n'y pénètre pas; l'Aude reçoit dans les ténèbres l'eau de ses tributaires nées et venues comme elle dans la nuit, et elle gronde en de sauvages lieux. Ainsi Quillan, épars dans ses roches sonores, nous intimida : bourg cependant très civilisé, industrieux, sachant dompter les forces motrices au profit de ses forges et de ses filatures, et, ce qui ne gâte rien, hospitalier. Plus loin, l'Aude, propice au travail du fer, anime les clouteries d'Alet, qui fut épiscopale, et coule au pied des collines du Razès, hérissées de vignes dont le jus sucré pétille dans la « blanquette » de Limoux, ce champagne des Pyrénées. Plus loin encore, à la limite de la région pyrénéenne et au seuil des Cévennes, elle baigne, abondante et violente, Carcassonne, où la rejoint le Fresquel, ce torrent dont s'abreuve le canal du Midi. Et là, il se faut arrêter devant l'énigmatique et puissante vision d'une couronne de remparts crénelés, de tours aux toits effilés, ceignant le sommet d'une colline trapue d'où ils se dressent, noirs, contre l'azur intense du ciel, farouches comme il y a mille ans. Telle apparaît la cité antique de Carcaso, dans son rigide vêtement de moyen

Carcassonne. — La cité, le donjon.

âge, réparé de nos jours, non déparé, par l'architecte archéologue Viollet-le-Duc. De plus frappant témoin du passé, en France, il n'en est point : bâtie du ve au xive siècle sur les fondations et sans doute avec les débris de la ville gallo-romaine, qui s'était elle-même greffée sur l'oppidum des Volces Tectosages, elle raconte vingt siècles d'histoire.

Mais pour arriver à la cité morte on doit traverser la ville vivante, Carcassonne, assise en plaine depuis qu'au temps de saint Louis les bourgeois de la ville haute, expulsés pour rébellion, obtinrent au bout de dix ans d'exil la permission de reconstruire leurs demeures au-dessous des anciennes. L'enceinte de cette ville basse a disparu, remplacée par des boulevards ombreux ; les rues sont étroites et mouvantes, toutes animées par le grand commerce de vins du Razès, du Carcassès, du Cabardès, du Minervois, par le travail des beaux marbres incarnats, verts et rouges de Caunes, surtout par la fabrication des draps ; deux hauts clochers sombres la dominent, quelques vestiges gothiques y brillent çà et là, et la place centrale ou place aux Herbes est ornée d'une gracieuse fontaine en marbre blanc, sculptée en 1770 par les frères Baratta, excellents artistes.

Des bords de l'Aude, la Cité se profile énergique et fière, inaccessible sur son roc défendu par les eaux fougueuses, et l'on conçoit déjà sa résistance aux croisés de Simon de Montfort, qui vainement deux ou trois fois lui livrèrent l'assaut, attaque et défense admirablement contées par le poète Guilhem de Tudèle, dans sa chronique rimée de *la Guerre des Albigeois*. Voici le vieux pont consolidé que durent franchir les assiégeants pour l'atteindre; il mène dans un faubourg à droite duquel un chemin au flanc de la hauteur aboutit à la porte Narbonnaise, superbe d'allure avec ses ogives allongées, ses mâchicoulis, ses créneaux, la forme de ses parois arrondies, où l'on distingue en relief

Carcassonne. — La cité, porte Narbonnaise.

l'image symbolique de « dame Carcas ». A partir de la Narbonnaise, quarante-huit tours jalonnent une double enceinte herbue, ici restaurée, là négligée, dont la ligne extérieure mesure quinze cents mètres. Ces murailles enclosent un peloton de rues bien humbles et bien pauvres, visiblement immuables depuis le moyen âge, comme les puits aux ferrures ouvragées et les croix aux singulières inscriptions qui en décorent les places et les carrefours. Par les courtines, on peut d'un bout à l'autre en suivre le périmètre tracé avec toutes les ressources de la science militaire du ve au xive siècle. Pas de promenade plus instructive. L'érudition montre dans ce robuste et divers ensemble de remparts l'œuvre successive des Visigoths et des Sarrasins, des Français du Midi et des Français du Nord, chaque peuple construisant selon son génie particulier. On admire avec elle la sage disposition et la solide assiette du donjon et du castel, où résidèrent les comtes de Carcassonne, et d'où Raymond de Trencavel repoussa vaillamment les hommes d'armes de Blanche de Castille. Mais il n'est besoin d'elle, et de bons yeux suffisent pour admirer ce qu'il y a de vraiment exquis dans l'antique cathédrale de Saint-Nazaire, à savoir sa haute nef, d'une si élégante, si gracieuse, si divine légèreté, que, ses vitraux l'emplissant d'idéale lumière, jadis les fidèles prosternés sous les voûtes pouvaient un moment croire qu'ils priaient dans le ciel même. On voit dans le chœur deux ou trois mausolées d'évêques, l'un d'eux, très remarquable, tout de marbre, avec le visage et les mains d'albâtre ; sous une simple dalle tumulaire gît Simon de Montfort, dont l'on n'osa point représenter l'effigie détestée, de peur d'en épouvanter encore ceux qu'il avait terrorisés et de surexciter la haine de leurs descendants. N'est-ce pas le siège de la ville par le féroce guerrier que représente, en traits précis et saisissants, le bas-relief exposé près du portail ?

Elle n'est pas agréable, la route qui, de Carcassonne, ramène vers les Pyrénées par une série de rampes ardues à travers la monotonie des vignobles ; mais elle évite le banal chemin de fer, les villes déjà visitées, les plaines ennuyeuses. Vivent, pour le voyageur désintéressé, les bienheureux pays où les locomotives ne lancent pas encore leurs appels stridents dans un jet de fumée ! Ils conservent une physionomie attachante et d'affables manières ; leur cuisine ni leurs vins ne sont frelatés, et l'on retrouve dans leurs demeures les boiseries, les meubles et les gravures d'autrefois respectés par les hôtes comme les vieux édifices le sont par tous leurs concitoyens. Par ces rares qualités nous plut la paisible Mirepoix, dans la fertile vallée de l'Hers. C'est une petite ville somnolente, ecclésiastique et naguère épiscopale, à laquelle une tour carrée du château fort de Terride, les fossés et les murs à meurtrières d'une place d'armes, donnent un certain air belliqueux. Mais ne la jugez point sur la mine. Il y a cinq cents ans et plus qu'elle est guérie de la fièvre féodale et militaire qui paraît l'avoir agitée sous le règne des maîtres de Terride, les batailleurs comtes de Foix. Il y a cinq cents ans et plus que ces rudes seigneurs n'entendent plus la messe dans la charmante chapelle gothique de ce château. Cependant la petite ville garde pieusement tours, murailles et chapelle, et qu'elle a raison ! Une porte urbaine du XIVe siècle ne lui serait sans doute pas plus utile, et les maisons de bois de sa grande place sont vieilles assez pour céder le terrain à de modernes logis. Mais, ne gênant personne, comme il est sage à Mirepoix d'en laisser la vue réjouissante au sympathique étranger qui passe !

Après la vallée de l'Hers, s'élargit, aussi féconde, la vallée de l'Ariège, la terre plane, aux magnifiques moissons de l'arrondissement de Pamiers, dont il faut, comme en Beauce, couvrir d'or la moindre parcelle que l'on veut acheter. Ainsi justifie son nom, — mieux que par ses paillettes d'or, — l'Aurigera, l'Ariège « charrieuse d'or » des anciens étymologistes. Par elle jadis s'emplissait continuellement, sans jamais s'épuiser, l'escarcelle des opulents comtes de Foix, riches entre tous les féodaux. C'était ici le plus productif de leurs vastes domaines, le plus brillant fleuron de leur couronne. Leur résidence de Mazère, sur les rives de l'Hers, égalait en splendeur celles d'Orthez et de Massat ; l'abbaye de Boulbonne, sous leur protection et par leurs largesses, rivalisait avec les plus fameux monastères de la chrétienté.

Pamiers dut l'existence à ces grands seigneurs : l'un des leurs, Roger II, ayant au retour de la première croisade bâti le château d'Apamiers et fondé l'abbaye de Saint-Antoine-de-Frédelas, d'où sortit, au XIIIe siècle, le premier des puissants évêques de la ville, Bernard de Saisset. Toujours épiscopale, Pamiers donne à ses prélats un palais digne de sa fortune, assurée par l'agriculture et par l'industrie. Ville pratique, active, laborieuse, plus de deux mille ouvriers y travaillent le bon fer ariégeois dans des usines organisées selon les plus récents procédés ; ses rues sont droites, ses édifices corrects ou baroques ; il nous souvient de l'énorme cube de pierre grise, dentelé de créneaux et troué de mâchicoulis, que dessine la façade de sa Notre-Dame-du-Camp, massive et farouche entre deux tours militaires.

Comme Pamiers, la montagneuse Foix vit surtout de la métallurgie. Les forges à la catalane environnantes l'ont élue pour dépôt et centre d'expédition de leurs fers. C'est, il semble, d'où lui vient l'aspect couleur de rouille de ses rues étroites aux pavés aigus. Mais l'Ariège l'anime, l'égaye du fracas de ses eaux vives sur les granits, et les trois tours de son château féodal, isolément dressées sur un roc, au-dessus d'elle, l'ennoblissent. Ces vieilles pierres datent du XIe siècle; la ville en est contemporaine, s'étant peu à peu groupée sous leur protection, que secondait dans l'ordre spirituel la voisine abbaye bénédictine de Saint-Volusien. Elles rappellent le long et glorieux passé des comtes de Foix, qui du seigneur Bernard, issu de la maison de Couserans, à Gaston Phœbus, constituèrent la nationalité du pays, avant eux sauvage, inculte, presque désert. Le château fort a été la principale résidence militaire de cette lignée de conquérants, si vantés dans les chroniques pour leur valeur, leurs exploits, leur caractère chevaleresque, leur habileté politique, leur sagesse gouvernementale et même leur goût pour la poésie. De ce repaire, où ils bravaient leurs ennemis, ils s'agrandissaient continuellement aux dépens des États limitrophes; hommes liges des comtes de Toulouse, s'ils ne les eussent, fidèles jusque dans le malheur, soutenu contre les victorieux croisés pendant la guerre des Albigeois, peut-être fussent-ils devenus les souverains de la France méridionale, de la Garonne aux Pyrénées. Mais cette lutte de race et de religion manqua les ruiner; ils y perdirent un instant leur capitale. Cependant Gaston Phœbus possédait encore, à la fin

Cathédrale de Pamiers.

du XIIIe siècle, outre son fief patrimonial, la vicomté de Castelbon, maints lieux en Cerdagne, la seigneurie du Béarn, et joignait à ces titres celui de gouverneur du Languedoc et de Gascogne pour le roi de France. Ces vaillants ont disparu tout entiers : ils n'ont point de tombeaux dans l'église, point de statues sur les places de leur ville ingrate. Foix semble ne se souvenir que d'un seul de ses fils, le plébéien Lakanal, député à la Convention, promoteur éclairé, énergique et sagace de l'instruction publique en France, et l'un de ses premiers organisateurs : l'effigie en bronze de cet homme utile s'élève sur la jolie promenade de la Villotte.

A la gare de Foix, dans la saison d'été, il n'est voyageur à qui l'on ne propose les excursions les plus désirables : pour aller visiter la célèbre et très belle grotte du Mas d'Azil, les sapins de Belesta, les sinistres ruines du château de Montségur, où périrent par le feu les derniers Cathares, c'est le point de départ indiqué. Le chemin de fer permet d'atteindre, avec l'Ariège, le cœur des grandes Pyrénées aux fronts neigeux. Il court entre les rampes du pic de Fonfrède et celles du pic de Saint-Barthélemy, centre d'un massif longtemps impénétrable et redouté, sur lequel on raconte d'atroces légendes de sorcellerie homicide, de sacrifices mystérieux à des démons inconnus. Là, dit-on, sous la garde de précipices et d'abîmes sans nombre, les derniers païens perpétuaient le culte des idoles; un jour les manichéens chassés d'Espagne se réunirent à eux, ils formèrent ensemble une terrifiante société d'hérétiques adorant les divinités infernales et, complices des Albigeois, leur offrirent un dernier refuge. Les murailles de Montségur surmontent encore un puissant rocher du massif.

La vallée de l'Ariège devient gorge, puis défilé; mais les roches qui l'enserrent de leurs versants dénudés se desserrent souvent, et c'est plaisir de voir s'encadrer dans ces fraîches éclaircies les simples petites villes grises et blanches, anciennes et modernes à la fois, dont les jardins envahissent la montagne, les maisons s'étagent en terrasse contre la rivière, et qu'un vieux beffroi ou quelque tour féodale prend sous sa tutelle. Tarascon, Ussat, les Cabanes, Ax-les-Thermes, sont ainsi charmants de simplicité montagnarde et d'apparence hospitalière. Ussat appartient aux malades, Ax aussi. N'était l'horreur particulière des maux qui conduisent vers l'une et l'autre, on en aimerait fort le séjour tranquille et les distractions pittoresques, non moins efficaces assurément que leurs salutaires effluves. Plus boisés, leurs alentours seraient délicieux : ils ont le torrent, la cascade, les grottes où l'ours des cavernes mêla ses os à ceux des premiers hommes, les majestueuses perspectives des glaciers étincelants; mais les routes, au bord des eaux bruissantes, ne laissent voir que des monts lépreux tristes comme la cendre. Appauvris par la chute des antiques forêts, les rares villages sont de chétifs amas de huttes sordides, où croupissent dans l'ignorance et la saleté des êtres que frappent encore aujourd'hui les affreuses lèpres que voulaient déjà guérir au moyen âge les sources sulfureuses d'Ax, amenées dès l'an 1200 dans la piscine des Ladres, et en 1270 dans l'hôpital Saint-Louis.

Ax est un point terminus : au delà, fort avant dans les montagnes, le col de Puymorens ouvre sur le val d'Andorre, Urgel, l'Espagne; mais plusieurs chemins à diligences conduisent aisément de Tarascon aux belles vallées de l'Alet, du Garbet et du Salat. Ils passent à Vicdessos, qui tire des entailles du mont Rancié le meilleur minerai de France pour la fabrication de l'acier; à la thermale Aulus; à Massat, si l'on veut visiter les ruines de Castel-d'Amour, fameux dans les poèmes de langue d'oc; à Ustou, dont les habitants, experts autrefois dans l'art de dresser les ours à la lutte courtoise, la danse et autres gentillesses, divertissaient châteaux et chaumières avec les grâces de maître Martin.. La masse énorme et toute chenue du mont Vallier règne sur cette région de hauts sommets; de Toulouse on en voit luire la cime aux feux du couchant, et les habitants de Saint-Girons vous montrent à l'un de ses versants le « troupeau maudit » de brebis pétrifiées que représente pour des yeux disposés à l'illusion des sortilèges un large amoncellement de roches noires et concaves.

Qu'iraient faire à Saint-Girons l'historien et l'artiste? ils n'y sauraient glaner l'un une impression, l'autre un souvenir. Mais elle est, heureusement pour eux, la ville moderne de l'illustre ancien pays de Couserans, dont Saint-Lizier, *Lugdunum Consoranorum* des Gallo-Romains, fut du IIe au XIIe siècle la capitale, le foyer civilisateur. Le Couserans tenait à ses coutumes, à ses franchises locales, comme l'Aragon et la Navarre à leurs *fueros;* il exigeait de ses princes le serment de les respecter et ne leur rendait hommage qu'à cette condition. Cette fierté de caractère a préservé ses mœurs de la banalité; elles restent originales et savoureuses comme les belles architectures de Saint-Lizier, que reconnaîtrait l'antique famille des comtes de Couserans, issue de Charlemagne et tige de la maison de Foix.

Or Saint-Lizier est à une demi-lieue de Saint-Girons, sur une colline d'où se détachent en puissant relief ses remparts et ses vieux édifices, bâtis de façon à résister à l'usure des siècles.

Le Salat franchi sur un pont du XIIIe siècle, une première tour de défense indique le contour que suit encore l'enceinte à fondations romaines, jalonnée par douze tours très distinctes, bien qu'écimées. On s'achemine par des rues en spirale à la place où s'élèvent un beffroi, quelques logis gothiques et l'église romane, construite sur les fondations d'un temple païen, dont les murs encastrent une frise élégante. Mais ce qui est visible ici compte peu auprès du cloître adjoint à l'église : exquise ordonnance d'arcades mi-romanes et byzantines retombant sur de fines colonnettes accouplées, en marbre du plus beau poli, et couronnées de chapiteaux sculptés avec une verve héroïque. Aux murs des doubles galeries s'adossent les rigides statues et les dalles funéraires de plusieurs évêques et chanoines loués pour leurs vertus en de brèves épitaphes. Un écriteau signale à l'attention l'une de ces dalles ornée de l'effigie gravée au trait de l'évêque Auger de Montfaucon, mort en 1304, et exhumé il y a quelque trente ans dans un extraordinaire état de conservation. « Encore enveloppé de ses vêtements sacerdotaux, ce personnage semblait, quoique endormi, prier; son visage, nullement altéré par cinq cent cinquante années de ténèbres impénétrables, avait une expression d'indicible sévérité; seulement la peau en était un peu bistrée, mais elle rebondissait sous la plus légère pression du doigt, élastique comme de la peau vivante, si bien que les assistants mettaient en doute la vieillesse avérée de la vénérable momie[1]. »

La Maladetta (au premier plan, le fort de Venuseba).

Les seigneurs spirituels du Couserans résidaient au plus haut de la colline; il reste de leur palais une belle salle capitulaire, une chapelle et un donjon dont la plate-forme développait autour des heureux prélats une immense et splendide étendue de plaines fécondes entre les plus fécondes, et de montagnes grandioses. Au nord le Salat, ayant arrosé la jolie Salies, court s'unir à la Garonne à travers cultures et jardins; au midi se dressent les pics du mont Vallier, de Crabère, de Mauberne, de Néthou, les effrayants glaciers de la Maladetta, derniers sommets des Pyrénées centrales, les plus élevés de toute la chaîne. Du Crabère aux monts Maudits, ces géants entourent le val d'Aran, antique détroit où mugirent en des temps inconnus, bien avant l'homme, dont cependant la science en témoigne, les flots des mers engouffrées entre les granits des Pyrénées méditerranéennes et ceux des Pyrénées atlantiques. Nous avons naguère voyagé dans le val d'Aran pour voir, de nos propres yeux voir, les sources de la Garonne aux rocs du Goueil de Joueou, et ses *ojos* (ses yeux) dans les pâturages du Pla-de-Beret. Les traces des cataclysmes géologiques ne sont nulle part plus évidentes : partout au fond du val l'eau filtre goutte à goutte ou s'élance en jets puissants des rochers sonores; les schistes des cimes s'écroulent, jonchent de leurs débris les flancs des monts ravagés; mille forces naturelles sans cesse agissantes forment, déforment et transforment le sol argileux, composé de boues tertiaires et d'alluvions récentes; la marche constante des glaciers recule

---

[1] *La Garonne*, passim.

leurs moraines éparses; des torrents grondent tout à coup et se taisent soudainement; on marche au milieu de ces phénomènes comme sur une terre mouvante, inquiété, troublé par leurs voix, leurs murmures enflés par l'écho qui vous les apporte de toutes parts. L'inconnu, l'incertain vous environnent. Et vous ne sauriez aller loin ainsi : le glacier, bout du monde, barrière infranchissable, s'élève sous vos yeux fascinés, comme par un soleil de neige aux frigides rayons muets.

Le val d'Aran n'en est pas moins de séjour agréable et intéressant; le fier génie de l'Espagne gouverne les mœurs et les usages de cette petite province aussi fortement que la Castille. Il est amusant de songer qu'il suffit de passer de la rive droite de la Garonne à la rive gauche, par le pont du Roi, pour se trouver transporté d'une nation dans une autre, entièrement différente. Cependant rien n'est plus vrai ni plus facile à vérifier. Si le lecteur nous en veut croire, il ira de Saint-Girons par le col de Portet, la curieuse petite ville de Saint-Béat aux carrières de marbre précieux, et Fos, dernier village français, franchir en voiture publique le pont du Roi. Lez lui montrera son casino, Vieilla sa mignonne et pompeuse église, la posada de Salardü le régalera de truites saumonées, de perdreaux parfumés, de vins veloutés, et ce qui est infiniment plus enviable, il verra, comme dans une espèce de kaléidoscope ou de cinématographe, vivre le bon peuple espagnol dans un imperceptible coin de son empire.

Un alpiniste dédaignerait revenir au delà des Pyrénées par la route carrossable du val d'Aran; dût-il gravir les monts Maudits, le port de Vénasque le ramènerait en France par la délicieuse vallée de Luchon. Soyons cet alpiniste, nous aurons la joie de connaître, au moins de vue, le luxe, l'élégance, les plaisirs mondains de la plus mondaine des stations thermales, Bagnères. Sous les feux d'août, « la perle des Pyrénées » brille de tout son éclat dans son écrin de montagnes aux flancs bleuâtres, aux pôles d'argent.

Selon l'argot des gazettes, « la saison bat son plein. » Plus de chambres libres dans les hôtels, il y a foule aux fêtes du casino, triple rang d'amateurs autour des tables de jeux; les belles allées d'Étigny, à la tombée du jour, ressemblent aux boulevards de Paris. Malade ou non, tout ce beau monde prend des bains et reçoit des sources sulfureuses, recueillies dans les thermes, guérison, allègement de ses maux ou surcroît de santé. Les nymphes de Luchon sont essentiellement bienfaisantes, et les plus ravissantes occasions de promenade en secondent l'efficacité.

D'abord, l'ascension obligée, séduisante, de Superbagnères, situé à douze cents mètres au-dessus de la ville, et couvert à la base de bosquets d'agrément, de prés au delà, et sillonné de sentiers en lacets aisés au début, pierreux et rudes ensuite. Y grimper est d'un bon apprentissage pour les futures escalades des sommets vertigineux. On se repose à mi-chemin au gentil cabaret de la Fontaine-d'Amour; plus d'un y reste sous un berceau de vigne vierge à contempler le paysage : tout le monde n'a pas des jambes d'alpiniste. Mais à celui-ci la gloire et le plaisir ! Il découvrira, sans bornes importunes, le tour de la vallée, un large espace elliptique étalant d'intenses verdures entre des hauteurs bleues; dix villages florissants curieusement situés : Saint-Mamet, Montauban, Juzet, Salles, Antignac, où se place l'indispensable champ de courses, Sourrouille aux sources arsenicales, les vieilles tours à signaux de Moustajou et de Castelvieil, et la tête neigeuse, étincelante au soleil, des pics de Crabère, de Mauberne, de l'incomparable Néthou, des monts Maudits, du pic Posets. Ce panorama, très étendu, très nuancé, lui révèle l'importance pittoresque de Bagnères-de-Luchon. C'est de là qu'il partira, sans guide s'il lui convient, tant les routes sont aisées, pour explorer les vallées du Lys, de l'Arboust et d'Oo, qui s'y rejoignent; de là qu'il ira visiter l'antique église de Saint-Aventin, ses reliques, ses peintures murales, les moraines glacières de Garin et sa chapelle de Saint-Pé, la charmante cascade du Cœur, bouillonnante dans un ovale de granit; la redoutable brèche de la Rue d'Enfer, et dans le mont d'Oo, au-dessus du lac Seculejo, nappe d'azur dans un lit de roches écroulées, une chute de neige fondue, d'écume impalpable, de mousse d'argent, tombant avec la sonorité de la foudre d'une muraille porphyroïde dressée à trois cents mètres de hauteur, contre laquelle elle se brise à mi-chemin, puis s'étale en gerbes énormes de lumière fluide, pareille à des coulées d'escarboucles.

Au nord de Luchon, de Saint-Béat à Montréjeau, la vallée s'élargit, mais l'enchantement continue; la plaine diaprée et fleurie, surtout inondée de soleil, cette joie du Midi à laquelle nul ne résiste, est aussi belle que la montagne est sublime. En des vallons ouverts çà et là se blottissent des villas enviables, blanches et roses. Toute la contrée, heureuse pour et par le riche, abonde en sources salines et ferrugineuses, thermes où, l'été, gastralgiques, anémiés, névrosés, malades imaginaires vont chercher la guérison ou le repos. Ce sont petites stations charmantes, Encausses, Gauties, Fronsac, Gourdan, Barbazan, dont chacune a ses clients fidèles. Pour nous, une curiosité d'archéologue nous arrêterait à Saint-Bertrand-de-Comminges, le *Lugdunum Convenarum* des Gallo-Romains, incendié au VIe siècle, réédifié au XIe par une communauté de chanoines augustins, dont le chef, saint Bertrand, lui donna son nom. Il se détache en relief superbe sur un monticule isolé que domine le lourd clocher de l'église, surmontée d'un hourd féodal badigeonné de vermillon. Après avoir été la capitale d'un comté puissant et le siège d'un évêché, Saint-Bertrand n'est plus qu'une bourgade où l'on trouve, avec les débris de la cité romaine et quelques beaux logis d'autrefois, l'ancienne cathédrale, emplie d'œuvres d'art, et un cloître d'une architecture exquise. La Renaissance n'a pas laissé de boiseries plus délicatement ouvragées, sculptées avec plus de verve joyeuse que le buffet des orgues, le jubé, les soixante stalles du chœur et le maître-autel, tout animé d'ingénieuses décorations en frises, rinceaux, hauts-reliefs, statuettes, figures symboliques de prophètes et de sibylles. Le mausolée en marbre blanc de messire Hugues de Châtillon, évêque et restaurateur de l'église au XVIe siècle, a du caractère; mais le héros du sanctuaire est saint Bertrand, dont le tombeau, enchâssé dans un coffre en métal brillant, se dresse au milieu du chœur, et dont l'on garde dans la sacristie la chasuble, l'étole, le missel enluminé, l'anneau et la croix pastorale et une crosse en cuivre, si pesante qu'il fallait un géant pour la manier sans effort. Or le saint s'en servait comme d'une arme contre les fauves, et « en assommait les ours, si tel était son bon plaisir », ajoute le chroniqueur.

A Montrejeau, — *Mons Regalis*, — l'une des nombreuses bastides fondées par Philippe le Hardi dans toute cette province ruinée par la guerre des Albigeois, — la voie banale passe au pied du plateau de Lannemezan, où puisent leurs sources dix rivières, dix affluents de la Garonne, dont nous suivrons, en Gascogne, les eaux claires et rapides. C'est de l'autre côté qu'il faut aller, par les rives des Nestes, issues abondantes et pures des glaciers pyrénéens, voir les délicieux paysages de la vallée d'Aure, Sarrancolin aux marbres somptueux, les cascades de la vallée de Couplan, les vergers prodigues, chaudement abrités contre les vents du Nord par les pics d'Arbizon et de Néouvielle. Hors de ces paradis, le déchaînement antique ou récent des forces naturelles a partout semé les spectacles grandioses ou terribles : chaos de rocs éboulés, chutes d'eau, abîmes et précipices. Mais les montagnes demeurées entières ne ressemblent pas à leurs sœurs décharnées des Pyrénées-Orientales; les flancs en sont vêtus de hêtres, de pins, de sapins et de bruyères, comme d'une belle robe verte. Des prairies, que paissent des troupeaux de chèvres, parent les sommets des petites; les neiges, les glaces des « serneilhes » qui ne fondent jamais et luisent au soleil comme de l'argent massif, couronnent les hautes cimes. A l'horizon du sud, le pic de Batoua s'élève, puis le pic de Batchimale, d'autres encore, à la suite, plus loin, à l'est, à l'ouest; et la stature énorme, la pyramide colossale du mont Perdu les surpasse tous.

Passer de la vallée d'Aure dans celles du gave de Pau et de l'Adour par le col de Tourmalet, exploit facile aux alpinistes professionnels; mais cela ne va point sans fatigues, et la route commune a plus d'amateurs. Elle n'est pas indifférente, visite Capvern la thermale, permettrait facilement une excursion à l'admirable donjon de Mauvezin, arrive bientôt à Tarbes, au milieu d'une contrée féconde, industrieuse, riche par ses maïs, ses vignes et l'élevage de l'excellente race des chevaux du Bigorre. La ville moderne, plate, avec de grandes rues larges et vides, ne peut intéresser que ceux qu'elle nourrit : les fabricants de feutre et de laine et les fondeurs de métaux, dont les usines utilisent les eaux de l'Adour. Ici, l'État entretient de ses deniers une manufacture d'armes et une fonderie de

Glacier de Gavarnie, vu du pic de Bergons.

canons; là, un haras prépare et perpétue des chevaux de choix, remarquables par l'élégance de leurs formes, leur souplesse et leur agilité. Combien de vainqueurs des grands prix de Longchamps et d'Auteuil sont sortis et sortiront encore des haras de Tarbes, chère aux maquignons! Mais ces avantages nous touchent peu. Que le train nous mène sans tarder aux splendides montagnes du Bigorre, que l'on contemple des fenêtres du Musée, au milieu du jardin Massy. La réalité sera peut-être inférieure à la beauté du tableau lointain. N'importe, il fascine, partons!

Que dire de Bagnères-de-Bigorre, sinon qu'elle ressemble à Bagnères-de-Luchon? Régie, comme sa voisine, par la mode, elle a les mêmes moyens de justifier son succès et de plaire aux « gens du monde » : un casino, un parc, des allées d'arbres superbes, des thermes parfaitement aménagés et que décore un frontispice d'ordonnance classique, une colline familiale pour l'entraînement des jambes novices, des hôtels, des villas pour tous les goûts aristocratiques... Il y a cependant une différence, c'est que la cité du Bigorre n'est pas seulement fashionable. Si les guides n'y manquent pas, si les mendiants y abondent, les uns et les autres comptant sur l'étranger pour leur provende, de nombreuses familles y vivent du travail des femmes employées au tricotage des laines de fantaisie, et de celui des hommes dans les papeteries, les scieries, les marbreries, les tourneries actionnées par les eaux de l'Adour, impétueuse artère de la ville et des vallées frayées au pied du pic du Midi de Bigorre. L'une de ces vallées, celle de Campan, si connue pour ses beaux marbres, l'est aussi pour son affligeante population de goitreux et de crétins, victimes des eaux magnésifères. Le pic, isolé de la chaîne, facile à gravir, donne au touriste qui en atteint la cime la joie profonde d'embrasser de ses regards, presque dans tous ses détails, une magnifique portion des Pyrénées, depuis le pic de Pau aux cornes jumelles, jusqu'aux neiges du mont Vallier. La science de la météorologie met à profit ce merveilleux développement d'horizon ; son observatoire, situé naguère à deux mille trois cent soixante-six mètres d'altitude, occupe à présent, toujours sous la direction du général de Nansouty, le sommet évalué à deux mille huit cent soixante-dix-sept mètres, d'où ses bulletins, si utiles aux marins, aux agriculteurs, aux vignerons, se propagent dans toute la région.

Plus large que la vallée de l'Adour, celle du gave de Pau est aussi beaucoup plus belle, entre de « sublimes horreurs ». Il fut un temps, reconstitué par les conjectures de la science, où le plus grand des glaciers pyrénéens la recouvrait, de Gavarnie à Lourdes, sur cinquante-trois kilomètres de longueur et treize cents mètres d'épaisseur. De ce pôle, dominateur des espaces muets, les pâles amas vitreux et frigides des « serneilhes » ne sont que les restes infimes. Rompue, disloquée, renversée, brisée, fondue par la lente action et les brusques sursauts des puissances intraterrestres associées aux forces cosmiques, qui ne se reposent jamais, la glace, formidable, entraîna dans sa chute les rocs fracassés, accumulés aujourd'hui dans le massif des montagnes du Marboré, où, fixés dans leur effrayant désordre comme des monstres arrêtés dans leur fuite et pétrifiés d'épouvante, ils racontent éloquemment la grandeur des cataclysmes accomplis. Nulle part ces irrécusables témoins ne s'accumulent plus nombreux, plus imposants que dans les étranges architectures sorties toutes reconstruites des antiques bouleversements, que les gens du pays appelaient des « oules », des « marmites », et qui, pour nous, ont évoqué l'image de « cirques ». Par-dessus le soubassement de gigantesques murailles, ils s'assoient, géants eux-mêmes, avec une sorte de majestueuse symétrie, de manière à former plusieurs étages de gradins, et les eaux provenant, vers l'équinoxe de printemps, de la fonte des blocs de glace tombés sur eux des cimes supérieures, s'écoulent en cascades dans le lit des gaves, avec un bruit terrible qui est comme leur voix.

Cirque et cascade de Gavarnie.

Tel est le cirque de Gavarnie, le plus étonnant, le plus fameux de tous, par la stupéfiante grandeur de ses murailles verticales, ses trois étages de granit, chacun couronné de neiges, chacun portant des milliers de gradins d'où s'élance, en cataracte de quatre cent vingt-deux mètres de hauteur, la principale source du gave : à mi-chemin de sa chute, l'angle d'une corniche rompt cette cataracte, et elle se déploie alors, comme un voile de mousseline floconneuse, sur les parois du prodigieux amphithéâtre, tandis que près d'elle les sources secondaires, par mille filets argentés filtrant des roches, descendent vers le lit de la rivière, où douze ruisseaux les rassemblent. Quel spectacle! et quel horizon! Voici les tours colossales du Cylindre, du Marboré, du Casque, le mont Perdu à l'orient, le géant Vignemale à l'occident, et cette autre merveille, la Brèche de Roland, taillée dans l'épaisseur de la montagne, pourfendue du haut en bas, selon le peuple, poète hyperbolique, mais juste louangeur, par l'invincible Durandal.

Ces paysages grandioses, les immuables solitudes où dorment les lacs d'Estom, de Gaube, d'Estaing, plus verts que l'herbe d'avril, plus brillants que l'émeraude, de balsamiques forêts, d'étincelantes prairies, ce sont en été les délices perpétuelles des stations thermales, Saint-Sauveur, Luz, Cauterets, moitié rustiques, moitié mondaines, assises aux flancs des monts, au bord des gaves, à la rencontre des grandes routes. La seule Barèges est triste, malgré le voisinage du lac Bleu; il y fait froid, elle sent le soufre, dont les vapeurs colorent en jaune ses âpres rochers. Mais Barèges repousse l'idée du plaisir; elle guérit les blessures et les douleurs; ne lui en demandez pas plus.

Les ténébreuses gorges de Pierrefitte, où le gave s'enfouit; l'abbatiale Saint-Savin, où

Vue générale de Lourdes.

séjourna la spirituelle et bonne Marguerite de Navarre, sœur de François Ier; Argelès, à l'entrée d'une vallée couverte de moissons, de vergers, et bordée de montagnes plantées de noyers, autant d'étapes acheminant vers Lourdes la miraculeuse !

Miraculeuse! oui, son aspect et son histoire bien haut la proclament telle, aux regards de la foi catholique; puisse le fidèle lecteur, pour le proclamer à son tour, y arriver à l'heure crépusculaire où sa colline sainte s'illumine de milliers de flambeaux, dont les mobiles lumières se meuvent et tournoyent de la base au faîte, promenées par les milliers de pèlerins, dont les voix retentissantes chantent le miracle et publient les louanges de Marie Immaculée, son immortel auteur. La clarté des cierges innombrables se répand sur les pieuses architectures de la basilique, que soulève un double escalier monumental; elle se concentre sur la grotte, splendide auréole, ardent foyer du miracle, où la pastoure Bernadette vit la Vierge face à face et l'entendit parler; elle se reflète aux façades de vastes édifices religieux, asiles de la foi et de la charité, sur les rives du gave impétueux. Toute blanche et magnifique apparaît cette chrétienne Lourdes, d'autant plus blanche, plus magnifique, que s'élève tout à côté, sur sa colline enveloppée d'ombres naissantes, son contraste, l'ancienne Lourdes, couronnée de son morose château fort. A celle-ci l'obscur passé, à celle-là le présent radieux.

Pour les yeux, le brillant tableau de Lourdes, contemplé de près, réalise toutes ses promesses ; la basilique, la chapelle, la crypte, sont superbes, comme les établissements religieux nés à leur ardeur, comme leurs terrasses de granit, comme le parc qui les entoure. Mais qu'importe ici la splendeur matérielle du décor, le luxe éblouissant des sanctuaires, parés de marbres précieux, étincelants de dorures, constellés d'ex-voto,

Lourdes. — La grotte.

pavoisés de bannières multicolores, éclairés par les plus doux vitraux ? C'est le sens mystérieux de ces choses et leur cause première que le croyant veut pénétrer. Lourdes chrétienne, Lourdes élue par la Vierge Marie, est pour lui la vivante création de la foi et de l'amour qu'une âme céleste anime ; et cette âme, il la veut connaître, la prier et l'aimer. Ce n'est pour lui que le théâtre, embelli par les largesses des fidèles, d'un perpétuel prodige, qui commença le jeudi 11 février 1858 par l'apparition de la sainte Vierge à Bernadette Soubirous, dans la grotte de Massabielle, apparition renouvelée dix-huit fois, au même lieu, comme l'innocente et simple fille en témoigna naïvement devant les docteurs de l'Église, et sans se démentir jamais, quoique pressée de questions insidieuses, ainsi que jadis Jeanne d'Arc par les théologiens de Poitiers.

Voici, d'après une inscription souvent répétée en lettres d'or sur le bronze et sur le marbre, les paroles de la Vierge à la pastoure :

« Voulez-vous me faire la grâce de venir ici pendant quinze jours? je ne vous promets pas de vous rendre heureuse en ce monde, mais dans l'autre. »

L'inscription ajoute :

« Depuis le jeudi 18 février jusqu'au jeudi 14 mars, la Vierge apparut tous les jours, deux exceptés. Cette quinzaine renferme treize apparitions, depuis la troisième jusqu'à la quinzième. La Vierge dit pendant la quinzième : « Vous prierez pour les pécheurs, vous « baiserez la terre pour les pécheurs. »

« L'enfant, baisant la terre, dit : « Pénitence, pénitence, pénitence. »

« La Vierge dit aussi :

« — Allez dire aux prêtres qu'il doit se bâtir ici une chapelle.

« Allez boire à la fontaine et vous y laver, et vous mangerez de l'herbe qui est à côté. »

« Le jeudi 25 mars, fête de l'Annonciation, la Vierge dit :

« — Je suis l'Immaculée Conception... »

Ces paroles, depuis, animent Lourdes. Chaque année un million de pèlerins, — foule sans cesse renouvelée, — se rendent de tous les points du monde catholique à l'appel souverainement adressé à Bernadette Soubirous pour être obéi de tous les fidèles. Les uns seulement se prosternent et prient ; les autres, malades que la faible science humaine renonce à guérir, implorent la guérison de leurs maux dans la grotte même, au-dessus de laquelle il est prescrit : *Allez boire à la fontaine et vous y laver!* Ils boivent l'eau de cette fontaine, ils baignent dans la piscine les membres de leurs corps où siègent leurs douleurs, et cependant ils s'humilient, ils implorent, ils murmurent des paroles d'amour et de foi, le charme divin opère, les voilà bientôt soulagés ou guéris : que de témoins depuis M. Lasserre l'ont affirmé sur leur salut éternel, à la face de Dieu !...

Le chemin de fer, passé Lourdes, s'écarte des hautes montagnes, court dans la belle vallée que fertilise le gave de Pau, vous entraîne de Bigorre en Béarn par Saint-Pé, Bétharram, Coarraze, Naye, bourgs et bourgades célèbres, intéressants, bien vivants. Il faudrait peu de curiosité ou de loisir pour ne pas visiter l'église romane, au portail sculpté, aux murs crénelés, qui domine le monticule où se tassent les maisons de Saint-Pé, entre les débris de murailles féodales. Il faudrait une étrange indifférence aux sentiments d'admiration et d'affection que le pays tout entier porte à *lou noste Henric,* au royal type du Béarnais, pour ne pas s'arrêter devant la vieille tour de Coarraze, où se fit l'éducation de Henri IV parmi les enfants des montagnards. Entre elles Bétharram offre le portail de son calvaire, enguirlandé de sculpture par Renoir, et le pont d'une seule arche hardiment jeté, l'an de grâce 1687, sur le gave impétueux et tout enveloppé de frondaisons vertes dont les longues chevelures pendent sur le miroir bleu de la rivière. Industrieuse, parsemée de filatures, d'usines, de fabriques de ceintures, de bérets, de fez, la contrée béarnaise se révèle active, aisée, de belle et vaillante humeur. Le sol, très cultivé, donne en abondance céréales, fruits et fleurs luxueuses. Beaucoup des mœurs et des usages anciens subsistent chez le peuple des campagnes. Les femmes sous leur *capulet,* chaperon de drap rouge bordé de noir, les hommes sous le béret bleu, plaisent par un air d'aisance, de bonhomie franche et gaillarde. Visiblement ils sont alertes, souples et forts, avec un esprit plein d'adresse, des manières enjouées, et la douceur peut-être plus apparente que réelle d'un tempérament qui les pousse entre eux à des violences de gestes et de paroles, à de brutales colères, vite apaisées.

Leur langage aussi ne manque pas d'originalité ; suivant un linguiste, « peu d'idiomes peuvent lui être comparés pour la richesse et l'harmonie. La synonymie presque inépuisable des termes permet d'en varier à l'infini le choix et les nuances. Les diminutifs, les augmentatifs donnent, au gré de celui qui les emploie, toute une gamme d'idées et de sens à chaque mot, exprimant la joie et le plaisir, l'amitié, la tendresse, l'amour ou bien

Le château de Pau.

la pitié et le mépris, la haine, le dédain et le ridicule. Exemple : *hemne* (femme); *hemnette* (petite femme gentille); *hemnine* (jolie petite femme aimée, chérie); *hemnon, hemnotte* (pauvre petite femme que l'on plaint ou méprise); *hemnasse* (femme gigantesque, massive, d'aspect grossier, désagréable à voir ou que l'on hait); *hemnassasse* (femme superlativement détestable ou détestée). La langue béarnaise doit en outre sa douceur, comme la langue italienne, au grand nombre de voyelles qui entrent dans sa composition et qui forment les finales de presque tous les mots ; leur prononciation est brève, douce ou forte. La manière dont elles sont accentuées indique les différentes modulations et constitue cette prosodie, cette harmonie et ce nombre qui font du béarnais le plus harmonieux, le plus poétique des idiomes du midi de la France. Langue locale qui, dans la bouche des femmes surtout, a des délicatesses d'intonation qu'aucune notation figurée ne peut traduire exactement... »

Plus d'un poète fameux en son pays a rimé dans cette langue des chansons élégiaques, gracieuses, passionnées, mélancoliques ou satiriques, qui sont encore le régal spirituel des montagnards aux jours de fêtes intimes, fiançailles, noces, baptêmes, anniversaires. Ainsi Gaston Phœbus, comte de Foix et de Bigorre, qui pratiquait avec éclat l'art charmant des troubadours, et surtout Cyprien Despourrins, dont un petit obélisque sur la route de Pierrefitte à Argelès rappelle à tout venant la mémoire : « C'est au pied de ce site enchanteur que le poète populaire des Pyrénées, Despourrins, 1698-1749, inspiré par la belle nature qui l'entourait, a composé ses poésies les plus gracieuses. » Puis Bitaubé, Bordeu, Andichon, Picot, Mesplès, Vignancour, le très populaire Navarrot. Nous voudrions donner au moins une idée de leur inspiration simple et naïve comme celle du vieux Théocrite ; que l'on écoute ce couplet de Despourrins :

> Dé richesses mé passi, d'aûnous, de qualitat ;
> You nou soi qu'û pastou ; mé nou'n y a nad
> Qué n'eûs surpassi touts en amistat.
>
> Encouère qué sy praubé, dens moun petit estat,
> Qu'ayuis mey moun berrét tout espelat,
> Qué nou pas lou plus bêt chapeü bourdat.
>
> Las richesses deü moundé nou hèn qué da turmén ;
> Et lou plus bêt seignou, dab soun aryén,
> Nou baü pas lou pastou qui biü counten [1].

Les mœurs candides que semble peindre cette poésie se décèlent rarement au riche étranger, au banal touriste ; ceux-là recueillant partout les mêmes sourires, les mêmes paroles de convenance, n'emportent presque jamais avec eux une parcelle de l'âme des contrées

---

[1]
> De richesses je me passe, d'honneurs, de qualité ;
> Je ne suis qu'un pasteur, mais il n'y en a aucun
> Que je ne surpasse en amitié.
>
> Encore que je sois pauvre, dans mon petit état,
> J'aime mieux mon béret tout pelé
> Que le plus beau chapeau galonné.
>
> Les richesses du monde ne font que donner des tourments ;
> Et le plus beau seigneur, avec son argent,
> Ne vaut pas le pasteur qui vit content.

où ils passent. Mais il est vrai qu'on les trouverait plutôt dans les vallées reculées du Béarn et de la Navarre que sur le chemin si fréquenté de leur moderne capitale, Pau, ville cosmopolite, la pareille et l'égale ici de Nice en Méditerranée.

C'est une ville dont le charme et l'éclat prennent les yeux tout de suite. Blanche et verte en toute saison, elle pare heureusement de son illustre château, de ses jardins penchés, de la terrasse ensoleillée du boulevard du Midi, un plateau juste assez élevé au-dessus de l'ample vallée du gave pour permettre d'embrasser l'un des plus vastes et des plus beaux massifs pyrénéens. Aux heures de ciel pur, de parfaite sérénité, un immense horizon de cimes neigeuses teintées de rose, et dont les sombres montagnes des premiers plans rehaussent la nacre étincelante, se déroule : panorama de glaces éternelles, vision d'hiver sans fin, rendant plus douce encore aux passagers des somptueux hôtels et des opulentes villas la tiédeur embaumée de l'atmosphère qu'ils respirent.

Masquée par l'élégant frontispice où se rassemble la colonie étrangère, existe, arrosée par l'Hédaz et l'Ousse, la ville du peuple, large, simple, propre, sans nulle antiquité. Seules les statues de Henri IV, de Gassion, de Bosquet, la maison natale de Bernadotte y parlent du passé et louent les fortes qualités de la race : bravoure, enjouement, initiative hardie.

Le château suffit à représenter la courte histoire d'une cité qui n'était pas même en germe au xe siècle, lorsqu'un seigneur du Béarn fit dresser, marquant les bornes d'un futur rendez-vous de chasse, les trois pieux, — *païn*, — dont elle tire son nom et que l'on voit dans ses armes. De Gaston Phœbus date la puissante tour carrée qui le domine et peut-être les autres tours d'angle aux toits pointus qui lui donnent l'air d'une forteresse. Les façades intérieures sont d'une architecture moins sévère ; resserrées mesquinement dans un étroit ovale et gâtées par un excès de restauration, elles font néanmoins honneur au goût viril et délicat de la Renaissance française à son aurore. On en regarde avec plaisir les jolis médaillons en pierre, d'après l'antique. Les appartements sont inhabités, non vides : quelques pièces de grand apparat, meublées, à la mode du xvie siècle, de bahuts, dressoirs, hauts et larges fauteuils, curieuses et riches horloges, tendues de magnifiques tapisseries de Flandre et des Gobelins, composent un aimable musée national tout à la gloire de Henri IV. On admire ici le lit de Jeanne d'Albret où il naquit, la très grande écaille de tortue où fut son berceau. Dans un vestibule se dresse la noble statue du héros, par Francheville. Le gardien ne manque pas de vous faire remarquer, au cours de votre visite, l'industrieux coteau de Jurançon, qui, sur la rive gauche du gave, produisait naguère le tant joli vin muscat, couleur d'ambre, dont Antoine de Bourbon mouilla les lèvres du royal enfant, à peine enveloppé de ses premières langes.

Ressouvenirs de *Henriade*, sensations d'art, le voyageur rapide ne saura rien de plus d'une ville surtout hospitalière au fastueux étranger. A celui-ci d'apprécier les dépenses de luxe qu'elle fait pour l'attirer et le retenir. Lui seul pourrait vanter, comme il sied, les courses aux chevaux, le vélodrome, les jeux de polo, de paume, du golf, organisés pour distraire son oisiveté, sans oublier l'inévitable casino, « palais d'hiver » où roule son or, voire les chasses au renard et le stupide tir aux pigeons, qui font, paraît-il, les délices de sa « haute vie ». Simple piéton, si nous nous rencontrons avec lui, ce ne sera que sur les routes où sa voiture le mène vers les sites « recommandés ». Malgré leur vogue, il en est beaucoup d'attrayants. A faible distance, à l'ouest, Lescar, que décore une cathédrale romane du xie siècle, hélas! restaurée aussi, fut l'antique *Beneharnum*, cité gallo-romaine dont subsiste une mosaïque bien conservée; au nord, Morlaas a été la seconde capitale du pays, et la beauté de son église du XIe siècle en témoigne; plus à l'est, Montaner garde un formidable donjon où se lisent les mots : *Phœbus mea fe*. Mais plus que ces curiosités archéologiques nous plairont les excursions dans les hautes montagnes, fût-ce en sa compagnie.

Plus d'un chemin y conduit, dont l'un, suivant le gave d'Ossau, traverse la plus originale des vallées pyrénéennes. Là aux pieds des pics de Ger et du Midi de Pau, — deux géants sublimes, — naissent les sources minérales de Laruns et les sources d'eaux sulfureuses que recueillent les bains des Eaux-Bonnes, des Eaux-Chaudes, pour les dix à douze mille malades qui s'y réunissent chaque année de tous les côtés de l'Europe. Refuges de véritables souffrances, ces petites stations ne sont pourtant pas sans agréments mondains;

Chapelle d'Ibagneta. — (L'emplacement de cette chapelle est le théâtre présumé du combat de Roncevaux.)

de splendides paysages les entourent, formés par les grands contrastes des roches décharnées, des sombres forêts de sapins, des abîmes de neige avec la fraîcheur des vallons, la luxuriance des jardins, la beauté des arbres penchés sur les routes et les sentiers. Sans cesse l'hiver et l'été se touchent, rivalisent de force et d'éclat. Mais ce qui frappe le plus l'attention, c'est l'attachement singulier des montagnards aux anciens usages, aux costumes et au langage de leurs aïeux. Ils portent avec désinvolture et grâce : les femmes, le superbe capulet, le corsage de dentelles, les jupes courtes alourdies par une bande de velours; les hommes, la veste courte et rouge, le gilet blanc, les culottes de velours noir, les bas blancs, la ceinture et le béret bleus. Comme leurs voisins des Pyrénées espagnoles, du *Solane* (côte du soleil), ils aiment la parure, la danse légère, le chant joyeux et tendre. Eux surtout n'oublient pas les chansons, les mélodies des poètes du Béarn, et le voyageur admis par bienveillance dans la familiarité de leur foyer domestique aura certainement l'occasion de les entendre réciter sur ces vieux airs charmants de naturel, dont la musique des maîtres du XVIe et du XVIIe siècle n'était que l'écho à peine embelli.

A cette vallée d'Ossau ne le cède pas la vallée parallèle d'Aspe, où mène la spacieuse route d'Oloron, qui longe le gave écumeux, et qui, même carrossable à travers les monts, les franchit et passe de France en Espagne par le col de Somport, — port suprême, — bienvenu des contrebandiers. Là se trouvent le poétique Bédous, asile des traditions régionales, et tout près, à gauche, le gentil Accous : deux villages célèbres en Béarn, car ils pourraient se disputer l'honneur d'avoir vu naître Cyprien Despourrins, lequel, en 1698, vint au monde entre les deux, dans une maison sise aux bords de la courte et torrentueuse rivière la Berthe, contre un rempart de granit appelé le Pène d'Esquit. Ils préfèrent s'accorder à en chérir la mémoire. En son temps, y dit-on, telle était notre coutume : garçons et filles de chez nous et d'alentour s'assemblaient le dimanche dans la cour de la maison patriarcale des Despourrins afin d'entendre le poète, et alors il chantait souvent ses poésies, notées et accompagnées par ses frères, l'un curé, l'autre vicaire d'Accous, tous deux bons musiciens. Mais eux, les villageois et villageoises, non contents d'écouter seulement, dansaient avec entrain au son des douces paroles et des instruments harmonieux, jusqu'à ce que sonnât la cloche des vêpres, laquelle ayant retenti, chacun cessait de baller pour suivre en l'église M. le curé et M. le vicaire.

Entre les hommes de ces traditions, de ces mœurs, de ce langage et des hommes de traditions, de mœurs, de langage entièrement différents, il n'y a que la largeur du gave d'Oloron et la hauteur du pic d'Anie. Cette montagne et cette rivière ne séparent pas seulement deux vallées l'une de l'autre, ils séparent deux peuples étrangement distincts pour être si voisins. A côté des vifs, spirituels, sociables Béarnais, ce n'est pas un petit sujet d'étonnement et d'étude que de rencontrer les Basques, agiles, volontaires, graves, souvent farouches et vagabonds, conformes, après tant de siècles écoulés, au tempérament de leur race, la plus antique peut-être des races humaines fixées en Europe occidentale, puisque leur langue, l'*eskuara,* n'a de parenté avec aucune de celles que l'on y parle.

D'où viennent-ils? Mystère, comme l'origine des Bretons et des Gallois. Il est possible qu'une vaste émigration les ait amenés, ainsi que les Celtes, des terres de la haute Asie et que leur langue soit l'un des premiers rameaux du sanscrit. Un seul fait paraît démontré : leur ancienne possession de la péninsule ibérique. Ils en furent peu à peu évincés et, déchus de leur gloire historique, mais toujours eux-mêmes, n'occupent plus aujourd'hui que sept petites provinces pyrénéennes : haute Navarre, Biscaye, Alava, Guipuzcoa en Espagne; Labourd, basse Navarre, Soule en France, dont chacune a son dialecte particulier, légère appropriation de la langue mère à son génie propre.

Ces nuances sont trop fines pour être aperçues du touriste. La Soule et la basse Navarre lui montrent seulement, sous des montagnes amoindries, dans un inextricable labyrinthe de vallées aux pâturages médiocres et de terre fertile imparfaitement exploitée, un peuple original, de costume voyant, d'allure souple, plus apte à l'élevage qu'au labour, plus à la chasse qu'à l'élevage, plus à la contrebande qu'à tout le reste. Il est d'hommes et de femmes généralement de taille moyenne, bruns de peau et de poil, les yeux noirs et brillants, la voix sonore. A porter avec aisance et coquetterie, celles-ci la jupe courte, le corsage passementé, le bonnet ou le chaperon de velours; ceux-là le béret, la veste ronde, les culottes, les bas chinés et les espadrilles, nul ne les surpasserait. Ils ont de la fierté dans les manières, de la dignité dans les propos; on dirait qu'ils s'y sentent obligés par l'antiquité de leur race, comme par un titre de noblesse.

Un séjour chez les Basques est plein d'intérêt, mais il n'est pas facile d'en recevoir une longue hospitalité. L'étranger leur inspire une certaine défiance; ils veulent être assurés de la loyauté de ses intentions avant de lui ouvrir la porte de leurs demeures, et l'on ne peut dissiper leurs préventions que par beaucoup de simplicité et de bonhomie; si l'on y parvient, ils se livrent sans réserve. Vous êtes admis à leur foyer; le maître de céans, l'*etcheco,* vous présente à sa femme, l'*etchekanderea,* sollicitant pour vous son bienveillant accueil; vous devenez un hôte sacré, et l'on vit sans gêne devant vous à la mode des aïeux. Dans la seule compagnie du chef de famille vous prenez place aux repas, servis par sa femme, et ses enfants debout autour de la table. L'*etcheco* vous invite à l'émouvante chasse aux palombes dans les *pantières,* à celle de l'izard et du chamois dans la montagne, aux très curieuses parties de jeu de paume, dont plusieurs villages, représentés par leurs jeunes gens, se disputent les prix avec une ardeur presque animale, des bonds de félin, des cris de fauve. Dans ces exercices de vigueur et d'adresse éclatent extraordinairement l'énergie corporelle, la vivacité de gestes, la justesse de coup d'œil d'une race pure, à peine teintée de civilisation. Ils ne semblent pas avoir l'ouïe moins fine, le regard moins prompt, tous les muscles moins souples que les sauvages des soñoras et des pampas, si vantés pour l'acuité de leurs sens. Mais c'est surtout où certes vous ne serez pas convié, c'est dans la contrebande que ces qualités paraîtraient admirables, si elles n'étaient pas trop souvent dangereuses pour les agents de la loi. « J'ai vu ces contrebandiers sans pareils, dit un voyageur, — M. Germond de Lavigne, — et j'aurais pu me croire au milieu de bandes sanguinaires. Les taillis faisaient entendre mille bruits inconnus; les maisons isolées chuchotaient d'une manière sinistre; des cris d'appel qui n'avaient rien d'humain retentissaient çà et là; des lames d'acier luisaient dans l'obscurité; j'entendais amorcer les armes, et des ballots de marchandises semblaient marcher tout seuls vers les sommets les moins accessibles. Malheur, pensai-je, au douanier surpris! Le contrebandier basque rampe comme le Peau-Rouge, et sa main frappe à coup sûr. »

Mieux vaut donc, n'est-ce pas? rester au logis écouter les jeunes filles vous traduire à leur manière les contes, les fables, les chansons de la littérature euskarienne, tous les *elhezahar* (vieux récits) dont elles ont la mémoire ornée; ou encore assister aux pastorales dramatiques dont elles jouent, sur un théâtre improvisé dans une clairière, les rôles masculins.

A ces pièces naïvement composées par des pâtres ou des chasseurs d'après une poétique invariable, la Bible, la mythologie, l'histoire fournissent les sujets. Comme dans les mystères du moyen âge on y voit figurer, dans un pêle-mêle d'anachronismes amusants, des hommes de guerre, des princes, des héros, séparés par des siècles d'histoire, mais signalés dans les annales du peuple. Hérode, Attila, Clovis, Charlemagne, l'inévitable paladin Roland, — qui périt, souvenir immortel! chez les Basques navarrois, au col de Roncevaux, — et les chevaliers de la Table-Ronde et le roi Arthur se rencontrent sur la scène avec Napoléon. Et tandis qu'ils déclament, accompagnés aux beaux endroits d'émotion par la flûte et le tambourin qui forment l'orchestre, des troupes d'empereurs et de Sarrasins évolutionnent sur la pelouse en attendant le signal d'un combat épique qui détermine le dénouement[1].

De la Soule même et de la basse Navarre, il est peu de chose à dire. Les villes n'ont pas d'importance, les villages sont rares et pauvres. Çà et là d'énigmatiques parias, appelés *cagots* ou *chrestras*, objets de la haine séculaire des Basques, comme les gavaches à l'autre bout des Pyrénées le sont de celle des Catalans, habitent des hameaux où leurs ennemis les daignent tolérer. Qui sont-ils au juste? On les a dit, mais sans preuve, les descendants des Wisigoths envahisseurs qui ruinèrent en Espagne la domination des Basques, et furent vaincus à leur tour par les Maures et les Francs. Assez souvent des bandes de gitaños fixent leur camp auprès des groupes indigènes, superstitieux et grands amateurs de bonne aventure. Vers le nord du pays, traversé de collines basses, sur près de trois cent mille hectares, le sol maigre ne produit guère que les fourrés de joncs, de bruyères et de fougères des *touyas*, et les bouquets de chênes disséminés, nommés *tauzins*.

---

[1] De pareils spectacles, donnés par des marionnettes représentant les preux de la vieille France, les héros de nos chansons de geste, font également les délices du peuple de Sicile : Gaston Vuillier admira à Palerme ces traces profondes de l'ancienne gloire de la patrie. (Cf. *la Sicile*, par Gaston Vuillier. Hachette, 1895.)

Les bouviers et les pâtres hachent les touyas pour en nourrir leurs animaux, et en font la litière des étables. Excellents pasteurs, chasseurs infatigables, cultivateurs paisibles, cependant les Basques ne sont pas volontiers sédentaires, tiennent peu à leur patrimoine. Dès l'âge adulte les jeunes hommes s'en vont à Marseille, Toulouse, Nice, Lyon, Paris, offrir leurs bras, ou, répugnant au service militaire, émigrent dans l'Amérique du Sud afin d'esquiver la conscription. Mais ils emportent avec eux la nostalgie du pays natal, y reviennent fréquemment, quelques-uns enrichis, la plupart désillusionnés.

Au retour d'une excursion chez les Basques, on voudra sans doute, descendant le cours si pittoresque des gaves, voir, — villes anciennes que décorent de noires églises romanes, des restes d'enceinte et de donjons féodaux, — Oloron, Mauléon, Navarrens encore toute bastionnée, la charmante Sauveterre, surtout l'illustre Orthez, qui fut la capitale des vicomtes du Béarn, comtes de Foix, la ville littéraire de ces brillants seigneurs, le lieu où tenait sa cour Gaston Phœbus, le séjour de nobles fêtes et prouesses décrit par Froissard, puis l'université protestante du royaume calviniste de Marguerite d'Angoulême, de Jeanne d'Albret et de Henri IV, et qui de ce passé conserve un pont, construit selon l'art militaire du moyen âge, et la tour de Moncade, où mourut horriblement de male faim et d'un coup de couteau asséné à sa gorge par la main même de son père, le fils du brillant et terrible prince barbare Gaston Phœbus, qui l'accusait d'avoir voulu l'empoisonner.

Ce sont petites villes vieillottes, mais combien avenantes ! Nulle part n'eûmes affaire à plus aimables hôtes. Attirés par l'agrément de ces manières, les baigneurs afflueront toujours nombreux à Salies-de-Béarn, dont les eaux alcalines et bromo-iodurées sont d'une efficacité puissante contre une foule de maux. Salies est une ville à connaître pour son organisation sociale. Comme elle tire son principal revenu des sources salines exploitées sur son territoire, elle a depuis longtemps fait de ces sources une propriété communale, administrée au nom de tous par la municipalité, qui en répartit le produit entre les hommes mariés, proportionnellement (croyons-nous) à l'importance de leurs charges de famille. Si c'est là du « communisme », on ne saurait pourtant que l'en féliciter, puisqu'il a pour résultat d'attacher les Saliciens à leur ville privilégiée et de les associer volontairement à sa prospérité renaissante.

Auprès de Salies, Oraas possède, lui aussi, un énorme banc de sel gemme de grand rapport; de pareils gisements font également la richesse de Briscou et de Villefranque, près de Bayonne. A la pureté de sel qu'on y récolte doivent les fameux jambons, dits de Bayonne, leurs qualités comestibles. Mais si Bayonne en a la renommée, le mérite ne lui en appartient pas. On sale le jambon dans les cités du Béarn, où nous passâmes; on le fume dans le Bigorre, on en fait le commerce dans toute la contrée. Louange à chacun selon ses œuvres !

A TRAVERS PLAINES

I

DE SAINT-GERMAIN-LA-FEUILLE A PARIS

Il nous semble entendre le lecteur :
« Saint-Germain-la-Feuille? Quel est ce petit trou inconnu même des géographes? Où prenez-vous Saint-Germain-la-Feuille?
— Je le prends en Côte-d'Or, et j'y vais chercher les sources de la Seine.
— Vous vous trompez, ces sources sont à Chanceaux, si ce n'est à Saint-Seine. Mon manuel en fait foi.
— Votre manuel a tort, et vous vous trompez vous-même. »
Au reste, nous avouons que l'erreur est permise, car il n'est pas facile d'atteindre sans guide la source jadis consacrée par les anciens à la déesse Sequana, et décorée par les soins de l'édilité parisienne d'une emblématique statue. Elle se cache sous les bois d'une région fruste que des combes farouches séparent du chemin banal. Il y faut aller par Verrey ou Thenissey, stations muettes de la ligne de Paris à Dijon, à travers une campagne doucement agreste, robuste, embaumée et peuplée de patriotes obligeants, de braves et nobles cœurs qui surent vaillamment défendre leur pays en 1870. Oh! les Prussiens alors pourchassés, embûchés et relancés comme gibier, s'en souviennent!... Et l'on arrive en deux ou trois heures de marche aux sources du fleuve illustre.

Au fond d'une clairière encadrée de bouleaux, de peupliers grêles et clôturée, une grotte artificielle s'arrondit en voûte arquée : sous la voûte un bassin placide miroite au fond duquel on discerne six menus jets d'eau silencieux, du milieu du bassin s'érige un rocher portant l'effigie marmoréenne de la nymphe sculptée par Jouffroy, le bras gauche appuyé sur l'urne symbolique d'où s'épanchent les premières ondes du fleuve. Devant la grotte le jeune fleuve épandu verdit un marécage ; à côté gisent les noirs débris de l'antique nymphée élevée par les Gallo-Romains à l'Immortelle.

Les limpides eaux du marécage s'écoulent en un ruisseau qui file sous bois, se perd, se retrouve. Ce mince ruisseau, que l'on peut sauter à pieds joints, d'un élan, c'est la Seine, bientôt enflée du tribut d'autres sources claires, de fontaines cristallines, de ruisseaux jaseurs jaillissant de place en place du sol calcaire extrêmement perméable de l'aqueuse Bourgogne. Elle se fraye de suite un lit vers le nord, et, des quatre cent soixante-onze mètres d'altitude où elle est née, descend rapidement au bas niveau des plaines champenoises. Des collines boisées l'enserrent, assez hautes encore à Châtillon, où elle reçoit les flots d'une source célèbre, une « douix », vraiment jolie, issue d'une grotte pittoresque dont la voûte a trente mètres de hauteur. Au touriste curieux d'étudier les origines du fleuve parisien, et fatigué d'errer dans les massifs de la Côte-d'Or, Châtillon sera l'étape précieuse. Ville ancienne, un peu modernisée par l'industrie métallurgique qu'y importa le maréchal Marmont, une tour crénelée, reste du château fort des hauts et puissants comtes de Chaumont en Bassigny, s'élève au-dessus de ses toits et l'entoure des ombrages d'un grand parc, légué par l'infortuné duc de Raguse à sa ville natale. Il y fait bon vivre pour l'étude ou pour le rêve. Des gourmets s'y arrêteraient volontiers pour se rafraîchir d'excellent bourgogne et goûter des rares et délicates confitures d'épine-vinette que l'on fait à Chanceaux. Il n'est plaisir méprisable en voyage, et qui veut connaître les mœurs d'un peuple doit boire et manger de ce que ce peuple aime et manger et boire.

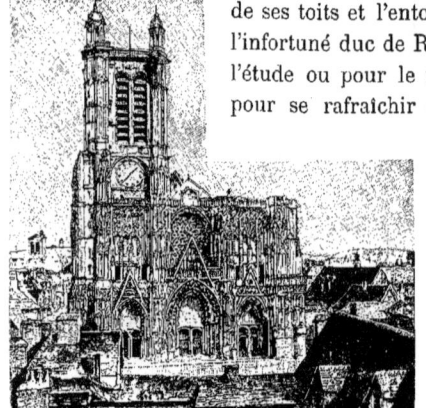

Cathédrale de Troyes.

Mussy-sur-Seine, Bar-sur-Seine, au sein d'une terre accidentée, abondamment arrosée, verte partout au printemps, sont des petites villes intéressantes et florissantes. Une maison de bois sculptée au XVIe siècle, à Bar, peut compter parmi les plus jolies de France; à Mussy, un buste honore la mémoire du poète comique Boursault, l'auteur des curieuses comédies du *Mercure galant* et des Ésope : *Ésope à la ville, Ésope à la cour,* pièces de bonne humeur, sinon de haute volée, et l'œuvre d'un esprit de joyeuse souche bourguignonne.

Les collines s'abaissent, elles tombent et le fleuve avec elles au ras du sol plat de la Champagne, de la vaste plaine étendue jusqu'aux monts de l'Argonne et des Ardennes, et que tant de fois inonda l'ennemi, comme un torrent meurtrier. Troyes, étalée sur la rive gauche de la Seine, vit trop souvent la fumée des camps hostiles. Au Ve siècle, les richesses de Trecæ (chef-lieu des Tricasses), vantées par Pline l'Ancien, devaient tenter le *fléau de Dieu;* mais son pieux évêque fléchit par ses prières le courroux du barbare et obtint qu'il passât outre. Puis ce furent les Sarrasins, les Normands. En 1229, le comte troubadour Thibaut IV, dont nos anthologies insèrent les gentilles chansons, y fut assiégé par ses vassaux. N'était-ce pas avec ses grandes foires du Clos et de l'Assomption, fondées au XIIe siècle, une des plus enviables cités marchandes du moyen âge? Les bandes espagnoles, allemandes et wallonnes de Charles-Quint la faillirent détruire par le feu en 1524; acte de vengeance féroce, la Champagne s'étant derrière eux changée en désert. Du 23 au 24 février 1814, elle fut menacée de pareil incendie par les alliés : Napoléon, consentant à ne pas y entrer de vive force, la sauva.

Tant de vicissitudes n'ont pas ruiné la ville, qui reste plaisante, s'élargit et se modernise près de la gare, et conserve les rues, ruelles, impasses et carrefours avouant son âge. Le passant aime surtout la cité d'autrefois avec ses maisons de bois singulièrement chevronnées, drôlement sculptées et coiffées de toits saillants, triangulaires ou arrondis, dans lesquels s'inscrit, comme une tête dans un capuchon, une ogive ou un plein cintre. Elles sont solides, ces maisons, pour la plupart; mais il en est qui, penchées en arrière, en avant ou sur le flanc, bossues ou bancales, s'appuient à des étais comme un invalide sur sa béquille, et d'autres qui, dans les rues étroites où traînent les ruisseaux fangeux des tanneries et des corroieries, se communiquent par des couloirs et plongent dans le vide leurs pignons pansus, semblables à des ventres obèses sous lesquels se creuse l'ombre des boutiques.

Dans ces amas d'habitations caduques s'encadrent harmonieusement de très vénérables églises noires et détériorées, nullement banales; un hôtel de ville construit de 1624 à 1670; les hôtels aristocratiques Vauluisant, Mauroy, Mesgrigny, Marisy, Chapelaines, et rue de Champeaux, 15, la noble demeure des Juvénal des Ursins, hommes d'État, magistrats, prélats, historiens si renommés du XVe au XVIe siècle, qui l'habitent encore... en effigies peintes sur des vitraux.

Le jubé de la Madeleine, à Troyes.

L'église Sainte-Madeleine renferme un fort élégant jubé de pierre, ciselé en 1508 par l'Italien Jean Gualdo, lequel, inhumé sous son chef-d'œuvre, « y attend, selon son épitaphe, la résurrection bienheureuse sans crainte d'être écrasé. » Saint-Remy est orné d'un Christ de Girardon, et les parents de ce grand sculpteur y sont enterrés. Saint-Jean, Saint-Nizier, Saint-Martin-ès-Vignes, Saint-Nicolas, Saint-Pantaléon, renferment de charmantes œuvres d'art, verrières, sculptures et tableaux, et les artistes croiront découvrir dans l'Orphelinat de Saint-Martin-ès-Aires, fort peu visité, le très beau cloître, construit sous Louis XIII, de cette ancienne abbaye. Mais les édifices religieux sont à peine remarquables auprès de la très pure ogivale Saint-Urbain et de la cathédrale.

Ce bel édifice gothique s'élève de l'autre côté de la ville, où le lecteur vient de se promener, au seuil du quartier des petits marchands et des ouvriers de l'industrie locale, tisseurs, bonnetiers, filateurs, chaudronniers, corroyeurs. Son portail d'une imposante grandeur, bien que mutilé, encadre les armes de Champagne entre les fleurs de lis de ses balustrades et ses gables dentelés. Sa quintuple nef s'éclaire du jour gracieux que lui versent des verrières du XIIIe siècle, rares et magnifiques; mais on n'y voit plus, croyons-nous, le corps de sainte Hélène, si bien conservé encore en 1730, que, déclare le *Nouveau Voyage de France, géographique, historique et curieux*, publié à cette époque par M. L. R., « il paraît tout frais. »

En ce temps lointain florissait aussi, non loin de la cathédrale Saint-Pierre, l'abbaye de Saint-Loup, qui gardait la clef de son patron « dans une châsse couverte de riches pierreries »; aujourd'hui dépouillée de ce trésor, elle renferme en compensation la bibliothèque urbaine, composée de plus de cent vingt mille volumes et de deux mille cinq cent cinquante manuscrits, et, chefs-d'œuvre d'un maître du genre, Linard Gonthier, artiste troyen : quatorze panneaux de vitraux admirables.

L'activité de la ville, alimentée par les nombreuses filatures en laine et coton, les fabriques de bas de laine, de mitaines, de gants tricotés, les bonneteries en laine, soie, filoselle, dont la rue des Bourdonnais en Paris tient grand commerce; par la grosse chaudronnerie, des papeteries, la fait se répandre en faubourgs grouillant d'une population affairée, assainis heureusement et réjouis par les humbles jardinets de fleurs, de charmilles et de légumes que les ouvriers louent et cultivent : douceur de leurs dimanches.

Salle synodale de Sens.

Par delà Troyes, la Seine arrose Méry, Nogent, que la bonneterie occupe, et où il n'est point d'épaves du passé à nous attirer, pas même traces, sur les bords de l'Ardusson, du Paraclet fondé par Abélard et gouverné après lui par la savante Héloïse... Quitter la vallée du fleuve pour celle de la charmante Vanne est alors tout plaisir et profit. Elle chante, la Vanne, sous les saules trapus, qui penchent leur blonde chevelure dans ses eaux vives et transparentes; de hauts peupliers, comme de paisibles géants, lui font escorte; elle ceint d'un trait mobile et lumineux des villages roses et blancs, des forêts bleues, des tourbières grises, et si l'on n'apercevait point, çà et là, les petits pavillons écussonnés aux armes de la ville, *regards* de son aqueduc souterrain, on oublierait que Paris altéré lui capte, depuis 1867, treize sources dont les flots purs dérobés à la lumière vont au réservoir de Montsouris perdre bientôt fraîcheur et pureté. Appauvrie, sans être moins gaie, la Vanne termine sa course riante à l'entrée d'une ville que l'on ne dirait pas habitée, tant ses maisons blanches, sous la garde hautaine d'une énorme tour noire, se groupent loin du chemin de fer, agent et moteur de la vie moderne, tant paraît silencieuse la route qui y conduit. Comme c'est loin! se dit-on. Et que faire si loin, sinon dormir avec les ombres d'autrefois? Car assurément voici une ville morte!

L'hésitation cède au bruit d'un nom éclatant, évocateur de splendeurs cléricales, de grandeurs historiques : Sens, la Sénone des Gallo-Romains, capitale de la Lyonnaise IVe, résidence des puissants archevêques du moyen âge; Sens, à laquelle on donnait jadis pour fondateur un des quatre fils de Japhet, Samotes, et dont la topographie, malgré les replâtrages extérieurs, prouve l'antiquité. Entre tous, le quartier ecclésiastique a peu changé. Combien nous en aimons les architectures robustes ou délicates, sombres ou avenantes, la discrétion, les parfums! La cathédrale Saint-Étienne, l'official, l'archevêché, la chambre synodale, sont d'éloquents témoins du temps regrettable où la province vivait, brillait parfois de son propre génie, éclipsé maintenant, anéanti peut-être.

L'étonnante façade carrée, crénelée, de Saint-Étienne, flanquée de son clocher de soixante-treize mètres de hauteur, et parée de formidables mascarons, de gargouilles aux monstrueuses têtes, porte bien la marque du xiie siècle, où l'architecte Guillaume de Sens l'édifia. Par delà ce frontispice austère et presque terrible, dans la vaste nef, resplendissent les belles verrières de Jean Cousin, représentant la *Légende de saint Eutrope* et le *Paradis et l'Enfer*. Voilà le véritable trésor de cette cathédrale, qui possède aussi et aime à montrer des émaux, des orfèvreries, des étoffes précieuses. Le singulier missel de la *Messe de l'âne* se voit au musée de la ville; une chapelle, sur le tertre où sainte Colombe eut la tête tranchée, en perpétue la mémoire; au lieu nommé la Motte-de-César se reconnaissent les restes de l'enceinte romaine; et ces choses s'ajoutent à l'agrément de la cité paisible, propre, intelligente, où vous regretteriez de n'être pas venu, d'où vous regretterez de partir.

On suit, de Sens à Montereau, la lumineuse route de l'Yonne, chargée des flottages du Morvan; là elle se fond dans la Seine. Montereau-fault-l'Yonne réfléchit dans le miroir de ses deux rivières une faïencerie, des forges, des moulins; on voudrait, pour arriver plus vite à Fontainebleau, n'y rester que le temps de déchiffrer au bout du pont un quatrain rappelant l'assassinat inutile, misérable et désastreux, de Jean sans Peur, duc de Bourgogne, par les officiers du Dauphin, le 11 juin 1419:

> L'an mil quatre cent dix-neuf,
> Sur un pont agencé de neuf,
> Fut meurtri Jean de Bourgogne
> A Monterau où fault Yonne.

O joie! Le train pénètre en forêt, près du promontoire du Long-Rocher, couronné de pins, puis s'en écarte pour rejoindre la verte rivière du Loing, à Moret, où l'on entre par deux portes seigneuriales, non sans avoir admiré les vieilles et jolies maisons, et l'église encore plus vieille et plus jolie, et le sombre donjon d'une petite cité jadis quasi royale, d'où fut enlevée pierre à pierre, en 1826, pour être transportée au cours la Reine, en Paris, la maison dite de François Ier, type exquis de l'architecture et de la sculpture de la Renaissance. A Saint-Mammès le train revoit la Seine sinueuse et laisse apercevoir, adossés aux coteaux vineux qui dorent le chasselas, les quiètes villages By, résidence de Rosa Bonheur; Champagne, Thomery, Samoreaux, puis Changis, au hardi viaduc; le petit port de Valvins, que le Primatice emplit des œuvres d'art et des moulages envoyés d'Italie pour son roi; et Samois, Héricy, Barbeau, Bois-le-Roi, Chartrettes, oasis parisiennes. C'est entre Changis et Valvins que s'ouvre la gare de Fontainebleau et la longue rue raboteuse qui mène au château de Louis le Jeune, de saint Louis et de Charles le Sage, de François Ier et d'Henri II, de Louis XIV et de Napoléon, à présent splendide et tranquille musée de meubles somptueux, de belles peintures, de merveilleuses tapisseries et de grands souvenirs matérialisés dans la pierre, le bois, le marbre, la laine, la soie, le bronze et l'or.

Il ne reste du chastel des premiers Capétiens qu'un donjon dont les épaisses murailles s'enclavent dans les pavillons de l'étrange cour de l'Ovale, aux façades, aux arcades florentines, jaunies et tout effritées par de séculaires soleils. Cette cour elle-même et son admirable Baptistère ou porte Dauphine, comme en partie la cour du Cheval-Blanc ou des Adieux et la cour de la Fontaine, date du XVIe siècle, et fut commencée en 1528, d'après les plans de plus d'un maître, sous la direction officielle de messire Philibert Delorme, abbé d'Ivry. Henri IV ajouta à ces constructions les bâtiments des Offices, réservés maintenant aux élèves de l'École d'application d'artillerie. Louis XIV et Louis XV,

La porte de Bourgogne à Moret (Seine-et-Marne). (Tableau de E. Petitjean.)

jaloux de laisser leur empreinte à cette demeure unique, modifièrent d'une façon plutôt fâcheuse l'œuvre de leurs aïeux : c'est dans la première moitié du XVIIIe siècle que le roi s'avisa de substituer à l'aile de la cour du Cheval-Blanc, qui renfermait la galerie d'Ulysse, épique illustration de l'*Odyssée* par les fresques de Nicolo dell' Abbate, le lourd, ennuyeux, morne corps de logis où chaque année le président de la République va passer quelques semaines d'automne. Barbarie dont l'art est inconsolable!

Malgré tant de travaux divers et de remaniements, le château offre en sa variété un aspect de grandeur, que l'immuable silence des choses environnantes fait sentir aux âmes les plus esclaves des platitudes de la vie contemporaine. Mais ces âmes promènent dans les salles muettes une curiosité plus éblouie de leurs richesses que pénétrée de leur beauté. Il faut le goût du grand art et de l'histoire pour se plaire à la galerie de François Ier, où se déroulent les peintures mythologiques du Rosso, à la salle de Bal ou des Fêtes, où le Primatice et Nicolo ont exprimé toute la poésie païenne de la Renaissance; dans l'ample escalier du Roi, où des nymphes de Jean Goujon encadrent de leurs nudités divinement légères, sveltes et mignonnes, les amours et les générosités d'Alexandre Macédonien, dont le Primatice orna la chambre de la duchesse d'Étampes.

Fontainebleau. — La porte Dorée.

Plus près de nous les grâces du XVIIIe siècle en sont mieux senties. A ce point de vue, la salle du Conseil, avec ses panneaux d'Antoine Vanloo, ses dessus de portes et son plafond de Boucher, ses grisailles de Sauvage et ses pastorales de Barthélemy, peut passer pour le joyau du palais. Jamais l'art français ne fut plus qu'ici vif, sémillant, spirituel, frivole; c'est la parfaite image de la cour et de la société raffinées que la Révolution devait emporter, disperser et meurtrir dans son épouvantable tourmente.

Le style rigide, sec et pompeux du premier Empire a meublé les pièces qui composent ce que l'on ne cesse pas d'appeler l'appartement de Napoléon. Là vint le héros aux abois

Chênes de la mare aux Fées, dans la forêt de Fontainebleau. (Tableau de A. Allongé.)

sous le hallali de l'invasion, après d'inutiles prodiges, presque finir sa carrière dévastatrice. On montre la chambre à coucher où il ne put parvenir à se tuer par le poison, la table ronde sur laquelle il signa sa fausse abdication, la salle du trône au plafond féerique, où il mettait l'Europe à ses pieds. Le visiteur peut évoquer dans l'une ou l'autre de ces pièces d'apparat la scène épique en laquelle Alfred de Vigny sut peindre de traits ineffaçables le caractère souple et violent du maître altier : *Tragediante, comediante*, et l'indulgente sérénité du pape Pie VII qui venait le sacrer empereur à Notre-Dame, et fut depuis, ici même, son captif. L'appartement où, par peur des espions et des tracasseries militaires, se confinait le pontife auguste, est de l'autre côté du palais; son portrait, par David, le décore, et il a gardé tous ses meubles, hormis l'autel où il disait sa messe.

Cet autel est aujourd'hui dans la chapelle de Saint-Saturnin, qui date de Louis VII, et fut bénie par Thomas Becket, archevêque de Cantorbéry. Saint-Saturnin n'est pas le seul sanctuaire du palais : beaucoup plus superbe, la chapelle de la Trinité se lambrisse de marbres et d'ors étincelants, cadre luxueux à de larges fresques de Fréminet, peintre ordinaire des rois Henri IV et Louis XIII, couvrant la voûte, les entre-colonnements, les frontons, des hautes figures et des gestes des prophètes. Au maître-autel se tiennent debout les statues de marbre de saint Louis et de Charlemagne, attribuées au ciseau de Germain Pilon et de Barthélemy Prieur, et deux anges en bronze de la plus caressante patine, dus à Jean Goujon. Tant de religieuse somptuosité réalise un vœu de l'ambassadeur d'Espagne Bernard de Zunigo, franchement déclaré au roi Henri, qui lui faisait les honneurs de son

Orée de la forêt à Barbizon. (D'après une photographie de M. A. Quinet.)

palais, où le culte ne possédait alors que l'humble et délaissée Saint-Saturnin : « Je m'étonne qu'il n'y ait personne ici de si mal logé que Dieu! »

De jardins variés, embaumés, gracieux, tout le palais s'entoure; on les nomme le jardin de Diane, le jardin du Tibre, le jardin Anglais, le parc, celui-ci traversé par un canal et longé par la fameuse treille du Roi, née des ceps de Cahors plantés par Henri IV. Ces jardins acheminent insensiblement le promeneur vers la forêt ensorcelante, dont notre modestie nous interdit d'essayer une nouvelle description[1] qui resterait forcément bien au-dessous d'un type à peu près insaisissable de beauté pittoresque et souvent sublime, d'ailleurs soumis à d'absolues métamorphoses, puisque chaque saison en modifie le caractère

[1] Voir *Autour de Paris*, 1892.

variable encore selon les heures du jour et les caprices de la lumière. Au rare lecteur
accessible aux bienfaisantes émotions de la vie en plein air, à la douce poésie de la nature,
à la sereine majesté des arbres séculaires et des roches magnifiques, à l'éclatante magie
des plus merveilleuses colorations, des formes les plus belles et des plus suaves odeurs,
nous conseillerons volontiers d'y aller en automne. Qu'il se loge alors dans une des
localités à demi rustiques situées à la lisière : à Marlotte, chanté par le poète

Forêt de Fontainebleau. — La mare à Piat : Cuvier-Chatillon. (D'après une photographie de M. A. Quinet.)

bohème Henri Murger; à Montigny, à Bourron, même à Moret ou bien à Barbizon, illustré par la moderne école des paysagistes de Fontainebleau, glorifié par Decamp, Diaz,
surtout par François Millet et Théodore Rousseau, et où s'inspirent encore les talents de
quelques artistes : C. Paris, Ceramano, peintres animaliers; Paul Comble, l'architecte et l'heureux possesseur de la charmante maison dessinée pour notre frontispice;
Lauth, Mullert, Schwabe, Mlle Rougier. Il n'est rue de ces villages ou bourgs orientés
vers la forêt qui ne le conduise aux sites incomparables. Divisée par plusieurs chaînes de
grès amoncelés, miniatures de collines, en cantons différents d'aspect, on ne la connaîtra bien
qu'en parcourant tour à tour chacun d'eux, en passant des rochers d'Avon à la gorge aux
Loups, de la mare aux Fées aux gorges d'Apremont, de Franchart à l'étonnant cuvier Châtillon, du livide Désert aux splendides futaies du Bas-Bréau. Nul danger de s'y perdre : un réseau compliqué de routes, de sentiers et d'avenues en sillonnent les dix-sept mille hectares,

et les roches mêmes, dans leurs infinis dédales, ne sauraient vous emprisonner depuis qu'un studieux amant de la forêt, Dennecourt, a pris le soin, peut-être trop prudent, de guider le touriste à travers ces labyrinthes par un petit nombre de signes faciles à retenir, comme les quelques mots d'une langue primitive.

Ancien château de Montlhéry.

Les grès de Fontainebleau, usés et bizarrement façonnés par le déluge de l'époque quaternaire, s'étendent assez loin à l'ouest et au midi, vers les berges de l'Essonne, de l'École, de la Juine et du Loing. Le touriste de loisir retrouve à Nemours et à Larchant de belles roches isolées; la forêt même n'expire qu'aux approches de Montargis, jadis ville royale, dominée encore par les restes d'un château fort. Au couchant, Pithiviers se recommande à sa gastronomie; les rochers de Milly, les sables blancs d'Arbonne, pareils à des névés, sont dignes de son attention; Boutigny se décore de la porte féodale de Bel-Ebat, château de l'excellente Mme veuve Allez; enfin Étampes, pleine de nobles édifices à peine altérés, et sur qui s'allonge la silhouette énorme de la tour Guinette, prison de la reine Ingelburge, femme répudiée de Philippe-Auguste, intéressera son goût. Mais à cette ville de meuniers commence la Beauce : nous n'allons pas si loin encore.

Melun, claire cité assise sur les deux rives de la Seine, entre les hautes futaies de Fontainebleau et les petits bois de Sénart, semble proprette, agréable, indifférente. On a vite fait d'apprécier les médiocres attraits d'une ville souvent prise et pillée par les Normands, par les troupes de Charles le Mauvais, par celles de du Guesclin et par Henri V d'Angleterre en 1430. Mais, ayant vu les vitraux de son église de Saint-Aspais, la statue de Jacques Amyot, dressée devant l'hôtel de ville, et la maison de la place Saint-Aspais, où naquit le bon traducteur de Plutarque, on éprouvera peut-être le désir d'aller visiter aux environs le château de Vaux, chef-d'œuvre de Levau et de Le Nostre, de Le Brun et de Mignard, élevé à l'opulence et à l'orgueil de Nicolas Fouquet, richissime, fastueux et peu délicat surintendant des finances. Le château et son

Boutigny : château de Bel-Ebat (à Mme veuve Allez).

parc ne sont plus ce qu'ils étaient le 17 août 1661, lorsque le maître du logis invitait Louis XIV et sa cour aux fêtes qui lui coûtèrent la liberté. Mais il déploie, avec la même solennité qu'autrefois, ses façades ornées d'antiques, ses péristyles et sa coupole.

Forêt de Fontainebleau. — Le chaos d'Apremont ou le Désert. (D'après une photographie de M. A. Quinet.)

Par Seine-Port, Croix-Fontaine, la Seine mène aux grands moulins perfectionnés de Corbeil, ville d'industrie manufacturière que seconde Essonne, centre de la papeterie Darblay ; puis, tout brillants d'élégance parisienne, villégiatures enviées, se suivent Étiolles, Évry-Petit-Bourg, où sont les usines Decauville; Soisy-sous-Étiolles, où l'intrépide polémiste Édouard Drumont a sa maison des champs; Champrosay, Ris-Orangis, Juvisy, Athis-Mons, Ablon, Villeneuve-Saint-Georges... Ici le fleuve se grossit un peu du confluent de l'Yères, à l'issue de la jolie vallée où s'espacent Mongeron, Crosnes, Yerres, Brunoy. Que ne pouvons-nous en ce livre longuement parler de ces aimables *environs de Paris* auxquels nous consacrâmes jadis deux grands ouvrages, fruits de deux années d'excursions patientes et studieuses en Ile-de-France[1] ! Contentons-nous de citer encore la verte vallée de l'Orge, qui finit à Athis; Savigny-sur-Orge et le parc de son château de l'époque de Charles VII, l'ample asile de Vaucluse, l'église de Longpont, la tour de Montlhéry : ces noms suffisent.

La tour de Montlhéry.

Choisy-le-Roi loge un faïencier dans les communs du galant château de Louis XV; Vitry, Ivry, Villejuif, Port-à-l'Anglais, se répartissent entre industriels et maraîchers. Las! Nous voici bien loin du pur et délicieux Fontainebleau, en banlieue laborieuse, utilitaire et triste, émaciée, comme épuisée au contact de l'insatiable Paris, peu à peu l'engloutissant, l'absorbant. « Les maisons toujours plus laides et plus pressées, les fabriques toujours plus nombreuses, les routes toujours plus poudreuses, l'atmosphère toujours plus épaisse, et maints établissements où les impuissances, les détresses, les infirmités, les folies de l'immense agglomération humaine trouvent refuge, l'asile des incurables d'Ivry, l'hospice de Bicêtre, l'hôpital de Villejuif, la maison d'aliénés de Charenton, tout nous annonce la Ville. »

---

[1] *Les Environs de Paris*, grand in-8°, publié en 1886; — *Autour de Paris*, in-folio publié en 1892 et couronné par l'Académie française.

A TRAVERS PLAINES

II

EN CHAMPAGNE

Lumière et fraîcheur de la région des environs de Paris, qu'elle enlace de ses amples sinuosités, la Marne est par excellence rivière champenoise. Aussi pourrait-on, à l'instar du canotier naviguant à son aise des vertes rives de Nogent aux rives chevelues de Gournay, se rendre directement en bateau au pays des vins joyeux. On le pourrait, si l'on avait le temps !... Pour nous, de trop courts loisirs nous interdisant cette fantaisie, le chemin de fer nous mène, qui suit fidèlement la Marne de son confluent à sa source et en coupe maintes fois les méandres.

D'abord il traverse le plateau de la plantureuse Brie, zébrée de larges cultures de céréales et de betteraves. Un peu à l'écart, ici, fut la royale abbaye de Chelles; là Noisiel borde la Marne de sa grande usine, si bien agencée pour la fabrication des chocolats Menier, et de son village construit pour en loger les ouvriers : l'ensemble composant un type supérieur d'industrie moderne. Au large s'étendent de vastes domaines, les immenses exploitations agricoles d'aspect uniforme assez maussade, mais où s'insinuent quelques riantes vallées, comme celles du Grand et du Petit-Morin, que le train laisse apercevoir. Meaux est la première station où nous sommes tenté de descendre; Meaux, dont l'on ne peut entendre le nom sans évoquer la grande figure de Bossuet.

Cathédrale de Meaux.

Le chef-lieu du diocèse a peu changé depuis la mort de l'illustre évêque. Effet des sièges subis au XVe et au XVIe siècles, surtout de celui où, par les ordres féroces de Gaston Phœbus, comte de Foix, et de Jean de Grailly, captal de Buch, jacques et citadins révoltés furent massacrés au nombre de plus de sept mille, puis le bourg brûlé, et si terriblement que quinze jours après le carnage les flammes n'étaient pas éteintes, — il paraît, bien que des plus anciens, banal et laid. La cathédrale Saint-Étienne le rehausse un peu. Quoique mutilée, elle n'est pas sans beautés, offre une rose gracieuse, des pignons sculptés finement. Bossuet repose sous la nef; dans le chœur une statue le représente revêtu de ses habits pontificaux, la dextre étendue, « nourrissant son troupeau de la parole de vie. »

Son palais semble un solennel hôtel du XVIIe siècle. Mais si l'on pénètre dans cet hôtel par un corridor qui, tenant lieu d'escalier, monte doucement jusqu'au premier étage, facilitant de la sorte aux prélats chargés d'ans et de travaux, comme le fut Bossuet, une ascension pénible, les regards découvrent de basses salles voûtées en ogive et, aux façades intérieures, de sveltes arcades fâcheusement murées. Ce sont les restes de l'ancien palais du moyen âge et de la Renaissance, où vécut, entre autres prédécesseurs de l'aigle de Meaux, Guillaume Briçonnet, célèbre sous la Réforme.

Combien d'admirateurs du merveilleux orateur, du puissant écrivain, dont la parole et les écrits gardent et garderont tant que vivra la langue française tant de force, de saveur et de vertus communicatives, sont ensuite allés voir au bout du jardin le pavillon isolé où, selon la tradition, l'évêque s'enfermait pour méditer et travailler pendant des semaines entières !...

Le commerce des grains et des fromages de Brie, dont le marché de Meaux est chaque samedi le centre bruyant, caractérise la cité moderne aux belles meuneries, élevant au milieu de la Marne, sur des barrages sonores, plusieurs étages de pittoresques charpentes blanches comme farine. Mais ce n'est pas à dire que l'histoire de Meaux, si mouvementée, si palpitante, soit oubliée des Melliens : le jour de notre voyage, voici que défile par les rues fleuries, animées, en fête, une calvacade commémorative des fastes urbains, bellement historique, composée avec un souci et une entente réelle de la vérité rétrospective. Nous en avons oublié le sujet; n'importe. N'est-ce point la preuve qu'il faut se garder de juger hâtivement un peuple sur la simple apparence, et que le plus positif dans le cours ordinaire de la vie peut conserver en son cœur la mémoire des aïeux et la poésie du passé?

La Ferté-sous-Jouarre est une grosse bourgade à carrières; passons, passons, l'esprit éperonné d'une curiosité vive, car la station prochaine sera Château-Thierry, patrie de La Fontaine. Que voir à Château-Thierry, sinon ses traces? Nous les retrouvons dès nos premiers pas dans la petite ville, tassée comme en son temps au pied d'un château fort dont les robustes murailles en ruines s'enveloppent d'ombrages touffus, mais sans doute bien moins gaie qu'aux jours où le poète y faisait représenter les *Rieurs de Beau Richard,* joyeuse et fine satire des médisances de la petite ville. Une rue se pare de son nom glorieux. Au bout du pont de la Marne sa statue se dresse. Enfin voici sa maison même, pieusement entretenue, avec façade du XVIe siècle à pilastres cannelés. On lit sur la porte: *La Fontaine est né dans cette maison en* 1621. Et le cœur ému on entre timidement, comme si l'on allait surprendre dans la vieille demeure du poète le secret de son génie. Mais elle ne contient que peu de reliques : les portraits du bien-aimé fabuliste, ceux de ses protecteurs, le duc et la duchesse de Bouillon. Seulement le jardin est dessiné comme autrefois, et l'on nous dit: « Voici l'acacia qu'il a planté, l'allée des tilleuls où il se promenait. » Reconnaissant, aimable souvenir! Pourquoi en douterions-nous? Si le fils du maître ès eaux et forêts de Château-Thierry, bien qu'investi de la même charge, ne séjourna guère, passé la jeunesse, dans sa ville natale, il y vécut du moins son enfance, y commença de rimer, de rêver et d'aimer, s'y maria, y eut un enfant. Son génie est vraiment né ici, s'y est formé, nourri de la généreuse sève de la vieille terre des Gaules.

Les sentiers conduisant au château sont peut-être encore ceux que suivait le poète, en visite chez la jolie nièce de Mazarin, duchesse de Bouillon, qui la première distingua son talent, son esprit, en fit l'impresario de ses fêtes brillantes et le lança dans le grand monde de Paris. Mais il était accueilli dans une résidence très peu gothique qui a disparu. Il nous faut contenter d'admirer deux belles portes et une puissante enceinte du moyen âge, entre lesquelles se répand un jardin public dont La Fontaine aurait fort goûté la charmante négligence.

Au delà de Château-Thierry, et passé l'abondante et pure Dhuis, dont Paris accapare les eaux, s'étendent les vastes plaines blanches, marécageuses, presque infertiles, de la pauvre Champagne; des forêts de chênes et de hêtres, — taches brunes à l'horizon changeant du mobile chemin de fer, — environnent Montmirail, où naquit le cardinal de Retz, et où le somptueux château de La Rochefoucauld-Doudeauville est moins regardé que l'humble ferme de la Haute-Epine, immortelle depuis que Napoléon y coucha après la victoire du 11 février 1814.

> ... Quand la pauvre Champagne
> Fut en proie aux étrangers,
> Lui, bravant tous les dangers,
> Semblait seul tenir la campagne.
> Un soir, tout comme aujourd'hui,
> J'entends frapper à ma porte:
> J'ouvre : Bon Dieu ! c'était lui,
> Suivi d'une faible escorte.
> Il s'assit où me voilà,
> En disant : Oh ! quelle guerre !...

Ainsi, se rappelant le refrain de l'aïeule contemporaine de la campagne de France, doit chanter encore parfois le fermier de la Haute-Épine. Dans ce pays, plein de la gloire mourante du héros, il déploya au suprême degré toutes les ressources de son génie aux abois. Les grands et terribles coups qu'il frappait pour arrêter l'invasion, l'ennemi allemand, russe, autrichien, les reçut ici même, à Vauchamp, à Fère-Champenoise, à Sézanne, à Champaubert, où, dans une ferme également, un boulet précieusement incrusté remémore que Napoléon y passa la nuit.

Auprès de Dormans, chef-lieu du curieux petit pays du Dormois, aux grottes et aux dolmens singuliers, d'Épernay et de Vertus, commencent à s'élever les coteaux vineux qui se ramifient à la montagne de Reims, les coteaux où croissent et mûrissent les pampres dont l'on fait les vins pétillants, mousseux et joyeux. Ces vins, à dire de gourmet, ne se ressemblent guère, et il les faut tout d'abord répartir en vins de rivière, que l'on récolte à droite de la Marne à partir de Mareuil, et en vins de montagne. L'aï, le délicieux, le spirituel aï, est l'orgueil des premiers; parmi les seconds le sillery l'emporte sur l'ambonay, le bouzy, le verzy, le villers-marmery, le verzenay, le mailly, le billy, le montmoret, le toisy et autres crus doués pourtant de qualités fort estimables. Ces vendanges sont la richesse de la contrée, et comme toute richesse s'accuse par des créations de luxe, monuments et œuvres d'art, il est permis de leur attribuer la présence presque surprenante au milieu de plaines sèches et mélancoliques du beau château gothique de Montmort, honoré d'une cheminée sculptée par Jean Goujon, d'un cabinet de travail occupé par

Sully, et d'un tombeau où la duchesse d'Angoulême se repose des effroyables épreuves de sa vie. Broye, Étoges, somptueux châteaux aussi, et les ruines du prieuré de Montarmé, de l'abbaye cistercienne de Charmoye, de l'abbatiale d'Orbay, prouvent que le pays dépense volontiers sa fortune en magnificences aristocratiques ou religieuses.

Épernay le prouve avec bien plus d'éloquence encore : ville d'importance toute moderne, prospère par le débit des vins de Champagne dont beaucoup de fabricants, à marques universellement renommées, y habitent des palais. Tout un faubourg, nommé La Folie, est de villas entourées de jardins opulents, et le parc public semble voué à de continuelles fêtes. C'est d'Épernay et du château de Pékin que vint à Paris, en 1889, pour l'exposition du Centenaire, un muid gigantesque d'une contenance prodigieuse, envoyé, à l'émerveillement des étrangers, par la maison Mercier, l'une des premières de cette ville si amusante à voir, l'air si heureuse, florissante, émoustillante, car le champagne provoque à la bonne humeur, s'il ne donne pas de l'esprit ! Il faut visiter ses immenses caves pratiquées dans le roc crayeux creusé à vif sous une grande partie du sous-sol : là se trouve telle provision de bonne humeur mise en tonneaux et

Le château de Pékin, à Épernay.

surtout en bouteilles rangées sur d'innombrables rayons, qu'il y a de quoi remédier pour longtemps au spleen anglais, à la morgue germanique et au pessimisme slave ou scandinave ! Aussi les étrangers qui connaissent leur maladie morale ne s'en privent-ils point.

Reims, sa voisine, où nous allons d'un trait, en nous éloignant un peu de la Marne, Reims en a tout autant; mais elle a bien d'autres choses encore, étant ville antique, dont la gloire passée égale l'actuelle fortune. Antique, elle l'est plus qu'on ne saurait le supposer honnêtement, si l'on en veut croire messire René de la Chèze, Rémois, lequel rima au-dessous d'une expressive estampe du XVIe siècle : « Pourtraict de la ville, cité et université de Rheims, » la prose que voici :

> Je suis Rheims dont les fondements
> Ont pris leurs vrays commencements
> Quand Ilion fut mise en proye ;
> Et Remus me donna son nom
> Au temps que la ville de Troyes
> Perdit son lustre et son renom.

Excusez du peu ! Pour expliquer l'origine de sa ville natale[1], le brave homme adopte tout simplement la fabuleuse étymologie inventée par nos trouvères et chantée par Ronsard, d'après laquelle « la nation françoise » aurait eu pour fondateur le prince troyen Francus, fils d'Hector. Qui ne connaît cette légende inspirée par l'*Énéide* aux artistes du

---

[1] *Les Fleuves de France. La Seine*, passim.

moyen âge et tant de fois célébrée dans leurs sculptures, leurs enluminures et leurs tapisseries : Francus, émigré en Gaule avec les fugitifs troyens, — tandis que le héros de Virgile, son cousin germain, abordait en Italie, — y épousa la fille du roi Remus, et son oncle et compagnon d'aventures Pâris, le bel et fatal Pâris, marié de son côté, fonda... Paris ! Ce n'est pas plus difficile que cela.

Fantaisie à part, Reims est cité ancienne, illustre, riche et florissante ; les modernes Rémois sont aussi fiers de lui appartenir que l'était messire René de la Chèze, mais ils connaissent mieux ses annales. Ils savent qu'elle fut, d'où son nom, la métropole des Belges Rèmes, la Durocortorum estimée de Jules César pour son importance politique ; sous les Auguste, les Flaviens, les Antonins, de superbes édifices l'ornèrent ; sept voies romaines s'y croisaient. Déjà elle commerçait grandement des vins récoltés sur son territoire : un jour Domitien, craignant que la culture des vignes ne fît négliger celle du blé, ordonna de les arracher entièrement. Les coteaux d'alentour restèrent dépouillés de leurs ceps pendant près de deux cents ans, jusqu'au règne de Probus, qui permit de les replanter. Los à Probus !

La Porte de Mars, à Reims.

Est-ce une belle ville, Reims ? Oui et non. Elle a des quartiers d'une véritable élégance, des faubourgs d'une affreuse misère. Mais les premiers regards du voyageur n'en découvrent que les beautés. Le parc, l'avenue de la Gare, les larges et longues rues suivantes ne lui laissent deviner aucune verrue. Il salue tout d'abord la statue de bronze élevée au plus typique des Rémois, à Colbert, le parfait ministre d'affaires, l'homme d'État marchand, négociant, manufacturier, financier, le bourgeois prudent, économe, intéressé, grave, le bureaucrate ponctuel qui, propre aux petites comme aux grandes choses, traita celles-ci avec le même sérieux, le même amour des détails, la même patience victorieuse. Ces qualités, plus d'un industriel ici les exerce dans la monarchie absolue de son usine ou de sa fabrique, et leur doit de réussir : elles caractérisent la race.

Reims antique, aimée des empereurs Probus et Julien, n'est plus représentée que par l'arc de triomphe vulgairement nommé porte de Mars. Huit colonnes d'un beau style découpent sur quatre faces de hautes arcades et supportent une archivolte majestueuse, bien qu'entamée par le temps. Trois arcades sont décorées de bas-reliefs : la louve romaine allaitant Romulus et Rémus ; Faustulus et Acca Laurentia, Éros et Léda, certaines figures emblématiques des mois.

A quatre cents pas de la porte de Mars quelques fragments de gradins indiquent l'emplacement d'une arène ; des débris de colonnes et de statues gisent au musée. La ville, ruinée par les barbares, dut à l'évêque saint Remi, qui baptisa Clovis, de renaître pour une nouvelle période de grandeur cléricale et bourgeoise.

L'église Saint-Remi, le plus vieux monument de cette grandeur, est comme un vaste reliquaire. Il renferme le tombeau de saint Remi, entouré des statues en marbre blanc des douze pairs du royaume, puis des châsses, des émaux signés de Landin, le maître de Limoges, des mausolées, un saint-sépulcre du XIIe siècle et des parcelles de baume inépuisable et inaltérable contenu dans la Sainte-Ampoule, laquelle fut brisée publiquement le 15 avril 1792, par le député Ruhl, sur la place Royale et sur les propres marches de la statue de Louis XV, abattue le même jour. « La Sainte-Ampoule (suivant un de nos prédécesseurs, au XVIIe siècle, était une petite fiole en forme de poire, pleine d'une liqueur congelée rougeâtre, tirant un peu sur le noir, et enchâssée dans un petit vaisseau carré sur lequel il y avait un cristal épais d'environ un doigt. » On la renfermait dans le tombeau de saint Remi, dont « la porte enrichie de perles, de rubis, d'émeraudes et autres pierres précieuses », s'ouvrait au moyen d'un anneau d'or donné par François Ier. L'abbaye avait le privilège de la garder, et son grand prieur celui de l'apporter à la cérémonie du sacre dans le plus magnifique appareil. « En chape d'étoffe d'or, monté sur un cheval blanc de l'écurie du roi, couvert d'une housse d'argent richement brodée, conduit par les rênes que tenaient deux maîtres palefreniers de la grande écurie, » il s'avançait, « sous un

Cathédrale de Reims.

dais de pareille étoffe, porté par quatre barons dits chevaliers de la Sainte-Ampoule, vêtus de satin blanc, d'un manteau de soie noire et d'une écharpe de velours blanc garnie de franges d'argent et escorté aux quatre coins du dais de seigneurs à cheval, nommés pour ôtages de la Sainte-Ampoule et qui étaient précédés chacun de leur écuyer portant un guidon chargé d'un côté des armes de France et de l'autre des armes de leur maison. » Le grand prieur confiait son dépôt à l'archevêque de Reims, qui le recevait au nom des pairs du royaume et promettait, foi de prélat, de le rendre aussitôt le sacre accompli.

De la porte Dieu-Lumière, près de Saint-Remi, par un long faubourg pauvre et triste, le tramway conduit dans le discret quartier ecclésiastique, où, sur une grande place sans ombrage, ordinairement déserte, la cathédrale se dresse dans de la clarté, austère, grandiose, développant sur cent quarante-neuf mètres de longueur et quatre-vingt-trois mètres de hauteur un hardi vaisseau d'une architecture miraculeuse. La façade occidentale est le chef-d'œuvre de ce chef-d'œuvre. Tout un peuple de statues colossales habite ce prodigieux portail; dans les trois porches que surmontent des gables pyramidaux dentelés à jour, des guirlandes de fleurs les enchaînent, innombrables, sous les roussures des arcades; elles se dressent contre les piliers, se nichent dans les plus minces galeries et animent les tours ciselées. Notre-Dame, patronne de l'église, règne, du milieu de la porte principale, sur ce monde surnaturel d'archanges, de démons, de patriarches, de guerriers bibliques et de rois très chrétiens. Le céleste couronnement de la Vierge, les scènes de la Passion, le Jugement dernier, le combat de David et de Goliath, le baptême de Clovis, ici et là s'encadrent dans une guipure de pierre d'un art consommé. Des animaux fabuleux assistent à ces mystères; des bœufs gigantesques, — honneur bien dû aux doux témoins de la naissance de Jésus, — en écoutent le bruit du haut des plates-formes.

Cathédrale de Reims
(détails).

La première pierre de cette merveilleuse Notre-Dame fut posée en 1212 par l'archevêque Albéric de Humbert; l'architecte Robert de Coucy paraît avoir eu la meilleure part à sa construction. C'est lui dont l'audacieux génie posa au-dessus du chœur la svelte flèche en plomb que soutiennent huit statues colossales. On lui doit l'ordonnance de la nef, des toitures, les galeries aux balustrades ogivales insérant des fleurs de lis, le superbe portail et les élégantes portes du croisillon nord peuplées des belles statues que bénit le Beau Dieu.

Église privilégiée, Notre-Dame avait jadis un trésor des plus riches. Ce qu'elle en a gardé : orfèvreries, tableaux du Tintoret, du Titien, de Poussin, de Mutiano, magnifiques tapisseries dites du *Fort roi Clovis,* les *Peperscecke,* les *Cantiques,* et des Gobelins, ne parviennent pas à rendre moins vide le majestueux édifice veuf des splendides cérémonies du sacre des rois de France, dépeintes peut-être pour la dernière fois dans ces vers de Lamartine, témoin du sacre de Charles X :

> Mille flambeaux semant la route triomphale
> De colonne en colonne et d'arceaux en arceaux,
> Étendent sur la nef leurs lumineux réseaux,
> Et, se réfléchissant sur le bronze ou la pierre,
> Font serpenter au loin des ruisseaux de lumière.
> De soie et de velours les parvis sont tendus;
> Les écussons royaux aux piliers suspendus,
> Flottant par intervalle au souffle de la brise,
> Font de soixante rois ondoyer la devise.
> L'autel est ombragé d'armes et d'étendards...

Et les rites s'accomplissent. L'évêque duc de Laon et l'évêque comte de Beauvais vont en procession chercher le roi, couché sur un lit de parade dans un salon de l'archevêché ; ils l'éveillent, suivant l'antique formule, ils l'amènent par les bras. En costume sacerdotal, vêtu « d'une longue camisole cramoisie, garnie de galons d'or et ouverte ainsi que la chemise aux endroits où Sa Majesté doit recevoir les onctions, et par-dessus cette camisole, portant une longue robe d'étoffe d'argent et sur la tête une toque de velours noir garnie d'un cordon de diamants, d'une plume et d'une double aigrette blanche », le monarque prête le serment d'usage : il empêchera les personnes de tout rang de commettre des rapines et des iniquités, il exterminera les hérétiques. Alors, en mémoire de l'ancienne élection populaire, deux pairs ecclésiastiques le présentant à l'assemblée demandent si elle l'agrée pour roi. Agréé par acclamation, il reçoit l'épée de Charlemagne ; agenouillé devant l'archevêque, neuf onctions lui sont faites ; successivement on le revêt de la tunique, de la dalmatique et du manteau royal fourré et bordé d'hermine. On lui met au quatrième doigt de la main droite l'anneau de la toute-puissance, dans la main droite le sceptre royal, dans la gauche la main de justice ; enfin on lui pose sur la tête la couronne de Charlemagne, que soutiennent de la main les douze pairs. Alors les portes de l'église sont ouvertes au peuple qui s'y précipite, et des oiseleurs lâchent dans la nef une multitude d'oiseaux « qui, par le recouvrement de leur liberté, signifient l'effusion des grâces du monarque sur le peuple, et que jamais les hommes ne sont plus véritablement libres que sous le règne d'un prince éclairé, juste et bienfaisant ».

Parmi ces fêtes officielles, l'une des plus mémorables est celle qui récompensa, les 16 et 17 juillet 1429, par le sacre de Charles VII, l'héroïsme et les victoires de Jeanne d'Arc, dont le père et la mère, défrayés par le conseil de ville, logeaient, en face la cathédrale, dans l'hôtellerie devenue l'hôtel de la Maison-Rouge, et dont aujourd'hui l'admirable statue équestre, chef-d'œuvre de Paul Dubois, se dresse devant le parvis, maintenant pour toujours à l'honneur celle qui fut à la peine.

En harmonie avec la cathédrale, le palais des archevêques, très somptueux avant la Révolution, convenait aux successeurs des puissants prélats Turpin, Ebbon, Hincmar, Adalbéron, Gerbert, Arnulf, immortalisés par la légende ou par l'histoire. On n'y voit plus que la grande salle voûtée du festin royal, faiblement rafraîchie en style troubadour pour le sacre de Charles X, les pièces peu ou prou meublées de l'ex-appartement du roi et une assez jolie chapelle du XIIIe siècle.

De nos jours, aux bourgeois enrichis par le commerce des vins, des biscuits, des pâtisseries au miel et des lainages, appartiennent la suprématie et le luxe. L'opulence de l'hôtel de ville commencé en 1627, mais fort agrandi depuis, certifie leur domination. C'est un vaste édifice orné en façade de l'équestre statue Louis XIII, — *amor Gallorum, hostium terror, orbis deliciæ*, — et dont le dedans offre de larges escaliers à rampes de bronze et parements de marbre, de pompeux salons de réception, une bibliothèque de quatre-vingt mille volumes et un musée, convenablement installés. Vous êtes là chez les véritables seigneurs de la Champagne, et les huissiers en témoignent qui portent correcte livrée aux armes de Reims : un rameau chargé de feuilles sous champ d'azur semé de fleurs de lis d'or avec la devise : *Dieu en soit garde*.

La prépondérance de cette bourgeoisie n'est d'ailleurs pas récente : elle s'imposait déjà au comte poète Thibaut IV et même à la royauté, qu'elle obligeait d'accorder à la cité une charte communale assez élastique pour lui permettre de gérer plus ou moins librement ses propres affaires. Il reste quelques logis de ce temps où Reims, à la fois belliqueuse et marchande, comme une république italienne, pouvait défendre ses prérogatives avec le secours d'une milice levée à ses frais. Le plus original et le plus joli de tous se trouve dans l'étroite et sombre rue des Tambours : c'est la maison du XIIIe siècle, dite des Musiciens, à cause des naïves et drôlatiques figures de musiciens, assises en des niches ogivales creusées entre chaque fenêtre, et jouant de la viole, de la rote, du rebec, de la cithare et de la trompette.

En dehors de la ville populeuse, presque *extra muros,* se répandent les industries rémoises, filatures, usines métallurgiques, teintureries, tissages mécaniques des laines qui n'occupent guère moins de douze à quinze mille ouvriers, et, sans cesse actives et laborieuses, ne laissent pas péricliter l'ancienne fortune de l'une des premières bourgeoisies de France. Les établissements des fabricants de vins de Champagne s'espacent aussi dans les faubourgs, sur un terrain crayeux, vague, morne, traversé d'avenues inachevées. Quelques-uns offrent l'aspect de châteaux véritables, entre autres celui de MM. Pommery, construit sur une légère éminence, encadré de tourelles à créneaux, élégant, pittoresque. Nous en avons visité les vastes ateliers, les caves immenses. Rien de plus intéressant à suivre que les multiples opérations infiniment délicates exigées pour fabriquer des vins mousseux, suivant les principes et les procédés perfectionnés inventés naguère par le très honoré dom Pierre Pérignon, abbé d'Hauvillers. L'un des contre-maîtres du nombreux personnel de femmes et d'ouvriers qui s'y emploient, dans un ordre rigoureux et parfait, nous a successivement indiqué et, quand cela se pouvait, montré : *l'assemblage,* ou mélange dans une seule cuve des différents crus récoltés pour faire du vin de Champagne; la *mise en bouteilles,* dans lesquelles ces crus choisis fermenteront durant trois ou quatre ans, de façon à jaillir en mousse pétillante; le bouchage au moyen d'ingénieuses machines; le *dégorgeage,* enlèvement des dépôts ou *masques* voilant d'une espèce de taie l'orifice des bouteilles; la mise sur pointes et le sucrage, dosé selon le goût divers des pays où le champagne sera consommé. Des millions de bouteilles ainsi préparées s'accumulent dans les longues allées des profondes caves Pommery, dont l'on ne peut s'empêcher d'admirer la netteté, et où même de larges hauts-reliefs de Navlet, représentant des mythologies de circonstance, comme le *Triomphe de Silène* et la *Fête de Bacchus,* mettent une note d'art assez inattendue.

Reims. — Vieilles maisons sur la place du Marché.

Il pourra sembler agréable d'aller de la sèche et blanche campagne rémoise dans une

région boisée, ombreuse, fraîche ; c'est aisé : les Ardennes sont proches et se ramifient aux collines de l'Argonne. On visite les manufacturières Château-Porcien et Rethel, petites villes d'origine quasi mérovingienne, antiques gardiennes de frontières, gardant l'empreinte de leur passé, et par Attigny, l'Attiniacum des Carolingiens, où le Saxon Witikind fut baptisé, en 786, en présence même de Charlemagne, où en 822 un concile d'évêques humilia l'empereur Louis le Débonnaire d'une pénitence publique, par Vouziers, Menthois, on entre en pays de boisseliers et de vanniers. Plus fertile se développe la terre ; où le sol est marécageux, les oseraies avides d'humidité étendent leurs claires feuillées frissonnantes. Les aromes des forêts descendent parfumer les champs. Des rapaces planent sur les collines brunes, d'où leurs frères les fauves ne sont pas complètement exilés. Les cabanes en lattes se mêlent aux solides maisons de pierres, couvertes en tuiles rouges. Le travail répand l'aisance dans ces demeures.

En avançant vers l'Argonne par la vallée de l'Aire, le sol paraît plus maigre, le paysage prend une teinte mélancolique. Sous le pâle rideau des bouleaux et des saules, des marais évaporent de lourdes brumes. Au loin s'ouvrent, toutes bleues, des gorges. Villages, hameaux adossent aux collines ou étalent dans la plaine de basses maisons de planches noires, pareilles à des baraques de nomades. On traverse Varennes, terme fatal du chemin suivi en 1791 par les fugitives majestés de Louis XVI et de Marie-Antoinette, et que l'on va suivre à son tour. Voici Clermont en Argonne, Sainte-Menehould, et, au long de ces étapes du terrible drame révolutionnaire, les regards chercheraient presque à reconnaître l'ornière jadis creusée dans la glaise par la funèbre berline que la fatalité conduisait, et dont chaque tour de roue rapprochait la famille royale de la prison du Temple et de la guillotine.

Valmy ! Valmy ! Une centaine de maisons de bois que domine une vieille église, c'est le village inoubliable. Deux collines à ses côtés s'élèvent, le mont d'Orbeval, le mont d'Yvon. Le 20 septembre 1792, l'armée de Dumouriez et de Kellermann s'appuyait à l'une de ces deux collines, le dos tourné à la rivière de l'Aisne, face à la France qu'il fallait sauver, face également à l'ennemi qu'il fallait vaincre. Ils vainquirent par l'amour de la patrie exalté jusqu'à l'enthousiasme. L'élan sacré des volontaires triompha de l'expérience et de la discipline des vieilles troupes prussiennes du duc de Brunswick, élève et le meilleur lieutenant du grand Frédéric. Une simple colonne au cimetière honore les morts de Valmy ; nous lisons les mots : *Gallia exteris liberata* : « La France libérée de l'étranger. » Brève leçon et brève formule de devoir et d'expérience, ils suffisent.

On les commente en action dans les grandes plaines blanches toutes proches, dont l'immensité presque vide convient aux évolutions militaires, de Saint-Hilaire à Mourmelon. Le camp de Châlons continue d'être l'école pratique, le champ de manœuvres incomparable de nos armées de l'Est. De faibles éminences se prêtent à l'installation des batteries, les tirailleurs s'embusquent à l'orée des bois frêles. Par milliers les fantassins opèrent sans heurts dans l'espace sans obstacles les marches prescrites. Nos soldats foulent le sol de Cheppe où les Huns avaient entouré leurs chariots, leurs familles, leur butin, de fossés qui subsistent sur trois côtés. Dures sont leurs fatigues, mais allégées par le sentiment du devoir et l'instinct de l'avenir.

Le centre réel de ce camp ou plutôt son point d'appui et de réserve, sa place forte, c'est Châlons, ville plate et poudreuse, que les hautes flèches de sa Notre-Dame poétisent au loin, et qui repose sur six kilomètres de caves, réservoirs à millions de bouteilles de vin de Champagne. La maison Périer fabrique, parmi ces vins, les plus délicieux. A côté de ses casernes, Châlons groupe des industries diverses où souvent sont admis en qualité d'ouvriers modèles, de chefs d'atelier types, les élèves de son École d'arts et métiers, fondée en 1832, pour trois cents jeunes hommes qui doivent y faire trois ans d'études.

Près de Châlons, l'admirable église Notre-Dame de l'Épine ne cesse d'attirer les fidèles à son sanctuaire renommé par maints prodiges, et les artistes aux merveilles sculpturales de son clocher, de sa nef et de son portail, ornés avec l'exubérance et la délicatesse de l'art à la fois mystique et réaliste de la fin du XIIIe siècle.

Au midi de Châlons, la Marne, le canal de la Marne et le chemin de fer vont de compagnie sillonner le Perthois, le Bocage, le Vallage, pays de marais stagnants et de craie aride que l'industrie transforme lentement. Là comme en Sologne, comme dans les Landes, les sapins tenaces enfoncent dans le sol leurs racines rameuses, avides, prenantes, y prolifient, en absorbent les sels réfractaires et lui rendent des sucs nourriciers. En même temps l'engrais l'amollit, en fait de l'humus végétal. Ces métamorphoses consolent les yeux. Si devant vous une plaine sans bornes étend son livide suaire, presque toujours un bois résineux y plaque une tache brune, et vous pensez : Ceci changera cela.

L'automne en Champagne; Bermericourt (Marne). — Tableau de A. Guéry.

Vitry-le-François est la ville importante du Perthois, au dehors place forte, à l'enceinte moderne, mais au dedans ville du XVIe siècle, créée par François Ier et dessinée par l'architecte bolonais Gerolamo Marini avec une correction géométrique extraordinaire : quatre rues limitant quatre quartiers dans lesquels on entre par quatre portes aboutissant à une place centrale de quatre arpents. A côté de Vitry-le-François gît le gallo-romain Vitry, trop bien nommé « le brûlé »; brûlé en effet deux fois, atrocement, d'abord en 1144 par Louis VII, qui fit se consumer dans un horrible brasier treize cents pauvres vassaux du comte de Champagne contre lequel il guerroyait, vieillards, femmes, enfants réfugiés dans l'église par frayeur des flammes dévorant leurs maisons et du carnage de leurs défenseurs; puis en 1541 par Charles-Quint. Ce Vitry misérable est révélé encore par son église gothique et par une croix sculptée au XIVe siècle qui, dit-on, commémore un étrange massacre de Juifs. Beaucoup de ces nomades habitaient la ville; enrichis par l'usure et détestés, on les accusa d'avoir essayé de corrompre les eaux en engageant les lépreux à s'y baigner, et la foule en tua un grand nombre. Quarante seulement réservés pour le bûcher furent mis en prison, et là, se résolvant au suicide, se choisirent un bourreau commun. Un vieillard se chargea d'égorger ses frères en Israël, s'adjoignit un jeune homme et mourut l'avant-dernier des mains de son compagnon. Alors celui-ci voulut vivre, dépouilla les cadavres de leur argent et de leurs bijoux, franchit une fenêtre, se laissa glisser le long du mur. Mais, alourdi par son butin, il tomba, se cassa la jambe, et, ramassé, fut brûlé publiquement...

Blesmes, sur un court affluent de l'Ornain, qui se tourne vers l'est pour arroser Bar-le-Duc, où nous irons ; Saint-Dizier et Vassy, ce dernier dans la vallée de la Blaise, sont animés par l'industrie métallurgique. Ils marquent l'accès des plaines à niveau supérieur et à minerai de fer nommées kellowiennes par les géologues. Dans la Haute-Marne, ces plaines constituent le deuxième fossé creusé par les courants diluviens dans le bassin de la Seine. Le sous-sol, exploité en maints endroits, alimente les forges qui, disséminées sur une grande région, travaillent le minerai, et d'où naissent quantité d'industries locales. Bientôt, à l'ombre des forêts qui en ont longtemps fourni le combustible et les entretiennent encore en partie, luisent les flammes des hauts fourneaux, et la fumée des hautes cheminées pesamment s'évapore.

Ville plate, fumeuse, rectiligne, aux maisons grises, aux jardins gris, aux longs faubourgs poudreux, Saint-Dizier, « marché régulateur des industries du fer, » s'entoure de forges, de fonderies, d'usines à boutons, étrilles, meubles de jardins, poids, serrures, fil de fer et clous. L'historien, l'artiste, s'en éloignent précipitamment. Mais sous la poussière du charbon ils reconnaissent dans Joinville le fief du bon sénéchal et la seigneurie des Guise : l'un à la statue représentant l'ami de saint Louis frileusement enveloppé de son manteau fourré de vair et de petit-gris ; l'autre aux tapisseries des Gobelins, aux boiseries, aux statues en marbre blanc de Dominique de Florence, provenant du château princier des Guise, et exposés dans l'hôtel de ville.

Donjeux, Andelot, Bologne, vingt autres bourgades ou villages de la région vivent par et pour le fer et l'acier, trempés dans les excellentes eaux de la Marne, de l'Ognon, de la Suize ; le val d'Osne, si connu pour ses moulages artistiques, est de ce côté ; et Marnaval, qui fabrique des laminoirs ; Saint-Urbain, qui possède une tréfilerie ; Langres et ses alentours, où la coutellerie occupe plus de dix mille artisans.

Aussi Chaumont-en-Bassigny semble-t-il la paisible retraite des maîtres de forges. La bonne ville en vérité pour y vieillir doucement, loin du grincement des machines, loin du tracas des affaires ! Comme on doit bien se reposer de la vie dans les respectables maisons de ses rues aphones, où l'herbe pousse sans contrainte entre les pavés moussus ! Des branches d'arbres passant par-dessus les murs fendillés des jardins promettent l'ombre, les parfums, le silence favorable aux siestes prolongées, et quand une fenêtre basse s'entr'ouvre, le luxe moelleux des appartements se révèle au curieux qui passe.

Et Chaumont n'est point sans intérêt ni beautés singulières. Le sculpteur Bouchardon a quelque peu sculpté les églises de sa ville natale, où son buste décore une fontaine rococo ; une statue, sur la promenade du Boulingrin, honore Joseph Lebon, inventeur du gaz d'éclairage, né à Brachey en 1767, mort en 1804, avant le triomphe de sa splendide invention ; et, près de la gare, un viaduc formé de trois rangs d'arcades superposées, enchaînant leurs courbes hardies sur six cents mètres de longueur, un étonnant, un superbe viaduc franchit le ravin au fond duquel la Suize creuse son sillon lumineux au pied même de la ville, qui dut d'exister à cette situation, comme en témoigne encore sa tour Hautefeuille, érigée en terrasse pour surveiller la plaine environnante.

Vers Langres le terrain s'élève graduellement jusqu'à la crête de l'âpre plateau, et l'air souffle plus vif. On sent un climat rude, salubre, propre à former des hommes énergiques. Le pays tourmenté, alternance de vallons noirs comme l'encre et de collines trapues, jaunes à la base, chauves au sommet, hérissées aux flancs de forêts de sapins, donne une impression de force et d'austérité. Dominant tout, Langres, vu de la plaine où le train stationne, paraît un môle isolé, massif, épaté, que surmonte une coupole comme une cloche. On n'arriverait pas, en une heure de marche essoufflée, à ses quatre cent soixante-dix-huit mètres d'altitude : un chemin de fer à crémaillère épargne cette épreuve. Cric-crac! Il part, il déroule en grondant sa chaîne, il rugit, il halète, il dévore la rampe ardue, presque verticale; une ample vallée se développe, un cirque de monts à moitié pelés s'arrondit... Cric-crac! débarquez.

Devant vous se groupent l'évêché, le séminaire, l'hospice, le collège autrefois dirigé par les jésuites, où commença l'éducation de Diderot; l'église-cathédrale Saint-Mammès. A vos côtés les remparts vont ceindre le plateau; vous êtes dans une place forte de première classe et dans une cité jadis toute religieuse.

Langres, chef-lieu des *Lingones,* amis de Jules César, est célèbre dans les annales des Gaules et de l'Église française. Au temps des Flaviens on y fabriquait les capotes en gros drap poilu que les légionnaires appelaient des caracallas, du nom de l'imperator qui les avait prescrites pour l'uniforme. On y voyait des temples, des arcs de triomphe, de riches villas. Cependant le christianisme y fructifia très vite. Vers l'an 250, une invasion de barbares le menaçant, Didier, son évêque, s'en fut courageusement implorer la pitié du roi alaman ou vandale Chrocus, qui lui fit trancher la tête. Aussitôt le saint décapité ramassa son chef sanglant, remonta à cheval et rentra dans la ville par une brèche instantanément ouverte pour le recevoir et refermée derrière lui. Pour attester ce miracle, on montre près de la tour Navarre une fente laissée comme une cicatrice au rocher traversé par le saint, et les quatre empreintes frappées par les pieds de son cheval.

Les puissants successeurs de saint Didier battaient monnaie sous Charles le Chauve; ils furent ducs et pairs de France sous les Capétiens. Au moyen âge leur seigneurie cléricale, défendue par l'enceinte gallo-romaine, pouvait résister à toutes les surprises. Le XVIe siècle a réparé et augmenté ces remparts; nous les avons à notre tour transformés, flanqués de douze forts ou fortins avancés, de batteries, d'ouvrages de campagne. Aujourd'hui Langres, assiégée vainement en 1870, est à l'est, non loin de la frontière, sur la limite du bassin de la Saône et du bassin de la Seine, une sentinelle de premier ordre. Poste d'honneur, mais garnison pénible!

Deux portes sont anciennes : l'une gallo-romaine, avec des arcades murées et d'intactes sculptures; l'autre, construite en 1647, et décorée d'un haut écusson royal et de deux figures de peuples ennemis vaincus par nos armes. Près de la porte du Midi se profile, à cinq kilomètres de distance, le plateau où la Marne prend sa source; la Marne, ici d'une limpidité pour nous toute nouvelle, pure, cristalline, et que nous allons quitter pour gagner les bords de l'Aube, également issue des hauteurs de Langres.

Bar-sur-Aube, assis au pied de la colline sur laquelle il s'élevait, et d'où l'on aperçoit Clairvaux, laisse l'image de grasses prairies, de moulins, de scieries mues par des écluses se mirant dans la rivière bien nommée l'Aube, « la blanche. » La puissante abbaye de Clairvaux le tenait jadis sous sa dépendance. Ce merveilleux phalanstère chrétien, organisé par saint Bernard avec une prévoyance, une sagesse admirables pour plus de sept cents religieux, une foule de convers, de vassaux, d'hommes liges, n'est plus qu'une maison centrale de détention. Il ne subsiste rien de l'architecture élégante, solide et si bien entendue du XIIIe siècle.

Contemporaine au moyen âge de l'abbaye cistercienne, la féodale Brienne est pareillement effacée. Des églises, des ruines marquent le berceau des magnifiques seigneurs Gauthier de Brienne, qui fut au XIIe siècle roi de Sicile; Jean de Brienne, qui fut au XIIIe siècle roi de Jérusalem, puis empereur de Constantinople; Gauthier de Brienne, qui fut duc d'Athènes au XIVe siècle; et Gauthier de Brienne, qui, dernier de sa race, fut tué connétable de France en 1356, à Poitiers. Leur chastel héréditaire s'élevait où se voit maintenant le château réédifié au XVIIIe siècle par un richissime Loménie, fort au-dessus de la ville et de bois, de plaines sans limites visibles. Ce même Loménie de Brienne avait également établi le collège des Minimes qui, érigé en école militaire en 1776, abrita de 1779 à 1784 l'élève gentilhomme Napoléon Bonaparte. Il ne reste pas traces de ce collège, mais qu'en est-il besoin? Ici la vivante histoire, écrite dans tous les esprits, ne parle que de *lui;* son nom seul allume un éclair d'orgueil dans tous les yeux, *son* prestige éblouit toutes les âmes. Le héros a d'ailleurs légué par son testament un million au théâtre de son adolescence et de ses premiers jeux militaires. Réduit à quatre cent mille francs, ce legs a permis de construire des écoles, un hospice, un asile et l'hôtel de ville devant lequel se dresse sur un piédestal en marbre vert rapporté d'Égypte la statue de Bonaparte. Pensif et studieux élève de l'école militaire, il tient à la main les *Vies des hommes illustres* de Plutarque; le socle répète une des paroles du Mémorial de Sainte-Hélène : « Dans ma pensée, Brienne est ma patrie; c'est là que j'ai ressenti les premières impressions de l'homme... »

Le tour de Champagne, que le lecteur fait avec nous, le ramène aux rives de la Seine ou plutôt de la Voulzie, qui n'est pas un fleuve aux grandes îles, non,

> Mais, avec un murmure aussi doux que son nom,
> Un tout petit ruisseau coulant visible à peine.
> Un géant altéré le boirait d'une haleine;
> Le nain vert Obéron, jouant aux bords des flots,
> Sauterait par-dessus sans mouiller ses grelots.

Cette jolie Voulzie, chantée par Hégésippe Moreau, coulait dans les larges fossés de Provins, à sec maintenant et où luisent, flammes odorantes, entre de vieilles murailles, les roses issues des roses de Jéricho, que le comte Thibaut rapporta de la Palestine en l'ancienne capitale de la Champagne. Le haut quartier de la ville est un curieux amas, sous la garde d'une très singulière tour militaire du XIIe siècle, appelée tour de César ou tour aux Prisonniers, de toute sorte de maisons chenues enfoncées dans le sol, et dont les portes basses en bois vermoulu sont ornées de pointes de diamant, de dents de scie et surmontées d'écussons.

On reconnaît à la mine, çà et là, de grands logis de clercs et d'officiers, un hôtel méfiant de prévôt ou de trésorier, de pauvres demeures d'artisans, le cloître et la salle capitulaire d'un couvent de clarisses...

Provins est comme la poésie de la prosaïque plaine sans ombre, plantée de céréales, de betteraves, à peine tachetée de bois et qui s'étend jusqu'à la verte ceinture de Paris. En cette Brie de grand labour agricole paressent nonchalamment de magnifiques châteaux de millionnaires, entre autres celui de Ferrières au baron Alphonse de Rothschild. Ferrières, très élégant édifice de style anglais, au milieu d'un parc ravissant, renferme des tableaux, des sculptures, des bronzes, des tapisseries, des meubles, des faïences, des porcelaines, qui en font un merveilleux musée d'œuvres d'art, tout à fait digne des fabuleuses richesses du premier financier du monde.

Crypte sépulcrale de l'abbaye de Saint-Denis.

A TRAVERS PLAINES

III

EN ILE-DE-FRANCE

En route pour le Vexin, le Valois, le Suessonnois, le Laonois, le Tardenois, petites provinces jadis presque autonomes de la terre illustre qui fut le berceau de la patrie ! Les premières elles s'agrégèrent à Paris, noyau de la nation future. Les premières elles reçurent fortement l'empreinte du clair et mâle génie de nos aïeux de la langue d'oïl. On ne les connaît plus guère sous leur nom historique. Encloses et comme fondues dans les départements arbitrairement tracés et banalement appelés : Aisne, Oise, Seine-et-Oise, — les jolis mots que voilà ! — elles subirent le sort commun à toute la vieille France, partagée en quatre-vingt-six morceaux, sous autant d'étiquettes baroques, de peur, on dirait, qu'elle pût un jour se rattacher à ses traditions séculaires. Cependant nos petites provinces résistent à l'effet désastreux de cette mutilation méthodique. Leur individualité survit à ce qui devait l'anéantir. Et c'est plaisir de leur reconnaître, comme à maints pays de France, — où tant de générations s'efforcèrent de réaliser l'idéal de leur race, — un aspect, des œuvres, des mœurs, des coutumes, un langage, des légendes, des souvenirs et des espérances, que l'on dirait d'un autre âge, tant ils ont de naturel, de grâce et de candeur. Oh ! les bons chemins ombreux où tout homme qui passe vous tire civilement son bonnet, où toute femme que l'on rencontre répond à votre salut par un sourire, où chacun semble vous dire : « Ami, soyez le bienvenu en terre d'honneur, de franchise et de politesse !... »

Les fumées de l'illustre et noire Saint-Denis se sont depuis longtemps évaporées avec la sublime vision de sa royale basilique, voici l'ancienne capitale du Vexin français. Pontoise, si elle ne rappelle que fort peu la cité féodale où Louis IX résidait, dans un château encore intact au XVIIe siècle, séduira néanmoins le voyageur venant de Paris et découvrant tout à coup, en pleine lumière éclaboussante, la blanche muraille de rochers et de remparts dressée comme une falaise contre la rive droite de l'Oise, au-dessus de laquelle se mêlent de riantes maisons, des jardins en terrasse, et s'élève l'énorme tour à clochetons de l'église Saint-Maclou. Elle offre à ce moment l'illusionnante image d'une ville à la fois orientale et gothique, telle que devait être la Jérusalem du royaume de Godefroy de Bouillon ; saint Louis en aimait le séjour à cause de cette ressemblance chère à sa piété.

Pontoise n'est plus qu'un marché de grains et de bestiaux. Elle a perdu ses abbayes de Saint-Martin, de Saint-Mellon, qui florissaient au moyen âge près de la royale demeure, et aussi le couvent de cordeliers dont le superbe réfectoire abrita trois ou quatre fois, en 1652, en 1720, en 1753, les séances du parlement exilé. La seule Saint-Maclou, dans la ville haute, rehausse la banalité ambiante du mérite artistique de ses jolies portes de la Renaissance et de sa chapelle de la Passion, due à la munificence de Charles V, et renfermant un fort beau groupe en marbre de l'Ensevelissement du Christ. Mais le flâneur se plaira dans la ville basse, où le quartier de la Viosne semble détaché d'une ville des Pays-Bas, où l'église Saint-Martin garde un sombre et curieux tombeau gothique, où l'étroite rue des Attanets est toute de maisons courbées, à charpentes dénudées, à porches surbaissés, avec des bancs de pierre hospitaliers posés sur le seuil depuis des siècles.

Ruines de Royaumont.

Vestiges des us familiers et débonnaires du passé, débris imposants de sa grandeur et de son goût abondent en Ile-de-France, assez pour éveiller l'enthousiasme de l'artiste et du penseur. L'éloquente écrivain Séverine en disait naguère l'intérêt et la beauté : « C'est ici le plus beau pays du monde... Des abbayes restent debout, dont on se chuchote encore les légendes de foi, d'amour, d'orgueil, de sang. Chaque cloche a son histoire, au-dessus de l'étroite église, trapue et délabrée, dont les arcs romans attestent l'origine. Les cloches, annonçant quelque humble cérémonie, parsèment dans l'air les échos des antiques tocsins ; les sonnailles héroïques, belliqueuses, joyeuses ou mornes, dont se proclamaient les actes accomplis... »

Ici même, en face de Pontoise, à côté du bourg fumeux de Saint-Ouen-l'Aumône, une villa sauvegarde de ruine définitive les restes de la célèbre abbaye de Maubuisson, fondée par Blanche de Castille, qui y était inhumée, et l'on admire une salle de chapitre, des dortoirs, un réfectoire, une grange de la plus fière architecture; on descend dans les vastes souterrains voûtés en ogive où reposaient tant de servantes du Christ, et parmi elles plus d'une princesse du sang royal.

Pur et tremblant miroir de frais villages aux chaumes pelucheux, tel qu'Auvers, de roches abruptes et de bois épais comme ceux de Méry, de brillants châteaux comme Stors, d'élégantes petites villes de villégiature comme l'Ile-Adam, l'Oise nous mène lentement aux bords de sa courte et frétillante tributaire la Nonette, qui a la gloire d'arroser Chantilly. Et tout en cheminant elle nous déroule les paysages dignes de la prédilection de Jules Dupré, de Corot, de Karl Daubigny, auxquels ils inspirèrent de si délicieuses peintures; elle nous montre les ruines mélancoliques de l'abbaye de Notre-Dame-du-Val, le manoir de la reine Blanche, le cloître de la grande abbaye de Royaumont. Formes et figures d'autrefois surgissent partout, à chaque pas que vous faites, du sol où dix siècles d'histoire de France ont été vécus.

La Nonette court sous les bois profonds qui dépendent encore du domaine princier que les Bouteiller de Senlis léguèrent aux d'Orgemont, les d'Orgemont aux Montmorency, les Montmorency très involontairement aux Condé, et le dernier de ces princes au très regretté duc d'Aumale, qui en a fait, par acte du 28 septembre 1886, la généreuse donation à l'Institut de France.

La petite ville de ce domaine semble vivre les jours de courses qui remplissent de Parisiens et d'étrangers, sportsmen ou joueurs, la vaste pelouse étendue devant son château. Imperturbablement calme en tout autre temps, elle paraît, comme Versailles, en deuil de ce qui n'est plus. Ses larges avenues désertes ne mènent qu'à des souvenirs. Où sont les innombrables officiers de la maison de Condé, les équipages de chasse, les chevaux, les meutes, en parties et fêtes continuelles, qui pourraient l'animer de l'éclat et du mouvement de la vie princière? On regarde avec étonnement, comme l'œuvre d'un autre âge, aussi éloigné de nous que l'ère des Pharaons, le palais monumental que « Mgr Louis-Henri de Bourbon », septième prince de Condé, fit construire de 1719 à 1735 pour loger ses trois ou quatre cents chevaux. Le château lui-même, élevant à peine au-dessus d'une esplanade blanche et nue les sommets de ses toits couronnés d'aigrettes, la pointe de sa tourelle, le clocher doré de sa chapelle, semble l'hypogée de très hautes et très puissantes ombres.

Cette noble demeure comprend trois corps de logis bien distincts : un correct et froid *château d'Enghien*, construit au XVIIIe siècle pour les invités des princes; le *vieux château* et le *châtelet*, entourés d'eau vive où nagent de grosses carpes, et dont l'architecture est charmante. Les appartements, les salons et les galeries du vieux

Château de Chantilly. — Les écuries : porte d'entrée.

château et du châtelet renferment des spécimens de tout ce que l'art, depuis la Renaissance, a produit d'exquis dans l'ameublement, la tapisserie, la sculpture sur bois, la peinture, la ciselure et le bibelot. Nous ne pouvons énumérer en détail les tableaux, les tapisseries, les émaux, les mosaïques, les camées, les bijoux, les médailles, les bronzes, les livres et les estampes, rares et sans prix; bref, les chefs-d'œuvre dont sont peuplés la galerie des Cerfs, la grande Galerie, la Loggia, la bibliothèque, la galerie des Batailles, la galerie de Psyché, le cabinet de Gemmes, la chapelle. Aussi bien le public est-il admis à l'accès de ces trésors incomparables du musée Condé.

La gloire du grand Condé rayonne dans ces châteaux splendides. On y voit sa chambre, son armure, les trophées de ses victoires, la chaise où « le valeureux comte de Fuentes » se faisait porter au plus vif du combat, montrant malgré ses infirmités « qu'une âme guerrière est maîtresse du corps qu'elle anime »; le bâton de commandement jeté dans la mêlée des ennemis à la sanglante bataille de Fribourg et repris par les troupes enthousiastes se trouve parmi ces reliques, et la galerie des Batailles publie les actions du héros dans une suite de tableaux à la Van der Meulen.

Au-devant des jardins s'élèvent la statue du vainqueur de Rocroy et celles de quelques-uns de ses plus illustres familiers, La Bruyère, Molière, Le Nostre, Bossuet. Il reste quelques bassins et quelques jets des « eaux qui ne se taisaient ni jour ni nuit ». On n'a pas effacé du parc les longues allées bordées par les vivantes murailles des charmilles, où le grand capitaine « savait parler à chacun selon ses talents »; et l'on peut encore errer dans le bois de Sylvie, chanté en plus d'une mélodieuse stance par le pauvre poète proscrit Théophile de Viaud, de qui céans la duchesse de Montmorency, Marie-Félicie des Ursins, abrita un moment l'infortune. Plus loin le jardin anglais ombrage les fabriques sentimentales à la mode au XVIIIe siècle.

Jadis l'exubérante et fastueuse existence du château vivifiait la petite ville ; ses ouvrières aux doigts de fée brodaient les fines dentelles que l'on fabrique maintenant au

Château de Chantilly. — La Tribune et la galerie des Cerfs. Le Châtelet.

métier; ce sont neiges d'antan. L'herbe pousse aux hôtels de la Grand'Rue. Une porte d'entrée, assez large d'envergure pour livrer passage à des foules, bâille sur le vide. L'église paroissiale serait indifférente sans le grave monument où on lit : *Condœorum corda per triginta annos, hoc sub marmore, civium fidei credita, intra Cantiliacum domum recepit. Pius nepos hæres Henricus Aurelianensis, anno MDCCCLXXXVIII mense Septembri.*

L'herbe ne manque pas non plus dans les rues étroites et sonores, aux portes des maisons assoupies et fleuries de Senlis, à moins d'une heure de Chantilly. Senlis fut jadis une ville florissante, industrieuse, presque guerrière, et c'est maintenant une aimable vieille petite ville, toute parfumée de son passé inscrit dans des ruines qui vieillissent tout, tout doucement. Les murs de son enceinte gallo-romaine rappellent son ancien nom de Sylvanectum, ville des Sylvanectes, ou, si l'on veut, de forestiers ; la résistance de ces vaillants Sylvanectes arrêta longtemps Jules César, et le triomphant neveu du vainqueur des Gaules les punit en donnant à leur cité le nom d'Augustomagus, qui ne parvint pas à s'imposer. Il y a quelque part à Senlis les ruines d'un cirque romain et les restes d'un château où résidèrent les rois de la première race, les empereurs de la seconde, les comtes du Vermandois et le bon Henri IV, plus populaire ici, comme partout, que tous les autres. Les rues ont des noms du moyen âge : Chat-Huret, Heaume, Puits-Tiphaine, Rouillards; le portail de la cathédrale est d'une élégance exquise et son clocher ajouré comme une pièce de dentelle de Chantilly, fin comme un peuplier, robuste comme un chêne. Ah! pour prier, pour songer aux chères âmes mortes, l'engageante église !

De sa flèche que l'horizon amincit en aiguille, Notre-Dame de Senlis domine toute une célèbre région du Valois. On l'aperçoit de la villa bâtie sur l'emplacement de l'abbaye de la Victoire, fondée par Philippe-Auguste à l'endroit où le courrier chargé d'annoncer la victoire de Bouvines avait rencontré le messager de son fils; on l'aperçoit encore des donjons presque effacés de Montépilloy et de la butte des Gens-d'Armes, entre la forêt d'Ermenonville et le beau parc de Mortefontaine.

La forêt d'Ermenonville offre dans sa libre portion, d'une belle vigueur agreste, les plus ravissantes promenades; sous ces futaies mêlées de bruyères et de genêts prospérait autrefois l'abbaye de Châlis, due à la munificence de Louis le Gros et dont l'abbatiale et la chapelle, sculptée et ornée de fresques dans le goût, sinon de la main, du Primatice, sont encloses dans une luxueuse habitation moderne. Le parc civilisé, poétisé, du marquis de Girardin, demeure avec ses grottes, ses cascades, ses ponceaux artificiels, ses « sublimes horreurs », ses fabriques, l'asile offert à Jean-Jacques Rousseau; le tombeau où reposa la dépouille mortelle du philosophe, transférée dans les caveaux du Panthéon, s'effrite sous les ombrages de l'île des Peupliers. On éprouve à visiter ces créations du XVIIIe siècle à son déclin, animées de son esprit et comme palpitantes de ses émotions, le charme mélancolique d'une excursion à travers les idées, les sentiments et les goûts d'un autre âge. Combien de nos aïeux, de nos aïeules, firent ce pèlerinage en se récitant les phrases passionnées de la *Nouvelle Héloïse* ou les éloquentes déclamations de l'*Émile*, en s'attendrissant, en pleurant au souvenir de « l'homme de la nature et de la vérité »! Combien peu nous leur ressemblons, et peut-être quel dommage pour l'idéal !

Au midi d'Ermenonville, la grande route peut conduire, à travers plaines, à Dammartin, à Nantouillet, à Juilly, évocateurs de figures bien différentes. S'il ne reste plus vestiges à Dammartin du donjon qu'une entaille gigantesque balafrait du haut en bas, ce qui donnait lieu au dicton : « Il est comme le château de Dammartin, il crève de rire, » l'église de cette bourgade délaissée garde le mausolée de l'un des maîtres de ce château, Antoine de Chabannes, capitaine des Écorcheurs, lieutenant de Charles VII, âme damnée de Louis XI. Juilly aussi, dans la chapelle de son collège d'oratoriens, renferme les tombeaux d'Henri d'Albret, roi de Navarre, et du cardinal de Bérulle; sous un marronnier de ses jardins, au bord d'un étang, le plus grand de ses élèves et de ses maîtres, Malebranche, le profond et si persuasif Malebranche, venait s'asseoir et méditer la philosophie platonicienne de la *Recherche de la vérité*. Il n'en faudrait pas davantage pour assurer la gloire littéraire d'une province, et voici plus. A la lisière du parc du très simple collège, immuable depuis le XVIIe siècle, Nantouillet rappelle la mémoire du trop fastueux prince de l'Église Antoine Duprat, cardinal-ministre de François Ier, complaisant favori de Louise de Savoie, figure d'ombre et de lumière, mais auquel on ne peut refuser le mérite d'avoir aimé les arts et les artistes. Il avait rempli Nantouillet de merveilleux ouvrages rapportés de ses ambassades en Italie; bien que délabré et converti en ferme, son château lui rend encore cet hommage. Le portail, où dans une niche s'assoit un pauvre Jupiter manchot, en est d'une architecture exquise et l'unique bâtiment conservé d'une virile élégance. Mais ce sont vraiment d'énergiques commentaires du *Vanitas vanitatum,* ces païennes sculptures si délicates, ces salamandres, symboles d'éternité, ornant des étables, des granges, et ce fermier qui se chauffe dans la salle des gardes au feu d'une cheminée blazonnée aux armes du prélat, déchiffrant les mots inscrits au-dessous des médaillons mythologiques : *Jovi genitori et protectori.*

Depuis Ermenonville, la Nonette ne guide plus nos excursions dans le Valois; mais voici l'Authonne, non moins vive, claire et brillante, nymphe du frais vallon resserré entre les forêts de Compiègne et de Villers-Cotterets. Elle passe au pied de Vez, antique capitale du pays et maintenant si humble hameau, que les ruines du château fort bâti par le duc Louis d'Orléans y semblent inexplicables; et près de Crépy, qui fut, ensuite de Vez, la cité maîtresse du Valois. Ville surannée et pour cela même, à nos yeux, infiniment agréable, Crépy, maintes fois assiégée, maintes fois dévastée, assemble autour de sa décré-

Arènes de Senlis.

pite collégiale de Saint-Thomas beaucoup d'hôtels nobles et bourgeois, datant des jours où il était chef-lieu de bailliage ; les restes de son château aux grands murs à contreforts fleuris et verdis par toute sorte de folles végétations donnent asile quelquefois à des comédiens nomades, dont la troupe vient distraire la petite ville.

Villers-Cotterets, longtemps plus magnifique, remuante et joyeuse que Crépy, à cause de son château construit pour François Ier et résidence fréquente des ducs d'Orléans au XVIIIe siècle, n'est pas devenue moins paisible. Son château, presque intact au dehors et dont l'on a respecté la chapelle et le grand escalier, celui-ci orné de larges frises mythologiques, recueille les indigents de Paris, dont il est le « dépôt de mendicité ». A certaines heures, ces lamentables vaincus des luttes pour la vie, plus atroces à Paris qu'en aucun lieu de France, se traînent isolés ou par groupes dans les silencieuses et mousseuses rues qu'ils ne sont pas pour égayer. Mais quelle antithèse à tant de mélancolie! Voici la souriante statue, la bénévole effigie en bronze d'Alexandre Dumas. En vérité, si l'on oubliait l'origine américaine, tropicale, d'Alexandre Dumas, on s'étonnerait de la naissance en ce calme milieu, le 24 juin 1802, de ce roi de la verve, de la belle humeur, de l'invention et du mouvement perpétuels. L'auteur des *Trois Mousquetaires* avait dans les veines le sang ensoleillé des Antilles; il se repose au cimetière de sa ville natale des agitations, du bruit, des triomphes qui furent sa vie.

Une des avenues d'aspect sauvage qui traversent la ténébreuse forêt de Villers-Cotterets mène à la Ferté-Milon, une autre à l'abbaye de Longpont, deux petits centres de féodalité, l'un militaire, l'autre clérical. La belle porte fortifiée, le bâtiment des hôtes de l'abbaye et le vaisseau délabré, sans toiture, tout enguirlandé de lierre, de sa grande église ogivale, consacrés le 24 octobre 1227, en présence de saint Louis et de Blanche de Castille, font partie d'une habitation aristocratique heureusement ouverte au voyageur. A la Ferté-Milon, une masse de tours éventrées et de murailles écharpées sont tout ce qui subsiste d'une des grandes forteresses du duc Louis d'Orléans. Si l'on n'a pas distingué entre les maisons du bourg celle où vint au monde, pour l'enchanter, en 1639, le plus mélodieux, le plus tendre des poètes, Jean Racine, au moins sa noble statue, taillée par David d'Angers, décore la place de la mairie.

Longpont est sur la route de Soissons, celle-ci grande et puissante ville du lointain autrefois, oppidum des *Suessiones*, ces rudes adversaires de Jules César en Gallia Belgica, résidence du patrice romain à qui les Francs de Clovis l'arrachèrent de vive force et d'un seul coup, capitale d'un royaume mérovingien, fière cité bourgeoise au moyen âge, et prompte à la révolte pour la revendication de ses franchises communales. Elle sommeille désormais; l'Académie qui y florissait au siècle dernier y pourrait tenir sans aucune distraction ses doctes séances.

On perdrait ses peines à chercher dans Soissons les traces d'une si grande histoire; on n'aurait même pas le moindre motif de s'y arrêter, si l'on n'apercevait de l'avenue de la Gare les ruines de l'abbaye de Saint-Jean-des-Vignes, où Thomas Becket demeura neuf ans confiné, et qu'il faut se hâter d'admirer avant que le temps et l'incurie n'en aient achevé la destruction. Le squelette de l'église de Saint-Jean-des-Vignes est si blanc, qu'on dirait d'un édifice en construction; son portail est flanqué de deux clochers. Le ciel met un rideau d'azur ou d'ouate à ses hautes ogives ouvertes sur le vide. C'est ainsi que l'incendie l'a faite. Mais l'autre façade, celle que l'on ne voit pas d'abord, est plus belle, ayant au milieu de son portail une rose du plus gracieux dessin, tout enlacée de pampres chargés de raisins, armes parlantes de l'abbaye également ciselée aux chapiteaux et aux pendentifs des arcades. Des nobles effigies de guerriers, de moines, de saintes femmes, se dressent encore dans les niches creusées aux quatre étages des tours; l'une de ces figures, une madone, nous semble un chef-d'œuvre : rien de plus chaste et de plus doux.

Entre Soissons et Laon s'interposent pour le touriste les ruines célèbres du château de Coucy, où l'on arrive par le court embranchement de chemin de fer; de loin se plaquent en durs reliefs contre l'horizon les murailles déchiquetées, les tours écimées et zébrées de cicatrices béantes, la puissante stature du donjon de la formidable forteresse, dont la puissance justifiait la devise si connue du sire Enguerrand : « Roi ne suis, ne prince, ne duc, ne comte aussy; je suis le sire de Coucy. »

Qu'on imagine une surface de dix mille mètres carrés; une enceinte de trois mètres d'épaisseur l'emprisonne et plonge sur une plaine en apparence illimitée, complètement soumise. Aux angles de l'enceinte, quatre tours cylindriques montent à trente-cinq mètres de hauteur; au centre le donjon circulaire, de trente mètres de diamètre, s'élève à cinquante-cinq mètres. Dans les vastes cours, les décombres des logis jadis occupés par les gens d'armes et les serviteurs s'amoncellent, recouverts de végétations hirsutes qui en interdisent l'approche. Les escaliers à demi rompus enroulent leurs spirales dans les tours délabrées; des meneaux encadrent les fenêtres brisées; une clef de voûte sculptée, d'élégantes nervures s'attachent à des moitiés de plafond ; un carré de pierres indique l'emplacement de la chapelle seigneuriale abattue. Tel est aujourd'hui le chastel construit de 1225 à 1230 pour le sire de Coucy, Enguerrand III, le turbulent chef des féodaux ligués contre Blanche de Castille. Devenu au XVIIe siècle repaire de mauvais compagnons et gentilshommes de grand chemin, très redoutables pendant les troubles de la Fronde, Mazarin employa l'artillerie et les mines à le mettre en cet état : ce fut d'ailleurs, à la même époque, le sort de la Ferté-Milon et de Pierrefonds. Étrangement intact et quasi battant neuf au milieu de ces débris, le grand donjon a été restauré entièrement par Viollet-le-Duc, comme pour démontrer à tout venant à quel point l'architecture féodale savait unir l'élégance à la solidité, et concilier l'agrément de la vie intérieure avec les nécessités de la défense militaire.

Laon. — La cathédrale.

Les deux portes, le beffroi, la si curieuse maison des Dîmes et ses vastes celliers aux grandes voûtes ogivales, l'église du bourg de Coucy, remontent aux Enguerrand ; à quelque distance, en forêt, sont encore les bâtiments de l'abbaye des Prémontrés, où le savant Mabillon écrivit *Gesta Dei per Francos;* et, comme pour achever de faire comprendre tout l'intérêt archéologique de cette région, voici Laon.

Laon, juchée à cent quatre-vingt-un mètres d'altitude, sur un roc dont la sinueuse Ardon baigne les assises, présente, n'ayant pu se développer faute d'espace et gardant une partie de son enceinte, l'image parfaite de la fameuse cité du moyen âge, gouvernée par ses évêques. Toutes ses rues convergent vers la cathédrale et l'évêché, ces mêmes rues sans doute que suivirent, en 1058, les bourgeois courant assiéger le seigneur comte-évêque Gaudry dans sa forteresse ecclésiastique. Le récit d'Augustin Thierry[1] sous les yeux, nul drame historique plus facile à recomposer dans son cadre naturel.

La cathédrale est en admirable harmonie avec ces annales de violence, mais aussi d'énergie et de liberté. Monstre d'architecture, énorme et superbe, sa nef et ses ailes, dessinant une croix, portèrent jadis neuf clochers, deux à chacune de ses quatre façades, un au milieu; cinq restent debout, dont celui du milieu, à demi tronqué, tout noir. Dans la décoration, la fantaisie réaliste des « tailleurs d'images » s'est largement donné carrière;

Cathédrale de Laon (cloître).

il ne se peut figures plus sensiblement vraies, plus marquées au signe de notre race que les masques si expressifs, si divers, si vivants, épanouis aux pendentifs et aux archivoltes du portail et de la nef. Visages d'hommes austères ou moqueurs, paillards ou paternes, exquises physionomies de femmes pieuses, discrètes et sages, ce sont autant de types de la vieille France. A la pure imagination des artistes appartiennent les gnômes, goules, nains, incubes et succubes dont les corps démoniaques se tordent comme des clowns aux gueules des gargouilles. Et puis de colossales statues de bœufs accroupis majestueusement au troisième étage complètent, soit d'un symbole bizarre, soit d'un hommage rendu aux témoins de la nativité de Bethléem, aux patients serviteurs du paysan, cette étonnante page de pierre, ce beau problème d'iconologie.

Auprès de Laon le sanctuaire de Notre-Dame-de-Liesse n'est pas oublié des pèlerins; au delà, vers le nord-est, commence la Thiérache, contrée d'aspect singulier, sans accidents très vifs. Le sol ondule sans cesse; ce sont partout bois-taillis, buissons épineux, haies serrées limitant des champs de betteraves. Déjà le Nord se fait sentir, le Nord surtout industriel, le Nord aux longs hivers; on devine, à ses dehors, l'habitation nette et froide, la chambre carrelée, propre sans grâce, les meubles luisants et carrés, le frileux poêle de fonte ou de faïence, âme du logis, installé au milieu, et que l'on allume de si bonne heure en automne pour l'éteindre si tard au printemps.

Guise, ancienne capitale du pays, berceau historique de l'illustre famille princière, issue de la maison de Lorraine qui faillit donner à la France une nouvelle race royale, Guise fournit de ses poêles la Thiérache entière, les Flandres, la Belgique, la Hollande, Paris lui-même. De son immense usine d'appareils de chauffage dépend le célèbre *familistère* des « Associés du Travail et du Capital » institué par J.-B.-A. Godin, mort en 1888.

L'Oise arrose Guise; ce grand affluent de la Seine double ici le canal de la Sambre. Villes et bourgs manufacturiers se suivent : Ribemont, Tergnier aux nombreuses filatures; la Fère-en-Tardenois, citadelle toute hérissée d'artillerie, tout animée par des fabriques

---

[1] Voir *Lettres sur l'Histoire de France*.

d'engins de destruction; Chauny, où se fait le polissage des glaces fabriquées à Saint-Gobain; Folembray, autrefois maison de plaisance royale et maintenant verrerie de premier ordre. Chauny, Saint-Gobain, Folembray, composent un groupe intéressant de cités laborieuses, vouées séculairement à une industrie si périlleuse et si difficile, que, pour encourager et honorer ceux qui s'y adonnaient, on leur accordait le titre de gentilhomme et le droit de porter l'épée. Qui ne connaît d'universelle réputation la manufacture de glaces de Saint-Gobain? Qui ne sait qu'elle expédie sur tous les points du monde, où le luxe est répandu, d'incomparables glaces, à la fois de dimensions extraordinaires et du plus beau fini?

Au sortir de ces fumées, quelle douceur d'entrer par un gracieux jardin public dans une vieille cité paisible comme Noyon, et d'errer dans de vieilles rues proprettes entre des logis du moyen âge et de la Renaissance, qui sont de l'histoire pétrifiée ! C'est à Noyon que Charlemagne fut couronné et Hugues Capet proclamé roi, gloire du passé complètement éteinte, mais dont l'hôtel de ville et la cathédrale ont gardé le rayonnement. Sur la plus grande place de la ville morte, l'hôtel de ville étale une façade brunie, fouillée, ciselée par les mains délicates des contemporains de Germain Pilon. En face, une ambitieuse fontaine du temps de Louis XV s'effrite lentement

Ancienne abbaye cistercienne d'Ourscamps, près de Noyon.

sans qu'on y prenne garde. Nulle industrie, point de bruit, un silence ecclésiastique. Enveloppée de cette imperturbable tranquillité, la cathédrale semble encore plus ample et majestueuse : grand édifice du XIIe siècle, en croix latine, avec un portail énorme et plusieurs façades élégantes et sobres. Aux nefs s'appuient, délabrés, délaissés, une salle capitulaire, les restes d'un cloître, la salle du trésor, deux chapelles et une longue galerie de bois qui fut la librairie des chanoines, où peut-être étudia l'infidèle Calvin.

Compiègne aussi est ville de repos, ville du passé, ville de résidence royale et impériale, mais combien moins séduisante ! On la dirait hantée d'une bourgeoisie qui bâille et d'une aristocratie qui boude. Le palais vide, grand, somptueux, respire l'ennui. Coûteux parasite, réédifié par le plus égoïste des rois, et si banal qu'il ne peut devenir un musée, il attend le retour du prince qui lui rendra les chasses auxquelles il servait de fastueux rendez-vous. Le seul parc semble adorable, surtout si l'on y arrive par la porte féodale de Charles le Sage, ouverte, près du quai de l'Oise, sur des allées solitaires, obscures et parfumées. L'artiste préfère à cet inutile séjour l'hôtel de ville que surmonte un beffroi du XVe siècle, que vivifient des clochetons, des fenêtres, des tourelles si délicatement fleuronnées, et la statue équestre de Louis XII, et ces figures : Charlemagne, Pierre d'Ailly, Jeanne d'Arc, Charles VII, Louis IX et saint Remi, abritées sous les trèfles ajourés des niches. Signe du Nord : du beffroi tous les quarts d'heure s'envolent les notes argentines d'un carillon exécuté par trois bizarres fantoches nommés picantins, frappant de leurs marteaux sur la cloche sonore nommée Banclocke.

Compiègne est la cité d'une antique forêt, abondante encore en sites imprévus, en ravines où l'on s'égare, en futaies de mine sauvage. Beaucoup de mares et d'étangs, où vont au crépuscule boire les cerfs altérés par leurs libres jeux, que l'on ne menace plus, y luisent sous l'ombre des hêtrées gigantesques, entre des collines boisées jusqu'au faîte. Plusieurs villages renommés s'enfouissent dans les éclaircies que leurs sylvicoles pratiquèrent jadis, la hache à la main, à travers les cépées inextricables du giboyeux domaine de Cuise. Le mont Ganelon, le mont Saint-Mard, la chaussée de Brunehaut, Chaulieu et ses ruines gallo-romaines, Saint-Jean-au-Bois au vieux prieuré, les rustiques la Brévière et Vieux-Moulin; Rivecourt, où vécut le *grand Ferré,* ce patriote de la guerre de Cent ans en qui se personnifia si hautement l'homme de terre française invinciblement lié à sa malheureuse patrie; l'étang de Sainte-Périne, où les parties de chasse impériales se terminaient par de sanglantes curées aux flambeaux : autant de sites, de lieux familiers aux touristes. Mais le plus célèbre et le plus fréquenté, c'est Pierrefonds, si fin, si clair, si gai à première vue, pressant ses maisons de plaisance, ses hôtels, son établissement de bains et son casino entre son « lac » et le roc où se dresse tout blanc, tout battant neuf, couronné de mâchicoulis et de créneaux, d'aigrettes et de flèches, son château gothique, là planté comme un burg au bord du Rhin.

Ce château, si peu farouche malgré ses prétentions féodales, est l'exacte et glaciale restauration, par Viollet-le-Duc, d'un type fameux de l'architecture militaire du xve siècle,

Compiègne. — Hôtel de ville.

construit pour le duc Louis d'Orléans et ruiné par Mazarin. De pieux bas-reliefs, des archanges, des guerriers illustres encastrés aux faces des tours et à la porte d'honneur le placent sous l'égide des puissances célestes et des héros révérés au moyen âge. Devant le grand perron la statue équestre, en bronze, du duc Louis d'Orléans, par Frémiet, représente un fier chevalier armé de pied en cap, la lance au poing. Dans une suite de pièces, trop peu nombreuses, des figures fantastiques d'animaux et d'êtres surnaturels s'enroulent aux lambris; des moitiés de hêtres posent sur les chenets d'immenses cheminées blasonnées; aux chambranles, aux tentures, aux longs bandeaux appelés « litres », des peintures interprètent des fabliaux, des légendes et des scènes domestiques. En une sorte de frise à la détrempe, toute la vie d'un chevalier est retracée de l'enfance à la mort. La vaste salle dite des *Preux* offre les statues coloriées des neuf preux chantés par les trouvères des cycles de la Table ronde et du roi Arthur. Et si tout cela n'enflamme pas plus l'imagination qu'un épineux problème d'archéologie résolu à merveille, c'est au moins extrêmement curieux.

Petites villes et bourgs, — dont plus d'un eut son heure de célébrité historique, — Port-Saint-Maxence, Creil, Clermont-en-Beauvaisis, l'ex-fief des puissants comtes de Clermont, issus de saint Louis; Nogent-les-Vierges, Mouy, jalonnent notre chemin vers Beauvais. On les entrevoit poudreux, laborieux, vivant de l'exploitation des carrières de pierre à bâtir, nombreuses en ce pays de craie, et de quelques autres industries noires;

Château de Pierrefonds.

les vallées du Thérain et de la Bresche sont de longues rues d'usines. Clermont, à sa population indigène, a le triste avantage de joindre les mille détenus de sa maison centrale de femmes et les douze cents insensés, — ou déclarés tels, — de sa « maison de santé ». Près de Coudray un humble village, Saint-Germer, garde l'admirable Sainte-Chapelle d'une abbaye de bénédictins et sa porte féodale. Çà et là de brillants châteaux, Liancourt, Cires-les-Mello, Mouchy, possèdent des portions de la grande sylve des Bellovaques, l'une des plus vastes des Gaules au temps de Jules César.

L'ancien oppidum de ces vaillants Bellovaques, Beauvais, si prospère au moyen âge, quand ses drapiers enivrés de leur fortune allaient jusqu'à se proposer d'élever à leurs frais la plus vaste et la plus riche église de France. Beauvais paraît assez effacée, presque déchue. Est-ce l'effet des rudes assauts et pillages qu'elle a subis? Nous inclinons à le croire, car les Normands l'ont saccagée, les Jacques l'ont dévastée, les Anglais l'ont brûlée. Elle a dû ne pouvoir se relever de tant de désastres.

Magnifique témoignage de ces épreuves, fatales au développement de la ville, la cathédrale, commencée en 1225 sur un plan grandiose, reste à jamais inachevée depuis 1575, où sa prodigieuse flèche croula d'une hauteur de cent cinquante-trois mètres; ses deux portails, dentelles de pierre d'une incroyable richesse, et le chœur aux voûtes prodigieusement élevées, montrent ce qu'elle devait être. Au dedans, de rares vitraux, des tapisseries voilent un peu la nudité des murs; on retrouve en celles-ci la légende du prince troyen Francus, naïvement contée en caractères gothiques dignes de l'attention des érudits. Sonnant les heures des offices, une horloge astronomique marque avec ses quatre-vingt-dix mille mouvements les évolutions des astres, les phases de la lune, le cours des saisons, et généralement toutes les périodicités célestes et terrestres relatées dans les almanachs.

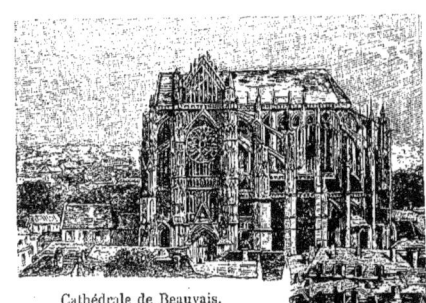

Cathédrale de Beauvais.

Beauvais subsiste de ses jardins maraîchers, cultivés avec un art admirable; des poteries, des briques réfractaires qu'elle fabriqua de tout temps, du temps même des primitifs Bellovaques; de sa tabletterie variée, et de la manufacture de tapis fondée en 1664 par Colbert, et si connue par tant de pièces du goût le plus sûr et le plus charmant, semées dans les palais nationaux. Mais l'honneur, la gloire, la poésie de la cité, c'est Jeanne Hachette, dont la statue décore la place démesurément grande de l'Hôtel-de-Ville, et que l'on fête tous les ans avec une singulière ferveur. Fêtes émouvantes et curieuses! Le dimanche le plus rapproché du 27 juin, — en mémoire du 27 juin 1472, où l'assaut des Bourguignons de Charles le Téméraire fut si vaillamment repoussé, — s'organise la procession, dite de sainte Andragème. Des salves d'artillerie tirées par les jeunes filles annoncent et scandent la procession. Aux sons de cette musique, martiale s'il en est, les femmes s'avancent portant des oriflammes, des bannières; et, précédant les hommes pour leur avoir jadis donné l'exemple du courage, Jeanne Laisné, surnommée Jeanne Hachette, reine de la cérémonie, représentée par une dame choisie entre les plus dignes, déploie l'étendard arraché à l'ennemi par l'héroïne et conservé à la maison commune.

A TRAVERS PLAINES

IV

DE BEAUCE EN NORMANDIE

Autour de nous, la plaine beauceronne, immense nappe d'or.

Nous l'avions aperçue de son grenier d'Étampes ; elle se déroulait peu à peu tandis que nous parcourions les fraîches vallées de l'Orge, de l'Yvette et de la Mauldre, auxquelles les dernières ramifications des grès de Fontainebleau impriment des formes variées si gracieuses. L'horizon enveloppait dans ses plis, comme pour nous les cacher à jamais, — tant il paraît infini maintenant, — le château fort de Dourdan en Hurepoix, construit par Philippe-Auguste, les ruines altières de Rochefort en Iveline et de Montfort-l'Amaury, les beaux ombrages silencieux de Rambouillet, le fin clocher d'Épernon, et les gigantesques débris de l'aqueduc ébauché dans le but d'abreuver les jardins de Versailles avec les eaux de l'Eure, et qui laisse sous une de ses arches colossales passer l'avenue du château de Maintenon, où le grand roi, qui voulait cet aqueduc et ne put l'obtenir, la mort s'opposant à son caprice souverain, épousa secrètement la prude et sévère Françoise d'Aubigné.

Plus d'accidents pittoresques sous nos yeux atterrés de la monotonie de l'espace sans bornes : un désert nourricier couvert d'épis jaunes ondulant sous la brise, comme les sables du Sahara au souffle du simoun. Point d'ombre non plus ; par les longs rubans des routes arides on marcherait tout un jour sans rencontrer un bouquet d'arbres. Que ne sourd-il çà et là une source pure, une claire fontaine ! Rien. Et l'on s'effraye du voyage à continuer. Mais vers le lointain là-bas nous guident, — comme autrefois les âmes de ferveur, — deux clochers jumeaux, deux aiguilles piquées sur l'azur brûlé du ciel, et qui grandissent et resplendissent enfin, phares antiques de la Gaule chrétienne, dressés au lieu même où l'idéaliste religion des druides prescrivait de sacrifier à la « Vierge qui devait enfanter », au lieu même où Celtes et Belges tenaient leurs plénières assemblées politiques et concentraient leurs inspirations vers l'indépendance, la justice et la vérité.

Ces clochers annoncent Chartres, cité sainte jadis, parce que peut-être on y comprenait mieux qu'ailleurs le sens profond de la prière : « Notre Père qui êtes aux cieux, donnez-nous notre pain quotidien! » La ville, immuable sur l'oppidum des anciens Carnutes, domine de très haut la verdoyante vallée de l'Eure. Cette rivière, bordée de lavoirs, coule entre des ombrages au pied de la colline que ses maisons grimpent jusqu'au pied de la merveilleuse cathédrale. Contre les rives, le faubourg de Bourgneuf s'est groupé depuis longtemps et se rattache à la ville par des rues escarpées ou par de longs escaliers zigzagants, coupés de plates-formes. Entre ces rues, ces escaliers, des ruelles s'insinuent, des impasses s'enfoncent, des voûtes se glissent, creusées comme des tanières par un peuple de fourmis. Souvent les habitations répondent à cette topographie bizarre :

Chartres. — Parvis de la cathédrale.

flanquées de tourelles, chargées d'auvents, papelonnées d'ardoises ou sculptées, chevronnées, fleuronnées, elles respectent leur architecture originaire, et plus d'une, particulièrement intéressante, se pare des arceaux du xiie siècle, ou des frises et des rinceaux de la Renaissance.

Au long de l'Eure, l'enceinte du moyen âge n'a pas complètement disparu; l'une de ses portes, dite porte Guillaume, ouvre entre ses deux tours si robustes et par les vieilles rues si raides des foulons et des corroyeurs un passage vers Notre-Dame : Notre-Dame, orgueil de la Beauce et l'un des plus beaux édifices de France.

Dès les premiers siècles du christianisme, Chartres, très vite conquise par l'Évangile, se distingue entre les cités chrétiennes des Gaules par la beauté de son sanctuaire et l'ardeur de son culte. Son église, baptisée d'abord Sainte-Marie, fut un but de pèlerinage national à l'autel de la Vierge Mère. On s'y rendait de tous les points de l'Ile-de-France, de la Touraine, de l'Anjou, de la Bretagne, de la Champagne. Au loin d'ailleurs s'exerçait le pouvoir de ses comtes, et ses évêques, aimant et protégeant les arts libéraux, dirigeaient des écoles célèbres; mais les guerres barbares ruinèrent Sainte-Marie. La construction parfaite de l'édifice actuel, — commencé en l'an 1020, mais bientôt incendié, — ne fut possible qu'à l'époque relativement calme du complet épanouissement du régime féodal. Alors les générosités des fidèles, les offrandes des pèlerins, les dons des rois de France, de la noblesse, du clergé, des gros bourgeois chartrains, permirent de concevoir et d'exécuter ce glorieux vaisseau mystique, long de cent trente-quatre mètres, haut de trente-six, et les mâts s'élevèrent l'un à cent quinze mètres, l'autre à cent six. La consécration solennelle en eut lieu en 1260, devant saint Louis. Les siècles suivants y ont travaillé encore, mais sans en modifier le dessin général, et elle offre, sauf dans les détails, une presque unité.

Notre-Dame de Chartres a la forme d'une croix latine et la couleur de la cendre; trois portails : un à l'ouest, d'une majesté raide et sublime, peuplé de personnages souverains étroitement serrés dans leurs tuniques et leurs robes royales, et un à chaque face des transepts : ceux-ci plus riches, animés d'une plus grande multitude de personnages et d'animaux, et avec des fenêtres, des roses, des galeries d'une ampleur étonnante et du plus charmant dessin. Plus de neuf cents statues (l'église en son ensemble n'en compte pas moins de six mille) s'abritent sous les arceaux, dans les niches, sous les voûtes, les archivoltes, et s'enlacent aux rayons des roses, figures idéalement ascétiques, âmes incarnées, corps décharnés, exprimant avec une naïve énergie les scènes et les morales de la Bible et de l'Évangile mêlées aux mythes du moyen âge et aux légendes de l'histoire locale. Un des clochers a l'inébranlable majesté d'une pyramide; l'autre, ouvrage du XVIe siècle, est ciselé comme un joyau de Cellini. Au dedans des nefs sobrement ornées, élancées comme la prière, graves comme la pénitence, les beaux vitraux du XIIIe siècle aux milliers de personnages tamisent une douce lumière. A l'entrée du chœur, la Vierge du Pilier reçoit d'innombrables supplications inscrites en des ex-voto. Ce chœur lui-même, une étonnante clôture de pierre sculptée l'enferme dans une suite de bas-reliefs déroulant la vie de la Vierge et du Christ avec prodigieusement de verve, d'invention et d'éclat. Sous la nef d'autres nefs existent, cryptes du XIe siècle, très vastes, divisées en chapelles ornées de fresques et contenant chacune des reliques vénérées.

A la grandeur muette de sa Notre-Dame s'accorde le calme d'une ville qui ne s'émeut que les jours de marché; mais alors tout s'y met en branle : bourgeois et rustauds, citadins et paysans s'assemblent autour des sacs de blé que leur mesurent les soixante femmes appelées leveuses, dont cette fonction est le privilège, et qui forment une fédération de douze sociétés singulièrement nommées : Beaudouines, Berlines, Bejardes, Boutris, Brulardes, Deniaudes, Grâces-de-Dieu, Jattières, Lutonnes, Menuisières, Mulottes et Roses. C'est dans ce milieu de simplicité bien gauloise que se formèrent le savoureux talent du poète Mathurin Régnier et la vertu martiale du héros François Séverin des Graviers Marceau, qu'une admirable statue d'Auguste Préault rend visible à ses concitoyens, comme un tangible exemple de patriotisme! Sainteté, vertu, talent, gloire, richesse, Chartres est bien partagé...

La plaine nous ressaisit, la plaine illimitée. Il nous a fallu un singulier courage pour nous résigner à chercher dans ces planes solitudes le château féodal de Villebon, honoré du grand nom de Sully, qui y reçut Henri IV, y passa des années de vieillesse à dicter ses *Économies* et y mourut; souvenirs évoqués moins par sa statue que par le respectueux maintien de ses appartements tapissés de verdures de Flandre, meublés de buffets à crédences, de fauteuils en cuir de Cordoue et de lits à courtines.

Puis nous sommes revenus dans la vallée de l'Eure, tout près du moins, à Dreux, ville située comme Houdan, si connue pour son vieux donjon et la race de ses poules, à la frontière de l'Ile-de-France et de la Normandie, entre le pays du cidre et le pays du vin. Elle est d'un abord agréable à cause des jardins, des buis verdissant jusqu'au faîte la colline, où les ruines de son château fort entourent les frontons gréco-romans, le dôme lombard et la flèche gothique de la chapelle funéraire de la famille royale d'Orléans. Le luxe intérieur de ce mausolée correspond à la richesse de son style composite. De beaux vitraux de Sèvres, peints d'après les cartons d'Ingres, d'Horace Vernet, de Larivière, d'Hippolyte Flandrin, y versent leurs ondes diaprées sur un dallage de marbre et d'onyx, et, dans les caveaux de la crypte, leur clarté plus mystérieuse se répand sur les marbres funéraires de Louis-Philippe Ier et de la reine Amélie, du duc et de la duchesse Henri d'Orléans, comme sur les sarcophages parés seulement des noms du duc de Penthièvre et de la princesse de Lamballe.

L'Eure, au delà de Dreux, se fraye chemin entre des hauteurs boisées, au travers de taillis giboyeux et de grasses prairies qui fixent dans ce bon pays de chasse et de pêche plus d'un millionnaire. Ce ne sont à la file que parcs et châteaux. Le plus joli de tous était jadis celui d'Anet, véritablement féerique, ayant été construit par Philibert Delorme pour Diane de Poitiers, sculpté par Jean Goujon et éclairé par des vitraux de Jean Cousin. Il fut démoli à peu près entièrement sous la Révolution, et les débris qu'en a recueillis le palais de l'École des beaux-arts, à Paris, le font assez regretter des artistes. A petite distance de cette voluptueuse campagne des Valois et des Vendôme, près d'Ivry, surnommée la Bataille, à Épieds, une pyramide marque la place où se dressait la tente du vainqueur « au panache blanc » du combat du 14 mars 1590.

A l'ouest de la vallée, autour d'Évreux, vieille ville modernisée, s'étendent les vastes plateaux fertiles appelés campagne du Neubourg, campagne Saint-André, pays d'Ouche. Terres de labour et vastes pacages, ils caractérisent la Normandie, province de grande

Cathédrale d'Évreux.

culture. Sur l'herbe drue et brillante des prairies, vingt-cinq à trente pommiers par hectare jettent l'ombre de leurs rameaux noueux et penchés, et la route longe fréquemment ces interminables bandes horizontales de plantations uniformes auxquelles on donne le nom pittoresque de « mouchoirs à bœufs ». Ces vastes champs appartiennent de plus en plus à de grands propriétaires qui, pour se passer d'ouvriers, s'isoler, par économie ou par orgueil, tendent à convertir en pâtures d'élevage les grasses terres de labour. Aussi le regard éprouve-t-il rarement la joie d'y rencontrer la plaisante métairie et le modeste enclos qui laisseraient entrevoir l'image de bonheur rêvée par le poète : *O fortunatos nimium!...* La grande ferme louée à bail pour neuf ans et le château du maître avec ses dépendances accaparant le sol, l'ouvrier agricole, chassé du champ héréditaire que lui ravissent l'usure ou l'avidité, s'en va demander à l'usine un salaire misérable. Souvent même il quitte le pays natal, sur la foi d'un dicton plus ingénieux que sage : *Sangement de patis réjouit la berbis*. Le département de l'Eure a perdu de cette manière, en quelques années, vingt-cinq mille de ses enfants d'origine, et ce triste mouvement continue; la solitude se fait où était la vie, la menaçante solitude des *latifundia*, triomphe léthifère de l'égoïsme[1].

---

[1] Voir les *Populations agricoles de la Normandie*, par H. Baudrillart.

De lentes pérégrinations dans ces latifundia seraient fastidieuses; mais on se plaît à visiter les vallons où murmurent les limpides, les lumineuses rivières l'Iton, la Rille, la Charentonne, la Blaise, la Monvelle et cette Avre dont Paris boit maintenant l'eau si pure. Ce sont les oasis de la Normandie. La végétation y est fougueuse et d'un vert éclatant. Dans leurs herbes hautes et fleuries les vaches enfoncent jusqu'au poitrail. L'industrie, qui y est très répandue, favorisée par le cours abondant et vif des rivières, excellents moteurs naturels de machines et de moulins, n'y est point triste. Au milieu d'un jardin, d'un pré, l'usine a l'aspect d'un château, la ferme en pierres et briques festonnées d'espaliers semble une maison de plaisance. Nonancourt, où sont établies les filatures Waddington, Tillères, la charmante Verneuil, dont la tour Grise rappelle le turbulent passé féodal; Laigle, Rugles, Conches et Beaumont-le-Roger aux intéressantes ruines, sont de petites villes laborieuses et cependant agréables. Des grands bois, des forêts, qu'il est interdit de défricher, ouvrent en maints endroits leurs ténébreuses avenues : on peut aller par l'une de celles-ci de Rugles à Montfort le féodal, éloigné de douze à treize lieues.

On passe alors à Bernay, franche ville normande, d'art normand, d'industrie normande, de commerce normand. Car le portail de son église paroissiale et celui de Notre-Dame de la Couture, qui fut une célèbre abbaye de femmes, sont dignes par leur ampleur et la richesse de leur décoration du temps où les Normands semaient de merveilles gothiques la Neustrie. Car ses fabriques de toiles, de drap, de papier et de cuir, sont rigoureusement organisées selon les doctrines de l'intérêt personnel bien entendu. Car enfin, s'il vous arrive d'assister à la fameuse foire aux chevaux, dite *foire fleurie*, parce qu'elle a lieu le dimanche des Rameaux, et de vous mêler à la foule des éleveurs en chapeaux de soie et en blouse, des maquignons en chapeau rond et veste ronde, vous apprendrez à connaître tout ce qu'un gars normand, éduqué ou rustaud, n'importe, peut déployer de finesse, de ruse et d'âpreté au gain. C'est là qu'il faut voir les plus gesticulantes disputes s'engager entre des adversaires défiants, dont la préoccupation continuelle est de ne jamais dire oui ou non « par horreur de la parole qui lie ». Aux cris, aux jurons, aux colères feintes des adversaires, à leur mimique indignée, stupéfaite, effarée, on croirait qu'il s'agit d'un incommensurable écart entre l'offre du marchand et la demande du chaland. Et comme on est loin de compte! C'est pour cent, pour vingt sous, pour dix centimes qu'ils dépensent tant de diplomatie, tant de verve tragique et comique tour à tour. Aussi tout finit-il entre eux par se conclure. Nos gens se tapent dans la main et, dans le cabaret le plus proche, vont terminer en buvant du meilleur cidre, du *vré bon bère*. Dame! à tant parler on s'échauffe, et *quand i fait cat, un coup de besson fait plâsi*. Mais pourquoi perdre le temps en contestations superflues? A quoi bon *haricoter*? Eh! que voulez-vous! *L'z affé sont l'z affé!* Maintenant *aboulez mé vot' argent, m'nami*. Pas de spectacle plus divertissant joué par des comédiens plus accomplis.

La région maritime, au nord de Bernay, nous est familière, et nous revenons à la vallée de la Seine par Neubourg et Louviers, pour achever de visiter la Normandie. Devant l'hôtel de ville de l'industrieux Neubourg se dresse la statue du parfait honnête homme politique Dupont de l'Eure, président du gouvernement provisoire de 1848; mais nous ignorons si « Neufbourg » a gardé trace ou souvenance du château où fut, en 1661, représenté par la troupe royale du Marais, « en réjouissance publique du mariage du roi et de la paix avec l'Espagne, » la *Toison d'or*, « pièce à machine et à musique, du sieur Pierre Corneille. » La muse créatrice du grand poète fit entendre sur cette scène improvisée de mâles accents bien dignes de son génie, et, par exemple, ces vers du prologue, que les désastres du grand règne alors à son début devaient rendre prophétiques :

> A vaincre si longtemps mes forces s'affaiblissent.
> L'État est florissant, mais les peuples gémissent.
> Leurs membres décharnés courbent sous mes hauts faits,
> Et la gloire du trône accable mes sujets.

Louviers, c'est deux villes en une seule, l'une de maisons de bois, que domine une belle église du XVe siècle; l'autre de pierres et de briques, dessinées par l'industrie moderne, et qui s'occupe surtout de la fabrication des draps à bas prix. Les nouveautés pour pantalons, les flanelles écossaises en proviennent, et, s'y rattachant, des usines hydrauliques et à vapeur, des filatures de laines, des moulins à foulons disséminés aux alentours, échelonnés contre les rives de l'Eure, jusqu'à Pont-de-l'Arche, puis au long de la Seine, animent tout ce pays.

A quelques lieues de Pont-de-l'Arche, les restes d'une enceinte féodale et le beau réfectoire de l'abbaye de Bonport, dont fut abbé le poète de cour Philippe Desportes, nous inviterait

Rouen. — La basilique de Notre-Dame-de-Bon-Secours.

à parler à loisir de l'un des plus vertueux monastères de la Normandie ; mais comment oser songer à cet irrévocable passé de vie discrète et tout intime, ici, tout près d'Elbeuf ? De hautes cheminées, de vastes bâtiments teintés de suie, des ruisseaux roulant des eaux coloriées dans des rues saupoudrées de charbon, une atmosphère enfumée, et, dans ce décor, l'activité silencieuse de vingt-quatre mille ouvriers et ouvrières, de fabricants, de négociants, de marchands subissant par et pour le travail, voilà cette ruche manufacturière d'Elbeuf où il n'y a rien que d'utile et de pratique. Les machines les plus récentes, les procédés les plus économiques entretiennent la vogue européenne des manufactures fondées de 1817 à 1846 par M. Grandin, d'où sortent les admirables draps français de toutes formes et de toutes qualités : noirs, croisés, satinés, les édredons, les castors, les nouveautés pour fantaisie, les draps de satin bleu et garance dont s'habillent les officiers, les draps clairs qui tapissent les voitures et les draps verts étendus sur les billards. Certains établissements, organisés pour produire toutes ces variétés, rassemblent en outre une fonderie, des ateliers de réparation et d'apprêts. Les maisons de détail sont nombreuses : on compte par dizaines les teintureries, les filatures, les ateliers où s'opèrent le retordage des fils de laine et la manipulation des déchets. Par sommes énormes, quatre-vingt-cinq à quatre-vingt-dix millions, se chiffrent les affaires de ces multiples industries.

Et, comme à Louviers, se relient à ce grand centre d'Elbeuf les usines éparses le long du fleuve, dans un paysage dont elles ne parviennent pas à ternir la grâce aérienne.

Grâce vraiment exquise en amont de la Seine, à Mantes, à Vetheuil, à la Roche-Guyon, lieux célèbres et charmants décrits par nous dans notre livre *Autour de Paris*, à la blanche Vernon, au rustique Vernonnet, à ces Andelys d'une verdure si tendre, de si léger contour, de si paisible aspect sous les gigantesques ruines du château Gaillard, qu'ils nous semblent expliquer la genèse du génie du Poussin, leur glorieux fils, et certes le peintre de l'heureuse Arcadie en dut bien aimer la sérénité. Gîte plus attachant que cette délicieuse petite ville, il n'en est point, et l'on voudra, étant de loisir, séjourner dans son hôtel romantique du Grand-Cerf, et de là rayonner à travers le curieux Vexin normand. Ce sont illustres petites villes qu'il faut voir : Gisors, aux belles ruines féodales, mais à l'église Renaissance plus belle encore ; Trie, où fut le château princier des Conti, offert pour asile à Jean-Jacques

Rouen. — Église Saint-Ouen.

Rousseau ; Saint-Clair-sur-Epte, où fut signé, en 911, le traité par lequel Charles le Simple, cédant la Neustrie au pirate Rollon, créa la moderne Normandie, façonnée par les hommes du Nord (*Northmen*), selon leur audacieux, mystique et positif génie. Ces excursions dans la plaine nous rendent d'autant plus agréable le retour aux bords de la Seine, d'une grâce plus séduisante, plus impérieuse encore, s'il se peut, dans le grand, lumineux et vivant tableau, admirable des hauteurs que parcourt le chemin de fer, où Rouen, grande ville d'hier et d'aujourd'hui, tous ses contrastes fondus dans un amas de blancheurs étincelantes enlacées dans un ample repli du fleuve, comme par une lente caresse, s'encadre magnifiquement, et disparaît, et reparaît plusieurs fois, ainsi qu'un diamant dont le joaillier fait scintiller les facettes.

Rouen mérite une longue escale.

Que le lecteur veuille bien se placer avec nous sur le pont Pierre-Corneille, entre le quai Saint-Sever et le quai d'Elbeuf, juste au point où les gares d'Orléans et de l'Ouest débarquent voyageurs et marchandises, et assez près de la place Saint-Sever que décore le monument élevé par l'architecte de Perthes et les sculpteurs Falguière et Legrain à l'abbé Jean-Baptiste de la Salle, lequel, en 1681, fonda ici même, faubourg Saint-Yon, le célèbre institut des Frères des Écoles chrétiennes.

A notre gauche la Seine, « large et profonde, presque verte, et se perdant très loin, par un invisible détour, dans un horizon de collines vaporeuses, porte cent vaisseaux marchands alignés au long de ses rives contrastantes, d'un côté sombres, enfumées, calmes; de l'autre claires, brillantes, bruyantes. Des grues à vapeur déchargent ces navires, empilent sur les berges les tonneaux, les ballots, les caisses, exhalant l'odeur aromatique du goudron

Rouen. — Tombeau du cardinal d'Amboise dans la cathédrale.

et de la saumure. Derrière nous, du quai d'Elbeuf au quai Jean-de-Bethancourt, les wagons incessamment circulent, s'emplissent des marchandises du port, les distribuent dans les docks et les gares. Devant nous, entre trois lourdes collines et les quais de la rive droite, près de cinq cents rues se croisent, plus de treize mille maisons s'entassent. Le mont Gargan élève ses flancs de granit tachetés d'herbe et se rejoint à la cime âpre et nue que surmonte l'église Notre-Dame de Bon-Secours. Plus vague, le mont Fortin s'arrondit, puis le mont Riboudet semble fermer la ville. Au niveau des collines, les dépassant même, s'élancent les flèches et les tours noires des églises Notre-Dame, Saint-Maclou,

Saint-Ouen, signalant la vieille cité pieuse et féodale, tandis que les quais de Paris, de la Bourse, du Havre, étalent les édifices utiles et luxueux de la cité moderne. Là, presque voisins, se montrent la Bourse, la douane, le théâtre des Arts, les grands hôtels, les cafés cosmopolites. Sur ces voies spacieuses le tramway passe, la foule se meut active, sérieuse, toute aux affaires, pratiquant sans efforts la maxime de sa race : *Le temps est de l'argent*[1]. »

Traversons la Seine : au milieu du pont, sur le terre-plein, une statue colossale, œuvre de David d'Angers, rend hommage au fier génie de Pierre Corneille. Au bout s'ouvre la rue de la République, grouillante artère de la ville ancienne qu'elle coupe de l'est à l'ouest, en traversant l'écheveau des rues et des ruelles tortueuses dont les nobles et curieux édifices sont encore emprisonnés. Cette rue va nous conduire au cœur même de l'histoire et du grand art de la Normandie; car, pour modernisée qu'elle soit, Rouen garde les tons d'un passé splendide.

Rouen. — Le Palais de Justice.

Voici d'abord sa cathédrale Notre-Dame. Elle fut bâtie sur les fondations d'une basilique romane incendiée l'an 1200. Commencée en 1202, elle n'était pas terminée plus de trois siècles après; sa tour de Beurre fut construite au XVIe siècle avec le produit des dispenses accordées pendant le Carême, et les portails de la Calende et des Libraires datent de la même époque. Aussi l'ogive simple, l'ogive gothique, l'ogive luxuriante, l'arc Tudor et le style plus élégant que mystique de la Renaissance, s'y combinent pour former un ensemble éblouissant. C'est une prodigieuse floraison de pierres sculptées, dentelées, ciselées, tréflées, découpées à jour, et dans ces fleurs de pierre, comme d'étranges pistils, nichent une multitude de statues de saints et de bienheureux à remplir le paradis. Les nefs, le chœur et les chapelles renferment plusieurs tombeaux historiques et les deux mausolées des cardinaux d'Amboise et de Louis de Brézé, si beaux et si connus qu'il y aurait de notre part quelque naïveté à les vouloir décrire.

Enclavée dans le réseau de ruelles humides et noires dont sont encloses également la cathédrale et l'archevêché, Saint-Maclou épanouit son portail aux superbes gables, broderie d'une abondance et d'une hardiesse extraordinaire, toile d'araignée filée par de surprenants artistes. Un vantail de cette église du XVe siècle offre de gracieux panneaux

---

[1] Cf. *les Fleuves de France : la Seine.*

attribués à Jean Goujon et dignes de son impeccable ciseau ; du milieu de son abside monte en creux la flèche dont on aperçoit de si loin la pointe aiguë.

De cette paroisse du moyen âge, qui en a si bien conservé le caractère, et où l'on ne manque pas d'aller visiter encore l'Aître Saint-Maclou, fort curieux cimetière du xve siècle décoré d'une danse macabre sculptée aux chapiteaux d'un funèbre promenoir, on va par la fangeuse et si originale rue Eau-de-Robec à la place de l'Hôtel-de-Ville, où s'élève Saint-Ouen. Sanctuaire d'antique et puissante abbaye, Saint-Ouen présente un immense vaisseau de style ogival, d'une régularité, d'une perfection absolues. Le chevet s'entoure d'un très aimable jardin public. Il n'est touriste à qui l'on ne recommande de contempler dans l'immobile nappe d'eau des bénitiers les voûtes éperdues, reflétées tout entières. Ses sculptures racontent l'histoire anecdotique de la ville : à quel événement de la Normandie l'abbaye de Saint-Ouen ne fut-elle pas mêlée ? Au portail des Marmousets, des statues représentent Clotaire Ier, Richard Ier, Richard II, Mathilde l'impératrice, Philippe le Long, ses bienfaiteurs. Le chœur et la nef gardent quelques vitraux et des tapisseries, débris de son trésor, et le tombeau de l'abbé Marc-d'Argent.

L'hôtel de ville, bâti au xviiie siècle, dépendait de l'abbaye ; il honore les gloires rouennaises en sa grande salle des cérémonies, décorée des portraits de Pierre et de Thomas Corneille, de Jean Jouvenet, Fontenelle, Restout, Boïeldieu, Géricault, Armand Carrel, la Champmeslé, le Père Daniel, le Père Brumoy, Bois-Guilbert, P. Pouchet, Louis Bouilhet, Flaubert, et du navigateur Robert Covelle de la Salle, qui le premier explora la vallée du Mississipi et nomma la Louisiane. En bas du grand escalier, un sarcophage orné d'un bas-relief en bronze représentant le *Naufrage de la Méduse* supporte la statue de Géricault, sculptée par Etex.

Si l'on prend à gauche de l'hôtel de ville la rue Thiers, elle mène, par la rue Jeanne-d'Arc, à travers les richesses de la ville moderne. Là, sous l'ombrage du square Solférino, un vaste hôtel assez monumental loge les musées : le musée de peinture et de sculpture, où resplendissent quelques chefs-d'œuvre égarés parmi trop de toiles et de marbres indignes de l'honneur qu'on leur a fait ; le musée de céramique, dont les admirables faïences émaillées ou vernissées louent fort bien le talent et le goût des célèbres potiers du vieux Rouen ; le musée des livres, ou Bibliothèque publique, qui a pour trésor de rarissimes enluminures du moyen âge, des bijoux de la typographie du xve siècle, et pour fond cent vingt-cinq mille volumes et deux mille cinq cents manuscrits précieux pour l'histoire de la cité et de la province, qu'enseignent aussi pour leur part de belles collections de médailles, de sceaux, de gravures et de portraits. Entre la rue et le boulevard Jeanne-d'Arc, — Rouen ne saurait expier par trop d'hommages le meurtre infâme que laissa commettre sa lâche inertie, — une tour se dresse : c'est la tour Jeanne-d'Arc, seul reste du château fort construit par Philippe-Auguste, en 1205, sur la colline de Bouvreuil, et démoli par Henri IV. L'illustre héroïne fut emprisonnée dans ce château ; elle subit dans cette tour l'outrage d'un procès inique ; elle y prononça les paroles sublimes qui confondirent ses juges et nous émeuvent encore si profondément. De là elle partit pour marcher au supplice, et la topographie de Rouen n'est pas si changée que l'on ne puisse se figurer l'itinéraire de son sinistre cortège. Elle passa, fit peut-être amende honorable devant l'église Saint-Patrice, où l'on admire aujourd'hui une collection rarissime de vitraux du xvie siècle, et suivant la rue des Étoupes, la rue Sainte-Croix-des-Peletiers ou la rue des Prisons, elle arriva au fatal Vieux-Marché. Le bûcher, dernière station de son immortel calvaire, l'attendait à la place même où est aujourd'hui un lieu de plaisir, le Théâtre-Français.

Près de ce théâtre, sur la place de la Pucelle, une fontaine pompadour sert de piédestal à une prétendue effigie de la sainte patriote, travestie, ô ironie ! en galante Bellone, en guerrière d'opéra.

Rouen. — L'hôtel de Bourgtheroulde.

Aux alentours, le Palais de Justice, l'hôtel de Bourgtheroulde sont de purs joyaux de l'architecture civile : le premier édifié par Louis XII, en 1499, pour l'Échiquier de Normandie et tout orné de pinacles, de clochetons, de galeries ajourées, de dais fleuronnés avec délicatesse et fantaisie ; le second, bâti pour messire Guillaume Le Roux, seigneur de Bourgtheroulde, et que sa décoration fine et spirituelle, ses jolis bas-reliefs des triomphes de Pétrarque et de l'entrevue du camp du Drap d'or, mettent au premier rang des ouvrages de la Renaissance. Non loin du Palais de Justice est la tour de la Grosse-Horloge ou du Beffroi, dont les curieux se font un devoir de gravir les deux cents marches pour admirer au sommet deux cloches du XIIIe siècle : la Cache-Ribaud et la Cloche-d'Argent. Que citer après cela ? Peut-être le joli monument de Saint-Romain, construit au XVIe siècle sur la place de Haute-Vieille-Tour, aux Halles ; la porte Guillaume-Lion, édifiée en 1747, et seul reste d'une enceinte disparue ; les brillants vitraux de la Renaissance dont sont diaprées les églises Saint-Patrice, Saint-Godard, Saint-Vincent, Saint-Romain ; enfin nombre d'hôtels aristocratiques et de maisons bourgeoises des XVIe, XVIIe et XVIIIe siècles, cachant parfois derrière une humiliante façade moderne la noblesse de leur style et la fine élégance de leur décor. Rouen est ville qu'il faut fréquenter si l'on veut pouvoir se flatter de la bien connaître, car elle est diverse et pleine d'intérêt ; et nous devons laisser au lecteur le plaisir d'ajouter ses découvertes à nos propres impressions.

L'industrie rouennaise, extraordinairement productive, composée d'immenses filatures.

de fonderies et d'usines fabricant les métiers de tissage, déborde vers la campagne environnante, emplit de son activité maints bourgs et villages à demi champêtres, situés aux bords de la Seine et à la lisière des forêts de Roumare, de Rouvray et de la Londe, que le fleuve enveloppe de ses sinuosités. Un tramway longeant les rives aériennes et côtoyant les futaies sombres découvre au promeneur ces lieux charmants : Canteleu, d'où l'immense vallée, avec tous ses contrastes de plaines vertes et de collines blanches, de lumière et d'ombre, se déploie sous les yeux ravis; Croisset, où vécut le grand écrivain Gustave Flaubert, dans une maison blanche, près de l'eau, dont le bruit rythmique scandait son admirable prose et berçait son génie tourmenté; La Bouille, riante villégiature, séjour de repos et de plaisir, enchanté par toutes les grâces du fleuve.

Maintenant il va s'élargissant de plus en plus, le fleuve, et son estuaire commence, jalonné par de somptueuses ruines. Voici l'église de l'ancienne abbaye de Saint-Georges de Boscherville, œuvre du xve siècle, due à la pieuse munificence de Raoul de Tancarville, grand chambellan de Guillaume II le Conquérant, duc de Normandie. Plus loin se profilent les restes de l'abbaye de Jumièges : deux sombres tours dont les quatre étages octogones superposent des arcades romanes, béant sur le vide, et l'énorme muraille démantelée, crevée, d'une de ses façades flanquée encore d'une échauguette à demi brisée. Et vous songez au passé de ferveur et d'émotion de ce monastère, le plus ancien de la Neustrie. Fondé au viie siècle, peut-être par saint Philbert, il abritait déjà plus de neuf cents religieux, lorsque, suivant la légende, le courant de la Seine lui apporta les deux fils de Clovis II et de la reine Bathilde liés dans un bateau, tout sanglants, les jointures tranchées, *énervés,* symboles à peine vivants de la race épuisée des Mérovingiens. Les premiers chefs normands y portèrent le fer et le feu, mais leurs successeurs le rétablirent dans ses privilèges et son lustre. Puis ce furent des années, des années de richesse, de puissance, d'universelle renommée. A présent les murs pantelants de sa basilique Notre-Dame et de son église Saint-Pierre n'enferment que statues mutilées, fûts de colonnes, aiguilles, socles, dais et autres débris soigneusement recueillis, — louables soins, — par les propriétaires de la « villa de Jumièges ».

Caudebec, Villequier! La marée se fait sentir : l'onde amère de la Manche se mêle à l'eau douce de la Seine; de petites vagues battent le flanc des vaisseaux qui vont à Rouen ou en reviennent; une brise cinglante dépose sur les lèvres une couche de sel. C'est ici que sévit, à d'imprécises époques, le flux violent du mascaret, le brusque, irrésistible et tempêtueux refoulement du fleuve par le flot marin, l'élan superbe et dangereux des lames écumeuses, altières cavales de Neptune, dont le blanc troupeau va d'une rive à l'autre, et rompant sa ligne, avec un bruit terrible d'explosion, la reforme aussitôt pour reprendre sa course victorieuse.

Les falaises deviennent plus hautes, plus escarpées; Quillebeuf avance sa pointe comme pour nous barrer le passage vers les écueils du large; Tancarville couronne un abrupt rocher de ses deux énormes tours, et face à face, Harfleur, Honfleur... Nous les avons vues naguère.

A TRAVERS PLAINES

V

AU LONG DE LA MEUSE, DE LA SAMBRE ET DE L'ESCAUT

De la terrasse de Langres, le touriste a vu scintiller dans l'ombre des monts chauves et des forêts de sapins la naissante Meuse, dont sa route suit maintenant la rive, son regard les caprices, son intelligence le développement : ruisseau, elle court et se perd dans les rochers; rivière vive et claire, elle anime les coutelleries de Bourmont; à Bazoille, un gouffre l'engloutit d'un trait; mais elle remonte au jour trois kilomètres plus loin, près de Neufchâteau. C'est alors un fleuve auquel la Mouzon apporte son tribut, le bon fleuve lorrain aux bords chevelus, aux verdoyantes berges, le fleuve aimé des bûcherons dont il charrie les trains de bois, des charpentiers dont il meut les scies, et des pêcheurs d'écrevisses qui les prennent en tout temps dans ses eaux cristallines.

La maison de Jeanne d'Arc à Domrémy, avant sa restauration.

Et c'est un fleuve frontière, la limite de la Gaule romaine, comme en témoignent le passé de Neufchâteau, ancien *Noviomagus*, et plus encore les vestiges vers l'ouest, au village de Grand, d'une cité que les archéologues croient avoir été la station *ad fines* des Tables itinéraires. A cette extrémité de la France fréquemment envahie, foulée, désolée par le Germain, les malheurs extraordinaires du royaume pendant la guerre de Cent ans retentirent plus douloureusement qu'ailleurs; loin du théâtre de la lutte les habitants s'exaltèrent aux récits enfiévrés des batailles perdues par le roi de Paris, leur défenseur naturel contre les Bourguignons et les petits oppresseurs féodaux. Presque tous d'âme valeureuse, militante (la Lorraine fut toujours une pépinière de soldats), en plus d'un brûla le désir de repousser l'Anglais, et après Azincourt et la mort de Charles VI, quand tout semblait perdu, de rendre au gentil Dauphin son héritage. L'élue de ces vœux populaires nourris aux longues veillées du village, la fleur éclose au souffle ardent de ces héroïsmes naïfs, ce fut Jeanne d'Arc, par qui la vallée de la Meuse est illustre et la Lorraine chère à la patrie entre toutes les provinces de France.

A quelques lieues au nord de Neufchâteau, dans un repli des collines entre lesquelles la Vaire se joint à la Meuse, resplendit l'humble village où la gloire de la Pucelle attire des milliers de pèlerins. Domrémy lui est consacré. La maison où elle naquit, en 1412, est le digne objet d'un culte fervent ; c'est le temple ombragé, fleuri, précieusement respecté, de la sainte religion du patriotisme ; sa chambre en est le sanctuaire paré de ses images. Les prairies où elle gardait ses troupeaux, les rochers où elle se retirait dans une solitude méditative, la petite église, toujours la même, où elle priait pour le peuple affligé du pays de France, et où sainte Marguerite, sainte Catherine et l'archange saint Michel lui montraient leurs visages et lui parlaient, les chênes du Bois-Chenu, l'arbre des Fées, où elle revit ces apparitions célestes, entendit de nouveau leurs voix doucement impérieuses, chaque paysan les connaît, les montre avec orgueil. Elle règne sur leurs cœurs, dont le salutaire enthousiasme se communique au vôtre. Près du berceau de cette âme merveilleuse, les sentiments de vénération, d'attendrissement que la vertu candide, les actions héroïques et la fin lamentable de Jeanne d'Arc doivent inspirer, s'imposent aux plus sceptiques. Qui ne rêverait d'être comme elle la libératrice de son pays? Certes, pour un Français, il serait beau de lui faire hommage de la Lorraine et de l'Alsace reconquises !

Saint Michel et Jeanne d'Arc.

La vivante industrie dont son pays est animé n'en a pas beaucoup changé l'aspect; on peut voyager en esprit avec elle sur la route de Vaucouleurs, où la sincérité de sa vocation, triomphant des hésitations du sire de Baudricourt, détermina son départ pour Chinon. Un monument y venge l'héroïne des doutes du capitaine; mais le bourg n'a plus ses murailles de citadelle bâtie à la marche de la Lorraine et de la France pour les défendre toutes deux. Ligny, sur l'Ornain, n'a pas non plus gardé le château des Lusignan-Luxembourg, malgré la protection de la fée Mélusine, gardienne de leurs États; et Bar-le-Duc orne singulièrement d'une horloge sa dernière tour féodale au seuil d'une vieille ville, où de beaux logis de la Renaissance, autour de l'église renfermant les tombeaux des anciens seigneurs de Bar, ont aussi l'air de tombeaux abandonnés. Mais l'église arrête l'artiste devant l'étrange mausolée « élevé à René de Châlons, prince d'Orange, tué en 1544 au siège de Saint-Dizier, par son épouse Louise de Lorraine, sœur de François Ier, en mémoire et comme symbole de son amour ». Qu'on imagine sur un sarcophage de marbre noir un squelette en marbre blanc, dont les os accrochent et traînent des lambeaux de linceul; cette carcasse hautaine s'adosse à un manteau d'hermine blasonné; à ses pieds gisent son casque et son armure; des attributs de mort et de chevalerie se mêlent autour de lui, et bien qu'à son ventre bâille un horrible trou rappelant la blessure mortelle reçue à Saint-Dizier, il lève dans un geste théâtral de commandement ou d'exhortation sa main droite dont les doigts serrent son cœur. Ligier Richier *sculpsit*. Au-dessous de la ville morte, dont cette image fantastique est comme l'emblème, une autre Bar-le-Duc toute moderne, où se dressent les statues d'Exelmans et d'Oudinot, personnifications de la démocratie victorieuse, fabrique de la bonneterie, des corsets, de délicieuses confitures de groseilles blanches. La Lorraine, de mœurs très sociables, aime et sait faire les friandises dont l'on se plaît à fêter ses amis: Commercy a ses madeleines, Verdun ses dragées, Stenay ses macarons... Reprenons notre route vers la vallée de la Meuse.

Bar-le-Duc. — Le vieux pont Notre-Dame.

Toul, un peu à l'écart sur la Moselle, et en lieu élevé qu'entoure un camp retranché de trente-cinq kilomètres de circuit, gardé par douze forts et des redoutes, a dans son église Saint-Étienne l'œuvre admirable du temps où on la surnommait la « sainte », à cause du grand nombre de ses évêques canonisés. L'ample portail, les verrières, le siège épiscopal en pierre sculptée au XIIIe siècle, dit fauteuil de saint Gérard, le cloître de cette ancienne cathédrale, louangent l'imagination et le goût de l'art lorrain. Deux lieues et demie au sud du fameux évêché, dans la belle église de Blenod, un grand bas-relief en exprime toute la philosophie résignée : il représente un évêque, de qui les sept arts libéraux symbolisent les talents et que pleurent dix religieux déroulant une banderole où se lisent ces mots qui résument la vie : *Nasci, laborare, mori*.

Depuis Commercy le fleuve serpente entre les Argonnes, qui tantôt s'écartent et tantôt se rapprochent de ses rives jusqu'à les étreindre dans leurs escarpements parallèles. On parcourt avec lui une campagne médiocre, où le moindre accident naturel est une beauté.

Aussi l'on a beaucoup vanté les *falaises de Saint-Mihiel*, simplement sept énormes roches calcaires, dressées à distances égales et adossées aux collines comme des contreforts à des murs gothiques. On admire ces singuliers rochers à deux cents pas de Saint-Mihiel, sur la route de Verdun; mais on admire davantage l'œuvre maîtresse de Ligier-Richier que possède la petite ville, patrie de l'illustre sculpteur. C'est un saint-sépulcre taillé dans un seul bloc de pierre blanche pour orner l'antique et riche abbaye de Saint-Michel ou Mihiel, et placé aujourd'hui dans une chapelle de l'église Saint-Étienne. Les treize figures, plus grandes que nature, dont il se compose, sont les unes d'une vérité si touchante, les autres d'une expression si sublime, et se groupent avec tant d'harmonie, qu'elles méritent absolument les éloges de ce distique :

Illud quisque vides, Christi micare sepulchrum.
Sanctius at nullum pulchrius orbis habet.

Verdun.

Elle gravit, sur les bords du fleuve large enlaçant des îlots, une colline dont son ancienne cathédrale couronne le faîte. De son passé si lointain d'oppidum gaulois, de cité gallo-romaine, de ville franque, elle conserve une porte flanquée de deux tours crénelées, et elle honore l'effigie du brave général Chevert, l'un des rares enfants du peuple arrivés jadis par leur seul mérite aux plus hauts rangs de l'armée. Place forte, c'est aujourd'hui la gardienne des célèbres défilés de l'Argonne. Pour prévenir et repousser toute invasion, onze forts s'espacent sur les quatre cents kilomètres de pourtour de son camp retranché, et l'invincible courage d'un peuple de patriotes est prêt à en seconder les défenseurs.

Cathédrale de Verdun.

Un peu à l'écart de la vallée, Montmédy surveille la frontière, petite ville de grande vaillance, prouvée en 1870 comme en 1815; plus au nord, à l'extrême limite de la France et de la Belgique, Avioth, village bâti sur le penchant d'une colline où fut une station romaine, se pare extraordinairement d'une grande église gothique pavoisée des plus riches floraisons, et d'une chapelle distincte dite *la Recevresse*, sa miniature, cent fois encore, dans sa petitesse, plus finement sculptée, plus gracieuse et plus exquise. Et c'est l'adieu charmant de la Lorraine au touriste...

Mouzon.

La Meuse se rapproche davantage de la frontière, coule en pays longtemps distinct de la France, féodal depuis le gouvernement des leudes austrasiens et possédé jusqu'à Louis XIV par des princes étrangers. Bordée de collines sinueuses autrefois couvertes de forêts assez profondes, assez sauvages, pour empêcher invasion et l'isoler dans une farouche indépendance, la vallée a pu garder jusqu'à nos jours une physionomie originale. Le fleuve trace ses longs méandres dans une campagne mélancolique, entre des bois morcelés. Çà et là des marais, sous le pâle rideau des bouleaux trapus et des saules nains, évaporent des miasmes pernicieux. Parfois des oseraies étendent sur le sol humide leur claire feuillée frissonnante. Au loin, des deux côtés, s'ouvrent les profondeurs bleues des gorges où s'attachent des lambeaux de hautes futaies; des rapaces planent sur les collines brunes d'où les fauves, leurs frères, ne sont pas complètement bannis. Les villages, les hameaux appuient à ces hauteurs ou étalent dans la plaine des cabanes en lattis, toutes noires, pareilles à des baraquements nomades, et les bourgs, de solides maisons de pierres dont les toits en tuiles semblent, au milieu des jardins, des fleurs de pourpre. L'industrie du fer vivifie ces derniers et leur procure l'aisance; la coupe des arbres que l'on voit empilés sur les rives et la culture permettent aux autres l'existence médiocre et souvent maladive, affligée d'infirmités incurables.

La très belle église ogivale d'une abbaye de bénédictins s'élève au-dessus de Mouzon, comme pour rappeler le grand passé clérical de cette petite ville, fief au moyen âge des archevêques de Reims, qui y réunirent deux conciles en 948 et 995. Toute la contrée environnante est célèbre dans les annales des deux premières races. Clovis eut un palais dans l'obscur Donzy. Attigny, plus fameux, a été l'Attiniacum où les Mérovingiens, ces grands chasseurs de l'Ardenne, avaient un palais où le Saxon Witikind fut baptisé en 786 devant Charlemagne; où aussi, en 822, un concile d'évêques infligea une pénitence publique à l'empereur Louis le Débonnaire. Qui s'en douterait? Palais d'empereurs, palais de rois, étant fait de planches, ont complètement disparu; l'antiquaire perdrait son temps à chercher leurs traces. Mais peut-être l'observateur, à ne considérer que le décor des choses et les descendants des générations éteintes, en évoquerait facilement l'image. Le peuple des Ardennes conserve à peine altéré le pur type franc. Que le lecteur se rappelle les personnages représentés aux portails, aux vitraux des églises, dans les miniatures des missels, les tableaux de Luminais, de J.-P. Laurens, de Bénédict Masson. Les voici en chair et en os : les hommes de haute taille, blonds, la figure un peu sèche et osseuse, de longues moustaches pendantes, les yeux bleus; les femmes, plus expressives encore, grandes aussi, le front bombé, les pommettes saillantes, la bouche grande, les yeux ombrés d'épais sourcils volontaires, le teint blanc sous la chevelure couleur de paille ou de lin. N'est-ce pas ainsi que l'on s'imagine une Clotilde, une Frédégonde? Ces êtres ont l'âme de leur visage. « Le pays n'est pas riche et l'ennemi à deux pas, dit Michelet. L'habitant est sérieux. L'esprit critique domine. C'est l'ordinaire chez les gens qui sentent qu'ils valent mieux que leur fortune. »

Beaumont, Mouzon, Carignan, Bazeilles, Balan, Givonne, Donchery, la Moncelle, autant de laborieuses bourgades animées par les industries dont Sedan est la métropole, autant de sinistres stations du calvaire où la France faillit mourir. Chacune fut un champ de bataille, vainement disputé par nos soldats à l'ennemi deux fois plus nombreux. Durant trois jours, du 30 août au 4 septembre 1870, ils ruisselèrent d'un sang généreux versé à flots. Les cadavres des braves qui se sacrifièrent au salut de la patrie y reposent par milliers. On n'ira pas de l'un à l'autre sans se rappeler les phases de l'effroyable lutte; pas une n'est oubliée. Tout paysan sait où succombèrent tel ou tel régiment de la malheureuse armée de Napoléon III : ici les zouaves, là les chasseurs à pied, ailleurs les marins, l'infanterie de marine et les intrépides cavaliers du général Margueritte. Des croix indiquent leurs sépultures; des inscriptions les pleurent; un monument funèbre à Sedan les glorifie. Et pour n'omettre rien de ce qui se rapporte aux sanglantes journées, on montre à Donchery la maison du « four à chaux » où, le soir de la défaite, Napoléon III dut se rendre pour s'entendre intimer par Bismarck les conditions préliminaires de la capitulation; on montre le château de Bellevue, où fut le lendemain signé l'acte sans nom qui livrait à l'Allemagne plus de cent mille soldats; et l'on visite, — avec quel serrement de cœur! — la presqu'île d'Iges, où ces malheureux, parqués comme un vil troupeau en attendant leur départ pour les forteresses d'outre-Rhin, et frémissants de colère sous les menaces des canons braqués sur eux, accablés de fatigues et de privations, saoûlés de honte, épuisés, énervés, désespérés de leur impuissance, souffrirent dix jours d'indicibles misères.

La ville qui a vu cela est, ô dérision! la patrie de l'admirable Turenne; elle se décore de la statue du héros, né dans la chambre d'honneur de sa citadelle, résidence alors des ducs de Bouillon. Froide et florissante, tout adonnée au travail, ses fabriques de draps fins, ses filatures, ses forges et fonderies, ses ateliers de construction de métiers et la

Vue de Toul.

grosse chaudronnerie l'absorbent. Il est loin le temps où, ville d'université protestante, boulevard de la Réforme, capitale belliqueuse de Robert de la Mark et des turbulents ducs de Bouillon, elle bravait Henri IV et Richelieu!

L'un des plus grands méandres de la Meuse enveloppe dans une double presqu'île la forte Mézières et Charleville, qui lui fait face et la complète. Et Mézières, comme si l'on ne pouvait voyager au bord du fleuve sans évoquer le souvenir d'une grande action ou d'un grand homme de guerre, nous serait indifférente sans le beau siège qu'elle soutint en 1521, avec l'aide de Bayard, contre les trente-cinq mille Impériaux de Franz de Sicklingen. L'étendard du « bon chevalier » est au musée de la ville, et pour le récit de sa mémorable défense, il faut le lire dans le récit de son « Loyal serviteur ».

La vallée s'étrécit de plus en plus dans ses abruptes murailles de schiste, sous l'ombre desquelles le fleuve coule à deux ou trois cents mètres de profondeur. Dans leurs multiples sinuosités, les eaux contournent des promontoires teints des plus riches couleurs du prisme; par endroits des confluents entr'ouvrent des vallons de la plus fraîche verdure;

les roches brisées s'amoncellent en talus que toutes sortes de végétations enracinées dans l'ardoise changent en bocages flottants; des bourgs apparaissent dans les éclaircies des gorges, sous des brumes féeriques; et les plateaux abaissés çà et là laissent voir au creux des roches les tristes mares d'eau noire des Hautes-Fagnes. Au delà, partout des forêts masquent l'horizon. Monthermé, que la Meuse et la Semois ceignent de leurs rives escarpées, étend un moment la vue sur de grandes prairies; mais, à Laifour, les gigantesques roches verticales que l'on nomme « les Dames de la Meuse » encaissent le fleuve dans des murailles de deux cent soixante-dix mètres de hauteur. Vers l'est et l'ouest, au large, les Ardennes élèvent alors leurs plus hautes silhouettes; la Croix-Scaille atteint cinq cent quatre mètres d'altitude, le champ de victoire de Rocroi monte à trois cent quatre-vingt-treize mètres. On touche aux vastes exploitations des carrières d'ardoises. Rimogne y emploie six cents ouvriers; ceux de Fumay, dans des galeries percées sous la ville et la rivière, en détachent d'immenses couches. On est ici en pleines Ardennes, dans la terre des légendes et des superstitions. On traverse les forêts aujourd'hui tronçonnées que parcouraient de mystérieux chasseurs traquant le sanglier, le loup, le cerf, et dont l'on entendait sonner les cors, aboyer les meutes, sans les jamais voir, non plus que leur cortège. On pénètre dans les halliers qui protégèrent les brigandages des quatre fils Aymon, et que saint Hubert, apôtre des Ardennes et patron des chasseurs, purifia de leur idolâtrie païenne des dieux sylvains. Certes, tout vestige n'est pas effacé des crédulités naïves, des peurs étranges, des traditions merveilleuses répandues jadis par toute la contrée; mais nous n'avons plus de loisirs pour cette curieuse recherche. La Meuse nous échappe, s'en va, ayant arrosé la basse ville de Givet, que surplombe sa ville haute, couler encore plus pittoresque dans la Belgique, tandis que nos pas rebroussent vers la France...

Même frontière, mais tournée vers le nord, mêmes aspects d'aspérités et de ténèbres, sans l'éclair des eaux profondes. Des collines, des plateaux, ramifications des petites Ardennes, les trois grandes forêts de Trélon, de Fourmies, de Mormale, se partagent la portion du Hainaut dont l'on a fait l'arrondissement d'Avesnes. Si voisine de la Flandre, cette contrée singulière en est cependant différente, peu industrielle, presque sauvage, superstitieuse en plus d'un endroit. Le parler, étranger à la langue flamande, n'est pas non plus le français, mais une espèce de patois rauque. On y redoute encore les sorciers et les sorcières, si répandus autrefois, que les chartes générales du Hainaut imposaient aux communes l'obligation de les nourrir. Afin de prévenir l'effet des « sorts » qu'ils jettent sur les bêtes, les plantes et les gens, les paysans recourent à la science des « conjureurs », qui sont aussi des sorciers, mais bien intentionnés et capables d'annuler les maléfices. Tant de simplesse d'esprit maintient de plaisantes coutumes, qui ne sont pas sans poésie. Par exemple, on voit la veille des « dédicaces » ou « ducasses » (fêtes locales) les garçons porter de maison en maison une corbeille remplie de « jouettes » (ce sont nœuds de rubans multicolores) dont les jeunes filles orneront leur épaule gauche au bal du pays, à charge par elles de faire le lendemain de la même manière, plus gracieuse encore venant d'elles, pareille invitation. La plus curieuse dédicace est celle que l'on célèbre près d'Avesnes, au village de Dompierre, le jour de l'Ascension, à l'occasion du pèlerinage de saint Éton, renommé à dix lieues à la ronde. Ce jour-là, dès l'aube, le village est envahi par des milliers de pèlerins, chacun tenant à la main une baguette de coudrier ou de bouleau blanc, enguirlandée d'une partie de son écorce découpée en spirale. Processionnellement ils entrent dans l'église, œuvre du xiiie siècle, où gît la gothique statue du saint; ils tournent autour de cette statue, ils promènent et frottent dessus leurs baguettes, tout en marmonnant des prières; ils se rendent ensuite au bord d'une petite fontaine, près de l'église, et plongent leurs baguettes dans l'eau, celles-ci devant acquérir, après la double épreuve du frottement et de l'immersion, « la vertu de préserver de toutes maladies les bestiaux qui en sont touchés. » Finies ces dévotions rituelles, nos gens s'adonnent aux réjouissances, aux plaisirs d'une foire vulgaire, et, ce qui vaut mieux, assistent à la représentation dans une grotte d'un *mystère* dialogué en patois et joué par des marionnettes figurant les divers personnages de la Passion.

Peu ou point de cités intéressantes. Avesnes ne vous laisse mémoire que du fin carillon de son haut clocher, sonore et fantaisiste comme les plus vantés de la province. Landrecies, Maubeuge, s'entourent comme elle de remparts dessinés par Vauban et de l'aspect le plus pacifique; mais la seconde enceinte de Maubeuge se double du circuit d'un vaste camp retranché servi par de grands arsenaux; des hauts fourneaux, des forges, des usines pour le coulage des glaces et la fabrication d'objets de quincaillerie, y bruissent du matin au soir. Tout près de ce foyer belliqueux, laborieux et fumeux, Bavai achève de s'éteindre : ancien oppidum des invincibles Nerviens, puissante cité gallo-romaine, au centre de laquelle s'élève encore une pyramide dont les sept faces se tournent vers les sept voies tracées par les légions des Césars vers les principales villes de la Gaule, du nord-ouest au nord-est; la statue de Brunehaut, au-dessus de cette pyramide, rappelle les soins que prit la grande reine d'Austrasie de rétablir les voies civilisatrices à moitié détruites par les barbares; des vestiges de thermes, d'aqueduc, un petit musée de sculptures, de médailles, de monnaies et d'inscriptions lapidaires, disent le prestige évanoui de l'antique *Bagacum*. Plus à l'est, Solre-le-Château a dans ses deux menhirs ou « pierres de saint Martin », dans sa jolie église du xve siècle, ornée d'admirables vitraux de 1532, dans son hôtel de ville du xvie, d'irrésistibles attraits pour l'archéologue et l'artiste. Et Fourmies, à la lisière de la forêt de Trélon, la grandissante Fourmies, naguère simple village, emploie plusieurs milliers d'ouvriers des deux sexes dans ses mines de fer, ses fonderies, ses cristalleries et ses filatures. De l'une à l'autre de ces villes, où nous conduisons le lecteur par d'inévitables zigzags, les lieux témoins de luttes séculaires, les célèbres champs de carnage se pressent sous les pas, quelquefois indiqués par un obélisque, méconnaissables sans cela. La frontière du Nord est une immense ligne de bataille, avec des stations dont nous n'avons à épeler ni les noms ni les dates, une longue page de l'histoire militaire de la France à parcourir un livre à la main. Mais la nature ayant depuis longtemps recouvert de cultures uniformes les terres ravagées et nivelé les tumulus des héros, pourquoi serions-nous moins oublieux qu'elle?

Où tombent les dernières collines des Ardennes, commence à s'étendre l'interminable, fertile et monotone plaine flamande. Le lecteur revoit les grasses prairies où paissent les grands bœufs puissants et doux, les vaches pesantes, lentes et graves, les moutons de haute taille, que mènent des êtres en apparence apathiques et lourds comme eux, en réalité pleins d'ardeur concentrée, tenaces et volontaires. Des champs de céréales, de lin, de chanvre, de colza, de betteraves, allongent à perte de vue leurs bandes diaprées, que traversent les rideaux de peupliers ombrant les chemins, les touffes d'herbe et de roseaux, d'aunes et d'osiers emmêlés aux bords des rivières et des ruisseaux innombrables, et les talus verts et symétriques des canaux.

Dans cette campagne, dont pas une parcelle n'est perdue, la vie grouille, les villages, les hameaux abondent et s'uniraient peut-être en immenses agglomérations d'agriculteurs, si les frimas des longs hivers, suivis par les inondations du printemps, ne les isolaient durant la moitié de l'année. Mais, les eaux rentrées dans leurs lits, les plaines séchées, les communications rétablies, elle offre comme pas une de luxuriantes fêtes de la nature et de la sociabilité. Sous la lumière tamisée d'un ciel nuageux, ses mille nuances végétales prennent de l'éclat, les moindres accidents du relief. Tout est paysage : un troupeau dans une pâture, un cheval traversant un gué, un moulin dont le bas niveau de l'horizon rehausse l'édifice, et dont les ailes tracent sur le firmament lointain des croix gigantesques, un groupe de maisons blanches, rouges et vertes, où grimpent la vigne et le houblon et qu'entourent les haies des vergers et des potagers parés de fleurs. Or ces paysages richement colorés forment des paysagistes et des coloristes dont le talent et le goût s'exercent dans l'ornementation du logis et du jardin pour leur propre plaisir. Les Flamands aiment à peindre leurs façades en harmonie avec les tons variés des cultures. Dans leurs intérieurs, chaque meuble, chaque ustensile étincelle de propreté. Et ce *home* entretenu avec tant de soins méticuleux, ils sont fiers d'en faire les honneurs à leurs amis, au moins une fois l'an, le jour de la ducasse, où les villages et les villes s'invitent mutuellement et continuellement, de mai à septembre. C'est alors qu'ils étalent le luxe du linge, de l'argenterie, de la vaisselle, de tout le bien-être de leurs foyers, non par ostentation, mais pour jouir eux-mêmes d'un spectacle longtemps attendu, alors qu'ils dépensent en prouesses de table et de beuverie, prodigalités de gestes et de paroles, jeux d'adresse et scènes de kermesse à la Téniers, l'excès de bonne humeur amassé pendant sept mois d'intempéries et de solitudes.

Ces fêtes, instituées en mémoire de quelque grand événement communal embelli par la légende, sont les uniques joies des cités industrielles, dont l'écrasant labeur ne fait trêve que les jours de grandes ducasses. Elles rivalisent d'ingéniosité pour les célébrer magnifiquement. L'imaginative Provence ne saurait composer avec plus de fantaisie les cortèges allégoriques, les processions éclatantes et bouffonnes dont elles s'amusent follement. Qui n'a pas vu promener dans Valenciennes le légendaire brigand Anéen, et à Douai le gigantesque Gayant, l'un escorté des « Northiers » vêtus d'écarlate et brodés d'or sur toutes les coutures, qui marchent derrière les chars de triomphe; l'autre accompagné de sa grotesque famille, suivi du « Sot des canonniers » et de seigneurs en splendides costumes du xve siècle; qui n'a pas vu la foule urbaine et les paysans d'alentour accourus pour se divertir des fantoches et des parades en plein air, s'ébaudir sur leur passage, les saluer de gros rires et de quolibets, clamer en leur honneur les vieux refrains patois, puis s'engouffrer sensuellement dans les brasseries et les cabarets pour lamper, en devisant de la cérémonie, d'incalculables chopes de bière et des petits verres de genièvre, ne sait pas à quel point de joviale exubérance peut s'échauffer le sang flegmatique du bon peuple flamand. Lille, Cambrai, Arras, chôment de pareilles solennités, composées avec la même verve plaisante, le même goût des couleurs brillantes, une égale érudition, et menées avec le même entrain irrésistible.

Nous aimerions les visiter pendant ces jours de liesse, qui les reposent d'une extraordinaire activité. Elles ont mieux alors la physionomie de leur passé libre, ardent, batailleur : le carillon du beffroi, sonnant de toutes ses cloches les airs anciens, rappelle le temps où il appelait aux armes le peuple ameuté contre un despote étranger, Charles de France, Charles de Bourgogne ou Charles d'Allemagne, et où ce peuple luttait pour son indépendance du même cœur dont il se réjouit. Mais, à part ces brèves vacances, elles inspireraient plutôt la tristesse ou la mélancolie. D'immenses ateliers, des manufactures, des usines, des fabriques les possèdent, en absorbent toute la vie. Que d'autres s'intéressent à ces foyers de production intense et tombent en extase devant la complexité de leur outillage et la perfection de leurs mécaniques ! Ces choses nous touchent peu. Nous ne pouvons voir leurs mornes façades de briques rouges, d'où s'échappent de chaudes et puantes odeurs, sans songer aux milliers d'êtres qu'elles enclosent, aux femmes, aux jeunes filles, aux adolescents, aux enfants qui, pour un salaire dérisoire, peinent sans arrêt, silencieusement, dans une atmosphère viciée, se mêlent pour se nuire, sans distinction de sexe ni d'âge, et perdent ainsi santé, décence et candeur.

Porte de Lille à Valenciennes.

Exempte des industries organisées suivant la dure méthode anglaise, la vieille Flandre était pleine d'une bonhomie et d'une gaieté empreintes dans toutes ses créations artistiques ou littéraires. Elle seule parle à notre esprit, et nous ne regardons qu'elle. Valenciennes, où l'on entre encore par une jolie porte féodale et dont les rues étalent de bien beaux logis du xvᵉ siècle, aux pignons ouvragés comme l'exquise dentelle de ses ouvrières, célèbre le génie conteur de la province dans la statue de messire Jehan Froissard, son génie pittoresque dans celle de Watteau ; et son hôtel de ville, dans un musée qu'eût admiré ce maître de la couleur et de la fantaisie, expose, à côté d'un triptyque de Rubens, de joyeux tableaux flamands. Saint-Amand-les-Eaux, par delà le lugubre bassin houiller d'Anzin, et la belle forêt qui l'en sépare, rehausse d'une ravissante façade d'église espagnole l'élégance banale d'une jolie ville fréquentée pour ses thermes de boues et de soufre par de trop nombreux rhumatisants. Douai, calme et studieuse infiniment, ville d'université et de jurisprudence, mire dans le cristal de la Scarpe et de ses canaux les maisons roses et blanches, encapuchonnées de toits prodigieux, que surmontent des cheminées rouges. Du milieu de son hôtel de ville, bijou de grand style ogival, aux fenêtres fleuronnées, aux dais ciselés, s'élance le charmant beffroi, dont quatre sveltes tourelles hérissées de pointes flanquent le clocheton supérieur taillé en légère pagode. Douai aime le beau, les arts. Jean de Bologne fut son glorieux fils, et l'âme tendre et passionnée, aimable, douce et touchante sous ses larmes, comme le ciel mouillé de la Flandre, l'âme élégiaque de Marceline Desbordes-Valmore se forma dans la quiétude de ses rues aphones, près des eaux dormantes et des fraîches verdures.

Rien de pareil dans l'ancienne capitale de la Flandre française. Nul refuge pour la rêverie dans l'immense ruche lilloise, dont chaque alvéole occupe des centaines d'ouvriers et d'ouvrières, occupés sans répit aux besognes les plus diverses; mais de longues rues tortueuses de filatures, de fabriques, de fonderies, de brasseries, vous étourdissant de leurs rumeurs, salissant de leurs poussières et écœurant de leurs déjections. Elles appartiennent au travail, elles créent la richesse et la misère. Du grenier à la cave, leurs vastes et laids immeubles logent des indigents, des métiers ou des machines. Jusque dans les caves, gorgées de buées nauséabondes, où s'agite une fourmilière d'êtres humains, luit un feu de forge, siffle un piston, ronflent des courroies de transmission ou ronronnent les métiers à pédales. Tout est soumis au *sweat system*. Il s'agit de produire en immenses quantités : toiles de lin, étoffes de coton, rubans, coutils, linge damassé, tissus de laine, sucres, matières chimiques, machines; en outre de fondre le fer, l'acier et le cuivre, brasser la bière, préparer les huiles et le tabac, blanchir et teindre; tellement qu'on puisse au bout de l'an, en dépit de la concurrence, atteindre ou même dépasser l'énorme chiffre d'affaires d'un milliard de francs!

Cathédrale de Cambrai.

Rais lumineux dans la ville sombre, des boulevards aérés, d'ombreuses avenues réservées aux gens de fortune reposent la vue sur la blancheur encore neuve de luxueuses demeures de millionnaires. Là, dans un véritable palais, le musée de peinture rassemble des chefs-d'œuvre des écoles flamande et hollandaise, et peut communiquer aux artistes une incomparable collection de dessins des plus grands maîtres italiens, légués à sa ville natale par le peintre Wicar.

Mais ces avenues et ces boulevards sont déserts. La journée finie, les ouvriers matineux se hâtent vers le repos bien gagné, et les fabricants, négociants et commis, fréquentent des cafés et des brasseries où l'on regrette de ne pas entendre chanter les jolies « pasquilles » de Desrousseaux. La place, dont le palais de la Bourse, lourd et noir édifice orné dans le goût espagnol, borde une face, reste animée longtemps Personne ne songe à gagner la campagne : il n'y en a pas. Au delà des verts talus de l'enceinte, — de l'héroïque enceinte de Vauban, défendue avec tant d'amour pour la patrie, avec tant de courage et de sacrifices, en octobre 1708 et en 1792, — s'étendent, il est vrai, de grandes cultures maraîchères sans ombre; mais bientôt l'air s'épaissit, la fumée vous enveloppe, vos pieds foulent l'escarbille, l'industrie vous reprend les yeux et l'odorat. C'est Tourcoing, Roubaix, cités grandissantes, symétriques damiers d'usines et de maisons ouvrières, qu'une chaîne presque ininterrompue d'usines et de maisons pareilles joignent à la métropole, qui tôt ou tard peut-être en englobera l'autonomie.

Comme Lille, Cambrai est un immense atelier pour la fabrication des toiles fines, des tulles, des dentelles de coton, surtout des batistes, à l'inventeur desquelles elle a dressé une statue. Mais c'est aussi une ville antique, illustre, la patrie de l'historien Monstrelet, le tombeau de l'admirable Fénelon. Le passé n'y est pas oublié. Les deux jacquemarts de son beffroi, Martin et Martine, y symbolisent la jovialité de la vieille Flandre; sa bibliothèque contient beaucoup de précieux manuscrits du moyen âge; ses deux portes, Notre-Dame et de l'Évêché, sont fort élégantes, et, dans la cathédrale, la statue du noble poète de *Télémaque,* par David d'Angers, inspire la pieuse vénération due au génie et à la bonté.

Hors de la Flandre, franches villes du Nord : Arras, si petite depuis qu'on a démoli son enceinte, montre, sur la vaste place aux curieux logis espagnols où se tient le premier marché au grain de l'Artois, un hôtel de ville surchargé de sculptures flamboyantes et que surmonte la légère tour de son beffroi; — Saint-Quentin, industrieuse et patriote, se pare de monuments héroïques commémorant ses vaillantes défenses de 1557 et de 1870; le beau vaisseau de son ancienne collégiale gothique élève ses hautes nefs par-dessus le groupe des filatures; et le musée Lecuyer offre aux artistes l'inappréciable contemplation des pastels de Quentin de la Tour, quatre-vingt-cinq figures du temps de Louis XV, copiées sur la nature même avec une fidélité délicieuse.

A TRAVERS PLAINES

VI

LE FOREZ

A la limite du Velay, la Loire descend vers les gorges de Saint-Victor ; puis, enserrée à l'est par la chaîne des Boutières, à l'ouest par les monts du Forez et contrainte de couler droit vers le nord, elle sillonne le lit encore humide du grand lac préhistorique qui est devenu la plaine du Forez. Et celle-ci devant vous étend ses prairies, ses champs de blé, d'orge, d'avoine, ses riches cultures, et les marécages dont les eaux croupissantes exhalent des miasmes fiévreux.

Près de Montbrison, les monts du Forez abaissent leurs versants plantés de châtaigniers ; enchaînés en reliefs différents, dômes, pics, croupes, ils forment cent vallons où vont puiser leurs sources les affluents multiples du fleuve, cent ravines — ou *gouttes* — où bruissent des torrents, où jasent des ruisseaux. Leurs granits, leurs basaltes et leurs porphyres, cachés sous une couche épaisse de terreau végétal, se revêtent de sapinières et de laiteuses prairies où les bergers, abrités dans les *loges,* paissent leurs troupeaux.

Montbrison, grande ville au temps des comtes du Forez et chef-lieu du département de la Loire jusqu'en 1855, somnole en sa quiétude bourgeoise sur le flanc d'une de ses hauteurs. Si ce n'est fantaisie d'archéologue, ce devait être sa destinée, car elle eut pour patronne, aux temps antiques, Brizo, l'infernale déesse qui préside aux songes. Il n'est là de choses remarquables et vivantes, du moins pour la pensée, qu'une église en laquelle repose paisiblement le comte du Forez Gui IV, représenté par une statue de marbre couchée tout armée sur un tombeau, entre deux figures séraphiques, et, derrière le chœur de cette Notre-Dame-de-l'Espérance, la salle capitulaire si connue sous le nom de *Diana*. L'extérieur en est joliment orné ; au dedans, long de vingt mètres, large de huit, quarante-huit solives se voûtent en berceau ogival et répètent trente-six fois chacune le blason de quarante-huit maisons de la noblesse du Forez, protectrices du chapitre ou *décanat*. Des animaux héraldiques, dauphins, centaures, satires, alérions, décorent les murailles ; au centre brillent des armoiries des comtes de Bourbon et du Forez.

Une agreste vallée, qu'un littérateur du XVIIe siècle rendit longtemps célèbre, commence à trois ou quatre lieues au nord de Montbrison : c'est la vallée du Lignon, où le sieur Honoré d'Urfé, héritier d'un des plus grands noms du pays, fit vivre les héros de son roman pastoral *l'Astrée*. Entre Boën, la gauloise, Saint-Georges-en-Couzan, Sail-sous-Couzan, Marcilly, Uzore, villages aux « rivières délectables », et Saint-Étienne-le-Molard ; proche le château de la Bâtie, familial domaine du conteur, — magnifique et charmant naguère encore, ravagé, désolé, méconnaissable à présent, — se passent les plaisantes aventures de bergers et de bergères, qui tant réjouirent nos aïeux. Mais nos aïeux avaient le loisir, qui nous est refusé, de se gaudir à d'aimables bucoliques ! Que diraient nos lecteurs, si nous leur parlions d'églogues en cette rude terre du Forez, dont l'industrie est souveraine ? De même que Jean-Jacques Rousseau, ils ne jugeraient pas « à propos d'aller chercher des Diane et des Sylvandre chez un peuple de forgerons ». Laissons donc l'Arcadie du Lignon ; le chemin de fer, s'écartant du fleuve, nous emportera bien loin des bocages verts, des sources pures et des nymphes chimériques de messire Honoré d'Urfé, sur le sol noir et fumeux des mines et des forges...

Une immense cité industrielle, traversée par une route unique de douze lieues de longueur, c'est la région de Saint-Étienne, mesurée de Firminy à Rive-de-Gier. Mine de houille avant tout, le « diamant noir » a créé sa fortune, sa population surabondante, ses mœurs spéciales. Jadis, — on conte là-dessus plus d'une légende, — à peine enseveli, souvent à fleur de terre, les plus anciens possesseurs du sol, les Gaulois peut-être, le ramassaient pour chauffer leur foyer. Les Gallo-Romains et nos aïeux, jusqu'au XVIIIe siècle, l'ont simplement utilisé ; on l'exploite à outrance depuis la découverte et l'application des forces de la vapeur.

« Ame de l'industrie, palpable richesse, il a attiré, comme eût fait un gisement d'or ou de diamant, près de trois cent mille habitants, tout un peuple, dans une contrée stérile qui pourrait à peine nourrir dix mille bouches avec les seules ressources de la culture. Il alimente plus de cinq cents usines. Il fournit de travail plus de vingt bourgs, villages et hameaux : Fraisse, Firminy, Chambon-Feugerolles, la Ricamarie, Terre-Noire, Izieux, Saint-Jean-Bonnefond, Saint-Chamond, Rive-de-Gier, qui disparaîtraient s'il disparaissait, et une grande ville, Saint-Étienne, née d'hier et si visiblement éphémère, qu'elle a déjà plusieurs fois changé de place, et qu'elle ressemble à une colonie de hasard. »

Nous en écrivions naguère (dans *la Loire*), et notre impression n'a pas changé :

« Il faut voir cette ville du talus élevé du chemin de fer, entre les deux stations desservant ses deux faubourgs, le Clapier et Bellevue : le tableau qu'elle présente réunit tous les traits du pittoresque indigène. Enfermée dans une ceinture de maigres collines tachetées çà et là d'un restant de verdure, d'un petit bois ou d'un jardinet, elle s'y répand en désordre, s'y éparpille en bouquets de maisons pauvres, plus noires que blanches, fleuries pourtant, car les fleurs sont la coquetterie de ce pays ouvrier, et elle en dégringole pour se tasser dans un creux inégal, en groupes confus, que séparent de grands terrains vagues. Sur l'ensemble, un peu au-dessus des toits de tuiles rouges, flotte un brouillard gris, ténu, exhalation de cent cheminées pyramidales partout dressées sur les coteaux, dans la plaine. Ce voile de vapeurs, constamment tissé par les usines, descend lentement dans les rues, se glisse dans les habitations, se colle aux façades, et de même s'attache aux personnes, salit les figures, le linge et les vêtements, s'insinue par lambeaux dans les poumons. »

Il paraît difficile de reconnaître sous cette atmosphère autre chose qu'une agglomération dispersée, édifiée au hasard des découvertes et selon les exigences du travail ; la ville avait pourtant, dès le XIe siècle, son noyau d'attraction dans un misérable amas de cabanes groupées autour d'une église de Saint-Étienne, qui tombe en ruines. Les moines de la Chaise-Dieu l'améliorèrent. Peu de temps après y florit l'art de travailler le fer. Des chartes du moyen âge y prouvent l'existence de plusieurs corporations : quincailliers, ferronniers, forgerons, taillandiers, couteliers, armuriers. Ces industries, favorisées par la nature du sol, survécurent à toutes les tourmentes. Vers 1516 ou 1535, François Ier y envoya, pour diriger la fabrique d'arquebuses, l'ingénieur italien ou languedocien Georges Virgile. Après les guerres de religion, qui furent particulièrement cruelles en cette région, la soierie, encouragée par Henri IV et Sully, s'étendit de Lyon à Saint-Étienne, contagion aisée ; la fabrication des rubans devint, comme celle des armes de luxe, une spécialité de la ville. Au XVIIIe siècle se forma une première compagnie pour l'exploitation régulière des mines de la Loire. En 1818, les métiers Jacquart sont employés dans l'industrie rubanière ; en 1819, on fonda la Société des forges. En 1827, le premier chemin de fer inauguré en France joint Saint-Étienne à Lyon ; la population s'y accrut extraordinairement : elle était de trente-huit mille individus en 1831, elle oscille aujourd'hui entre cent vingt mille et cent quarante mille, le surplus lui venant, quand pressent les commandes, des provinces limitrophes, l'Auvergne, le Velay, le Lyonnais, dont les émigrants se sont par milliers fixés au pays.

Une promenade en tramway, — trois ou quatre voitures liées à une machine à vapeur et parcourant la grande voie tracée d'une extrémité à l'autre de Saint-Étienne, de Bellevue à la Terrasse, — fera connaître la ville. On traverse les quatiers bourgeois et très vivants du centre. Successivement vous apparaîtront la mairie, la manufacture d'armes, l'école de dessin, le palais des arts, édifices purement utilitaires, sans aucune beauté architecturale.

La manufacture d'armes est célèbre. Dirigée par un corps d'officiers d'artillerie, sous le commandement d'un officier supérieur, et régie par un entrepreneur qui, recevant les commandes de l'État, prend à sa charge les dépenses et l'entretien, elle occupe deux, trois ou quatre mille ouvriers, les uns fixes, retraités après trente ans de services ; les autres auxiliaires, engagés pour les commandes urgentes. Le travail aux pièces, extrêmement divisé, se fait en d'immenses halls. L'outillage, différent pour chaque opération, est admirable, même aux yeux d'un profane ; ces profanes sont peu nombreux. Il est rare qu'on puisse obtenir l'accès de la mystérieuse usine, où sans cesse on prépare, on essaye, on éprouve pour les guerres futures, toujours possibles, sinon imminentes, des engins de plus en plus rapides et terribles. D'après les procédés modernes en continuel perfectionnement, l'arme se forme pièce à pièce, dans un ordre parfait, avec un minimum d'efforts : les machines-outils dégrossissant, taillant, préparant, tournant, perforant, mêlant le bois et l'acier pour leur usage définitif, si bien que la besogne de l'ouvrier se réduit à régler leurs mouvements, à corriger leurs erreurs et à faire un ensemble, par l'ajustage final, de tous les morceaux façonnés automatiquement.

La libre armurerie de luxe, très recherchée, a des ateliers un peu partout ; on admire aux vitrines de plusieurs grands magasins ses produits de choix : fusils de chasse, pistolets, revolvers, carabines simples et doubles, souvent gravés, ciselés, damasquinés par de véritables émules des artistes du moyen âge et de la Renaissance. Quant aux multiples industries du fer, fabriques de quincaillerie, de couteaux genre eustache, de limes, de clouterie, d'enclumes, d'étaux, de boulons, de machines à vapeur, d'aciers, elles se répandent en de larges espaces, sur les bords du Furens, propice à la trempe des métaux, au décrassage de la soie et à la tannerie.

Dix à huit mille métiers s'emploient à la rubanerie, non centralisés en des fabriques, mais, comme à Lyon, répartis entre un grand nombre d'ouvriers ou de marchandeurs, qui traitent avec les fabricants nominaux; du matin au soir ils claquent et ronronnent en de longues rues désertes.

La mine est partout. A force de creuser le sous-sol de la ville, les vingt-huit concessions qui l'exploitent arrivent à façonner étrangement la surface du sol, de plus en plus amincie. De là le frappant aspect des faubourgs modernes, presque récents, construits à la hâte pour loger les travailleurs de la houille, de l'usine et de la manufacture. Çà et là le terrain s'éboule, les maisons s'y enfoncent de plusieurs pieds, se penchent, se lézardent, comme secouées d'une commotion volcanique. On s'empresse de l'abandonner; des immeubles hauts de cinq étages, soutenus par des madriers, sont déjà vides, en attendant qu'ils s'effondrent. La riche qualité de la houille, excellente pour le coke et pour le gaz, compense ces pertes; il est telle concession qui n'en comprend pas moins de dix-huit couches, et certaines couches atteignent trente-cinq mètres d'épaisseur. Nous avons vu les mineurs extraire par morceaux

Le réservoir d'Enfer à Rochetaillée, près Saint-Étienne.

ce diamant noir de l'abîme où il gît, des parois où il s'incruste. L'ascenseur du « château » et « la fendue » nous ont tour à tour conduit dans les galeries souterraines, rayées de rails pour le passage des bennes, où, dans une atmosphère brusquement variable, instantanément glaciale ou brûlante, ils piochent à la lueur de leur lampe Davy, les uns couchés sur le dos dans une étroite excavation, les autres à genoux; ceux-ci penchés sur le côté, ceux-là presque droits. Malgré la fatigue, ils causaient tranquillement, sans grimaces, d'une bonne humeur évidente. A déjeuner, tandis que de simples lampes à l'huile éclairaient leur repas, mangé sur le pouce, ils riaient à belles dents blanches de charbonnier; nul ne s'inquiétant du Moloch des mines, du terrible, du sournois grisou, rôdeur que la moindre étincelle peut enflammer. C'est qu'ils sont faits à leur métier, c'est qu'ils vivent dans un pays de soleil, sur une terre âpre et saine; c'est qu'ils boivent du vin, c'est surtout que l'habitude, qui forme la plupart des caractères, exerce sur eux l'influence utile sans laquelle les rudes œuvres de l'industrie seraient impossibles...

Terre-Noire, Saint-Chamond, Izieux, Lorette, Rive-de-Gier, aux vastes fabriques de passementerie, aux rubaneries, aux aciéries, aux forges, aux verreries renommées, prolongent Saint-Étienne jusque dans la région du Rhône... On marche sur une route poudreuse, sous un ciel bas, toujours plombé des nues montant du sol, entre des collines lépreuses. Des cheminées colossales, des échafaudages fantastiques, des chaudières monstrueuses, des murs formidables d'usines, des halls d'ateliers flamboyants à travers leurs vitrages, des silhouettes effrayantes d'engins inconnus vous escortent et fuient derrière vous. A ce spectacle de l'énergique activité matérielle qui jette dans l'air d'infinies poussières métalliques et chimiques qui l'obscurcissent et d'âcres odeurs dont il se charge, le voyageur se lasserait si sa pensée, l'élevant au-dessus des apparences sensibles, ne lui représentait l'inflexible nécessité, la puissance créatrice, l'admirable force agissante de l'industrie, fille de la science !

Saint-Étienne, du moins, a son coin de verdure dans les gorges du Furens, où, près du féodal Rochetaillée, dont un calembour héroïque : *Ostium non hostium*, orne la porte, la rivière, arrêtée par un barrage, se précipite et forme deux réservoirs d'eau limpide, assombris par les granits et les massifs d'arbres verts qui s'y reflètent tout entiers. Ce lieu solitaire et transparent, si près du tumulte humain, est aimable comme une scène de Théocrite au bord de l'Etna.

Par delà le noir groupe stéphanois, les fumées des usines s'évaporent en nuées légères; on dépasse Saint-Rambert et Montrond aux ruines géantes, les petites stations thermales et les sources apéritives de Saint-Galmier; Feurs, ancienne capitale et marraine du Forez, bien plus déchue que Montbrison; les rochers du Saut-du-Pinet et du Saut-du-Perron, que la Loire tourne prosaïquement, au lieu de les franchir impétueusement, symbole assez curieux pour être noté, de l'esprit cauteleux des âmes riveraines. Dix squelettes d'habitations féodales, la plupart construites par les comtes du Forez, s'effritent sur les hauteurs maigres et pelées. A Roanne, le canal latéral du Centre vient aider à la navigation du fleuve, et l'union de ces deux cours d'eau, bordés de quais spacieux, fait l'originalité de la ville, très industrielle et très commerçante. Roanne fabrique des mousselines, des draps, des calicots, des indiennes, d'autres tissus encore; il a des teintureries, des tanneries et des ateliers de céramique. Aussi la flânerie d'un touriste n'y serait pas moins déplacée que le vol d'un papillon égaré dans une ruche d'abeilles; gagnons au plus tôt du pied vers le paisible Bourbonnais !

A TRAVERS PLAINES

VII

BOURBONNAIS — NIVERNAIS

Au seuil du vieux duché des Bourbons, patrimoine et berceau de la Maison de France, s'élève par-dessus les chaumières, les fabriques et les jardins de la Palisse, le château d'un loyal et grand serviteur de la monarchie : Jacques de Chabannes, seigneur de La Palice, maréchal de France, gouverneur, pour le roi, du Bourbonnais, de l'Auvergne, du Forez, du Beaujolais et du Lyonnais, habile et sage homme de guerre, digne émule de Bayard et tel, que ce fragment d'un vers du *Cid,* « un long tissu de belles actions, » résumerait sa vie. Ce héros, admirable de vaillance à Ravenne, à Guinegate, à Marignan, à la Bicoque, en Provence, eut la douceur, réservée à peu de grands capitaines, de mourir en soldat à la bataille de Pavie; et il mourut l'âme sereine, car, ayant prévu la défaite, il s'était opposé à la lutte, contre l'avis des courtisans. Son mausolée superbe était jadis ici; d'absurdes iconoclastes l'ont brisé. Pourquoi, en juste revanche du sort imbécile et du noël si populaire de La Monnoye :

> Monsieur de la Palice est mort,
> Est mort devant Pavie;
> Un quart d'heure avant sa mort
> Il était encore en vie;...

pourquoi la statue du bon maréchal ne se dresse-t-elle pas devant la noble façade du château qui fut en partie son ouvrage? Notre temps, volontiers favorable aux justices posthumes, y devrait songer.

Nous y songeons, nous, tandis que les pignons ardoisés, les fines tourelles pointues, le mince donjon crénelé de l'imposant château, s'enfuient derrière l'horizon, le train pénétrant à toute vapeur dans la belle Limagne du Bourbonnais. Près du chemin, l'Allier coule large et clair sur un lit de sable jaune que le soleil transmute en poudre d'or; au loin les monts d'Auvergne ondulent, s'étagent, pareils aux gigantesques degrés d'un escalier tendu vers le ciel.

Vichy !... Une ville nette, agréable, brillante, riche infiniment des largesses intéressées de la sensualité aux abois, de l'intempérance repentie, de l'avarice enfin châtiée. Dès la gare, un calme rayonnement de boulevards spacieux, d'ombreuses avenues. Partout des hôtels, des villas meublées, réservées aux élégants malades que travaille la vengeresse peur de la mort, laissent par leurs portes ouvertes entrevoir le luxe de leurs jardins fleuris. De porte en porte luisent les cuivres où des médecins publient leurs noms providentiels avec l'heure de leurs consultations. De place en place, de vaniteuses pharmacies exposent une multitude de panacées, sirops, pastilles, pâtes et emplâtres, illustrés de réclames tentatrices. D'un bout à l'autre, le sanatorium à la mode promet la santé, l'assure, en demande le prix. La plupart des rues ont des noms de médecins distingués. Que de princes de la science, bon Dieu ! Et comme les pauvres malades, maigres, jaunes, plombés, voûtés, cassés, qui ne viennent pas à Vichy pour rire, — c'est vraiment le petit nombre, — s'en doivent réjouir... ou effrayer !

Si les guérisons sont problématiques, certaines sont les distractions. Le casino, l'Éden-Théâtre, les concerts du Parc, le jeu, les excursions champêtres, amusent la douleur, s'ils ne la font pas oublier ; surtout ils comblent les goûts de la foule opulente et oisive, qui n'est à Vichy que pour mener la vie frivole des villes thermales.

Le parc est charmant dans son cadre de maisons somptueuses, avec, du côté de la ville moderne, ses massifs de fleurs, ses allées de tilleuls, de platanes et de marronniers impénétrables au soleil, ses kiosques, sa terrasse, développant un vaste horizon de plaines diaprées et de collines bleues. De l'autre côté, par delà la terrasse, qu'effrange l'Allier, il se prolonge en de majestueuses voûtes d'arbres séculaires, à l'ombre desquelles se rafraîchissent l'hôpital militaire, l'hôpital civil, les sources anciennes et connues, le Vichy de nos ancêtres, où les sénateurs, les patrices, les curiales, les décurions et centurions, hôtes d'*Aquæ Calidæ*, venaient chercher cure, et celui de Mme de Sévigné, que la littérature immortalisa.

L'ancienne Vichy, bien obscure et bien étroite auprès de l'autre, semble se faire toute petite pour éviter les transformations prochaines. L'artiste aimera ses humbles rues Verrier, du Rocher, de la Porte-Verrier, qui se croisent sur une légère éminence entre l'église et la tour du château féodal bâti par le duc Louis II de Bourbon. Certes, les malades du temps jadis les retrouveraient comme ils les ont laissées. Voilà-t-il pas, très amoindri et tout noir devenu, le couvent des Célestins ? Il fut très riche et souvent pillé des gens de guerre ; beaucoup de grands seigneurs y étaient inhumés. La maison de Bailly ouvre toujours sa basse porte en ogive sur un escalier en colimaçon ; la tour de l'Horloge sonne comme autrefois les heures de la douche et des bains ; la fontaine des Trois-Couvents, édifiée en 1583, n'a pas changé, et Mme de Sévigné reconnaîtrait le pavillon où elle demeurait en 1676. Maisons bourgeoises aux pignons ambitieux, chaumières aux toits moussus, aux murs enguirlandés de vignes sont là, elles aussi, comme enracinées dans le sol, assoupies dans le passé. Les plaisirs mondains étaient en harmonie avec la simplicité de ce décor. La marquise et ses amis, Vardes, Brissac, Saint-Harem, Plancy, se contentaient pour éviter l'ennui de voir des demoiselles du pays, avec une flûte, danser la bourrée dans la perfection, des bohémiennes « pousser leurs agréments » et « faire des *dégogniades* où les curés trouvent un peu à redire ». A cinq heures on allait se promener dans des pays délicieux ; à sept heures on soupait légèrement, on se couchait à dix. Mœurs à jamais abolies, à jamais défuntes !

Aujourd'hui les cercles, les théâtres, les bals, les soirées, les concerts et les *five o'clock's teas,* pour lesquels au moins cinq ou six changements de toilettes par jour sont indispensables, remplacent ces plaisirs vraiment trop peu coûteux pour n'être pas vulgaires. Mais on se promène encore. Souvent dans l'air poudreux du matin roulent à travers les rues endormies les mails-coachs, les breaks, les chars à bancs, les calèches et les fiacres que recouvrent des parasols de toiles blanches à franges rouges. Les voitures frottées, astiquées, vernies, luisent comme des miroirs; des queues de renards pendent aux oreilles des chevaux, et leurs crinières tressées secouent des sonnettes. Clic! clac! Les fouets excitent les montures; elles filent au galop, et, renversées sur les coussins, les femmes en jolies robes de la bonne faiseuse, gantées, coiffées précieusement, les hommes empesés, raides, guindés, « chics, » passent sous vos yeux comme des marionnettes de salon sur un écran de cinématographe. La caravane prend la route de Cusset ou de Busset, de Gannat ou de Chantelle; elle ira peut-être jusqu'au puy de Montoncel, le plus haut sommet des monts de la Madeleine, et plus loin encore, jusqu'en Auvergne au midi, jusqu'à Saint-Pourçain vers le nord. Sans être d'une beauté grandiose, capable d'effaroucher d'honnêtes excursionnistes, ces environs sont agréables. Horizons changeants, collines peu sévères, frais vallons, menues cascades, roches et grottes accessibles, forêts et bois de grands chênes, villages point trop rustiques, tout s'y rencontre, et de plus maints châteaux, maintes ruines et maintes églises vaguement célèbres, comme Bourbon, Busset et Veauce, Ébreuil et Montgilbert.

Ce sont là des promenades d'un jour ou deux. Si l'on voulait profiter d'un séjour à Vichy pour apprendre à connaître la partie du Bourbonnais située dans la vallée du Cher, cela durerait un peu plus longtemps, mais serait aussi facile et d'un intérêt bien supérieur. Le chemin de fer conduit directement de la ville thermale à Commentry, à Montluçon, dans une région assez pittoresque, dont l'esprit d'invention et d'initiative, l'activité, le caractère remuant et vif, contrastent avec les béates habitudes, le tempérament bénin, l'invincible somnolence de l'autre région de la vieille province, celle que l'Allier arrose. Commentry n'est que le bourg principal du « cinquième bassin houiller de France ». Mais Montluçon, qui en utilise les charbons et à qui ses propres verreries, ses fabriques de glaces, rivales des produits de Saint-Gobain, ses usines métallurgiques, ses filatures de laine insufflent si fort la sève, que sa population augmente d'année en année, est au premier rang des cités industrielles de la France. Nous l'avons vue, un jour « d'assemblée », fourmillante d'ouvriers joyeux, ne sentant point la gêne ni la fatigue; elle donnait une impression d'énergie laborieuse et de commune aisance. De la ville haute, où s'isolait au-dessus de la plaine la Montluçon du moyen âge, serrée autour d'un noir château féodal souvent attaqué, rebâti et encore debout, la vie grouillante refluait vers la ville basse, où l'industrie a largement établi, sur un libre espace, les fabriques et les ateliers dont le Cher et le Lamaron abreuvent les machines. Consciente de ses ressources et de ses progrès, Montluçon aspire, on le dit, à devenir le « Manchester français ». Cela peut sembler présomptueux; on doit cependant beaucoup attendre de sa rapide et toujours croissante prospérité. Elle comptait cinq mille habitants il y a moins d'un demi-siècle; elle en dénombre aujourd'hui trente mille! Tout près de cette grande laborieuse, comme pour la soulager, Néris-les-Bains lui réserve le repos et les soins d'une modeste et charmante station thermale; c'est le Vichy des gens de moyenne fortune éprouvés par les rhumatismes, la goutte, les névralgies sciatiques. Elle aussi fut connue des Romains. Mais *Aquæ Neri*, d'une antiquité moins abolie qu'*Aquæ Calidæ*, a laissé à Néris, pour l'inépuisable délectation des archéologues, un théâtre, un camp, des piscines, des portiques, de beaux morceaux d'architecture et de sculpture, et des inscriptions lapidaires...

Au delà de Vichy, la vallée de l'Allier s'élargit, les collines s'allongent en pentes monotones, les *brandes* stériles plaquent leurs croûtes jaunâtres au milieu des cultures; des joncs et des ivraies croissent sur le sol humide, des étangs stagnent dans les plaines, les forêts rassemblent plus de maigres taillis que de hautes futaies. En même temps les villages se font plus rares, les châteaux plus nombreux. La grande propriété se carre en puissante maîtresse du mont et de la plaine, de la chasse et de la pêche; les *domaines* exploités par ses tenanciers s'étendent à perte de vue.

Ville et château de Moulins (d'après une ancienne estampe).

Moulins est la grande ville de ce pays plat, oh! une grande ville de vingt mille habitants! Mais, vue d'aval, au bord de l'ample Allier, sous la domination de ses clochers, de son donjon, de son beffroi, habilement espacés et distribués par le génie artistique du hasard, elle paraît toujours mériter cette appréciation d'un voyageur de 1730 : « C'est une des plus belles et des plus riches villes de France. » Au demeurant et à l'user, ville grasse et saine, exempte des fumées de l'industrie et de l'ambition, peu curieuse de progrès, nid douillet d'aimable et vieille bourgeoisie.

On s'y achemine par des boulevards, un mail frayés à partir des *cours* ombragés remplaçant les anciens fossés de l'enceinte féodale. Dans ces limites, tracées deux ou trois centaines d'années après la fondation de Moulins (dont il n'est guère question avant le XIIe siècle), s'inscrit l'écheveau de rues obscures où l'on découvre très vite, non sans éprouver les bonheurs de la surprise, tous ces legs du passé : le vieux château ducal, la cathédrale, l'ancien couvent de la Visitation, le beffroi du XVe siècle, changé en tour de l'Horloge, et certaines demeures d'antan, historiées et sculptées.

D'une tour que l'on nomme la *Mal-Coiffée*, et de quelques pans de murailles rébarbatives dressés au-dessus d'une esplanade jadis inaccessible, se composent les restes du vieux château, transformé en prison. Ce fut la résidence des ducs de Bourbon au rude siècle d'invasions étrangères et de dissensions intestines où il leur fallait lutter à la fois et sans cesse contre Anglais et Bourguignons. Mais, à la joyeuse aurore de la Renaissance, ils ne manquèrent pas d'y ajouter de nouveaux logis clairs et fleuronnés que l'on a détruits, à l'exception du « pavillon d'Anne de France », probable séjour de la très sage, très prudente et très résolue Anne de France, dame de Beaujeu, fille de Louis XI, mariée en 1464 au duc Pierre II.

Ce pavillon, il est vrai, consiste en un seul étage, reposant en saillie sur une galerie dont les arcades autrefois ouvertes sont murées, et que surmonte une légère coupole du plus gracieux dessin. Mais la décoration de cela, malgré les remaniements, les profanations, est ravissante. Ce sont des pilastres d'une élégance extrême, des arcs, des feuillages, des médaillons avec le chiffre de Pierre II, des figures chimériques et autres ornements semés dans les tympans, les frises et les archivoltes avec tant d'invention et de délicatesse, que les grands artistes du château d'Écouen n'ont pas fait mieux.

Ce remarquable témoignage de la munificence et du goût du duc Pierre II a son second au trésor de la cathédrale dans un triptyque du Ghirlandajo, chef-d'œuvre de ce maître suave et brillant. Le peintre a représenté au milieu les délicieuses figures de la Vierge mère et de l'enfant Jésus, enlevés avec leur cortège de séraphins dans une gloire céleste et, sur les panneaux, d'un côté saint Pierre présentant le

Le tombeau du duc Henry de Montmorency et de la duchesse née des Ursins.
(Lycée de Moulins.)

duc à la sainte Vierge, et de l'autre côté sainte Anne rendant le même office à la duchesse Anne de France accompagnée de sa fille Suzanne.

Une autre œuvre d'art, d'un style bien différent, se trouve dans l'ex-couvent de la Visitation, devenu lycée, où vécurent et moururent après longues années d'austère et décente pénitence Marie de Chantal, fondatrice et première abbesse de l'ordre des Visitandines, et la très malheureuse princesse Marie des Ursins, veuve du maréchal duc de Montmorency Henri II, dernier de sa lignée, décapité pour haute trahison à Toulouse, en 1632. C'est précisément le superbe mausolée élevé à la mémoire de ce duc par son inconsolable épouse, véritable monument d'apparat où François Anguier, Regnauldin, Coustou l'aîné et Thibaut Poisant ont convié les anges du ciel et les dieux de l'Olympe, les Vertus théologales et les génies mythologiques, à immortaliser les vertus du coupable grand seigneur défunt.

Il nous souvient encore de n'avoir pas quitté Moulins sans y avoir admiré, à la bibliothèque, une bible romane du XIIe siècle, merveilleux volume rempli d'enluminures et relié dans un fermoir en métal ciselé avec une patience inouïe. Le prieuré, d'où provient ce rarissime ouvrage, florissait à trois lieues de la ville, à Souvigny, bourgade illustre et pleine d'intérêt. Fondé au Xe siècle par des moines de Cluny, ce prieuré fut l'une des grandes institutions de l'Église de France; il en subsiste l'immense édifice où le cintre roman, l'arcade ogivale, le pinacle gothique, la fine balustrade, la lourde tourelle, l'échauguette féodale, l'arc-boutant audacieux, se mêlent dans une masse sombre et grandiose. Cinq rangs de colonnes aux chapiteaux singuliers le partagent intérieurement en cinq nefs jadis éclairées par de flamboyantes verrières, tapissées d'étoffes précieuses et de tableaux de maîtres, meublées de statues polychromes et de figurines en faïence de Nevers, lambrissées de boiseries tarabiscotées, et maintenant, sous le jour cru de simples vitres, étalant des murs nus où s'accrochent, parce qu'on n'a pu les en détacher, les vestiges d'une opulente décoration. Nécropole des sires, comtes et ducs de Bourbon, il garde leurs tombeaux, mais mutilés, défigurés; les seigneurs et les dames étendus dans le chœur sur leurs sarcophages de pierre ou de marbre, la tête sur l'oreiller, un lévrier couché à leurs pieds, naïvement pieux dans une pose rigide, ont perdu toute physionomie. Et sous le chœur, en des caveaux, moisissent quelques cercueils armoriés et vides, car la Révolution a violé ces sépultures, qui lui étaient odieuses, et jeté au charnier leurs dépouilles.

A mi-chemin de Souvigny à Bourbon-l'Archambault, Saint-Menoux vous retient un moment à contempler sa belle église abbatiale, mi-byzantine, mi-gothique; et l'on voit de très loin s'élever au-dessus d'une plaine médiocre, clairsemée de villages endormis, sur un roc, près d'un étang, les trois tours rondes et le donjon démantelé qui survivent à la ruine de la forteresse construite par les premiers seigneurs de Bourbon, les Archambault du XIe siècle. Deux jolies saintes-chapelles ont disparu. Quelques arceaux, des clefs de voûtes, une ou deux fenêtres ogivales, prouvent que ces gigantesques murailles enfermaient une demeure élégante.

Les thermes de Bourbon-l'Archambault, déjà fréquentés à l'époque où les Gallo-Romains y adoraient le dieu *Borvo*, — bourbe, — ne lui ont point gagné fortune comparable à celle de Vichy. Son casino est bien modeste, ses hôtels ne mènent pas grand tapage; comme aux jours de Mme de Montespan, les seuls malades, goutteux et rhumatisants, vont essuyer ses douches et s'abreuver à ses sources. Et cependant, au dire de Mme de Sévigné, qui y fut aussi dans l'automne de 1687, ces eaux curatives sont « douces et gracieuses et fondantes. On les vend de tous les côtés, point d'assoupissement, point de vapeurs ». Mais quoi! le pays n'est pas enchanteur, et tout le monde semble penser, comme la divine épistolière, que

Il n'eut jamais du Ciel un regard amoureux.

A travers de mornes plateaux, l'Allier s'achemine vers le beau pont-aqueduc du Guétin, dont les dix-huit arches portent et relient le canal latéral de la Loire au canal du Berry, et l'ample rivière se perd dans le fleuve un peu à l'ouest de Nevers. Sous les murs de l'ancienne capitale de province, de l'antique Noviodunum, en amphithéâtre sur la rive droite, ce fleuve limpide et sans profondeur coule entre des bancs de sable, dans un paysage décharné. Au-dessus des maisons grises, adossées à des lambeaux de remparts, l'église cathédrale Saint-Cyr s'élève lourde et puissante. On voit à côté poindre les clochetons du vieux palais ducal, que devait, d'après une estampe d'Israël Silvestre, précéder un escalier monumental abaissé jusqu'aux bords de la Loire, projet digne de Mansart et de l'immense fortune des Mazarin Mancini, ducs du Nivernais par la volonté du cardinal-ministre et par la force de ses écus. Plus loin une écluse facilite le confluent de la Nièvre ; au delà c'est la plate campagne, insignifiante et fertile.

La ville, enveloppée dans ce large et pauvre tableau, n'inspire pas la curiosité de la connaître ; elle se recommande néanmoins par quelques belles épaves de son passé féodal et religieux. D'abord, par la porte du Croux, édifiée en 1393, et toujours d'allure robuste et fière avec ses tourelles en encorbellement, ses mâchicoulis, ses lucarnes de guetteur et son blason effrité, — le blason des Gonzague, — accompagné du mot *Fides,* leur devise. Non loin de cette porte militaire, le portail ogival d'une église, Saint-Genest, sanctuaire de bénédictins changé en magasin de futailles, conserve pour quelque temps encore, — peut-être, — des figures qui, pour l'art et la finesse de leurs draperies, rappelaient à Mérimée les admirables frises du Parthénon. Le palais ducal, dont l'on a fait un palais de justice, est heureusement tout entier.

Bâti vers la fin du XVe siècle par Jean de Clamecy, comte de Nevers, achevé au XVIIe par les Clèves et les Gonzague, ce qu'il offre de mieux est un pavillon central tout en saillie, où de

Porte du Croux.

riches fenêtres alternées suivent la rampe d'un escalier tournant. L'art ingénieux de la Renaissance anime ce pavillon orné de masques, de cariatides, de corniches, de rinceaux et de jolis bas-reliefs, représentant par une série de tableautins certaine légende d'un cygne, d'une demoiselle et d'un chevalier, particulière à la maison de Clèves et poétique emblème de son origine.

A ce seigneurial édifice attenait, il n'y a pas encore bien longtemps, le vieux donjon des comtes de Nevers, dont les murs énormes bordent la rue voisine du Vieux-Château. Les archéologues, les historiens, que ravissent les traces palpables du passé, déplorent la perte de ce dernier vestige, sur le point culminant de la cité, de la résidence des premiers comités établis par Charlemagne, maintenus et déclarés héréditaires par les descendants du grand empereur; il concentrait l'histoire du pays.

L'avaient habité, entre autres fameux pasteurs du peuple : Landry, sire de Metz-le-Comte, qui épousa l'an 1015 Adélaïde de France, fille du pieux roi Robert; Guillaume Ier, fondateur du monastère de la Charité-sur-Loire; Guillaume II, Guillaume III, qui furent de vaillants croisés; Guillaume IV, qui mourut en Palestine et créa dans ses États de France, près de Clamecy, un évêché de Bethléhem pour un prélat dépossédé par les Sarrasins. Il rappelait les noms de Pierre de Courtenay, comte de Nevers par alliance avant d'être empereur de Constantinople, et d'Henri IV de Donzy, batailleur enragé, ennemi de Philippe-Auguste, ennemi et vainqueur du sire de Courtenay, lequel, pour obtenir la paix, dut lui accorder la main de sa sœur et le droit d'hériter du Nivernais. Il pouvait ainsi accoler les armoiries des premières maisons de la contrée, celles de Metz-le-Comte, de Donzy, de Châtillon et de Clamecy; au xvie siècle les armes de Clèves, issues de la maison de Bourgogne, puis celles des Gonzague de Mantoue s'ajoutèrent à cette panoplie; mais le vieux château ne devint pas forteresse italienne, il fut la première fabrique ducale des charmantes faïences inspirées d'Urbino et des verreries imitées de Murano, que les collectionneurs se disputent à prix d'or.

On reconnaît aisément dans la cathédrale l'influence transitoire des maîtres dont la ville changea si souvent. Commencée au xiie siècle, continuée au xive, reprise au xvie, embellie au xviie, elle semble de pièces et de morceaux. L'intérieur a quelques attachants vestiges de somptuosité : peintures murales, escalier à jour du xve siècle, retables sculptés finement et stupidement mutilés. Un tableau de chapelle latérale commémore l'institution, en 1619, par le duc Charles Ier de Gonzague, d'un ordre de *chevalerie de l'Immaculée-Conception*. Le xviiie siècle, qui a bâti l'opulent évêché, a lambrissé le chœur de boiseries où des anges bouffis, à la Boucher, volètent parmi des médaillons à personnages. La tour à trois étages du clocher est seule une œuvre complète, harmonieuse, d'une parfaite unité et d'une beauté vraie, qui fixe longuement le regard des artistes.

Au nord de la cathédrale, un quartier populeux et mouvant, dont un beffroi du xve siècle est comme l'enseigne et dont la rue du Commerce est la maîtresse voie, tromperait un passant hâtif sur le caractère de la ville; il l'imaginerait, sur l'apparence, active, intéressée, moderne en un mot; mais une flânerie dans le voisinage le détromperait bien vite. Des maisons bourgeoises assez cossues et de pauvres maisonnettes en bois vivotent doucement autour de ce bruit, dans la paroisse où la basilique Saint-Étienne arrondit ses voûtes romanes, dans les faubourgs où la Nièvre, sous les saulaies silencieuses, coule vers la campagne. Comme au temps de ses ducs, du maître menuisier, Adam Billaut, le poète des *Chevilles*, et de Gresset, Nevers est un asile de dévotes personnes. Qui ne sait que les sœurs de Charité, les sœurs grises de Saint-Vincent-de-Paul, y ont leur maison mère de recrutement et de noviciat?

Cette maison, c'est le très vaste couvent de Saint-Gildard, sur une colline, au milieu d'un jardin profond, contre les allées du parc de Pallemailles. Là, à l'exception des dimanches d'été, jours de musique militaire, jamais d'échos profanes; mais de lointaines et pieuses mélodies, des envolées de cantiques et, dans le murmure du vent, dans le bruissement des feuilles, comme un soupir exhalé vers le ciel par les âmes ferventes ou déçues que l'espoir ou la douleur mènent à la prière!

L'activité industrielle de la province est en dehors, mais assez près de son ancienne capitale. Elle vivifie Decize, où se concentrent les produits d'un bassin houiller de huit mille hectares; Fourchambault, où deux mille ouvriers manipulaient naguère quarante millions de kilogrammes de minerai par an; Imphy, Guérigny, dont les fonderies et les usines métallurgiques occupent plusieurs centaines d'ouvriers du fer, de forgerons, de mécaniciens; la Chaussade, dont le matériel immense de machines, de pilons, de fours-réverbères s'emploie, pour le service de la marine militaire, à fabriquer les multiples éléments de l'armature et de l'outillage des navires. Ailleurs on vit par l'agriculture, l'éle-

Nevers. — L'ancien palais ducal.

vage, l'exploitation et le commerce des bois, en coupes réglées dans les vastes forêts de chênes et de hêtres du Morvan.

Au-dessus de Nevers, la Loire, lente, presque immobile, inégalement large, marbrée de bancs de sable jaune allongés entre ses rives, met comme une nonchalante traînée de verre et d'or entre des collines sinueuses. Toujours son altitude s'abaissant, peu navigable, à peine flottable, suppléée pour le transport des fers ouvrés et des bois en grume de la contrée par le canal latéral, elle sépare le Nivernais du Berry. Près de ses rives, dans le « bon pays », prairies et cultures couvrent les basses terres d'alluvion. Les villes et les villages assis sur les coteaux vous sourient. Pougues-les-Eaux, dans un vallon bien abrité contre les vents du nord et de l'est, attire à ses trois sources minérales beaucoup de malades pour lesquels il s'est revêtu d'élégance et de confort. Le paysage en est gracieux, les eaux excellentes, les hôtels bien servis, et, venu l'automne, on y peut joindre à la cure par le bicarbonate calcique et le fer la cure par le raisin, le succulent raisin de la Charité et de Pouilly, richesse du terroir, égal au chasselas de Fontainebleau.

Ces vignobles, on les doit, prétend la tradition, aux moines clunistes de l'antique abbaye de la Charité, qui les transplantèrent de Bourgogne. Oh! la rare petite ville que la Charité, aussi peu moderne que possible, étroite, incommode, assurément, mais si pittoresque avec ses ruines sublimes! Gardez-vous, à l'occasion, de n'y pas entrer.

« La Grand'Rue monte jusqu'au parvis de l'église, puis descend vers le fleuve, que traverse un double pont. Il faut, du milieu de ce pont, regarder la petite ville, elle en vaut la peine. Un géant de pierre noircie, tour carrée festonnée de quatre rangs d'arcades romanes, la domine toute, membre isolé d'un édifice tronqué, œuvre d'un âge où les hommes avaient apparemment la taille plus haute et l'âme plus ambitieuse. L'arche brisée d'une façade détruite rattache à cette tour sa courbe béante. Tout près, les bâtiments de l'abbaye groupent leurs pignons en ardoises. Plus loin, l'église abbatiale, — du moins ce qu'il en reste : le vaisseau du chœur et le massif clocher, — s'élève; et ce vaste ensemble de constructions monastiques s'encadre dans les débris des remparts qui défendaient autrefois la cité des moines et que pacifient maintenant les pampres, le lierre et les fleurs enlacés. »

Consacrée l'an 1107, l'église abbatiale Sainte-Croix marque une ère de transition bien définie dans l'histoire de l'art chrétien ; l'arcade légèrement ovale et dentelée à la sarrasine y remplace le cintre plein de la basilique romane. Les sculptures au trait, pointes de diamant, clous et dents de scie entremêlés, rappellent les capricieux dessins *inanimés*, selon les préceptes du Coran, prodigués dans la décoration des mosquées et des palais arabes. Le chœur appuie ses voûtes majestueuses sur d'énormes colonnes à doubles chapiteaux rassemblant, sous de longues feuilles de plantes aquatiques, des poissons et des grenouilles, naïfs symboles des ressources d'un pays où la Loire mêlait ses flots à l'eau stagnante des marécages. Il n'y a point d'autre décoration. Plusieurs fois saccagée, pillée, l'abbaye avait perdu bien avant la Révolution ses vitraux, ses peintures, ses tapisseries et ses reliquaires. Une charmante estampe d'Israël Sylvestre, datée de 1687, et représentant le prieuré de la Charité, « fille aînée de Cluny, » inscrit au-dessous cette légende significative :

« Son église, une des plus grandes de ce royaume, fut si mal traitée, qu'elle porte les marques de la première fureur qu'a causée l'hérésie et qu'il faudra plusieurs années de paix profonde pour la remettre dans sa première beauté. » Par miracle on a pu sauver de ces désastres un grand retable de pierre aux sculptures épiques : *Dieu dans sa gloire, la Nativité, les Mages...*

Sancerre, immobile depuis des siècles, sur son monticule de trois cents mètres de hauteur, couronné de la tour des Fiefs, dernier vestige d'une forteresse redoutable, dernier témoin du terrible siège de 1515; Sancerre, aux flancs chargés de vignes, aux vastes horizons; Pouilly, aux délicieux vins blancs; Cosne, entrepôt, au confluent du Nohain, des produits d'une petite vallée industrieuse, nous laissent mémoire de leurs auberges avenantes, et nous les quittons à regret, pénétrés jusqu'aux moelles de l'imperturbable sérénité des paysages de la Loire, qui semblent convier au repos végétatif.

A TRAVERS PLAINES

VIII

LE BERRY

Il n'y a pas trente ans, l'idée d'aller faire en Sologne un voyage désintéressé n'eût séduit personne. C'était alors, entre la Loire et le Cher, le Val et le Berry, une immense étendue de terre marécageuse, stérile, fiévreuse et de si mauvaise réputation, que la plupart des touristes, découvrant du haut de la lanterne de Chambord une partie de cette contrée mélancolique, n'avaient aucune envie de la connaître davantage. Ce qu'on en voyait en chemin de fer, d'Orléans à Romorantin et à Vierzon, justifiait une répugnance à peu près générale. Partout le sol humide, parce qu'il est imperméable, apparaissait couvert d'étangs verdâtres et de mares stagnantes, parsemé de bancs de sable gonflés d'eau, hérissé d'herbes sèches et d'arbres étiques; les basses chaumières des paysans composant de rares villages semblaient s'enfoncer dans la molle argile; çà et là seulement quelques fermes de pionniers, encouragés à lutter contre la marâtre nature par l'impériale ferme modèle de la Motte-Beuvron, s'efforçaient d'affermir et d'assainir le terrain avec les marnes du Cher, les semis de pins maritimes et de Riga, les drainages et les chaulages. Grâce à l'énergie persévérante de ces cultivateurs, les étangs se comblaient, de grands espaces échappaient à la fièvre paludéenne, devenaient presque fertiles. C'était une promesse pour l'avenir, mais elle n'atténuait qu'à peine une impression de misère et de désolation indicibles.

Cette impression serait fausse aujourd'hui; les plantations asséchantes, les remèdes conseillés par l'agronomie, les infatigables efforts d'une population entêtée à reconquérir la terre, transforment la Sologne. Si elle n'est pas encore redevenue le pays sain et fécond de giboyeuses forêts et d'étangs poissonneux qu'elle fut jadis, peut-être avant les cupides et incessantes guerres du moyen âge, cependant un propriétaire et chasseur solognot déterminé, M. Jules Mary, inventif romancier populaire, dramaturge applaudi, a pu en tracer ce joli tableau des saisons :

« C'est peut-être le seul pays de France où le printemps est ce qu'il doit être : fleuri, vert, embaumé, radieux. A la fin de l'été le sable, brûlé par le soleil, ne présente plus que des teintes uniformes où tranchent seuls les taillis des chênes, les genêtiers et les bois de sapins. En mai, au contraire, les genêts sont des nappes d'or parmi les avoines et les seigles en herbe; les acacias, sous les rosées nocturnes, épanchent leurs parfums le long des routes, en bordures des bois. En juin, les bruyères fleurissent, garnissant d'une haie rose les bluets et les coquelicots des moissons, les bourraches et les digitales des prairies; mais en juin les genêts sont en grappes, et leurs cônes crèvent et crépitent sous les ardeurs du soleil avec le bruit sec d'un foyer invincible. Puis viennent les bruyères blanches en même temps que les sarrasins également blancs. La campagne est d'argent après

Château de Chambord, en Sologne.

avoir été d'or, et ce n'est plus la senteur des acacias, mais l'odeur de miel des blés noirs. Tout cela mûrit encore; les fleurs s'évanouissent, le sarrasin allonge sa tige rouge, et c'est alors que la campagne reste un moment attristée jusqu'à ce qu'elle se réveille peu à peu sous les splendeurs automnales. Et l'hiver y est plus gai qu'ailleurs, car toujours les sapins verdissent. Même sous la neige, quand tout est mort, ils sont là comme un sourire... »

Cependant les claires rivières de la Sologne, le Cosson, le Beuvron, la Sauldre, le Cher, arrosent moins de villages que de châteaux de plaisance, bâtis à cause des chasses et des pêches. A moins d'être l'hôte de l'un d'eux, il n'est guère d'endroit où s'arrêter, hors Romorantin, qui garde, enlaidi, le château patrimonial de François I er, et Saint-Aignan, Selles-sur-Cher, Mennetou, bonnes et grasses petites villes. De Selles-sur-Cher on peut facilement aller visiter dans la vallée du Nahon, par delà la forêt de Gâtines, le superbe château de Valençay, édifié par Philibert Delorme pour les comtes d'Étampes, seigneurs du domaine depuis le XVe siècle, dans un style mi-féodal, mi-italien qui ne manque pas de grandeur et d'élégance. Par la volonté de Napoléon, Valençay fut l'apanage et la résidence princière de Talleyrand; de 1808 à 1814, il fut aussi la prison dorée du prince des Asturies, depuis Ferdinand VII, de son frère et de leur oncle don Antonio, insouciant mortel que la confection des pièges à loup et la culture des légumes dans des pots à fleurs consolaient de la captivité.

On pénètre avec le Cher dans le Berry, province originale entre toutes celles de France, et de tempérament si paisible, de si vénérables coutumes! Vierzon est au seuil qui n'en donnerait pas une idée juste. Cité jadis féodale, comme en témoignent les deux tours rondes et la porte gothique que l'on y voit et qui sont les restes d'une forteresse édifiée par Philippe-Auguste, et souvent assiégée, au delà de ces murailles dix-sept mille âmes laborieuses habitent les localités modernes sans cohésion que l'on nomme Vierzon-Ville et Vierzon-Village. Elles travaillent aux industries métallurgiques, aux grandes porcelaineries; les *debêteux* (maîtres d'école) les dégrossissent, les affinent; enhardies par un commencement de bien-être, elles se dégagent des traditions, elles s'agitent pour le progrès. Mais l'esprit des aïeux s'attarde ailleurs et se défend encore où il ne règne déjà plus.

Cathédrale de Bourges.

Comment le Berry ne regretterait-il le passé qui le fit puissant et riche? Sa période de vraie grandeur sociale fut au XVe siècle, quand Bourges dénombrait sept mille cinq cents maisons habitées par neuf mille cinq cents familles, soit environ soixante mille habitants adonnés à la fabrication des laines et des draps. Les bourgeois de cette capitale (un moment celle du royaume), plus vraiment libres qu'aujourd'hui, déléguaient un conseil de prud'hommes pour administrer la commune, composer la milice urbaine et rendre la justice. Dans leur sein grandit Jacques Cœur, fils d'un simple pelletier que son génie pour les affaires fit l'homme le plus puissant de son pays et de son époque. Sous Louis XI, Bourges, dotée de l'université où professaient les illustres Alciat et Cujas, fut un centre intellectuel. D'admirables édifices, orgueil d'une ancienne et glorieuse cité défigurée, rappellent tout cela. L'église cathédrale Saint-Étienne est l'une des plus belles de France, et dans la première moitié du XVe siècle l'architecture ne produit rien de plus charmant que la maison de Jacques Cœur.

Dans la partie supérieure, et seule agréable de la ville, entre des hôtels aristocratiques, de calmes avenues, un mail fleuri, la cathédrale élève un immense vaisseau parfaitement régulier, arrondi au chevet, sans transept, à triple étage, chaque étage étant distinctement marqué, le premier par une toiture en ardoises à pinacles flamboyants, le second par des arcs-boutants d'une belle envolée, le troisième par un pignon arrondi que cerne une balustrade à jour. Le portail, encadré par deux tours inégales, flanquées de contreforts, percées de niches, chargées de pinacles et de dentelures, offre cinq portes entièrement sculptées, avec beaucoup de verve et d'énergie naïves. Elles ouvrent sur cinq nefs concentriques, d'une ampleur et d'une harmonie merveilleuses, et que des roses et des verrières du moyen âge et de la Renaissance, formant à elles seules toute une chronique peinte des croyances, des mœurs et des idées de plusieurs siècles, emplissent d'une lumière d'aurore boréale. Sur la porte de la sacristie, des coquilles et des cœurs sculptés rappellent les armes parlantes de l'argentier de Charles VII; la très belle salle ogivale de la sacristie fut, en effet, construite par les soins de son fils Jean Cœur, archevêque de Bourges.

La maison de Jacques Cœur est à la limite de la ville ancienne; on prétend qu'elle a pour bases les fondations mêmes d'Avaricum, l'héroïque cité des Bituriges, qui fut l'une des dernières à défendre son indépendance contre Jules César. Elle a deux façades très dissemblables : l'une avec une tour d'angle énorme et des tourelles coupant des murs étroits percés de courtes fenêtres; l'autre, pleine de fantaisie et d'élégance, et tout animée par de précieuses sculptures révélant les goûts et les usages du grand financier, et renseignant sur le costume et l'état des personnes en son temps. Il faut citer, parmi ces emblèmes véridiques et délicats : un bas-relief à la porte des cuisines, où des serviteurs s'évertuent aux apprêts d'un repas; à la porte fleuronnée de l'escalier tournant, un oranger, un dattier, un pin, des plantes exotiques, des galères remémorant les expéditions lointaines du négociant-armateur; un peu partout les mots, inscrits dans les feuillages des rinceaux : En. Bourhe. Close. D'entre. Mouche. — Our, dire; faire; taire — De. Ma. Joie, résument des maximes de conduite; ailleurs des cadres gothiques mettent en scène des gens de métier, laboureurs, fileuses, colporteurs, des nobles, des bourgeois, des mendiants. En maintes places des coquilles, des cœurs, des galères marchandes se mêlent à la devise du maître : A. Vaillans. Cœurs. Riens. In Possible, lui-même figure dans une charmante composition en qualité d'époux fidèle et galant de Macée de Léodepart, sa femme, à laquelle il présente un bouquet.

Bourges. — La maison de Jacques Cœur.

L'entrée de la maison par la rue Jacques-Cœur est d'une originalité ravissante. Au milieu s'élève le pavillon de la chapelle, accoté d'une tourelle surchargée de broderies et couronnée d'une statue de plomb que l'on présume être celle de Jeanne d'Arc. Entre la porte et la fenêtre ogivale du pavillon, un dais magnifique abritait jadis la statue équestre de Charles VII. De chaque côté du dais, deux fenêtres simulées s'entr'ouvrent pour livrer passage à deux figures inquiètes de bons serviteurs penchés à mi-corps sur la rue comme pour observer ce qui s'y passe, guetter l'arrivée du seigneur du logis ou prévenir celle d'un fâcheux. Au-dessus de la grande porte, un bas-relief très curieux rassemble un orchestre de musiciens.

Transformée en palais de justice, la maison de Jacques Cœur n'offre plus, au dedans, que des greffes et des prétoires banals, et les chambres des *Galères*, des *Évêques*, des *Mois de l'an*, des *Angelots*, du *Trésor*, car chaque pièce avait un titre correspondant à son emploi, sont méconnaissables. Mais on peut encore admirer la salle des Gardes et la chapelle, à peu près intactes et très jolies : celle-ci, bijou de style ogival tout ornée de fresques mystiques par des artistes de l'école de Bologne; celle-là, voûtée comme la carène d'un navire, lambrissée de boiseries dessinant des cœurs, et renfermant, outre une magnifique cheminée, une miniature de forteresse du XVe siècle, qui est bien le plus instructif joujou que l'on puisse imaginer.

Après la maison de Jacques Cœur on aura quelque plaisir à visiter l'hôtel Lallemand, où, selon certains érudits, naquit Louis XI, et l'hôtel Cujas, tous deux bâtis dans le style du XVIe siècle, puis l'ancien hôtel de ville, inséré dans le moderne lycée, et plus d'un antique et superbe logis de bois ou de pierre. Quatre siècles d'oubli n'ayant que peu changé le Bourges de Charles VII et de Louis XI, que le lecteur, si jamais il s'y trouve de loisir, erre dans les vieilles rues et carrefours Bourbonnoux, Paradis, Mirebeaux, des Toiles, Saint-Bonnet, à l'heure où le clair-obscur accuse et relève les formes saillantes, penche les toits, bombe les encorbellements, enfonce les boutiques dans la pénombre des auvents, effile les pignons, grandit les murailles, allonge les tourelles. C'est alors que, ressuscitant le moyen âge, ressortent curieusement des coins d'autrefois, des groupes de maisons surannées dont un Gustave Doré tirerait les plus pittoresques estampes.

Aujourd'hui Bourges vit par l'État; en ses faubourgs arrosés par l'Yèvre, l'Auron et le canal du Berry, l'industrie d'une fonderie et d'une pyrotechnie militaires occupent beaucoup d'ouvriers; elle a nombreuse garnison; sa position, au milieu de la France, la désignerait, en cas d'invasion, pour la concentration des troupes et du matériel d'artillerie. Le triste camp d'Avor, qui en est proche, ralliait les jeunes recrues de 1870-1871. Aux environs se fait remarquer l'influence profonde exercée jadis par une ville de premier ordre, quasi royale, par les rois, la cour qui y résidaient. Mehun-sur-Yèvre conserve le donjon où Charles VII se laissa mourir de faim, le 22 juillet 1461, de peur d'être empoisonné par ses serviteurs devenus les espions de son fils, le Dauphin volontairement exilé. Près de Saint-Éloi-de-Gy, à une heure de Mehun, le château des Dames fut celui d'Agnès Sorel, qui possédait aussi le château du Bois-Sir-Amé. Aux bourgs de Saint-Martin-d'Auxigny et de Mennetou-Salon, celui-ci près d'Henrichemont, dessiné par Sully, les descendants des Écossais de la garde royale écossaise attachée à la personne de Charles VII, et qui se fixèrent dans le pays, forment une population encore très différente des autochtones, active, ingénieuse, laborieuse, particulièrement adonnée et habile à la culture des arbres fruitiers et des fleurs; il n'est marché de la province où l'on ne distingue les blonds *Foratins* des bruns autochtones ou Berruyers. Plus au sud, dans une région très boisée, riche en tombelles, en monuments druidiques, entre les gauloises et féodales petites villes de Châteauneuf-sur-Cher, Saint-Amand-Montrond, l'hospitalière Dun-le-Roi, où sont recueillis les aliénés du département de la Seine : le château de Meillant, construit par le cardinal Georges d'Amboise, et depuis domaine historique des Mortemart, est l'un des beaux ouvrages de la Renaissance.

A l'occident de ces forêts, s'étend entre la Creuse, l'Indre et la Théols, le pays berrichon appelé le Boischaut, d'un mot de basse latinité, *boschetum,* bosquet. La Châtre en est la modeste grande ville, George Sand en fut le poète incomparable. C'est le théâtre pittoresque de ses plus intéressants récits, et c'est de lui surtout qu'elle écrivait dans son livre sur les « légendes rustiques » : « Le Berry, couvert d'antiques débris des âges mystérieux, de tombelles, de dolmens, de menhirs et de *mardelles,* semble avoir conservé dans ses lézardes des souvenirs antérieurs au culte des druides ; peut-être celui des dieux Kabyres, que nos antiquaires placent avant l'apparition des Kymris sur notre sol. Les sacrifices de victimes humaines semblent planer, comme une horrible réminiscence, dans certaines visions. Les cadavres ambulants, les fantômes mutilés, les hommes sans tête, les bras ou les jambes sans corps, peuplent nos landes et nos vieux chemins abandonnés... Puis viennent les superstitions plus arrangées du moyen âge, encore hideuses, mais tournant volontiers au burlesque ; les animaux impossibles, dont les grimaçantes figures se tordent dans la sculpture romane ou gothique des églises, ont continué d'errer vivantes et hurlantes autour des cimetières ou le long des ruines. Les âmes des morts frappent à la porte des maisons. Le sabbat des vices personnifiés, des diablotins étranges, passe en sifflant dans la nuée d'orage. Tout le passé se ranime, tous les êtres que la mort a dissous, les animaux mêmes retrouvent la voix, le mouvement et l'apparence ; les meubles façonnés par l'homme et détruits violemment se redressent et grincent sur leurs pieds vermoulus. Les pierres mêmes se lèvent et parlent au passant effrayé ; les oiseaux de nuit lui chantent d'une voix affreuse l'heure de la mort, qui toujours fauche et toujours passe... »

A vrai dire, légendes et superstitions vont s'effaçant peu à peu. Cependant elles n'ont pas disparu, protégées qu'elles sont par l'isolement d'une population pauvre et naïve, et elles vivront longtemps encore, au moins à l'état de souvenirs et de traditions. Dans les vallons du Boischaut, où les rivières coulent entre des schistes et des granits, sous d'épais ombrages, dans ses brandes et ses bruyères, les pastours et les *buirons* (bouviers) parlent toujours le rustique patois de leurs ancêtres. Comme eux, tout en *briolant* (chantant) pendant que leurs *aumailles* (troupeaux) paissent ou labourent les champs, ils s'entretiennent, quelquefois avec un sourire incrédule, des mystérieux esprits mêlés à l'existence des paysans pour l'aider ou lui nuire. Et naguère, nous-même, d'après les excellents documents recueillis par les écrivains berrichons Laisnel de la Salle, de la Tremblais, de la Villegille, Raynal, comte Jaubert, et d'après notre propre expérience, nous avons pu[1] prêter ces aveux à quelque poète en sabots, congénère des héros de la *Mare au diable,* de la *Petite Fadette* et de *François le Champi* :

« Chez nous les sorciers, les *devineux,* peuvent frapper à distance ou protéger ; par un seul regard, un signe, ils guérissent les troupeaux ou les font périr. D'un souffle le *caillebotier* flétrit la végétation mûrissante, sèche le raisin sur la grappe et le grain dans l'épi. A la voix des *meneux de nuées,* des *grêleux,* de terribles orages s'abattent soudainement, ravagent, anéantissent les moissons.

« Auprès des mares et des étangs, sous la pâleur de la lune grandissant les roseaux jaseurs, ou du milieu des étranges Pierres-Sottes, Caillasses ou Jômatres, les fades et les martes, les dames et les demoiselles fées s'assemblent pour danser : approchez-vous,

---

[1] Dans notre livre *les Fleuves de France,* la Loire. 1 vol. in-8º. Paris 1888.

aussitôt s'évanouissent leurs robes, blanches et légères comme la brume, et de moqueuses petites flammes vertes, à leur place, sautilleront sur l'eau comme sur un bol de punch.

« Fêtes saintes et païennes, naissances, mariages et funérailles se célèbrent encore dans nos fermes, comme au temps jadis, par des cérémonies d'un mystérieux symbolisme. A la Noël, pas un foyer où ne s'allume l'énorme bûche taillée dans le chêne vierge, que l'on nomme la *causse de Nau*. Au premier dimanche de carême, dimanche brandonnier, pas un village, un hameau où, soleil couché, les habitants, comme les corybantes des Éleusines, n'allument une torche de paille, ne se répandent et ne se poursuivent, semblables à des feux follets, à travers prés, vignes et jardins, en dansant, tandis que les femmes fricassent des *brugnons* (beignets). Pas un conducteur de troupeaux, le lundi et le mardi de la semaine de Pâques, ne manquerait pour un trésor au repas champêtre, appelé *manche* ou *berluée,* que l'on prend en commun dans la prairie. Seules les bergères, armées de gaules de bouleau sans écorce et *guisées* (sculptées) par les amoureux, honorent le vendredi blanc, neuvième jour avant Pâques; mais pâtres et pastourelles ensemble festoient les *tondailles,* la tonte enrichissante des laines.

« Également bergers et bergères s'empressent aux rondes menées autour des pétillantes *jonées* de la Saint-Jean, dont les garçons se plaisent, à pas cadencés ou pieds joints, hardiment, à sauter l'ardent brasier. Les cœurs se rapprochent, les alliances se préparent dans ces réunions. Quand le jeune homme y a choisi sa *blonde,* il se déclare en plantant devant sa porte un *mai* chargé de rubans, il la courtise; puis le *menon* ou le *chat-bure* s'entremet pour la demander à ses parents. Bientôt les *prieux de noces* ou semoneux iront de porte en porte convier aux épousailles prochaines les amis des fiancés.

« A jour dit, tous ces invités viennent les mains pleines de *livrées :* ce sont pièces de linge et parures à monter le futur ménage. On chausse la mariée, on la conduit à l'église avec d'étourdissants *iou! iou!* criés à pleine voix, et les cornemuses résonnent, et l'on s'attable aux longues bombances dans les granges tendues de draps piqués de bouquets. Le soir tombe, heure des plaisanteries égrillardes, des propos sentencieux, des refrains bachiques ou mélancoliques; oyez ce chœur de jeunes filles à leur compagne de la veille :

> Recevez ce bouquet
> Que ma main vous présente;
> Prenez-en une fleur,
> Et qu'ell' vous donne entente,
> Madame, que vos couleurs
> Passeront comme ces fleurs.

> Recevez ce gâteau
> Que ma main vous présente;
> Cassez-en un morceau,
> Et qu'il vous donne entente
> Que pour ce pain gagner,
> Madame, faut travailler.

Si Jean-Jacques Rousseau eut raison d'écrire, et nous le croyons fermement : « Le pays des chimères est le seul digne d'être habité; il n'y a de beau que ce qui n'est pas, » quiconque voyage dans le Berry fera bien de le regarder à travers les églogues de George Sand, tableaux peut-être infidèles, mais enchanteurs, de la vie pastorale, où les paysages du Boischaut se réfléchissent avec leur grâce agreste et leurs tranquilles horizons. Aux alentours de la Châtre, où elle a souvent demeuré dans une très vieille et très curieuse maison de bois, et que décore sa statue, on marche sur la terre qu'elle a foulée, contemplée et parée de ses rêves. Voici Ardentes, à la vieille église penchée sur les rives de l'Indre; le Muguet, au castel féodal; le Lys-Saint-Georges, dont Jacques Cœur eut le château; Corlay, d'où l'on découvre l'étroite vallée Noire; Saint-Chartier, aux tours gothiques; Ars, berceau d'une famille de preux; et entre ces deux domaines Nohant, le château patrimonial du grand écrivain, le cimetière où elle se repose près des siens d'un labeur immense et magnifique.

Dans la vallée de la Creuse.

Au-dessus d'Ardentes, et de ce bourg à Issoudun, on rencontre assez souvent les étranges excavations, arrondies et coniques, profondes de deux à trois mètres, larges de cinq à six, dont l'origine est inconnue et que l'on nomme *mardelles* ou *murges*. De singulières croyances, les unes terrifiantes, les autres consolantes, s'attachent aux mardelles. La plus célèbre est la mardelle sainte qui appartient à la commune de Sainte-Fauste; les paysans affligés de rhumatismes s'y rendent en pèlerinage pour obtenir guérison. On rapporte à ce sujet que des ravisseurs normands, sans doute ayant dérobé à l'église, où elles étaient vénérées, les reliques de sainte Fauste, soudain leur attelage s'arrêta comme pétrifié; vainement ils essayèrent d'en enlever la châsse : saisis de douleurs atroces, ils virent le corps saint se lever et s'ensevelir de lui-même dans la sainte mardelle.

Issoudun est ville populeuse, industrieuse et agréable, que domine singulièrement la haute stature de sa *tour Blanche*; mais un voyage de vacances dans le Berry vous y retiendrait moins qu'à Châteauroux, ville hospitalière, animée par sa manufacture de tabacs, et dont Stendhal (*Mémoires d'un touriste*) trouvait « les maisons anciennes pleines de physionomie ». Châteauroux (dérivée de Château-Raoul) s'est groupée vers le xᵉ siècle au pied d'une forteresse bâtie par Raoul, prince de Déols, sur une colline dominant les rives de l'Indre. Déols, cité religieuse, étant alors souveraine de la contrée. Il reste seulement de la puissante abbaye de Déols, que chartes et chroniques appelaient le Bourg-Dieu, un superbe clocher roman et une travée de nef vêtue de lierre; mais l'église renferme le tombeau de saint Ludre, sarcophage dont les bas-reliefs représentent des chasses gallo-romaines habilement sculptées.

Les sites où le génie de George Sand a guidé les poètes, les peintres, les rêveurs, il faut aller les aimer sur les bords de la Bouzanne, de l'Indre, de la Creuse, de la Sédelle et de l'Aiglin, jusque dans les montagnes de la Marche. Ils se découvrent au seul piéton.

Quant à nous, il nous suffit de fermer les yeux pour ressentir les émotions qu'ils nous ont données. Nous suivons de nouveau les rives de la Bouzanne ; dans ses eaux limpides Cluis mire une forteresse démantelée, et Neuvy-Saint-Sépulcre l'église byzantine à triple rang d'arcades superposées que fit construire au xie siècle, sur le plan de celle du Saint-Sépulcre de Jérusalem, on ne sait quel seigneur de Bourges ou de Déols, au retour d'une croisade. Plus loin, près des sources de l'Indre, la solitude de la Motte-Feuilly garde mémoire et reliques de très haute, très puissante et très affligée dame Charlotte d'Albret, veuve de César Borgia, duc de Valentinois, auquel un mariage politique l'avait livrée ; elle s'y retira du monde et y mourut ignorée, toute jeune, le 11 mars 1514. De là nos promenades nous conduisent à travers une région tourmentée, hirsute, sèche, brûlante, presque sauvage, par des sentiers de chèvres ou de chasseurs. Entre les roches grises des collines dénudées frétillent des rivières de cristal, qu'interceptent des écluses et que brillantent des cascades qui font tourner des moulins. Dans le fond aplani et parfois très large de quelque vallon, la vue se repose sur de belles prairies entourées de saules et de peupliers. Aux flancs des granits les fougères balancent leurs palmes, ou les genêts leurs grappes d'or. En haut les vignobles alternent avec les bois. Tout à coup, au détour d'une gorge, à l'issue d'un défilé, un village surgit, campé sur un promontoire, au milieu des eaux vives qui se brisent en écumant à ses pieds. Ses cabanes, ses chaumières, s'appuient humblement à la formidable carcasse d'un donjon, juché depuis des siècles sur l'escarpement presque inaccessible du roc, comme le repaire des Mauprat, et toujours aussi solide, aussi noir que son piédestal naturel. Paysages d'Argenton aux maisons étagées, des Chocats aux croix géantes, du Pin, du clérical Saint-Benoît-du-Sault, de Montgarnaud, des Rendes aux multiples et sonores cascatelles, de Gargilesse aux sources argentées, du féodal Châteaubrun, du farouche et jadis redoutable Crozant, de la trappe de Fontgombault, de Brosse, de Plaincourault, de la Roche-Froide, de Bellusson, d'Ingrandes !... qui pourrait vous oublier ? Et si l'on allait plus loin dans les vallées de la Creuse et de la petite Creuse, par les « signals » de la Marche, au fond de cette province toujours pauvre et peu courue, que de découvertes et de plaisirs encore ! Nos lecteurs voudront connaître chez eux les sobres et courageux maçons, les simples et bons « Léonards » ; ils vivront un moment dans leur paisible Guéret, où l'histoire naturelle et l'histoire sociale de la province se résument dans les collections d'un intelligent musée ; dans Boussac, dont le vieux château du xve siècle, orné de tapisseries flamandes de la même époque, en exprime au plus haut degré, ce qui n'est pas beaucoup dire, l'ancienne opulence féodale ; ils visiteront les fameuses manufactures de tapisseries d'Aubusson, et verront à Saint-Léonard le tombeau de l'illustre solitaire, qui est devenu le patron de la plupart des enfants du pays. Des dolmens, des menhirs à chaque pas, et des donjons, d'antiques églises, et les mœurs simples, honnêtes, d'un peuple que le luxe n'a pas gâté...

Au bout de ces excursions délicieuses, c'est un vrai chagrin de retrouver dans la Brenne une seconde Sologne, moins que l'autre en voie d'amélioration. Féconde avant le xiiie siècle, cette contrée berrichonne n'avait alors à se plaindre que des inondations fréquentes ; on les voulut empêcher en jetant des bondes ou digues sur les rivières, et celles-ci, répandant leur trop-plein sur le sol calcaire, s'y creusèrent des étangs méphitiques, qui l'ont dépeuplée et ruinée. Peureux des miasmes que l'on aspire avec inquiétude, on traverse la Brenne un battement de fièvre aux tempes, le pas fugitif, et l'on pénètre, avec l'Indre, dans la saine et plantureuse Touraine, noble « jardin de la France ».

A TRAVERS PLAINES

IX

L'ORLÉANAIS

Très large et très lente, s'infléchissant vers l'ouest, la Loire s'épanche entre les versants du plateau d'Orléans, serrant de près sa rive droite, et de basses ondulations de terrain sur sa rive gauche. D'un côté s'étend la Puisaye, parsemée de gâtines formées par les pluies sur le sol presque imperméable; de l'autre, des bois comme ceux du Nivernais. Châtillon-sur-Loire, Briare, Gien, sont les petites villes assez florissantes de cette région, intermédiaire entre le Val, la Sologne et la Beauce, qui composent le reste de l'Orléanais. Briare, toute blanche, proprette, charge de grains, de fourrages, de vin, de vinaigre, les bateaux que charrient les deux belles routes d'eau limpide, canal latéral et canal de Briare, réunis au fleuve dans son port. Le grand bienfait du canal de Briare, creusé à partir de 1604, pour joindre le bassin de la Loire au bassin de la Seine par le Loing, honore, chez les riverains, la mémoire d'Henri IV et de son fidèle ministre Sully, infatigable planteur des mûriers, jadis nombreux dans ce pays, où il se plaisait et où il se retira.

Gien a son château historique, sa grosse faïencerie; quand on l'a dépassée, on entre dans le Val, « doulce France » des trouvères, « jardin de la France » de nos aïeux, qui n'allaient guère au delà de cette région plate, fraîche et verte, chercher leur idéal paysage. Écoutez La Fontaine, relatant le voyage qu'il y fit en 1663 :

> Coteaux riants y sont des deux côtés;
> Coteaux non pas si voisins de la nue
> Qu'en Limousin, mais coteaux enchantés,
> Belles maisons, beaux parcs et bien plantés,
> Prés verdoyants dont ce pays abonde,
> Vignes et bois, tant de diversités,
> Qu'on croit d'abord être en un autre monde.

Jusqu'à la fin du XVIIIe siècle, ou plutôt jusqu'à nos jours de pérégrinations rapides et faciles, tout Français pensait, comme le poète, qu'il n'y avait rien au monde de plus beau, de plus doux que le Val. On passerait pour ridicule à présent de ne pas lui préférer les magnificences des Pyrénées et des Alpes ou les splendeurs de la Méditerranée. Combien cependant il reste agréable, et qu'il doit nous être cher! Le Val, c'est Orléans, Blois, Amboise, Tours, des moissons de fleurs et de fruits à ramasser à pleines mains, des moissons d'histoire à ramasser à pleins cerveaux. Villes et villages séculaires, châteaux immortalisés, racontant les luttes, les souffrances et les bonheurs de la patrie, se mirent dans l'ombre dormeuse de la Loire ou se pressent autour d'elle. Écoutez l'un de ses fils les mieux doués, Jules Lemaître : « Quand j'embrasse de quelque courbe de la rive la Loire étalée et bleue comme un lac, avec ses prairies, ses peupliers, ses îlots blonds,

La Loire, en aval de Saint-Benoît.

ses touffes d'osier bleuâtres, son ciel léger, la douceur épandue dans l'air, et non loin, dans ce pays aimé de nos anciens rois, quelque château ciselé comme un bijou qui me rappelle la vieille France, ce qu'elle a fait et ce qu'elle a été dans le monde, alors je me sens pris d'une infinie tendresse pour cette terre maternelle où j'ai partout des racines si délicates et si fortes!... »

Nulle autre portion de la France n'a rempli dans son histoire mission plus haute et plus décisive : « C'est au sud de la grande courbe de la Loire, écrit notre illustre maître Élisée Reclus, que la nation, moins troublée par les guerres extérieures, a pu se constituer le plus solidement et qu'elle a le mieux trouvé sa langue et son génie. Quoique pendant une grande partie du moyen âge « la langue d'oc » se soit parlée sur les plateaux du voisinage immédiat, et que du côté de l'ouest les dialectes celtiques se maintiennent en Bretagne, l'idiome du paysan tourangeau est la vraie langue « d'oui » dans toute sa richesse et sa pureté... Si l'on veut chercher la moyenne, le vrai centre d'équilibre de la nation, des Alpes à la Bretagne et des Pyrénées à l'Ardenne, ce n'est point à Paris, c'est au bord de la Loire qu'il faut aller : là se trouvent fondus dans un harmonieux ensemble de bon sens et de gaieté, d'esprit et de sérieux, les contrastes si violents qu'offriraient le Breton à côté du Provençal, le Béarnais à côté du Lorrain. »

Malheureusement un danger toujours à craindre, parce qu'il n'est pas suffisamment conjuré, menace le Val ; il lui vient, comme au temps de La Fontaine, de la Loire :

> ... Quand il lui plaît si fière,
> Qu'à peine arrête-t-on son cours impérieux.
> Elle ravagerait mille moissons fertiles,
> Engloutirait des bourgs, ferait flotter des villes,
> Détruirait tout en une nuit ;
> Il ne faudrait qu'une journée
> Pour lui voir entraîner le fruit
> De tout le labeur d'une année,
> Si le long de ses bords n'était une levée
> Qu'on entretient soigneusement.

Ces levées ou *turcies*, resserrant le cours de la Loire entre d'artificielles rives larges de deux cent cinquante à trois cents mètres en moyenne, opposent de fragiles barrières aux crues subites, aux inondations immédiates et meurtrières comme la foudre, du fleuve si large, s'il était libre, qu'elles forcent à couler dans un lit trop étroit. Grossi hors de toute mesure, enflé par les pluies que les porphyres et les granits du Velay ne peuvent absorber, ce fleuve parfois s'échappe brusquement, à flots pressés, tumultueux, irrésistibles, de sa couche de sable, déborde à de lointaines distances et, forcé de gagner en hauteur ce qu'il perd en largeur, déjoue digues et turcies, naufrage les villes et les champs, déracine les arbres, renverse les habitations, noie les êtres, et pêle-mêle emporte à l'Océan des cadavres et des ruines. Certes les campagnes du Val, riantes sous sa caresse paisible, devraient trembler au souvenir de ses accès de colère, en 1841, 1856, 1866, des millions engloutis par le fléau, que l'avidité du paysan, âpre à lui disputer un pouce d'humus, provoque constamment et que l'industrie des ingénieurs, faute de persévérance ou de ressources, n'a pas encore réussi à prévenir.

Basilique de Saint-Benoît-sur-Loire.

Mais les plus terribles catastrophes s'oublient bientôt, même de ceux qui les ont vues et en ont souffert. On aurait pu augmenter le débit estival de la Loire et en régler l'étiage de manière à rendre les inondations presque inoffensives, sinon à les éviter. Il eût suffi d'établir, vers le cours supérieur du fleuve et de l'Allier, une série de barrages-réservoirs capables d'emmagasiner une énorme quantité d'eau de pluie et de neige. Utile projet, annulé par l'insouciance qui reprend le dessus sitôt le mal accompli. Faut-il s'en étonner? Parmi ces potagers, ces vergers, ces vignobles luxuriants, comment l'homme songerait-il au retour des calamités? Pourquoi serait-il inquiet? La nature répare si vite les maux qu'elle fait, et le fleuve semble si patient!

Église abbatiale de Saint-Benoît-sur-Loire. — Nef et mosaïque du xie siècle.

Trop souvent ravagées, les villes du Val riveraines de la Loire ne cèlent pas grands attraits sous leur aspect gris, quasi morne, et très peu sollicitent le curieux. Sully-sur-Loire, antique seigneurie des hauts barons de la province, achetée quarante-trois mille écus par Rosny, qui le fit ériger en duché-pairie, montre le château du xive siècle, remanié au xviie, où furent hébergés, entre autres personnages illustres, Henri IV et Voltaire. La chambre à coucher du Béarnais, celle de son grand maître de l'artillerie, le cabinet de travail où celui-ci, éloigné de la cour après la mort de son maître, dictait les *Économies royales* à quatre secrétaires, ont plus ou moins conservé leur ameublement et leur décoration. Cela mérite une étape, moins cependant que l'admirable basilique romano-ogivale de Saint-Benoît ou Notre-Dame-de-Fleury, reste d'une abbaye déjà célèbre et puissante sous les Mérovingiens et si réputée au temps de l'empereur Charlemagne, que plusieurs milliers d'écoliers y venaient prendre leçon des moines, dans les écoles instituées, à l'imitation de celles d'Alcuin, par l'évêque Théodulfe.

Cette église, en pierre roussie, d'un ton mordoré fort agréable, développe un beau vaisseau à double transept que précède un péristyle ouvert, soutenu par d'énormes colonnes dont les rangées dessinent une triple nef. Ce porche ou narthex, original et plein de grandeur, est surmonté d'une salle voûtée; on lit au-dessus, gravée sur le tailloir d'un chapiteau, l'inscription *Umbertus me fecit*, qui transmet peut-être le nom de l'architecte. A la façade du nord une magnifique porte offre, posées en cariatides, six grandes figures un peu mutilées de personnages bibliques et des bas-reliefs représentant les miracles de saint Benoît au mont Cassin, morceaux de caractère traités avec une vigueur toute barbare. Pareille énergie d'expression dans la naïveté des attitudes et des physionomies éclate aux chapiteaux du péristyle, de la nef, du sanctuaire. C'est là qu'il faut voir, étudier, sentir toute la poésie du haut moyen âge. Des lambeaux d'antiquité païenne se mêlent à des scènes de l'Écriture, des animaux de la fable à des visions de l'Apocalypse, des démons à des sphinx, des rêves mystiques à des images réalistes, tels, par exemple, les *Quatre âges du monde* placés à côté des *Misères de la vie humaine*. Dans l'intertransept, sous une coupole que surmonte une tour carrée, Philippe Ier, dévot à saint Benoît et bienfaiteur de son abbaye, repose sous une tablette de pierre appuyée sur deux lions au repos et ornée de sa royale effigie en longue robe à plis rigides.

A courte distance de Saint-Benoît, Germigny-des-Prés a perdu, en 1868, une église aussi ancienne et de beauté comparable, mais conserve une authentique et charmante mosaïque byzantine; Châteauneuf-sur-Loire, veuf de son château jadis royal, garde en son église le mausolée quelque peu théâtral de l'un de ses derniers seigneurs, Louis Phelypeaux de la Vrillère, secrétaire d'État sous Louis XIV, mort en 1681; et Jargeau, premier en ce pays encore tout retentissant de la prodigieuse gloire de Jeanne d'Arc, évoque pour nous le nom de l'héroïne, consacré par la victoire du 26 mai 1429, remportée sur l'Anglais. Là Jeanne sauva de mort certaine le duc d'Alençon, chef de l'armée, pour l'avoir averti de quitter un poste périlleux; là une grosse pierre roulée du haut de la muraille vint frapper son casque et la renverser dans un fossé, d'où elle se releva en criant : « Sus! sus! amis! Notre sire a condamné les Anglais; ils sont nôtres à cette heure. » En quoi elle vit juste, car la ville fut prise et Suffolk prisonnier.

L'Orléans, du temps de la Pucelle, ne ressemblait guère à la grande et froide ville qui s'en va changeant un peu chaque année, afin de mériter, on dirait, le nom de Paris-sur-Loire, que plus d'un géographe lui voudrait donner en place du sien. Des quartiers muets de maisons religieuses et d'hôtels aristocratiques, immobiles depuis le xviie siècle; des quartiers pauvres dont les terrassiers et les maçons abattent les rares côtés pittoresques, c'est elle, et l'on y cherche à peu près vainement, en dehors des monuments officiels souvent restaurés, les vestiges d'une grande histoire. Les remparts, les portes, encore debout il y a quarante ans, le fort des Tournelles, à l'assaut duquel Jeanne fut blessée, ont successivement disparu. Seule, non loin de la Loire, une tour, des pans de murailles ont peut-être joué un rôle, essuyé le feu de l'artillerie anglaise, dans ce merveilleux siège où l'on vit toute une armée, tout un peuple, dirigés par une paysanne, enflammés par ses prières, ses exhortations, ses prouesses, sa bravoure fervente, vaincre et repousser l'ennemi, ce qu'ils n'avaient pu faire sous le commandement des plus valeureux capitaines, Dunois, Richemont, La Hire, Xaintrailles, et ces chefs eux-mêmes, hommes de cour, sceptiques, forcés de croire à la mission providentielle de la sainte du patriotisme. Le siège de 1429 est la grande émotion des annales d'Orléans, d'ailleurs si remplies de faits graves et terribles. Ineffaçable est le souvenir du dimanche 8 mai 1429, qui vit dès l'aube les Anglais vaincus, expulsés, quitter leurs retranchements, se ranger en batailles et opérer leur retraite, pour s'en aller plus loin essayer de reprendre l'avantage et subir d'autres défaites.

« Tout Orléans était en fête, dit Joseph Fabre, l'éloquent, l'enthousiaste panégyriste de l'héroïne. Les bourgeois et leurs femmes se jetaient aux pieds de la Pucelle.

« — Vous êtes notre providence, s'écriaient-ils.

« — Ce n'est pas moi, bons amis, c'est Dieu qu'il faut remercier, » répondait Jeanne.

« Et elle convia les Orléanais à une procession solennelle autour des murs de la ville. La procession eut lieu. Tous les ans, le 8 mai, elle se renouvelle et est précédée d'un panégyrique de l'héroïne à qui nous devons d'être restés Français. »

Et trois statues de bronze rappellent sans cesse l'héroïne à la reconnaissance des Orléanais ; et sur la place du Martroy, tous les jours, à l'heure de la retraite, les sonneries martiales des tambours et des clairons saluent l'une de ces statues glorieuses.

Bien avant le XVe siècle, Orléans, ville prédestinée, attribuait déjà à miracle une délivrance extraordinaire. En ce temps-là, certaine tour blanche, derrière l'église Saint - Aignan, défendait peut-être la ville épouvantée des tueries prochaines dont

L'hôtel de ville.

ce récit de l'*Historia Francorum* rend bien les émotions : « Attila, roi des Huns, étant sorti de Metz, ravagea plusieurs villes des Gaules et vint mettre le siège devant Orléans (*Aurelianum*), dont il essaya de s'emparer en battant à grands coups de bélier les murs de la place. Le siège épiscopal de cette ville était alors occupé par le bienheureux Aignan, homme d'une éminente sagesse et d'une grande honnêteté, dont les actions vertueuses sont fidèlement conservées parmi nous. Comme les assiégés demandaient à grands cris à leur évêque ce qu'ils avaient à faire, celui-ci, mettant sa confiance en Dieu, leur conseilla de se prosterner à terre pour prier, et d'implorer avec larmes le secours du Seigneur, toujours présent lorsqu'on a besoin de lui. Ils se mirent en prière, suivant ce qui leur avait été recommandé, et l'évêque leur dit : « Regardez du haut des murs de la ville, et voyez si « la miséricorde de Dieu vient à votre secours. » Trois fois l'évêque répéta cette exhortation ; à la troisième, on vit à

Château de Blois. — Porte Louis XII.

l'horizon un grand nuage de poussière : c'étaient les armées attendues d'Aétius et de ses alliés... » Les Huns s'enfuirent.

En mémoire sans doute de leur illustre prédécesseur, les évêques d'Orléans jouissaient jadis de droits considérables. Le jour de leur entrée solennelle, les barons d'Yèvres le Chastel, de Sully, de Chéray, d'Achères et de Rougemont, les portaient sur un trône à la cathédrale, où le suivaient en procession tous les prisonniers des prisons de la ville, auxquels il avait le privilège « de délivrer des patentes d'absolution ou des sauf-conduits pour se retirer sans pouvoir être repris ».

La cathédrale, « dédiée à Jésus crucifié sous le titre de Sainte-Croix, » est fort belle, sans être originale. Rebâtie en 1601 à la place d'une église presque en entier détruite par les protestants, elle a été achevée seulement de nos jours. Le gothique le plus flamboyant, ses roses, ses galeries d'arcatures, ses dentelures, ses pinacles, ses niches fleuronnées, parfaitement imitées et multipliées, font d'un vaisseau de cent quarante-sept mètres de longueur et soixante mètres de largeur quelque chose comme une immense pièce de filigrane, extrêmement jolie, élégante, bien travaillée, mais ne dégageant aucune impression de grandeur mystique.

Sur la place Sainte-Croix aboutissent les « rues spacieuses, nettes, agréables et sentant leur bonne ville », dont parle La Fontaine ; elles ont peu changé depuis le fabuliste ; l'hôtel de ville, les musées, les maisons qu'il faut voir sont aux alentours. L'art de la Renaissance a mis sa fantaisie et sa grâce dans l'architecture de l'hôtel royal que fut jadis l'hôtel de ville, orné de cariatides assez jolies pour être attribuées à Jean Goujon. On lui doit également la *maison de François Ier*, où logea peut-être Mlle d'Heilly, future duchesse d'Étampes, et les hôtels dits de Diane de Poitiers et des Carnaux, dignes écrins de charmants musées. Au goût si délicat du XVe siècle rendent hommage la maison de l'Annon-

Cour d'honneur du château de Blois. (Cliché de Mieusement, de Blois.)

Escalier François Ier.   Salle des États.   Château de Louis XII.   Chapelle d'Anne de Bretagne.

ciade, où Jeanne d'Arc demeura, chez messire Boucher, trésorier du duc d'Orléans, et la maison aux sveltes arcades parée du nom d'Agnès Sorel.

Ville de rentiers, à la juger par ses dehors, Orléans a pourtant réputation de ville active, fabricante et commerçante; ses vinaigreries, ses bonneteries, ses poteries expédient partout leurs produits; sept lignes de chemin de fer, qui s'y croisent, et le canal d'Orléans, joignant la Loire au bassin de la Seine, assurent sa prospérité économique. Et pourtant, à la regarder des bords du fleuve, elle semble moins qu'autrefois riche par le négoce, moins animée de la vie que les échanges renouvellent incessamment. La Fontaine écrivant en 1663 : « De chaque côté du port on voit continuellement des barques qui vont à voiles fort amples, cela leur donne une majesté de navires, et je m'imaginais voir le port de Constantinople en petit, » n'est pas suspect d'exagération poétique, puisque, trois quarts de siècle après lui, un voyageur trace à son tour ce tableau : « La promenade du quai est la plus agréable de la ville; on y voit à toute heure arriver ou partir des cabanes ou bateaux qui viennent de toutes les villes par où la Loire passe, sur laquelle plusieurs bâtiments vont à la voile comme sur mer. Il en remonte aussi de Nantes et d'ailleurs, chargés de marchandises des lieux les plus éloignez. Ils prennent en échange des vins

Château de Blois. — Escalier François Ier. (Cliché de Mieusement, de Blois.)

du païs, parmi lesquels le Gennetin, l'Auvennat et celui du petit val de Loire sont ceux qu'on estime davantage. La partie du quay qui est au-dessus du pont sert aux bateaux qui viennent du côté de Moulins, de Nevers et de Roanne, où l'on charge les marchandises de Lyon, pour les transporter à toutes celles qui sont sur la Loire, et par le moyen du canal de Briare, à celles qui sont sur la rivière de Seine. »

La circulation des denrées utiles, des objets manufacturés, n'attendait donc pas notre âge ivre de progrès pour répandre en des villes aujourd'hui d'apparence morte l'aisance, le mouvement et je ne sais quel air de gaieté que l'on y chercherait en vain.

A moins d'une lieue de la ville, le Loiret, simple dérivation souterraine de la Loire, conduit par une promenade, exquise en pays sec et poudreux, vers le rare phénomène de ses sources surgissant dans le parc de Saint-Cyr-en-Val, où l'une, nommée le Bouillon, monte, du milieu d'un bassin, comme une colonne blanche et mobile d'un thermomètre à mercure ardemment chauffé, à la surface transparente de l'eau bleue, tandis que l'autre, nommée l'Abîme, sourd à fleur du sol. A l'exception de cette oasis, la campagne orléanaise a la monotonie de la ville; à l'ouest c'est la Beauce, au midi la Sologne; mais au delà et en deçà de la Loire, sur une superficie dépassant quarante mille hectares parsemée d'une multitude de villages, s'étendent les futaies et les taillis de chênes, de bouleaux et de charmes, de l'immense forêt que des percées, des éclaircies, des mises en culture ont tronçonnée. Telle quelle, elle se peuple à l'automne de citadins heureux de secouer leur ennui en chassant, non pas seulement le lièvre, le lapin, la perdrix, mais le cerf, le chevreuil, le renard et le loup.

Presque à la lisière de cette forêt les admirateurs du grand et vigoureux écrivain catholique, qui fut Louis Veuillot, trouveront à Boynes, non loin de Pithiviers, l'humble maison où il naquit en 1813; et les patriotes iront porter couronnes ou souvenirs attendris aux monuments funéraires dressés sur les champs de bataille de 1870, à Patay, à Coulmiers, à Bacon !

A vrai dire, ce sont là de pieuses excursions, des excursions sentimentales; il est autrement plaisant de descendre la Loire. Que d'illustres petites villes à visiter le long du fleuve !, Meung, patrie du poète Jehan Clopinel dit Jehan de Meung, continuateur du *Roman de la Rose*, commencé par son compatriote orléanais, maître Guillaume de Lorris; Meung, prison au XVe siècle d'un autre poète, pauvre alors autant qu'immortel aujourd'hui, maître François Villon, lequel, pour quelque méfait trop sévèrement puni par l'évêque d'Orléans, Thibaut d'Aussigny, y vécut dans les oubliettes d'un donjon visible encore,

> En ung bon lieu non pas en haut,
> Mangeant d'angoisse mainte poire

plus que maigrement

> ... d'une petite miche
> Et de froide eau tout ung esté.

Meung a gardé le château quelque peu féodal des évêques d'Orléans, son antique église Saint-Lichard, reliée par une courtine à la tour fortifiée du château, et sa vieille porte d'Amont.

La célèbre Cléry, où mènent depuis Meung un pont immense et une fort belle route, a dans sa belle église Notre-Dame, où Louis XI allait fréquemment faire ses dévotions, le mausolée de ce roi et les tombeaux de Dunois, de François d'Orléans et d'Agnès de Savoie. A Beaugency, rustaude bourgade, on est tout surpris de découvrir ces beaux restes de grandeur et d'élégance : un donjon du XIe siècle appelé tour de César, le château de Dunois, comte de Longueville, des tours singulières près d'un vieux pont aux arches basses et moussues, une large porte féodale et une ravissante demeure de la Renaissance, transformée en hôtel de ville, dont les années usent si vite, hélas! les nobles et joyeuses sculptures.

Ainsi l'on atteint le Blésois, pays des vastes forêts et des châteaux somptueux, et Blois, groupée sur

> ... un escalier de rues
> Que n'inonde jamais la Loire au temps des crues,

développe sous les yeux enchantés l'ample panorama où pointent contre les rives du fleuve ou à la lisière des bois les blancheurs aristocratiques de Ménars, de Beauregard, de Chambord et de Chaumont. Mais Blois lui-même a son château célèbre, plus ancien, plus grand, plus varié, plus orné que tous les autres, encore que beaucoup trop restauré. Ses fondations, sur un roc incliné, sont peut-être les puissantes assises d'un castellum. Au-dessus se dressent des tours gothiques. Au-dessus de ces tours écimées, ou entre elles, s'élèvent la fameuse salle des États, reste du chastel des comtes de Blois, le sobre château de Louis XII, le palais de François Ier, avec son merveilleux escalier à jour, chef-d'œuvre de l'art du XVIe siècle, et le pavillon de Gaston d'Orléans, de majestueux style Louis XIV. Des murailles grises, des façades roses, des façades blanches. De l'énorme et du gracieux, de l'élégance dans de la force, du naïf et de l'exquis. Les salons, les chambres, les cabinets de l'immense demeure sont pour la plupart décorés à neuf, « fraîchement peints et vernis, » mais sans meubles, muets, sourds, vides à jamais; et les seuls propos futiles et monotones d'un cicérone inévitable y rappel-

Château de Blois. — Salle des États. (Cliché de Mieusement, de Blois.)

lent aux curieux de tragiques événements que rien ne représente. Il vous dit, songeant surtout aux crimes d'État du dernier Valois, aux sanglantes journées des 23 et 24 décembre 1588 : « Voici la chambre à coucher de la reine Catherine de Médicis, voici son cabinet de travail, voici la tour des oubliettes où le cardinal de Guise fut occis à coups de hallebarde, voici la salle des gardes du roi où stationnaient les quarante-cinq, la salle du conseil où fut résolue la mort du Balafré, le couloir où s'ouvraient les cellules des capucins chargés de prier pour leur succès, le cabinet du roi où Henri de Guise devait entrer pour parler à Henri III, et où il n'entra point, le couloir oblique où il reçut dans le sein le premier coup de poignard des coupe-jarrets, la chambre du roi où il reçut les derniers, et, mourant, se traîna d'un bout à l'autre, bras tendus, yeux éteints, bouche ouverte, suivi de ses assassins. » Et de tout ce qu'il évoque vous cherchez vainement les traces entre les murs fastueusement ornés! Où donc le parquet éclaboussé, taché, imbibé du sang de la victime? Où les tentures auxquelles s'accrochèrent ses mains défaillantes? Où le lit, le lit royal contre lequel, d'une légère poussée, il s'affaissa avant de rouler à terre, cadavre heurté du pied par le maître et bientôt déshabillé par les valets à la curée de sa riche dépouille?

O vanité des restaurations impuissantes à restituer, ne fût-ce qu'une parcelle, de l'irrévocable passé!

On va commodément de Blois à maints vieux châteaux plus vivants, Beauregard, Cheverny, Ménars, Chaumont, que d'obligeants concierges montrent volontiers; et quatre lieues seulement vous séparent de Chambord, également splendide, vide également. Par crainte de désillusion, que nos lecteurs le regardent par les yeux du grand poète Alfred de Vigny, qui, dans *Cinq-Mars*, l'a décrit en ces termes: « Entre des marais fangeux et un bois de grands chênes, loin de toutes les routes, on rencontre tout à coup un château royal ou plutôt magique. On dirait que, contraint par quelque lampe merveilleuse, un génie de l'Orient l'a enlevé pendant une des mille et une nuits, et l'a dérobé aux pays du soleil pour le cacher dans ceux du brouillard avec les amours d'un beau prince. Ce palais est enfoui comme un trésor; mais à ses dômes bleus, à ses élégants minarets, arrondis sur de larges murs ou élancés dans l'air, à ses longues terrasses qui dominent les bois, à ses flèches légères que le vent balance, à ses croissants entrelacés partout sur les colonnades, on se croirait dans les royaumes de Bagdad ou de Cachemire, si les murs noircis, leur tapis de mousse et de lierre, et la couleur pâle et mélancolique du ciel n'attestaient un pays pluvieux. Ce fut bien un génie qui éleva ces bâtiments, mais il vint d'Italie et se nomme le Primatice; ce fut bien un beau prince dont les amours s'y cachèrent, mais il était roi, et se nommait François Ier. Sa salamandre y jette ses flammes partout; elle étincelle mille fois sur les voûtes et y multiplie ses flammes comme les étoiles d'un ciel; elle soutient les chapiteaux avec sa couronne ardente; elle colore les vitraux de ses feux; elle serpente avec les escaliers secrets, et partout semble dévorer de ses regards flamboyants les triples croissants d'une Diane mystérieuse, cette Diane de Poitiers, deux fois déesse...

« Mais la base de cet étrange monument est comme lui pleine d'élégance et de mystère; c'est un double escalier qui s'élève en deux spirales entrelacées depuis les fondements les plus lointains de l'édifice jusqu'au-dessus des plus hauts clo-

La lanterne de Chambord.

chers, et se termine par une lanterne ou cabinet à jour couronné d'une fleur de lis colossale, aperçue de bien loin; deux hommes peuvent y monter en même temps sans se voir.

« Cet escalier, lui seul, semble un petit temple isolé comme nos églises; il est soutenu et protégé par les arcades de ses ailes minces, transparentes et, pour ainsi dire, brodées à jour. On croirait que la pierre docile s'est ployée sous le doigt de l'architecte; elle paraît, si l'on peut le dire, pétrie selon les caprices de son imagination. On conçoit à peine comment les plans en furent tracés, et dans quels termes les ordres furent expliqués aux ouvriers; cela semble une pensée fugitive, une rêverie brillante qui aurait pris tout à coup un corps durable; c'est un songe réalisé. »

Une seule erreur est à relever dans cette description poétique : l'architecte de Chambord ne fut point le Primatice (Dieu nous garde des châteaux bâtis par le Primaticcio! disait Paul-Louis Courier), mais le Blaisois Pierre Nepveu. Le château, dont les derniers hôtes furent Stanislas Leckzinski, ex-roi de Pologne, beau-père de Louis XV, et le maréchal Maurice de Saxe, est complètement vide; et les sculptures que les grands artistes de la Renaissance, Jean Cousin, Pierre Bontemps, Jean Goujon, Germain Pilon, lui prodiguèrent, vont de plus en plus se pulvérisant, s'effaçant, sous le grattoir des maçons, sous la chaux des plâtriers, sous l'humidité des pluies et des brumes solognaises.

Église de Germigny-des-Prés
(près de Saint-Benoît-sur-Loire).

A TRAVERS PLAINES

X

LE JARDIN DE LA FRANCE

Est-ce bien « jardin de la France » qu'il faut dire? Serait-ce pas plutôt « jardin des souvenirs de la France » ? Ce doute nous prend à voir combien plus les voyageurs sont attirés en Touraine par les œuvres souvent exquises du passé que par l'agrément d'une gaillarde et douce nature. La *terra molle e lieta e dilettosa* du Tasse, le poète italien l'eût aussi bien trouvée en Bourgogne, en Nivernais, en Anjou ou dans notre cher Valois. Mais en quelle autre province de notre pays l'histoire et l'art de la Renaissance, étroitement unis dans leur première période d'activité créatrice, ont-elles laissé autant et plus charmantes preuves de leur fécondité? On y peut suivre à la trace, pas à pas, les progrès de la royauté et de l'aristocratie du xve au xvie siècle; graduellement ils se dégrossissent, se précisent, s'affinent; l'élégance de leurs demeures répond à la délicatesse croissante de leurs goûts et permet d'en noter les phases, et l'on assiste au rayonnement, depuis l'aube jusqu'au zénith, de l'art le plus gracieux, le plus vivant qui fut jamais!

Ce voyage vers l'unité, la force, la gloire et la splendeur de l'ancienne France ont pour grandes étapes Loches, Tours, Amboise, Chenonceaux, Azay-le-Rideau, Langeais, Chinon. Nous sommes, par la vallée de l'Indre, arrivé à la première.

Loches offre complètement l'espèce de plaisir intellectuel et d'émotion rétrospective que l'on va chercher en Touraine. On y entre, comme jadis les rois et leurs bannerets, par l'ample porte féodale dite des *Cordeliers;* et dans un tout petit écheveau de rues étroites on rencontre successivement l'arche flanquée de tourelles de la *porte Picoys*, à laquelle s'appuie l'hôtel de ville, bâti au xvie siècle; une brillante maison seigneuriale de la même époque; l'*hôtel Nau,* dont la façade est une ravissante mosaïque d'entrelacs, de figurines, de médaillons et d'inscriptions héraldiques; la *chancellerie,* où se cabre un centaure; la tour Saint-Antoine, d'autres logis contemporains, en bois ou en pierre, curieux par quelque détail de forme ou de sculpture.

Ainsi cheminant, et par une ascension détournée, on s'élève jusqu'au large et puissant groupe des édifices illustres : la collégiale Saint-Ours, le donjon, dus à Geoffroy

Grise-Gonelle, comte d'Anjou, et le château du XVᵉ siècle, où séjournèrent plus ou moins Charles VII, Louis XI, Charles VIII, Louis XII et même Henri III, qui, tout près de Loches, dans l'abbaye de Beaulieu, promulgua le mémorable édit qui fut le prétexte de la sainte Ligue.

Peu d'églises sont d'un plus étrange aspect que Saint-Ours, dont la nef trapue porte à la fois une flèche en pierre, un énorme clocher, des pyramides et des pyramidions, si bien qu'on dirait d'un mastodonte chargé de tours guerrières et de balistes inconnues, et

Le donjon de Loches.

dont le vaste porche roman rassemble, parmi des feuillages rêvés, des figures de cauchemar, striges, goules, lampourdes, gnomes et succubes, dignes de l'imagination d'un Callot ou d'un Gustave Doré. L'horreur de ces sculptures exécrant le péché est en terrible harmonie avec les cachots et les oubliettes du donjon, où les pécheurs envers l'autorité expiaient durement leur révolte. Là, des égratignures imprimées aux murailles par les ongles des prisonniers qui s'efforçaient d'atteindre les vagues soupiraux accordés à leurs ténèbres perpétuelles, des inscriptions désolantes, des cris de désespoir, de haine ou de repentir tracés à la pointe du couteau, sont d'effroyables aveux d'insurmontable souffrance. Dans l'une de ces cellules, Ludovic Sforza, duc de Milan, dix ans captif, mourut en 1510, à l'heure de sa délivrance, étouffé par la joie, et l'on ne peut que frémir aux lettres, aux emblèmes tracés par ce malheureux enterré vivant, pleurant sa funeste fortune. Et il y a pis encore : les *in pace* souterrains, les trous noirs, creusés par ordre de

Louis XI, et suffisant juste à contenir les cages de fer dont parle par expérience, sans indignation ni rancune, messire Philippe de Commines. « Il est vrai qu'il (Louis XI) avoit fait de rigoureuses prisons, comme cages de fer et d'aultres de boys, couvertes de plaques de fer par le dehors et par le dedans, avec terribles ferrures de huict pieds de large et de la hauteur d'ung homme et ung pied plus. Le premier qui les devisa fut l'évesque de Verdun, qui en la première qui fut faicte fut mis incontinent et y a couché quatorze ans. Plusieurs depuis l'ont mauldit, et moy aussi qui en ay tasté. » Or cet évêque de Verdun, M. d'Haraucourt, le cardinal évêque La Balue, Commines lui-même, traînèrent ici l'existence agonisante des encagés. C'est là, croirait-on, la limite extrême de l'effroyable, si l'on ne vous montrait les oubliettes du Martelet, d'une profondeur, d'une humidité, d'une solitude qui défient toute comparaison, et où gisent les instruments de torture aussi

Bléré, sur le Cher.

décrits par Commines : « Aultrefois avoit faict faire à des Allemands des fers très pesants et terribles pour mettre aux pieds, et estoit un anneau pour mettre ung pied seul, malaysé à ouvrir comme un carcan, la chaîne grosse et pesante, et une grosse boule de fer au bout, beaucoup plus pesante qu'il n'estoit de raison ou que n'appartenoit, et les appeloit-l'on les *fillettes du roi*. »

Auprès de ces geôles atroces, le château royal avec ses jolis pendentifs, ses gargouilles ouvragées, paraît d'une joie cruelle ; comment pouvait-on rire, festiner, danser, à deux pas de pareilles misères ? Visiblement la sensibilité n'existait point ; en tout cas, la sensualité dominait. Un oratoire élégant, appelé l'oratoire d'Anne de Bretagne, renferme le monument funéraire élevé à « Agnès Sorel, noble damoiselle, en son vivant dame de Roquescière, de Beaulté, d'Issoudun et de Vernon-sur-Seine ». Mais ce sarcophage de marbre blanc qui porte la statue couchée de la défunte, ayant à ses pieds deux angelots banals, ne saurait être le magnifique mausolée où reposait le corps d'Agnès Sorel, née à Fromenteau-en-Brenne, et « trépassée le neuvième jour de février de l'an de grâce 1449, à l'abbaye de Jumiège ». Où sont les attraits de l'enchanteresse dans cette figure rigide, lourde et morne ?

Loches est à la lisière d'une grande et belle forêt, sous les ombrages de laquelle

La chasse de saint Hubert ; haut-relief de la chapelle du château d'Amboise. (Cliché de Mieusement, de Blois.)

s'abritent les jolies ruines de la chartreuse du Liget, fondée par Henri II Plantagenet. Un peu au delà, vers l'ouest, au bord de la Tourmente, sur des rochers, le château de Montrésor, féodale et splendide demeure, enferme de jolis bâtiments de la Renaissance dans une double enceinte flanquée de tours. Les comtes Branicki, propriétaires du domaine, ont fait de leur demeure un musée où se trouve, entre autres reliques du défunt royaume de Pologne, la couronne que l'impériale ville de Vienne assiégée, pressée par les Turcs en 1683, décerna à son vaillant sauveur Jean Sobieski. Dans l'église du village on admire le tombeau des Bastarnay, ses anciens seigneurs, tout environné et chargé de statues majestueuses.

A l'ouest de la ville, l'Indre borde de ses claires eaux les landes arides, les bruyères et les *falunières* du plateau de Sainte-Maure, vaste lit d'une mer préhistorique, reconnaissable à des amas de coquillages fossiles qui servent d'engrais aux cultivateurs de la Touraine et du Poitou. Les touristes ne s'égarent pas volontiers sur ce triste coin de terre, mais il est plein d'intérêt pour les géologues et les historiens de la race humaine. A quatre lieues de Loches, près du bourg du Grand-Pressigny, on découvrit en 1863 les plus vastes ateliers d'instruments en silex que les fouilles aient mis à jour, et l'on y ramassa par centaines les couteaux et les haches dont les hommes de l'âge de la pierre taillée usaient pour se défendre contre les fauves et pour les attaquer, tour à tour chassés et chasseurs. Non loin du Grand-Pressigny, la petite ville de La Haye, où Descartes naquit en 1596,

Tours.

adjoint à son nom celui du glorieux philosophe, et l'honore en conservant précieusement sa maison natale. Plus au nord-est, Sainte-Maure possède un célèbre dolmen, et à une lieue environ de Sainte-Maure, la légende poétise la chapelle de Sainte-Catherine-de-Fierbois, reconstruite par Charles VII et Louis XI sur l'emplacement de l'antique sanctuaire où, dit-on, Charles Martel, victorieux des Sarrasins, vint s'agenouiller et déposer son épée, laquelle, enfouie sous le maître-autel, fut, sept siècles après, réclamée par Jeanne d'Arc, qui la voulut ceindre pour chasser l'Anglais.

L'autre côté de la vallée de l'Indre, c'est la fertile et parfois gracieuse Champeigne, que limitent le Cher et la Loire. Tours en est la grande ville, et le chemin de fer vous y conduit, qui vous montre en passant les ruines du château fort de Montbazon, son gros donjon rectangulaire, ses remparts démantelés. De la gare au fleuve, la rue Royale, — vraiment royale, — partage la jolie capitale de la Touraine en deux parties de physionomies distinctes. A droite, le quartier de la cathédrale, calme infiniment, comprend les hôtels de la noblesse et de la vieille bourgeoisie tourangelles; à gauche, les rues laborieuses et mouvantes des draperies, des fabriques de soie, des tanneries, du négoce, des vastes ateliers de l'imprimerie et célèbre maison d'édition Alfred Mame, s'entre-croisent entre les vieilles tours Charlemagne et Saint-Martin, les églises Notre-Dame-la-Riche et Saint-Saturnin.

Ce dernier côté, le plus intéressant des deux, fut le noyau de la cité moderne, en grande partie formée en dehors de l'oppidum des Turones, du Césarodunum gallo-romain, étroitement comprise entre la Loire et l'archevêché, comme en témoignent les débris de son enceinte.

Là s'élevait l'abbaye de Saint-Martin, si vénérée, si puissante au moyen âge, inviolable asile des proscrits et pieux rendez-vous des multitudes chrétiennes au tombeau de l'apôtre populaire, dont les reliques faisaient des miracles, et dont la chape, comme un palladium, servait, bien avant l'oriflamme, d'étendard aux guerriers francs. Les Mérovingiens subirent dans cette abbaye les pénitences imposées par les évêques pour l'expiation de leurs crimes. Sous Charlemagne, l'abbé Alcuin y fonda les grandes écoles de grammaire, d'histoire, d'astronomie et de musique, d'où sortirent tant de prêtres illustres; gloire et orgueil séculaire de la ville, elle s'amoindrit peu à peu; en 1797, son admirable basilique s'écroula. Tout en a disparu, excepté les tours, un petit cloître de la Renaissance et une crypte restaurée, toute de marbre et de pierre sculptée, où nombre de fidèles et de pèlerins vont encore se prosterner devant le tombeau et la châsse du bienheureux, sous les flammes mystiques de lampes inextinguibles.

Un quartier neuf a pris la place de l'abbaye et de ses dépendances, mais les alentours en ont peu changé depuis plusieurs siècles. Les vieux logis d'autrefois subsistent, solides et singuliers, entre les quais et les tours de Saint-Martin, dites de Charlemagne et de l'Horloge, dans des rues et des carrefours obscurs. On rencontre parmi eux ou dans leur voisinage les élégantes architectures qui datent et font preuve de la haute prospérité de la ville à la fin du XVe siècle et au XVIe[1]. Alors Tours, rivale de Lyon, comptait quatre-vingt mille habitants, dont un grand nombre fabriquaient les étoffes de soie, tissées d'or et d'argent, que l'on exportait jusque dans les Indes; il eut alors pour artistes les excellents Jehan Fouquet, François Clouet, Robert et Nicolas Pinaigrier. On doit au luxe et au goût délicat de cette époque la svelte fontaine de Beaune-Semblançay, exécutée d'après les dessins de Michel Colombe par ses fils Martin et Bastien-François; l'hôtel Xaincoings, bijou de la première Renaissance; l'hôtel de Beaune-Semblançay; la maison dite de Tristan l'Hermite, qui ne fut point celle du compère et bourreau de Louis XI; l'hôtel de Jehan Gallan, argentier de ce roi, qui se plaisait fort dans la société de ses bons bourgeois de Tours. Le voyageur les cherchera et croira les découvrir, avec de curieuses maisons surannées, charpentées singulièrement ou cuirassées d'ardoises, place Foire-le-Roi et du Grand-Marché, rue du Grand-Marché, rues Châteauneuf, Briçonnet, du Poirier, des Jacobins, des Balais, Saint-François-de-Paule, Bretonneau, rue Colbert et dans les vieilles rues étroites et sombres prises entre les allées du Mail, l'ancienne église abbatiale Saint-Julien, (dans laquelle Henri III réunit le parlement en l'année de troubles 1580), et la cathédrale.

L'église cathédrale Saint-Gatien élève dans le libre espace d'une grande place paisible un beau vaisseau gothique, à triple nef, bas côtés et croisillons. Sa façade, un peu serrée entre deux tours couronnées de clochetons, est abondamment ornée, trop peut-être, d'arcatures, pinacles, gables, roses et fleurons s'entremêlant comme les caprices

---

[1] Les guerres de religion semblent avoir eu la plus fâcheuse influence sur la fortune de Tours; cependant le voyageur de 1730 (plusieurs fois cité dans ce livre) pouvait encore écrire : « La *commodité de la Loire* rend le commerce de cette ville très considérable ; on y fait surtout un grand débit d'étoffes de soye, qu'on y travaille en perfection. » Remarquez ces mots : « la commodité de la Loire, » qui font bien comprendre les services que rendait au négoce la navigation sur notre plus grand fleuve. Mais que cela est loin ! et quel dommage à réparer !

Château de Chenonceaux.

d'une guipure d'art. Au dedans, les plus radieuses verrières projettent des clartés d'arc-en-ciel. Deux mausolées de marbre, ouvrages des frères Juste, artistes d'origine italienne, supportent les statues couchées des petits enfants de Charles VIII, non plus déjà raidement figés dans une prostration mystique, mais endormis dans un sourire délicatement posé sur leurs lèvres closes. A gauche, par deux arcs-boutants, Saint-Gatien se rattache aux gracieuses arcades du cloître de la Psalette, qui en dépendait.

L'hôtel de ville et le musée, tout au bout de la rue Royale, occupent de nobles bâtiments du xviiie siècle. Au musée, le *Serment d'amour*, de Fragonard; la *sainte Famille*, de Forgone; les *Musiciens arabes*, de Delacroix; quelques tableaux de Boucher et des meilleurs, brillent comme de purs chefs-d'œuvre entre beaucoup de toiles médiocres; la bibliothèque possède cinquante mille volumes, douze cents manuscrits fort précieux, quatre cents incunables, avec très grand nombre de documents sur l'histoire locale, recueillis avec soin et légués par des érudits.

Pour ses promenades et ses fêtes, le gentil peuple tourangeau emploie et réjouit de sa belle humeur les fraîches allées du Mail et des quais. Là, les statues de Descartes et de Rabelais se dressent à l'entrée du pont de quinze

Tombeau des fils de Charles VIII (cathédrale de Tours).

arches, qui traverse la Loire, en découvre les îlots boisés et mène au faubourg Saint-Symphorien. Aux deux extrémités de la ville, deux tours noires jadis atteignaient le fleuve : l'une, nommée *tour de Guise*, rappelle la domination désastreuse des Plantagenets, rois d'Angleterre et comtes d'Anjou, car elle faisait partie du château construit par Henri II à la fin du xiie siècle; l'autre, *tour de Foubert*, protégeait le fief de l'abbaye de Saint-Martin.

Les plates et crayeuses varennes environnant Tours rebuteraient le voyageur, si ce que nous avons dit du prestige de l'histoire au début de ce chapitre ne s'appliquait ici particulièrement. Une foule de souvenirs embellissent les paysages médiocres de la Loire et du Cher : aucun passant n'oubliera d'aller visiter les vestiges presque insignifiants du fameux château de Plessis-lez-Tours, le féodal château de Luynes, l'énigmatique *pile de Cinq-Mars*, monument romain dont l'usage est encore ignoré, et le long de la Loire, sur le chemin de Vouvray, les restes de l'illustre abbaye de Marmoutier, fondée par saint

Martin, d'où son nom : *Martinis monasterium*. Encore immenses sont les bâtiments de cette abbaye dans une estampe de 1699. On disait proverbialement :

> De quel côté que le vent vente,
> Marmoutier a cens et rente.

Aujourd'hui le long mur d'enceinte, un donjon et le portail de la Crosse, qui ne manque pas de caractère, indiquent où était cet asile de studieux et savants bénédictins. Plus loin s'ouvrent dans le tuffeau des blanchâtres collines riveraines les grottes de Sainte-Radegonde ; le fleuve se couvre de longues îles paresseuses, où frissonnent les tendres verdures des saulaies ; d'avenantes auberges, des guinguettes animent, et la haute tour appelée lanterne de Rochecorbon domine l'ampleur d'un paysage lumineux, frais et riant. En somme, régal pour les yeux, jouissance pour l'esprit ! On s'est rapproché à travers les âges, par la pensée et par les sens, de l'atroce vieillesse de Louis XI et des piétés du christianisme primitif ; on a touché du doigt l'histoire apprise dans les livres, noble plaisir entre tous.

Amboise au moyen âge.

Ce genre de plaisir, on l'éprouve, plus vif encore, à s'éloigner de la ville pour en parcourir la grande banlieue : chose aisée, Tours étant centre d'excursions des plus hospitaliers et des plus commodes. L'illustre Amboise en est par le chemin de fer à moins d'une heure. On passe en vue de coteaux où mûrissent les vignes dont l'on fait le vin pétillant, mousseux, hilarant de Vouvray, nectar digne, entre tous ceux de France, d'abreuver la fine race humaine sublimée dans Rabelais, Balzac et Courier ; et le vieux château de Charles VIII vous apparaît d'ensemble, non pas noirci par le temps, comme son âge permettrait de le supposer, ni éclaboussé du sang que les bourreaux de 1560 y versèrent à flots, — que de meurtres, de crimes, en ce pays de liesses et de douceur pendant ce brillant XVIe siècle ! — mais éclatant de blancheur sur une haute et lourde terrasse de murailles grises faites pour supporter la massive architecture d'une forteresse. C'est que Viollet-le-Duc restaura naguère, hélas ! les deux étages de l'édifice aux balcons de fer et de pierre, les hautes fenêtres sculptées qui s'adossent aux ardoises des toitures. Quant aux remparts gothiques, à la voûte d'entrée, à la grosse tour au sommet de laquelle on pouvait monter en carrosse, aux sombres casemates rappelant l'ancienne prison d'État dont le dernier captif fut l'émir Abd-el-Kader, un jardin odorant les enveloppe dans ses buissons de lilas, de roses, de chèvrefeuille, de lierre et d'aubépine. Parmi ces luxuriances

Château d'Azay-le-Rideau.

s'élève, joyau de l'art du XVe siècle, la chapelle blanche, pimpante, dorée, vernissée, que décore, au portail, un admirable bas-relief représentant la chasse de saint Hubert : elle renferme les os du prodigieux artiste Léonard de Vinci, décédé au château voisin de Clos-Lucé, en 1579.

Le château d'Amboise commandait jadis, — et de là son origine, — l'accès de la forêt où s'élève encore, dans un carrefour marécageux, la ruineuse et bizarre chinoiserie, haute de trente-neuf mètres, connue sous le nom de *pagode de Chantcloup*, que le duc de Choiseul fit bâtir, de 1775 à 1778, pour perpétuer le souvenir des processions de nobles et de bourgeois venus de la cour et de la ville à son château de Chanteloup (complètement disparu) témoigner leurs regrets au ministre disgracié par Louis XV et la du Barry. Les principales avenues de cette forêt aboutissent à la vallée du Cher, l'une à Bléré, dont le cimetière renferme une jolie chapelle de la Renaissance; l'autre non loin de la plaine sèche et crayeuse où, dans les eaux larges et limpides de la rivière, Chenonceaux, construit sur un pont justement proportionné à son merveilleux fardeau, mire ses claires façades, mignonnes et bien prises dans de sveltes tourelles, ses délicats frontons, ses hautes fenêtres fleuronnées, ses grandes cheminées étincelantes sur le fond bleuâtre des combles, ses lignes, ses reliefs variés coquettement, harmonieusement. Comme nous en instruisent les initiales TB. KB. multipliées sur la façade d'entrée, Thomas Bohier, receveur général de Normandie, et Catherine Brisson, son épouse, firent vers 1575 bâtir cette exquise demeure, et les devises : *Spes mea, salus Domini, — S'il vient à point me souviendray*, — gravés à côté de leurs chiffres bourgeois leur appartenaient sans doute également. Au financier succédèrent les grands personnages historiques Diane de Poitiers, Catherine de Médicis, Louise de Vaudemont, veuve de Henri III, dont l'appartement est encore lamé de noir, en signe de son inconsolable deuil. On montre au visiteur les chambres consacrées par ces résidences aristocratiques et qui gardent leurs meubles élégants, respectés même par les goûts si différents des hôtes du XVIIIe siècle que la spirituelle et bonne Mme Dupin, alors maîtresse de céans, réunissait autour d'elle.

Pour admirer en Touraine œuvre architecturale comparable à Chenonceaux, on descend les rives de la Loire, toujours plus semée d'îlots de sable, de *jard*, et toujours plus verdie par les saules groupés en *luisettes* : à droite, elle montre au voyageur les grottes et le château de Villandry, à gauche le féodal et militaire Langeais; de Langeais on remonte la vallée de l'Indre jusqu'à la ravissante apparition d'Azay-le-Rideau. « Au milieu de la magnifique coupe d'émeraude où la rivière se roule par des mouvements de serpent, » selon l'expression de Balzac, ce pur chef-d'œuvre de la Renaissance élève sur un pilotis aux arches pleines ses blanches façades prises entre de gracieux encorbellements et coupées de tourelles aux toits pointus. Les portes, les fenêtres des combles, les cheminées, les escaliers sont délicatement sculptés. Mais une merveille, c'est le portique dont les arcades et les fenêtres arquées s'ouvrent entre des colonnes, des pilastres, des niches, des bas-reliefs, des rinceaux, où s'enlacent en arabesques les plus charmants caprices : des coquilles, des feuillages, des mythologies se jouant parmi des hermines et des salamandres, mises là en l'honneur de François Ier par l'un de ses secrétaires, Gilles Berthelot, maître de la Chambre des comptes et maire de Tours, seigneur du domaine, dont la devise: *Ung seul désir*, est inscrite dans la frise du portique, et les armes s'étalent au fronton.

Sur la rive gauche de l'Indre, presque en face d'Azay, commence la forêt de Chinon, percée d'avenues qui mènent aisément dans la célèbre petite ville. Mais on irait d'abord, musant par les futaies, au château d'Ussé, d'aspect fantastique avec ses tours, ses tourelles, ses pavillons de la Renaissance, son donjon du XVᵉ siècle, ses toits ardoisés, bossetés, démesurés, ses flèches, ses mâchicoulis, ses tours, ses créneaux, et le tout ceint d'une galerie fenestrée, continue, passée comme une collerette autour de l'édifice entier. A côté d'Ussé, Huismes a les restes du Bonaventure, l'un des galants séjours de Charles VII ; deux lieues au sud, le chastel où le jeune et frivole roi tenait sa petite cour inconsciente et joyeuse, tandis qu'Anglais et Bourguignons asservissaient les trois quarts de son royaume, couronne de ses murs lézardés un coteau dominant la Vienne, aux bords de laquelle

Chinon. — Ruines du château du Milieu. — Salle où Charles VII reçut Jeanne d'Arc.
(Cliché de M. Mieusement, de Blois.)

Chinon étage ses vieilles maisons de bois et de pierre noire, ses églises anciennes et ses modernes manufactures.

Le *grand logis*, où le petit « roi de Bourges » reçut l'inspirée Jeanne d'Arc venant lui annoncer sa mission providentielle, se nomme à Chinon le château du Milieu, et s'encadre entre deux autres constructions gothiques : le château Saint-Georges, où mourut d'une effroyable douleur paternelle le roi d'Angleterre, Henri II Plantagenet, *king Lear* de sa race, et le château de Coudray. Leurs murailles ensemble n'ont guère moins d'un kilomètre de front. Mais ils sont en ruines, et il faut beaucoup d'imagination pour replacer les grandes scènes de l'histoire dans leurs salles démantelées et envahies par les végétations pariétaires.

Chinon, au sein d'une contrée fertile, le Véron, est ville de grand commerce, de gros marché agricole, de « haulte graisse », comme eût dit, la qualifiant d'un mot, son illustre fils, maître François Rabelais, dont la belle statue de bronze, sculptée par Émile Hébert, lui sourit largement. Le grand écrivain y vécut quelques années d'enfance parmi les humeurs de piot de l'auberge de la Lamproie. Et tout le pays d'alentour, pour qui sait goûter

Vue de Chinon. (Cliché de M. Mieusement, de Blois.)

de son livre immortel « la substantifique moelle », résonne encore de son rire éclatant, s'ébaudit de ses farces et joyeusetés. Pas un hameau, pas un ruisseau, pas un manoir d'ici qui ne figurent en son épopée burlesque et profonde. Chez les « citadins de Sannois, de Suillé, de la Roche-Clermault, de Vaugaudry, sans laisser arrière le Couldray, Montpensier, le gué de Vède et aultres voisins, tous bons beuveurs, bons compagnons et beaulx joueurs de quille, etc. », grandirent ses héros. Le dolmen de l'Ile-Bouchard, aux environs, et tant d'autres mégalithes en Touraine et en Poitou, n'ont-ils pas été, comme petits cailloux, semés par le prodigieux géant Gargantua? N'est-ce pas à Lerné, proche Seuilly ou Seuilli, où Rabelais fut à l'école chez les bénédictins, proche également le domaine de la Devinière, où il naquit en 1483, que débuta, par une querelle entre fouaciers de Picrochole et métayers de Gargantua, la fabuleuse guerre conduite par les étonnants capitaines Tripot, Toucquedillon, Tiravant, Hasteveau, signalés par les mirifiques exploits de Gymnaste, d'Endignon et de Jean des Entommeures?

Tellement qu'à suivre les deux armées ennemies on irait avec elles, descendant au choix la Veude ou la Vienne, en Poitou, plus que la Touraine semé de mégalithes, et par son histoire, ses traditions, ses monuments, attaché au passé.

Mais ce ne serait pas sans avoir admiré, à Champigny-sur-Veude, les plus merveilleux vitraux, chefs-d'œuvre de Robert Pinaigrier, qui les fit pour la sainte-chapelle du château de Montpensier. La sainte-chapelle existe, toute charmante encore; le château n'est plus. Il était si magnifique, que le cardinal duc de Richelieu l'acheta et le fit démolir, ne voulant pas qu'on en pût comparer la vivante architecture Renaissance au style froid et pompeux de son propre palais, bâti à grande dépense à la place du modeste manoir de ses ancêtres, dans le bourg voisin de Richelieu, reconstruit également par ses ordres, dans le goût de la place Royale, à Paris, et, lui mort, déjà si abandonné, si désert, que La Fontaine, y passant en 1663, écrivait de ses hauts logis :

> La plupart sont inhabités ;
> Je ne vis personne en la rue.
> Il m'en déplut ; j'aime aux cités
> Un peu de bruit et de cohue.

A TRAVERS PLAINES

XI

DU POITOU EN ANGOUMOIS

Le train longe la Vienne, puis le Clain, et ne laisse voir du Poitou que les vallées fertiles où coulent ces rivières blanches, à flots pressés. Des prairies inclinées, des rideaux de saules et de peupliers, un rideau de nature agreste et riante, vous masquent le plateau uni et froid, aride et dur, qui constitue l'ensemble de l'ancienne province. A l'écart du chemin banal, des landes, de vastes forêts domaniales s'étendent, entre lesquelles l'énergie d'une forte race de paysans impose à la terre rebelle d'admirables cultures : le froment, l'orge, les légumes, les vins du Poitou, arrachés à l'avarice du sol, sont parmi les meilleurs de France. Mais le voyageur suit les grandes routes que lui tracent les rivières, que l'histoire illustre et que jalonnent les villes célèbres. Il lui faudrait des années d'excursions infinies pour connaître la vie, les mœurs, les véritables ressources des pays où il ne fait que passer curieusement. Heureux si les villes qu'il peut visiter ont assez d'intérêt pour le dédommager d'un désir d'omniscience toujours inassouvi !

C'est le cas pour les villes du Poitou. Nulle province de France n'a retenu autant de choses du passé. Les Pictons ou Pictavi, les Gallo-Romains, les clercs et les nobles du moyen âge l'ont semé de monuments, dont la plupart vous apparaissent encore entiers, à leur place première et avec leur caractère original, comme ces monstres fossiles que les déluges ensevelirent dans les glaces des pôles et qu'on y retrouve intacts, avec leurs os et leur chair.

Châtellerault fait exception : toute moderne, elle croise ses rues droites, elle groupe ses maisons aux toits rouges, elle répand ses jardins, elle étale ses manufactures dans le large val de la Vienne, dont les eaux captivées meuvent ses machines. Industrielle, elle est saine et plaisante à regarder, ayant espace, verdure et fraîcheur. On y travaille surtout le fer et l'acier. La coutellerie y donne du pain et souvent l'aisance à de nombreuses familles, qui s'en transmettent les procédés de génération en génération; le fin coutelier de Châtellerault vaut celui de Langres, si habile en son métier. En 1815, après l'invasion qui força la France de déplacer ses manufactures d'armes de Mézières et de Charleville, devenues trop proches de la frontière, un groupe important de ces experts ouvriers, dix-huit cents à deux mille, s'est voué à fabriquer pour l'État des canons, des fusils, des sabres-baïonnettes. Ce sont de bons serviteurs, que tourmentent parfois profondément l'abaissement des commandes, la diminution des salaires et les retraits d'emploi provoqués par la plénitude des arsenaux et les nécessités budgétaires.

Un peu au-dessous de Châtellerault, à la lisière de sa grande forêt de chênes, de frênes et de bouleaux, le Clain s'unit à la Vienne, et l'on roule dans sa vallée si particulière,

Poitiers. — Vue du baptistère Saint-Jean.

vers l'antique Poitiers. Le train sillonne une contrée historique entre toutes. C'est entre les deux rivières que, selon les plus plausibles conjectures, Charles Martel et ses intrépides Francs, l'an 732, arrêtèrent les Sarrasins d'Abd-er-Rhaman, dans leur marche triomphale vers la domination de l'Occident. Vaincu, l'Islam recula, pour s'y fixer durant quelques siècles, jusqu'au cœur de l'Espagne; vainqueur, jusqu'où n'eût-il pas porté, avec le croissant du prophète, les mœurs sensuelles et l'absurde fatalisme d'une religion et d'une race ennemies? Plus de deux cents ans avant cette victoire du christianisme et de la civilisation, Clovis en avait remporté une autre, pour la même sainte cause, sur les hérétiques Visigoths d'Alaric, dans une plaine située à huit lieues environ de Poitiers, près du village de Voulon. Enfin, à moins de deux lieues de la cité, au champ de Maupertuis, Jean le Bon, à la tête de sa noblesse trop chevaleresque, livra au prince Noir et perdit la plus héroïque bataille de la douloureuse guerre de Cent ans. La terre a digéré ces grands carnages, qui seraient à jamais oubliés des paysans, si parfois le soc de leurs charrues n'en exhumait quelque trace, fragment d'armure ou morceau de squelette proportionnés à la taille et aux forces d'une race de géants.

La vallée du Clain s'approfondit, des rochers grisâtres se dressent contre ses bords; elle forme brusquement un angle avec la petite vallée de la Boivre, et dans cet angle, sur un promontoire aux pentes abruptes, élevé de quarante mètres au-dessus du niveau des deux rivières, Poitiers s'asseoit, sombre et rude, serré et figé, il semble, depuis les temps les plus lointains, entre des falaises calcaires et ses berges escarpées de Rochereuil. De hautes tours et des clochers le dominent, au pied desquels il sommeille, à n'en pas douter. Pas de chef-lieu de département plus tranquille. Il est loin, le temps où des milliers d'étudiants y fréquentaient les cours de l'Université, fondée au XVe siècle par le pape Eugène IV et le roi Charles VII. A peine aujourd'hui si deux ou trois cents légistes se font inscrire à son école de droit, et cette jeunesse ne vit certes pas plus follement que l'ancêtre Dorante, du *Menteur,* dont les aventures et les exploits mirifiques n'étaient que sujet de comédie. On peut donc, sans crainte d'être troublé dans ses contemplations archéologiques, s'engager dans le chemin de ronde de l'ancienne enceinte et se faufiler dans le mystérieux labyrinthe des rues muettes, que bordent souvent de chaque côté des murs nus cachant des jardins invisibles. Promenade intéressante, s'il en est.

Notre-Dame-la-Grande.

Là tous les âges sont représentés par des œuvres considérables.

Un peu en dehors de la ville, au faubourg Saint-Saturnin, une énorme *pierre levée,* dolmen mesurant sept mètres de longueur, rappelle le culte druidique de l'oppidum des Pictons. Limonum, — ce fut le nom latin de la cité, — a laissé de son côté des vestiges d'amphithéâtre, de thermes, d'arènes; de l'aqueduc qui l'abreuvait subsistent, à Perigné, quelques arches chancelantes. Ailleurs un *hypogée martyrum,* mis à découvert en 1879, renferme la sépulture des premiers chrétiens évangélisés par saint Hilaire et probablement immolés aux dieux nationaux. Pareil à l'un de ces fastueux mausolées qui, en Italie et dans l'Afrique romaine, élèvent d'aveugles façades carrées surmontées de bas frontons triangulaires, le temple Saint-Jean, orné encore de fresques et de mosaïques profanes, dut servir aux cérémonies polythéistes avant d'abriter les autels de Jésus-Christ et le baptistère des premiers catéchumènes.

Il reste peu de chose de l'abbaye de Sainte-Croix, fondée en 546 par l'épouse de Clotaire Ier, sainte Radegonde, qui s'y réfugia, âme tendre et pieuse, épouvantée des violences mérovingiennes, et y mourut. Mais le sarcophage de pierre où fut enseveli la bienheureuse existe dans la crypte de l'église du xɪe siècle, placée sous son invocation, et où Jésus-Christ lui apparut, comme en témoigne encore l'empreinte laissée à la pierre par le Fils de l'Homme.

Les ducs d'Aquitaine, suzerains du Poitou, et leurs héritiers, les Plantagenets, résidant souvent à Poitiers, dotèrent leur ville préférée d'églises extrêmement remarquables et très bien conservées.

Nous avons admiré comme il faut les scènes évangéliques et les statues sculptées avec tant d'abondance, de verve et d'expression, aux trois portails de la lourde façade de Saint-Pierre, et l'ampleur magnifique de ses voûtes et la beauté de ses vitraux et de ses stalles; mais la façade romane de Notre-Dame-la-Grande frappe d'une impression bien autrement saisissante et profonde. C'est un merveilleux tableau en pierre noircie développant avec une largeur, une puissance, une vertu d'imagination mystique incomparables, aux pleins cintres, aux chapiteaux et dans les frises du triple portail, l'histoire de la Chute et de la Rédemption de l'homme. Grossièrement sculptés par un ciseau naïf, les personnages groupés dans ces vastes compositions n'en expriment que mieux l'idée maîtresse; leurs corps difformes disparaissent sous la rigidité de leurs vêtements à longs plis, mais leurs visages, que l'on voit seuls, réellement prient, souffrent, espèrent, craignent, tremblent, se réjouissent, sont dans l'extase, l'émoi ou le ravissement, vivent, en un mot, la vie spirituelle qui fut celle du moyen âge. Le tout s'encadre en des lignes de créneaux et de clochers étranges formés par des faisceaux de colonnes et terminés par des pyramidions écaillés, pareils à des ruches.

Poitiers : palais de justice. — Restes du palais des comtes du Poitou (xɪve siècle).

De l'enceinte féodale construite par la comtesse Aliénor d'Aquitaine, au xɪɪe siècle, et peut-être achevée par le comte Alphonse, frère de saint Louis, subsistent quelques pans de remparts, les maigres débris de l'ancien château, la porte de France, des tours sur le Clain, et la tour à l'Oiseau du parc de Blossac, charmant jardin public dessiné comme le parc de Versailles par un émule de Le Nostre, et dont le nom rappelle aux Poitevins la munificence d'un intendant de leur généralité au xvɪɪɪe siècle.

A voir, en passant, le ridicule portique néo-grec du palais de justice, un étranger ne se douterait guère qu'il lui dissimule la résidence fort curieuse des ducs d'Aquitaine et des comtes de Poitiers, où quelque temps Charles VII régna sur la France envahie et démembrée, où Jeanne d'Arc subit l'interrogatoire des docteurs et l'examen des matrones avant qu'il lui fût permis d'accomplir sa mission. On en découvre dans une petite rue voisine le donjon barlong, appelé *tour Maubergeon*, flanqué de tours cylindriques et surmonté de hautes statues de pierre, et qui se relie à la très élégante façade édifiée par Jean, duc de Berry, favori du roi Charles V, avec beaucoup de somptuosité. Ici se reconnaît la rudesse ornée du prince féodal, là l'exubérante décoration du grand seigneur artiste, qui avait fait bâtir le magnifique château de Bisestre en Parisis. La salle des gardes, transformée en salle des pas-perdus, avec sa belle voûte en charpentes, ses trois hautes cheminées blasonnées et sculptées et ses arceaux, donne une assez grande idée du faste des anciens seigneurs du Poitou.

Autour de ces nobles édifices, de jolis hôtels comme celui de la Prévôté et des Trois-Clous, de singulières maisons comme il s'en trouve aux angles de la place du nouvel et luxueux hôtel de ville, composaient la ville ancienne, que la ville moderne, établie près du chemin de fer et créée par lui, tend à effacer. Les voies spacieuses de celle-ci contrastent agréablement avec les rues étroites de celle-là, et l'on y remarque avec plaisir de neuves habitations bâties avec quelque recherche dans le goût de la Renaissance française.

Au midi, à l'est, à l'ouest de Poitiers, le Clain, la Boivre, la Vanne, la Vienne, la Gartempe, grossies par mille fontaines qui rendent au jour les eaux pluviales englouties dans les *gouffres* des plateaux secs, créent des sites délicieux au sein d'un pays plutôt triste. On ira, si l'on est de loisir, visiter dans leurs vallées sinueuses beaucoup de petites villes, jadis glorieuses, et encore intéressantes par des vestiges de grandeur et des œuvres d'art. Ligugé garde quelques restes de l'abbaye que fonda saint Martin, et où passa Rabelais; Chauvigny possède les ruines de cinq châteaux, dont l'un appartint au chevalier René de Chauvigny, lequel fut vainqueur en un tournoi du sultan Saladin, et faisait dire aux musulmans, tant son ardeur au combat les épouvantait : *Les chevaliers pleuvent,* phrase qui devint la devise de sa maison. Saint-Savin a dans son église de très rares fresques murales du xie siècle, et Montmorillon sa chapelle octogonale, d'un style unique au xiie siècle, et dont la porte offre de symboliques bas-reliefs absolument extraordinaires.

Mais le voyageur en chemin de fer quitte, non loin de Voulon, l'agreste vallée du Clain pour entrer dans celle de la Charente; il passe devant les commerçantes et gourmandes Civray et Ruffec sans être tenté de s'y arrêter, ne laisse pas sans regret à l'est Charroux, si fameuse au moyen âge, quand des milliers de pèlerins allaient faire leurs dévotions à sa riche abbaye fondée par Charlemagne et Roger, comte du Limousin, et que recommandent encore aujourd'hui les antiquités celtiques et gallo-romaines éparses sur son territoire prédestiné. Il se hâte d'arriver à Angoulême, la plus belle ville d'une province opulente, qui lui renouvelle l'aspect de Poitiers. Deux rivières, la Charente et l'Angienne, découpent le plateau duquel elle domine, à soixante-douze mètres d'altitude, leurs vallées amples, vertes, ombreuses et très animées. Une montée facile va de la gare aux allées d'arbres qui l'entourent, dessinant le cercle de son enceinte abolie et déroulant le vaste panorama de ses environs. Il est charmant de les suivre pas à pas à la recherche de ce qui fut l'ancienne ville, issue de l'*Ecolisma* gauloise : la cité forte d'Aquitaine, capitale du comte Guillaume Taillefer, rude ennemi des Normands; le fief des Lusignan, qui donnèrent des rois de Jérusalem et que protégeait la fée Mélusine ; enfin l'apanage des fils de France. On va ainsi du rempart du midi au rempart du nord par la jolie terrasse de Beaulieu ; la tour Pregante, la cathédrale, se rencontrent au hasard de la promenade ; la place Saint-Pierre mène au chemin de Madame, celui-ci au boulevard Desaix, et par la rampe du Bon-Secours et le boulevard de l'Est on revient à son point de départ, les yeux ravis par la diversité des paysages successivement contemplés.

Les rues inscrites dans ce tour de ville sont pour la plupart modernisées ; les plus visiblement anciennes serraient de près l'enceinte ; les autres vont aboutir à l'hôtel de ville, vaste, somptueux et commode, qui remplace depuis 1858 l'antique château de Lusignan et en insère une tour polygone, bâtie par le comte Hugues IV au XIIIe siècle, et une grosse tour ronde de la fin du XVe siècle. L'édifice municipal imite vaguement le style du XIVe siècle ; un beffroi le surmonte, sa cour intérieure dessine un cloître ogival : à tout prendre il fait honneur au talent de son architecte, M. Abadie. Devant la façade principale verdoie un square dont les ombrages, un peu maigres, abritent la statue de l'exquise princesse Marguerite d'Angoulême, sœur de François Ier, qui sut avec tant d'âme et d'esprit adoucir la captivité de son royal frère, prisonnier à Madrid.

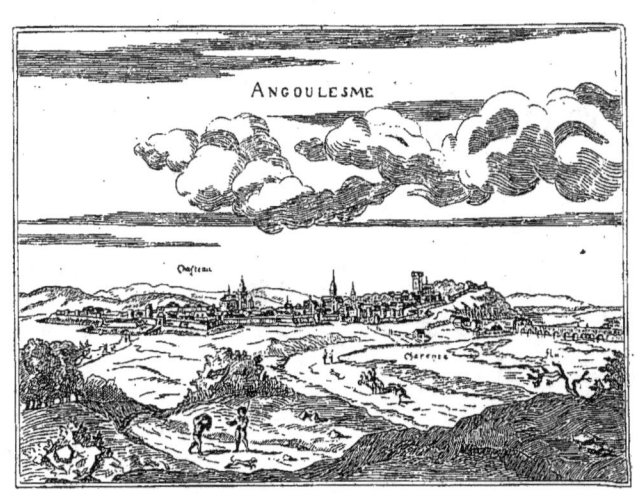

Angoulême au XVIIe siècle.

Ils s'étendent aussi sur le monument patriotique élevé aux soldats de la ville morts pour la défense nationale en 1870 : nous avons lu sous les noms de ces braves de généreux vers de leur concitoyen, le poète Paul Déroulède, et nous voudrions qu'on les eût gravés sur la pierre et le marbre au lieu d'en abandonner l'écriture au papier que l'humidité salit d'ignobles taches.

La grotte Saint-Cybard ou Saint-Éparche, pieux missionnaire du VIIe siècle ; l'élégante maison Saint-Simon, les débris du palais Taillefer, la chapelle de l'Hôtel-Dieu, où fut inhumé Jean-Louis Guez de Balzac, l'un de nos premiers prosateurs et des premiers membres de l'Académie française, la maison de ce délicat épistolier, ce sont curiosités que l'on découvrira aisément sans qu'il soit nécessaire de les décrire. Elles comptent peu auprès de la cathédrale romano-byzantine, étrange en France par son architecture, par ses coupoles, l'extraordinaire largeur de sa façade, l'ampleur de ses portails, plus étrange encore par les sculptures de grand style hiératique semées comme au hasard au-dessus de ses portails : Jésus environné de flammes célestes, les quatre Évangélistes désignés par leurs attributs. Superbement dressée face au libre horizon du Midi, battue des vents, brûlée du soleil, elle produit une impression de majesté irrésistible.

En bas de sa colline, difficilement abreuvée, Angoulême se répand dans les bas faubourgs, où la Charente et l'Anguienne prodiguent les eaux claires et vives. Du mouvement de ces rivières, auxquelles se joint l'abondante Touvre, profitent les raffineries, les tanneries, les filatures, surtout les papeteries, richesses de la ville. Les papiers d'Angoulême sont d'une qualité supérieure renommée universellement; qui ne connaît les fabriques de Laroche-Joubert? Usines, fabriques, manufactures, piquent leurs hautes cheminées parmi des jardins, des prairies, entre des groupes de maisons aux rouges toits, et leurs fumées ondulent au-dessus d'arbres en bosquets. Mais pour recevoir de l'industrie et du charme angoumois une impression complète, il faut aller par le faubourg de l'Houmeau aux célèbres sources de la Touvre. Elles jaillissent, à deux lieues de la ville, dans deux bassins, éloignés de cent mètres l'un de l'autre et creusés au pied d'une colline farouche, nue, âpre, désolée et couronnée par les ruines altières du château (bâti par Guillaume Taillefer, évêque d'Angoulême au XIe siècle), que le vulgaire persiste à surnommer château de Ravaillac, probablement en souvenance du fanatique régicide né, ici même, au village de Touvre.

Cathédrale d'Angoulême.

L'un des bassins, le Dormant, hors un abîme verdâtre où les regards se noient dans une impénétrable profondeur de vingt-quatre mètres, encore assombrie par de longues herbes flottantes et les reflets des arbres qui plongent leurs racines dans l'eau glacée, verse une large rivière cristalline. L'autre, le Bouillant, dont l'on touche le fond avec une sonde de douze mètres, vomit impétueusement une seconde rivière qui s'unit bientôt à une troisième, le Lèche, né à quelques centaines de mètres plus loin dans un vaste bassin entouré d'arbres, où se jette le ruisseau de l'Échelle. Bouillant et Dormant se joignent pour former la Touvre, qui, encore accrue de nombreuses sources jaillissant dans son lit et bouillonnant à sa surface, va porter à la Charente, dont elle est la véritable nourrice, une large nappe d'eau vive que les chaleurs de l'été ne diminuent pas. A faible distance de son origine, elle meut les machines des papeteries de Maumont et de Veuze et, à une lieue, la fonderie de canons de Ruelle, organisée pour le service de la marine militaire. Le spectacle de tant d'activité laborieuse et des rares phénomènes hydrauliques qui en sont la cause donne beaucoup d'attrait à ces excursions : on dit qu'il intéressa les rois François Ier, Henri IV et Louis XIV, et l'on peut juger par là du plaisir que peuvent et même y doivent prendre les simples mortels.

Aux environs immédiats d'Angoulême, les touristes au fait de notre histoire littéraire et qui savent quels inestimables services rendit à notre langue le pointilleux et subtil phraseur que fut Guez de Balzac, voudront aller lui rendre hommage en son manoir, au village décoré de son nom ; quant aux fervents curieux de la nature pittoresque, ils courront les vallées de la Tardoise et de la Bandia, les rives de la Charente et celles de la Dronne. La Tardoise, dont les eaux se perdent, comme celles de la Bandia, dans les fissures d'un plateau calcaire, et, par de supposables courants souterrains, reviennent auprès d'Angoulême donner naissance aux sources de la Touvre, la Tardoise mène à l'un des plus beaux châteaux de France : la Rochefoucauld, édifié sur les bases d'un fort castel dont il a gardé les tours à pont-levis, du xive au xvie siècle, et surtout glorieusement orné de chefs-d'œuvre de la Renaissance par un artiste du premier ordre, Antoine Fontant (de 1528 à 1538). Le grand escalier de cent huit marches au sommet sculpté avec la plus délicate fantaisie, la galerie à jour de la cour intérieure qui superpose trois rangs d'arcades aux courbes surbaissées, l'exquise façade de l'est élevée au-dessus des écluses sonores de la rivière, des portes ouvragées pouce à pouce : voilà, résumées, les choses rares de ce berceau quasi princier d'une des plus illustres familles de l'ancienne France. C'est au ixe siècle que messire Foucauld fit construire le château primitif autour duquel se groupa le bourg qui porte le titre de sa maison.

Vers l'ouest, la Charente ondule entre les coteaux chargés, moins que naguère, hélas! depuis les ravages du petit monstre phylloxéra, des précieuses vignes que l'on vendangeait pour en brûler le vin, ainsi transmuté en vitale et vivifiante eau-de-vie couleur de soleil, rayon de soleil, or potable, bientôt transmuté en or palpable. Angleterre, Russie, Amérique, se disputaient les cognacs; les heureux bouilleurs de cru, bon an mal an, se partageaient quatre-vingts à cent millions. Pour un temps cette prospérité féerique s'est éclipsée; on nous assure qu'il n'est plus guère de véritable « petite ou grande champagne », et que les seuls fûts d'autrefois, conservant l'odorant bouquet de leur contenu évaporé, la communiquent aux esprits inférieurs qu'on y enferme à présent. Ces riches contrées vivent sur la réputation de leurs produits et un peu de l'industrie que favorise la Charente, moteur du premier ordre. Sireuil a la seconde usine métallurgique de l'Angoumois, auprès de sa gallo-romaine tour de Fâ; Châteauneuf, ses carrières de pierre de taille; Jarnac, encore un peu féodal, ses tonnelleries. Qui voudrait voir le champ de bataille de Jarnac, où, le 12 mars 1569, Henri, duc d'Anjou, mena les catholiques contre ceux de la Religion, commandés par le prince de Condé, le trouverait entre les villages de Bassac, de Triac et la Charente : une pyramide l'indique, marquant la place où mourut le prince, déjà blessé, tué à bout portant d'une pistolade par le capitaine de Montesquiou.

L'opulence à peine amoindrie de la ville de Cognac se décèle à l'agrément des boulevards tracés à la place de son enceinte, à la propreté de ses rues qui gravissent ou contournent le penchant d'une colline, à son parc bien dessiné, au confort de ses habitations suivies de jardins cultivés avec goût; l'artistique beauté du portail roman de son église Saint-Léger, — l'un des plus remarquables de France, — prouve que ce n'est point une parvenue. Du château seigneurial, où résidaient les comtes d'Angoulême, et près duquel Louise de Savoie mit au monde François Ier (qui naquit sous un orme), un négociant en « cognacs » a fait son magasin; c'est peut-être irrévérent. Mais la ville a su reconnaître l'insigne honneur que lui fit le roi chevalier : une équestre statue, sculptée par Etex, représente, vainqueur à Marignan, ce glorieux fils de la riche cité.

Cognac, située en petite Champagne, fournit également de tonneaux et d'appareils de distillation la grande Champagne, bien mieux douée et plus productive que l'autre; toutes les deux l'ont pour entrepôt. Cependant le gros bourg de Segonzac, assis sur le versant des coteaux qui séparent la vallée de la Charente de celle de la Née, Archiac, maints villages, vendant eux-mêmes leurs eaux-de-vie, s'enrichissaient des magnifiques cuvées d'antan. Que de souffrances ont depuis éprouvées tous ces heureux pays! Leurs vignes se reconstituent, lentement les ceps nouveaux s'imprègnent des énergiques vertus du terroir. Peuplés d'une race d'hommes forts et patients, ils peuvent compter sur l'avenir.

Par delà ces beaux vignobles à demi ruinés, au midi, c'est l'arrondissement presque pauvre de Barbezieux, la Double maigre et malsaine; puis, vers l'est, sur la route de Bordeaux, la vallée rocheuse de la Dronne, où, le pouvant, on se gardera de n'aller pas visiter l'étrange et charmante Aubeterre: ses maisons s'étagent en amphithéâtre, par terrasses successives couvertes de jardins, si bien qu'on peut y entrer par les toits. Suivant un expressif dicton local, « les vaches doivent éviter d'y paître dans les prés, de peur de tomber dans les greniers. » Le bourg fut un assez puissant fief à castel redoutable. Il lui reste de cette grandeur féodale de hautes ruines assez imposantes à les regarder de loin, et les statues en marbre de Carrare de son plus illustre seigneur, François d'Esparbès de Lussan, maréchal d'Aubeterre, et d'Hippolyte Bouchard, son épouse. Ces nobles effigies décorent l'abside de l'antique église Saint-Jean, creusée dans le roc et transformée en cimetière. Les sculptures du portail d'une autre église, Saint-Jacques, sont pleines d'intérêt pour l'iconologie chrétienne.

Cloître de l'abbaye de Fontevrault.

Comme nous nous sommes volontiers attardé dans ces régions peu connues, nous n'en mettrons que plus de hâte à revenir vers les bords de la Loire, où ce voyage doit s'achever. Et le chemin de fer nous ramène à la frontière du Poitou, où Loudun nous laisse l'impressionnante image d'une ville extrêmement ancienne et calme. Avec sa vieille porte du Martray, son noir donjon carré, son église romane Sainte-Croix, ses hôtels à baies géminées et portes écussonnées, ses maisons de bois, quel autre cadre rêver pour la sombre histoire d'Urbain Grandier? Tout l'atroce procès de sorcellerie se retrace à l'esprit par les yeux qui voient la scène même où il s'est passé et dénoué lugubrement: le couvent des Carmes, transformé en école, où fut jugé et condamné le malheureux prêtre; la place où il fut brûlé...

A quelques lieues de Loudun, semées de monuments celtiques, dolmens et menhirs, attestant l'antiquité du pays, commencent les taillis de la forêt de Fontevrault: on les traverse pour atteindre au fond d'un val, dans un site sévère, l'illustre abbaye fondée au commencement du XIIe siècle par Robert d'Arbrissel, et par lui placée, quoiqu'elle se composât d'hommes et de femmes, sous l'autorité spirituelle et temporelle d'une abbesse, personnifiant la suprématie de la grâce sur la force.

Prison centrale aujourd'hui, l'abbaye n'est cespendant pas trop défigurée : les dortoirs, le cloître, la salle capitulaire, le réfectoire, l'énigmatique tour d'Esvrault, redeviendraient facilement, s'il était nécessaire, propres à la vie monastique. La seule église a été en partie sacrifiée ; il ne reste que le chœur, les transepts et deux tours de grand caractère ; mais elle garde les tombeaux de Henri II Plantagenet, roi d'Angleterre, comte d'Anjou, et de sa femme Éléonore de Guienne, de Richard Cœur de Lion et d'Isabeau d'Angoulême, femme de Jean sans Terre; sur les dalles funèbres quatre statues polychrômes, l'une en bois, les autres de pierre, sont étendues mains jointes : rigides, autoritaires effigies des puissants trépassés.

La diligence mène de Fontevrault à Candes, où mourut et fut provisoirement inhumé saint Martin, souvenir consacré par l'art exquis déployé au portail de son église. Et voici la Loire, et un peu plus loin les ruines du romanesque château de Montsoreau, et le chemin de Saumur au bord du grand fleuve.

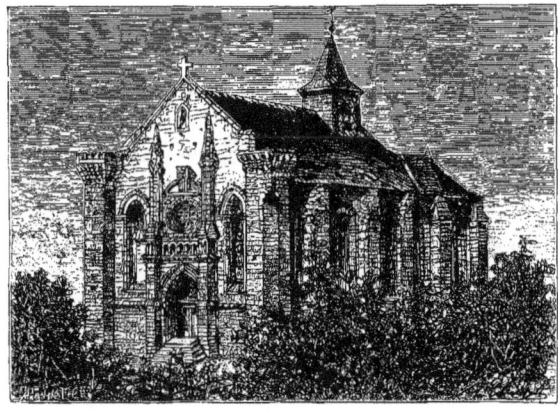

Église de Candes.

A TRAVERS PLAINES

XII

L'ANJOU

Auprès de Saumur, sous les premiers feux du soleil, la vaporeuse Loire semble d'une largeur immense. Déjà l'on dirait un bras de mer. Sa rive droite, noyée dans une buée rose et blonde, exhalation du fleuve, se distingue à peine à l'estompe de la levée de soixante kilomètres qui, de Bourgueil aux Ponts-de-Cé, l'endigue, bordure presque imperceptible de vastes cultures de chanvre, de blé, de sarrasin. Nappe d'eau placide, la lumière s'y étale victorieusement, la possède, l'emplit d'or vermeil, et, de ce miroir féerique, des îlots de saulaies, tout enveloppés de brumes légères, montent comme des nuages d'azur.

Une ligne de coteaux blanchâtres suit d'un peu loin la rive gauche. Ils portent les vignes fameuses dont le vin blanc pétille, mousse, rit, à l'égal du champagne, vin spirituel, agent de force et de bonne humeur. Leur tuf friable offre aux hommes des retraites fraîches et faciles; aussi sont-ils habités depuis des siècles; des chaumières s'y étagent, par groupes hasardeux, entre les pampres et les vergers, et, çà et là, le clocher d'une église, la tourelle d'un manoir. Les modernes troglodytes de ces cavernes y vivent à l'aise, laborieux, industrieux, solides et noueux comme leurs sarments. Ils excellent à confire les fruits, et plus d'un s'enrichit par le commerce de ces friandises renommées dans tout l'Anjou.

Leur grand marché, Saumur, peut passer pour une jolie ville. L'abord en est séduisant. Sur le quai, près d'un menu square et d'un théâtre classique, un hôtel de ville ancien élève une façade coquettement crénelée, fleuronnée, flanquée d'une tourelle, surmontée d'un campanile et couronnée d'une aigrette. Aux angles de rues spacieuses se dressent des tours de défense, rappelant le temps agité des guerres religieuses, où Saumur, l'un des boulevards du protestantisme, était sans cesse menacée. Plusieurs clochers d'église élancent leurs croix au-dessus de bicoques surannées et d'agréables habitations modernes. C'est Saint-Pierre, Notre-Dame des Ardilliers, Notre-Dame de Nantilly. Bonnes auberges, luxueux hôtels, cafés brillants, magasins achalandés se touchent, animés et prospères grâce à la célèbre école de cavalerie fondée en 1768. Cette pépinière d'officiers et d'instructeurs émérites dans l'art de l'équitation est la vie même, le mouvement et la gaieté de la ville, jadis fort rigide. Du matin au soir ses fanfares retentissent, ses sabres bruissent, ses chevaux caracolent, ses manèges tournoient. Vainement, par-dessus ces contrastes du passé et du présent, au sommet de la colline dominante, entre des moulins à vent, le dur château fort, illustré par l'histoire, l'amiral de Coligny, Marie de Médicis, les Vendéens, carre ses raides murailles rébarbatives d'arsenal et de prison disciplinaire : on ne les regarde pas, tout au plaisir de voir une petite cité provinciale si différente des autres.

Notre-Dame de Nantilly mérite davantage une visite; c'est un glorieux sanctuaire. Messire Gilles de Tyr, garde des sceaux de saint Louis, y fut inhumé sous le maitre-autel; Louis XI, du fond d'un oratoire grillé, y entendait la messe; et rehaussant ces souvenirs de l'éclat de l'art, de magnifiques tapisseries du XIVe siècle l'ornent de scènes et de légendes des croisades, véritables

Saumur. — L'hôtel de ville.

poèmes chevaleresques imaginés avec une verve exubérante et représentés avec d'éblouissantes couleurs par des centaines de personnages en somptueux costumes.

Des bois entourent Saumur, dont les fines essences servent à confectionner des milliers de chapelets, ancienne et principale ressource de plusieurs centaines d'artisans saumurois, industrie véritablement symbolique en un tel pays de fervent catholicisme et de puissante aristocratie terrienne. Nulle part en France le culte du passé ne s'est plus étroitement conservé. La configuration du sol l'explique : avec ses roches, ses forêts, ses taillis multipliés, les nombreuses vallées où coulent les quasi-dérivés de la Loire, les petites Loires appelées le Thouet, le Layon, le Lys, l'Ardusson, l'Hyronne, l'Aubance, qui, lors des crues redoutables du fleuve, s'enflent et parfois débordent avec lui, avec les innombrables ravines où s'infiltrent leurs ruisseaux, le Bocage oppose les plus puissants obstacles à la pénétration des nouveautés extérieures. C'est là qu'il faut lire, pour la bien comprendre, l'histoire de la guerre de Vendée, les héroïques Mémoires de Mme de la Rochejaquelein; favorisés par mille accidents naturels propices aux embûches, aux cachettes, aux embuscades, les défenseurs de la religion et du roi, sous Charette, Cathelineau, Stofflet, d'Elbée, Bonchamp, faillirent y vaincre la Révolution ! Encore aujourd'hui les traditions y trouvent refuge, les monuments des croyances et des mœurs y sont gardés mieux qu'ailleurs. Dolmens, peulvens, cromlechs, menhirs, galgals, jalonnent la rive gauche de la Loire; il en est d'extraordinaires. Celui de Bagneux, à une demi-lieue de Saumur, composé de quinze pierres, dessine un édifice rectangulaire de près de vingt mètres de longueur sur sept de large et trois de haut. Chênehutte, plus au nord-ouest, est un oppidum gaulois nettement limité, où venait aboutir une voie romaine. Trèves dresse un énorme donjon bâti par le comte Foulques Nerra, le rude seigneur qui, pour expier un crime terrible, s'en alla vers Rome pieds nus et le dos chargé d'une selle de cheval. Cunault, tout à côté, montre une splendide église, dont la triple nef est soutenue par deux cents colonnes à chapiteaux sculptés et les murs peints à fresques, d'une grande douceur mystique. Gennes garde les vestiges du théâtre, de l'aqueduc et des thermes d'une cité romaine. Saint-Maur, humble village, a les pauvres restes d'une abbaye de bénédictins, immortalisée par les travaux d'érudition, d'exégèse, d'histoire qu'elle produisit et que produisirent, à son exemple, les patients, sagaces et studieux moines des maisons de Saint-Denis, de Saint-Remi de Reims, de Corbie, de Marmoutier, de Saint-Germain-des-Prés. Mais vers le midi les cantons de Baupréau, de Chemillé, de Cholet, ruinés en six années de luttes impitoyables, de ravages, de pillages, d'incendie, n'ont retenu des œuvres du passé que plusieurs mégalithes celtiques; l'élevage et le tissage des toiles occupent par milliers les adultes du pays; toute l'énergie de la race, naguère si belliqueuse, s'est tournée vers l'industrie et le commerce. Cholet gagne des millions à la fabrication des mouchoirs de couleurs et à l'engraissement des bœufs que lui envoient, par centaines de mille, pour les expédier à Paris, le Poitou, la Saintonge et l'Angoumois.

Il n'y a ni plaisir ni profit à tant s'éloigner de la Loire; elle fait tout le charme d'un voyage en Anjou. Toute belle de la mélancolique beauté qu'elle peut avoir, très large, semée de larges îles plates, assoupie, basse, doublée par le canal de l'Authion, on la traverse aux Ponts-de-Cé sur les cent neuf arches d'une série de ponts d'où les yeux s'égarent sur une immense plaine, moitié humide, moitié sèche, sans lignes précises, brumeuse, blonde, tachetée de rares bouquets de bois, pareils à des touffes de roseaux. On dirait d'une plage sans fin avec des groupes épars de cabanes de pêcheurs.

Les pêcheurs existent certainement. Le savent bien les Angevins en partie de campagne qui vont ici même se régaler des succulentes matelottes de tanche et d'alose qu'ils nomment *bouilletures*; leurs auberges favorites se trouvent précisément aux bords de la plus grande île des Ponts-de-Cé, en face le vieux château fort, bâti par le roi René, qu'ont rendu si célèbre les combats livrés en 1620 par les troupes royales de Créqui aux partisans de Marie de Médicis et, en 1793, par les armées de la Convention aux bandes vendéennes. Un peu au delà du château, la gigantesque statue du héros Dumnacus, qui défendait les Andes contre Jules César, s'élève et semble contempler le vaste paysage du fleuve, immuable, comme tant de choses ici, depuis son temps, depuis sans doute bien plus de siècles encore !

Ce caractère si marqué d'immobilité, de stabilité, était naguère ce qu'offrait de plus frappant l'antique oppidum des Andes, la vieille capitale de l'Anjou, Angers, la ville aux rues escarpées, tortueuses, sombres, aux maisons cuirassées d'ardoises, que tout le monde surnommait « la ville noire ». En 1871, elle nous apparaissait encore telle quelle. Combien elle est changée ! La longue route qui des Ponts-de-Cé nous mène par d'interminables faubourgs à cottages, jardinets, pépinières, filatures de laine et manufactures de toiles à voiles, à son joli boulevard des Lices, nous la révèle aérée, claire, spacieuse, élégante, à ses abords du moins. Voici le jardin public le plus fleuri, le plus charmant qui soit. Voici de belles rues d'habitations neuves et ornées de façades de théâtre, de cercles, d'hôtels, luxueuses avec goût. Le goût ne fit jamais défaut au gentil peuple angevin, non plus que la science. Leur ville autrefois était vraiment pittoresque, recélait des coins d'une originalité délicieuse. Un de nos prédécesseurs, sous Louis XIV, parle de « leur inclinaison naturelle pour les sciences » et « de la subtilité du climat de l'Anjou qui semble s'être communiquée jusqu'aux esprits de ses habitants ». Le compliment est mérité : pour le passé on en peut juger à la gracieuse architecture fantaisiste du logis Barrault, du logis Adam, de l'hôtel de Pincé ; et la cathédrale Saint-Maurice, les ruines si délicates de l'abbaye de Toussaint, la grande salle de l'hôpital Saint-Jean, les curieuses arcades romanes de l'abbaye de Saint-Aubin dans la cour de la préfecture, le château surtout, sont dans leur genre des chefs-d'œuvre.

La vieille ville, dont ces édifices étaient l'orgueil, n'est pas effacée; elle s'échelonne jusqu'aux bords de la Maine, et l'église métropolitaine en couronne le sommet. Saint-Maurice, œuvre diverse, inégale, composite, encadre sa maigre façade dans une rue haute que de larges escaliers gravissent. C'est de ces degrés que font étrange et vaillante figure huit colosses dressés sous huit dais à jour au frontispice du clocher, huit guerriers costumés à la mode du XVIe siècle, armés de pied en cap, comme autant de Bayard et de Montluc, et si fièrement posés, de mines si hautaines, qu'ils marquent l'édifice à leur empreinte. Une inscription par-dessus leurs têtes parle de l'hérésie menaçante qu'ils ont l'air de défier. Mais Saint-Maurice n'eut pas à repousser les violences iconoclastes des calvinistes; les admirables verrières de sa grande nef, les nobles sculptures de son portail, ses tapisseries et quelques dons artistiques du roi René sont intacts.

A côté de la cathédrale, le palais épiscopal où trôna Mgr Freppel, infatigable fondateur d'œuvres, protecteur de couvents et bâtisseur de sanctuaires, tient la place du château féodal des comtes et ducs d'Anjou. La longue salle synodale, que décorent les portraits des papes, en dépendait. De la munificence et du savoir des prélats témoigne une bibliothèque de quarante mille volumes, publique, recélant, bijou d'une valeur inestimable, le Livre d'heures du roi René, manuscrit empli d'exquises miniatures.

Ce René que nous citons souvent, roi nominal de Naples et de Sicile en qualité de lointain héritier du frère de saint Louis, Charles d'Anjou, est assurément ici, comme à Aix la provençale, le personnage historique le plus populaire. Une légende de bonhomie, de mansuétude, de bonté, s'attache à sa mémoire. Les érudits et le vulgaire s'accordent à vanter ses bienfaits, ses goûts pacifiques pour les beaux-arts, la poésie, la gaie science. Ses États français étaient, dit-on encore, les plus heureux du royaume. Aussi la reconnaissance angevine lui a-t-elle élevé un monument exécuté par le plus grand artiste de la ville et l'un des premiers de ce siècle, David d'Angers. Un triple socle porte sa statue, en bronze, et insère, dans douze niches, autant de statuettes représentant les héros et les seigneurs de l'Anjou, depuis Dumnacus et Roland, neveu de Charlemagne, jusqu'à lui-même, René, duc d'Anjou et de Provence, roi des derniers troubadours et des derniers chevaliers, peintre, sculpteur, poète.

L'effigie princière regarde sa bonne ville et tourne le dos au château jadis formidable, que fit construire saint Louis pour protéger Angers contre un retour offensif des Anglais sur le comté repris aux Plantagenet par Philippe-Auguste. Bien qu'écimé sous Henri III, oh! qu'il est de physionomie imposante encore, ce géant noirci, avec ses dix-sept tours montant des fossés et dont les eaux profondes de la Maine baignent les assises, avec ses courtines, ses portes voûtées et ses rares meurtrières, semblant, comme des yeux, guetter au loin pour assurer la tranquillité des citoyens placés sous sa garde! Certes, un tel édifice, c'est le cachet même d'une ville, une page de son histoire infiniment précieuse. Est-ce que la Bastille, l'innocente Bastille de 1789, maintenue près de la Seine, au-dessus de Paris, ne serait pas autrement évocatrice, autrement belle que la colonne de Juillet?

Angers. — Porte du château fort (XIIIe siècle).

Arsenal devenu, le farouche château ne présente au dedans aucun intérêt. L'élégante chapelle, due à Yolande d'Aragon, a même été arrangée en salle d'armes. Cependant, à monter sur la plate-forme de la tour du Moulin, seule épargnée, on gagne le plaisir peu banal de découvrir toute la ville. Et nous distinguons, un plan sous les yeux, les traits marquants d'une topographie singulière. Là-bas les églises la Trinité, Sainte-Thérèse, Saint-Jacques, sur la rive droite de la Maine, dominent le faubourg de la Doutre, où l'École des arts et métiers occupe les bâtiments de l'abbaye du Ronceray. Sur la rive gauche, au bout du pont de la Basse-Chaîne que signale une tour basse plongée dans l'eau comme une énorme bouée, Saint-Serge élève son lourd clocher. Ailleurs, espacés dans les faubourgs ou resserrés au centre, voici Saint-Martin, que fit construire l'impératrice Hermengarde, épouse de Louis le Débonnaire; Saint-Laud, Saint-Joseph, la Madeleine, l'Oratoire, la tour Saint-Aubin, et maintes chapelles modernes de florissantes communautés et congrégations religieuses : Pères de l'Adoration, franciscains, augustins, dames du Bon-Pasteur, sœurs de la Retraite.

De ce tableau d'ensemble les détails charmants sont le logis Barrault, et dans ce logis, construit dans le bel art de la fin du XVe siècle pour un trésorier de Bretagne qui se piquait d'imiter le faste de Jacques Cœur, la collection à peu près entière, — originaux ou moulages, — de l'œuvre de David d'Angers. Le grand sculpteur est là, tout entier, représenté par un nombre prodigieux de groupes, de bas-reliefs, de statues, de médaillons en bronze, en marbre, en plâtre. Colossal labeur ! Éblouissante fécondité ! Merveilleux témoignage de la puissance du maître qui sut exprimer ainsi les pensées de son temps ! La philosophie, la poésie, l'enthousiasme, l'héroïsme, les inspirations vers la fraternité des peuples et la justice sociale de la première moitié du XIXe siècle sont reconnaissables, dans ces images plastiques, plus éloquentes encore que vraies, et par cela même déjà presque archaïques à nos yeux désabusés d'un vague idéal, à nos esprits imbus d'autres conceptions peut-être plus positives et touchés d'autres rêves qui nous semblent moins chimériques, parce qu'ils se traînent à terre au lieu de prendre leur élan vers la noble foi de David et de ses contemporains dans la perfectibilité indéfinie de l'humanité ! N'importe, le musée David sera toujours cher aux historiens comme aux artistes. Toute une partie n'en vieillira pas. Les bustes, les médaillons par lesquels il lui plaisait d'immortaliser les traits de ceux qu'il voyait vivre autour de lui dans la gloire ou la réputation, sont autant de chefs-d'œuvre de réalité minutieuse, de finesse expressive : on ne saurait pousser plus loin l'observation de la physionomie humaine. Pas une seule fois la sympathie de l'artiste pour ses modèles n'a fait tort à sa sincérité. Si la postérité n'avait pas d'autres documents pour juger son époque, elle le pourrait encore, tant en sont fidèlement reproduits les types élus, saisis et fixés par le grand homme dans la palpitation de la vie et la ferveur de l'idée.

Pas un touriste ne voudrait s'éloigner d'Angers avant d'avoir visité ses ardoisières ; nous ferons comme tout le monde, mais ce ne sera point très curieux, maussade plutôt. Centre de l'exploitation des gisements du schiste tégumentaire, Trélazé découvre une terre sèche, dénudée, torturée par la pioche et la mine qui la creusent sans relâche, des ravins et des mamelons poudrés à noir et macadamisés de fragments d'ardoises. Sur les mamelons des échafaudages cachent la bouche des puits d'extraction où les mineurs descendent, soit à l'aide d'échelles, soit dans les *bassicots*, sortes de caisses pareilles aux bennes des houillères. Sur le fond noir et brillant du paysage tranchent les nuances chaudes d'excavations à parois jaunes et pourprées, taillées à vif dans les couches de marne et d'argile. Deux ou trois mille « pareyeurs » vivent là, avec des salaires de trois à quatre francs. Les uns, « ouvriers d'à bas, » s'adonnent au travail souterrain ; les autres, « ouvriers d'à haut, » s'occupent, sous les minces abris de paille appelés *tue-vents,* à l'effeuillement des ardoises. De brusques et terribles éboulements, comblant des galeries pratiquées depuis des siècles, ont plus d'une fois interrompu leur industrie, d'ailleurs moins prospère qu'autrefois.

Au delà d'Angers, vers l'ouest, pendant l'été, à moins de sécheresse trop forte, le bateau à vapeur, pris sur le quai même de la ville, permet la descente de la Loire jusqu'à l'Océan. C'est un voyage aimable. Près des rives une verdure intense, avivée par les innombrables ruisseaux jaillis des granits et des schistes, éclate par touffes sur des tons blanchâtres ou cendrés. Souvent comme une tache d'or s'étale la lande émaillée de floraisons jaunes ; on voit miroiter une mare sur un fond de craie. Lointainement se dessinent les coteaux de Châlonnes et de Saint-Georges, chargés des vignobles renommés de la coulée de Serrant. Les beaux ombrages de Serrant voilent un château du XVIe siècle comparable pour le style, les sculptures et le grain mordoré de la pierre, aux pavillons du palais de Fontainebleau encadrant la cour de la Fontaine. Cette opulente demeure fut celle de Guillaume Bautru, bel esprit, soldat, diplomate, l'un des membres fondateurs de l'Académie française ; elle renferme le tombeau, sculpté par Coysevox, de son fils Nicolas, mort jeune aux armées de Turenne. Un peu plus outre, on irait à la terre de Saint-Martin de Fouilloux, où vécut dans une profonde retraite M. de Falloux, haute et complète personnification de l'esprit de la province.

Sur un roc, des tours éventrées, et que rattachent l'une à l'autre des murs en écharpe, ce sont les ruines maudites du chastel de Champtocé, où le légendaire Barbe-Bleue du moyen âge, Gilles de Laval, maréchal de Raiz ou Retz, longtemps attira des enfants et des vierges dont il tirait goutte à goutte, en des caveaux sourds, le sang vermeil et le distillait, suivant les formules alchimiques et les abracadabras du grand œuvre, pour en composer l'élixir de longue vie, l'eau de Jouvence et d'amour éternel. Le joli vin blanc qu'on boit

Oudon. (Tableau de H. Linguet.)

aujourd'hui dans cet atroce Champtocé, comme à Chalonnes et à Saint-Florent-le-Vieil! Ce haut bourg de Saint-Florent, si pittoresque avec sa couronne de remparts délabrés, ses festons de plantes grimpantes, sa terrasse plantée d'ormes, vit le début des guerres de la Vendée. Le 10 mars 1793, ses paysans, refusant d'obéir à la conscription, chassèrent les gendarmes, choisirent pour chefs le plébéien Cathelineau, et peu de jours après le noble
Bonchamp. Souvenirs épiques matérialisés par des tombeaux. Dans l'église paroissiale, celui du magnanime Bonchamp fut sculpté par David; la statue de Cathelineau décore la chapelle d'une communauté religieuse. Mais la souveraine paix d'un paysage sans bornes enveloppe le théâtre des haines amorties et des carnages oubliés.

La Loire devient un lac semé d'îles; sa vallée se resserre entre des falaises inégales. On passe devant Ancenis et Champtoceaux, de calme aspect derrière leurs murailles féodales, qui se confondent avec le granit des côtes; non loin de Liré, si mélodieusement regretté par le poète Joachim du Bellay pendant son exil de Rome :

> Plus me plaist le chasteau qu'ont basti mes ayeux
> Que des palois romains le front audacieux.
> Plus que le marbre dur me plaist l'ardoise fine;
>
> Plus le Loyre gaulois que le Tybre latin,
> Plus mon petit Liré que le mont Palatin,
> Et plus que l'air salé la douceur angevine!

Oudon, Mauves : un blanc donjon octogonal, des rochers à pic, violets, battus du flot... Nantes est proche, déjà souffle le vent du large...

A TRAVERS PLAINES

XIII

MAINE ET VENDOMOIS

De l'Anjou au Maine, la Mayenne nous trace la route. Lente, elle coule à la frontière de la Bretagne et de son ancienne « marche », encore sur les granits bretons, mais déjà aussi loin des agrestes et doux paysages d'Armor que des larges horizons de la Loire. On traverse une contrée neutre d'aspect, de tradition et de sens. Longuement s'étendent les chanvrières, les herbages où paissent des bœufs de race courte et trapue, et les prés piqués d'arbres où s'ébattent les solides petits chevaux de Craon. Vers Château-Gonthier, qui n'a plus de château pour orner une indifférente bourgade et bien peu de malades pour recourir à ses eaux ferrugineuses, peu à peu le sol se hausse, se boursoufle, se creuse tour à tour. Coteaux sans reliefs et vallons sans profondeur se succèdent interminablement. Rivières et ruisseaux, jaillis nombreux des granits, cernent le pied des hauteurs, courent et jasent dans mille ravins. Il en naît une abondante végétation d'herbes et d'arbres mélangés. Ceux-ci, chênes, hêtres, châtaigniers, étêtés de bonne heure, et ainsi forcés de développer leurs branches latérales, étendent à telle ampleur l'ombre de leurs feuillages, que leurs bosquets ressemblent à des bois et que de loin le pays tout entier a l'air d'une vaste forêt.

C'est le Maine, cela, ou plus précisément le bas Maine, pays analogue par sa formation géologique à la Bretagne, et semblant la continuer; en réalité, bien différent de la grande péninsule. Pris au moyen âge et serré entre les deux puissants États féodaux, Bretagne et Normandie, champ de passage, de rencontre et de bataille pour l'un ou pour l'autre, opprimé par leurs forces, exploité par leurs vassaux, ravagé par leurs gens de guerre, en outre sujet aux entreprises fréquentes de l'Anglais, il a été si longtemps éprouvé, menacé, ruiné, saigné; il a si souvent frémi sous le joug des maîtres avides et féroces, qu'il garde à travers les siècles le pli de ses terreurs et de son servage. Le caractère de l'homme y reste timide, craintif, froid, réservé. L'ignorance le domine, mais la superstition l'accable. Isolé dans son village par la topographie compliquée du sol, par une multitude de chemins de traverse à chaussées rocailleuses, que bordent des fossés et des talus hérissés de ronces, et que les pluies d'équinoxe transforment en fondrières boueuses; même en torrents, la civilisation moderne parvient malaisément à le pénétrer de son intelligence, à le convaincre de sa sécurité. L'école perd ses leçons avec lui. L'adulte oublie à la glèbe ce qu'apprit l'enfant. L'esprit, à peine défriché, se rembroussaille. Un grand nombre de conscrits arrivent au régiment complètement illettrés, avec un certificat d'études primaires dans leur poche. Ils recommencent à épeler, à former des lettres, à reparler français, à se socialiser; sitôt libres, leur demi-sauvagerie les reprend, ne les quitte plus.

Combien d'années faudra-t-il encore pour effacer le pli héréditaire, affranchir les caractères déprimés, les ouvrir à la confiance et à l'amour! Dans le bas Maine, la femme reste un être inférieur, astreint aux rudes besognes, avili; c'est sur les faibles, sur la femme et l'enfant, que pèse la dureté du paysan grossier, avare et sournois.

Dans les villes, bâties sur les grandes voies passantes, desservies par les lignes de chemins de fer à trains multiples, les mœurs apparentes sont meilleures. L'industrie les vivifie, les polit. Elle a créé à Laval une ville nouvelle, singulièrement blanche, spacieuse et claire par opposition à la vieille cité, qui commença, dit-on, par un château édifié au VIIIe siècle contre les incursions bretonnes, sur la rive gauche de la Mayenne, auprès de l'antique forêt de Concide. Certain Guyon, troisième fils de Guy Valla, comte de Maine, ayant reconstruit cette forteresse en 940, aurait donné le nom de sa famille et le sien au bourg qui vint se grouper sous sa protection contre le roc. Beaucoup des logis primitifs de Laval-Guyon, Grand'Rue, rue des Couteliers, semblent affirmer cette origine : enfoncés et tassés par l'âge, bas, lourds, ventrus, si fortement charpentés, leurs poutres, leurs chevrons, leurs piliers passent pour avoir été taillés sur la place même dans des chênes centenaires. Entre eux et au-dessus d'eux s'élèvent des remparts jadis reliés au château féodal. Celui-ci, toujours debout, noir comme suie, flanqué d'une grosse tour, mais surmonté d'une laide toiture en tuile et percée d'étroites fenêtres grillées, n'est plus visiblement qu'une prison départementale assez rébarbative. Il y a longtemps qu'il n'abrite plus les maîtres du pays. Dès le XVIe siècle, les la Trémoille, seigneurs du fief, se faisaient construire à côté un palais dont l'on soupçonne un peu l'élégance sous les replâtrages et les fioritures neuves et banales du palais de justice. La Renaissance et le moyen âge sont heureusement mieux représentés dans la haute ville, l'une par une charmante maison de la rue des Orfèvres, finement sculptée pour le plaisir et pour la joie des yeux, ornée d'entrelacs, d'amours et de deux bustes saillant d'une frise délicate; l'autre par la porte Beucheresse.

En face les quartiers sombres, la ville moderne avance, depuis la gare vers la Mayenne, ses manufactures d'étoffes légères, ses fabriques de coutils de nouveauté, ses scieries de marbres, de blanches maisons de plaisance, des jardins, la belle promenade de Changé, où se dresse la statue en bronze de l'illustre chirurgien Ambroise Paré (né à Laval en 1517, mort en 1592) avec ces mots gravés sur le socle : « Je les pansoy, Dieu les guarit. » Tout ce décor l'annonce riche, prospère, économe, heureuse dans sa médiocrité. Les quais sont longs, larges, ombragés, propres. La rivière limpide réfléchit merveilleusement les maisons claires et les noires demeures, tous les contrastes de l'élégance et de la rudesse, tous les caprices du jour et de l'histoire. Un pont-viaduc, qui l'enjambe lestement, achève d'un trait léger et hardi, comme le coup de pinceau d'un artiste japonais, la plaisante et paisible harmonie d'un tableau plein de lumière et de fraîcheur.

Tant de fois ravagé, le pays d'alentour est pauvre des œuvres du passé. C'est leur rareté qui recommande aux artistes le tombeau gothique conservé dans l'église romane du hameau de Grenoux et la chapelle aux fresques barbares d'Evron. Mais Sainte-Susanne, un peu à l'écart, vers le sud-ouest, offre vraiment un spécimen peu commun d'architecture féodale, un donjon complet, une enceinte entière, compliquée de tours, de poternes et de bastions; voisin de Vagoritum, oppidum des Arviens, auquel dut succéder le bourg du moyen âge, il a donné aux savants chercheurs beaucoup de poteries et de monnaies celtiques et gallo-romaines. Plus intéressant encore pour l'archéologue, Jublains, sur un contrefort de la chaîne granitique des Coëvrons, au nord-est du chef-lieu, est un type « unique en France » de castellum gallo-romain. A peu près intactes, épaisses de trois mètres, les murailles en briques, revêtues de pierre, de ce castellum dessinent un carré long de cent soixante mètres sur chaque face, aux angles duquel s'enfoncent neuf tours carrées, et d'où ressortent neuf tours rondes composant un formidable appareil de défense. C'était la capitale des Aulerci Diablintes. On voit au centre de l'enceinte les débris d'un fort; elle renfermait aussi tous les organes et les élégances d'une ville antique : on y reconnaît les substructions d'un théâtre, les vestiges d'un temple à la Fortune, l'emplacement d'un balneum, les assises d'un aqueduc; des médailles, des vases, des statuettes, des bas-reliefs y gisaient, épars un peu partout.

A part ces excursions vers les restes momifiés des civilisations disparues, il n'est rien dans le bas Maine qui puisse y retenir le voyageur. La haute ville de Mayenne, aux rampes si ardues que les voitures d'approvisionnement n'y arrivaient en hiver que tirées par trente bêtes de somme, tant bœufs que chevaux, descend dans la plaine pour commercer de ses toiles, et met au pied de son rude château les uniformes bâtisses militaires de notre époque. Les anciens bourgs de Chailland et d'Ernée pareillement se modernisent. Mais entre eux, dans la campagne hirsute, peut-être l'observateur trouverait-il les fidèles descendants, par le masque et par les mœurs, des Chouans qui poursuivirent ici, et jusque dans la basse Normandie, la guerre des Vendéens arrêtée par les défaites de Granville et de Fougères. Le curieux théâtre des exploits de Jean Cotterau et de ses frères, et de ses lieutenants ou soldats aux si étranges surnoms : Fend-l'Air, Vol-au-Vent, Petit-Profit, Frappe-à-Mort, Sans-Quartier, Branche-d'Or, Fleur-d'Épine, Vif-Argent, Belle-Mine, Cœur-de-Lion, Sans-Peur, Danse-à-l'Ombre, Frisé, Carabine, n'a point changé tellement qu'on en reconnaisse les marécages mousseux où ils se terraient, les bois où ils se postaient pour « rembarrer » les bleus, les fourrés où ils bivouaquaient, cachés sous des fougères et des branchages, mués en plantes comme les guerriers changés en arbres de la mouvante forêt de Birnam.

La paysannerie du bas Maine, croyant alors se venger d'une immémoriale misère, rivalisa d'énergie, de patience, d'astuce et de cruelle ingéniosité avec les légendaires Peaux-Rouges. Réconciliée avec la Révolution, qui lui assure la tranquille possession de la terre, elle semble assagie, résignée, pacifique. Pourtant elle garde plus que les autres ses préjugés et ses usages, « ses idées de derrière la tête. »

Un de nos amis, qui y est né et l'habite, vit récemment un village célébrer la fête de la Gerbe. C'est une cérémonie assez joyeuse, où l'on démêle quelque réminiscence des antiques *Cerealia*. Sitôt la moisson faite, les membres de la famille se réunissent pour battre le blé, et, les airées étant battues, ils en réservent une seule gerbe qu'ils attachent, enrubannée et fleurie, dans un coin de la grange, à un piquet fiché en terre. Après cela moissonneurs et batteurs vont de compagnie quérir le fermier ou le métayer pour que celui-ci les aide à finir l'ouvrage. Le maître et sa femme obéissent à leurs serviteurs; ils soulèvent la gerbe, l'emportent triomphalement. Un cortège les précède en chantant, des enfants les suivent ayant en main chacun un bouquet d'épis. La troupe des batteurs frappent en cadence le sol de leurs fléaux. Des vanneurs, leur van rempli de grains, les font voler en l'air. Si quelque étranger assiste à la fête, on lui offre des fleurs sur un plat de blé; puis, juché sur un brancard, des gars vigoureux le promènent sur leurs épaules. Ainsi l'on arrive à l'aire, on en fait le tour, la gerbe est déliée, des coups de fusil retentissent. Tous s'attablent pour prendre leur part d'une michée de pur froment, d'une pelotte de beurre fin et d'une bouteille de vin vieux : sainte communion du travail, hommage à la grande nourrice du genre humain, noble rappel de fraternité! Ensuite ensemble on bat la gerbe, et l'on ne se quitte qu'après le sobre souper du soir, non toutefois sans munir les convives de bouquets pour cinq couples de garçons et de filles qui se marieront sans doute avant la moisson prochaine. La chanson des batteurs ne manque pas d'allégresse :

> Voilà la Saint-Jean passée,
> Le mois d'août est approchant,
> Où tous garçons des villages
> S'en vont la gerbe battant.
> Ho ! batteux, battons la gerbe,
> Compagnons, joyeusement.
>
> Je salue la compagnie,
> Les maîtres et les suivants;
> Je salue la jolie dame
> Et tous les petits enfants,
> Et dans ce jardinet j'entre,
> Par une porte d'argent.
> Ho ! batteux, battons la gerbe,
> Compagnons, joyeusement.

En passant de la vallée de la Mayenne dans celle de la Sarthe, du bas Maine dans le haut Maine, on reçoit des êtres et des choses une impression différente. Le pays est pittoresque sur les hauteurs, parfois gracieux dans la plaine. Il n'offre pas les mêmes obstacles physiques à la libre expansion des caractères; les routes sont commodes, les villages communiquent aisément l'un avec l'autre toute l'année. Sans être d'un abord moins froid, les hommes sont plus sociables; il y a de l'entrain et même de l'enjouement dans la jeunesse. Mais, au delà de cet âge délicieux, la vie en général manque de largeur et de franchise. Absorbée dans le calcul minutieux des intérêts, elle s'écoule, à partir du mariage, presque sans plaisirs et sans joies, taciturne et sèche. Chaque individu s'enferme dans son égoïsme comme dans une inaccessible tour d'airain. Et la dureté de cet égoïsme ne cède pas même aux liens les plus intimes; elle isole la femme de son mari, le fils de sa mère. Pères et enfants, logés porte à porte, parviennent à rester plusieurs semaines sans se rencontrer pour n'avoir pas à se parler de leurs affaires.

La mesquinerie des usages, des habitudes et des manières, correspond à cet esprit de méfiance sordide. Elle est grande aux champs, où elle s'explique par le sort difficile des tenanciers, dénués des ressources nécessaires à la mise en valeur de leurs petites fermes, et par la misère des journaliers qui en est la conséquence. Elle est plus grande encore à la ville et dans la boutique ou la maison du bourgeois que chez l'artisan. Ici et là les âmes traînent à terre, captives des sens aveugles et du corps boiteux, privées d'idéal, de sentiment et d'imagination, mornes et tristes.

De cette contrée particulière, qui, vers la haute Sarthe et sur les versants de la chaîne des Coëvrons, n'est pas sans beauté, grâce aux épaisses forêts dont se drapent les porphyres et les granits de ces monts bien connus des chasseurs, Sillé-le-Guillaume, que domine un vieux donjon, le féodal Fresnay-le-Vicomte et Bonnétable, qui possède un château du xve siècle, sont les gros bourgs, Mamers est le chef-lieu : petite ville blanche, proprette et silencieuse, ainsi nommée, prétendent les érudits, d'un temple de Mars que remplacerait sa lourde église. Naguère, quand la seule diligence y conduisait d'alentour marchands et paysans, Mamers tirait vanité de son gros marché de grains, farines et volailles, le plus important de la région. Il vit aujourd'hui quiétement, non sans regretter la prospérité d'autrefois, fabrique de la toile, tient garnison, prête une oreille morose aux sifflements du paresseux chemin de fer qui semble, — tant il va piano, piano! — le desservir plus lentement que l'énorme véhicule démodé, boit du cidre enflammé, mange des rillettes d'oie, et somnole tout son saoul.

Le pays d'Alençon et le Perche sont si près de Mamers, que le touriste égaré dans cette insignifiante petite ville voudra peut-être y aller avant de descendre au cœur du Maine. Il ne s'en repentirait pas. La campagne traversée par la chaîne de collines granitiques qui sépare le bassin de la Loire de la véritable Normandie lui renouvellerait les aspects imprévus et charmants de Falaise, de Domfront, de Mortain, dont sans doute il lui souvient. Ce sont de capricieuses et robustes aspérités souvent recouvertes de chênes, de brusques promontoires érigés en sites alpestres, en nids d'aigle par de singulières perspectives ; à leurs bases, les rivières cachées sous les saules passent une verte ceinture, et si l'on s'élève à leurs sommets, souvent couronnés de ruines, c'est pour embrasser du regard, par delà les landes, les étangs des plaines, les vastes horizons bleus des grandes et giboyeuses forêts d'Écouves, de Perseigne, de Tourouvre, de Bellême, qui suffisent à commenter le belliqueux passé féodal de ces contrées, théâtre de luttes féroces et continuelles pendant la plus grande partie du moyen âge.

Sans avoir l'agrément de ces paysages accidentés, certaines villes, Alençon, Séez, Argentan, ont de quoi nous plaire. Comme leurs voisines du Maine, ce sont de faibles progressistes. L'avenir ne leur donne pas la fièvre des innovations. Tandis que tant d'autres lui frayent sur les débris de leur passé des avenues et des boulevards qu'il ne se hâte pas d'animer et qu'il dédaignera peut-être indéfiniment, elles semblent plutôt craindre de l'appeler et se réfugier contre lui dans leurs antiques rues noires de logis surannés. Cette invincible indolence leur conserve du moins une physionomie : rare mérite, à nos yeux.

Entre elles, la première à la rencontre, Alençon, sur les rives de la Sarthe et de la Briante, qui l'entourent de moulins et de rares fabriques espacées entre des jardins et des prés, garde dans ses vieux quartiers, compris entre la belle église Notre-Dame, la pauvre église Saint-Léonard et le château, et auprès d'une autre ville moderne et banale, les traits les plus pittoresques de la forte cité seigneuriale où résidèrent les ducs de Normandie, les sires de Bellême, et parmi eux les cruels Talvas, qui laissèrent de sinistres souvenirs de meurtres et d'exactions ; puis les comtes, les ducs de la maison royale de France ou les officiers chargés par ces princes de la gouverner à leur place. Les hôtels de clercs ou de hobereaux, qui datent visiblement du XVe et du XVIe siècle, les caduques maisons d'artisans, encore plus âgées, qui bordent les étroites rues aux Sieurs, du Bercail, du Jeudi, du Val-Noble, sont de fidèles représentations de ce passé aristocratique, dont les énormes et sombres tours crénelées du château vous rendent sensible la période guerrière. Alençon, dont l'origine ne remonte pas au delà du Xe siècle, se groupa au pied de cette forteresse; et quand, à partir du XVe siècle, les fils cadets des Valois la reçurent en apanage, la noblesse du duché voulut y avoir au moins un pied-à-terre afin de pouvoir faire sa cour au gouverneur nommé par une Altesse royale, et quelquefois même à cette Altesse royale en personne. Elle s'épuisait en braveries, frais de costume et d'apparat, ce qui faisait dire d'Alençon :

Saint-Martin de Laigle

Petite ville, grand renom,
Habit de velours, ventre de son.

Cette société survécut à la Révolution et prit part à la chouannerie; elle existait encore au temps de Balzac, qui l'a merveilleusement dépeinte dans le *Cabinet des antiques*. Peut-être n'a-t-elle pas disparu, non plus que les mœurs très provinciales d'autrefois.

En 1693, la noble Alençon apprit d'une de ses ouvrières revenue de Venise l'art précieux de confectionner les parures en dentelles auxquelles on donna le nom de « point d'Alençon ». Les gens de qualité devinrent aussitôt ses tributaires. Elle s'enrichit. Mais cette difficile et coûteuse industrie n'étant plus alimentée par le luxe des habits, dans les deux sexes, s'est dispersée; les descendantes des habiles *vélineuses* s'emploient aujourd'hui dans les fabriques de toiles et de coutils.

Cependant Alençon reste chère à l'aristocratie : n'est-elle pas le chef-lieu d'un département qu'intéresse surtout l'élevage des chevaux de race? Deux fois par an, aux foires de la Chandeleur et du Grand-Lundi, elle appartient à la noblesse et aux maquignons, aux gentilshommes de courses et à leurs jockeys. Il s'y fait un grand et fructueux commerce de poulains et de juments, dont les meilleurs sujets, futurs triomphateurs de Longchamp et d'Auteuil, sortent du haras du Pin. Et ce sont aussi de joyeuses fêtes saluées par des chœurs de hennissements que les distingués amateurs de cette musique d'écurie trouvent les plus harmonieux du monde.

D'Alençon à Séez, à Argentan, à Mortagne, le cheval est roi. A lui tous les soins, vers lui tous les espoirs. Lieux escarpés, jadis féodaux : Carouges, Courtomer, Bursard, se consacrent à son éducation et lui réservent leur plus important marché. L'épiscopale Séez fait de même, et de même l'ancienne capitale du Perche. Mais, à part les jours de liesse, où elles exposent leurs brillants élèves aux acheteurs accourus en foule, un voyageur pourrait passer une semaine entière dans ces calmes petites villes avant d'y entendre caracoler un seul « racer ».

Il ne faut pas absolument une semaine pour admirer, à Séez, la légère et brillante architecture de sa cathédrale; en Argentan, les vieux hôtels dont les portes à boisages vous reportent si bien au temps de Henri III et de Louis XIII; à Mortagne, les preuves d'une antérieure existence, plus relevée, plus vraiment riche et plus riante que celle qu'elle mène à présent, dans les nobles manoirs et les maisons bourgeoises édifiées par les gentilshommes et ses marchands du xve au xviiie siècle. Mais si les sept jours dont nous parlons ne sont pas tous remplis, comme il est aisé d'en occuper le surplus! On ira voir la belle église Notre-Dame de la très industrieuse Laigle, si connue pour ses fabriques d'aiguilles et d'épingles; on cherchera, au milieu des forêts, Tourouvre, d'où s'expatrièrent en Amérique, il y a deux siècles, quatre-vingts familles dont les trois ou quatre cent mille descendants gardent et propagent aujourd'hui les usages et la langue de la mère patrie dans la Nouvelle-Écosse, le Canada, le nord des États-Unis. On visitera Bellême, entourée de forêts profondes et parsemée de mégalithes; et, ce qui sera mieux encore, on ira dans la parfaite solitude du vallon de Soligny, où l'Iton prend source, s'édifier au spectacle de l'austère et laborieuse dévotion des moines de Saint-Bernard et de l'ordre de Citeaux, rassemblés sous la règle de l'abbaye de Notre-Dame-de-la-Maison-Dieu de la Trappe, fondée l'an 1140 par Raoul II, comte du Perche, et réformée avec une pieuse rigueur, l'an 1671, par l'illustre Armand Le Bouthillier de Rancé.

Ces religieux, qui dirigent une ferme modèle de trois cents hectares, servie par une colonie pénitentiaire de jeunes détenus, pratiquent les vertus les plus inaccessibles. Ils font constamment alterner le travail manuel et l'oraison, s'obligent au silence presque perpétuel, ont sans cesse à l'esprit la salutaire idée de la mort, pour s'y préparer sans cesse, et comme pour s'y acheminer plus vite, en se retranchant de tout ce qui fait pour les mondains le prix de la vie, ils se revêtent en toute saison d'un cilice de serge et d'une grossière robe de bure, blanche ou brune, selon leur condition; ils se couchent tout habillés, même s'ils sont malades, sur un lit composé d'une planche, d'une paillasse, d'un oreiller de paille et d'une couverture de laine; ils se lèvent à quatre heures du matin pour aller aux offices; ils se nourrissent avec une frugalité, une sobriété inconcevables à notre habituelle sensualité, de grossier pain bis, de légumes cuits à l'eau, qu'ils arrosent de quelques verres de cidre trempé d'eau. Ainsi ils prêchent d'exemple le renoncement aux délicatesses, aux superfluités, aux misérables vanités, d'où proviennent tous les maux des hommes, âpres à s'en disputer la jouissance; ils enseignent le mépris des richesses et des titres; et, dégagés de tous ces intérêts secondaires, ne prenant soin que de cultiver leur âme pour le Ciel, il s'élèvent à la contemplation de cela seul qui est éternel et divin. Bonnes, utiles, fructueuses leçons de morale pour qui sait les comprendre et y conformer sa conduite!

De retour vers Mamers, la grande route du Maine.

La grande ville de la province, c'est le Mans, au confluent de la Sarthe et de l'Huisne, moins jolie que Laval, autrement grandissante et florissante. Elle a soixante mille habitants; ses manufactures de toiles, ses usines métallurgiques, son commerce, favorisés par la jonction de cinq lignes de chemins de fer, lui en attireront davantage. Antique cité des Aulerci Cenomani, capitale du Maine, on la définissait déjà, il y a deux cents ans, « un des lieux les plus considérables du royaume, si l'on y comprend ses quatre faubourgs, au milieu desquels il est élevé de telle sorte qu'il leur commande entièrement. » L'un de ces faubourgs, depuis la gare, croît à vue d'œil, s'établit, s'embellit, devient un nouveau le Mans, serrant de près l'ancien, qui s'étiole dans le labyrinthe de ses rues étroites sur la colline. Mais ce dernier seul intéresse le touriste, qui en gravit volontiers les voies tortueuses. Il y retrouve, en cherchant bien, les restes de l'enceinte gallo-romaine ajustés aux remparts du moyen âge; il y admire les maisons singulières bordant la Grande-Rue, les rues Dorée, du Doyenné, Saint-Pavin, de la Porte-Sainte-Anne, de Gourdaine. Autour de la cathédrale un quartier vieillot, claustral, avec ses logis de chanoines à portes basses munies de judas, aux fenêtres grillées, aux façades sculptées, le transporte plusieurs siècles en arrière, au temps de la puissance absolue de l'Église.

Au faîte de la colline, près d'un peulven et sur l'emplacement d'un temple païen qui substitua le culte du Jupiter latin à la religion druidique, la cathédrale Saint-Julien élève

Le Mans. — Maison de la reine Bérengère, Grande-Rue.

majestueusement un vaisseau de grand caractère. Elle est énorme, irrégulière, romane et gothique; le chœur, ouvrage du XIIIe siècle, en est superbe. Là, éclairant treize chapelles rayonnantes et les triforiums, d'inestimables vitraux, où des nobles, des prêtres, des dames, des gens de métier, élus par leurs corporations, figurent en qualité de donateurs aux côtés de scènes religieuses auxquelles s'associent leurs prières agenouillées, composent une véritable galerie de tableaux d'histoire locale. Plusieurs tombeaux illustres dorment sous les voûtes : les noms de la reine Bérengère, veuve de Richard Cœur de Lion; de Charles IV, comte du Maine, et du protecteur de Rabelais, le bon seigneur et vaillant capitaine Guillaume de Langeais du Bellay, se lisent sous leurs effigies respectives.

Se souvient-on qu'un des chanoines de Saint-Julien fut au XVIIe siècle le joyeux cul-de-jatte Scarron? Sa demeure existe encore place Saint-Michel. C'est pourquoi, non peut-être sans malice, le poète du *Roman comique* mène dans sa ville prébendière la troupe de comédiens nomades dont il narre les burlesques aventures. Quel ami des lettres ne se rappelle en quel extraordinaire équipage ces héros de théâtre, Destin et Léandre, la Rancune et Mlle de la Caverne, sans oublier l'ingénue Mlle de l'Étoile, entrent dans la cité des poulardes et des chapons, l'accueil ébouriffant qu'ils reçoivent, les importants messieurs qui les hébergent, et les badauds ridicules empressés à dételer leur chariot dramatique? La race de ces originaux de province n'est certes pas éteinte. Pourtant ce n'est point de finesse que manquent, dit-on, les Manceaux. Au rapport de plus d'un bon observateur, peut-être même en ont-ils trop. « Ce sont gens d'esprit, écrit le guide de 1730, ils sçavent à merveille défendre leurs interrests, et encore mieux attaquer ceux d'autruy : le *ouy* et le *non* sont des mots inutiles chez eux. La définition d'un Manceau, c'est *Normand et demi;* au surplus, gens d'honneur et fort polis. »

Le musée de peinture du Mans en contient d'excellentes; et dans son église Notre-Dame-de-la-Couture, qui dépendait d'une riche abbaye et dont le portail est bellement sculpté, on peut admirer un pur chef-d'œuvre de Philippe de Champaigne : le *Sommeil d'Élie,* appendu entre six toiles de maîtres aux murs de la nef. Sur la place d'Armes, un monument surmonté de la statue du général Chanzy rend hommage aux courageux vaincus des derniers combats de la Défense nationale, livrés à Yvré-l'Évêque, au plateau d'Auvours, à Pontlieu, qui composèrent, les 10, 11 et 12 janvier 1871, la bataille du Mans, où dans un suprême effort expira la fortune militaire de la France.

De la capitale du Maine on rayonne aisément vers quelques lieux célèbres : Connerré au puissant dolmen, Sablé où le château héréditaire des Chevreuse et des Chaulne s'accole à des tours féodales, la Flèche. Il y a dix ans, les bénédictins de la moderne abbaye de Solesmes (à moins d'une heure de Sablé) vous auraient permis la contemplation dans leur église des œuvres pieuses et d'un art exquis que l'on appelle les *Saints de Solesmes* : la *Sépulture du Christ,* la *Sépulture de la Vierge,* la *Pâmoison de la Vierge,* le *Martyre des Innocents,* groupes et bas-reliefs de pierre ou de marbre, où les sculpteurs du xve siècle et de la Renaissance ont, avec un rare bonheur, exprimé la suave poésie des Évangiles. Mais quoi! le prieuré a été fermé en 1886, après l'expulsion des religieux qui l'occupaient, et depuis dix ans la porte en est fermée aux profanes, la vue de ces merveilles leur est interdite.

« Les habitants de la Flèche, assure un de nos devanciers, sont très sociables et prévenus pour les étrangers, ce qui y en attire toujours un fort grand nombre. Les hommes ont de l'esprit, et les femmes de la beauté; c'est un séjour des plus agréables, un séjour digne des Muses. » Cela peut fort bien être, mais comment le savoir à bon escient? Il y faudrait séjourner, et nous traversons vite une ville construite dans le large et noble style du xviiie siècle, sur les rives boisées du Loir. Le Prytanée militaire, où sont élevés cinq cents garçons de douze à dix-sept ans, fils de membres de l'ordre de la Légion d'honneur, en est le grand édifice. C'était, avant la Révolution, un collège de Jésuites illustré par l'éducation de Descartes. On l'a souvent réparé et remanié depuis; cependant il conserve en ses grandes lignes le style du temps de Henri IV, qui le fit bâtir en 1603, expressément pour la Société de Jésus, et dont le cœur, avec celui de Marie de Médicis, y repose dans une charmante chapelle comparable à la Sainte-Trinité du palais de Fontainebleau.

A quelques lieues de la Flèche, passé le Lude, où naquit Germain Pilon, près d'un château qu'il semble avoir orné, et presque à partir de Château-du-Loir, bourgade de tanneurs, de sabotiers et de carriers, qui se partagent les seules ressources industrielles de la contrée, à savoir l'eau propice du Loir, les bois du Vendômois et les excellentes pierres à bâtir de ses collines, se dessine une des plus curieuses vallées qu'il y ait en France. Les légères collines dont le Loir est bordé dans son cours inférieur se rapprochent de ses rives, se haussent, l'encaissent dans un double rang de falaises blanchâtres, composées de l'argile tendre appelée tuffeau. Comme auprès de Tours, de Saumur, ces falaises sont creusées de part en part, mais avec beaucoup plus de variété et de profusion; jusqu'à

Vendôme et par delà, elles offrent une suite ininterrompue de galeries, de grottes et de cellules, taillées dans la roche aux âges les plus lointains, peut-être même, en grand nombre, par la hache de silex des troglodytes préhistoriques. Les antiquaires en donnent plusieurs pour demeures aux Celtes, pour asiles sacrés aux druides ; ces hypothèses s'appuient sur l'existence des mégalithes, dolmens, menhirs, cromlechs, et des tombelles dont le pays est parsemé. Elles sont d'ailleurs toujours habitées ou utilisées. Des vitres brillent à leurs parois extérieures, des portes en ferment les issues, des cheminées les traversent, et l'on voit s'en échapper des spirales de fumée qui produisent, à distance, le plus étrange effet. En quelques lieux ces cavernes civilisées forment des hameaux et des villages populeux ; les Roches, Montoire, Troo, Lavardin, en sont presque entièrement composés. L'aspect en est toujours pittoresque et parfois charmant. Entre leurs deux ou trois étages superposés croissent des vignes, verdoient des pommiers, des poiriers, et tout au-dessus d'elles, sur la crête des hauteurs, s'accrochent des taillis de chênes, de hêtres et de charmes assez épais. Ces végétations réchauffent le ton de la pierre, que dore le soleil ; au bas des versants le Loir coule doucement, très pur, sur des mousses et des herbes échevelées, entre des aulnes et des saules, au bord de fraîches prairies.

Les peintres aiment cette contrée originale ; Français lui dut plus d'un gracieux tableau. Parmi ses élèves, plus d'un y vient encore planter son chevalet devant un site immortel. L'un d'eux, rencontré dans une avenante auberge des Roches, nous guida vers le vieux donjon de Montoire, construit pour leurs *forestiers* par les seigneurs de Vendôme, vers les chapelles que les cénobites du moyen âge installèrent dans les temples druidiques délaissés et vers les superbes ruines de Lavardin. Lavardin surtout laisse au visiteur un imposant souvenir. Forteresse colossale du haut moyen âge, qui pouvait encore, après maints assauts des Anglais, héberger en 1447 Charles VII et sa cour, ce n'est plus depuis 1589, où, par ordre d'un prince de Conti, la mine en fit sauter les gigantesques murailles, qu'un groupe de débris grandioses, envahis par le lierre et les ronces, et comme noyés dans les ondes vertes d'un bois poussé dru sur la colline, que son donjon couronne fièrement.

Mon compagnon n'eut garde d'oublier de diriger nos promenades vers le manoir de la Poissonnière, où naquit Ronsard. Chemin faisant, nous nous récitâmes, pour ne pas sentir les fatigues de la marche, les stances et les odelettes du prince des poètes de la Pléiade, dont les siècles n'ont pas plus fané la mélodie gracieuse qu'ils n'ont altéré la gentille beauté de son pays natal.

> Antres, et vous, fontaines
> De ces roches hautaines
> Qui tombez contre bas
> D'un glissant pas ;
>
> Et vous, forêts et ondes
> Par ces prés vagabondes,
> Et vous, rives et bois,
> Oyez ma voix.
>
> Quand le Ciel et mon heure
> Jugeront que je meure
> Ravi du beau séjour
> Du commun jour ;

> Je défens qu'on me rompe
> Le marbre pour la pompe
> De vouloir mon tombeau
>   Bastir plus beau.
>
> Mais bien je veux qu'un arbre
> M'ombrage au lieu d'un marbre,
> Arbre qui soit couvert
>   Toujours de verd.
>
> De moi puisse la terre
> Engendrer un lierre
> M'embrassant en maint tour
>   Tout à l'entour ;
>
> Et la vigne tortisse
> Mon sépulchre embellisse,
> Faisant de toutes pars
>   Une ombre espars !
>
> Là viendront chaque année
> A ma feste ordonnée,
> Avecque les taureaux,
>   Les pastoureaux.
> . . . .

Oui, ces coteaux hérissés de pampres, ces ravins où jasent des sources, ces bois touffus, ces champs fertiles, le Loir, la forêt de Gatine, la fontaine de Bellerie, leurs agrestes paysages, inspirèrent sa muse, et ce qu'il y a de meilleur dans son œuvre en provient. Le manoir le dit, qui nous retrace son séjour et les pensées qui l'occupaient, par maintes sentences et maximes avisées gravées sur les façades et inscrites sur les lambris des appartements : *Veritas filia temporis, Voluptate et gratiis, Respice finem...* En la somptueuse cheminée de sa grande salle, une légende, inscrite au-dessous des fleurs de lis de France pour encadrer les armoiries de Ronsard, révèle tout l'espoir de sa vie : *Non fallunt futura merentem...* L'avenir ne l'a point démentie : Sainte-Beuve vengea son auteur des injustes dédains de Boileau, et sa gloire, un moment éclipsée, recouvre pour nous l'éclat qu'elle eut à la cour des Valois.

La grande ville de la contrée, c'est Vendôme, dont le château fort, bâti au XVe siècle

Le monument de la Défense nationale à Châteaudun. — 1870.

par Geoffroy Martel, comte d'Anjou, la dominait souverainement. Au pied des murailles de ce château, édifié sur roc, au-dessus des vertes eaux du Loir, elle s'étale proprette, bourgeoise et trop paisible au gré de ses hôtes. Où sont les nombreuses fabriques de gants, les manufactures de draps et de serges, les tanneries si florissantes autrefois ? Il lui faut se contenter maintenant de son marché de volailles, de légumes et de fruits, qui lui apporte seul un peu d'activité et de commerce. Cela ne va point sans regretter la prospérité dont rendent témoignage la noble porte Saint-Georges, transformée en mairie, l'hôtel du Gouverneur, et principalement la splendide église de la Trinité et son clocher, d'une architecture presque unique, au jugement de Viollet-le-Duc, qui ne trouve à lui comparer que le clocher vieux de la cathédrale de Chartres. Le gothique fleuri du portail est d'une richesse pleine de goût; de brillantes verrières éclairent la nef; les accotoirs et les miséricordes des stalles où s'asseyait l'ancien chapitre offrent de fort jolies figures de moines, de musiciens et de gens de métier, sculptées au XVe siècle, et la Renaissance a entouré le chœur où elles sont posées d'une clôture ornée de ses plus élégants caprices.

Les armes de Châteaudun.

Fondée en 1034 par le comte Geoffroy Martel pour des bénédictins de Marmoutier, l'abbaye de la Trinité était l'une de plus célèbres de France; on peut se faire encore une idée de son opulence par la grandeur de ses bâtiments transformés en caserne de cavalerie, et en admirer, entre autres vestiges qui disparaissent de jour en jour, la salle du chapitre, les cloîtres et l'abbatiale. Mais les restes du château fort prouvent davantage la puissance, la rudesse et la férocité féodales : on ne peut guère imaginer prison plus noire et plus sourde, cachots plus affreux que les geôles pratiquées dans l'épaisseur même des murs de son donjon ou *tour de Poitiers;* le génie même de Louis XI n'imagina rien de plus terrible. De la plate-forme de ce donjon formidable, le maître des captifs qui gémissaient sous ses pieds contemplait tout le riant horizon de la vallée du Loir : Lavardin, Montoire, la tombelle de Troo, Areins où gisent les restes d'un théâtre gallo-romain, la redoutable forteresse de Fréteval, la Beauce et le singulier promontoire taillé en éperon au-dessus des vastes plaines fertiles en céréales qui porte Châteaudun, et que surmonte, altières vigies, le donjon sombre et le château somptueux des comtes de Dunois et des ducs de Longueville.

Nous ne sommes pas entré sans émotion dans la noble cité illustrée en 1870 par le rare héroïsme de ses défenseurs. Ouverte à tout venant, percée de rues larges rayonnant toutes vers une large place, elle n'hésita pas cependant à donner à la France envahie l'exemple d'une résistance sublime. Les poitrines d'une poignée de braves soldats, auxquels se joignirent ses habitants, furent ses remparts; quelques barricades, construites sous le feu de l'ennemi, ses bastions et ses redoutes : cela lui suffit pour tenir en échec des milliers d'Allemands frappés de stupeur, affolés par son courage. Ses citoyens tombaient sous les balles, ses maisons s'écroulaient sous la mitraille; elle ne se rendit que lorsque ses munitions furent épuisées. Elle a depuis réparé ses ruines, dressé une colonne à ses héros, qu'un admirable groupe d'Antonin Mercié honore d'un souvenir définitif, et la croix d'honneur s'attache à ses armes, dont elle a justifié une fois de plus la devise : *Extincta revivisco.*

A TRAVERS PLAINES

XIV

DE LANGUEDOC EN QUERCY

Dans le midi de la France, l'été.

Large, rapide, jaunâtre, comme elle sera jusqu'à l'Océan, du limon arraché aux montagnes où elle prit source, la Garonne arrose une vallée féconde, une vallée d'abondance et de lumière. De Saint-Gaudens à Toulouse, les cultures de lin alternent avec les champs de seigle, de froment et de maïs; des bosquets de châtaigniers piquent les plaines, des vignes hérissent les coteaux. A quelques lieues au-dessus de Saint-Martory, près de la petite ville autrefois épiscopale de Rieux, la généreuse terre donne aux cultivateurs deux récoltes de céréales par an. L'aisance de ceux-ci se reconnaît à la propreté de leurs villages tout en maisons blanches couvertes en tuiles rouges, et que suivent des vergers pleins de fruits et de fleurs. Cazères aux pêches délicieuses est de ce côté, et bien d'autres Cazères, moins vantés, dont les jardins mûrissent pour les marchés de Toulouse et les stations pyrénéennes profusion de succulents légumes et de fruits délectables. En ce pays choyé du soleil, la vie semble sourire à tous les êtres humains; pourquoi donc entendons-nous une troupe de jeunes campagnardes, portant faux et faucilles et passant sur la grande route, chanter d'une voix rauque ce couplet plutôt mélancolique :

Las hillas de Sent-Gaudens — N'au pas argent. — Las que n'au pas no boulérèn, — Faridoundene, — No boulérèn. — Au païs bas, anen, anen — Coeille d'argent. — En segé blat, en dailla hen, — N'en gagnarèn[1].

Ces jeunes filles, qui n'ont pas de bien à elles à cultiver et que les grands propriétaires de la riche contrée n'occupent pas, s'en vont, la moisson étant proche, offrir leurs services

---

[1] Les filles de Saint-Gaudens n'ont pas d'argent. — Celles qui n'en ont pas en voudraient, — La Faridondaine, — En voudraient. — Au pays bas, allons, allons — Chercher de l'argent. — En triant le blé, en fauchant le foin, — Nous en gagnerons.

dans la basse Gascogne. Aux fenaisons, aux vendanges, de même elles partent, et de jeunes hommes aussi, tous ayant aux lèvres ce refrain où leur vaillance, si naturelle sous ce soleil, s'ombre à peine de mélancolie. Quelle peine ne s'allégerait à la douceur de ce climat! à son ardeur quelle joie ne deviendrait plus vive! Misères, tourments d'ailleurs sont ici bientôt consolés, non qu'ils ne soient, l'espace d'un éclair, cruellement sentis; mais souffrir, mais se plaindre longtemps sous un ciel d'azur si profond, dans si caressante atmosphère!

Mieux est de chanter; et cette jeunesse besoigneuse chante, et c'est un chant qui nous guide vers la musicale Toulouse, la métropole de la province, et depuis des siècles et pour toujours, sans aucun doute, l'une des plus belles villes du monde; car l'impérissable illusion, fille de l'impérissable soleil, l'embellit.

Tous ses enfants l'ont célébrée, vantée avec amour. « Tolosa, ma nourrice, s'écrie le prosateur Ausone, un rempart de briques l'enveloppe de ses vastes contours ; à ses côtés coule le beau fleuve de la Garonne. Des peuples sans nombre répandent la vie dans cette cité. Elle a donné naissance à quatre villes sans s'épuiser ou perdre un seul de ses habitants... » Et la romaine Tolosa d'Ausone devenue la capitale des plus puissants seigneurs du Midi, le rapsode de la guerre des Albigeois, Guilhem de Tudèle, écrit à son tour : « De totas civitatz cela la flors e rosa. » Encore aujourd'hui pour ses adorateurs c'est Toulouse la palladienne, la savante, la lettrée, l'artiste, la capitale intellectuelle de la France méridionale, et ses « grisets » clament harmonieusement :

> O mon pays!
> Toulouso, Toulous'!
> Qu'aymi tas flous,
> Toun cel, toun soulel d'or!
> Après dé tu, l'amo se sent hurouso
> Et tout ayssi mé réjoui lé cor!

Ils la voient, heureusement pour eux, avec d'autres yeux que les nôtres, lorsque le chemin de fer nous jette dans la lumière crue et dans la brûlante poussière des boulevards nus qui l'entourent, bordant l'immobile et fumant canal du Midi, et qu'elle nous apparaît comme une immense agglomération de maisons de briques, rangées en des rues sèches que traversent des allées sans fraîcheur. Boulevards, rues, allées, un vent torride les parcourt, le vent d'autan, fléau des étés languedociens. Nul moyen de l'éviter; partout il souffle, poudre les arbres, ternit les verdures, fane les fleurs, hâle la peau, mord la gorge, grossit le foie, enfièvre le sang. La promenade n'est possible qu'aux heures où il s'apaise, et il faut attendre le soir pour rencontrer la foule sous les arbres des allées Lafayette ou du Grand-Rond. Mais à tout moment du jour une bourgeoisie, rarement fixée au logis par l'attrait familial du *home,* si cher aux Septentrionaux, fréquente les cafés : là elle joue, cause, discute, dispute, gausse, se moque, rit et chante, chante surtout, par une sorte d'instinct, de passion irrésistible. A l'étranger qui s'aventure dans ces cafés quelquefois brillants, toujours bruyants, de juger si les mœurs toulousaines, dans ce décor de véritable sociabilité et d'apparente franchise, justifient cette appréciation d'un de nos prédécesseurs du XVIIIe siècle : « Les Toulousains ont de l'esprit, mais ils sont peu affables; ils sont moqueurs et médisants, et doués d'une malice qui souvent les fait se réjouir de la peine d'autrui; ils sont fiers jusqu'à l'impertinence, et à tout cela le peuple joint une superstition extraordinaire qui le fait en quelque manière ressembler aux Espagnols. »

De tous ces traits de caractère, plus ou moins bien observés, nous n'en voulons retenir qu'un seul : « Les Toulousains ont de l'esprit. » L'esprit, en effet, souffle sur leur ville plus fort que le vent d'autan, et malgré tout il lui prête une sorte de beauté subtile, d'allégresse légère, de vivacité plaisante ; il lui inspire le goût des lettres, de la gaie science, des arts, de la poésie immortelle. C'est l'esprit qui lui fit jadis graver sur le marbre de la porte du Capitole, ornée de la statue de Henri IV, cette devise digne de la cité de Pallas Athênê : *Hic Themis dat jura civibus, — Apollo flores camœnis, — Minerva palmas artibus.*

Le Capitole, c'est l'hôtel de ville de Toulouse : un assez vaste bâtiment dont quelques parties sont remarquables. Jusqu'à la Révolution y siégèrent, — d'où son nom évocateur du Capitole de la Ville éternelle, — les membres électifs du chapitre communal (*capituli, capitularii, domini de capitulo*), accordé par les chartes de 1164 et de 1247 aux douze quartiers de la cité et du bourg, d'abord au nombre de douze, nommés directement par les notables, puis

Toulouse. — Le Capitole.

au nombre de huit, désignés par le chapitre en exercice et confirmés dans leur charge par le parlement et le gouverneur. Gardiens naturels des franchises locales au début de leur institution, la monarchie absolue les transforma peu à peu en fonctionnaires ; ils furent choisis dans un nombre restreint de familles bourgeoises, où leur charge devint presque héréditaire, et anoblis en même temps qu'élus. Aussi disait-on :

    Cil de noblesse a grand titoul
    Qui de Toulouse est capitoul.

Les capitouls jugeaient des délits commis dans la ville et les faubourgs, le parlement prononçait en dernier ressort sur leurs arrêts en matière criminelle. En bonnets carrés et robes de satin fourrées d'hermine, ils figuraient dans les cérémonies d'apparat avec préséance sur la noblesse et le clergé. A eux seuls appartenait de faire prêter aux sénéchaux ou aux gouverneurs le serment de respecter la constitution urbaine ; d'eux seuls les rois et les reines, à leur entrée dans Toulouse, devaient en recevoir les clefs. Or c'étaient là de splendides cérémonies où il fallait vraiment payer de mine, en tête d'éblouissants cortèges. Cependant la plus précieuse de leurs prérogatives fut de présider les Jeux floraux « instituez, conte un vieil auteur, l'an 1324, par sept hommes de condition de cette ville qui aimoient les belles-lettres », et lesquels « invitèrent les trouvaires ou poëtes des environs de se rendre à Toulouse le premier mai, promettant une violette d'or à celui qui réciteroit les plus beaux vers ». On ajouta depuis deux fleurs à la violette : l'églantine et le souci d'argent, « pour second et troisième prix. » Au XVe siècle, suivant quelques annalistes, au XVIe selon d'autres, ces jeux furent placés sous le très gracieux patronage de Clémence Isaure, personnage réel, personnage peut-être inventé, dame de bonne bourgeoise et bienfaitrice des jeux restaurés et relevés par sa munificence, ou, — le problème n'est pas élucidé, — noble et chimérique descendante d'un roi Isauret plus douteux encore. Au dernier siècle, la statue de Clémence Isaure, en marbre blanc, couronnée de fleurs, parée d'une ceinture de fleurs descendant jusqu'à ses pieds, décorait la salle où se distribuaient, le 3 mai, les prix de « l'Académie des belles-lettres », en laquelle le roi, par lettres patentes du mois de septembre 1694, avait érigé les Jeux floraux. Et ces prix se composaient « d'une amaranthe d'or, de la valeur de quatre cents livres, qui était le premier prix et se gagnait par une ode » ; d'une « violette d'argent de trois cents livres », destinée à récompenser « un poème de soixante vers au moins, ou de cent au plus sur un sujet héroïque » ; d'une « églantine de deux cent cinquante livres » pour « une pièce de prose d'une petite demi-heure de lecture au plus », et d'un « soucy de deux cents livres pour une élégie, une églogue ou une idylle ».

Les Jeux floraux ont survécu à la Révolution ; bien des poètes contemporains y concoururent victorieusement, tel Henri de Bornier, et entre tous ceux dont les muses portent encore le deuil, Victor Hugo, dans un vers des *Feuilles d'automne*, consacrant le premier triomphe de sa jeunesse « d'enfant sublime », a chanté

... Toulouse la Romaine,
Où je cueillis enfant la poésie en fleur.

Une salle du Capitole, nommée salle des Illustres, splendidement restaurée ou plutôt refaite de nos jours, consacre aux nombreuses et diverses gloires toulousaines des statues, des bustes et des peintures d'une grande beauté ; une autre offre la statue de Clémence Isaure qui, dans l'église de la Daurade, où sont toujours béniés les fleurs des Jeux, ornait son tombeau. On lit sur le socle de cette statue une inscription latine, d'un tour vague et légendaire, comme on en peut juger par la traduction : « Clémence Isaure, fille de Louis Isaure, de l'illustre famille des Isaure, s'étant vouée au célibat, comme l'état le plus parfait, et ayant vécu cinquante ans vierge, établit pour l'usage public de sa patrie les marchés au blé, au poisson, au vin et aux herbes, et les légua aux capitouls et aux citoyens de Toulouse, à condition qu'ils célébreraient chaque année les Jeux publics dans la maison publique qu'elle avait fait bâtir à ses dépens, qu'ils iraient jeter des roses sur son tombeau, et que ce qui resterait des revenus de ce legs serait employé à un festin ; que, s'ils négligeaient d'exécuter sa volonté, le fisc s'emparerait sous les mêmes charges des biens légués. Elle a voulu qu'on lui érigeât en ce lieu un tombeau où elle repose en paix. Ceci a été fait de son vivant. »

N'est-ce pas chose étrange que dans ville si ancienne le Capitole soit l'unique monument de l'histoire civile, qu'il ne reste pas vestiges des palais où successivement durent résider les rois wisigoths, les rois puis les ducs d'Aquitaine, et du milieu du IXe siècle au milieu du XIIIe, de Frédélon à Raymond VII, la grande lignée des comtes de Toulouse ? Mais non, rien ne rappelle aux yeux tant de souverains du Midi autonome, tant de princes chers aux peuples de langue romane, tant de guerriers chevaleresques et de généreux amis des lettres et des arts. Ils ont disparu tout entiers, les sages et libéraux seigneurs comme Guillaume Taillefer, dont le règne heureux dura quatre-vingt-sept ans ; les héros comme Raymond de Saint-Gilles, qui fut un des chefs, chantés par le Tasse, de la deuxième croisade; les conquérants habiles comme Guillaume Pons, Alphonse Jourdain, Raymond V. On ne sait plus guère en quel lieu se tenait la cour brillante, la cour d'amour et de poésie, où toute la noblesse vassale du Languedoc, de la Gascogne, de la Provence, du Rouergue et du Quercy, venait déployer son luxe, ses prouesses et son esprit. Est-ce ici, est-ce là qu'un simple troubadour, comme Gérard de Roux, vécut dans l'intimité de la comtesse Faylide; qu'un Pierre Rogier, poète aussi, se déclara le serviteur de la comtesse Ermengarde de Narbonne, en fut agréé et en porta les couleurs à jamais, et qu'un Bernard de Ventadour, vieilli par le chagrin et déjà sans voix, fut accueilli avec de grands honneurs pour son plaisant génie? On ne saurait vous le dire. Des mots, des inscriptions, des épitaphes, quelques effigies tombales, des pièces de monnaie, des médailles, épars dans les salles du musée, voilà les seuls témoignages de l'ancienne grandeur de Toulouse, centre d'une civilisation originale adéquate à son génie particulier, et parvenue au XIIIe siècle au plus haut degré de splendeur. Mais alors les rudes féodaux des pays d'oïl se croisèrent pour la détruire; la terrible bataille de Muret, livrée le 12 septembre 1213, leur ouvrit les portes de la métropole des pays d'oc, et, rapporte la chronique rimée de Guilhem de Tudèle, « vous auriez vu abattre maisons, étages, tours, murs, salles, larges créneaux! On ruine toits, ouvroirs, parapets et chambres richement peintes, portails, voûtes plus élevées... Ils ruinent et rasent partout riches et admirables palais, somptueux bâtiments, tours antiques. Ah! noble Toulouse, vous voilà les os brisés! Comme Dieu vous a livré aux mains des brigands! »

Ah! la gentille Tolosa per las ossos franhens,
Com vos a Deus tramessa a mas de cruels gens!

Quand le 25 juin 1218 une pierre lancée, dit-on, du haut de Saint-Sernin par une jeune fille vint droit où elle visait et « frappa si juste le comte Simon de Montfort sur le heaume d'acier, qu'elle lui mit en morceaux les yeux, la cervelle, les dents, la mâchoire, et qu'il tomba à terre, mort, sanglant », tout était consommé.

La basilique, fondée par le premier évangéliste de Tolosa, saint Saturnin ou Sernin, porte témoignage de cette grandeur et de cette décadence : vaste, très vaste édifice, de style roman, dessinant une croix grecque et surmontée au milieu d'un fin clocher du XIIIe siècle. Si la beauté de son architecture, toute en briques, n'étonne point les yeux accoutumés aux développements grandioses et prodigieuses floraisons des cathédrales de pierre, elle les charme par l'élégance exquise des lignes, l'irréprochable symétrie des proportions. Au transept sud, la porte romane se double d'une porte de la Renaissance; des masques de guerriers farouches s'épanouissent aux architraves. Cinq nefs se partagent l'intérieur, deux en font le tour entier. Sous une ample arcade se voient quelques tombeaux mutilés des comtes, dont Saint-Sernin fut le Saint-Denis. Dans la crypte, soutenue par de grosses colonnes de marbre à chapiteaux dorés, de nombreuses châsses et des têtes en bois peint exposent, à la clarté des cierges, des reliques rapportées de la terre sainte par les croisés, et les fidèles en foule vont leur adresser des prières et des vœux.

Il fut beaucoup d'autres églises et de couvents à Toulouse; jadis nulle ville, hors Paris, n'en avait autant : nous aimons ceux qui demeurent, nous regrettons quelques-uns de ceux qui disparurent, emportant des lambeaux d'un passé original. Entre ces derniers, le couvent des cordeliers possédait une sorte de *Campo santo* dans le genre italien. Au rapport du vieil écrivain déjà cité par nous : « Il y a là une cave qui sert de charnier, très renommée pour la vertu qu'elle a de conserver les corps incorruptibles, en desséchant les chairs sans gâter la peau ni déranger les membres. On les met debout, appuiez contre le mur et contre des barres de fer posées à hauteur d'appui. » Et il ajoute : « On y en voit un grand nombre ainsi desséchez, entre autres les restes du corps d'une amie de Raymond, comte de Toulouse, nommée la *belle Paule,* morte depuis plus de cinq cents ans. C'était, à ce qu'on dit, la fille d'un boulanger qui étoit fort belle ; ce corps a été rompu par le milieu, lorsque Louis XIV, allant à Fontarabie, passa à Toulouse et voulut voir quelques-uns de ces corps, qu'on tira de cette cave. »

Ce couvent des cordeliers, changé, ô profanation ! en caserne de cavalerie, a été incendié en 1871 ; mais déjà, croyons-nous, plus rien ne subsistait du corps, mutilé par le caprice royal, de la fameuse Paule de Viguier, baronne de Fontenille, et nuls vestiges de son étonnante beauté n'auraient pu nous faire concevoir l'excessive admiration de ses contemporains. Car la « belle Paule » fut si belle, si éblouissante, qu'elle ne pouvait se montrer dans les rues et à la promenade sans encombrer la voie d'une foule telle, que la « circulation » était interrompue, si bien que les capitouls, pour remédier à ce singulier embarras, durent régler par un édit mémorable le nombre de ses sorties. Elle fut si belle, que Catherine de Médicis, l'apercevant à son jeu, « demeura stupéfaite à l'aspect de tant de perfections réunies en une seule personne ; » si belle, que son ami Gabriel de Minut composa, de l'énumération de tous ses attraits, un galant et rarissime ouvrage, sous le titre de *Paulegraphie,* imprimé à Lyon en 1587, par les soins de Charles de Minut, abbesse de Sainte-Claire ; si belle enfin, qu'on la mettait au rang des quatre merveilles de Toulouse, les trois autres étant Saint-Sernin, la Bazacle et Matholi (celui-ci violoniste de grand talent).

Tout ceci semble prouver l'extraordinaire et toute parfaite beauté de la belle Paule ; mais en quel temps au juste resplendissait cette merveille ? L'un la fait vivre sous le règne du comte Raymond, l'autre sous les Valois, et l'on ose se demander si l'aimable génie des Toulousains n'a point, en cette créature trop divine pour n'être pas un peu imaginaire, personnifié l'idéal de la beauté féminine, comme il aurait, dans Clémence Isaure, symbolisé le culte du gai savoir. En une telle ville l'imaginaire devient si vite réalité !

Moins maltraité que les cordeliers, un monastère des jacobins, transformé en petit lycée, garde le beau vaisseau de son église, son cloître aux fines colonnettes de marbre et sa chapelle de Saint-Antoine, ornée de fresques auxquelles on rendra peut-être leur éclat. Un autre couvent, les augustins, bijou d'architecture ciselé par la Renaissance, loge le musée, où sont plus d'un chef-d'œuvre.

En quittant ce musée, tout plein de jolies choses antiques, il y a plaisir à s'enfoncer dans le dédale de petites rues vieillottes, étroites et silencieuses, du quartier de la Dalbade, qui est le faubourg Saint-Germain d'ici. En des hôtels infiniment calmes et retirés, à hautes fenêtres, à portes cochères, les nombreux descendants de l'aristocratie noble et parlementaire, plus d'un rejeton des illustres capitouls, vivent à l'écart du moderne tumulte. Nous les remercions d'habiter et de conserver intactes les belles demeures, construites et décorées, si l'on nous dit vrai, par Nicolas Bachelier, grand artiste toulousain, élève de Michel Ange et, comme le maître florentin, architecte et sculpteur. Ainsi les hôtels Lasbordes, d'Aussargues, surtout le ravissant hôtel d'Assezat, et même la maison de Pierre, bâtie en 1672 par un neveu de Bachelier et les sculpteurs Joseph Guépin et Nicolas Arthus pour François de Clary, *princeps senatus Tolosanæ.* Leur paroisse à tous, la Dalbade, édifiée du xive au xve siècle pour le service divin des chevaliers de Malte, sur l'emplacement d'un temple dédié à Apollon, encadre dans le tympan de son portail Renaissance une fort belle pièce de céramique représentant le couronnement de la Vierge d'après Fra Angelico. Cette décoration, que les Della Robia popularisèrent en Italie, et que l'un d'eux, malgré l'admirable application qu'il en fit au château de Madrid, dans le bois de Boulogne, pour François Ier, ne parvint pas à acclimater en France, est là d'un effet charmant, rehaussé par la magie du soleil.

Ville d'une énergie que la délicatesse de ses goûts n'amollit pas, Toulouse commerce, travaille activement, manipule le fer, la fonte, l'acier, moud et blute le blé dans les grandes minoteries du Bazacle, fabrique des papiers peints, des toiles vernies et des chapeaux. Son peuple d'ouvriers se répand dans les vastes faubourgs Saint-Cyprien, Matabiau, Saint-Pierre, Saint-Michel et dans celui de Saint-Étienne, que domine la bizarre cathédrale inachevée, dont la nef et le chœur sont si distincts, qu'ils ne se trouvent pas sur le même axe. Le vieux portail de cette sombre église s'harmonise aux siècles lointains où chaque année, à la grand'messe de Pâques, un juif agenouillé sur le seuil devait recevoir un soufflet de la main d'un gentilhomme, cette main fût-elle gantée de fer, ainsi qu'il advint une fois; par quoi le juif sur-le-champ mourut, la tête fracassée.

La plaine suit Toulouse comme elle le devance, et la Garonne creuse son large sillon jaune, que double le canal du Midi, en terre toujours fertile.

Partout les blés, droits comme des lances, semblent l'immense reflet du soleil resplendissant, et les verdures de l'espacette interposées se fondent dans l'or des moissons prochaines. Du ciel d'azur à la plaine embrasée irradie un intense foyer de chaleur et de lumière; l'air en feu roule, balance dans ses ondes bleuâtres des tourbillons d'atomes détachés du sol, des plantes, d'une multitude de choses et d'êtres ignescents.

Un peu en dehors du fleuve, dans cette campagne aux horizons illimités, Montauban semble ville de plaine; mais le Tarn et le Tescou, creusant à son front une tranchée large, au fond de laquelle ils coulent, maigres ruisseaux, la découpent en hauteur puissante. On traverse le Tarn sur le pont de briques aux retraits savants que bâtirent, au xvie siècle, Estève de Ferrières et Mathieu de Verdun. Devant vous, derrière vous se dressent contre les rives les murailles, hautes encore et solides, de l'enceinte du moyen âge ruinée par Richelieu. Et sur les créneaux, les mâchicoulis, les bastions écharpés, sur les chétives cultures buvant à même l'eau rare de la rivière altérée, sur des édifices de briques et de pierre, sur une tour d'église, sur les soubassements à contreforts de l'ancien château des comtes de Toulouse, se projette une lumière d'une incroyable ardeur, s'étend un manteau de feu et de flamme, qui fait de chaque pierre un foyer, de chaque brique une fournaise, brûlant sous un ciel implacablement bleu.

Cet aspect de cité tout africaine, ce serait pour nous Montauban tout entière, si nous n'y venions contempler dans sa patrie l'œuvre de l'immortel peintre Jean-Dominique-Auguste Ingres, « né en 1781 dans le faubourg de Loupiac, mort en 1867, » ainsi qu'il est inscrit sur une face du monument élevé à sa gloire par ses concitoyens, et où Étex sculpta le buste du maitre et la sublime *Apothéose d'Homère*.

Le musée municipal est en grande partie consacré à l'exposition de cette œuvre. Ingres, très encouragé à ses humbles débuts, très admiré plus tard par les Montalbanais, en légua les pièces les plus intéressantes. En leur ensemble, ces collections résument sa vie, dont elles font ressortir l'admirable unité. Veut-on assister à la formation, puis au développement du talent si sévère pour lui-même et si vigoureux de l'apôtre du dessin impeccable, de la forme pure, de l'expression idéalisée? Il suffit de le suivre pas à pas dans les diverses salles décorées selon son goût, où sont appendus aux murs, étalés sous des vitrines, groupés sur des étagères, les esquisses ou les ébauches de ses tableaux, les crayons, les fusains, les croquis de son adolescence, ses gouaches d'élève des Beaux-Arts et de l'École de Rome, sa composition du grand premier prix, ses lettres de jeunesse, ses livres préférés, enfin les statuettes, les bronzes grecs ou latins, les moulages d'antiques assemblés en Italie par l'illustre directeur de la villa Médicis, et surtout les portraits qui le représentent, celui-ci, par exemple, peint en 1864, et tel que le décrivit Théophile Gautier, d'une plume qui vaut un pinceau : « L'artiste est représenté debout devant son chevalet, un coin de manteau jeté sur l'épaule : la main droite tient un crayon blanc, la gauche se replie contre la poitrine; la tête, de trois quarts, regarde le spectateur. *On dirait que le peintre se recueille dans sa foi et sa volonté avant d'attaquer la toile.* Et certes il y a dans ce portrait une force de vie singulière : la sève puissante de la jeunesse déborde, quoique déjà contenue par la volonté. Le maître apparaît derrière l'élève. Ceux qui accusent Ingres de froideur n'ont pas vu cette figure si vivace, si âpre, si robuste, qui semble vous suivre de son regard noir, obstiné et profond... »

Montauban. — La cathédrale.

Oui, dans les toiles parfaites du musée de Montauban : *Jésus parmi les docteurs,* le *Triptyque de Phidias,* la *Peinture antique,* et dans le *Vœu de Louis XIII,* placé dans la cathédrale, comme dans les dessins seulement esquissés, mais animés de la même inspiration, se révèle l'âme opiniâtre du maître autant que son génie particulier. On y voit, procédant du simple au complexe, naître, grandir, se fortifier et s'affirmer graduellement une volonté nette, un caractère immuable, une vocation que nul obstacle n'aurait pu détourner de sa voie. On le voit, artiste toujours en claire et pleine possession de sa pensée, adaptant de bonne heure l'esthétique favorable à son talent, et l'on arrive à mieux concevoir son admiration exclusive, son culte inaltérable, sans réserve et sans rival, pour Raphaël et les rares émules du divin Sanzio. Sa carrière, comblée d'honneurs et de distinctions, vous apparaît alors comme le triomphant résultat d'une persévérance unique et d'un système absolu. Oh! que nous souhaiterions là-bas des pèlerinages de jeunes artistes allant étudier et saluer l'honnête homme, le maître intègre, l'amant désintéressé de l'éternelle beauté, qui ne sacrifia jamais à la mode, jamais à l'argent, son génie, divine fleur de l'âme!

Montauban, chef-lieu du bas Quercy, commande, pour nous, l'accès des gorges supérieures de l'Aveyron, moins connues qu'admirables : il y faut aller. Chose aisée : le chemin de fer y conduit, longe la trouble rivière un peu au delà de Négrepelisse, s'enfonce avec elle dans l'étroit et sinueux couloir où elle roule sur un lit de rochers, entre des falaises d'une superbe couleur de flamme et de cendre, friables en apparence, délitées, repétries, tourmentées, sculptées par les siècles, qui leur imprimèrent des formes d'une structure et d'une stature étonnantes. Comme pour en défendre l'entrée, d'abord se dressent les rudes murailles de Montricoux, que surmonte une bastide du xiiie siècle, redoutable jadis et cernée, pour ainsi dire, d'antiquités gauloises : dolmens, tombelles et greniers d'abondance souterrains. Montricoux gardait d'invasion une région naturellement presque fermée ; c'était la sentinelle avancée de lieux autrement farouches et magnifiques, Bruniquel et Penne. Bruniquel, sur un escarpement à pic découpé par les eaux de l'Aveyron et de la Vère, confluant à la base, élève un château fort d'un aspect rébarbatif, bien qu'on l'ait, paraît-il, restauré et même orné au xviie siècle. Penne, encore plus sombre, plus haut, plus inacccessible, domine tout de sa noire forteresse, entée sur roc, avec tours, murailles, donjon ; et, derrière cet appareil militaire et féodal, on aperçoit les maisons du

Cahors. — La Barbacane.

bourg protégé, antique bourg de vieux logis et de vieilles églises, où mène une voiture obligée de suivre l'ancien chemin de ronde, à moins que, piéton résolu, on ne préfère escalader le sentier de chèvre frayé droit vers l'une des portes.

Bastide, château et forteresse, aujourd'hui encore si robustes et de mine si formidable, jouèrent chacun un rôle dans les guerres du moyen âge. Mais aucun ne fut éprouvé comme la curieuse et jolie Saint-Antonin, groupée sur les rochers énormes d'Anglars, qui surplombent de deux cent cinquante mètres de hauteur la rive gauche de l'Aveyron. Saint-Antonin, ville issue d'un municipe gallo-romain où saint Antonin de Pamiers avait prêché l'Évangile, eut, dès le xe siècle, des vicomtes cités entre les puissants et riches vassaux des comtes de Toulouse. L'un d'eux, Raymond Jourdain, s'acquit le renom

Cahors. — Cathédrale Saint-Étienne.

d'excellent troubadour pour les canzones qu'il composa en l'honneur de la dame de Penne, Adélaïs. Or la croisade des Albigeois surprit ces brillants seigneurs. En 1212, Simon de Montfort investit leur fief, qui résista vaillamment, mais en vain. « Ceux de Saint-Antonin, dit le poète, firent acte de hardiesse, poussés par Azémar Jourdain ; mais quand arriva le moment de la lutte, il n'y en eut pas un qui eût à s'en réjouir. En moins de temps qu'il vous eût fallu pour cuire un œuf, ils (les croisés) s'en emparèrent... Au moutier se réfugièrent bien femmes et hommes ; mais on les dépouilla tous, et ils restèrent nus... » Par bonheur pour nous, les croisés respectèrent au moins l'hôtel de ville, édifié probablement vers 1140, date de la première charte municipale accordée au bourg : rare type en cette région, peut-être unique, de maison commune, petit chef-d'œuvre de l'architecture civile du moyen âge. Une rangée d'arcades ogivales s'ouvre au rez-de-chaussée ; au premier étage règne une galerie de colonnes à chapiteaux grotesques et de piliers auxquels s'appuient des figures de caractère ; le second étage est éclairé par de hautes fenêtres d'un dessin très élégant ; la tour d'un beffroi couronne l'ensemble. Autour de cet édifice, plein de force et d'élégance, on retrouve en des rues dont trois personnes marchant de front interceptent la chaussée des fragments d'habitations construites à pareille époque de prospérité, et çà et là une frise fignolée au linteau d'une porte, un expressif grotesque grimaçant sous un cul-de-lampe, en décèlent le goût et la défunte richesse.

Plus au nord et au sud, aux frontières du plateau du Rouergue et du causse de Quercy, d'autres cités hautaines gardent si bien un aspect étrangement momifié, que l'aile du temps semble les avoir à peine effleurées. La plupart, édifiées militairement pour surveiller d'immenses espaces, forêts ou plaines, offrent encore tout le décor d'une forteresse, et l'on est surpris de n'y pas voir se dresser, entre les créneaux des remparts, quelque guetteur revêtu d'une brillante armure et la lance au poing; d'autres, fiefs d'église autrefois, ont de belles églises et d'inestimables œuvres d'art. Ainsi, au bord de la grande forêt de Grésigne, le fantastique Puicelci, fantôme de pierre échappé de la nuit du passé; Caylus, tout féodal encore; Bonaguil, aux ruines géantes; Montpezat, auquel son ancienne collégiale laissa des tapisseries de haute lice où fut brodée, au XVe siècle, la *Légende de saint Martin de Tours,* et d'autres œuvres d'art fort précieuses.

Cahors. — Vue prise du chemin pierreux.

Cahors est bien la ville que l'imagination, suscitée par ces excursions, suppose et désire. Si l'on y arrive par le chemin de fer, celui-ci doublant les courbes du Lot, bordures de la ville, développe un tableau d'une belle ampleur et d'une rare beauté. Un pont surmonté de trois tours, le fameux pont militaire de Valentré, construit en 1308 et chanté par Jasmin :

> Poun de Balandré, que lou diable a bastit
> Et qu'un ange dunpey tres cats a bénézit;

des murailles d'enceinte, des clochers se découpent en vifs reliefs, éclairés à la fois du ciel de juillet et des lumineuses transparences des larges rivières, le Lot et le Landon.

Car, au rebours de Montauban, qui date du XIe siècle, cette autre capitale du Quercy est une ville antique. *Divona, urbs Cadurcorum,* était célèbre déjà sous la domination romaine; sa « fontaine des dieux », la Divonne, verse encore, un peu en amont du pont de Valentré, mille à douze cents mètres cubes par seconde d'une eau si limpide, que les anciens la jugeaient digne d'abreuver les immortels. Elle eut de bonne heure des thermes et un théâtre, ces premiers et indispensables établissements de la cité romaine. Au proche village Laroque-des-Arcs, s'émiettent les vestiges de l'aqueduc qui lui apportait les eaux de la fontaine Polémie et de la Vers, et, — pour achever cette rétrospection, — les poètes latins appelaient indifféremment *cadurcum* le lit ou son matelas, celui-ci étant couvert d'une toile fabriquée chez les Cadurces.

Cependant Cahors fut surtout originale et puissante au moyen âge, sous la domination toujours virtuelle, sinon nominale, de ses évêques; ce qu'elle possède d'intéressant lui vient de ce temps-là. Le palais où résidèrent ces grands prélats, où demeura aussi Jean Deuze, enfant de la ville, élu pape sous le nom de Jean XXII, borde encore le quai du Lot de hautes et massives murailles que domine une tour carrée, crénelée, énorme et percée de grandes baies cintrées et grillagées. L'enceinte, qu'ils firent probablement élever, enferme encore une partie de la ville dans ses murs épais, flanqués de tours et de bastions, solides bien qu'ébréchés, pourfendus et troués en maints endroits par les boulets du roi de Navarre, lors du terrible assaut de mai 1580. Leur cathédrale Saint-Étienne, ogivale et byzantine, préserve de ruine son portail aux violents reliefs, symboliques de misères affreuses et d'abominables péchés, et livre à des « restaurateurs » les fresques de sa nef, à peu près effacées. Leur cloître, bien délabré et si joli, s'effrite rongé par l'abandon, parmi les ronces et les bardanes. Enfin les nobles châteaux de leurs contemporains, les fastueux hôtels des *Caorsins,* ces banquiers, issus des Lombards, dont un vers de Dante flétrit l'usure, étalent encore dans les rues ou ruelles du Portail, du Fouillac, des Augustins, des Trois-Boudus, Château-du-Roi, Pierre-Bernier, leurs façades à meneaux, mascarons, médaillons et rinceaux délicats. Le gracieux poète Clément Marot a dû naître dans un de ces logis. Où? on l'ignore. En retour, chacun vous montre le berceau de Léon Gambetta, dans une modeste épicerie de la place du Marché. L'un et l'autre ont d'ailleurs ici leur statue. Mais les hommages de ceux que touche au plus profond du cœur la bonté indissolublement unie au talent iront de préférence au marbre de l'incomparable fleur du Quercy, Fénelon, entouré de figures allégoriques louangeant son génie d'écrivain et ses vertus pastorales.

Cahors. — Rue de l'Université.

A TRAVERS PLAINES

XV

GUIENNE ET GASCOGNE

Par les causses où croissent lentement les jeunes vignes étrangères qui rendront peut-être au pays de Cahors les sources de son ancienne richesse, taries par le phylloxéra, on s'achemine en Agenais. Ah! les beaux vignobles naguère en cette contrée! Et quels vins, couleur de topaze, généreux et parfumés, servaient au voyageur les rustiques auberges auxquelles une branche de chêne ou de pin piquée sur la porte servait d'enseigne plus que suffisante, bon vin, comme on dit, n'en ayant pas besoin! Il n'en va plus de la sorte, hélas! vendanges sont faites. Mais les ceps américains, aidés par les phosphates des roches de Saint-Antonin, résistent victorieusement au terrible insecte. Pourquoi, dans ce vieux sol gaulois plein de sève, ne s'assimileraient-ils pas la secrète vertu du sang de France? Ici chacun l'espère et dépense sans compter, pour l'avenir, son argent et ses peines. Les enfants devront cette nouvelle fortune à leurs pères, qui l'avaient eux-mêmes héritée des plus lointains aïeux. En Quercy, le passé ne saurait s'oublier; tant de ruines le rappellent! Luzech, l'héroïque et malheureuse *Uxellodunum* de Jules César (d'après la commission de la carte des Gaules); Murcens, squelette de place forte gauloise qu'entoure une enceinte de six à sept kilomètres de murailles formées de poutres et de pierres entre-croisées; Puy-l'Évêque, Mercues, Montcuq les féodales; Granselve, Mas-Grenier, Moissac les cléricales.

Au sein des plaines opulentes arrosées par le Tarn et la Garonne, Moissac, marché de grains le plus achalandé de la région, est par surcroît ville artistique, grâce au superbe reste de l'abbaye de Saint-Pierre. D'après le cartulaire, en 630, sous Dagobert, le saint homme Amand et ses disciples Ambert et Léotade fondaient en ce lieu, alors inconnu, un monastère dont la réputation de vertu et de science s'étendit au loin. Une ville bientôt florissante se groupa autour des religieux. Ils devinrent riches et puissants. Leur territoire domanial allait bien au delà de Moissac; de nombreux couvents en dépendaient. Pourtant cette ville ecclésiastique, trop favorisée de la nature pour n'être pas de mœurs relâchées, s'étant laissée séduire par les doctrines du manichéisme albigeois, s'exposa à la colère et aux entreprises de Simon de Montfort. Alors l'énergie lui revint, elle se souleva contre l'envahisseur et le força de reculer.

De la première basilique édifiée par l'abbaye vers 1062, et peut-être brûlée par les Normands, ne subsiste qu'un beau porche fortifié. Mais l'église Saint-Pierre, construite du XIIe au XIVe siècle, possède en son portail une merveilleuse page de l'art roman, où tous les motifs d'ornementation que les artistes de l'Occident empruntèrent aux Arabes, qui les tenaient des Persans, s'enroulent, se pressent, s'enchaînent et se compliquent autour des colonnes, des piliers et des arcades, se mêlent aux masques des chapiteaux, aux figures et aux scènes symboliques des reliefs, brodant une immense guipure dont les

regards sont éblouis avant que l'esprit en ait pu concevoir le sens mystérieux et la savante beauté. Et l'on peut, de cette église, passer sous les arceaux d'un cloître en tous points digne d'elle.

Il n'y a pas en Agen édifice approchant d'un tel chef-d'œuvre ; mais si l'abondance de biens naturels en peut consoler, il a de quoi. C'est la capitale d'une province dont le sol rend au centuple les moindres semences. Dès qu'on y entre, on le devine au parfum odorant des fruits entassés en pyramides sur les assiettes du buffet de la gare. Ces éclatants bouquets d'abricots, de prunes, de pêches, de fraises embaumées, ces melons dorés qui vous mettent l'eau à la bouche, ne sont-ils pas là comme l'emblème de la fertilité du terrain ?

Ruiné maintes fois, le vieil Agen, incommode et nauséabonde cité, disparaît, conquis par l'air, la lumière et le confort des boulevards et des rues modernes. Vive cette nouvelle ville, claire et plaisante ! Elle est bien un peu sèche et facilement poudreuse ; mais elle comprend le Gravier, orgueil d'Agen. Spacieuse esplanade formée des alluvions de la

Garonne qui l'inonde encore assez souvent, le Gravier est la promenade des heures oisives et l'idéal emplacement des *heros* ou foires arbaines. Là, même pendant la canicule, on trouve quelque fraîcheur sous de longues allées ombrageant les flâneries de la vie en plein air, si douces aux Méridionaux. Du Gravier, les Agenais contemplent leurs campagnes et leurs gloires : le pont-aqueduc, la côte de l'Hermitage, la jaunâtre Garonne, Bernard de Palissy et Jasmin, immortalisés par la statuaire. Jasmin fut l'un des derniers troubadours de notre âge, le dernier peut-être; car improvisateur inspiré, parfait diseur, il s'en allait de ville en ville, comme ses aînés, les poètes du moyen âge de château en château, déclamer ses vers harmonieux et touchants. Tout près du Gravier, sur le boulevard Saint-Antoine, est la petite boutique du barbier où il rasait et coiffait la pratique, tout en rimant de petits chefs-d'œuvre d'art et de sensibilité comme l'*Aveugle de Casteljaloux* : il rêvait d'en devenir le propriétaire, le succès de *los Papillottos* lui permit de réaliser ce vœu modeste; il y mourut, *chez lui*, en 1864, et la devanture arbore son nom, illustre enseigne !

Entre les environs d'Agen l'enthousiaste peuple agenais cite volontiers la colline de Bonnencontre, que surmonte une statue colossale de la Vierge mère, honorée au mois de mai par des théories de pèlerins; le vallon de Vérone, où le savant Joseph Scaliger, né à Agen le 4 août 1570, avait sa vigne; les énormes ruines gothiques de Madaillan; l'église romane de Layrac, qui dépendait d'un prieuré de Cluny; et aux portes de la ville, l'hospice de Saint-Jacques fondé par Mascaron, et sa chapelle, peinte par Bejard, où repose le plus célèbre évêque du diocèse. Avis donc aux curieux. Mais le véritable et supérieur attrait du pays c'est sa fécondité, la fécondité des grandes plaines de céréales et de chanvre, des vergers et des vignobles arrosés par les parallèles eaux de la Garonne et du canal du Midi. Aussi le Lot, en son cours dans l'Agenais, fertilise une vallée non moins florissante que les plaines du fleuve. Là sont les jardins de fruits délicieux, là les pruniers par mille et mille, les fameux pruniers d'Ente. On les rencontre à chaque pas que l'on fait sur les routes, les chemins, les sentiers à travers plaines, vallons et coteaux. Par longues rangées, espacées l'une de l'autre de douze à quinze mètres, ils ressemblent à cause de leur taille symétrique à des plantes d'agrément, aux buis, aux ifs des pépinières. Et de quels soins précieux ils sont l'objet! C'est qu'ils font la fortune commerciale et l'universel renom du pays d'Agen. C'est que leurs fruits, exposés au soleil, desséchés au four, se vendent pour des millions de francs sur tous les marchés du monde.

En ce pays plantureux, près des rivières brillantes, les plus humbles villages et les plus vieux ont de loin un aspect de blancheur et d'aisance qui réjouit la vue. Ils semblent si heureux de vivre sous le bon soleil mûrissant leurs récoltes et leurs moissons! A l'approche, ce mirage s'évanouit. Si riches qu'ils soient, les paysans de l'Agenais tiennent à leurs rues noires, à leurs sombres et chétifs logis, s'obstinent à les garder. Ce n'est pas nous qui les en blâmerons; l'artiste sait découvrir des perles dans leur fumier. Il nous souvient des curieuses maisons de Port-Sainte-Marie, des ruines de Laroque-Timbault, de la superbe tour de Hautefage, de la maison natale de Bernard-Palissy à la Capelle-Biron, du beau retable de l'église de Marmande et de son cloître : sans l'attachement des Agenais à leurs habitations, aussi vif et sensible que celui de l'escargot à sa coquille, aurions-nous eu le plaisir de retrouver ces traits du passé dans le pays que les guerres du XIIIe siècle mirent à feu et à sang? Devant le port de Marmande, actif entrepôt des vins de la région, nous relisions par goût de l'antithèse, du violent contraste, ce tableau de Guilhem de Tudèle, de férocité si étrange en face de la ville paisible, du fleuve lumineux, du paysage calme et doux : « On court vers la ville avec les armes tranchantes, et alors commence le massacre et l'effroyable boucherie. Les barons, les dames, les petits enfants, les hommes, les femmes dépouillés et nus, sont passés au fil de l'épée. Les chairs, le sang, les cervelles, les troncs, les membres, les corps ouverts et pourfendus, les foies mis en morceaux gisent par les places comme s'il avait plu. Du sang répandu, la terre, le sol, la rive sont rougis. Il ne reste homme ou femme, jeune ou vieux ; aucune créature n'échappe à moins de s'être tenue cachée. La ville est détruite, le feu l'embrase... »

Vers la basse Garonne, de gentilles cités agenaises, plus soignées et coquettes, se ressentent du voisinage immédiat du Bordelais. Ainsi Tonneins, sur une ample terrasse au-dessus du fleuve, réunit plus de huit mille habitants en deux quartiers distincts nommés, un peu simplement, l'un Tonneins-dessus, l'autre Tonneins-dessous. Une grande manufacture de tabacs assure du travail aux ouvrières de ces deux Tonneins, et l'on y rencontre des cigarières aussi jolies pour le moins que celles de Séville. Ainsi Casteljaloux, « batido de sable, — l'aigua tout alentour. » Au delà de Casteljaloux, dans le Midi, commencent la Gascogne sèche, le Condomois pauvre, les landes rases parsemées de plantations de pins et de chênes liège, avec çà et là des forêts. En ce terroir particulier le tuf imperméable, appelé l'*alios,* couvre le sol, donne naissance à des fontaines, à des sources créatrices de paysages d'autant plus charmants qu'ils sont plus rares. A la limite de ce presque désert, les rivières Bayse et Gélise, suivies par un chemin de fer bien lent, oh ! si lent à cheminer ! fraye la route de Nérac. Elles arrosent Viane, Lavardac, Barbaste, villages ou bourgs embellis des restes souvent considérables de l'époque gallo-romaine et du moyen âge ; elles passent non loin du château fort de Xaintrailles, juché à telle hauteur que de ses plates-formes on voit poindre la neige des Pyrénées.

L'histoire, la légende, la faconde méridionale, nous avaient tracé de Nérac une peinture illusionnante ; nous nous figurions jolie, agréable, contente, joyeuse, et voici une toute petite ville si muette, qu'elle semble morte. Quoi ! c'est là l'heureux séjour des rois et des reines de Navarre, où la spirituelle sœur de François Ier, la très bonne Marguerite, écrivit les moralités de l'*Heptameron,* où Clément Marot se réfugia, où le roi Henri tenait sa petite cour de Gascons ! La seule promenade de la Garenne, au bord de la transparente Bayse, avec ses beaux arbres, ses tapis de mousse, ses rochers, ses grottes et quelques intéressants débris de thermes et de mosaïques, commente les dits louangeurs des poètes. Nérac est mélancolique ; c'est qu'elle a perdu sa bonne humeur en perdant ses vins clairets, blancs et rouges, partout vantés. Le misérable petit rongeur phylloxéra a dévoré les solides fortunes de ses hobereaux, quel deuil ! Mais l'industrie ne chôme point pour cela. La vogue de la bière piquante et des terrines de foie gras de Nérac n'a point baissé. Donc on vit tout de même.

Plus avant dans la Gascogne nous pourrons encore entendre chanter la *cansoun de la Bigno,* que les gens de Nérac entonnaient jadis de si bon cœur :

>Planta qui planta
>Aci la bero planta
>Planten, plantin
>Plantin lou boun bin
>A qui la bero planta en bin.

Aux flancs des coteaux, contre les rivières blanches, croissent, privilège enviable! les vignes plantées en hautains ou tendues en espaliers. Heureux pays du Condomois et de l'Armagnac! A la rareté comme à la saveur de leurs pampres ils doivent nouvelle fortune; leurs bonnes eaux-de-vie sont aujourd'hui les plus estimées de toutes. Ce commerce fructueux, à la portée de tous les propriétaires, puisqu'ils sont eux-mêmes leurs bouilleurs de cru, répand l'aisance où fut longtemps la médiocrité.

Plus que jamais, depuis nos précédents voyages (1890), se métamorphose le pays, légendairement sec et maigre des bruyants cadets de Gascogne, « des chercheurs d'aventures, des capitans, des matamores, des officiers de fortune, le pays de la suffisance, de la vantardise, de la rouerie, parfois de la hardiesse et du courage. Il a moins d'émigrants; ses bons messieurs de Crac demeurent plus volontiers dans leurs petits castels. Mais ses fanfarons, délices de l'observateur, où ne pas les rencontrer? Et quoi d'étonnant s'ils foisonnent? N'ont-ils pas à portée de la main l'enivrante liqueur, légère au goût, chaude à la tête, le coup de soleil qui rend l'outrecuidance si facile et l'illusion si naturelle[1]? »

Invention de malicieux voyageur ou plaisante réalité, recueillie pourtant par le grave Élisée Reclus, une bourgade, Moncrabeau, au seuil de la Gascogne, posséderait certaine « pierre de la vérité » où s'asseyent tous ceux qui aspirent à faire partie de la confrérie du mensonge. Cette pierre facétieuse nous demeure inconnue. Mais nous ne l'avons point cherchée, notre itinéraire, tracé sur la foi d'un écrivain gascon, nous conduisant au cœur du département du Gers. « C'est dans le Gers surtout, a-t-il écrit, qu'on retrouve le plus de traits de l'ancienne physionomie du pays. Là le paysan porte encore ses anciens habits; là se fêtent encore les antiques solennités; et dans la plupart des villages on verrait encore, le dimanche, des bandes de jeunes filles danser joyeusement au sortir de l'église, et les garçons qui les accompagnent, en agitant de longs bâtons où sont passés en guise d'anneaux ces gâteaux ronds qu'on appelle des *tortillons,* et dont chacun fait des galanteries en laissant tomber un de ces tortillons dans le tablier de la fille qu'il a choisie. Si le tortillon y demeure au lieu de rouler à terre, les vœux du jeune homme sont agréés, et le cortège s'achemine gaiement vers la place du village, où l'on danse en chantant cette ronde bien connue :

> Chut! as-tu entendut
> Lou coucut qui canto?
> Chut! as-tu entendut
> Canta lou coucut?

ou encore ce si jóli refrain à la « mie pastoure » :

> Sur lou point de Lourdo
> I a un anseron;
> Touto la néit canto,
> Canto pas per iou.
>
> S'en canto, qu'en cante,
> Canto pas per iou;
> Canto per ma mie
> Qu'es auprès de iou.

Nous avons ouï ces chants sonores, harmonieusement clamés par les voix fortes et

---

[1] Cf. *la Garonne,* passim.

bien unies de la belle jeunesse qui se promenait le soir, après une journée de chaleur torride, sur les bords de la Bayse, à Condom. Mais les coutumes, les cérémonies en usage autrefois, nous doutons qu'elles ne soient pas oubliées. Comme la plupart des Français, depuis la guerre, les Gascons qui n'ont pas dépassé la quarantaine ne connaissent que par le témoignage de leurs aînés ce qui faisait l'originalité de leur pays natal. Piété, joie, poésie, les quittent; mais il leur reste la merveilleuse hâblerie, vertu du terroir, comme le feu de « l'Armagnac ».

Condom est l'un des centres de la fabrication des armagnacs; ses produits, dus à l'excellence des crus de Cazaubon, sont des mieux cotés. Il s'élève en amphithéâtre sur la rive droite de la Bayse; la puissante stature de son église paroissiale cathédrale, dont Bossuet fut l'évêque, dominant des maisons chenues, des moulins, des chaumières assez joliment groupés. On monte vers l'église par des rues noires, étroites et pavées de cailloux pointus qui font songer aux mystiques chemins du ciel, et l'on ne découvre pas un chef-d'œuvre. Mais édifiée de 1506 à 1521, par l'évêque Jean de la Mare, dans un style gothique alourdi, elle fut touchée par la Renaissance; une de ses portes offre de gracieux détails; le chœur, au dedans, est entouré d'une clôture en pierres ouvragées, chargée de statues en terre cuite d'une expression suave; et les clefs de voûte historiées ou blasonnées prouvent le faste du fondateur, dont les armes décorent les arcades d'un cloître voisin abandonné à d'ignobles salissures.

Le chemin de fer desservant Condom se termine à l'entrée d'une petite ville jadis illustre, la plus ancienne de la région, Éauze, oppidum des Gaulois Élusates, Elusa des Romains, métropole, sous Théodore, de la Novempopulanie, évêché dès le IIIe siècle, un peu plus tard archevêché, aujourd'hui modeste chef-lieu de canton et gros marché d'armagnacs. La grandeur première d'Éauze s'éclipsa dès la chute de l'empire; elle s'abîma sous les coups successifs des Barbares, succomba aux incursions des Normands. Sans le couvent qui s'y vint établir à la fin du Xe siècle elle eût peut-être disparu. Elle se renouvela, mais la suprématie qu'elle avait exercée sur la province passa définitivement à sa rivale Auch; même elle se déplaça, recula à un quart de lieue de la rive gauche de la Gélise. C'est à ce point que s'élève la belle église gothique, au clocher octogone, dédiée à son premier évêque, saint Paterne, et elle doit ce remarquable édifice au magnifique prélat qui fit construire la cathédrale de Condom.

Il est plus d'une autre cité déchue en cette partie de la Gascogne, dans cette Aquitaine où les riches praticiens de l'Italie riche, y retrouvant sans doute les aspects de leurs paysages familiers, apportaient la civilisation raffinée dont témoigne plus d'une villa semblable à celle de Baptesti, située à mi-côte, dans la vallée de la Bayse, au village de Lesserre, près de Francescas, et qui, en un plan très complet, parfaitement discernable, présente plusieurs salles à parements de stuc et de marbre, à parements en mosaïque, que l'on aurait pu meubler avec les ustensiles de ménage mondains, les objets de toilette, les vases et les armes décelés par les fouilles. A cette époque florissait déjà Lectoure, oppidum des Lactoractes, chef-lieu financier d'Aquitaine dès l'an 27. Sur la rive droite du Gers, Lectoure gravit un promontoire où ses hauts édifices, ses fortifications lui impriment le cachet saisissant d'une ville purement féodale. Ce fut en effet du XIVe au XVe siècle la redoutable place de guerre de ces comtes d'Armagnac, les Borgia de la Gascogne, que leur ambition effrénée, leur mauvaise foi, servies par la force, la ruse et les pires scélératesses, avaient rendu maîtres de presque tout le territoire environnant, qui possédaient le

Fezensac, le Pardiac, le Fezensaguet, le duché d'Albret, la Lomagne, l'Outrelevent, le Condomois. Le dernier le plus cruel de ces rapaces ayant commis, tout chargé de crimes, la faute de s'allier aux ennemis de Louis XI, fut assiégé dans sa capitale par les armées du vindicatif souverain sous les ordres de Jouffroy, évêque d'Albi, et sa ville forte prise, livrée par trahison après trois mois de résistance, les soldats le massacrèrent dans son lit, à côté de sa femme, éclaboussée de son sang, tuée ensuite. Il reste des fragments du château où s'accomplit ce dénouement d'un horrible drame historique; quelques maisons à tourelles et mâchicoulis, les débris de quelques églises et d'une abbaye de Saint-Gény, la fontaine ogivale de Houndélie, datent du même temps effroyable.

Vue d'Auch. — L'ancien pont sur le Gers.

Plus que Lectoure, Auch, à cent soixante-six mètres d'altitude et couronnée de sa haute cathédrale, se détache en vigueur et semble puissante cité. Il est amusant d'y arriver le soir, sous le clair obscur des étoiles qui laisse encore discerner la forme vague des choses amplifiées démesurément. Il prend alors une apparence formidable, et votre voiture courant entre des lignes de lumières et des vides pleins d'ombres, par des pentes si raides et si longues, vous le diriez immense. Mais au jour Auch se montre ville toute bourgeoise, régulière, propre, agréable, visiblement redessinée au XVIIIe siècle par les soins de l'habile intendant d'Étigny, dont la statue décore justement la plate-forme du cours Salins, vers lequel, de la vallée du Gers, monte un monumental escalier de trois cent soixante-treize marches.

Longtemps gouvernée par ses archevêques, Auch leur doit une cathédrale d'une rare beauté intérieure. Ce témoin de la puissance, du goût et du faste des grands prélats d'Aquitaine se dresse magnifiquement près de la terrasse dominante où s'élève aussi la tour féodale de leur palais. Ce n'est pas, à vrai dire, une merveille d'architecture, recommandable par l'unité majestueuse du style; car édifiée de 1382 à 1597, et terminée seulement en 1662, elle unit une nef gothique, d'un gothique mitigé par l'art moins fantaisiste de la Renaissance, à l'ordonnance classique d'un portail gréco-romain, que surmontent deux tours faiblement ornées. Mais le sanctuaire vous environne de la splendeur artistique d'une parfaite décoration.

Cette décoration, œuvre du maître peintre Arnauld de Molès, s'applique surtout aux vitraux dont sont diaprées les hautes fenêtres du chœur et de l'abside. Avec une belle largeur de composition, une heureuse franchise de dessin, un coloris rutilant et superbe, ces vitraux représentent les scènes épiques de la vie des prophètes et des sibylles: leurs épreuves, leurs martyres, leurs miracles y sont interprétés, suivant la lettre audacieuse de la Bible, par un artiste élevé à l'école de la peinture italienne et plein des réminiscences de l'antiquité. Chacune de ces pages, auxquelles le temps n'a rien ôté de leur éclat, mériterait une description particulière, une étude spéciale. On déplore, en les quittant à regret, de n'emporter au fond des yeux ravis que l'image de plus en plus confuse de leurs sujets si hardiment posés : rois d'Israël et de Juda à figures altières ou féroces, reines coiffées à la Marie Stuart, et dont l'insolente beauté se pare des lourds brocards, des dentelles et des diadèmes de la cour des Valois, prêtres et prophètes aux longues barbes de patriarche, guerriers et bourreaux brutes et farouches, vaillantes beautés sans voile de chérubins et de femmes, chastes en leur divine nudité.

Cette admirable galerie de vitraux, exécutés de 1506 à 1513, encadre des boiseries de la même époque parfaitement dignes de leur harmonieuse lumière et ornées de leurs principaux motifs. Elles enferment le chœur dans une clô-

Auch. — Intérieur de la cathédrale Sainte-Marie.

ture en chêne poli, sculpté, ouvragé minutieusement, déroulant des arabesques, des caprices, des festons de la plus rare et de la plus exquise distinction. Aux parois intérieures de la clôture s'adossent cent treize stalles, également sculptées dans la perfection aux dossiers, accoudoirs et miséricordes. De petites scènes joviales et burlesques, mimées par des hommes et des animaux, peuplent les bras et les dessous de ces fauteuils; les panneaux où ils s'appuient sont décorés des hautes figures des prophètes et des sibylles. Cette ravissante broderie supporte de jolies statues en bois.

Auprès d'Auch les autres villes du Gers paraîtront presque insignifiantes. Mirande, ancienne capitale de l'Astarac, est comme la Fleurance, du comté de Gaure, où nous avons passé, une de ces bastides fondées en nombre pendant les XIIIe et XIVe siècles, et dotées par leurs rudes seigneurs d'institutions singulièrement libérales. Elles se gouvernaient elles-mêmes moyennant redevance, nommaient deux conseils municipaux, six ou quatre consuls. Un lieutenant seigneurial et le collecteur des impôts partageaient avec ces magistrats électifs l'administration de la justice et des finances. A peu de différences près, c'étaient là de petites républiques analogues à celles de l'Italie ; elles avaient la chose, souvent même le nom. Organisées pareillement, elles offrent encore la même physionomie, se meuvent dans un plan uniforme, largement conçu, de manière à pouvoir loger les populations qu'on y appelait de toutes parts, leur promettant, si elles venaient, l'émancipation du servage et des franchises bourgeoises. Plan très simple : des rues à angles droits rayonnent vers une place centrale bordées d'arcades, — les « cornières », — où s'élève l'église et se tient le marché. Telle est Mirande, qui jouit de son indépendance communale jusqu'à la Révolution, mais qui, moins favorisée que Fleurance, n'a pas comme elle en son église de glorieux vitraux d'Arnauld de Molès.

Gimont, Lombez, Simorre, gardent d'assez beaux restes d'abbayes anciennes; Pibrac, antique seigneurie de l'excellent Gui du Faur, l'auteur des édifiants *Quatrains moraux*, dont la sagesse, la finesse et bonhomie enchantaient nos aïeux, ouvre sa basilique à de nombreux pèlerins, dévots à la mémoire de la bergère sainte Germaine.

Une station, amis lecteurs, en chacune de ces petites villes ou bourgades, que l'idéale pensée n'abandonne point, et revenez avec nous aux bords de la Garonne, en Bordelais.

A TRAVERS PLAINES

XVI

LE PÉRIGORD

La Garonne « si brusque et si fanfaronne », au dire des gais voyageurs Chapelle et Bachaumont, arrose au delà de l'Agenais plus d'une charmante petite ville dont l'on pourrait répéter ce qu'ils ont dit d'Agen :

> Dès qu'on en approche l'entrée,
> On doit bien prendre garde à soi ;
> Car tel y va de bonne foi
> Pour n'y passer qu'une journée,
> Qui s'y sent, par je ne sais quoi,
> Arrêté pour plus d'une année.

C'est la Réole, étalant en blancheur mate au sommet d'une colline boisée les murailles d'un château du xive siècle et les restes de ses remparts, et cachant derrière ce vêtement féodal un hôtel de ville bâti du xiie au xve siècle, un couvent de bénédictins, une synagogue de dates plus anciennes. C'est Castets, où finit le canal latéral ; Sauterne, aux vins blancs ambrés ; Mazère, avec son château de Roquetaillade, d'une élégance toute mondaine en des murs gothiques du xive siècle ; la jolie Langon ; Saint-Macaire, bourg du moyen âge admirablement conservé, gardant ses trois enceintes, ses portes fortifiées, ses vieux logis aux façades ogivales, son église ornée de peintures, de statues et de ferrures dues aux artistes du xive siècle. Un peu en deçà du fleuve, Bazas, « bâtie non pas sur le gazon, mais sur la poussière, » comme d'un mot Sidoine Apollinaire le décrit, couronne un rocher que découpe la limpide Beuve. Ville ancienne, oppidum des Vasates, plus tard capitale de la contrée nommée le Bazadais dont faisaient partie Langon, la Réole, Casteljaloux..., il devint au vi^e siècle le siège d'un évêché aboli au concordat. Ses évêques lui ont laissé la fort belle église dont la façade, au fond d'une place large et bordée de vieilles maisons, présente trois portes pleinement animées de statuettes posées dans les voussures, de bas-reliefs et de tableautins, comme la *Naissance de saint Jean*, le *Festin d'Hérode*, la *Résurrection des morts*, traités avec beaucoup de verve et d'énergie.

Cadillac, la Brède, Bordeaux... Nous les avons visitées, ces villes si charmantes à revoir, et le chemin de fer n'a plus qu'à nous conduire sur les bords de la Dordogne et de l'Isle, confluant à Libourne.

Ville longtemps florissante de la riche contrée appelée autrefois le Libournais, port très actif, la symétrie de ses rues tracées au XIIIe siècle, le bon air de ses maisons, son théâtre, ses musées, sa riche bibliothèque, ses collections installées dans l'hôtel de ville, son hippodrome, ses promenades, la largeur de ses places, dont une porte la statue du duc Decazes (plébéien né dans les environs, à Saint-Martin-de-Laye), le beau pont de pierre jeté sur les trois cents mètres de largeur de la Dordogne, prouvent l'aisance d'une cité qui fut durant plusieurs siècles l'entrepôt du commerce des vins. Elle décline aujourd'hui; le port semble moins rempli, où les bateaux à quille, trouvant refuge et passage commode, entretenaient un continuel mouvement d'affaires. Mais, avec la résurrection de la vigne, si lui revient la fortune, elle peut l'attendre patiemment. Libourne n'a-t-elle pas dans sa banlieue d'Arveyres, dont les paluds sont tous les ans fertilisés par la Dordogne débordée, un merveilleux verger de pruniers, de pêchers, de figuiers et d'amandiers?

La plus belle promenade de Libourne mène aux bons coteaux de vins rouges et blancs de Fronsac, antique chef-lieu du Fronsadais, au tertre isolé que surmonta jadis le célèbre château bâti par Charlemagne, d'où l'empereur « à la barbe florie » pouvait observer et surveiller une vaste étendue de sa chère Aquitaine, à peine soumise à son autorité et frémissante sous le joug des Francs.

Cette forteresse, réédifiée par les vicomtes de Fronsac et tombée aux mains de soldats pillards et féroces, fut deux fois, sous Charles VIII et sous Louis XIII, un objet de terreur pour la contrée. Un jour le chef de cette garnison, commandant pour François d'Orléans Longueville, duc de Fronsac, ayant insulté le premier président du parlement de Bordeaux, il fut arrêté, condamné à mort, exécuté le jour même, sa tête clouée sur la porte de Libourne, et cet exemple assura la tranquillité des riverains. La forteresse démolie a été remplacée par une maison de campagne; c'est de là que la vue s'étend sur un paysage bien caractéristique de l'aspect général et de la fortune du pays: à gauche, sur la vallée de l'Isle, le paisible arrondissement des vieilles villes d'église Guîtres et Coutras; à droite, sur le fertile Entre-Deux-Mers, où la sinueuse Dordogne passe sous le pont de Saint-André-de-Cubzac; à l'ouest, sur les vignobles de Canon, les ombrages de Saint-Germain et l'horizon de fuyants coteaux où se perd la Dordogne.

Nous allons vers l'ouest.

Un peu à l'écart de la Dordogne, voici Saint-Émilion, sur des coteaux aux crus fameux, — le « lait des vieillards » du maréchal duc de Richelieu était du vin de Saint-Émilion; — Saint-Émilion, jadis ville toute religieuse et féodale, puissante « filleule » de la capitale de la Guyane, où le roi de France eut une solide forteresse, et le roi d'Angleterre de formidables remparts. De beaux édifices posés sur les versants de ses hauteurs ou taillés dans leurs flancs, à même le tuf calcaire, rappellent ces annales. Le plus ancien est l'église monolithe, si originale, presque unique, dont les portes en pierre, les fenêtres, les murs extérieurs délicatement sculptés sont de la belle période gothique, mais dont les voûtes souterraines, selon diverses conjectures, abritèrent le culte du dieu gaulois Teutatès. Aux premiers âges de l'ère chrétienne, un pieux ermite, Émilion, purifia ces grottes en y réunissant les fidèles; plus tard les moines d'une abbaye fondée sous son invocation les ornèrent dans le goût du xiiie siècle. Une élégante rotonde ogivale, près de l'église, marque la place où le saint avait son rustique oratoire; au-dessous des voûtes, à sept mètres de profondeur, une cellule creusée dans le roc représente son ermitage, meublé encore du lit, de l'escabeau et de la table du solitaire, également taillés dans le roc. Au xiie siècle, la primitive église ne suffisant plus aux besoins du culte, l'abbaye fit bâtir une église paroissiale que le chapitre de chanoines, établi par le pape Clément V, remplaça par un édifice plus vaste et charmant. C'est celui même dont le clocher isolé, dressé sur les voûtes de l'église monolithe, élancé au-dessus d'une tour carrée, au-dessus de deux étages de fenêtres exquises, une flèche légère toute fleurie de rosaces. Épars dans la ville, les restes d'un couvent de dominicains et d'un couvent de cordeliers; la maison du xive siècle nommée Palais-Cardinal, le donjon de Louis VIII ou palais du roi, la chapelle de Saint-Marzac, l'église Saint-Martin, enclose par le cimetière, sont autant de monuments historiques pleins d'intérêt.

Sur la Dordogne, large, jaunâtre et limoneuse, s'inclinent les maisons blanches et les jardins de Castillon, *castellum* gallo-romain, chastel anglais, une des filleules de Bordeaux au moyen âge, un port maintenant délaissé, où chalands et péniches venaient chercher, pour les emporter à la haute mer, les vins que son terroir produisait en abondance. Un obélisque remémore que, l'an 1452, deux armées se rencontrèrent à Castillon, l'une anglaise, commandée par l'illustre Talbot; l'autre française, où l'on remarquait surtout la nouvelle artillerie de Jean Bureau. Celle-ci vainquit; Talbot fut tué pendant l'action, et sa défaite rendit à Charles VII, à la France, la Guienne depuis trois siècles anglaise et devenue presque étrangère, toute pénétrée de l'esprit de la race ennemie.

Il était par son origine de cette race ennemie, mais toutefois si originale, si fortement trempée, le grand écrivain, l'immortel moraliste Michel Eyquem de Montaigne, né en 1533 à trois lieues de Castillon, près du petit village Saint-Michel-Bonnefare, dans un château où ne manque pas d'aller en pèlerinage quiconque révère le génie. Ce château, bien qu'un récent incendie l'ait en partie consumé, présente encore une large façade du début du xvie siècle, noble extérieur de logis féodal et militaire, avec deux tours en saillie, une tourelle en encorbellement, des fenêtres à meneaux sculptées, des mâchicoulis, des créneaux, de jolis détails atténuant une certaine raideur anglaise, marque naturelle du logis seigneurial, bâti au lendemain presque de l'expulsion de nos voisins d'outre-Manche. Mais las, quel dommage! le feu en a détruit la maîtresse pièce, la « librairie », retrait favori de l'écrivain, peuplé des ouvrages lus, relus, médités par le penseur, et ce n'est plus que dans ses *Essais*, à l'excellent chapitre des *Trois commerces*, qu'on en peut retrouver l'image. « Elle est au troisième estage d'une tour... Je passe là et la plupart des jours de ma vie et la plupart des heures du jour. Je n'y suis jamais la nuict... La figure en est ronde, et n'a de plat que ce qu'il fault à ma table et à mon siège; et vient m'offrant en se courbant, d'une veue, tous mes livres, rangez sur des pupitres à cinq degrez tout à l'environ... Là je feuillette à cette heure un livre, à cette heure un autre sans ordre et sans dessing, à pièce descousue; tantost je resve, tantost j'enregistre et dicte, en me promenant, mes songes... En hyver, j'y suis moins continuellement, car ma maison est juchée sur un tertre, comme dict son nom, et n'a point de pièces plus esventées que celle-cy qui me plaist d'estre un peu penible et à l'escart, tant pour le fruict de l'exercice que pour reculer de moi la presse. C'est là mon siège; j'essaye à m'en rendre la domination pure et à soustraire ce seul coing à la communauté et conjugale, et filiale, et civile; partout ailleurs je n'ai qu'une autorité verbale, en essence, confuse. Misérable à mon gré, qui n'a chez soi où estre à soy, où se faire particulièrement la cour, où se cacher. »

L'auteur de ce conseil de vie intérieure si ingénieusement insinuée mourut en 1592, dans une chambre de son château couverte par lui d'inscriptions grecques et latines, maximes de sagesse, règles de conduite dont s'inspira sa vie et dont son livre, miroir de son âme, est tout illustré.

Par des hommes exceptionnels, des talents originaux, vigoureux, énergiques, la savoureuse région où nous sommes, pauvre en monuments, se révèle à l'observateur. Jean-Jacques-Élisée Reclus, l'auteur de la *Géographie universelle*, monument de notre âge égal à l'*Histoire naturelle* de Buffon, qui fut l'œuvre maîtresse du XVIIIe siècle, est né le 15 mars 1830, dans la voisine petite ville de Sainte-Foy-la-Grande, où naquirent aussi les savants contemporains Gratiolet et Paul Broca. Compatriote à quelques lieues près de La Boétie, de Montaigne, de Montesquieu, de Fénelon, il nous semble offrir avec ces grands penseurs assez de points de contact pour qu'on les puisse attribuer à l'influence d'un milieu privilégié. Ce qui distingue ces hommes supérieurs, c'est, il nous semble, la vraie simplicité, la mâle indépendance, la hautaine probité du caractère, leur amour du bien public, leur application aux longues et nobles tâches; et aussi le bon sens, les dons d'observation lucide, l'esprit de mesure, le charme de diction. Tout imprégnés comme eux des ferments du plus riche terroir, leurs livres, pleins de choses, ont la vertu fortifiante des bons vins de Bordeaux, âpres au palais, froids à la tête, chauds au cœur!

Écrivain d'un tour d'esprit bien différent, poète, conteur inventif et malicieux, Cyrano, l'auteur de ces *Voyages dans le soleil et dans la lune*, qui précédèrent naïvement les imaginations extrascientifiques et supraterrestres de M. Jules Verne, est la gloire de Bergerac, dont son nom est inséparable. Bergerac, au temps de Cyrano, était quasi grande ville, mais protestante, et les guerres de la Réforme, la révocation de l'édit de Nantes lui portèrent de terribles coups. Depuis, la nature si généreuse de cette large vallée de la Dordogne et l'active industrie des filatures de laine et des manufactures de linge de table réparait ses pertes. Il ne lui faut plus que retrouver ses bons vins rouges, ses gais vins blancs!

Les coteaux de roches blanchâtres, qui prodiguaient naguère ces riches vendanges, causent et recèlent maintenant tout le charme pittoresque du voyage. A Lalinde, la Dordogne qu'ils compriment, resserrée dans un lit trop étroit, se fraye chemin en terrain plus propice; puis l'obstacle, se redressant, franchit ses murailles naturelles à deux endroits connus sous les noms de Saut de la Gratusse et Saut du Grand-Toret. Ces chutes, précipitant ses flots, créent de dangereux rapides, évités aux bateliers par un canal latéral qui raccourcit de quinze kilomètres le trajet de la navigation. Plus loin, au long de la Vézère, de la Beune, dont les eaux pures roulent au fond d'ombreuses vallées, délicieusement agrestes, s'ouvrent des grottes d'un intérêt puissant pour l'histoire de l'humanité. Le Bugue, gros bourg industriel d'une prospérité grandissante, est la station d'où l'on part en excursion vers ces grottes, explorées par des savants célèbres. Ce qu'on appelle dans le pays le « Crau » ou le « Trou de Granville » s'ouvre à trois ou quatre lieues, près de Miremont, sur le versant d'un vallon, parmi des bois. C'est une grotte à stalactites, divisée, par le plus ou moins de largeur de ses parois, en salles et en galeries que séparent des couloirs ou de minces issues. Ces différentes pièces de l'édifice souterrain suggèrent des images et des comparaisons vulgaires consacrées par les noms qu'on s'est plu à leur donner : chambre des Gâteaux, Grotte-Brillante (à cause de la transparence extraordinaire des spaths), le Parapluie, Saint-Front (en souvenance de la coupole de la cathédrale de Périgueux), chambre des Coquillages, Table et Tombe de Gargantua, le Forail, la Grande-Branche... Elles rassemblent tous les caprices et elles étincellent de tout l'éclat que peuvent offrir la cristallisation de l'argile et de la chaux séculairement accomplies dans une caverne dont une seule ramification a plus de quatre mille mètres d'étendue.

Les cavités des roches géantes des Eyzies, les antres du Moustier, de Langerie-Haute, de Langerie-Basse, de la Madeleine, de la Grotte-d'Enfer, de Tayac, piquent autrement la curiosité : en elles, Lartet, Cristy, d'autres paléontologistes reconnurent, à maints vestiges, les habitations des premiers hommes des Gaules, des troglodytes, aux armes et aux ustensiles en silex, que firent disparaître un jour les immigrations des Celtes.

La Vézère s'enfonce dans les montagnes du Limousin ; pour nous, elle conflue à la Dordogne près de Cadouin, petit village enorgueilli de ses souvenirs. Une abbaye y florissait, où l'on venait en foule contempler le saint suaire de Jésus-Christ. Opulente d'un tel concours de pèlerins, elle put, au XVIe siècle, faire construire le cloître qui reste, elle disparue, un chef-d'œuvre de l'art de la Renaissance en sa fraîche nouveauté. Des ornements comme en offrent les délicats édifices du temps de Louis XII : armes de ce roi unies à celles de Bretagne, hermines et fleurs de lis, parsèment les murs ; et les histoires et paraboles de la Bible et de l'Évangile vivent, finement sculptées, aux colonnes des galeries ogivales. Il est au sud de Cadouin, dans le Périgord-Noir, une œuvre de la même délicatesse : c'est la chapelle haute du château de Biron, berceau de la grande famille militaire des Biron ; le chemin de fer y peut conduire.

A l'est de Cadouin, la Dordogne parcourt, entre mille accidents du sol appelant mille aspects imprévus et magnifiques, le pays de Sarlat. Elle passe au pied du haut rocher qui porte le vieux château de Beynac, une des quatre baronnies du Périgord féodal, et laisse un peu à l'écart Sarlat, jolie petite ville de bourgeoisie et de noblesse qui, peu tourmentée, essentiellement pacifique, a pu conserver les nombreux logis d'autrefois. Tels le bel hôtel de Brons, du temps de Henri II, et celui où naquit le précoce auteur de la *Servi-*

tude volontaire, l'ami de Montaigne, Étienne de la Boëtie, dont le château patrimonial est aux alentours. Le XVIe siècle est la grande époque dans l'histoire du Périgord, celle de son plein épanouissement. Nulle province française n'eut alors plus d'écrivains remarquables. Nous avons vu Montaigne, nous verrons Brantôme. Ces esprits supérieurs servaient des intelligences pratiques, des hommes d'action capables de se distinguer sur les plus grands théâtres politiques ou militaires. Cela caractérise leur temps, mais aussi leur race. Ainsi fut plus tard François de la Mothe Salignac-Fénelon, fils du même pays, né en 1651 entre Sarlat et Carlus, au charmant village de Sainte-Mondane. Poète et philosophe clairvoyant, Fénelon rêvait d'être, par amour de l'humanité, le ministre rénovateur de la monarchie, que l'application de quelques-unes de ses théories, — chimères! disait Louis XIV, — eût peut-être sauvée.

Le reste de notre voyage en Périgord va des limites du Limousin aux vallées de la haute Vézère, de la Loue, de l'Isle, de la Dronne, vallées fécondes et riantes, où les villes se pressent, aisées, commerçantes, bourgeoises, bien qu'appauvries des ravages du phylloxéra. Mais à ces vallées les plateaux secs, pierreux, rouges ou jaunâtres, troués de failles où les rivières s'engloutissent pour reparaître plus loin, à l'orifice des « gourds » ou gouffres extraordinaires, opposent le contraste de leur aridité et de leur monotonie; rares y sont les lieux habités; certain même vers l'ouest, la vallée de la Double, redouté pour ses brouillards insalubres et fiévreux, est presque une solitude.

Nous en sommes loin en ce moment, où nos yeux aperçoivent les donjons carrés d'Excideuil. Ces donjons, sur une colline, contre la Loue, font partie d'un château construit à diverses époques; la petite ville groupe au-dessous plusieurs maisons très anciennes, dont la plus attirante est celle où demeurait le maréchal Bugeaud de la Piconnerie; l'illustre soldat, qui se reposait par l'agriculture de la guerre et de la politique, y avait fait graver sa devise : *Ense et aratro*.

D'Excideuil le chemin de fer nous mènerait tout de suite à Périgueux, si nous n'avions le désir, étant si près de Hautefort, d'y aller voir les traces de la résidence féodale du plus mâle des troubadours, Bertram de Born. Faibles traces, et désillusionnantes. Les assises du château de Hautefort peuvent être de son temps; mais, piédestaux à des bâtiments de style Louis XIII flanqués de grosses tours à lanternons, elles n'évoquent guère l'image de la forteresse où le poète batailleur, — dont les farouches sirventes, soufflant le feu de la haine, avaient armé les fils d'Henri II, roi d'Angleterre, contre leur père, — fut assiégé, pris par ce roi, et, tout captif qu'il était et à la merci du vainqueur, tint devant lui si fier langage et propos si touchants, qu'il en obtint la liberté. A côté de Hautefort, les ruines de l'abbaye de Tourtoirac gisent au milieu des murailles rocheuses, des sources d'un site de la haute Vézère; et dans le cimetière du bourg s'oublie le tombeau d'un contemporain presque fameux, M. de Tonnins, avocat de Périgueux, dans la vie civile et dans la vie politique Aurélie-Antoine Ier, roi *in partibus* d'Araucanie, souverain méconnu de ses sujets et dédaigné de l'*Almanach de Gotha*.

Aux voyageurs qui l'aborderont par les larges voies ombragées des allées de Tourny et du cours Montaigne, Périgueux semblera ville toute moderne; mais s'ils descendent jusqu'à la rive droite de l'Isle, une autre ville, la ville ancienne, celle du moyen âge, signalée par la vieille tour Mataguerre, leur apparaîtra, légèrement étagée, serrée dans un lacis de rues tortueuses et fangeuses, entre la riante clarté des quais et les blanches coupoles de la cathédrale de Saint-Front. Qu'ils s'éloignent encore, ils arriveront aux ruines d'une cité romaine chargée des basses maisonnettes d'un faubourg distinct. Ainsi trois villes en une seule, abritant une population de vingt-cinq mille âmes : la dernière, Vesunna ou Vésone; la seconde, Puy-Saint-Front; l'autre, sans nom précis, création de notre âge. Chacune a ses annales particulières, et l'on ne peut les décrire sans rappeler leur histoire, que représentent des ruines d'un grand caractère ou des édifices pleins d'originalité.

Vésone, oppidum des *Petrocorii* (au faîte du coteau escarpé d'Écornebœuf, au sud de la ville), longtemps avant l'ère chrétienne commerçait déjà avec les Phéniciens de Marseille; soumis à Rome vers l'an 63 avant Jésus-Christ, ses nouveaux maîtres l'embellirent singulièrement. Il eut un aqueduc, des thermes, des temples, un cirque immense. Les

Périgueux : château Barrière.

invasions barbares, d'innombrables guerres ont détruit ces splendeurs sans pouvoir les effacer. Leurs restes, enfermés dans l'ancienne enceinte presque intacte, étayent les basses maisons neuves. Le plus volumineux de ces débris est la tour de Vésone, rotonde haute de plus de vingt-sept mètres, jadis revêtue de marbre parant la brique et dallée de mosaïque, maintenant toute fendue, mais d'une solidité tellement éprouvée, qu'elle semble immuable. Peut-être celle d'un temple élevé aux dieux tutélaires de la cité, cinq voies romaines y venaient aboutir, reliant Vésone à Limoges, Caen, Agen, Bordeaux et Saintes.

Sur la rive droite de l'Isle, quelques pans de murailles en briques cimentées, soutenant des voûtes d'une grande fraîcheur : c'est tout ce que le temps a respecté des thermes construits, d'après une inscription intacte, par Marcilius et restaurés par Marc Pompée. Au delà du faubourg, sur le plateau de la Boissière, on reconnaît le plan et les vestiges d'un camp romain. Entre ces trois points : tour de Vésone, thermes de Pompée, camp de la Boissière, limites probables de la cité antique, se trouvent les arènes et le château Barrière, « monuments historiques » au premier chef.

Les arènes, bâties au IIIᵉ siècle, étaient dans leur genre un chef-d'œuvre d'élégance et

29

de commodité. Deux étages contenant les loges, décorés chacun d'un ordre corinthien, supportaient l'amphithéâtre de forme ovale, assez vaste pour permettre à quarante mille spectateurs d'assister aux jeux. Il en demeure d'énormes lambeaux, des cages d'escaliers, une dizaine de voûtes, une partie des contours écroulés. Le superbe monument, supérieur en ses dimensions au Colysée de Nîmes, avait pourtant résisté, du IVe au Ve siècle, à combien d'assauts ! Le premier seigneur du Périgord, comte Widlod, institué par Charlemagne, l'appropria à son usage, et ce fut le palais de ses héritiers : Wulgrin Taillefer, le vaillant pourfendeur des Normands ; Hélie Talleyrand, premier comte issu de la maison de la Marche; Adalbert, dont on sait l'audacieuse réponse au fondateur de la dynastie capétienne :

« Qui t'a fait comte ? lui demandait Hugues Capet au siège de Tours.

— Qui t'a fait roi ? » riposta le seigneur de Périgord.

Périgueux. — Cathédrale Saint-Front.

Le jour où ces puissants féodaux cessèrent d'habiter les arènes on commença de les démolir, et leurs matériaux servirent à la construction de logis particuliers et d'édifices publics. Il n'en resterait pierre sur pierre, si l'archéologie ne les eût protégés.

Ayant quitté les arènes, les comtes du Périgord paraissent avoir résidé, du XIIIe au XVe siècle, au château Barrière, dont les tours et les bâtiments s'adossent presque à l'enceinte de la cité. C'est de là qu'ils dirigèrent la lutte acharnée, longue et parfois meurtrière, de la ville proprement dite contre le bourg du Puy-Saint-Front ; de là aussi qu'ils groupèrent toutes les forces de leur peuple pour combattre la domination anglaise imposée au pays par le mariage d'Éléonore de Guyenne avec Henri Plantagenet. Nobles et vaillantes guerres, tout à l'honneur de leur ténacité. Forcés d'abandonner à la race ennemie les États cédés par leur suzerain le roi de France, ils y revenaient bientôt réveiller le sentiment français, parvenaient à la chasser. En 1366, Périgueux, trois fois attaquée vigoureusement, trois fois repoussa ses agresseurs.

Le bourg du Puy-Saint-Front n'existait pas au temps de la prospère Vésone ; une abbaye de bénédictins, établie au VIe siècle auprès du tombeau du premier apôtre des Petrocorii, en jeta les fondations. Il devint assez vite plus important que la ville elle-même, plus peuplé, et les comtes du Périgord, jaloux des abbés de Saint-Front, leur en disputèrent pendant près d'un siècle les droits seigneuriaux. L'annexion du bourg à la ville, en 1240, termina cette querelle. Plusieurs siècles de civilisation n'en ont pas altéré la physionomie ; il raconte le moyen âge, comme Vésone l'antiquité, en traits aussi frappants. C'est là, dans les obscurs chemins de ronde bordant les quais, dans les étroites et nauséabondes rues et ruelles gravissant la colline, rue de Graule, rue des Dépêches, rue de l'Abreuvoir, et au sommet, place du Clautre, place Couderc, rue du Calvaire, rue des Farges, qu'il faut chercher les maisons ogivales ou gothiques, les hôtels de la Renaissance, les édifices religieux. L'évêché y occupe les bâtiments transformés de l'abbaye de Saint-Front, et en garde le cloître souterrain. Parmi ses églises très anciennes, Saint-Étienne, naguère cathédrale, et Saint-Front, cathédrale actuelle, sont des basiliques romanes d'un type extrêmement rare en France. Saint-Front, la plus grande, la plus parfaite, hélas! restaurée en toutes ses parties de 1865 à 1875, rappelle l'architecture byzantine de l'église Saint-Marc, de Venise, dont elle est presque contemporaine ; ce sont les mêmes coupoles assemblées de manière à dessiner une croix grecque, le même clocher, la même façade rigide aux sobres sculptures hiératiques.

L'abbaye de Brantôme.

La connaissance d'une ville aussi composite s'achève heureusement au musée Taillefer, plein des reliques de Vésone et du Bourg, exposées dans une jolie ancienne chapelle de pénitents blancs, divinement ornée par les sculpteurs de la Renaissance. Aux regards de l'observateur instruit et curieux du passé, des sculptures parfois exquises, des armes, des monnaies, des médailles, des objets d'usage domestique, peuvent donner l'intelligence de la vie païenne et de la vie chrétienne en la ville passée. La vie moderne est active, industrieuse et probablement sensuelle, s'il en faut juger à la réputation des comestibles, assaisonnés avec les truffes du Périgord, et par la succulence des repas à table d'hôte.

Dans les alentours de Périgueux, vers le nord, au long de routes blanches où les tramways courent entre des carrières et des bois, puis entre des collines creusées de part en part, la Dronne, roulant sous les aulnes et les peupliers de ses rives les flots purs et lumineux que lui versent sans cesse les sources abondantes des fonts et des bouillidous, multiplie les paysages ravissants. Ceux que présentent Bourdeilles et Brantôme sont justement vantés. Ces deux bourgs, fort anciens, ont un long passé féodal. Guy, vicomte de Limoges, les assiégea et prit en 1263. Du Guesclin, en 1377, en chassa l'Anglais, et le dit sa chronique :

> Là prinst en cheminant Bertrand le chevalier
> Villes, chasteaux et tours ouvrées à mortier.

La conquesta Brandonne au traire et au lancier,
La ville et le chasteau conquist sans chargier.

Bourdeilles, seigneurie d'un des quatre barons du Périgord, les trois autres étant les seigneurs de Biron, de Beynac et de Mareuil, asseoit son château du XIVe siècle, flanqué d'un haut donjon et muni d'une double enceinte à mâchicoulis, créneaux, tours et portes basses, sur un roc baigné de trois côtés par la rivière. Au XVIe siècle cette forteresse, si ample et formidable, à la contempler en son ensemble de la plate-forme du donjon, avait pour maître le frère de Pierre de Bourdeilles, celui-ci possédant la commende de l'abbaye

Brantôme : le pavillon de l'historien.

de Brantôme. C'est aux alentours du domaine, en la commune de Saint-Crépin et au château de Richemont, bâti par lui-même, que cet étrange abbé de Brantôme écrivit, pendant sa robuste vieillesse, la plupart de ses attachantes chroniques sur les mœurs héroïques, féroces et licencieuses de son époque. Il y mourut en 1618; on y voit son tombeau.

Une partie du château de Bourdeilles, ou plutôt un château distinct, édifié par sa belle-sœur, et non terminé, est du temps de l'original écrivain. Le grand salon de Diane, orné de peintures et d'une belle cheminée, enorgueillit ce logis de la Renaissance.

Privé de ses châteaux, Bourdeilles serait encore une petite ville des plus attrayantes par ses promenades en terrasse, son logis des sénéchaux, son église byzantine, ses grottes... Et de même Brantôme, bâti sur un roc caverneux dont les grottes hautes et profondes prolongent sous la colline leurs voûtes soutenues par d'antiques colonnes en marbre. L'une de ces grottes fut le premier oratoire des anachorètes qui possédèrent le monastère : on voit se détacher de la pierre noircie de hauts-reliefs représentant, avec une singulière vigueur, le Crucifiement de Jésus et le Jugement dernier. D'autres cavernes, peut-être étagées dans le friable tuffeau par les troglodytes de l'âge du silex, et maintenant fenestrées, vitrées et tapissées de vignes, logent des paysans qui, pareils aux Babyloniens, cultivent sur leurs toits de véritables jardins suspendus. L'église de l'ancienne abbaye, son très haut, très curieux, très beau clocher, si ancien qu'on le prétend bâti par Charlemagne; son cloître du xve siècle, les tours de ses remparts, au-dessus des rives de la Dronne, en marge d'un précipice, composent un groupe d'édifices pleins de caractère et d'élégance. Et la rivière luit sous le frissonnant berceau des arbres grêles; et au milieu de la petite ville plus d'un logis du moyen âge et de la Renaissance vieillit encore entre son parterre et son verger, aussi luxuriants l'un que l'autre; et l'auberge est bien avenante... Les bonnes heures, vraiment, à passer là !

A TRAVERS PLAINES

XVII

DE GENÈVE A LYON

Limpide et bleu comme un ciel pur, le Rhône sort à Genève du beau lac Léman. Mais, dans un faubourg de la vieille cité calviniste, sa tributaire l'Arve descend des Alpes et le rejoint; on les voit couler ensemble dans le même lit pendant un moment sans mêler leurs eaux distinctes; soudain se ternit la robe d'azur du fleuve où tombent à flots boueux l'argile et le grès arrachés par le cours furieux de l'Arve aux flancs du mont Blanc. Ainsi le Rhône pénètre en France, déjà très large, peu profond, pas encore navigable. Au nord le dominent et l'enserrent les noires montagnes du pays de Gex, couvertes de sapins. Bientôt il passe au pied de l'inexpugnable fort de l'Écluse, haut dressé pour défendre la frontière sur un escarpement du Grand-Crédo, et construit dans le roc même; puis, serré entre les murailles de ce mont et celles du mont Vouache, il mugit, « taureau descendu des Alpes, » au creux d'une gorge sauvage où se briserait votre barque de touriste. Libre de leur contrainte, il s'élargit, il se détourne; mais un énorme rocher lui barre le chemin, le force à se jeter précipitamment, rapide et lumineux comme l'éclair, dans une faille des falaises savoisiennes si étroite et si profonde, qu'il faut pour le voir se pencher au bord de l'abîme. Hors de là, naguère, des blocs de rochers obstruant

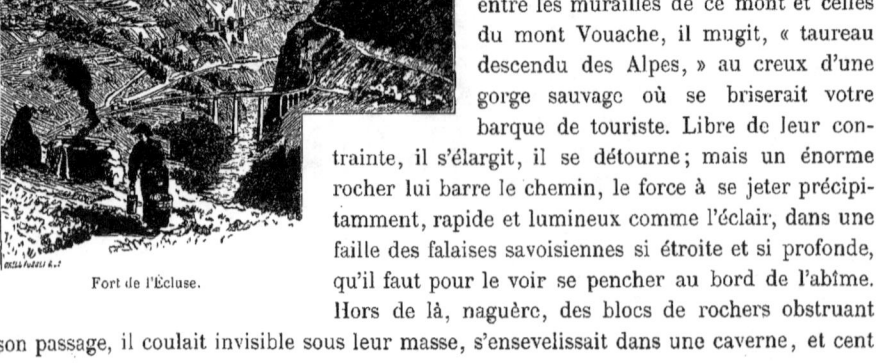

Fort de l'Écluse.

son passage, il coulait invisible sous leur masse, s'ensevelissait dans une caverne, et cent mètres plus loin ressuscitait, verte cascade écumante et sonore, dont s'émerveillaient les voyageurs venus de loin contempler « la perte du Rhône ».

Ce curieux phénomène a cessé d'être ; on ne va plus l'admirer et le peindre dans le val tourmenté de Bellegarde, au pont de Lucey. Les ingénieurs en ont, il y a vingt ans, surpris et détruit le mystère ; leur dynamite a fait sauter la voûte de l'obscure galerie où le fleuve s'engouffrait, leur science en a conduit les eaux impétueuses dans le lit même de la tributaire Valserine, près de son confluent, afin d'en capter la force motrice pour des turbines que des machines électriques relient aux fabriques du bourg bâti sur la hauteur. L'industrie est l'impitoyable ennemie du pittoresque. Mais comment ne pas lui donner raison ici, où par elle les cultivateurs de la Bresse, du Beaujolais, du Bugey, des pauvres Dombes trouvent maintenant en abondance, pour engraisser leurs terres infertiles, les phosphates fossiles tirés par milliers de tonnes du grès vert des rivages rhodaniens, et broyés par les meules infatigables que les sept mille chevaux-vapeur de courant font tourner ?

Puis le Rhône descend vers le sud, encore incertain de sa route et changeant sur le sol changeant d'un ancien glacier ; les monts du Val-Romey s'élèvent à sa gauche, le chemin de fer passe entre leur rampe orientale et ses bords ; il devient navigable à la gentille ville de Seyssel, qui se mire tout entière dans son onde ; pourtant nous ne lui confierions encore pas notre fortune. Ne va-t-il pas, près de Culoz et du lac du Bourget, dont le canal de Savières lui porte les eaux, épandre ses flots, grossis par l'afflux du Fier, sur une large plaine, entrecoupée de saulaies et de bancs de sable, où nous risquerions d'enliser ? Laissons-le s'orienter et s'affermir, franchir les mouvantes terres marécageuses où les joncs sont forêt, où volent des nuées de canards sauvages ; s'ouvrir à la chartreuse de Pierre-Châtel, qu'un fort domine, un lit dans le roc du Jura ; et prendre vers Saint-Genix et la belle grotte de la Balme une direction nouvelle, dont il ne se détournera plus qu'une seule fois avant de se rendre, enflé de l'Ain, ample et majestueux, à Lyon.

Les attraits de cette partie du voyage sont interdits à la navigation prudente. Il les faut demander au chemin de fer, pratiqué, le plus souvent creusé à travers la fruste région. Il visite Virieu, lieu féodal, marquisat, où vécut et composa le roman de l'*Astrée* le seigneur écrivain Honoré d'Urfé ; la calme Belley, vieille cité ecclésiastique, où réside toujours l'évêque, et dont le collège éleva Lamartine, comme en témoignent candidement les vers de jeunesse inscrits par la reconnaissance du poète au frontispice des *Méditations*. Il permet une excursion à la mélancolique solitude du lac des Hôpitaux, en laquelle s'établit la célèbre chartreuse de Portes. Actives manufacturières, Ambérieu, Méximieux, qui garde la maison natale de Vaugelas ; Montluel, sont déjà comme des faubourgs de Lyon, où le train va traverser le Rhône près du joli parc de la Tête-d'Or.

S'il nous veut croire, le touriste se gardera de descendre de wagon presque sous les ombrages de la Tête-d'Or, à la station voisine de l'élégant quartier des Brotteaux : ce serait mal s'y prendre pour connaître en peu de temps une ville ancienne, vaste et compliquée, dont l'industrie et le commerce sont la grande affaire. Pour nous, un vieil auteur nous guide encore : n'est-il pas exact, à quelque chose près, et de bon conseil ? Qu'on en juge à cette description :

« Lyon fait un commerce si étendu, qu'on l'appelle le magasin de la France, et l'on dit en proverbe, à l'égard de la magnificence de cette ville, que si Paris est sans pareil, Lyon est sans compagnon. Sa situation qui se trouve au centre de l'Europe, ses rivières, la beauté de ses bâtiments et de ses promenades, la mettent au rang des plus belles villes du monde. Son commerce est des plus fameux, même pour la banque et le change.

« La ville de Lyon est située au confluent du Rhône et de la Saône ; elle est bornée par de hautes montagnes et arrosée de ces deux fleuves, entre lesquels se forme comme une péninsule, dont l'abbaye d'Aisnai fait la pointe et le commencement[1]. La montagne de Saint-Sébastien lui sert de boulevard contre les vents du nord, qui poussent souvent avec violence. Cette péninsule, ou pour mieux dire langue de terre, ne fait qu'une partie de Lyon, mais la plus grande et la plus habitée. La Saône, qui coupe la ville en deux, lui laisse plus d'étendue de ce côté-là que de celui de Fourvière, qui est adossé de la montagne de Saint-Just. *Pour bien voir la forme de son assiette il faut monter à Notre-Dame-de-Fourvière*, dont la montagne, avec celle des Chartreux, forme le long de la Saône une manière d'amphithéâtre de plus d'une demi-lieue de circuit. Sur cette plate-forme l'on découvre toute l'étendue de la ville et de ses environs, qui sont très agréables. »

Lyon. — L'hôtel de ville (XVIIe siècle).

Nous avons gravi la hauteur de Fourvière ; et de sa terrasse sainte, à nos pieds la Saône, puis le Rhône, semblaient répandre la lumière et la vie dans une ville immense entre de larges quais dont la longueur totale est de trente kilomètres. A l'est, par delà la rive gauche du fleuve, vers le Dauphiné et les Alpes, brumeuses silhouettes, s'étendaient la plébéienne Guillotière et les aristocratiques Brotteaux. Puis s'allongeait, s'étrécissant jusqu'à la pointe de la Mulatière, la péninsule où, descendue de l'antique colline, Lyon a été si longtemps confinée. Enfin, ramenés à la rive gauche de la Saône, nos regards découvraient l'écheveau des vieilles rues par-dessus lesquelles montent les tours de la cathédrale Saint-Jean. Ils apercevaient à droite la colline de Saint-Irénée, plus loin celle de Sainte-Foy, à gauche le faubourg de Vaise, et se reposaient sur Fourvière (*Forum Vetus*), berceau de la cité. Là s'élevait Lugdunum : le palais d'Auguste, bâti par son gendre Agrippa, et où naquirent les empereurs Claude et Caracalla ; des temples, des théâtres, des thermes abreuvés par deux grands aqueducs, de célèbres écoles, un forum monumental édifié par

---

[1] Telle était la topographie de la ville sous Louis XV. Le point de jonction du Rhône et de la Saône a été reculé à la fin du XVIIIe siècle. C'est en 1770 que l'architecte Perrache conçut l'idée de souder à la ville les terrains d'alluvions agglomérés par les remous des deux cours d'eau et connus alors sous le nom d'île Mogniat. Perrache est aujourd'hui l'un des plus beaux quartiers de Lyon.

Trajan. Et là aussi les apôtres saint Pothin et saint Irénée osèrent prêcher, avec une immense ferveur, la foi et les doctrines de l'Évangile, et périrent avec une foule de leurs disciples, dont le martyre affermit l'autorité du christianisme.

Ruinée par les invasions barbares, Lugdunum abandonna la colline pour la plaine; on n'en trouve à Fourvière que des vestiges : fragments d'aqueducs, de tombeaux, d'autels votifs, bordant le passage Gay frayé en zigzag le long de ses pentes. On voit à Saint-Irénée d'énormes débris de l'aqueduc qui partait du mont Pila. On croit reconnaître au quartier Saint-Just l'hémicycle d'un théâtre, et la tradition place à l'hospice de l'Antiquaille, dans la crypte même de sa chapelle, les cachots du palais des Césars et la colonne à laquelle fut liée, au moment de son supplice, la chaste martyre sainte Blandine.

Sur l'emplacement du Forum Vetus plane, toute de granit et de porphyre, et revêtue intérieurement des marbres les plus divers et les plus précieux, la moderne basilique élevée à Notre-Dame de Fourvière. Quatre tours polygonales en surmontent le vaisseau. Sa nef byzantine, sa crypte de même style, de même grandeur, d'un luxe égal, sont parées d'éclatantes peintures symboliques rehaussées d'or. Cependant à côté s'ouvre encore à d'innombrables pèlerins l'humble chapelle construite au XIIe siècle sur les fondations d'un oratoire dédié à Notre-Dame de Bon-Conseil. Les murs en sont entièrement lambrissés d'ex-voto naïfs et touchants; devant son chevet un haut clocher porte la statue colossale de la Vierge mère, représentée les bras étendus pour bénir la ville pieuse.

Très souvent incendiée, ravagée, pillée, Lyon n'a guère d'autres édifices historiques que ses églises et son hôtel de ville, qui d'ailleurs ne forcent point l'admiration. Le palais des fameux archevêques, primats des Gaules et seigneurs temporels de la ville au moyen âge, n'en rappelle en rien la grandeur belliqueuse; ces prélats, il est vrai, résidaient jadis au château fort de Pierre-Scise. Tout à côté la Manécanterie, ou école des élèves chantres, bâtie au XIe siècle, a conservé quelques traits de son architecture romane. Quant à la cathédrale Saint-Jean, sombre et lourde, sa seule façade du XIVe siècle peut intéresser les artistes aux médaillons sculptés contre les portes, et représentant une foule de petites légendes sacrées. A l'intérieur, près du maître-autel, deux croix remémorent le concile général tenu en 1274, où fut proclamé l'union des Églises grecque et latine. Des boiseries entourant le chœur proviennent de l'abbaye de Cluny. Une horloge monumentale, posée à droite du chœur, passa longtemps pour une merveille sans seconde et inimitable. « Elle marque exactement le cours des astres, et peut servir en même temps de calendrier perpétuel et d'astrolabe, » écrit notre auteur, qui la déclare supérieure en beauté et en perfection à celle de Strasbourg. Cet ingénieux chef-d'œuvre, dû en partie à un mathématicien de Bâle, nommé Nicolas Lippus ou Lipius, fut achevé par Guillaume Nourrisson et mis en sa place en 1660, par l'ordre du chapitre. Dans la nef, une chapelle dite des Bourbons offre de remarquables sculptures gothiques ornant un dais dressé au-dessus de saint Louis et de sa fille Isabelle, fondatrice de l'abbaye royale de Longchamp.

Les grands souvenirs du moyen âge se rattachent aux quartiers effacés, presque silencieux, dont Saint-Jean est le centre clérical. A droite de l'église métropolitaine, la paroissiale Saint-Paul évoque le grand nom de Jean Gerson : le « docteur très chrétien », retiré à Lyon après le concile de Constance, et vivant obscur chez son frère, le Père Charlier, prieur des célestins, ne dédaignait pas d'enseigner, lui, chancelier de l'Université de Paris, les enfants du pauvre quartier Saint-Paul et Saint-Laurent; cette dernière église, disparue aujourd'hui, renfermait son tombeau. A gauche, Saint-Just vit se cloîtrer durant sept années le pape Innocent IV, et l'archevêque de Bordeaux, Bertrand de Got, coiffer la tiare sous le nom de Clément V, en présence de Philippe le Bel et des grands de France. Et, dit-on, comme au sortir de la cérémonie le nouveau pontife passait avec son cortège dans la rue voisine du Gourguillon, un mur délabré s'écroulant tout à coup le renversa de sa mule, tua sur-le-champ son frère, blessa légèrement le duc de Valois, et mortellement le duc de Bretagne, qui tenaient avec le roi les brides de la monture papale.

Par delà Saint-Just, sur la hauteur, Saint-Irénée a pour base la crypte où se rassemblaient les fidèles aux premiers âges du christianisme. Un puits, au milieu de la nef de cette église souterraine, fournissait aux néophytes l'eau lustrale du baptême; on le combla avec les cadavres des martyrs massacrés pendant la persécution de Septime Sévère, et dont les restes exhumés sont exposés maintenant dans un ossuaire contenu par une triple grille.

Sur la rive gauche de la Saône, l'église d'Ainay, paroisse de Bellecour, le plus riche quartier de la ville, faisait partie autrefois d'une très ancienne et très opulente abbaye, dont fut abbé l'oncle de Bayard, messire Théodore du Terrail. C'est dans le cloître de Saint-Martin-d'Ainay, transformé en lice guerrière pour un solennel tournoi, que sous les yeux de Charles VIII et de sa cour débuta victorieusement, dans sa carrière de nobles prouesses, le chevalier sans peur et sans reproche, alors âgé de dix-huit ans, fort applaudi des dames lyonnaises, lesquelles disaient, rapporte le Loyal Serviteur : *Vey ro cestou malotru; il a mieux fay que tous les autres.* Édifiée, prétendent certains antiquaires, sur l'emplacement même d'un temple consacré à l'empereur Auguste par les soixante nations des Gaules, l'église en conserverait deux colonnes qui, partagées en quatre, soutiendraient les voûtes du chœur. Mais elle est bien trop restaurée pour représenter l'antique Athæneum ou Athanatos, où furent souterrainement inhumés les bienheureux Pothin, Blandin et Irénée. Hippolyte Flandrin en a décoré de fresques admirables l'abside et deux chapelles; on remarque auprès de l'autel une très vieille mosaïque dessinant la figure du pape Pascal II, et cette inscription : *Hanc Ædem Sacram Paschalis Papa dicavit*, 1106.

Ouverte sur la perspective de Fourvière, et fraîche, ombragée, fleurie, la place Bellecour, jadis place Louis-le-Grand, et au milieu de laquelle s'élève encore l'équestre statue du Roi Soleil, sculptée par Lemot, est comme un lieu joli de flânerie et de repos, à l'ombre ou au soleil, entre le sec Perrache et les grouillants quartiers du commerce et de l'industrie. On aimera le luxe, le mouvement, la vie de la rue de la République, spacieuse et moderne artère de ces quartiers; la diversité, l'amusant éclat de ses théâtres, de ses cafés, de ses hôtels, de ses magasins; la neuve et brillante somptuosité du palais du Commerce et de l'Industrie, dont elle longe une façade; les charmants bouquets des petits squares qui la traversent d'espace en espace, offrant aux piétons des reposoirs de verdure et de fleurs. C'est vraiment la grande voie d'une grande ville. Tout au bout, le Grand-Théâtre et l'hôtel de ville se font vis-à-vis; mais la façade principale de la maison commune regarde la place des Terreaux, centre historique de Lyon, où siégèrent ses consuls et ses académies; où se célébrèrent les fêtes et s'exécutèrent les sentences capitales de la monarchie; où Cinq-Mars et de Thou furent décapités, le 12 septembre 1642; où commença, le 29 mai 1793, par une fusillade et une riposte de coups de canon, la contre-révolution royaliste et girondine que devaient suivre de si épouvantables représailles; où, le 4 novembre 1831, les ouvriers en armes et portant un drapeau noir sur lequel on lisait : *Vivre en travaillant ou mourir en combattant!* apparurent soulevés par la misère et campèrent plusieurs jours, maîtres intègres des trésors de la cité.

L'hôtel de ville est de l'architecture large et solennelle particulière au xviie siècle. Construit de 1646 à 1655, par Simon Maupin, incendié en 1674, restauré par Mansard et souvent retouché depuis, il se compose d'un avant-corps et de deux ailes sobrement décorés. Des statues emblématiques s'accoudent aux frontons; au milieu, le cintre d'un tympan encadre la statue équestre de Henri IV. Dans le vestibule, deux groupes des Coustou : le *Rhône* et la *Saône,* ont jadis orné le piédestal de la statue de Louis XIV à Bellecour.

Plus spécialement occupés par le monde des *soyeux*, accèdent aux Terreaux le quartier Saint-Clair, où sont les magasins et les comptoirs des fabricants, et la colline de la Croix-Rousse, séjour des ouvriers tisseurs. La fabrication de la soie fait, depuis Colbert, la richesse de la ville, sa renommée universelle, sa gloire incontestable. Avant le grand ministre elle existait pourtant, modeste et non sans rivale. Tours, sous Louis XI, y excellait davantage. Au xvie siècle deux Génois, Étienne Turquet et Barthélemi Naviz, devenus bourgeois de Lyon, en outre patentés par le roi en date du 2 décembre 1536 et aidés par la commune d'un prêt de cinq cents écus-soleils, avaient monté trois métiers, avec trois chaudières pour la teinture, et embauché des ouvriers de Gênes, d'Avignon et de Tours, « pour confectionner les draps de soie et les tissus d'or et d'argent qui étaient alors de grande mode. » En 1660, Lyon, riche de douze mille métiers, pouvait revendiquer avec orgueil ces humbles commencements, qui font honneur à la ténacité de son génie industriel. Ottavio Meg avait inventé déjà l'art de lustrer la soie; mais la révocation de l'édit de Nantes, chassant ses meilleurs ouvriers, suspendit l'essor de sa fortune. Le guide de 1730 constate que « véritablement les manufactures y sont fort tombées depuis quelques années ». Déjà l'inactivité des bras provoquait l'insurrection des estomacs ; plus d'une jacquerie naissante y fut sévèrement réprimée. La soierie se releva lentement. En 1802, Jacquard, auquel une statue, proche d'Ainay, rend un tardif hommage, lui donna son admirable machine. « Et depuis, écrivions-nous naguère[1], elle lutte avec des chances diverses contre les fluctuations de la mode et les efforts de la concurrence étrangère. Et c'est toujours d'elle, de son ingéniosité sans rivale, de son fini, de son éclat, que Lyon tire le principe de sa richesse. La foule que l'on croise de la place Bellecour à celle des Terreaux, des Terreaux à la Guillotière, à la Croix-Rousse, à Vaise, dépend plus ou moins de la jacquard; satisfaite si les commandes en précipitent l'allure rapide, elle s'émeut, se désole dès que languit, puis s'arrête, l'intelligente mécanique; son cœur bat à l'unisson des soixante-dix mille métiers groupés dans la ville, les faubourgs, la grande banlieue : sa vie est suspendue à un fil de soie. »

C'est à la Croix-Rousse qu'il faut se rendre pour visiter un atelier de tisseurs; le chemin de fer incliné, drôlement appelé « la ficelle », y conduit en quelques minutes. Et tout de suite le contraste vous saisit de la misère de ce quartier avec les splendeurs qu'il produit. On parcourt de longues rangées de maisons chétives, écaillées, sordides, louées à des ménages et divisées en d'exigus logements, même en simples chambres. Çà et là, entre elles, de maigres jardinets semblent souffrir de la mesquinerie ambiante; plus ou moins elles retentissent des trépidations que leur impriment les pédales et les secs

---

[1] Dans *les Fleuves de France : le Rhône.*

battants de la jacquard. Tout y décèle la vie plus qu'économe des *canuts* qui les habitent. L'instabilité de leurs ressources les y condamne, parce qu'il aiguise sans cesse en eux le sentiment de la prévoyance. N'ont-ils pas à redouter constamment la baisse ou même la suppression des commandes? Il n'y a pas de ville où l'on ait plus qu'à Lyon le culte de l'argent et où la lutte des intérêts soit plus impitoyable. Les ouvriers supportent le poids écrasant de l'instabilité des affaires. Leurs vertus sont d'autant plus méritoires. Ils vivent en familles étroitement unies, sous l'autorité patriarcale du chef, parvenu, à force de persévérance, d'application, d'épargne, à acheter son ou ses métiers. Ils sont sobres, sérieux, simples et sincères, hommes de foi, de conscience et de patience.

Frappez à la porte de l'un de leurs petits ateliers, ils s'empresseront de vous permettre

Lyon. — Les bords de la Saône.

d'assister à la fabrication d'une pièce de soie. L'artisan attentif frappe la pédale du pied, la navette joue, les fils des écheveaux (duites) se dévident et, descendant vers la trame préparée (lice), y viennent docilement former les dessins creusés en relief sur le patron conducteur; un déclic à sonnerie, obéissant à ce modèle, ordonne et règle les phases de l'œuvre; l'ouvrier semble n'avoir qu'à la surveiller. Cependant, ne vous y trompez pas, son art est difficile, exige un apprentissage de plusieurs années; tous les aspirants n'en sont pas capables. Que de soins il doit prendre pour ne pas gâcher la coûteuse étoffe! et quelle responsabilité sur ses faibles épaules!

A l'artiste décorateur appartient de lutter, à force d'invention et de fantaisie, contre les caprices de la mode, nuisibles à la soierie. A lui de prévenir les rapides variations du goût par une fertilité d'idées plus grande et plus vive encore. A lui de renouveler sans cesse la magnificence des types susceptibles de séduire continuellement ce qu'il y a de plus changeant et de plus insaisissable au monde : la coquetterie. Aussi Lyon devrait-elle être par excellence une pépinière d'artistes; peut-être le serait-elle si son peuple ne se composait que d'autochtones gouvernés par l'aimable génie gallo-latin. Mais Genève, la Savoie, la Bresse, l'ont remplie de leurs émigrants laborieux, épais, intéressés, qui ne parviennent pas à s'élever au-dessus de la « passion du gain ». C'est par eux qu'elle demeure comme enveloppée dans les brumes grises de la Saône et du Rhône, qui semblent lui cacher la pure lumière.

Son palais des Arts, installé largement dans l'ancien couvent aristocratique des « dames de l'abbaye royale de Saint-Pierre » (dont la façade monumentale donne sur les Terreaux), est pourtant presque digne de la patrie de Coysevox et de Meissonnier. Des bas-reliefs moulés sur ceux du Parthénon ornent la frise du cloître, dont les arcades renferment de nombreux et curieux débris de *Lugdunum,* entre autres les tables d'airain où fut gravée la harangue que l'empereur Claude prononça pour obtenir du sénat, en faveur des Lugdunenses, le titre de citoyens romains, et le taurobole exécuté par l'ordre de la « divine mère des dieux » pour le salut de l'empereur Adrien. Le musée de peinture possède de beaux tableaux de l'école française au XVIIe siècle, et réserve toute une galerie aux peintres lyonnais. Hippolyte Flandrin, Saint-Jean, Puvis de Chavannes, y sont représentés par d'excellentes toiles; une salle entière expose les cartons où le peintre, poète et penseur Paul Chenavard tenta d'esquisser à grands traits une *Histoire de l'humanité.* A part, une autre salle est peuplée des bustes des Lyonnais remarquables par leur génie, leurs talents et leur esprit : il en fut d'illustres, qui prouvèrent à quel point de chaleur, d'éclat, d'émotion et même de grâce peut s'élever l'esprit ordinairement froid, calculateur et concentré, du natif. Tels Philibert Delorme, les Coustou, le graveur de Boissieu, Lemot, les de Jussieu, Mme Récamier, Jean-Jacques Ampère, Ballanche, Jacquard, de Laprade; Louise Labé, la « belle cordière », poète charmant du XVIe siècle; Pierre Dupont, chansonnier plein de saveur et d'élans généreux; Soulary, impeccable ciseleur de sonnets.

Ce qui nous semble le mieux organisé à Lyon, c'est la charité; elle est peut-être à la hauteur de la misère. Hôpitaux, hospices, orphelinats, ouvroirs, écoles d'apprentissage, bureaux de bienfaisance, maisons de retraite et de refuge y sont plus nombreux et plus abondamment pourvus que dans la plupart des grandes villes de France. Le vaste Hôtel-Dieu, qui développe sur la rive droite du Rhône trois cents mètres de façade surmontés d'un dôme de Soufflot, n'a cessé d'accroître ses ressources depuis le VIe siècle que le fondèrent Childebert et la reine Ultrogoth. Beaucoup de grands seigneurs et de riches bourgeois lyonnais figurent parmi ses bienfaiteurs : le véritable Lyonnais est assez fier de son pays pour lui faire, à l'occasion, largesse de sa fortune. Il dispose de douze cents lits gratuits, de deux cents lits payants, et ses services médicaux et pharmaceutiques sont aussi complets qu'irréprochables.

En face de l'Hôtel-Dieu, sur la rive gauche du fleuve, grouille le faubourg populeux, besogneux, remuant et parfois menaçant, d'où lui viennent sans doute la plupart de ses malades : la Guillotière. Nous n'avons vu nulle part, même à Paris, groupe d'habitations plus pauvres, plus mornes, plus sèches. Cela s'étend en platitude sans verdure, sans art, sans rien de clair ni de joyeux, jusqu'aux lugubres casernes de la Part-Dieu, que secondent les forts des Brotteaux, de Villeurbanne, de la Motte, du Colombier, de la Vitriolerie, élevés, on dirait, moins pour protéger la ville frontière contre l'étranger que pour maintenir dans le servage industriel une multitude d'esclaves suspects d'indocilité.

A la visible détresse de la Guillotière s'oppose le luxe tout battant neuf des Brotteaux, où les fabricants et les négociants vont, iront de plus en plus former comme une ville nouvelle. Le parc de la Tête-d'Or met à la lisière de ce séjour de richesse un jardin de genre anglais fort bien dessiné, avec de grandes pelouses, une vacherie, un jardin botanique, un jardin zoologique, des lacs, des îles, un hippodrome, le tout aménagé sur une superficie de cent quatorze hectares.

Avant la création du parc de la Tête-d'Or, le peuple lyonnais ne connaissait pas de plus charmant plaisir dominical qu'une promenade sur les bords de la Saône ; il partait volontiers en bateau, de la Mulatière, doublait Fourvière, passait contre les vieux faubourgs Saint-Georges, Saint-Jean, Saint-Paul, saluait d'un regard la bizarre statue de bois que l'on désigne sous le nom d'*Homme de la Roche,* et qui représente, dit-on, certain philanthrope du xvie siècle, Jean Fléberge ou Kléberger, lequel en son vivant dotait chaque année les filles pauvres du quartier du Bourg-Neuf. Puis il dépassait Pierre-Scize, Vaise aux villas délicieuses, l'énigmatique tombeau des Deux-Amants, les ombrages touffus de Saint-Rambert, et prenait enfin ses ébats dans l'île Barbe, où gisent quelques débris d'un monastère illustre par la science et les vertus de ses religieux, et très florissant encore au temps de l'empereur Charlemagne.

Ayant vu les agréments d'emprunt, les grâces factices du parc de la Tête-d'Or, à la place du bon peuple lyonnais, nous lui préférerions encore les rocheuses et vertes rives de la Saône, les guinguettes de l'île Barbe...

Lyon. — Le parc de la Tête-d'Or.

A TRAVERS PLAINES

XVIII

A TRAVERS BOURGOGNE ET FRANCHE-COMTÉ

Des vapeurs dits « parisiens » joignent chaque jour Lyon à Châlon, en remontant le cours de la Saône, et le voyage en est d'abord charmant. On revoit avec plaisir les terrasses ombragées de Saint-Rambert, les rochers de l'île Barbe, les monts d'Or, le camp de Sathonay, la plus agreste partie de la banlieue lyonnaise. A l'ouest, les petites rivières des cantons industrieux de l'Arbresle et de Tarare se frayent d'étroits vallons à travers les monts du Beaujolais; à droite apparaissent bientôt les marécages des Dombes, que permet de mieux connaître une escale à Trévoux, ex-capitale de leur ancienne principauté.

Une tour octogonale et des remparts en ruines dominant un amphithéâtre de fabriques et de maisons bourgeoises remémorent le long passé féodal de cette ville, qui, presque indépendante de la couronne, jouissait encore, à la fin de la monarchie, de franchises particulières et possédait même un parlement. Trévoux serait néanmoins assez ignorée si toute une page intéressante de notre histoire littéraire n'avait popularisé son nom. Elle dut ce genre d'illustration, trop rare pour ne pas lui être précieuse, au prince Louis-Auguste de Bourbon, duc du Maine, héritier seigneurial de M{llc} de Montpensier, lequel y fonda la grande imprimerie dont usèrent aussitôt les jésuites. Nombre d'ouvrages de propagande et de polémique en sortirent; les plus fameux sont les *Mémoires de Trévoux*, journal de nouvelles, des sciences et des lettres, comparable au *Mercure de France*, et le *Dictionnaire de Trévoux*, publié en 1704, et que l'on consulte encore avec fruit. Ces travaux de savants hommes anonymes, qui défendaient la foi catholique avec autant de vigueur que de talent, provoquèrent de célèbres guerres de plume : Boileau, Voltaire, les encyclopédistes furent au premier rang de leurs adversaires. Avons-nous besoin de dire qu'il n'y a plus rien à Trévoux qui puisse évoquer ces souvenirs? L'esprit ne laisse de traces que dans les bibliothèques, ces nécropoles de la pensée. Aujourd'hui la grande usine de l'*Arguet*, pour l'affinage, le tissage et le battage des matières d'or et d'argent, occupe le modeste chef-lieu d'arrondissement plus que toute cette poussière livresque.

L'aspect des Dombes rappelle celui d'une partie de la Sologne et des Landes. Que l'on imagine une multitude de petits étangs luisant entre de légères buttes, les *poypes*, parmi les cultures de seigle, de froment, d'avoine, sur un plateau de deux cents à trois cents mètres d'altitude. Ce plateau est entièrement couvert d'amas de cailloux roulés, de quartzites des Alpes, sous lesquels des couches d'argile et de calcaire, riches en fossiles, constituent un excellent réservoir agricole. La plupart des étangs proviennent de la stagnation des pluies dans les creux du sol imperméable, complètement négligé durant de longs siècles de guerres incessantes, d'insécurité continuelle, qui changèrent une fertile campagne en désert affreux. Du moyen âge à nos jours ces eaux croupissantes causèrent

Château de Saint-Point, patrimoine de Lamartine.

de cruelles fièvres paludéennes. Le pays commence à s'améliorer. La ligne de chemin de fer qui le traverse du sud au nord a nécessité des travaux d'assainissement dont il recueille déjà les fruits. Beaucoup d'étangs ont disparu, transformés en terre végétale; beaucoup d'autres ne sont conservés que pour les poissons qu'ils nourrissent; il en est que l'on vide tous les deux ans pour les ensemencer, et qu'on remplit derechef après la même période de culture. Bientôt la petite province deviendra, comme la Sologne, un agréable lieu de pêche et de chasse à la bête aquatique. Il abonde en ressources culinaires. Ah! quels savoureux brochets l'on sert à la table d'hôte de ses auberges! Et les bonnes carpes! Sans compter que les volailles y sont proches parentes de celles de la Bresse, et c'est tout dire...

Par delà Trévoux, le vapeur longe les coteaux vineux du Beaujolais; on aperçoit l'industrielle Villefranche, Belleville au clocher roman, et l'on pourrait aller à Beaujeu visiter, s'ils en valaient la peine, les restes du château seigneurial illustré par l'une des premières familles de France, surtout par la sagace, volontaire et prudente *Dame*, fille de Louis XI, régente de France. Puis les monts s'éloignent, s'effacent; sans contrainte la

Saône coule à pleins bords, plate et placide, si large parfois qu'elle semble un lac dans une plaine immense.

Elle est ainsi à Mâcon, au bord de la spacieuse promenade d'une ville modeste, dont les rues, les ruelles, les impasses poudreuses ou boueuses gravissent un amphithéâtre sans beauté. Mais cet amphithéâtre ouvre aux regards la magnifique perspective des cimes du Jura et des Alpes, que l'un des plus grands poètes de notre âge dut bien souvent contempler de la fenêtre du logis gothique situé à mi-côte qui porte toujours l'écusson des Prat de Lamartine et la date de la naissance du chantre des *Méditations* et de *Jocelyn* : 14 octobre 1790.

La noble et fière image du poète, sculptée par Falguière, décore la paisible promenade ; Mâcon n'a pas d'autre « monument », celui-là suffit à sa gloire. Avant la Révolution, c'était une ville moins célèbre que la petite Cluny groupée autour de l'abbaye de bénédictins fondée au xe siècle pour civiliser la contrée forestière, ardue, marécageuse et quasi sauvage, du Mâconnais. Agriculteurs, vignerons, ingénieurs, architectes, par-dessus tout humanistes fort adonnés à l'étude des lettres latines, merveilleux copistes, annalistes consciencieux, précieux enlumineurs et fondateurs d'illustres écoles, les moines de Cluny furent de grands éducateurs de la race humaine. Les laborieuses vertus des Odon, des Mayol, des Odilon, des Hugues et Pierre le Vénérable, portèrent au loin la renommée d'un institut de sagesse et de progrès absolument incomparable. Artistes, ils édifièrent la basilique Saint-Pierre, chef-d'œuvre d'architecture, peuplée de chefs-d'œuvre émanés de tous les corps de métiers, verriers, peintres, imagiers, artisans du bois et du fer formés à leur exemple. Le superbe édifice, livré aux vandales de la *bande noire,* n'existe plus, et ses richesses sont dispersées ; mais ce qu'il reste de l'abbaye vaut la peine qu'on se rende en chemin de fer au milieu de la singulière vallée où Cluny, nullement déchue, s'entoure encore des murailles du fief clérical, en garde les portes et les vieux logis, et loge une école professionnelle d'arts et métiers dans les bâtiments prédestinés des bénédictins. Une tour du sanctuaire abattu, un arc brisé de son portail, en révèlent la grandeur, comme l'os d'un gigantesque animal fossile permet d'en reconstituer le puissant squelette ; un petit musée en contient quelques épaves. On admire dans ce musée l'œuvre gravée du peintre Proud'hon, ce Corrège français, né à Cluny le 4 avril 1758, et qui reçut au monastère les premières leçons de son art. La mairie occupe un pavillon construit par le cardinal-abbé prince de Guise, dans le goût charmant de la Renaissance.

Aux alentours de Mâcon et de Cluny se trouvent les terres nobles de Milly et de Saint-Point, immortalisées par les descriptions du poète des *Confidences* et des *Méditations.* Lamartine y vécut ses dernières années en gentilhomme campagnard, faisant valoir son bien, soignant ses récoltes et s'occupant des vendanges, qui sont le principal revenu du pays. Ses voisins l'aimaient pour son urbanité et son bon sens ; il les étonnait quelquefois par son entente des affaires. Il repose, selon son vœu suprême, dans le tombeau de ses pères, à Saint-Point, où bien des pèlerins vont rendre hommage au mélodieux interprète des plus hautes et des plus douces émotions qui puissent attendrir l'âme humaine.

Le mouvant chemin de la Saône...

A Tournus, florissait une abbaye fondée pour les bénédictins, sous le patronage de saint Philibert, par l'empereur Charles le Chauve. La Révolution en épargna l'église romane, qui est fort belle; une manufacture s'est installée chez les moines. Une place de l'agréable petite ville porte la statue du peintre suave et pathétique de l'*Accordée de village*, de la *Malédiction*, de la *Cruche cassée*, Jean-Baptiste Greuze, né à Tournus en 1725.

Châlon, où le vapeur s'arrête, est la grosse ville commerciale du bassin de la Saône. Le canal du Centre s'y abouche; les grandes lignes du Nivernais, du Berry, de la Bresse et de la Franche-Comté se croisent aux environs. Son port voit affluer les vins de la Bourgogne et les marchandises en transit qui, de la Méditerranée et de l'Océan, sont conduites dans l'intérieur de la France. Bâtie sur deux îles, elle est amplement propre au négoce et s'y donne tout entière; aussi est-elle de physionomie toute moderne, neuve et

Beaune. — Hôpital du Saint-Esprit.

propre, malgré l'ancienneté de ses annales, qui la représentent très prospère sous la domination romaine.

Passé Châlon, la Saône incline vers le nord-est, visite Saint-Jean-de-Losne, à laquelle son héroïque conduite au siège de 1636, — où, munie d'une garnison de cinquante soldats pour aider ses quatre mille citoyens, elle repoussa l'assaut de cinquante mille Espagnols et Allemands, — mérita le glorieux surnom de Belle-Défense. Et la lente rivière s'enfonce en Franche-Comté, où nous ne la suivrons pas encore. La route terrienne, la route blanche, élève devant nous le massif de la Côte-d'Or, aux versants hérissés de vignes, étend le maigre pays des vins généreux. Voici déjà les grands crus de la Bourgogne : Montrachet, aux vins blancs délicieux; Volnay, Pomard, l'Hôpital, Meursault... Leurs ceps fameux mûrissent dans une sèche campagne, sur de lourds coteaux, et la vue n'en est pas récréative. Mais la province, dont elles ont toujours fait la fortune, leur doit d'admirables créations de luxe, les chefs-d'œuvre d'un art original, robuste et savoureux. Heureusement pour le touriste !

Beaune, cité bachique, offre un premier et magnifique témoignage de cet art bourguignon, à la fois solide, réaliste, élégant et fastueux, comme l'art flamand, auquel il ressemble en plus d'un point. C'est son hôpital, édifié dès 1443 par la munificence de Nicolas Rolin, chancelier de Bourgogne, et de Guigonne de Salins, son épouse. Il n'y a rien de plus joli que ses façades intérieures encapuchonnées de lourdes toitures en ardoises, dont les saillies posent sur des colonnettes bordant une galerie qui fait le tour de l'édifice; des fenêtres en bâtière, surmontées de gables et piquées de girouettes alternant avec des lucarnes très ornées, versent d'en haut la lumière; aux chapiteaux s'épanouissent de naïves sculptures, aux crêtes des combles et aux angles des fenêtres courent des aigrettes dentelées. L'ensemble est d'une forme, d'une légèreté ravissantes. C'est un pur tableau du XVe siècle, complété par un puits aux curieuses ferrures, surgissant d'un buisson de fleurs; et animé, de son esprit même, par les religieuses gardes-malades, encore vêtues du costume bleu céleste ou blanc de lis, prescrit par les règles de leur ordre, fondé expressément pour l'hospice de Beaune.

Couronnement de la Vierge. (Tapisserie de l'hôpital de Beaune.)

Les dortoirs, les cuisines, garnies d'un mobilier congruent au style de l'édifice et à leur origine, attestent par un confort de bon aloi et une méticuleuse propreté la grande fortune de l'hospice, qui possède de vastes domaines, des vignobles renommés parmi les meilleurs, et un trésor accumulé par les ans et composé de pièces rarissimes : coffres, bahuts sculptés, superbes tapisseries de Beauvais, surprenantes horloges, livres enluminés et le *Jugement dernier* de Van der Weyden, chef-d'œuvre de réalisme mystique.

Non loin de Beaune, Nolay, patrie des Carnot, vaut une excursion, non pour lui-même, mais pour ses curieux et pittoresques alentours : le « Bout-du-Monde », où la cascade de Menevouet se précipite de vingt mètres de hauteur, et la Roche-Pot, dont les grandioses ruines féodales, le dolmen dit « la Pierre qui vire », les tombelles gauloises et l'église du XIIe siècle, sont célèbres à la ronde. L'église renferme le remarquable tombeau d'un des grands hommes d'État du XVe siècle, Philippe Pot, sénéchal de Bourgogne, l'orateur admiré, la « bouche d'or » des états généraux de 1483. Il y est représenté tout armé, couché sur la dalle funéraire, et le pleurent, sur les faces latérales, des moines et des béguines, têtes baissées et drapées, dans une dolente attitude pleine de naturel.

Savigny, Nuits, Clos-Vougeot, Gevrey-Chambertin : énoncer ces noms, chers aux gourmets, c'est proclamer la gloire des illustres moines de Cîteaux. Ils ont planté ces vignes précieuses, ils les possédèrent durant plusieurs siècles. Vougeot conserve leurs vendangeoirs. La gratitude qui leur est due commandait de respecter au moins leur abbaye, si grande et belle encore au siècle dernier par son église et son réfectoire gothiques. Mais l'antique fondation de l'abbé Robert de Molesme, des vicomtes de Beaune et de saint Bernard, l'éloquent réformateur, a eu le sort du monastère de Claivaux : ce n'est plus que le centre d'une colonie agricole de jeunes détenus, à peu près sans intérêt.

Les tours de Saint-Bénigne annoncent Dijon, assise au pied du mont Afrique, dans la vaste plaine où l'Ouche et la Suzon n'apportent plus assez d'eau pour les besoins d'une population qui s'est beaucoup accrue depuis vingt ans par l'émigration des Alsaciens-Lorrains. Tout un faubourg près de la gare s'est formé de l'afflux de ces transfuges. La ville ancienne, belle et charmante, saine et gaillarde, commence à la porte Guillaume, ouverte sur le réseau de ses bonnes vieilles rues provinciales. Bien qu'on en ait sottement abattu plus d'un antique monument, tel que le fort château de Louis XI, où Mirabeau fut captif, le parfum du passé l'embaume encore. Ses belles églises, ses nobles édifices, les demeures de ses nombreux grands hommes rappellent éloquemment la capitale des ducs de Bourgogne et celle d'un des premiers gouvernements de l'ancienne France. A ces traits matériels d'une haute physionomie s'ajoutent, pour en mieux accuser l'originalité, le caractère autochtone, la jovialité, la bonhomie, la verdeur d'un peuple très particulier, et dont même le parler gras et traînard a sa plaisante saveur.

Il n'est pas d'étranger allant en Suisse, en Italie, qui ne s'arrête à Dijon pour en voir au moins le palais des États et le palais de justice. L'exemple est à imiter. Résidence des puissants ducs, puis des princes de Condé, gouverneurs de la province, siège des États, le premier de ces palais enclave aujourd'hui dans des bâtiments classiques de l'époque de Louis XIV et de Louis XV quelques beaux restes du xve siècle. La tour dominante, dite de la Terrasse, la grande salle des gardes, les cuisines, les réfectoires, de style ogival, peuvent, devant l'imagination instruite, évoquer le temps de la grandeur dijonnaise, les figures quasi royales de la seconde maison de Bourgogne, qui rivalisa la maison de France et conçut même un moment l'espoir ambitieux de la mettre au second rang, après elle. Jean sans Peur n'était-il pas plus qu'un vassal pour le dauphin, depuis Charles VII, lorsque le terrible et néfaste assassinat du pont de Montereau vint l'en délivrer ? Jean le Bon, bien autrement fort que le « petit roi de Bourges », ne faillit-il pas le précipiter à jamais de son trône héréditaire au profit de l'Anglais et de lui-même ? Et Charles le Téméraire, s'il eût été maître de sa fougue, qui sait si le madré Louis XI l'eût emporté sur le vaillant, le plus riche, mais aussi le plus fol prince de son siècle ? Il s'en fallut de peu à certaine heure que Dijon ne triomphât de Paris. On songe à ces dernières années du moyen âge et de la chevalerie en gravissant les marches des tours, en parcourant les salles voûtées du palais des États, surtout en admirant les magnifiques tombeaux de Philippe le Hardi et de Jean sans Peur, composés avec la plus délicate, la plus exubérante fantaisie, l'un par Jehan de la Huerta, l'autre par Claux Sluter, dans le style splendide du xve siècle.

Le palais de justice représente avec éclat une autre face de l'histoire de la Bourgogne ; bel et large édifice construit du xve au xvie siècle, il fut, depuis la transformation du duché en province française jusqu'à la Révolution, le siège d'un parlement distingué entre tous par le mérite et les talents de ses magistrats. Il suffit, pour lui rendre hommage, de citer les noms de quelques présidents : Bernard de la Monnoye, qui recueillit tant de joyeux *Noëls bourguignons;* Bouhier, docte et sagace antiquaire ; Charles de Brosse, auteur

Dijon : portail de la chartreuse.

des si piquants *Voyages en France et en Italie*. La grande salle des Pas-Perdus, voûtée, hardiment charpentée et soutenue par de longues poutres historiées, nous semble évoquer elle aussi les belles figures de ces excellents personnages, érudits, spirituels et profonds écrivains, éclairés et passionnés amateurs de belles-lettres, qui, dans un temps où Paris n'était pas encore, heureusement, tout le cerveau de la France, portèrent haut et loin le renom de leur bonne ville.

Aux alentours de ces palais se rencontrent les façades sculptées, armoriées, des hôtels Mimeure, Vogüé, Fijol, Richard et Milsand, la maison aux Cariatides. Çà et là des plaques de marbre désignent les maisons natales des illustres Dijonnais : Bossuet, qui eut à si haut degré et dans un âge si précoce la vigoureuse sève de sa riche province; Crébillon, Guyton de Morveau, Longepierre, Jacques Cazotte, le sculpteur Dubois, Buffon, le jurisconsulte Proud'hon, le musicien novateur Rameau. La statue de ce maître, celle de saint Bernard, né à Fontaine-lez-Dijon, celle du génial sculpteur Rude, décorent des places de la ville, fertile en hommes du premier ordre.

Dijon. — Palais de justice.

Parmi les églises dijonnaises, Saint-Bénigne, sanctuaire d'une abbaye fameuse, et Saint-Michel sont imposantes; mais Notre-Dame leur est bien supérieure par la grâce, la finesse et l'originalité du style. Superposition de trois rangs d'arcades élancées, soutenues par de sveltes colonnes, son portail est d'une hardiesse, d'une légèreté charmantes. Du bord des archivoltes, des gargouilles à têtes de moines, de femmes, de monstres symbolisant avec une extraordinaire fantaisie les péchés capitaux, se penchent dans le vide. Une très curieuse horloge à personnages drôlatiques et gai carillon surmonte ce chef-d'œuvre de l'architecture bourguignonne au XIIIe siècle; elle provient de Courtrai, d'où le duc Philippe le Hardi l'enleva par droit de conquête en 1373.

En harmonie avec la gloire et l'opulence de Dijon, le Parc, promenade urbaine, est un vaste « jardin français », dessiné par Le Nôtre ou d'après lui, sous le gouvernement du grand Condé et de son fils. Un pieux monument élevé aux légions de la Côte-d'Or, qui luttèrent avec un impétueux courage pour la défense nationale, se dresse au milieu de cet éblouissant damier de parterres, de bosquets, de boulingrins, de nappes et de jets d'eau, d'avenues impénétrables au soleil.

Un peu en dehors de la ville, près du jardin botanique de l'Arquebuse, un arc ogival de belle envergure donne accès dans la chartreuse fondée en 1383 par Philippe le Hardi. Le couvent d'autrefois renfermait les tombeaux des ducs; ses religieux distribuaient toutes les semaines cinq à six cents pains aux pauvres; et, rapporte un voyageur du siècle dernier, « quoiqu'il y en ait un grand nombre dans cette maison, ils sont si exacts observateurs de la retraite et du silence, qu'il semble que ce soit un désert. » On ne l'en a pas moins transformé en asile d'aliénés, surtout d'alcooliques, lamentables victimes de ces eaux-de-vie de marc de Bourgogne, plus ou moins sophistiquées, dont l'abus fait tant de misérables parmi les ouvriers des grandes villes. Dans l'asile, un puits, ouvrage de Claux

Sluter, garde presque inaltérées les expressives statues des prophètes juifs sculptées par ce maître, énergique comme Michel-Ange, aux parois intérieures, entre des colonnettes que surmontent de suaves figures d'anges. On voit au portail de la chapelle, dans le cadre de charmantes floraisons gothiques, les figures originales des fondateurs, le duc et la duchesse, celles de leurs patrons célestes et de jolies cariatides.

Dijon. — Église Saint-Michel.

Au nord de Dijon s'étend la campagne partout montueuse, un peu sombre, forestière, où naît la Seine avec tant d'autres sources et des rivières bruissantes dans les combes farouches. Les voyageurs en chemin de fer en découvrent l'aspect général des hauteurs de Vilars, de Plombières et de celle de Blaizy-Bas, que perce un tunnel de plus d'une lieue. De très beaux châteaux et d'anciennes abbayes ornent ces paysages, plus robustes que gracieux. Saint-Seine-l'Abbaye et Til-Châtel pour leurs églises, Fontaine-Française et Grancey pour leurs châteaux, comptent parmi les plus jolis coins de la banlieue dijonnaise, où ne manquent pas non plus qu'ailleurs, dans le voisinage des villes florissantes, villas et maisons de plaisance en rapport avec la fortune des négociants en vins, des distillateurs de cassis, des fabricants de nonnettes, de moutarde et de maroquins, qui sont l'aristocratie commerciale de Dijon.

Plus à l'est, dernière ville bourguignonne, la petite place forte d'Auxonne, est dominée par les cinq tours de sa coquette église et les ruines d'un château bâti par Louis XII à la frontière de sa province de Bourgogne et de la Franche-Comté, alors terre espagnole. Ce poste d'honneur, Auxonne le défendit héroïquement au XVIe siècle, quand, cédée à Charles-Quint par le traité de Madrid, elle refusa obstinément d'en accepter le joug, et, assiégée par les Impériaux, les combattit avec une telle ardeur, qu'ils durent précipitamment regagner leurs quartiers.

En Franche-Comté.

La Saône, plus libre en sa vallée plus large, déroule des plis innombrables à travers des champs de maïs, de betteraves, de chanvre, de blé et des prairies immenses. On passe auprès de Broye, de Pesmes, modestes bourgades qui, la première sous le nom gallo-romain d'*Amagetobria*, eurent leur jour d'importance historique. C'est d'Amagetobria que les Éduens et les Sequanes, vaincus par le chef germain Arioviste, songèrent à solliciter le secours des Romains, qu'ils supplièrent en effet de venger leur injure, ce qui déchaîna sur les Gaules la terrible conquête de Jules César. Nombre de cités mémorables, sous la domination romaine, ne sont plus en Franche-Comté que d'in-

Cloître de l'abbaye de Luxeuil.

fimes lieux, ou même ont disparu, totalement détruites, effacées par les invasions successives des Barbares, du IIe au Ve siècle.

Gray, sur les bords de la Saône, qu'il charge de son commerce de vins et de bois en grume, est aussi une ville déchue. Chef-lieu, sous la domination espagnole, d'un « baroichage », composé de cent quatre-vingt-quatre villages, il avait université, justice indépendante, noblesse d'épée, noblesse de robe, et son aristocratie habitait de grands hôtels détruits par les sièges et les incendies de 1668 et de 1674. Aujourd'hui encore l'hôtel de ville et l'église portent la marque du goût et du style particuliers à l'Espagne au XVIe siècle.

De Gray à Vesoul, en pays de sources, de fontaines, de minces ruisseaux, de très petites rivières, qui vont grossir la Saône des eaux de pluie absorbées par les innombrables fissures des hauts plateaux secs, rien à glaner, sinon de gentils paysages à croquer en trois coups de crayon, et sur de légers coteaux, le long des rives, à l'écart des forêts ou des bois brunissant l'horizon, les débris de forteresses très anciennes. Dampierre, Roy, Scey, Port, Amance, Jussey, marquent la route. Vesoul se tasse au pied d'une montagne isolée, la butte de la Motte, dont une chapelle, surmontée d'une statue de la Vierge, couronne le sommet. Elle est ville propre, régulière, commerçante; en ses alentours se trouve le Frais-Puits, rivière extraordinaire, qui d'un énorme entonnoir de soixante mètres de tour sur dix-sept de profondeur et presque toujours à sec, mais que de gros orages emplissent en un moment, verse parfois jusqu'à cent mètres cubes d'eau par seconde sur la plaine environnante, aussitôt inondée. Cette crue si rapide et si violente fut souvent désastreuse pour Vesoul. Mais, en 1557, douze mille Allemands l'assiégeant, elle lui rendit le mémorable service de les repousser de ses flots diluviens, et ainsi de sauver la ville.

A partir de Vesoul, vers l'est, la terre devient plus accidentée, plus rude. Tandis que les collines plus hautes se couvrent de sapins et de cerisiers, les plateaux sont littéralement criblés de petits étangs formés par les eaux pluviales et les sources cachées. On approche des Vosges, dont les *ballons* s'estompent au loin. Lure, Luxeuil, sont les villes de cette contrée intermédiaire, toutes les deux anciennes et célèbres abbayes; la seconde, station thermale, où l'on va, depuis les Romains, chercher la guérison des rhumatismes, des névralgies, de l'anémie, de la scrofule. Proprette, élégante pour plaire à ses baigneurs, Luxeuil peut les intéresser à de curieux vestiges d'antiquité; et elle possède le cloître, les bâtiments monastiques, l'abbatiale de l'illustre fondation de saint Colomban, où les maires du palais disgraciés, Ébroin et saint Léger, vécurent emprisonnés sous la garde des religieux, et où le dernier Mérovingien dut livrer au ciseau sa chevelure royale et prendre la robe de bure.

Château de Montbéliard.

Au midi de Luxeuil, surtout à l'est de la riante vallée de l'Ognon, bordure de la Plaine dont l'autre bordure est le Doubs, le pays semble une forêt, tant se toisonnent d'épais ombrages les plateaux sillonnés par quantité de rivières. On traverse le difficile champ de bataille où se livrèrent en janvier 1871, à Villersexel et à Héricourt, les combats les plus acharnés et les plus inutiles de la guerre franco-allemande à sa dernière période. Nos trop jeunes troupes succombèrent, et vers la Suisse opérèrent une retraite désastreuse. Un monument, à Montbéliard, honore les victimes qu'ils laissèrent, par milliers, dans les neiges.

Montbéliard, qui célébra en 1893 le centenaire de son annexion à la France, était naguère le féodal État d'un comte indépendant; ce seigneur battait monnaie à son effigie. Elle garde son château dominateur, enté sur roc et flanqué encore de deux énormes

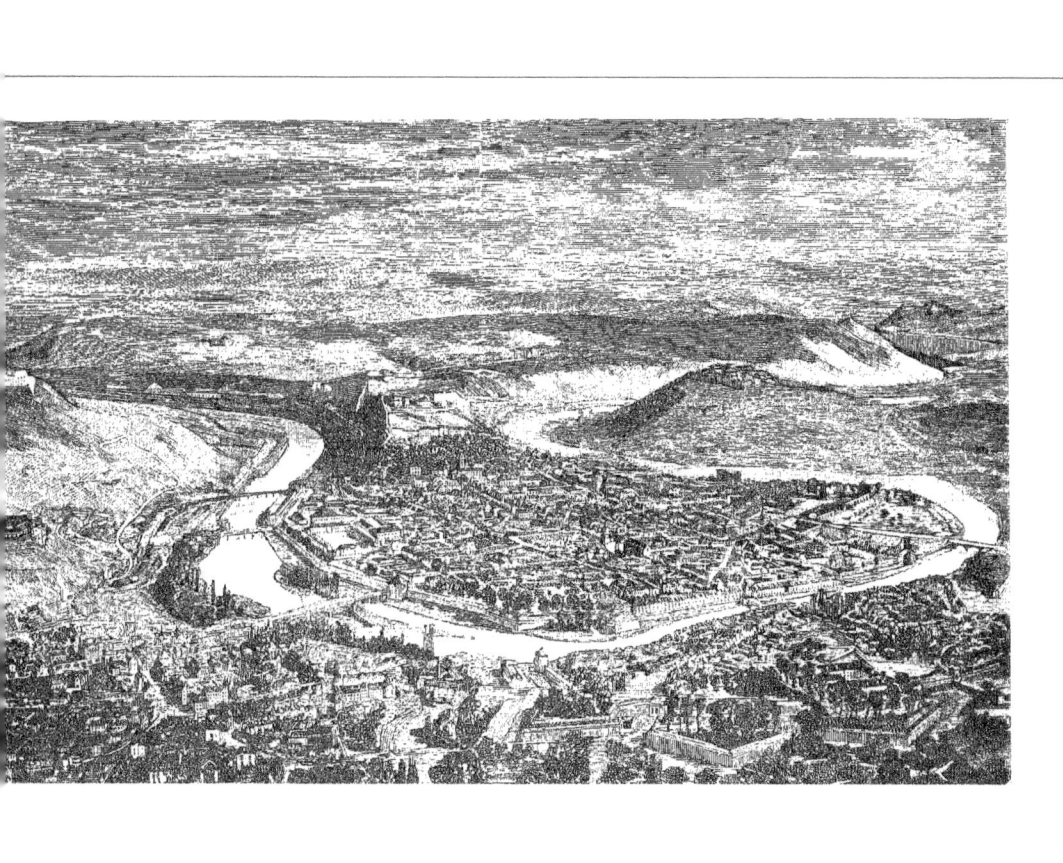

tours noires, tour Bossue et tour Neuve. Ville protestante, austère, savante, un musée d'histoire naturelle et d'archéologie installé dans les halles, élégante construction de la Renaissance, y favorise les goûts studieux; une école normale modèle y prépare des instituteurs protestants, et le collège porte le nom de son illustre fils, Georges Cuvier, auquel ses concitoyens ont élevé une statue sculptée par David d'Angers. A une lieue de Montbéliard, l'active Audincourt groupe des forges et des filatures; sur les bords de la Luzine et de l'Aluoz, des tanneries et des mégisseries confectionnent des cuirs renommés.

L'Isle, Clairval, Baume-les-Dames, qui, sous le nom de Baume-les-Nonnes, fut une abbaye si aristocratique qu'il fallait prouver seize quartiers de noblesse pour être admis à y prendre le voile: la route, qui côtoie le Doubs et le canal du Rhône au Rhin, mène à ces petites villes ou bourgs francomtois, vivifiés par l'industrie. Aux abords de Besançon, le Doubs aux eaux bleues arrose un pays très accidenté: la côte de Joux, dont les sommets dépassent cinq cents mètres, verse sur sa rive gauche; les hauteurs de Chailluz, de Mongent, allongent leurs pentes sylvestres jusqu'à sa rive droite; et dans la triple courbe dont il enveloppe la « vieille ville espagnole », enfermée ainsi dans une presqu'île, des montagnes arrondies, le pressant de toutes parts, servent à l'emplacement des forts nombreux qui constituent le boulevard de la frontière du Jura, une des premières citadelles de France.

Située entre deux cent cinquante et deux cent quatre-vingt quatorze mètres d'altitude, de la rive droite du Doubs au mont Charmont, l'ancienne capitale du comté de Bourgogne (ou Franche-Comté) s'adosse elle-même à un massif rocheux de trois cent soixante-huit mètres de hauteur; plus élevés encore, ses alentours, Tro-Châtey, Chaudanne, Brézillé, le dominent de leurs croupes brunes et de leurs forteresses. Comme plongée dans un fond d'entonnoir, elle est d'aspect sévère et presque maussade. Sauf dans les trois mouvantes rues des Granges, Saint-Pierre et Grande, on la dirait muette ou morte. Entre ses grands logis moroses, une inscription fait remarquer au passant les maisons natales de Joseph Droz et de Charles Nodier; près de la porte Noire, une ligne : *Victor Hugo, 22 février* 1802, signale le modeste hôtel où

Naquit d'un sang breton et lorrain à la fois

le poète des *Orientales*, des *Feuilles d'automne*, de la *Légende des siècles*.

La porte Noire fut un arc de triomphe destiné par le municipe de l'antique *Vesontio* à glorifier les victoires de Marc-Aurèle. Tout à côté, deux colonnes, dont les magnifiques chapiteaux corinthiens supportent un morceau d'architrave, sont les restes d'un théâtre de la même époque. Elles sont entourées de débris aussi anciens, où la science déchiffre quelques mots des annales de la cité gallo-romaine embellie par les empereurs, dotée par Galba d'un sénat particulier, et prise, ruinée par les Germains sur le déclin de l'empire, achevée ensuite par les Alamans, les Alains, les Huns, les Sarrasins, les Hongrois.

Auprès de la porte Noire, sur le probable emplacement du palais des proconsuls latins, fut bâti le palais archiépiscopal, résidence au moyen âge des véritables seigneurs de la ville, princes de l'Église et du saint Empire romain. Il touche à l'église métropolitaine Saint-Jean, que décorent de belles peintures du Tintoret, de Fra Bartholomeo, de Carl Vanloo, du Trévisan, de de Troy, de Natoire, le mausolée de l'abbé Ferry-Carrondelet et ceux des cardinaux de Rohan et Mathieu.

Le palais Granvelle, édifié de 1534 à 1540, par le cardinal bisontin, garde des sceaux de Charles-Quint; l'hôtel de ville, où se lisent les armes urbaines, composées des aigles des Habsbourg et de la devise *Utinam;* plusieurs vieux logis de la rue Battant, aux façades arquées à l'allemande ou à l'espagnole : ce sont les traces, à Besançon, du long règne des rois d'Espagne. La ville, toute militaire, n'a pas d'autres édifices. Cependant elle aime les sciences, les lettres et les arts, elle sait les protéger. Dans une annexe du palais Granvelle, de très spacieuses galeries renferment plus de cent trente mille volumes ou manuscrits, plusieurs provenant des rares éditions du xvie siècle et de la bibliothèque dispersée de Mathias Corvin. Sous des vitrines, la numismatique de la province est représentée par un grand nombre de monnaies et de médailles précieuses. Entre les médailles et les estampes d'un musée choisi brillent la *Déposition de croix* du Bronzino, le portrait du *chancelier de Granvelle*, par le Titien, le *Galilée* de Vélasquez. Ailleurs, plusieurs salles exposent les peintures, les dessins, les lithographies romantiques, données à sa ville natale par le peintre Jean Gigoux, et fort intéressantes pour l'histoire de l'art français de 1820 à 1850.

L'horlogerie est la maîtresse industrie de Besançon; elle y fut importée en 1879 par d'excellents ouvriers venus de la Chaux-de-Fonds, en Suisse, et la création, en juillet 1891, d'une École nationale d'horlogerie lui a donné une nouvelle impulsion, dont elle avait grand besoin.

A dix lieues à la ronde, le pays, prolongement des contreforts du Jura, est très beau, très fertile. Les montagnes, noires de bois, nourrissent l'orme, le charme, le frêne, le merisier, le pommier et le poirier sauvages, le houx et le genévrier; les sycomores s'élèvent à de prodigieuses hauteurs; les sapins apparaissent; partout se dressent des rochers abrupts et pittoresques; partout sources, fontaines, cascades répandent lumière et fraîcheur. Dans la région de la plaine, sur la rive droite du Doubs, les coteaux produisent les vins clairs et parfumés du Miserey, du Menotey, que le phylloxéra a malheureusement enchéris. Sur la rive gauche s'étend la Moyenne-Montagne, moins abondante en fruits, mais riche par ses gras pâturages.

La seconde ville de la plaine, c'est la très ancienne Dôle (*Dolum* ou *Dola Sequanorum*), tour à tour romaine, impériale, espagnole, parlementaire, passé résumé dans sa devise : *Justitia et armis!* mais dont la pauvreté de ses édifices ne témoigne guère, ce qu'explique d'ailleurs cette note consignée dans ses registres municipaux : « L'an 1479, le vingt-ciquième jour du mois de mai, heure de midi, fut, par les Français et par trahison, prise la ville de Dôle, la plupart des habitants d'icelle occis et les autres prisonniers, et en cette heure y mirent lesdits Français le feu et furent brûlés : églises de Notre-Dame, Saint-Georges, les halles, auditoire, chambre du conseil et moulins dudit Dôle. La plupart de cette ville exterminée, captive, ne sera pas vue par ceux qui ci-après liront, comme dessus, et ce nous certifions sous nos seings manuels ci-mis. »

Dôle « la Dolente » ne s'est jamais relevée de cet horrible siège, dirigé par le féroce Charles d'Amboise; elle s'en souvient encore. Une inscription contemporaine du désastre y montre la *Cave d'enfer*, où quelques valeureux hommes échappés au massacre, après avoir héroïquement combattu, se disposaient à vendre chèrement leur vie, quand un mot du vainqueur à ses soldats bourreaux : « Qu'on les laisse pour graine ! » les sauva d'une mort inévitable.

A quelques lieues de Dôle, par delà la forêt de Chaux et non loin de Montbarrey, ancien fief d'une famille princière de la Franche-Comté, se laisse oublier le village un moment célèbre de Mont-sous-Vaudrey. Là naquit en 1807, d'une famille de cultivateurs aisés, jadis serfs ou, en tout cas, bien humbles vassaux des illustres princes de Montbarrey, Jules Grévy, que ses talents de jurisconsulte, surtout de politique avisé, élevèrent aux premières charges, puis à la plus haute dignité de l'État. Durant des années, le rustique Mont-sous-Vaudrey fut la résidence quasi souveraine de ce président de la République; une petite cour d'amis fidèles, de fonctionnaires, suivait les chasses qu'il leur offrait dans un grand parc giboyeux. Ces splendeurs économes se sont éteintes assez tristement avec la réputation d'intégrité du maître, renversé honteusement du pouvoir, et qui vint finir dans son domaine une vieillesse déshonorée.

A TRAVERS PLAINES

XIX

DE LYON EN PROVENCE

A Lyon, près du pont de la Guillotière, un « gladiateur » tout paré se dispose à descendre le Rhône : embarquons-nous à bord de ce coquet steamer, et qu'il nous déroule les divers aspects de la grande vallée : ce sera charmant.

Il n'y a pas en France de plus beau voyage. Le rapide vapeur, dont le cours impétueux du fleuve augmente encore la vitesse, vous promène sans secousse entre des rivages merveilleusement variés. On passe en quelques heures d'un horizon brumeux sous un ciel clair et brillant, du Lyonnais humide au Midi sec, des monts du Forez noirs de châtaigniers et de chênes aux légères Alpines couvertes de mûriers et d'oliviers pâles. Les ramifications des Alpes Dauphinoises et des contreforts des Cévennes vous laissent l'image fugitive de leurs roches blanches et de leurs basaltes rouges ou grisâtres, les uns couleur de cendre, les autres couleur de feu. Face à face, les plaines opulentes du Comtat-Venaissin et les montagnes vineuses du Languedoc passent sous vos yeux. Et ces contrées si différentes à peine entrevues, voici déjà la Provence, les villes antiques, empreintes du génie grec et latin. Splendides sous le soleil, qui dore depuis des siècles la magnificence de leurs édifices, elles ont encore plus d'éclat dans vos souvenirs. L'immense passé s'étend soudain devant votre esprit. Vous goûtez l'indicible volupté de vivre dans le temps et de contempler ce qui est. Partout l'histoire vit autour de vous, palpable dans ses œuvres, sensible dans les êtres; car dans la vieille province romaine elle palpite avec le cœur des hommes, elle est inscrite dans leurs traits mieux que dans les livres, et leur langage est sa langue même à peine changée...

Vienne prélude à ces impressions. Du bord du grand fleuve, où le vapeur fait sa première escale, elle apparaît si tranquille et si vieille, que l'on ne songe qu'à son illustre passé. La *Vienna Allobrogum*, créatrice de Lyon qui fut d'abord son humble colonie, la capitale romaine de la Narbonnaise, qui devint la capitale de la Burgondie et du royaume de Bourgogne cisjurane, devait se concentrer dans le lacis de rues étroites et silencieuses dont les maisons chenues semblent construites avec les matériaux de la cité antique.

Mais ce qui frappe d'abord les regards, c'est le signe majestueux dans sa déchéance de la puissance des archevêques de Vienne, primats des Gaules, seigneurs temporels de la ville : l'ancienne cathédrale Saint-Maurice. Son portail sombre, flanqué de deux tours et que précède l'escalier d'un parvis cerclé d'une balustrade gothique, domine le Rhône. De stupides mutilations en ont effacé les sculptures, et dans la nef, des murs tachetés de moisissures, des tapisseries fanées, des tombeaux de prélats étrangement pompeux dans cette solitude et cet abandon, vous pénètrent de mélancolie. Quatre conciles ont animé ce sanctuaire, et à l'un d'eux, en 1311, assistaient, sous la présidence du pape Clément V, les rois de France et d'Angleterre, les patriarches d'Antioche et d'Alexandrie, trois cents évêques qui furent unanimes à condamner et abolir l'ordre des Templiers. Comme est loin tout cela !...

Le gracieux temple d'Auguste et de Livie, entouré de sculptures jonchant le sol, marque le centre de l'impériale Vienne et en est le plus beau reste. Vis-à-vis s'élevait le palais des préteurs, où l'on dit que siégea Ponce Pilate, avant d'aller à Jérusalem ; le palais de justice repose sur ses fondations et en enclave les murailles. On voit ailleurs les hauts degrés du *Forum,* et, tout à l'extrémité d'un faubourg, la *Spina* d'un cirque s'appelle vulgairement le Plan de l'Aiguille. Aux alentours, des morceaux d'aqueducs, de remparts, de citadelles, se mêlent à des ruines féodales. On montre une tour où de vengeresses légendes font emprisonner et mourir Ponce Pilate, disgracié par Tibère et renvoyé honteusement dans son pays, et la Gère coule entre les murailles romaines des antiques châteaux de Pipet et de la Bassière.

Mieux que le Rhône, la Gère est l'artère vivifiante de la moderne Vienne. Contre elle s'étagent les rues ouvrières, mouvantes, bruyantes, aux noirs logis, aux ruisseaux violets du faubourg de Pont-l'Evêque. Aux qualités de ces eaux, qui ne gèlent jamais et passent pour excellentes à la trempe de l'acier, elle devait jadis des armureries aussi vantées que celles de l'Espagne ; elle leur doit aujourd'hui des fabriques de draps, une papeterie, une verrerie, des établissements métallurgiques, activés par plus de cent roues hydrauliques, et des tanneries, et des teintureries qui l'égalent, pour la diversité de ses produits, aux ruches les plus industrieuses de l'Angleterre et de l'Allemagne.

Au-dessous de Vienne, le fleuve s'écoule entre les pentes orientales du mont Pilat, puis entre les rameaux de la chaîne des Boutières et les versants de quelques plateaux dauphinois, tombant de plus près sur la rive droite, parfois la pressant contre leurs rampes abruptes. Des deux côtés, de petites rivières, la Vorèze, le Dodon, la Collière, la Cance, la Galaure, la Doux, l'Isère enfin, lui versent leurs eaux vives et claires ; on voit s'ouvrir les étroites vallées qu'elles fécondent ou qu'elles enrichissent par l'industrie. Il y aurait souvent plaisir et profit à s'arrêter aux bourgades qui fuient sous les yeux, à s'enfoncer dans les vallées dont l'on n'aperçoit que le vague commencement : une ombre verte et profonde. Ce château de Roussillon, qui domine le village et la côte, c'était en 1564 le très élégant séjour du roi Charles IX, en visite chez son ministre et féal cardinal de Tournon, et l'édit fixant au premier janvier le jour de l'an, priorité accordée jusqu'alors au dimanche de Pâques, en est daté. Plus loin, à Saint-Vallier ; si connu naguère pour sa poste aux ânes, et au seuil de la pittoresque vallée de la Galaure, débouche la route où l'on rencontrerait le célèbre château de Mantaille et les superbes ruines d'Albon, berceau d'origine de l'illustre famille des Guignes d'Albon, dauphins du Viennois, et ensuite du Graisivaudan, de Grenoble, du Dauphiné tout entier. Les coteaux de Tain, à cent soixante-huit mètres au-dessus du Rhône, portent le vignoble, hélas! phylloxéré, du fameux Ermitage, né d'un cep importé de Chiraz et chanté par plus d'un poète bachique. En face, la curieuse Tournon élargit son port, et sur une roche non moins escarpée juchent son château et son ancien collège de jésuites, si prisé, si fréquenté du XVIe au XVIIIe siècle. Valence s'étale en plaine; mais, devant l'ancien fief clérical, les hauteurs de Saint-Péray ont longtemps mûri des vendanges de vin blanc délectable. L'un des plus grands charmes de la descente du Rhône, n'est-ce pas l'existence, sur les rives du fleuve, de tant de villes ou de bourgades, qui ne sont séparées que par un pont, et dont pourtant le site, la structure, la couleur, les annales, les usages, les mœurs, les fêtes sont différents? La nature et l'histoire les ont de concert autrement créées, formées, civilisées, et leur visible diversité vous est un sujet continuel d'étonnement, de distraction et d'étude.

Il y a deux Valence: une neuve, spacieuse et luxueuse, près de la gare; une ancienne, tortueuse et simple, plus près du fleuve. On peut aisément reconnaître dans celle-ci au moins le dessin de la *Julia Valencia* et de l'ex-capitale du duché de Valentinois. Entre les deux la cathédrale Saint-Apollinaire garda quelque temps le tombeau du pape Pie VI, mort dans la ville où le gouvernement du Directoire l'avait fait interner. La statue de cire du souverain pontife et son buste en marbre, par un élève de Canova, rappellent ce grand deuil de l'Église. Dans une chapelle du chœur, le mausolée de la famille parlementaire des Mistral est un monument de la Renaissance, plein d'intérêt pour les connaisseurs.

Cathédrale de Viviers.

Quelque part, dans la ville ancienne, une fort jolie porte sculptée au XVIe siècle, et la *maison des Têtes*, ainsi nommée des nombreux médaillons, évidant sa façade et son vestibule, d'où ressortent le cou tendu de singulières figures mythologiques, voilà ce qui représente à Valence le passé. Il y faut joindre la statue élevée au général Championnet, sorti des rangs du peuple; et peut-être, bien que nulle inscription ne la signale, la maison historique où logea de 1789 à 1791, chez Mme du Colombier, le jeune lieutenant d'artillerie Napoléon Buonaparte.

L'Erieux, la Drôme, l'Ouvèze, l'Ardèche, de moindres rivières, presque anonymes, viennent aux bords du fleuve finir les vallées que nous décrivons ailleurs dans nos courses à travers les monts du Dauphiné et ceux du Vivarais. Livron, le Voulte, le Pougin, Cruas, Rochemaure, stationnent les rives. Ce sont, presque toutes, des châtellenies féodales, de mine encore altière sur leurs rochers basaltiques, couronnées de ruines imposantes. Rochemaure est extraordinaire : les toits plats de ses maisons bâties en pierres de lave, toutes noires, semblent s'accrocher aux flancs d'une pyramide de basalte que surmontent les murailles d'un château fort, et par delà cette gigantesque stature dont un précipice le sépare se dresse en surplomb un roc encore plus raide, plus âpre, à peu près inaccessible, et portant un donjon plus antique et plus formidable. Contrefort de la chaîne volcanique du Coiron, Rochemaure avoisine la célèbre chaussée de basalte de la montagne de Chenavari, appelée, pour l'épaisseur énorme de ses gradins, *Pavé des Géants*.

Moins grandiose, mais encore en hauteur, sur la rive gauche du Rhône, et aussi quelque peu féodal, du moins par son château carré transformé en prison, Montélimart est comme autrefois « assez bien peuplé et marchand »; son marché de soies grèges et ouvrées compte parmi les plus achalandés de cette région de mûriers et de magnaneries. Et qui n'apprécie les nougats et autres friandises de sa manière? Sur la rive droite, l'aspect seigneurial de Viviers répond à la grandeur éclipsée de ce chef-lieu de canton, jadis épiscopale cité de quinze mille habitants. Il n'en a plus que trois mille aujourd'hui, la plupart occupés dans les moulinages, les filatures de soie, les minoteries et les usines établies pour la perforation de la chaux hydraulique du Teil, un des meilleurs ciments connus. En contraste avec ce modeste présent, sa cathédrale du xiie siècle, son palais de l'évêché, ses hôtels de la Renaissance, sa maison des Chevaliers, de nombreux logis nobles et bourgeois, aux fenêtres arquées et sculptées, les restes de ses fortifications flanqués de tours et juchés sur roc, vantent la capitale du *Comitatus Vivariensis*.

Entre ces deux villes, à courte distance de l'une et de l'autre, à l'est, une excursion désirable en pays boisé, pittoresque, vous mènerait à Grignan vivre par la pensée quelques-unes des admirables lettres de Mme de Sévigné. La marquise y vint souvent habiter le château de style Renaissance bâti, sur un roc exposé aux rages de la bise, par les ancêtres du comte Adhémar de Grignan, lieutenant général de Provence. Dévasté en 1792, le seigneurial édifice conserve encore assez de belles choses pour rappeler à l'imagination ses hôtes du grand siècle : la belle et froide comtesse, qui se laissait aimer avec une si parfaite indifférence, les jolies petites Pauline et Marie-Blanche; leurs portraits sont là, et celui de leur grande aïeule, qui mourut au milieu d'eux le 7 avril 1696, et fut inhumée dans la vieille église paroissiale, où son tombeau est toujours, et qui revit encore, sur une place du bourg, dans une gracieuse statue de bronze.

De ce pèlerinage littéraire, une route en zigzag traversant Saint-Paul-Trois-Châteaux, siège autrefois d'un minuscule diocèse, honneur représenté par la beauté de sa cathédrale, et Suze-la-Rousse, au château somptueux, vous reconduirait sur les bords du fleuve, à Pierrelate, qu'un pont suspendu relie à Bourg-Saint-Andéol, l'antique municipe gallo-romain de Bergoiata, sanctifié par le martyre de l'apôtre de la province. De très étranges bas-reliefs, sculptés avec un art tout primitif, dans une grotte, près de la fontaine de Tournes, et qui paraissent symboliser le culte du soleil, lui donnent, aux yeux des archéologues, une origine beaucoup plus reculée.

Presque à l'embouchure de l'Ardèche, Pont-Saint-Esprit adosse au flanc calcaire d'une maigre colline une ville poudreuse, dominée comme la plupart des cités riveraines du Rhône par une citadelle; celle-ci renferme la brillante chapelle gothique nommée chapelle du Saint-Esprit. Là primitivement fut un ermitage, puis un monastère de saint Saturnin, où l'on adorait la troisième personne de la Trinité. Cette communauté religieuse a donné au bourg ancien la seconde moitié de son nom, la première venant du pont de pierre, aux piliers fenestrés, dont les vingt-deux arches inégales traversent le fleuve sur huit cent quarante mètres de longueur. Le beau pont gothique, solide comme une construction romaine, fut bâti par l'une de ces sociétés ouvrières du moyen âge, dont la science pratique, et surtout la conscience, produisirent tant de chefs-d'œuvre en tous genres de travaux. La corporation religieuse et laborieuse des *Pontifices* ou *Frères pontifes*, auxquels on doit aussi celui d'Avignon, l'édifièrent de 1265 à 1309, et furent payés avec les aumônes recueillies dans la région.

Maintenant le Rhône trace une large frontière entre le montueux Languedoc et les vastes plaines fertiles du Comtat Venaissin. A la surface de ses eaux chargées d'alluvions et troubles, tourbillonnantes, des îles s'allongent, toutes vertes, toutes chevelues, prairies, cultures ou bosquets d'arbres et de fleurs, que ses puissants caprices ont formées et peuvent sans cesse anéantir. Plus ou moins, près des rives, s'élèvent des coteaux escarpés, semblables, emmi ces terres plates, à de véritables montagnes, à des montagnes blanches: ils portent des villages et des ruines d'un relief étonnant. Telle Bollène, entourée de murailles et remplie des œuvres du moyen âge; telles Montdragon, Mornas, entre les charmantes vallées de la Ley et de l'Aignes, où sont aussi, à quelque distance aisée à franchir, les curieuses Visan, Valréas, Nyons, pleines de reliques du passé, et la célèbre Orange.

Théâtre d'Orange.

Grande ville gallo-romaine, « que les ruines de ses monuments ont exhaussée d'un mètre, » Orange, l'Arausio du peuple cavare, n'est plus que l'ombre de ce qu'elle paraît avoir été. Mais qu'importe l'insignifiance de ses rues étroites? Deux admirables monuments d'une civilisation disparue suffisent à captiver les regards : l'un fut un arc de triomphe, l'autre un théâtre.

Dressée au seuil de la cité antique, sous l'empereur Tibère, en commémoration de la défaite de Julius Florus et de l'Éduen Sacrovir soulevés contre Rome, la porte triomphale, isolée dans un libre espace, n'a rien perdu de son élégance et de sa majesté. Il faut approcher de bien près ses colonnes cannelées aux chapiteaux corinthiens, ses trois arcades, ses frontons, pour apercevoir ce qui lui manque. Une façade est entièrement dépouillée de sa décoration originale; mais les trois autres offrent, en reliefs épiques, des combats de fantassins et de cavaliers d'une fureur impitoyable, d'horribles têtes de reptiles et de gorgones, des trophées de chlamydes, de tuniques, d'étendards, de pilums et de lances, des couronnes de laurier, des aigles, des proues de trirèmes. Mêlés aux sculptures, quelques mots se lisent, entre autres *Mario*, qui fit appeler l'arc de Tibère arc de Marius, tandis que ce n'était que le nom d'un chef gaulois.

Une imposante façade en grès vert cache les ruines intérieures du théâtre, édifié à pareille époque, pour soixante-dix mille spectateurs. Des morceaux de sculptures, des fragments de marbres, de granits et de porphyres rouge, vert ou blanc, indices d'un luxe prodigieux, couvrent le *postscenium;* mais le dessin général en est fort bien indiqué. D'un côté, les gradins de l'amphithéâtre réservé au public, et munis de ses couloirs, s'échelonnent, gazonnés ou fixés par des pierres de taille, jusqu'à la crête d'une hauteur où s'appuient les plus hauts; de l'autre, deux colonnes de marbre superbes marquent la scène, et l'on distingue un foyer d'artistes, la loge du préteur ou du proconsul vis-à-vis de celle du grand pontife et des vestales, d'autres loges. L'écho, d'une sonorité profonde, a récemment été mis à l'épreuve par les comédiens du Théâtre-Français, qui lui firent répéter, après des siècles de silence, la grandiose tragédie de Sophocle.

En bordure du Rhône, toujours chargé d'îles vertes, s'élancent les féodales collines : Caderousse, duché et château des Grammont-Caderousse, brillants seigneurs de la monarchie, dont François Ier, Charles IX, Henri III, Louis XIII, acceptèrent l'hospitalité; Château-Neuf-Calcenier ou Château-Neuf-des-Papes, aux vignes fameuses, aux ruines altières; Roquemaure, où, dit-on, Annibal passa le grand fleuve. Et voici les îles de la Barthelasse, d'Oiselet, de Piboulette, du Colombier; sur la rive droite, le rocher de Justice, les tours de Philippe le Bel et de Saint-André, dominant Villeneuve-lès-Avignon, regardent en face les Doms, le palais des Papes, Avignon la grande ville. Entre les deux rives, le fleuve désagrège et le soleil pulvérise le vieux pont légendaire, le pont

Avignon.

de la chanson enfantine, le pont construit de 1177 à 1185 par les Frères pontifes et saint Benezet, dont il ne reste, depuis une terrible crue du fleuve en 1664, que quatre noires arcades ogivales portant sur une de leurs piles une chapelle du XIIe siècle, dédiée à saint Nicolas, patron des mariniers, et renfermant les reliques de l'envoyé de Dieu, saint Benezet.

Ah! la singulière, la jolie ville, cet Avignon, où l'on entre encore, ainsi qu'au moyen âge, par neuf portes hersées, protégeant de leurs échauguettes et de leurs guérites une enceinte de blanches murailles gothiques, crénelées et flanquées de tours garnies de mâchicoulis aux fines consoles à modillons! Et combien douce et charmante, pourvu que le mistral ne souffle pas! Alors on va lentement, sans hâte, de l'un à l'autre de ses nobles édifices, respirer un passé plein de grandeur et de poésie. Le rocher des Doms, berceau de l'antique *Avenio,* vous offre les ombrages odoriférants de son parc si paisible, et du sommet où se dresse la statue du Persan Althen, tardif hommage des Contadins à celui qui leur importa la garance, source longtemps abondante de leurs richesses, vous contemplez l'étincelant paysage que dessinent les formes onduleuses des Cévennes, des Alpines, du Lubéron et du Ventoux.

En contre-bas, sur une plate-forme du rocher, un parvis monumental vous mène au majestueux porche byzantin de Notre-Dame-des-Doms, édifiée en 1038, sur les fondations d'un temple païen, qu'une première basilique, bâtie par l'empereur Constantin, avait déjà remplacé. Mais, dans cette cathédrale appauvrie, où sont les peintures exquises, les statues, les orfèvreries d'art qui la décoraient sans nul doute au temps des papes? Hélas! même les fresques de Simeone Memmi, sous la voûte d'entrée, ont disparu, effacées en 1828 sous une couche de badigeon. Cependant quelques chapelles latérales sont sculptées et peintes. Une *Vierge* de Pradier, des *Apôtres* de Bernus, des tableaux de Nicolas et de Pierre Mignard, du Parrocel, de Renaud le Vieux, de Simon de Chalons, mettent çà et là de gracieuses formes et d'intéressantes images. Les vandales ont épargné le tombeau du pape Benoît XII, celui du pape Jean XXII, d'une somptueuse luxuriance gothique et les profanes mausolées des archevêques Grimaldi et Marinis. Près de la chaire des Papes, tout en marbre blanc sculpté, le « brave Crillon » repose, sous une simple épitaphe ainsi conclue : « Passant, l'histoire t'en dira davantage. »

La métropolitaine Notre-Dame-des-Doms touche presque au palais des Papes, étrange et superbe édifice, enchaînement de façades en partie crénelées, à peine éclairées, froides et farouches, de gigantesques arcades aveugles traçant des courbes ogivales sur le nu revêche de leurs murailles, et sept tours carrées s'intercalant entre elles. Il date du XIVe siècle. Jean XXII, successeur de Clément V (qui vint le premier régner en Avignon), le voulut commencer; mais c'est à Benoît XII, héritier d'un trésor de trois cent cinquante millions, que

Avignon : Notre-Dame-des-Doms et le palais des Papes.

revint l'honneur de bâtir, d'après un plan très large, l'ensemble de logis, de tours et de chapelles qu'achevèrent Clément VI, Innocent VI, Urbain V et Grégoire XI. Les plus célèbres artistes de l'Italie et les meilleurs artisans de France l'ornèrent à l'envi. Entouré de fossés, il était assez fort pour soutenir un siège. De 1399 à 1411, Pierre de Luna, pape schismatique sous le nom de Benoît XIII, y repoussa, avec l'aide d'une garnison aragonaise et catalane, tous les assauts que lui livrèrent l'armée du maréchal de Boucicaut, à laquelle se joignaient les citoyens de la ville. L'antipape fut obligé de s'évader; mais son frère, resté dans la place, ne la quitta qu'à son plaisir avec les honneurs de la guerre, et laissant indemne le palais-forteresse. Résidence d'un vice-légat aux siècles derniers, le solide édifice avait encore mine seigneuriale et luxueux appartements. Et ce n'est plus qu'une sordide caserne; les vastes salons, les nefs des chapelles sont réparties en chambrées vulgaires, et c'est à peine si, dans l'oratoire de la tour Saint-Jean, quelques belles figures, dont l'on a stupidement crevé les yeux, subsistent pour faire regretter les admirables fresques des maîtres primitifs Cimabüe, Giotto, Giovanetti de Viterbe et leurs émules.

De même, et plus complètement encore, ont disparu maintes églises, maints couvents du vieil Avignon, que pour le nombre de ses clochers carillonnants Rabelais appelle l'Ile Sonnante. Ceux que la Révolution n'a pas détruits possèdent de remarquables œuvres d'art. Saint-Pierre, Saint-Didier; l'ancienne église des cordeliers où était le tombeau de Laure de Noves, comtesse de Sade, chantée par Pétrarque; les chapelles des pénitents noirs, blancs et gris, toujours en exercice; le couvent des célestins, transformé en pénitencier militaire, méritent par leurs tableaux, leurs sculptures ou leurs boiseries, l'attention des artistes. Entre les édifices civils, il n'y en a pas de plus curieux que l'hôtel des Monnaies, attribué à Michel-Ange, et dont l'on a fait un conservatoire de musique; ni de plus intéressant que l'hôtel de Villeneuve, qui renferme une bibliothèque et le musée Calvet, l'un et l'autre parfaitement dignes de la Rome française.

L'industrie avignonnaise occupe en dedans de l'enceinte d'amples faubourgs, où diverses usines, des moulins, des tanneries, des fabriques d'instruments agricoles, des confiseries, utilisent les eaux d'un affluent de la Sorgue; là s'espacent aussi librement, car la superficie limitée par les quatre mille huit cents mètres de remparts est loin d'être remplie, les communautés religieuses aux vastes enclos ombragés, les hospices, les collèges, les casernes, les jardins maraîchers et de grands terrains vagues. Hôtels achalandés, magasins, cafés, animent la rue neuve de la République et la place des Doms; près de cette place, au delà d'un beffroi du XIVe siècle à joyeux carillon, et autour des ruines informes du palais de la reine Jeanne de Naples, un écheveau de rues obscures et mal famées fut jadis la Juiverie, d'où, raconte un voyageur de 1770.

Tour de Philippe le Bel,
à Villeneuve-lès-Avignon.

« les Juifs qui y payent tribut n'osent sortir sans avoir leurs chapeaux jaunes, et leurs femmes quelque chose de même couleur à leur coiffure qui les distingue des chrétiens. »

Tombeau d'Innocent VI,
à Villeneuve-lès-Avignon.

Avignon a de ravissants alentours. C'est d'abord sur l'autre rive du Rhône, en face de la ville, Villeneuve, qui fut la villégiature à la mode au temps des papes, et, tout en ruines, justifie trait pour trait cette description d'un écrivain local : « Nulle part le passé ne fait avec le présent un plus saisissant contraste; nulle part les ruines ne se mêlent plus étroitement aux maisons modernes, la mort à la vie. De grands hôtels béants, tout chargés de sculptures dégradées, souillées; d'immenses constructions qu'il est aussi difficile d'entretenir que d'utiliser; de pompeuses entrées qui s'ouvrent sur le vide; des cloîtres où les ronces croissent en liberté; des salles dont la voûte s'est écroulée; des palais monastiques où des pauvres se taillent à grand'peine un abri; une impression de mélancolie, de tristesse, que la gaieté même du ciel et l'animation d'une population industrielle et agricole ne parviennent pas à dissiper... » L'église paroissiale de ce bourg déchu renferme en ses lambris de précieux marbres une chaire abbatiale ornée de figures du plus gracieux modèle, et un tableau digne de Lesueur; ces œuvres d'art proviennent d'un monastère de chartreux. Un hospice-hôpital, ancien monastère de franciscains, a, dans le tombeau d'Innocent VI, un rare bijou du XIVe siècle.

Mais la merveille du pays c'est, — qui l'ignore? — la fontaine de Vaucluse, dans la vallée où coule l'abondante Sorgue, bienfaisante arroseuse de jardins embaumés, infatigable tourneuse de moulins, nourrisseuse de truites délicates. Depuis l'Isle, que les touristes enrichissent depuis des siècles, on y va pédestrement à travers la plate campagne jusqu'aux blanches collines de la chaîne de Vaucluse, qui, se détournant brusquement pour côtoyer la rive droite de la Sorgue, bordée sur l'autre rive de roches semblables, ferment le vallon où naît la fontaine. Vaucluse, à l'entrée du vallon, charge de ses maisons vertes et roses un énorme rocher, dont la cime aiguë porte les ruines gothiques du château de Philippe de Cabassol, évêque de Cavaillon, ami de Pétrarque. Quelques usines au bord de la rivière prolongent ce riant village; malgré leurs fumées, l'atmosphère est aussi pure et transparente que l'eau de la Sorgue, malgré leurs déjections. Ces eaux, vertes du reflet des fucus, des mousses, du cresson, des gramens sur lesquels elles jasent,

Villeneuve-lès-Avignon.

franchissent en grondant un barrage, puis des blocs de rochers amoncelés. Alors les murailles du vallon se resserrent, elles se rejoignent, en accusant les formes les plus capricieuses, et c'est là, de leur sommet, que tombe en cascade plus ou moins vive, plus ou moins sonore, souvent à peine murmurante, l'illustre fontaine, issue des lointaines pluies infiltrées dans les couches du terrain néocomien aux insondables avens de Ferrassière et de Saint-Christol. Ce paysage est d'une harmonie irrésistible, d'une douceur pénétrante; on comprend qu'il ait séduit entre tous et fixé la vie de Plutarque. Le poète immortel habitait à côté de la « nymphe de Vaucluse »; il l'a chantée dans plusieurs sonnets dignes de sa beauté. On montre encore sa demeure ainsi décrite par lui-même : « J'ai des jardins, et rien au monde ne leur ressemble. L'un est ombragé, propre à l'étude, consacré à Apollon; il est en pente à la naissance de la Sorgue, terminé par des rochers inaccessibles; l'autre est plus près de ma demeure, moins sauvage, agréable à Bacchus, au milieu d'un courant rapide, séparé par un petit pont d'une grotte voûtée, impénétrable aux rayons du soleil. »

Après la fontaine, que de charmantes villes, de radieux paysages encore en Avignon! Il n'est peut-être pas une seule bourgade indifférente dans cette province jadis aimée des Romains et choyée par l'Église. Que l'on parcourt les vallées de la Sorgue ou du Calavon, de la Nesque ou de l'Auzon, de l'Ouvèze ou de l'Aigues, les monts de Vaucluse ou le Ventoux, on trouvera partout les marques d'une civilisation brillante et d'un art original. Les châteaux, les églises, les ruines y ont une physionomie particulière, à la fois élégante et robuste, qui séduit de prime abord. Tels aussi les êtres vous plaisent par un air de franchise, d'affabilité et de finesse infiniment agréable à l'étranger. Si la place nous manque pour tracer ici l'itinéraire des excursions que sollicite le Comtat, nous pourrons du moins nommer, depuis Vaucluse, le Thor, pour son vieux château du Thouzon; Pernes, aux portes fortifiées; l'antique Venasque, qui donna son nom au Comtat; la riche et intelligente Carpentras, émule d'Avignon au moyen âge. Mais ici ne faudrait-il pas s'arrêter un moment? L'ancienne *Carpentoracte*, sanctuaire druidique célèbre avant Jules César, cité privilégiée au temps des empereurs, a son arc de triomphe, de proportions admirables, sa féodale porte d'Orange, les tableaux et les statues de sa cathédrale de Saint-Siffrein, son Hôtel-Dieu, son musée, sa fontaine de l'Ange. Et de Carpentras au Ventoux le chemin n'est pas long. Quel bon marcheur se refuserait le facile plaisir d'une ascension à ce géant du Midi, dont la cime, à dix-neuf cent douze mètres d'altitude, couronnée de neige pendant les deux tiers de l'année, se voit de si loin et du milieu des vastes plaines ensoleillées semble à la fois si grandiose et si étrange? Vaison, plus au nord, est aussi proche du Ventoux : cité d'autrefois, prospère et très peuplée sous la domination romaine et au moyen âge, si l'on en juge par ses édifices et les mille vestiges, médailles, marbres, monnaies, bijoux, vases, exhumés de son sol et en partie donnés au musée Calvet. Un pont romain d'une seule arche y traverse un défilé de l'Ouvèze. On y voit, sur la colline Puymin, les restes d'un théâtre antique; ailleurs, ceux d'un temple de Diane. Son ancienne cathédrale, les ruines de son palais épiscopal et d'un château des comtes de Toulouse, beaucoup de lisibles pierres tumulaires, posées au seuil des maisons, attestent la grandeur de son passé. Il y a peu de villes plus chères aux archéologues.

Vaucluse.

On pourrait encore aller de Vaucluse, par des sentiers de montagne, visiter les restes de l'abbaye de Sénanque, fondée en 1148 dans un vallon sauvage; l'hôtel de ville de Gordes, pour sa magnifique cheminée de la Renaissance; le pèlerinage de Notre-Dame des Lumières, la porte romaine d'Apt, dans la vallée du Calavon, et sa cathédrale, riche en antiquités précieuses. Sous l'autre versant du Lubéron, au sud, la Durance trace la frontière du Comtat et de la Provence; elle arrose, dans la première de ces provinces, Cavaillon, ville noire, populeuse et florissante, adonnée à la sériciculture, marché de feuilles de mûrier, de soies grèges, de soies ouvrées, et qui possède un établissement spécial pour l'éducation des vers à soie. Admirablement cultivés et fertilisés par de nombreux canaux d'irrigation, les alentours de Cavaillon lui permettent au printemps d'être l'une des grandes pourvoyeuses des halles parisiennes en primeurs, fruits et légumes. L'art n'y fût pas négligé; un porte triomphale gallo-romaine, les boiseries de sa cathédrale de Saint-Véran, son cloître, ses tableaux de Mignard et de Parrocel, en témoignent. C'est non loin de cet ancien évêché, embelli comme tant d'autres par un sacerdoce à la fois plein de faste et de goût dans les œuvres sacrées, qu'il faut aller vers la chaîne des Alpines, voir l'arc de triomphe et le superbe mausolée romains de Saint-Remy, les émouvantes ruines romaines, sarrasines et féodales, de la principauté des Beaux, le tombeau de Nostradamus à Salon. Près de ce rocher des Baux, dont les Porcelets avaient fait au moyen âge une des puissantes cités de la Provence et qui demeure une fantastique vision du passé, tant les siècles en ont bizarrement sculpté les pierres friables, habite le poète le plus populaire de cette noble contrée, Mistral. « Umble escoulau doù grand Oumero, » le poète chrétien de *Mireio*, de *Calendau*, du *Trésor dou Félibrige*, composés à la gloire de la sonore et douce langue provençale renouvelée des troubadours par les talents de Roumanille et d'Aubanel et par son génie, a mélodieusement chanté les sites, les mœurs, les usages, les coutumes de la rocailleuse Provence, « cette gueuse parfumée. » Puissent ces vers d'une inspiration si pure et si élevée vous guider, lecteurs, quand vous reviendrez par l'aride plaine de la Crau, jonchée des galets que la rapide Durance apporte des Alpes Dauphinoises vers le grand Rhône, aux bords du fleuve où le château fort de Tarascon regarde méchamment celui de Beaucaire !

Beaucaire! écrire ce nom, c'est rappeler à toutes mémoires la plus célèbre foire de France depuis le XIIe siècle, où elle fut établie par les comtes de Toulouse. Jadis, tous les ans, à compter de la fête de sainte Madeleine, du 22 juillet au 1er août, plus de trois cent mille étrangers venaient planter leurs tentes le long de la rive droite du Rhône sous les platanes et les ormeaux de la promenade du Pré, emplacement de ce marché presque universel. Le voyageur du XVIIIe siècle écrit : « Elle dure six jours à cause des fêtes ; il y vient des marchands de toutes les parties de l'Europe, et on tient qu'il s'y fait un débit de plus de six millions de marchandises de toute espèce. »

Et le poète contemporain, Jean Michel, de Nîmes, dans l'*Embarras de la fieiro de Beaucaire*, dénombre plaisamment :

> Lous Parisiens, lous Lionneses,
> Armeniens, Flamans, Angles,
> Lous Catalans et Espagnous
> Qué son venguts dessus de mious,
> L'un per achet, l'autre per troquo.
> Das sujets dau rei de Marroquo
> N'y a qu'y son venguts ben souven !
> Mais aqueles van per lou ven,
> Non mouton pas ni miou ni miolo :
> Et l'on pot ben sans hyperbolo
> Dire que l'y a mai d'estranges
> Qu'en Italio d'irangers [1].

---

[1] « Les Parisiens, les Lyonnais, Arméniens, Flamands, Anglais, les Catalans et Espagnols, qui sont venus sur des mules, l'un pour acheter, l'autre pour troquer. Il y a des sujets du roi de Maroc qui y sont venus bien souvent, mais ceux-ci sont venus par le vent, et ne montent ni mules ni mulets. On peut dire sans hyperbole qu'il y a à Beaucaire plus d'étrangers qu'en Italie d'orangers. »

Et que de divertissements pour tous les gens de négoce :

> De saltimbanquos ben gaillars,
> Et n'y a que monstron per dor liars
> Quanquo gentilo perspectivo;
> D'autres en quauquo bestio vivo,
> Como sons lions, leopars,
> Panteros, mouninos, rainars,
> Et tant d'austros bestios sauvajos,
> Qu'y gagnon d'argen qué fan rajos [1].

Il y a moins d'un demi-siècle, la vogue de la foire était grande encore, témoin cette description, que nous empruntons au célèbre recueil *les Français peints par eux-mêmes* :

« Pendant presque toute l'année les Beaucoirrens fument, jouent aux cartes, chassent et dorment. Vienne la foire, et tout ressuscite. Les maisons fermées se rouvrent. On balaye les rats et les scorpions, qui ne s'attendaient guère à cette expropriation forcée, après onze mois de possession paisible. On récrépit les murs, on badigeonne les devantures, on rétablit les cloisons, on se prépare à recevoir l'affluence de marchands qui vont décupler momentanément la population. Tout se loue et se loue à des prix exorbitants. Il n'est pas de porte cochère, d'écurie, de soupente, de dessous d'escalier qu'on n'érige en magasin. Il n'est pas de galetas, de cabinet noir, de mansarde moisie qu'on ne baptise du nom immérité de chambre, et où l'on entasse double et triple rangée de lits ! Et quels lits ! Les propriétaires se réfugient sous les toits ; ils abandonnent leurs maisons aux locataires ; non contents de livrer leurs appartements, ils louent leurs ustensiles de ménage, ils louent leurs fils, ils se louent eux-mêmes ; la vieillesse et l'enfance se mettent au service des nouveaux débarqués, et le moindre bambin parvient à gagner cinq écus comme aide de cuisine. »

Depuis les chemins de fer et la facilité des échanges, qui en est la conséquence, la foire de Beaucaire n'a plus son extraordinaire activité ; elle est néanmoins la plus fréquentée de toutes, en Languedoc, comme en Provence et dans le Comtat.

Tarascon, blanche, poudreuse et tranquille, honore, dans son élégante église paroissiale, sainte Marthe, qui dompta la Tarasque, miracle commémoré séculairement par une fête populaire. Mais qu'était-ce que cette Tarasque ? Un tableau d'église et les estampes la représentent sous la figure d'un monstre à tête humaine, le corps cuirassé d'écailles, et dont une énorme arête en dents de scie forme l'échine, les jambes courtes, les pieds griffus. Peut-être symbolisait-il la peste, peut-être l'hérésie. Tant il est que sainte Marthe parvint à l'enchaîner, le noya dans le Rhône, et que son horrifique effigie, tous les ans promenée en procession, était ensuite consumée dans un feu de joie, aux accords de la musique et des chants, tandis que la farandole enlaçait dans ses mobiles anneaux la foule.

Arles est bien près de Tarascon, mais Nîmes aussi en est proche, et comment résister à la tentation d'aller, fût-ce au prix d'un détour, vers les plus grands et les plus beaux restes de cité latine qu'il y ait en France, et même, assurent les touristes de franc-parler, en Italie ? Au premier abord, nulle ville plus digne de sa renommée. Ses boulevards, ses avenues, entourant et masquant l'écheveau des rues étroites, sales et raboteuses, annoncent le luxe ; une gracieuse fontaine de Pradier en décore le seuil, et l'on arrive sans presque y penser devant les arènes, où parfois des courses de taureaux remplacent les antiques combats de gladiateurs, de bêtes, les venabula, les martyres et autres spectacles sanguinaires, importés dans les Gaules par le peuple-roi. Le vaste édifice dessine une ellipse

---

[1] « L'on y voit des saltimbanques bien gaillards ; il y en a qui montrent pour deux liards quelque gentille perspective ; d'autres, quelques bêtes vivantes, comme lions, léopards, panthères, singes, renards, et tant d'autres bêtes sauvages, qu'ils font fureur et gagnent beaucoup d'argent. »

dont le grand axe a cent trente-trois mètres, le petit axe cent un mètres; il offre à l'extérieur deux rangs de soixante arcades ornées d'attiques, et à l'intérieur un amphithéâtre composé de trente-cinq rangs de gradins divisés en quatre précinctions où l'on monte par quatre escaliers, correspondant eux-mêmes à quatre portes percées aux points cardinaux. Vingt-quatre mille spectateurs peuvent sans crainte y prendre place; il a été si parfaitement restauré, qu'il semble aussi solide, aussi beau qu'au jour inconnu où les Romains y donnèrent leurs premiers jeux.

Quelques pas plus loin, la Maison-Carrée paraît d'une conservation plus étonnante encore, car elle ne fut pas moins éprouvée, et son exquise délicatesse architecturale survit à plusieurs siècles de vandalisme. On doit probablement ce délicieux temple rectangulaire, bijou du style grec, à l'empereur Adrien, qui la fit élever en l'honneur de l'impératrice Plotine, placée par décret au nombre des divinités de l'Olympe. C'est à présent le musée des Antiques; sous son péristyle de trente colonnes cannelées à magnifiques chapiteaux corinthiens et dans ses galeries intérieures s'abritent des statues, des tombeaux, des stèles, des urnes lacrymatoires, cent débris de la Nemausus aimée des Antonins.

Nîmes. — La Maison-Carrée.

Dans le charmant jardin de la Fontaine, planté au bas, et sur un versant du mont Cavalier, subsistent quelques restes d'une nymphée : la salle appelée temple de Diane, des thermes; et au sommet du mont s'élève, à vingt-huit mètres de hauteur, l'énigmatique tour Magne, — *turris magna,* — dont l'on ne sait si c'était un phare ou un tombeau, une tour à signaux ou un monument sacré. Deux portes, la porte d'Auguste et la porte de France, marquent encore l'enceinte de Nemausus, qui n'avait pas moins de six mille mètres de tour, et un grand bassin, *Castellum divisiorum,* recevait les eaux de la fontaine d'Eure, amenées d'Uzès à travers les monticules arides et parfumés des garrigues par le fameux aqueduc dont le pont du Gard n'est qu'un fragment grandiose.

A trois lieues de Nîmes, au village de Vers, dans l'agreste vallée du Gardon, ce pont superbe s'appuie sur les collines dominant la vallée, et sur un fond de roches calcaires, de bouquets de bois, de pelouses et de grèves, superpose trois étages d'arcades, le premier composé de six arcades à plein cintre et d'inégale ouverture, le second de onze arcades en retrait et correspondant à celles d'en bas, le troisième beaucoup moins haut que les deux autres, de trente-cinq arceaux aussi en retrait sur le second rang. On attribue le superbe édifice au gendre d'Auguste, Agrippa, et il répond en effet à la haute renommée de l'ingénieur romain.

Parmi de longues plaines encadrées par les silhouettes légères des Cévennes et des Alpines, irriguées dans toutes les directions et clairsemées de *mas,* fermes ou villas entourées de cultures symétriques, que protègent contre le mistral des haies de roseaux ou de charmilles, on voit d'assez loin se profiler le môle colossal des arènes d'Arles, ville illustre par l'histoire et par la poésie. Le 23 mai 418, un édit de l'empereur Honorius, pour convoquer en Arles les députés de toutes les provinces des Gaules, la définissait en ces termes : « L'heureuse assiette de la ville d'Arles la rend le lieu d'un si grand abord et d'un commerce si florissant, qu'il n'y a point d'autre ville où l'on trouve plus aisément à vendre, à acheter et à échanger le produit de toutes les contrées de la terre... On y trouve encore à la fois les trésors de l'Orient, les parfums de l'Arabie, les délicatesses de l'Assyrie, les denrées de l'Afrique, les nobles animaux que l'Espagne élève et les armes qui se fabriquent dans les Gaules. Arles est enfin le lieu que la mer Méditerranée et le Rhône semblent avoir choisi pour y réunir leurs eaux et pour en faire le rendez-vous de toutes les nations habitant sur les côtes et sur les rives qu'elles baignent. » Mistral n'exprime pas avec moins d'enthousiasme les sentiments qu'elle inspire aux modernes Provençaux :

> ... Se sabias la grando vilo qu'es
> Arle ! Talamen s'estalouiro,
> Que d'ou grand Rose que revouiro
> N'en tèna li sèt escampadouiro !
> ... Arles dins ren qu'un estivage
> Meissouno proun le blad pér se nourri, se vou,
> Sèt an de file. . . . .

C'est-à-dire : « Si vous saviez la grande ville qu'est — Arles ! Si loin elle s'étend, — Que du grand Rhône plantureux — Elle tient les sept embouchures ! — ...Arles en un seul été — Moissonne assez de blé pour se nourrir, si elle veut, — Sept ans de suite... »

Tous les voyageurs ne partageront peut-être pas l'exubérante admiration méridionale pour la grandeur de la cité moderne; mais ils s'intéresseront tous aux ruines pleines d'élégance ou de majesté d'*Araleta Constantina*, résidence impériale; *Gallula Roma*, petite Rome des Gaules, comme on la surnommait au

Le pont du Gard.

temps de Sidoine Apollinaire. C'est d'abord les arènes, moins bien conservées, mais plus vastes, plus gigantesques que celles de Nîmes, de plus flanquées de tours carrées bâties par les Sarrasins au VIIIe siècle pour défendre l'accès d'une formidable citadelle. Assez près des arènes, le théâtre d'Auguste n'offre plus que le vestige d'un édifice égal au théâtre d'Orange, quelques rangs de gradins circulaires, le pavement en marbre d'un orchestre, une porte latérale, cinq arcades, deux colonnes corinthiennes chargées d'un débris d'archivolte, et, couchés çà et là, des fragments de statues, de bas-reliefs, de fûts de colonnes, de chapiteaux, de frises, qui, si l'on y ajoute les beaux antiques épars dans les musées, la célèbre *Vénus,* le *Bacchus,* le *Silène,* le *Satyre Marsyas supplicié sous les yeux d'Apollon,* donne la plus haute idée de la splendeur du monument à l'époque où il pouvait abriter des milliers de spectateurs.

Il ne subsiste que deux colonnes du Forum, que les murs demantelés du palais impérial ou palais de la Trouille (*Aula Trollæ*); que les vastes fondations de plusieurs temples, villas, thermes. Devant l'hôtel de ville se dresse, depuis le 20 mai 1676, un obélisque en granit de l'Esterel, aussi beau que ceux de l'Égypte, et qui fut la *media spina* d'un cirque probablement enfoui dans le sol, grandement exhaussé par les alluvions du Rhône. Enfin le musée lapidaire renferme maints chefs-d'œuvre mutilés et encore admirables de pureté, de grâce et de sentiment.

Arles. — Les Aliscamps.

L'art religieux est magnifiquement représenté par le portail et le cloître de l'ancienne basilique de Saint-Trophime, édifiée sur l'emplacement et sans doute avec les pierres du prétoire romain; peu de sanctuaires chrétiens sont ornés de sculptures aussi vigoureuses, variées, imposantes. Notre-Dame la Major, qui fut un temple de Vesta, garde les reliques de saint Césaire, appelées *pontificalia.*

On ne quittera pas la ville sans avoir visité ce qui en est, à nos yeux, la curiosité la plus touchante : les *Aliscamps* ou *Champs-Élysées,* par lesquels il faut entendre, au sens même du mot antique, le séjour des morts inhumés en terre sainte. Cette nécropole remonte aux Gaulois et reçut durant plusieurs siècles de paganisme des urnes funéraires, des lacrymatoires, des cippes, des sarcophages. Un miracle la purifia; sa renommée fut si grande, qu'on lui envoya de toutes parts, pour les ensevelir, des cadavres munis de sommes d'argent; ceux des villes situées aux bords du Rhône lui parvenaient, dit-on, dans des caisses ou des tonneaux enduits de résine, que l'on lançait au fil du fleuve, et qui s'arrêtaient d'eux-mêmes par l'effet d'un remous surnaturel auprès du cimetière. Le temps a bien changé les Aliscamps, profanés, violés plus d'une fois par de sacrilèges voleurs. Pourtant, sous leur large allée d'alisiers et de platanes, se voit encore un double rang de sépultures antiques et de tombeaux chrétiens, les premières désignées par les lettres D. M., — qui signifient *Diis manibus* (aux dieux mânes), — quelques mausolées, une chapelle de Saint-Honorat, pieusement entretenus à l'ombre légère des vieux arbres.

Auprès d'Arles, un coteau calcaire, éclatant de blancheur et d'où l'on contemple l'immense étendue de la Crau, se couronne des restes considérables et très beaux d'une abbaye de Montmajour, fondée au vi^e siècle et très florissante au moyen âge ; dans une anfractuosité du roc, en bas, fut, dit-on, l'ermitage de saint Trophime, souvent obligé de se cacher pour échapper aux persécutions. Mais la vraie campagne arlésienne, c'est la Camargue, qu'à partir de Fourques, — où le Rhône, un peu au-dessus de la ville, *fourche*, — embrassent d'un côté le grand Rhône, descendant vers le sud-ouest, et de l'autre côté le petit Rhône, entraînant vers le sud-est les quatorze centièmes du débit fluvial. Soixante-treize mille hectares d'alluvions sableuses et marécageuses ont formé l'île de la Camargue, vaste delta longtemps malsain et maintenant fertile, irrigué, dessalé par des robines d'eau douce, cultivé et nourrissant dans ses pâturages quatre-vingt mille bêtes à laine, trois mille chevaux blancs, issus de la race arabe, et les libres *manades* de buffles et de taureaux, que l'on saisit à certaines époques pour les *ferrer* publiquement dans les arènes, fête régionale, émouvante, courue s'il en est !

Les bouches du fleuve sont proches. A Saint-Gilles, l'*Heracleo* des Grecs et l'un des ports de Nîmes, à Saint-Gilles, où s'embarquèrent les Croisés, quand les navires remontaient jusqu'à cette petite ville, par un bras du Rhône, déjà la plaine sans fin visible va s'abaissant vers la mer, et les vignobles, les prairies de ses mas ceignent de grêles verdures les durs, les sombres remparts d'Aigues-Mortes. Fondée en 1246 au bord de la Méditerranée, l'illustre petite ville en est à plus d'une lieue aujourd'hui ; seulement le canal de Beaucaire en reporte les flots jusque dans sa rade du Grau du Roi, où les bateaux à faible tonnage viennent aisément prendre cargaison de sel et de roseaux. D'aspect elle paraît toujours être le lieu où le sénéchal de Joinville s'embarquait « avec le bon sainct homme de roy » et l'ost de la septième croisade pour aller combattre les infidèles en Palestine. Dressés au-dessus d'un immense horizon de plaines humides et croassantes, ses murs énormes, ses tours à mâchicoulis, ses portes hersées, qu'il suffit de fermer en cas d'inondation pour la mettre à l'abri, sont tels que Philippe le Hardi les fit construire de 1272 à 1275, d'après le type des fortifications de Damiette. On doit à Louis IX le donjon ou tour de Constance. Et le saint roi règne encore, du milieu de la cité, entre de vieux logis, sur ces monuments d'un autre âge. Une statue de Pradier le représente, une inscription l'honore : *A saint Louis, la ville d'Aigues-Mortes voulant perpétuer le plus glorieux souvenir de ses annales, a élevé cette statue au héros chrétien dans le lieu même où il s'embarqua pour la VIIe et la VIIIe Croisade.* — 1849.

A l'est d'Aigues-Mortes, le Rhône Mort et le Petit Rhône entourent la petite Camargue, un peu de sol affermi parmi beaucoup d'étangs hérissés de roseaux ; l'étang de Valcarès, le plus grand de tous ces amas d'eaux saumâtres, golfes jadis, est déjà parsemé d'une multitude d'îlots que le fleuve accroît, accroîtra sans cesse de ses alluvions, charriées à raison de deux mille mètres cubes par seconde, jusqu'à ce qu'elles aient comblé l'étang, destiné, comme tous les autres, à s'ajouter au rivage, toujours, toujours grandissant.

Saintes-Maries-de-la-Mer semble mourir de vieillesse. Mais le peuple, à vingt lieues à la ronde, vénère cette humble bourgade, où il croit que vinrent mourir sainte Marie, méré de l'apôtre saint Jacques le Mineur, Marie-Magdeleine et Marie Salomé. Une singulière église du XIIe siècle, dont le porche crénelé porte deux antiques lions de marbre (qui peut-être ont nommé le golfe du Lion), renferme le tombeau des saintes, objet de pieux pèlerinages.

A l'autre bord de l'étang de Valcarès, la maîtresse branche du Rhône, alors large de plus de trois cents mètres et très profonde, forme, avec le canal Saint-Louis, la rade magnifique et sûre de Port-Saint-Louis; puis ses eaux limoneuses lentement se perdent dans les flots bleus de la Méditerranée...

TABLE DES CHAPITRES

AUX BORDS DE LA MER

LA MANCHE. — I. De Flandre en Normandie 7
— II. La Bretagne. 44
L'OCÉAN. — III. La Bretagne. 63
— IV. Du pays de Retz au pays basque. 82
LA MÉDITERRANÉE. — V. Du Roussillon au comté de Nice 100

DANS LES MONTAGNES

I. L'Auvergne 127
II. Du Limousin en Albigeois 138
III. Les Cévennes 158
IV. Du Velay au Vivarais 171
V. Le Morvan 184
VI. Le Jura 198
VII. Les Vosges 206
VIII. Les Alpes savoisiennes 216
IX. Les Alpes dauphinoises et provençales 228
X. Les Pyrénées 246

A TRAVERS PLAINES

I. De Saint-Germain-la-Feuille à Paris 271
II. En Champagne 286
III. En Ile-de-France 301
IV. De Beauce en Normandie 314

V.	Au long de la Meuse, de la Sambre et de l'Escaut.	326
VI.	Le Forez.	338
VII.	Bourbonnais. — Nivernais.	343
VIII.	Le Berry.	353
IX.	L'Orléanais	362
X.	Le jardin de la France.	376
XI.	Du Poitou en Angoumois.	394
XII.	L'Anjou.	404
XIII.	Maine et Vendômois.	409
XIV.	Guienne et Gascogne.	423
XV.	Du Languedoc en Quercy.	434
XVI.	Le Périgord.	443
XVII.	De Genève à Lyon.	454
XVIII.	A travers Bourgogne et Franche-Comté	461
XIX.	De Lyon en Provence.	480

TABLE ALPHABÉTIQUE

DE TOUS LES LIEUX IMPORTANTS OU CÉLÈBRES DONT IL EST PARLÉ DANS L'OUVRAGE

Abbeville	23	Assie	151	Bazeilles	330
Accous	267	Aubenas	183	Bayeux	37
Agde	104	Aubrac	153	Bazoches	186
Agen	435	Auch	440	Bayonne	98
Aigues-Mortes	107, 495	Audierne	68	Beaucaire	490
Aime	206	Ault	26	Beaugency	372
Aire	17	Auray	71	Beaujeu	464
Aix	111	Aurigny	40	Beaulieu	124, 148
Aix-les-Bains	223	Aurillac	135	Beaumont	330
Albi	156	Autun	192	Beaune	467
Albert	24	Auxerre	188	Beauvais	312
Alençon	33	Auxonne	472	Beauvoir	82
Aliermont	27	Avallon	186	Bédous	267
Alise-Sainte-Reine	184	Avesnes	333	Belfort	206
Allevard	237	Avignon	485	Belle-Ile-en-Mer	70
Ambleteuse	18	Ax	254	Bellême	417
Amboise	386	Azay-le-Rideau	389	Belley	455
Amélie-les-Bains	248	Azincourt	20, 327	Berck	20
Amiens	23			Bergerac	446
Amphion	217			Bergues-Sainte-Vinoc	13
Andelle	27	Baccarat	211	Bernay	318
Ancenis	410	Bagnères-de-Bigorre	258	Berneval	27
Andreselles	18	Bagnères-de-Luchon	256	Bernières	36
Andruick	17	Bagnols	171	Besançon	477
Angers	407	Bagnolles	37	Bétharram	262
Angoulême	398	Bains	210	Béthune	15
Annecy	222	Bailleul	15	Béziers	104
Antibes	121	Balan	330	Biarritz	99
Antraigues	181	Balinghem	17	Binic	52
Arcachon	96	Bangor	70	Blanzy	193
Ardres	17	Banyuls	100	Bléré	389
Argelès	101, 260	Barbezieux	402	Blois	373
Argentan	417	Barbizon	281	Bordeaux	93
Arles	247, 493	Barcelonnette	244	Bort	139
Armentières	15	Barèges	260	Bonneville	219
Arnecke	14	Bar-le-Duc	327	Bouillon-Julonville	41
Arques	27	Bar-sur-Aube	298	Bouin	82
Arras	337	Bar-sur-Seine	272	Boulogne-sur-Mer	18
Arromanches	38	Batz	59, 78	Bourbon-l'Archambault	348
Asnelles	38	Bavai	333	Bourbourg	13

Bourg-en-Bresse	198	Chamonix	220	Dahouet		25
Bourdeilles	452	Champigny-sur-Veude	393	Dax		98
Bourges	355	Champtoceaux	410	Decazeville		152
Bourg-Saint-Maurice	226	Chantilly	302	Dol		44
Boutigny	282	Chantonnay	85	Dôle		478
Bréhec	53	Charleville	331	Donges		79
Brest	63	Chartres	314	Donville		41
Bressuire	85	Châteaubriant	77	Domfront		37
Briançon	239	Château-Chinon	190	Domrémy		327
Briare	362	Châteaudun	422	Dormans		288
Brienne	299	Château-du-Loir	419	Douai		335
Briquebec	40	Château-Gonthier	412	Douarnenez		65
Brive	144	Châteauneuf	130, 171	Die		243
Brioude	180	Châteauneuf-sur-Loire	366	Dieppe		26
Brou	198	Château-Porcien	295	Digne		245
Bussang	210	Châteauroux	360	Dijon		468
		Château-Thierry	287	Dinan	49,	63
		Châtel-Guyon	130	Dinard		47
Cabourg-Dinard	32	Châtellerault	394	Dives		33
Cadouin	447	Châtillon	272	Draguignan		125
Caen	34	Châtillon-en-Bazois	191	Dreux		316
Caëstre	15	Châtillon-sur-Loire	362	Dunkerque		7
Cahors	432	Chaudesaigues	137			
Calais	17	Chaumont-en-Bassigny	297			
Camaret	53	Chausey	40	Eaux-Bonnes		267
Cambrai	336	Cherbourg	39	Eauze		439
Cancale	41	Chenonceaux	389	Ecke		15
Candes	403	Chinon	390	Efflat		130
Cannes	120	Choisy-le-Roi	285	Elbeuf		319
Cannet	121	Cholet	406	Elne		101
Canteleu	325	Cimiez	124	Embrun		242
Capdenac	151	Cirey	211	Épernay		289
Carcassonne	250	Civray	398	Épinal		211
Carentan	39	Clairvaux	203	Erquy		52
Carhaix	57	Clamecy	190	Esquelbecq		14
Carignan	330	Clermont	127	Esnandes		90
Carmaux	157	Cléry	372	Estagel		249
Carnac	71	Clisson	81	Estaires		15
Carole	41	Cluses	219	Étaples	20,	52
Carpentras	489	Coarraze	262	Étretat		29
Carteret	40	Cognac	401	Eu		26
Cassel	14	Commentry	345	Évenos		115
Casteljaloux	443	Commercy	328	Évian		217
Castellane	245	Compiègne	310	Évreux		317
Castelnau	149	Concarneau	68	Excideuil		448
Castelnau-de-Montmirail	156	Condom	439			
Castillon	445	Corbeil	285			
Castres	158	Corbie	24	Falaise		36
Cauterets	260	Cordes	156	Fécamp		28
Caux	27	Cornouaille	56	Feltre		15
Cavaillon	489	Corseul	49	Ferney		200
Cagnes	121	Cosne	352	Feurs		342
Cazères	423	Courseulles	36	Figeac		151
Céret	247	Couserans	255	Flavigny		158
Cerizay	85	Coutances	41	Flers		37
Cette	105	Crécy	23	Florac		168
Chablis	189	Crépy	306	Foix		253
Chalon-sur-Saône	466	Crest	243	Fontainebleau		275
Châlons-sur-Marne	295	Criquebœuf	32	Fontaine-Henri		36
Chambéry	224	Croisset	325	Fontenay-le-Comte		89
Chambord	374	Crozon	63	Fontevrault		402

TABLE ALPHABÉTIQUE

Forcalquier	245	Javols	163	Les Sables-d'Olonne	83
Fougères	77	Jersey	40	Les Vans	183
Fourmies	333	Joigny	189	Les Vignes	166
Fraize	209	Joyeuse	183	Le Vigan	168
Fréjus	119			L'Habitarelle	172
				Libourne	444
		Kerfons	54	Lille	336
Gap	242	Kerity	68	Limoges	146
Gatteville	40			Lion-sur-Mer	36
Gavarnie	259			Loches	376
Gérardmer	209	La Bernerie	81	Locmariaker	71
Gerbier-des-Joncs	174	La Bourboule	132	Loc-Tudy	68
Gex	200	Le Bourg-d'Oisans	238	Longpont	307
Gien	362	La Châtaigneraie	85	Lons-le-Saunier	203
Gimel	143	La Châtre	358	Lorient	69
Gisors	320	La Charité	352	Loudun	402
Givet	332	La Ferté-Macé	37	Lourdes	260
Givonne	330	La Ferté-Milon	307	Louviers	319
Gournay	27	La Ferté-sous-Jouarre	287	Luchon	256
Grandcamp	38	La Flèche	419	Luçon	89
Granville	41	La Grave	239	Lunéville	211
Grasse	125	La Haye-Descartes	381	Lure	245, 474
Gravelines	13	La Hève	40	Luxeuil	474
Gray	473	Lamalou	161	Luz	260
Grignan	483	Lamballe	49	Luzy	191
Grenoble	228	La Malène	166	Lyon	455
Groix (Ile de)	70	La Meillerie	217		
Guérande	78	Landrecies	333		
Guéret	361	Langeais	389	Mâcon	465
Guernesey	40	Langres	298	Maguelonne	107
Guczennec	53	Lannion	54	Maillezais	89
Guines	17	Lanuéjols	163	Maison-de-Bourgogne	191
Guingamp	54	Laon	308	Maison-Ponthieu	23
Guillestre	242	La Prévalaye	76	Malo-les-Bains	8
Guise	309	La Réole	443	Mamers	415
		Largentière	183	Manosque	245
		La Rochelle	89	Marans	89
Ham	24	La Roche-sur-Yon	84	Mardick	13
Harcourt	37	La Salette	243	Marennes	90
Harfleur	31	Laval	412	Marmande	436
Hazebrouck	15	Le Boulou	247	Marquenterre	20
Hennebont	70	Le Brouage	91	Marseille	108
Hennequeville	32	Le Conquet	63	Martigues	108
Hesdin	20	Le Creusot	193	Marvejols	163
Hondschoote-la-Victoire	13	Le Croisic	78	Maubeuge	333
Honfleur	31	Le Crotoy	23	Mauléon	270
Houat	71	Lectoure	439	Mauriac	134
Houlgate-Beuzeval	32	Le Folgoët	61	Mayenne	413
Huelgoat	57	Le Havre	28	Mazamet	158
Hyères	118	Le Hourdel	23	Meaux	286
		Le Mans	417	Melun	282
		Le Monastère	155	Mende	162
Ingouville	30	Le Monastier	177	Menthon	222
Isigny	38	Lens	15	Menton	125
Ispagnac	168	Léon	57	Mers	26
Issoire	129	Le Palais	70	Merville	15
Issoudun	360	Le Puy	177	Meung	372
Ivry	285	Le Quesnoy	15	Mézières	331
		Lescar	266	Millau	162
		Les Estables	174	Mirande	441
Jarnac	401	Les Mées	245	Mirepoix	252

TABLE ALPHABÉTIQUE

Moers	13	Nîmes	491	Pontorson	44
Moissac	434	Niolles-sur-Autize	89	Pordic	52
Monaco	125	Niort	86	Pornic	81
Moncoutant	85	Nogent	274	Pors-Éven	53
Monna	162	Noirmoutier	82	Port-Baille	40
Montaner	267	Noisiel	286	Port-en-Bessin	38
Montargis	282	Nolay	467	Port-le-Grand	23
Montauban	429	Nonancourt	318	Port-Louis	69
Montbard	185	Noyelle	23	Portrieux	52
Montbéliard	474	Noyon	310	Port-Vendres	101
Montbenoît	205			Pougues-les-Eaux	351
Montbrison	338			Poullaouen	57
Montceau-les-Mines	193	Oléron	90	Pourières	113
Montchanin	193	Onival	26	Pourville	27
Mont-Dauphin	242	Oloron	270	Pradelles	173
Mont-de-Marsan	98	Oraas	270	Pratz-de-Mello	247
Mont-Dore	132	Orange	484	Préfailles	81
Monte-Carlo	125	Orgelet	203	Privas	183
Montélimart	483	Orléans	366	Provins	299
Montereau-faut-l'Yonne	275	Orpierre	243	Puycelci	156
Montfort-sur-Meu	75	Orthez	270	Puy-d'Issolu	149
Montluçon	345			Puys	27
Montmédy	329				
Montmélian	225	Palalda	247		
Montmirail	288	Paimbœuf	79	Quiberon	70
Montmorillon	398	Pamiers	252	Quillan	249
Montmorot	204	Paimpol	53	Quimper	66
Montoire	420	Paramé	47	Quimperlé	69
Montpellier	105, 167	Paray-le-Monial	196		
Montpensier	130	Parthenay	86		
Montrejeau	257	Pau	266	Rambervillers	211
Mont-sous-Vaudrey	479	Penmarc'h	68	Randan	130
Moret	275	Pennedepie	32	Randon	171
Morez	203	Périgueux	448	Raz (pointe du)	66
Morgat	63	Péronne	24	Ré (île de)	90
Morlaas	267	Perpignan	101	Redon	77
Morlaix	56	Perros-Guirec	53	Remiremont	210
Mortagne	417	Peyruis	245	Reims	289
Mortain	36, 37	Pézenas	104	Rennes	75
Moulin-Engilbert	191	Pibrac	442	Rethel	295
Moulins	346	Pithiviers	282	Riom	129
Moustiers-Sainte-Marie	245	Plainfaing	209	Rives-sur-Fure	232
Moustiers	226	Pleubian	53	Riz (plage du)	66
Moustier-Vantadour	140	Ploaré	66	Roanne	342
Mouzon	330	Ploërmel	74	Rocamadour	149
Murat	136	Plombières	210	Rochefort	90
Mussy	272	Ploubazlannec	53	Rochetaillée	342
		Plouézec	53	Rodez	153
		Plouha	52	Romorantin	354
Nancy	212	Poitiers	396	Roquebrune	125
Nantes	79	Pompadour	148	Roquefavour	113
Nantua	199	Pont-à-Mousson	215	Roquefort	162
Narbonne	103	Pontarlier	204	Roscoff	59
Navarrens	270	Pont-Audemer	33, 34	Rosendaël	8
Nérac	437	Pons	91	Roubaix	336
Néris-les-Bains	345	Pont-Aven	69	Rouen	321
Neubourg	318	Pontcharra	236	Royan	91
Neufchâtel	27	Pontivy	70	Royat	128
Neufchâteau	326	Pont-l'Abbé	67	Rue	20
Nevers	348	Pontoire	301	Ruffec	398
Nice	121	Pont-Saint-Esprit	483		

Verdun	329	Villefranche	124	Vizille	230
Vesoul	473	Villefranque	270	Vogüé	183
Veules	27	Villejuif	285	Voiron	232
Veulette	27	Villeneuve-de-Berg	183	Volvic	130
Veynes	243	Villeneuve-lès-Avignon	487	Vosouie	32
Veyre-Mouton	129	Villeneuve-sur-Yonne	189	Vouvant	89
Vez	306	Villers	32		
Vézelay	186	Villers-Cotterets	306	Watten	13
Vicdessos	254	Villerville	32	Wimereux	18
Vic-le-Comte	129	Vire	36		
Vichy	344	Virieu	455		
Vic-sur-Cère	136	Vitré	76	Yssingeaux	181
Vienne	480	Vitry	285		
Vierzon	355	Vitry-le-François	296		
Vigeois	145	Viviers	483	Zeggers-Cappel	14

28100. — Tours, impr. Mame.

TABLE ALPHABÉTIQUE

Sablé	419	Saint-Omer	15	Tarascon (Ariège)	254
Saint-Amans-Soult	159	Saint-Pair	41	Tarascon	491
Saint-Amarin	207	Saint-Paul	244	Tarbes	258
Saint-Antonin	431	Saint-Paulien	180	Thann	207
Saint-Aubin	36	Saint-Pé	262	Thiers	130
Saint-Aubin-du-Cormier	77	Saint-Père	186	Thiézac	136
Saint-Béat	256	Saint-Pierre-Port	40	Thonon	217
Saint-Benoît-sur-Loire	365	Saint-Pol	58	Thouars	85
Saint-Bérain	193	Saint-Pons	161	Tignes	226
Saint-Bertrand-de-Comminges	257	Saint-Quay	52	Tinchebrai	37
Saint-Bonnet	243	Saint-Quentin	337	Tombelaine	41
Saint-Briac	48	Saint-Raphaël	119	Tonnay	91
Saint-Brieuc	52	Saint-Sauveur	260	Tonneins	437
Saint-Chély	165	Saint-Savin	260	Tonnerre	189
Saint-Chinian	161	Saint-Servan	118	Toul	328
Saint-Clair-sur-Epte	320	Saint-Tropez	119	Toulon	116
Saint-Claude	200	Saint-Valéry-en-Caux	25, 27	Toulouse	424
Saint-Dié	211	Saint-Valéry-sur-Somme	20, 23	Tourcoing	336
Saint-Dizier	297	Saint-Veran	240	Tournoël	131
Sainte-Brelade	110	Saint-Waast-de-la-Hougue	40	Tournon	482
Saintes-Maries-de-la-Mer	495	Saint-Yrieix	148	Tournus	465
Saint-Émilion	444	Salers	135	Tourouvre	417
Sainte-Mondane	448	Salies-de-Béarn	270	Tours	381
Sainte-Énimie	164	Salins	204	Tréboul	66
Saint-Énogat	48	Sallanches	220	Tréguier	54
Saint-Étienne	339	Saillans	243	Trélazé	409
Saint-Ferréol	159	Saintes	91	Tréport	25
Saint-Flour	136	Sancerre	352	Trevières	38
Saint-Florent	410	Santerre	24	Trévoux	463
Saint-Galmier	342	Sarlat	447	Trie	320
Saint-Gervais-les-Bains	220	Sarrancolin	257	Trouville	32
Saint-Gilles	495	Sarzeau	74	Trouville-Dauville	32
Saint-Gingolh	217	Sassenage	230	Troyes	272
Saint-Girons	254	Saumur	404	Tulle	144
Saint-Gobain	310	Sauterne	443	Tullins	232
Saint-Honorat	121	Sauzon	70	Turenne	148
Saint-Honoré-les-Bains	192	Scaër	57		
Saint-Hélier	40	Sedan	330		
Saint-Hermine	85	Séez	226, 416	Uriage	230
Saint-Hilaire	37	Ségur	148	Ussel	138
Saint-Jean-d'Angely	91	Sein	66	Uzerches	145
Saint-Jean-de-Luz	99	Senlis	304		
Saint-Jean-de-Maurienne	227	Senones	211		
Saint-Jean-du-Mont	82	Sens	274	Vaison	489
Saint-Jorioz	222	Semur	185	Val-André	52
Saint-Léonard	416, 361	Septmoncel	202	Valence	482
Saint-Lizier	254	Serq	40	Valenciennes	335
Saint-Lô	39	Serres	243	Vallon	183
Saint-Louis	108	Séverac-le-Château	162	Valloris	121
Saint-Loup	86	Sévrier	222	Valmy	295
Saint-Lunaire	48	Seyssel	435	Valgorge	183
Saint-Macaire	96	Sirod	203	Valognes	39
Saint-Maixent	86	Sisteron	245	Vannes	73
Saint-Malo	47	Solre-le-Château	333	Varangeville	27
Sainte-Marguerite	121	Soissons	307	Varennes	245
Sainte-Maure	381	Sorèze	161	Vals-les-Bains	181
Sainte-Menehould	245	Sourdeval	37	Vassivière	134
Saint-Menoux	348	Souvigny	348	Vaucluse	203, 480
Saint-Michel	41	Sully-sur-Loire	365	Vauvenargues	113
Saint-Nazaire	79			Vendôme	421
Saint-Nicolas-du-Port	212			Ver	36

www.ingramcontent.com/pod-product-compliance
Lightning Source LLC
Chambersburg PA
CBHW050606230426
43670CB00009B/1285